Terry Pratchett

ZWEI SCHEIBENWELTROMANE – UNGEKÜRZT!

Die Farben der Magie
Der Zauberhut

WILHELM HEYNE VERLAG
MÜNCHEN

HEYNE TIP DES MONATS
Nr. 23/117

DIE FARBEN DER MAGIE/The Colour of Magic
Copyright © 1983 by Terry Pratchett
Copyright © der deutschen Übersetzung 1992
by Wilhelm Heyne Verlag GmbH & Co. KG, München
Aus dem Englischen übersetzt von Andreas Brandhorst
(Der Titel erschien bereits in der Reihe »Science Fiction«
mit der Band-Nr. 06/4912)

DER ZAUBERHUT/Sourcery
Copyright © 1988 by Terry und Lyn Pratchett
Copyright © der deutschen Übersetzung 1990
by Wilhelm Heyne Verlag GmbH & Co. KG, München
Aus dem Englischen übersetzt von Andreas Brandhorst
(Der Titel erschien bereits in der Reihe »Science Fiction«
mit der Band-Nr. 06/4715)

7. Auflage

Copyright © dieser Ausgabe 1995 by Wilhelm Heyne Verlag
GmbH & Co. KG, München
Printed in Germany 2000
Umschlaggestaltung: Atelier Ingrid Schütz, München
Umschlagillustration: Josh Kirby / Agentur Schlück, Garbsen
Autorenfoto: Wolfgang Jeschke, München
Gesamtherstellung: Elsnerdruck, Berlin

ISBN 3-453-08974-X

Tip des Monats

In derselben Reihe
erschienen außerdem als Heyne-Taschenbücher:

Marie Louise Fischer · Band 23/33
Johanna Lindsey · Band 23/34
Robert Ludlum · Band 23/41
Johanna Lindsey · Band 23/43
Marie Louise Fischer · Band 23/45
John Saul · Band 23/50
Eric van Lustbader · Band 23/54
Barbara Cartland · Band 23/55
Mary Westmacott · Band 23/56
Pearl S. Buck · Band 23/58
Marie Louise Fischer · Band 23/63
Daphne Du Maurier · Band 23/64
Evelyn Sanders · Band 23/66
Philippa Carr · Band 23/67
Robert Ludlum · Band 23/68
Peter Straub · Band 23/70
Jackie Collins · Band 23/71
Marc Olden · Band 23/72
Mary Westmacott · Band 23/73
Dean Koontz · Band 23/76
Johanna Lindsey · Band 23/78
Marion Zimmer-Bradley · Band 23/79
Philippa Carr · Band 23/83
Evelyn Sanders · Band 23/84
Dean Koontz · Band 23/85
Marie Louise Fischer · Band 23/88
Eric van Lustbader · Band 23/89
Robert Ludlum · Band 23/90
Johanna Lindsey · Band 23/91
Ellis Peters · Band 23/92
Karen Robards · Band 23/93
Noel Barber · Band 23/94
Utta Danella · Band 23/95
Heinz G. Konsalik · Band 23/96
Ellen Tanner Marsh · Band 23/97
Marion Zimmer-Bradley · Band 23/98
Eric van Lustbader · Band 23/99
Catherine Coulter · Band 23/100
Dean Koontz · Band 23/101
Charlotte Link · Band 23/102
Johanna Lindsey · Band 23/103
Ellis Peters · Band 23/104
Philippa Carr · Band 23/105
Robert Ludlum · Band 23/106
Marie Louise Fischer · Band 23/107
Heinz G. Konsalik · Band 23/108
Jean Plaidy · Band 23/109
Ellis Peters · Band 23/110
Utta Danella · Band 23/111
Dean Koontz · Band 23/112
Marie Louise Fischer · Band 23/113
Ellis Peters · Band 23/114
Johanna Lindsey · Band 23/115
Sarah Harrison · Band 23/116

Die Farben der Magie

INHALT

Prolog
Seite 7

Die Farben der Magie
Seite 10

Gefährliche Acht
Seite 88

Der Zauber des Wyrmbergs
Seite 137

Nahe am Rand
Seite 200

Ende
Seite 266

Prolog

In einer fernen und nicht mehr neuen Dimension, in einer astralen Sphäre, die das Unmögliche zur Norm erhebt, wogen die Sternennebel und teilen sich ...

Seht nur ...

Dort kommt die Schildkröte Groß-A'Tuin. Langsam schwimmt sie durch den interstellaren Ozean — Wasserstoffeis klebt an ihren massigen Beinen, und Meteore haben zahllose Krater im gewaltigen alten Panzer hinterlassen. Aus meergroßen tränenden und von Asteroidenstaub verkrusteten Augen blickt *er* einzig und allein zum *Ziel*.

Mit geologischer Trägheit ziehen Gedanken durch ein Gehirn, das größer ist als eine Stadt, und die meisten gelten dem *Gewicht*.

Für das Gewicht sind in erster Linie Berilia, Tubul, Groß-T'Phon und Jerakeen verantwortlich, die vier riesigen Elefanten, auf deren breiten, vom Sternenschimmern gebräunten Schultern die Scheibenwelt ruht. Ein langer Wasserfall schmückt ihren Rand, und darüber wölbt sich das himmelblaue Firmament.

Bisher haben die Astropsychologen noch nicht herausgefunden, woran die Elefanten denken.

Die Existenz der Sternenschildkröte galt nur als Hypothese, bis man im kleinen geheimnisvollen Königreich von Krull — dort reichen die randnächsten Berge über den Wasserfall hinaus — ein Flaschenzuggerüst auf der steilsten Klippe baute. Von dort aus ließ man mehrere Beobachter in einer mit Quarzfenstern ausgestatteten Messingkapsel über den Rand hinab; sie sollten feststellen, was sich *unter* der Welt befand.

Jene frühen Astrozoologen — ganze Sklavenheere zogen an Seilen und Tauen, um sie von ihrer ersten Forschungsmission zurückzuholen — sammelten viele Informationen über Gestalt und Natur A'Tuins und der Elefanten, aber grundsätzliche Fragen nach Sinn und Zweck des Universums blieben unbeantwortet.

Zum Beispiel: War A'Tuin weiblichen oder männlichen Geschlechts? Die Astrozoologen wiesen mit wissenschaftlicher Autorität darauf hin, daß man in dieser Hinsicht nur mit Hilfe eines noch größeren und leistungsfähigeren Flaschenzuggerüsts (ganz zu schweigen von längeren Seilen) Aufschluß gewinnen könne. Bis dahin ließ der bekannt gewordene Kosmos nur Vermutungen zu.

Einige Theoretiker behaupteten, A'Tuin sei aus dem Nichts gekommen und setze ihren Weg ins Nichts mit gleichmäßigem Kriechen — beziehungsweise mit beständigem Schreiten — fort, bis in alle Ewigkeit. Diese Theorie erfreute sich bei Akademikern großer Beliebtheit.

Wer dazu neigte, die Welt aus einer religiösen Perspektive zu betrachten, zog folgende Alternative vor: A'Tuin kroch (oder lief?) vom Geburtsort zur Paarungszeit, wie alle Sterne am Himmel, die natürlich ebenfalls von Himmelsschildkröten getragen wurden. Dort stand ihm — oder ihr — eine kurze und leidenschaftliche Paarung bevor, die erste und letzte in seinem (ihrem) Leben, und das Ergebnis diese feurigen Vereinigung bestand in neuen Schildkröten, denen das Schicksal neue Welten auf den Rücken legte. Man sprach in diesem Zusammenhang von der sogenannten Urknall-Hypothese.

An diesem ereignisreichen Abend beschloß ein junger Spezialist für kosmische Schildkröten — ein Mitglied der Kriechen/Laufen-Fraktion —, sein neues Teleskop zu testen, in der Hoffnung, die genaue Albedo vom rechten Auge Groß-A'Tuins festzustellen. Als er während seiner Experimente mittwärts blickte, sah er Rauch über der ältesten Scheibenweltstadt.

Später in der Nacht vertiefte er sich so sehr in seine Studien, daß er den Qualm völlig vergaß. Trotzdem war er der erste unbeteiligte Beobachter, der ihn bemerkte.

Es gab noch andere ...

Die Farben
der Magie

Feuer loderte in der Zwillingsstadt Ankh-Morpork. Als es das Viertel der Zauberer erreichte, flackerte es blau und grün; hier und dort stoben sogar Funken in der achten Farbe Oktarin. Einige besonders kühne Flammen erreichten die Bottiche und Ölfässer an der Kaufmannsstraße, woraufhin Explosionen krachten und prasselnde Fontänen entstanden. In den Gassen der Parfümmischer gewann der beißende Rauch einen süßlichen Duft. Wo die Glut hungrig durch Lagerkammern von Arzneimeistern und Drogisten knisterte und dabei seltene getrocknete Kräuter verschlang, verloren Menschen den Verstand und sprachen zu Gott.

Inzwischen brannte die ganze Innenstadt von Morpork. Die reicheren und ehrenwerteren Bürger von Ankh auf der anderen Seite des Flusses reagierten ausgesprochen tapfer und mutig auf diese bedrohliche Situation, indem sie in fieberhafter Eile die Brücken zerstörten. Aber die Schiffe an den Morpork-Docks — ihre Ladung bestand aus Korn, Baumwolle und Holz, und hinzu kam ein Anstrich aus Teer — standen bereits lichterloh in Flammen. Ihre Vertäuung verwandelte sich in Asche, und daraufhin trieben sie mit der Ebbe fort, entzündeten Villen und Lauben am Ufer und glitten wie langsam ertrinkende Glühwürmchen zum Meer. Funken segelten in der Brise und landeten weit entfernt in abgelegenen Gärten und trockenen Hinterhöfen.

Der Rauch des fröhlichen Feuers stieg meilenweit hoch und bildete eine vom Wind zerfaserte Säule, die man auf der ganzen Scheibenwelt sehen konnte.

Knapp zwei Wegstunden entfernt standen zwei Gestalten auf einer kühlen dunklen Hügelkuppe und beobachteten den Obelisken aus Qualm mit beträchtlichem Interesse.

Der größere Mann knabberte an einem Hähnchenschenkel und stützte sich auf sein Schwert, dessen Länge an die Größe eines durchschnittlichen Menschen heranreichte. Eine Aura wachsamer Intelligenz umgab ihn — andernfalls hätte man ihn vielleicht für einen Barbaren aus der mittwärtigen Wildnis gehalten.

Sein Gefährte war wesentlich kleiner und von Kopf bis Fuß in einen braunen Umhang gehüllt. Derzeit steht er völlig still, aber später werden wir sehen, daß er sich mit der leichtfüßigen Eleganz einer Katze bewegte.

Während der letzten zwanzig Minuten hatten die beiden Männer kaum ein Wort gewechselt — abgesehen von einer kurzen Diskussion, die ohne schlüssiges Ergebnis blieb und bei der es um die Frage ging, ob eine besonders eindrucksvolle Explosion auf das zentrale Öllager oder die magische Werkstatt des Hexenmeisters Keribel zurückging. Ein riesiger Haufen Geld hing davon ab.

Der Hüne leckte die letzten Fleischreste vom Knochen, warf ihn ins Gras und lächelte kummervoll.

»Schade um die kleinen Gassen«, sagte er. »Sie gefielen mir.«

»Und die Schatzkammern«, murmelte der Kleine. Nachdenklich fügte er hinzu: »Ob Diamanten brennen? Man sagt, sie bestehen aus Kohle.«

Der größere Mann ging nicht darauf ein. »Und dann das Gold. Jetzt schmilzt es und fließt durch den Rinnstein. Und der Wein. Kocht in den Fässern.«

»Es gab Ratten in der Stadt«, erinnerte sich sein brauner Begleiter laut. »Ziemlich viele sogar.«

»Ratten, ja. Läßt sich nicht leugnen.«

»Und der Gestank. Im Hochsommer hielt man's dort nicht aus.«

»Zugegeben. Trotzdem wird einem irgendwie, äh, anders ums Herz. Ich meine ...«
Der Hüne brachte den Satz nicht zu Ende, aber kurz darauf erhellte sich seine Miene. »Wir schulden dem alten Fredor vom *Scharlachroten Blutsauger* acht Silberlinge«, sagte er. Der kleine Mann nickte.
Sie schwiegen, während mehrere Explosionen eine rote Furche durch ein bis dahin dunkles Viertel der Scheibenwelt-Metropole brannten. Dann verlagerte der Große das Gewicht von einem Bein aufs andere.
»Schleicher?«
»Ja?«
»Wer mag dafür verantwortlich sein?«
Der kleine Schwertkämpfer namens Schleicher gab keine Antwort. Er spähte durchs rötliche Zwielicht, und sein Blick galt der Straße. Nur wenige Reisende waren aus jener Richtung gekommen, denn das Deosil-Tor gehörte zu den ersten Pforten, die in einer Wolke aus glühender Asche einstürzten.
Doch jetzt näherten sich zwei Personen. Schleichers Augen hatten sich längst daran gewöhnt, im Halbdunkel ebensogut zu sehen wie am hellichten Tag, und sie erkannten zwei Reiter, denen ein kleines Tier folgte. Zweifellos handelte sich um reiche Kaufleute, die zumindest mit einem Teil ihres Besitzes geflohen waren. Schleicher richtete entsprechende Worte an den Hünen, der leise seufzte.
»Nun, eigentlich sind wir keine Wegelagerer«, erwiderte der Barbar. »Aber eins steht fest: Die Zeiten sind hart, und heute nacht erwarten uns bestimmt keine weichen Betten.«
Er schloß die Hand fester um das Heft des Schwerts. Als der erste Reiter herankam, trat er auf die Straße, hob die Hand und trug einen Gesichtsausdruck zur Schau, der sowohl beruhigend als auch drohend wirken sollte.
»Entschuldige bitte, Herr«, begann er.
Der Reiter zügelte sein Pferd und schob die Kapuze

zurück, woraufhin der Hüne eine Miene sah, in der sich mehrere leichte Verbrennungen und die Reste eines versengten Barts zeigten.

»Hau ab!« knurrte der Reiter. »Du bist Bravd der Mittländer*, nicht wahr?«

---

* An dieser Stelle sollte vielleicht näher auf Struktur und Kosmologie der Scheibenwelt eingegangen werden.
Die beiden Hauptrichtungen heißen mittwärts und randwärts. Aber da sich die Scheibenwelt auch um ihre eigene Achse dreht, und zwar einmal in achthundert Tagen — nach Reforgul von Krull dient die Rotation dazu, das Gewicht gleichmäßig auf die vier Elefanten zu verteilen —, existieren noch zwei Nebenrichtungen: drehwärts und entgegengesetzt.

Die kleine Sonne bewegt sich in einer festen Umlaufbahn, woraus folgt, daß es auf der Scheibenwelt nicht vier, sondern acht Jahreszeiten gibt. Die Sommer beginnen, wenn die Sonne am nächsten Punkt des Rands auf- und untergeht, und Winter herrscht dann, wenn sie während ihrer täglichen Bahn eine um neunzig Grad davon versetzte Stelle berührt.

Woraus folgt: In den Ländern am Runden Meer beginnt das Jahr aufgrund eines seltsamen Zufalls in der Silvesternacht, worauf der Primäre Frühling folgt, der in den ersten Mittsommer übergeht (am Vorabend der Geringen Götter). Dann kommt der Primäre Herbst, der nach genau einem halben Scheibenweltjahr die Zitterzeit einleitet, den Winter Secundus (auch Spindelwinter genannt, weil dabei die Sonne in Drehrichtung aufgeht). Daran schließt sich Frühling Secundus an, der schon nach kurzer Zeit dem Zweiten Sommer weichen muß. Die Allesfalb-Nacht markiert das Ende des Dreivierteljahrs — angeblich die einzige Nacht, in der Hexen und Zauberer im Bett bleiben. Wenn Blätter fallen und des Morgens Rauhreif glänzt, dauert es nicht mehr lange bis zum Rückspindelwinter, der das Jahresende und gleichzeitig einen Neubeginn ankündigt.

Da die Mitte nie viel Wärme von der Sonne empfängt, bleibt das dortige Land im Dauerfrost erstarrt. Am Rand hingegen findet man viele sonnige Inseln mit mildem Klima.

Die Woche der Scheibenwelt besteht natürlich aus acht Tagen, und das Spektrum enthält acht Farben. Die Zahl acht hat hier große okkulte Bedeutung und darf von einem Zauberer nie laut ausgesprochen werden.

Warum sich alles auf genau diese Weise verhält, ist nicht ganz klar. Es erklärt jedoch, warum man die Götter der Scheibenwelt nicht so sehr anbetet, sondern eher verflucht.

Bravd spürte, daß man ihm die Initiative gestohlen hatte.
»Geh mir aus dem Weg, hast du verstanden?« fuhr der Fremde fort. »Ich habe jetzt keine Zeit für dich, kapiert?«
Er sah sich um und fügte hinzu: »Das gilt auch für deinen verlausten Gefährten, der die Schatten liebt — wo immer er sich jetzt versteckt.«
Schleicher näherte sich dem Pferd und musterte die recht mitgenommen wirkende Gestalt.
»He, du bist der Zauberer Rincewind, nicht wahr?« fragte er in einem erfreuten Tonfall, während er sich gleichzeitig die Worte des Magiers einprägte, um später vergnügliche Rache dafür zu nehmen. »Die Stimme klingt vertraut.«
Bravd spuckte und schob das Schwert in die Scheide. Es lohnte nur selten, sich auf einen Kampf mit Zauberern einzulassen — in ihrem Besitz gab es fast nie wertvolle Gegenstände.
»Für einen Gossenzauberer riskiert er eine ziemlich dicke Lippe«, brummte er.
»Ihr versteht mich nicht«, erwiderte Rincewind erschöpft, »ich habe solche Angst vor euch, daß sich mein Rückgrat in Brei verwandelt. Allerdings leide ich derzeit an einer Überdosis des Entsetzens. Ich meine, wenn ich mich davon erholt habe, habe ich bestimmt Gelegenheit, mich angemessen vor euch zu fürchten.«
Schleicher deutete zur brennenden Stadt.
»Kommst du aus dem Feuer?« erkundigte er sich.
Der Zauberer hob eine rote, von einigen Brandblasen gezierte Hand zu den Augen. »Ich bin dort gewesen, als es begann. Seht ihr ihn?« Er nickte zur Straße hinüber. Sein Begleiter war noch immer damit beschäftigt, sich zu nähern; er hatte eine besondere Methode des Reitens entwickelt, die es von ihm verlangte, in Abständen von einigen Sekunden aus dem Sattel zu fallen.
»Nun?« fragte Schleicher.

»Er ist für die Flammen verantwortlich«, sagte Rincewind schlicht.
Bravd und Schleicher beobachteten den Mann. Er hüpfte nun über den Weg, mit einem Fuß im Steigbügel.
»Ein Brandstifter, wie?« knurrte Bravd schließlich.
»Nein«, widersprach Rincewind, »nicht unbedingt. Ich möchte mich folgendermaßen ausdrücken: Wenn vollständiges, absolutes Chaos in Form von Blitzen kommt, so steht er während eines Gewitters auf der Kuppe eines hohen Hügels, trägt dabei eine Kupferrüstung und ruft: ›Zur Hölle mit allen Göttern!‹ Habt ihr was zu essen?«
»Leckere Hähnchen«, sagte Schleicher. »Für eine Geschichte.«
»Wie heißt er?« fragte Bravd, der dazu neigte, bei Gesprächen den verbalen Anschluß zu verlieren.
»Zweiblum.«
»Zweiblum?« wiederholte der Barbar. »Ein seltsamer Name.«
»Ja.« Rincewind stieg ab. »Und das ist noch längst nicht alles. Hähnchen, wie?«
»Scharf gewürzt«, sagte Schleicher. »Und knusprig gebraten.«
Gebraten, dachte Rincewind und stöhnte leise. Dieses Wort weckte höchst unangenehme Erinnerungen in ihm.
»Da fällt mir ein...« Schleicher schnippte mit den Fingern. »Vor etwa einer halben Stunde kam es zu einer besonders großen Explosion...«
»Damit verabschiedete sich das zentrale Öllager.« Rincewind schnitt eine Grimasse, als er sich an den brennenden Regen erinnerte.
Schleicher drehte sich um, sah seinen Gefährten an und lächelte erwartungsvoll. Bravd brummte leise vor sich hin und gab ihm eine Münze. Einige Sekunden später ertönte ein kurzer Schrei von der Straße; Rincewind blickte nicht von seinem Hähnchenschenkel auf.

»Es gibt viele Dinge, die er nicht kann, und dazu gehört auch das Reiten«, sagte er. Dann ballte sein Gedächtnis die Faust und rammte sie in die Magengruben des Gewissens. Rincewind ächzte leise, wirbelte herum und stürmte davon. Als er zurückkehrte, lag der schlaffe Leib Zweiblums auf seiner Schulter. Der Mann — das Wesen — war klein und dürr, trug eine seltsame Kniehose und ein buntes Hemd. Die Farben seiner Kleidung bildeten einen so grellen Kontrast zueinander, daß Schleichers empfindsame Augen selbst im Zwielicht Anstoß daran nahmen.

»Offenbar sind keine Knochen gebrochen«, sagte Rincewind. Er atmete schwer. Bravd zwinkerte Schleicher zu und trat dann an jenes Etwas heran, in dem sie zunächst eine Art Lasttier sahen.

»Haltet euch davon fern!« Rincewind untersuchte noch immer den bewußtlosen Zweiblum. »Eine große Macht schützt es, glaubt mir.«

»Ein Zauber?« fragte Schleicher und ging in die Hocke.

»Nei-ein. Aber eine Art Magie. Glaube ich jedenfalls. Allerdings nicht die übliche Sorte. Ich meine, es kann Gold in Kupfer verwandeln, obwohl es Gold bleibt. Es macht Männer reich, indem es ihr Eigentum zerstört. Es erlaubt den Schwachen, unerschrocken unter Dieben zu wandeln. Es marschiert durch die dicksten Türen, um streng bewachte Schätze zu erreichen. Mich hat es versklavt, und deshalb bleibt mir gar nichts anderes übrig, als diesem Wahnsinnigen zu folgen und ihn vor allem Übel zu bewahren. Es ist stärker als du, Bravd. Ich glaube, es ist sogar schlauer und hinterlistiger als du, Schleicher.«

»Und wie heißt diese mächtige Magie?«

Rincewind hob die Schultern. »In unserer Sprache nennt man sie *Widerhallendes-Geräusch-wie-von-unterirdischen-Geistern*. Habt ihr auch Wein?«

»Nun, ich bin nicht ohne Geschick, soweit es Magie

betrifft«, sagte Schleicher. »Im letzten Jahr habe ich, mit Hilfe meines Gefährten, den mächtigen Erzmagus von Ymitury um seinen Stab, den Gürtel mit Mondjuwelen und sein Leben gebracht — etwa in dieser Reihenfolge. Ich fürchte nicht das *Widerhallende-Geräusch-wie-von-unterirdischen-Geistern*, aber du hast mein Interesse geweckt. Darf ich dich bitten, deine Schilderungen fortzusetzen?«

Bravd betrachtete das Etwas auf der Straße. Es war jetzt näher, und seine Konturen zeichneten sich im dämmrigen Morgengrauen deutlicher ab. Sonderbarerweise sah das Ding aus wie ...

»Eine Truhe mit Beinen?« brachte der Barbar hervor.

»Ich erzähle euch mehr davon«, bot sich Rincewind an. »Vorausgesetzt, ihr gebt mir Wein.«

Unten im Tal donnerte und zischte es. Jemand, der vernünftiger war als die meisten anderen Bürger der Stadt, hatte den Befehl gegeben, die großen Schleusentore dort zu schließen, wo der breite Ankhstrom aus der Zwillingsstadt floß — daraufhin trat er über die Ufer und erreichte schon nach kurzer Zeit die vom Feuer heimgesuchten Straßen. Aus dem Kontinent der Flammen wurden einige Inseln, die rasch schrumpften, als die dunkle Flut höher stieg. Dampf gesellte sich Rauch und Qualm über der Stadt hinzu und verschlang das Licht der Sterne. Schleicher verglich die Form der Wolke mit der eines riesigen Pilzes.

D<small>IE</small> Zwillingsstadt des stolzen Ankh und schäbigen Morpork — keine andere Stadt in Raum und Zeit kann es mit ihr aufnehmen — hat in ihrer langen und recht bewegten Vergangenheit viele Katastrophen überstanden, um anschließend wieder aufzublühen. Das Feuer und die Flut, die alles zerstörte, was nicht dem Feuer zum Opfer fiel (sie erweiterte die Probleme der Überlebenden um einige sehr lästige Bereiche), bedeuteten keineswegs das Ende der Metropole. In diesem Zusammenhang handelte es sich eher um ein Satzzeichen, um ein kohleartiges Komma oder ein feuriges Semikolon in einer Geschichte mit vielen weiteren Kapiteln.

Einige Tage vor dem Brand kam ein Schiff mit der Dämmerungsflut über den Ankh, steuerte wie viele andere das Morpork-Ufer an und erreichte schließlich das Labyrinth aus Docks und Kais. Die Fracht bestand aus rosaroten Perlen, Milchnüssen, Bimsstein, einigen offiziellen Briefen für den Patrizier von Ankh — und einem Mann.

Dieser Mann weckte die Aufmerksamkeit des Blinden Hugo, eines Bettlers, der schon früh am Perlendock arbeitete. Er gab dem Rheumatischen Wa einen Stoß in die Rippen und zeigte in die entsprechende Richtung.

Der Fremde wartete nun auf der Anlegestelle und beobachtete einige schnaufende Seeleute, die eine große, mit Messingbeschlägen versehene Truhe über die Laufplanke trugen. Neben ihm stand ein anderer Mann, offensichtlich der Kapitän. Die unterschwellige Erregung der Matrosen ... Die Nerven des Blinden Hugo vibrierten selbst dann, wenn sie fünfzig Schritte entfernt die Anwesenheit einer kleinen Menge von unreinem Gold spürten, und jetzt übermittelten sie dem Gehirn eine unüberhörbare Botschaft: Die Seeleute erwarteten unmittelbar bevorstehenden Reichtum.

Und tatsächlich: Als die Truhe auf dem Kopfsteinpflaster stand, öffnete der Fremde einen Beutel, und daraufhin blitzte eine Münze. Mehrere Münzen. Aus Gold. Der Blinde Hugo zitterte wie eine Wünschelrute, die nahes Wasser spürt, und er pfiff leise durch die Zähne. Dann stieß er Wa noch einmal in die Rippen und schickte ihn durch eine benachbarte Gasse ins Herz der Stadt.

Als der Kapitän an Bord seines Schiffes zurückkehrte und einen verwirrten Fremden auf dem Kai zurückließ, griff der Blinde Hugo nach seinem Bettelnapf, überquerte die Straße und grinste einschmeichelnd. Der Reisende schien ihn zu bemerken und tastete nach seinem Beutel.

»Ich wünsche dir einen guten Tag, Herr«, begann der Blinde Hugo und starrte in ein Gesicht mit vier Augen. Er wandte sich zur Flucht.

»!« sagte der Fremde und hielt ihn am Arm fest. Hugo hörte das Lachen der Seeleute, die an der Reling des Schiffes standen, und gleichzeitig nahmen seine spezialisierten Sinne die Nähe von *viel* Geld wahr. Er erstarrte. Der Reisende ließ ihn los, zog ein kleines Buch hinter seinem Gürtel hervor und blätterte eilig darin. »Hallo«, sagte er nach einer Weile.

»Was?« erwiderte Hugo. Der Mann sah ihn groß an.

»Hallo?« wiederholte er etwas lauter als notwendig. Er sprach mit so sorgfältiger Artikulation, daß Hugo hörte, wie die Vokale ihren Platz einnahmen.

»Selber hallo«, antwortete er. Der Fremde lächelte, schob erneut die Hand in den Beutel und zog eine große Goldmünze daraus hervor — sie war sogar noch größer als eine ankhianische Krone im Wert von achttausend Dollar. Das Muster darauf sah der Blinde Hugo nun zum erstenmal, aber es fiel ihm ganz und gar nicht schwer, die Sprache der Münze zu verstehen. *Mein gegenwärtiger Besitzer braucht Beistand und Hilfe*, sagte sie. *Du solltest ihm beides gewähren. Dann können wir fortgehen und uns irgendwo amüsieren.*

Geringfügige Veränderungen in der Haltung des Bettlers sorgten dafür, daß sich der Fremde entspannte. Erneut warf er einen Blick in das kleine Buch.

»Ich möchte zu einem Hotel, Taverne, Pension, Gasthaus, Hospiz, Herberge, Karawanserei«, sagte er.

»Was, alles auf einmal?« entfuhr es Hugo verblüfft.

»?« entgegnete der Mann.

Hugo stellte fest, daß einige Marktweiber, Muscheltaucher und freiberufliche Gaffer interessiert zusahen.

»Nun, ich kenne eine gute Taverne. Genügt das?« Er schauderte bei der Vorstellung, daß die Goldmünze aus seinem Leben entkam. Hugo wollte sie in jedem Fall behalten, auch wenn Ymor den Rest beschlagnahmte. Und die Truhe, die den größten Teil des Gepäcks darzustellen schien ... Sie erweckte den Eindruck, mit Gold gefüllt zu sein.

Der Vieräugige blickte in sein Buch.

»Ich möchte zu einem Hotel, Ruhestätte, Taverne ...«

»Ja, schon gut«, unterbrach Hugo den Fremden hastig. »Komm!« Er hob eins der Bündel auf und ging mit langen Schritten über den Kai. Der Reisende zögerte kurz und folgte ihm dann.

Ein bestimmter Gedanke zog durch die Aufregung hinter der Stirn des Bettlers. Hugo hielt es für einen ausgesprochenen Glücksfall, daß er den Fremden einfach so zur *Gebrochenen Trommel* bringen konnte — Ymor würde ihn gewiß dafür belohnen. Andererseits: Sein neuer Bekannter wirkte recht freundlich, aber irgend etwas an ihm bereitete Hugo Unbehagen. Er überlegte angestrengt, fand jedoch keine Erklärung dafür. Es ging dabei nicht um die beiden zusätzlichen Augen, so seltsam sie auch sein mochten. Nein, es gab einen anderen Grund. Vorsichtig blickte er zurück.

Der kleine Mann schlenderte hinter ihm über die Straße und beobachtete seine Umgebung mit gebanntem Interesse.

Dann sah Hugo etwas, das ihn erschauern ließ.

Die große Holztruhe, die bis eben auf dem Kopfsteinpflaster gestanden hatte, folgte ihrem Herrn und neigte sich dabei von einer Seite zur anderen. Hugo bückte sich ganz langsam — um zu vermeiden, daß ihm eine plötzliche Bewegung die Kontrolle über seine Knie raubte — und spähte unter die Kiste.

Viele kleine Beine ragten nun aus ihr hervor.

Behutsam drehte sich der Blinde Hugo um und setzte den Weg vorsichtig zur *Gebrochenen Trommel* fort.

»Seltsam«, sagte Ymor.
»Er hatte eine große Holztruhe«, fügte der Rheumatische Wa hinzu.
»Wahrscheinlich ist er Kaufmann — oder Spion.« Ymor löste ein Stück Fleisch vom Schnitzel in seiner Hand und warf es hoch. Es hatte noch nicht den Zenit der Flugbahn erreicht, als aus einer finsteren Ecke des Raums ein Schatten heransauste und nach dem Brocken schnappte.
»Ein Kaufmann oder Spion«, wiederholte Ymor. »Ein Spion wäre mir lieber. Spione bezahlen gleich zweimal — weil man für ihre Entlarvung eine Belohnung bekommt. Was meinst du, Withel?«
Der zweitgrößte Dieb von Ankh-Morpork saß Ymor gegenüber, hatte das eine Auge halb geschlossen und hob die Schultern.
»Ich habe den Kahn überprüft«, erwiderte er, »ein freies Handelsschiff, das gelegentlich die Braunen Inseln anläuft. Die Leute dort sind Wilde und haben keine Ahnung von Spionen. Und Kaufleute stecken sie vermutlich in den Kochtopf.«
»Eigentlich sah er eher wie ein Händler aus«, warf Wa ein. »Abgesehen davon, daß er nicht dick ist.«
Flügel knisterten am Fenster. Ymor stemmte sich hoch, durchquerte das Zimmer und kehrte mit einem großen Raben zurück. Nachdem er die Nachrichtenkapsel vom Bein gelöst hatte, flog der Vogel zu seinen Artgenossen, die zwischen den Dachsparren hockten. Withel sah dem Tier skeptisch nach. Ymors Raben standen in dem Ruf, ihrem Herrn treu ergeben zu sein, und seine eigenen Erfahrungen bestätigten das: Withels Versuch, sich zum größten Dieb von Ankh-Morpork zu befördern, hatten der rechten Hand Ymors das linke Auge gekostet. Aber wenigstens nicht das Leben. Ymor warf einem Mann nie seinen Ehrgeiz vor.
»Bl 2«, sagte der Meisterdieb, legte die kleine Phiole beiseite und entrollte den Zettel.

»Gorrin die Katze«, sagte Withel automatisch. »Im Glockenturm des Tempels der Geringen Götter postiert.«

»Er schreibt, daß Hugo den Fremden zur *Gebrochenen Trommel* gebracht hat. Nun, das sind gute Neuigkeiten. Breitmann ist ein — Freund von uns, nicht wahr?«

»Ja«, brummte Withel, »solange für ihn was dabei herausspringt.«

»Offenbar gehörte heute auch dein Mann Gorrin zu seinen Kunden«, sagte Ymor wie beiläufig. »Wenn ich sein Gekrakel richtig entziffere, berichtet er hier von einer Truhe mit Beinen.« Er musterte Withel über den Zettel hinweg.

Der zweitgrößte Dieb wandte den Blick ab. »Ich werde ihn dafür zur Rechenschaft ziehen«, versprach er leise. Wa sah, wie sich der ganz in Schwarz gekleidete Withel zurücklehnte und dabei so harmlos wirkte wie ein Randland-Puma, der sich auf einem Dschungelast zum Sprung duckt. Er gelangte zu dem Schluß, daß Gorrin bald eine Reise zu den vielen Gottheiten in den multiplen Dimensionen des Jenseits bevorstand. *Und er schuldet mir noch drei Kupfermünzen!* dachte er.

Ymor zerknüllte den Zettel und warf ihn fort. »Wir sollten der *Trommel* später einen Besuch abstatten. Vielleicht probieren wir das Bier, das dein Mann so gern trinkt.«

Withel antwortete nicht. Ymors rechte Hand zu sein... Es war so, als werde man mit parfümierten Schnürsenkeln langsam zu Tode geprügelt.

Die Zwillingsstadt Ankh-Morpork, urbanes Zentrum am Runden Meer, war die Heimat von vielen Banden, Verbrechergilden, Syndikaten und ähnlichen Organisationen — einer der Gründe für ihren Reichtum. Die ärmeren Bürger auf der entgegengesetzten Seite des Flusses, in Morporks Irrgarten aus kleinen Gassen und dunklen Nebenstraßen, verdienten sich etwas zu ihrem geringen Einkommen hinzu, indem sie kleine Aufgaben für die rivalisierenden Banden wahrnahmen. Als Hugo und Zweiblum den Hof der *Gebrochenen Trommel* erreichten, wußten die Anführer der wichtigsten kriminellen Vereinigungen, daß sich jemand in der Stadt befand, der viel Gold besaß. Die Berichte der aufmerksamsten Spione enthielten Einzelheiten über ein Buch, das dem Fremden mitteilte, was er sagen sollte, und über eine Truhe, die sich von ganz allein bewegte. Diese Hinweise hielt man für absurd: Kein Zauberer, der solche Magie beschwören konnte, wagte sich näher als eine Meile an die Morpork-Docks heran.

Die meisten Bewohner der Stadt standen entweder gerade auf oder gingen zu Bett, und deshalb hatten nur wenige Personen Gelegenheit zu der Beobachtung, wie Zweiblum die Treppe der *Gebrochenen Trommel* herabkam. Als die Truhe hinter ihm erschien und selbstbewußt über die Stufen wankte, starrten die wenigen Gäste an den Holztischen argwöhnisch in ihre Becher und Krüge.

Breitmann trieb gerade den kleinen Troll an, der die Theke putzte, als das Trio an ihm vorbeimarschierte. »Lieber Himmel, was ist *das* denn?« platzte es aus ihm heraus.

»Acht einfach nicht darauf!« zischte Hugo. Zweiblum blätterte schon wieder in seinem Buch.

»Was tut er da?« fragte Breitmann und stemmte die Arme in die Hüften.

»Es legt ihm Worte in den Mund«, murmelte Hugo. »Klingt lächerlich, ich weiß.«

»Wie kann ein Buch jemandem Worte in den Mund legen?«

»Ich möchte eine Unterkunft, Zimmer, Quartier, Vollpension, sind die Räume sauber, ein Zimmer mit gutem

Ausblick, was kostet eine Übernachtung«, sagte Zweiblum in einem Atemzug.
Breitmann sah Hugo an. Der Bettler hob die Schultern.
»Er hat viel Geld«, meinte er.
»Na schön. Drei Kupfermünzen. Und das *Ding* kommt in den Stall.«
»?« erwiderte der Fremde. Breitmann hob drei rote Finger, und daraufhin nickte der Vieräugige. Er griff in seinen Beutel, holte drei große Goldmünzen hervor und drückte sie Breitmann in die Hand.
Der Wirt starrte auf sie hinab — sie waren etwa viermal so viel wert wie die *Gebrochene Trommel,* Personal inklusive. Er richtete den Blick auf Hugo, der erneut die Schultern hob. Dann sah er den Fremden an und schluckte.
»Ja«, sagte er mit unnatürlich hoher Stimme, »und dann natürlich die Mahlzeiten. Äh. Verstehst du? Essen. Du hast doch sicher Hunger, wie?« Er vollführte entsprechende Gesten.
»Ässen?« wiederholte der kleine Mann.
»Ja.« Breitmann begann zu schwitzen. »An deiner Stelle würde ich in dem kleinen Buch nachsehen.«
Der Fremde öffnete es und strich mit dem Zeigefinger über eine Seite.
Breitmann las nicht sehr häufig, weil es ihm zuviel Mühe bereitete, aber jetzt beugte er sich vor und versuchte, die Schriftzeichen in dem Buch zu entziffern. Es gelang ihm nicht.
»Ähssen«, sagte der Reisende. »Ja. Schnitzel, Gulasch, Kotelett, Eintopf, Ragout, Frikassee, Hackfleisch, Auflauf, Knödel, Pudding, Fruchteis, Haferschleim, Würstchen, ich möchte kein Würstchen, Bohnen, ohne Bohnen, Beilagen, Grütze, Marmelade. Geflügelinnereien.« Er hob den Kopf und strahlte.
»Das alles?« fragte Breitmann unsicher.
»Es ist nur seine Ausdrucksweise«, sagte Hugo. »So

spricht er eben. Frag mich jetzt bloß nicht nach dem Grund.«

Die Blicke aller Augen im Zimmer waren auf den Fremden gerichtet — bis auf zwei, die dem Zauberer Rincewind gehörten. Er saß in der dunkelsten Ecke und nippte an einem kleinen, halb gefüllten Krug Bier.

Seine Aufmerksamkeit galt der Truhe.

Beobachten Sie Rincewind.

Sehen Sie sich ihn genau an: dürr wie die meisten Zauberer, gekleidet in einen dunkelroten, mit stumpfen Pailletten besetzten Umhang, die abgewetzten Stickmuster mystischen Symbolen nachgebildet. Auf den ersten Blick betrachtet, wirkte er wie ein einfacher magischer Lehrling, der seinen Meister aus Trotz, Langweile und einer hartnäckigen Neigung zur Heterosexualität verlassen hatte. Aber am Hals trug er eine Kette mit dem bronzenen Oktagon, das ihn als Absolventen der Unsichtbaren Universität auswies — jenes Lehrinstituts für Magie, dessen in Raum und Zeit transzendenter Campus nie genau Hier oder Dort ist. Wer die Ausbildung beendete, nahm zumindest den akademischen Grad eines Magus ein, aber Rincewind hatte die Universität nach einem unglücklichen Zwischenfall mit nur einem Zauberspruch verlassen. Derzeit verdiente er sich seinen Lebensunterhalt mehr schlecht als recht, indem er sein Sprachtalent nutzte. Aus prinzipiellen Gründen hielt er nichts von geregelter oder gar anstrengender Arbeit, aber er zeichnete sich durch eine hintergründige Schläue aus, die viele seiner Bekannten an ein gerissenes Nagetier erinnerte. Außerdem: Er erkannte intelligentes Birnbaumholz auf den ersten Blick. Jetzt sah er es und konnte es kaum fassen.

Wenn sich ein Erzmagus große Mühe gab und viel Geduld aufbrachte, so gelang es ihm vielleicht, irgendwann einen kleinen Stab aus dem Holz des intelligenten Birnbaums zu bekommen. Solche Pflanzen gediehen nur an den Orten alter Magie. In allen Städten am Runden Meer gab es wahrscheinlich nicht mehr als zwei solche Zauberstäbe. Eine große Truhe aus diesem Material ... Rincewind begann zu rechnen, aber schon nach wenigen Sekunden bekamen die Zahlen zu viele Stellen. Eins stand fest: Selbst wenn die Kiste bis zum Rand mit Sternopalen, Goldbarren und anderen Schätzen gefüllt war — ihr Wert übertraf den Inhalt um ein Vielfaches. In der Schläfe des Zauberers pulsierte eine Ader.

Er stand auf und schlenderte zu dem Trio hinüber.

»Kann ich irgendwie behilflich sein?« fragte er.

»Verschwinde, Rincewind!« knurrte Breitmann.

»Ich dachte nur, es sei vielleicht angebracht, in seiner Muttersprache mit ihm zu reden«, erwiderte der Zauberer sanft.

»Er kommt auch so ganz gut zurecht«, sagte der Wirt, wich jedoch einige Schritte zurück.

Rincewind sah den Fremden an, lächelte höflich und formulierte einige Worte auf Chimärianisch. Er war stolz darauf, diese Sprache fließend zu beherrschen, doch der Vieräugige starrte ihn nur groß an.

»Das klappt nicht«, meinte Hugo klug. »Er braucht das Buch. Es teilt ihm mit, was er sagen soll. Magie.«

Rincewind versuchte es mit Hochborograwianisch, Wangelmescht, Sumtri und sogar Schwarz-Oroogu, einer Sprache ohne Substantive und mit nur einem Adjektiv, das obszön klingt. Jedesmal bestand die Reaktion aus freundlichem Unverständnis. Verzweifelt spielte der Zauberer seinen letzten linguistischen Trumpf aus: primitives Trob. Daraufhin zeigte sich ein erfreutes Grinsen im Gesicht des Fremden.

»Endlich!« entfuhr es ihm. »Das ist wirklich erstaunlich, werter Herr!« (Die wörtliche Übersetzung des letzten Trob-Wortes lautete: ›eine Sache, die nur einmal während der nutzbaren Existenz eines Kanus geschieht, das von Axt und Feuer mit sorgfältigem Fleiß aus dem Stamm des höchsten Diamantholzbaums geschnitzt wurde, der im bekannten Diamantholzwald an den unteren Hängen des Berges Awayawa wuchs, Heim der Feuergötter, wie es heißt.‹)

»Worüber hat er so lange gesprochen?« erkundigte sich Breitmann mißtrauisch.

»Was hat der Wirt gesagt?« fragte der kleine Mann.

Rincewind schluckte. »Breitmann... Bitte gib uns zwei Krüge von deinem besten Bier.«

»Du verstehst ihn?«

»Oh, natürlich.«

»Sag ihm, äh, daß er sehr willkommen ist. Das Frühstück kostet eine Goldmünze.« Einige Sekunden lang deutete Breitmanns Gesichtsausdruck darauf hin, daß in ihm ein heftiger innerer Kampf stattfand, und schließlich fügte er in einem akuten Anfall von Großzügigkeit hinzu: »Damit ist auch deins bezahlt.«

»Fremder«, begann Rincewind ruhig, »wenn du hierbleibst, wird man dich noch in dieser Nacht erstechen oder vergiften. Lächle auch weiterhin, denn sonst ereilt mich ein ähnliches Schicksal.«

»Oh, ich bitte dich«, erwiderte der Reisende und sah sich um. »Dies ist doch ein reizendes Plätzchen. Eine echte morporkianische Taverne. Weißt du, ich habe viel davon gehört. Das alte Holz schafft eine sehr angenehme Atmosphäre. Und dann der günstige Preis...«

Rincewind ließ den Blick rasch durch den Schankraum schweifen und rechnete fast damit, daß ihn ein magisches Leck im Zaubererviertel auf der gegenüberliegenden Seite des Flusses an einen anderen Ort versetzt hatte. Doch das schien nicht der Fall zu sein. Er befand sich noch immer in der *Gebrochenen Trommel*: die Wände fleckig vom Rauch, altes Stroh und zahlreiche Käfer auf dem Boden. Das bitter schmeckende Bier wurde hier nicht etwa verkauft, sondern nur verliehen. Er trachtete danach, diesen allgemeinen Eindruck mit Worten wie ›malerisch‹ oder ›idyllisch‹ in Verbindung zu bringen, beziehungsweise mit dem geeigneten Trob-Äquivalent: ›jene angenehm absonderliche Struktur, wie man sie in den Korallenhäusern der sich von Schwämmen ernährenden Pygmäen im Bereich der Orohai-Halbinsel findet.‹

Rincewinds Phantasie gab erschöpft auf. »Ich heiße Zweiblum«, sagte der Fremde und streckte die Hand aus. Instinktiv hielten die drei anderen Männer nach einer Münze darin Ausschau.

»Sehr erfreut«, entgegnete der Zauberer. »Ich bin Rincewind. Hör mal, ich hab's eben ernst gemeint. Hier ist es sehr gefährlich.«

»Um so besser! Einen derartigen Ort habe ich gesucht!«

»Wie bitte?«

»Was enthalten die Krüge?«

»Oh, Bier. Danke, Breitmann. Ja, Bier. Du weißt schon. Bier.«

»Aha, das traditionelle Getränk. Ein kleines Goldstück dürfte als Bezahlung genügen, oder? Ich möchte niemanden vor den Kopf stoßen.«

Zweiblum holte eine Münze hervor.

»Arrgh«, krächzte Rincewind. »Ich meine: Niemand wird sich beleidigt fühlen. Da bin ich ganz sicher.«

»Gut. Eben hast du darauf hingewiesen, hier sei es gefährlich. Soll das heißen, daß oft Helden und Abenteurer hierherkommen?«

Rincewind dachte darüber nach. »Ja?« brachte er hervor.

»Ausgezeichnet. Ich würde gern einige kennenlernen.«

Der Zauberer glaubte plötzlich zu verstehen. »Oh, du bist gekommen, um Söldner (›Krieger, die für den Stamm mit den meisten Milchnüssen kämpfen‹) in deine Dienste zu nehmen?«

»Nein, ich möchte ihnen nur begegnen. Damit ich später in meiner Heimat von ihnen erzählen kann.«

Rincewind überlegte. Wenn Zweiblum den typischeren Gästen der *Gebrochenen Trommel* begegnete, so bedeutete es wahrscheinlich, daß er nie in seine Heimat zurückkehren würde. Es sei denn, sie befand sich flußabwärts und er trieb zufällig daran vorbei.

»Woher stammst du?« fragte der Zauberer. Breitmann, so merkte er jetzt, war davongeschlichen und in einem Hinterzimmer verschwunden. Hugo saß an einem nahen Tisch und behielt sie argwöhnisch im Auge.

»Hast du von der Stadt Bes Pelargic gehört?«

»Nun, ich habe nicht viel Zeit in Trob verbracht. Ich war damals nur auf der Durchreise...«

»Oh, sie liegt nicht in Trob. Ich beherrsche diese Sprache nur deshalb, weil viele BinTrobi-Schiffe unsere Häfen anlaufen. Bes Pelargic ist der wichtigste Seehafen des Achatenen Reiches.«

»Sagt mir gar nichts, tut mir leid.«

Zweiblum hob die Brauen. »Tatsächlich nicht? Es handelt sich um eine ziemlich große Stadt. Man erreicht sie, wenn man von den Braunen Inseln aus eine Woche lang drehwärts segelt. Ist alles in Ordnung mit dir?«

Er eilte um den Tisch herum und klopfte dem Zauberer auf den Rücken. Rincewind hatte sich an seinem Bier verschluckt.

Der Gegengewicht-Kontinent!

※

Drei Straßen entfernt legte ein alter Mann eine Münze ins vorbereitete Säurebad und beobachtete sie aufmerksam. Breitmann wartete ungeduldig. Das Zimmer erfüllte ihn mit Unbehagen: Es blubberte in kleinen Bottichen und Bechergläsern; in den Wandregalen zeigten sich die schattenhaften Umrisse von Schädeln und ausgestopften Unmöglichkeiten.

»Nun?« fragte er.

»Diese Dinge darf man nicht überstürzen«, erwiderte der alte Alchimist mürrisch. »Solche Untersuchungen dauern eine Weile. Ah.« Er stieß die Untertasse an, auf

der die Münze nun in grünlichem Schaum lag, zog dann ein Pergament heran und nahm einige Berechnungen vor.
»Außergewöhnlich interessant«, sagte er schließlich.
»*Ist sie echt?*«
Der Alte schürzte die Lippen. »Das kommt ganz auf die Definition des Begriffes ›echt‹ an«, entgegnete er. »Wenn du fragst, ob dieses Stück Metall unseren Fünfzig-Dollar-Münzen entspricht, so lautet die Antwort nein.«
»Ich wußte es!« stöhnte der Wirt und wandte sich der Tür zu.
»Vielleicht habe ich mich nicht klar genug ausgedrückt«, sagte der Alchimist. Breitmann drehte sich verärgert um.
»Was soll das heißen?«
»Nun, weißt du, seit einiger Zeit ist unsere Währung nicht mehr das, was sie einmal war. Im Lauf der Jahre hat sich der Goldgehalt auf inzwischen vier von zwölf Teilen verringert. Um einen Ausgleich zu schaffen, benutzt man Silber, Kupfer ...«
»Worauf willst du hinaus?«
»Diese Münze unterscheidet sich von unseren. Sie ist aus *purem* Gold.«
Breitmann stürmte nach draußen, und der Alchimist verbrachte einige Minuten damit, an die Decke zu starren. Nach einer Weile holte er ein kleines und sehr dünnes Pergament hervor, suchte in dem Durcheinander auf seiner Werkbank nach einem Stift und schrieb eine recht kurze, präzise Nachricht. Dann trat er an die Verschläge mit den weißen Tauben, schwarzen Hähnen und anderen Versuchstieren heran. Er wählte eine Ratte mit glänzendem Fell, rollte den Zettel zusammen, schob ihn in die Phiole am Hinterbein und ließ das Tier los.
Einige Sekunden lang beschnüffelte es den Boden und verschwand dann durch ein Loch in der Wand.
Etwa zur gleichen Zeit geschah es, daß eine auf der

anderen Seite des Blockes wohnende und bis dahin erfolglose Wahrsagerin in ihre Kristallkugel blickte und einen Schrei ausstieß. Innerhalb von einer Stunde verkaufte sie ihren Schmuck, das magische Instrumentarium, den größten Teil der Kleidung und fast alle anderen Besitztümer, die nicht mit dem schnellsten zur Verfügung stehenden Pferd transportiert werden konnten. Später, als ihr Haus in Flammen aufging, starb sie in den Bergen von Morpork durch einen plötzlichen Erdrutsch — was beweist, daß auch der Tod Sinn für Humor hat.

※

Als die Briefratte durch das Labyrinth aus kleinen Tunneln unter der Stadt lief und dabei einem uralten Instinkt gehorchte, nahm der Patrizier einige Botschaften entgegen, die ihm am Morgen der Albatros gebracht hatte. Nachdenklich blickte er noch einmal aufs oberste Blatt und rief dann den Leiter seines Spionagekorps zu sich.

In der *Gebrochenen Trommel* hörte Rincewind mit offenem Mund zu, während Zweiblum erzählte.

»Deshalb beschloß ich, mir alles mit eigenen Augen anzusehen«, sagte er gerade. »Acht Jahre lang habe ich dafür gespart. Aber es ist jeden *Halbrhinu* wert. Ich meine — hier bin ich. In Ankh-Morpork. Ich meine, in vielen Geschichten und Liedern rühmt man diese Stadt. Heric Weißklinge wanderte durch diese Straßen, ebenso wie Hrun der Barbar, Bravd der Mittländer und Schleicher... Es ist alles genauso, wie ich es mir vorgestellt habe.«

Rincewinds Gesicht ähnelte einer Maske aus begeistertem Entsetzen.

»Ich hielt es in Bes Pelargic einfach nicht mehr aus«, fuhr Zweiblum munter fort. »Dort saß ich den ganzen Tag über an einem Schreibtisch und rechnete Zahlenko-

lonnen zusammen. Es gab nur eine Rente, auf die ich mich freuen konnte. Wo bleibt da die Romantik? Zweiblum, dachte ich: entweder jetzt oder nie. Du brauchst dich nicht darauf zu beschränken, dir Geschichten anzuhören. Du kannst in jene fernen Länder reisen. Vergeude deine Zeit nicht mehr damit, im Hafen den Seeleuten zuzuhören. Nun, ich stellte ein Wörterbuch zusammen und buchte eine Passage auf dem nächsten Schiff zu den Braunen Inseln.«
»Keine Leibwächter?« murmelte Rincewind.
»Nein. Warum? Ich besitze doch gar nichts, das sich zu stehlen lohnt.«
Der Zauberer hüstelte. »Nun, äh, du hast Gold.«
»Nur zweitausend *Rhinu*. Das genügt kaum, um die Kosten von ein oder zwei Monaten zu bestreiten. Zumindest in meiner Heimat. Hier reicht das Geld vielleicht ein wenig länger.«
»*Rhinu*«, wiederholte Rincewind. »Eine der großen Goldmünzen?«
»Ja.« Zweiblum blickte über den Rand seiner seltsamen Sehgläser hinweg und musterte den Zauberer besorgt. »Genügen zweitausend deiner Meinung nach?«
»Grrgh«, ächzte Rincewind. »Äh, ja, ich denke schon.«
»Gut.«
»Ähem. Sind im Achatenen Reich alle so reich wie du?«
»Reich? Ich? Meine Güte, wie kommst du denn darauf? Ich bin nur ein armer Buchhalter!« Zweiblum zögerte kurz und fügte hinzu. »Glaubst du, ich habe dem Wirt zuviel bezahlt?«
»Vielleicht hätte er sich mit weniger zufriedengegeben«, sagte Rincewind.
»Ah. Nun, ich werde das beim nächsten Mal berücksichtigen. Offenbar muß ich noch eine Menge lernen. Da fällt mir ein ... Rincewind, wärst du bereit, für mich zu arbeiten? Als eine Art — wie heißt der richtige Aus-

druck? — Reisebegleiter? Ich glaube, ich kann es mir leisten, dir einen *Rhinu* pro Tag zu zahlen.«

Rincewind setzte zu einer Antwort an, aber die Worte blieben ihm im Hals stecken und weigerten sich hartnäckig, in einer Welt zu erklingen, die immer verrückter wurde. Zweiblum errötete.

»Ich habe dich beleidigt«, sagte er. »Wie unverschämt von mir, einem Profi wie dir so etwas anzubieten. Bestimmt gibt es viele wichtige Projekte, zu denen du zurückkehren möchtest. Zweifellos erwarten dich überaus wichtige magische Aufgaben ...«

»Nein«, krächzte der Zauberer. »Derzeit nicht. Einen *Rhinu*? Pro Tag. Meinst du damit jeden Tag?«

»Nun, unter den gegebenen Umständen sollte ich mein Angebot auf anderthalb Rhinu pro Tag erhöhen. Natürlich komme ich für die Spesen auf.«

Rincewind faßte sich wieder. »In Ordnung«, erwiderte er. »Einverstanden.«

Zweiblum griff in seinen Beutel, holte ein großes rundes Objekt aus Gold hervor, betrachtete den Gegenstand kurz und verstaute ihn wieder. Rincewind bekam nur Gelegenheit, einen flüchtigen Blick darauf zu werfen.

»Jetzt sollte ich mich besser ausruhen«, sagte der Reisende. »Ich habe eine lange Fahrt mit dem Schiff hinter mir. Bitte hol mich morgen mittag ab, damit wir uns die Stadt ansehen können.«

»Meinetwegen.«

»Wenn mir der Wirt jetzt mein Zimmer zeigen würde ...«

Rincewind stand auf und gab dem nervösen Breitmann Bescheid, der kurze Zeit vorher in vollem Galopp aus einem Hinterzimmer zurückgekehrt war. Er führte Zweiblum sofort die Treppe hinter der Theke hinauf. Nach einigen Sekunden erhob sich die Truhe auf Dutzenden von kleinen Beinen und folgte ihrem Herrn.

Der Zauberer senkte langsam den Kopf und starrte

auf die sechs großen Münzen in seiner Hand. Zweiblum hatte ihn für die ersten vier Tage im voraus bezahlt.

Der Blinde Hugo nickte und lächelte aufmunternd. Rincewind knurrte leise.

Als Student an der Unsichtbaren Universität hatte er nie gute Noten in Präkognition bekommen, aber jetzt erwachten bisher ungenutzte Gehirnzellen aus einem langen Schlaf — die Zukunft war so deutlich, als sei sie ihm mit bunten Farben in die Augäpfel graviert. Zwischen seinen Schulterblättern begann es zu prickeln. Die vernünftigste Entscheidung bestand sicher darin, ein Pferd zu kaufen. Es mußte ein schnelles und teures sein — Rincewind kannte keinen Pferdehändler, der reich genug war, um ihm das Wechselgeld für eine Unze Gold zu geben.

Die anderen fünf Münzen halfen ihm bestimmt dabei, in sicherer Entfernung — zum Beispiel zweihundert Meilen — ein neues Leben zu beginnen. Diese Vorstellung erschien ihm außerordentlich reizvoll.

Aber was mochte mit Zweiblum passieren, wenn er allein in einer Stadt zurückblieb, in der selbst Kakerlaken einen untrüglichen Instinkt für Gold hatten? Man mußte schon ein gemeiner Schuft sein, um ihn im Stich zu lassen.

※

Der Patrizier von Ankh-Morpork lächelte, allerdings nur mit dem Mund.

»Am mittwärtigen Tor, wie?« murmelte er.

Vor ihm salutierte der Hauptmann der Stadtwache. »Ja, Herr. Wir mußten sein Pferd erschießen, um ihn aufzuhalten.«

»Was dich auf einem ziemlich direkten Weg hierher bringt.« Der Patrizier sah Rincewind an. »Hast du irgendetwas zu sagen?«

Gerüchte behaupteten, daß es im Palast des Patriziers

einen ganzen Flügel gab, in dem Angestellte damit beschäftigt waren, die von den vielen Spionen des Lords übermittelten Berichte auszuwerten. Rincewind zweifelte nicht daran. Er blickte zum Balkon auf der einen Seite des Audienzzimmers. Wenn er loslief und sprang — mußte er damit rechnen, von Armbrustbolzen durchlöchert zu werden. Ihn schauderte.

Der Patrizier hob eine mit großen Ringen geschmückte Hand, rieb sich das Kinn und musterte den Zauberer aus perlenartig kleinen, kalt glänzenden Augen.

»Mal sehen«, brummte er. »Eidbruch. Pferdediebstahl. Außerdem hast du Falschgeld in Umlauf gebracht... Tja, ich glaube, das bedeutet die Arena für dich, Rincewind.«

Der Zauberer konnte sich nicht länger beherrschen.

»Ich habe das Pferd nicht gestohlen, sondern einen hohen Preis dafür bezahlt!«

»Mit Falschgeld. Anders ausgedrückt: Du hast es praktisch gestohlen.«

»Aber die *Rhinu* bestehen aus massivem Gold!«

»*Rhinu!*« Der Patrizier drehte eine der Münzen zwischen den Fingern hin und her. »So heißen sie also? Interessant. Nun, du weist selbst darauf hin, daß sie kaum Ähnlichkeit mit unseren Dollars haben...«

»Ja, das stimmt natürlich...«

»Ah! Du gibst es also zu?«

Rincewind öffnete den Mund, überlegte es sich anders und schloß ihn wieder.

»Na bitte. Hinzu kommt ein moralisches Vergehen: der niederträchtige und feige Verrat an einem ausländischen Besucher. Schäm dich, Rincewind!«

Der Patrizier winkte mit einer Hand. Die Wächter hinter dem Zauberer wichen zurück, und ihr Hauptmann trat einige Schritte nach rechts. Rincewind fühlte sich plötzlich sehr allein.

Wenn ein Zauberer stirbt, so heißt es, kommt der Tod höchstpersönlich, um ihn ins Jenseits zu geleiten — anstatt, wie so oft, einen Untergebenen damit zu beauftragen, zum Beispiel Krankheit oder Hunger. Rincewind sah sich um und hielt nervös nach einer hochgewachsenen Gestalt in Schwarz Ausschau. (Selbst gescheiterte Zauberer haben in ihrer Netzhaut nicht nur die üblichen Stäbchen und Zäpfchen, sondern auch winzige Oktagone. Damit können sie das oktarine Spektrum wahrnehmen, jene elementare Farbe, neben der die anderen, gewöhnlichen Farben nur Schatten im normalen vierdimensionalen Kontinuum sind.)

Regte sich ein Schatten in einer Ecke des Zimmers?

»Natürlich könnte ich Gnade walten lassen«, sagte der Patrizier.

Der Schatten verschwand. Rincewind blickte auf, und zaghafte Hoffnung zeigte sich auf seinem Gesicht.

»Ja?« erwiderte er.

Der Patrizier winkte erneut, woraufhin die Wächter den Raum verließen. Als Rincewind mit dem Herrscher der Zwillingsstadt allein war, wünschte er sich fast, daß der Hauptmann und seine Leute zurückkehrten.

»Komm näher, Rincewind!« befahl der Patrizier und nickte zu dem niedrigen Onyxtisch neben dem Thron hinüber; dort stand eine Schüssel mit Delikatessen. »Möchtest du eine kandierte Qualle? Nein?«

»Äh«, erwiderte der Zauberer unsicher, »lieber nicht.«

»Bitte hör mir jetzt sehr aufmerksam zu«, fuhr der Patrizier freundlich fort. »Andernfalls stirbst du. Auf eine recht interessante Weise. Und *sehr* langsam. Zappel nicht dauernd.

Da du eine Art Zauberer bist, weißt du natürlich, daß wir auf einer scheibenförmigen Welt leben, nicht wahr? Am fernen Rand soll sich ein Kontinent befinden, der zwar klein ist, aber ebenso viel wiegt wie die Landmassen in diesem Hemikreis. Alte Legenden behaupten, daß er zum größten Teil aus Gold besteht.«

Rincewind nickte. Wer hatte noch nicht vom Gegengewicht-Kontinent gehört? Einige Seefahrer glaubten sogar an die Geschichten ihrer Kindheit und segelten los, um danach zu suchen. Natürlich kehrten sie entweder mit leeren Händen zurück — oder gar nicht. Vernünftigere Seeleute nahmen an, daß sie von riesigen Schildkröten verschlungen worden waren; sie hielten den Gegengewicht-Kontinent nur für einen Mythos.

»Es gibt ihn tatsächlich«, sagte der Patrizier. »Natürlich besteht er nicht nur aus Gold, aber das von uns so geschätzte gelbe Metall kommt dort recht häufig vor. Ein großer Teil der Masse geht auf gewaltige Oktiron-Sedimente tief im Boden zurück. Für jemanden, der so scharfsinnig ist wie du, dürfte sofort klar sein, daß die Existenz des Gegengewicht-Kontinents eine große Gefahr für uns darstellt...« Der Patrizier zögerte und musterte Rincewind, der ihn mit offenem Mund anstarrte. Er seufzte und fügte hinzu: »Fällt es dir schwer, mir zu folgen?«

»Grrgh«, machte Rincewind. Er schluckte und befeuchtete sich die Lippen. »Ich meine, nein. Ich meine... Nun, Gold...«

»Ich verstehe.« Der Patrizier lächelte. »Glaubst du vielleicht, es sei eine gute Idee, zum Gegengewicht-Kontinent zu segeln und mit einer Schiffsladung Gold heimzukehren?«

Rincewind hatte das unangenehme Gefühl, daß eine verbale Falle auf ihn wartete.

»Ja?« antwortete er vorsichtig.

»Und wenn alle Leute an den Gestaden des Runden Meers einen *großen* Haufen Gold besäßen — wäre das wünschenswert? Was geschähe dann? Denk gründlich darüber nach.«

Tiefe Falten bildeten sich in Rincewinds Stirn, als er überlegte. »Dann wären wir alle reich?«

Die Temperatur im Zimmer schien zu sinken und ließ ihn ahnen, daß er die falsche Antwort gegeben hatte.

»Ich will ganz offen sein, Rincewind: Zwischen den

Lords des Runden Meeres und dem Kaiser des sogenannten Achatenen Reiches gibt es Kontakte«, verkündete der Patrizier. »Wenn auch nur gelegentliche. Der Grund: Wir haben kaum etwas gemeinsam. Wir besitzen nichts, das man dort begehrt. Und dort gibt es nichts, das wir uns leisten können. Es ist ein altes Land, Rincewind. Alt und schlau und gemein und sehr, sehr reich. Wir beschränken uns darauf, brüderliche Grüße per Albatros-Post auszutauschen. In unregelmäßigen Abständen.

Heute morgen traf ein solcher Brief ein. Offenbar hat es sich ein Untertan des Kaisers in den Kopf gesetzt, unsere Stadt zu besuchen. Er möchte sie sich ansehen. Nun, nur ein Verrückter wäre fähig, so viele Mühen auf sich zu nehmen und den drehwärtigen Ozean zu überqueren, um sich etwas *anzusehen*. Wie dem auch sei...

Heute morgen traf sein Schiff ein. Er hätte einem großen Helden begegnen können, dem hinterlistigsten aller Diebe oder dem klügsten aller Weisen. Statt dessen begegnete er dir und bezahlt dich dafür, sein Reisebegleiter zu sein. Ich möchte, daß du die damit einhergehenden Pflichten ernst nimmst, Rincewind. Ich möchte, daß du den *Anseher* namens Zweiblum auf Schritt und Tritt begleitest. Du sollst dafür sorgen, daß er nur das Beste über Ankh-Morpork zu berichten weiß, wenn er in seine Heimat zurückkehrt. Nun, was meinst du dazu?«

»Äh«, entgegnete Rincewind kummervoll. »Danke, Lord.«

»Das ist noch nicht alles. Es käme einer wahren Tragödie gleich, wenn dem Besucher während seines hiesigen Aufenthalts irgend etwas zustieße. Es wäre zum Beispiel schrecklich, wenn er stürbe. Schrecklich für uns alle, denn der achatane Kaiser sieht sich seinem Volk gegenüber in der Rolle eines Vaters. Und Väter mögen es nicht gern, wenn jemand ihren Kindern etwas antut. Er könnte uns mit einem Nicken auslöschen. Allein durch ein Nicken. Und das wäre insbesondere schrecklich für dich, Rincewind. Die gewaltige Kriegsflotte des Reiches braucht einige Wochen, um uns zu erreichen — Zeit genug für meine Bediensteten, sich ausgiebig mit dir zu befassen. Vielleicht könnten wir der Rachsucht der Kapitäne vorbeugen, wenn wir ihnen bei ihrer Ankunft deinen noch lebendigen Körper zeigen. Mit gewissen Zaubersprüchen läßt sich ein vorzeitiger Tod verhindern, ganz gleich, wie sehr der Leib gefoltert wird, und... Du verstehst allmählich, wie ich deinem Gesichtsausdruck entnehme.«

»Arrgh.«

»Wie bitte?«

»Ja, Lord. Herr. Ich, äh, kümmere mich um den Besucher. Ich meine, ich werde mir alle Mühe geben, um, äh, dafür zu sorgen, daß ihm nichts geschieht. Äh.« In der Privatsphäre seines Kopfes fügte er verbittert hinzu: *Und anschließend besorge ich mir einen neuen, ruhigeren Job. Wie wär's, wenn ich mit Schneebällen in der Hölle jongliere?*

»Ausgezeichnet! Wie ich hörte, hast du dich bereits mit Zweiblum angefreundet. Ein guter Anfang. Wenn er sicher in seine Heimat zurückkehrt, wirst du feststellen, daß ich nicht undankbar bin. Vielleicht lasse ich sogar die Anklagen gegen dich fallen. Danke, Rincewind. Du darfst jetzt gehen.«

Der Zauberer beschloß, nicht um Rückgabe der fünf übriggebliebenen *Rhinu* zu bitten. Vorsichtig schlich er zur Tür.

»Oh, da ist noch etwas«? sagte der Patrizier, als Rincewind nach dem Knauf tastete.

»Ja, Herr?« erwiderte er und spürte, wie ihm das Herz in die Hose rutschte.

»Sicher denkst du nicht einmal im Traum daran, deinen Verpflichtungen zu entgehen, indem du aus der Stadt fliehst. Ich halte dich für einen geborenen Städter. Aber um dich vor Versuchungen zu bewahren, werde ich die Lords der anderen Städte noch heute in Kenntnis setzen.«

»Ich versichere dir, daß ich nie an eine solche Möglichkeit gedacht habe.«
»Tatsächlich? Dann solltest du dein Gesicht wegen Verleumdung verklagen.«

Rincewind sprintete zur *Gebrochenen Trommel* und kam gerade rechtzeitig, um fast mit einem Mann zusammenzustoßen, der die Taverne ziemlich schnell und mit dem Rücken voran verließ. Für die Hast des Fremden war zum Teil der Speer in seiner Brust verantwortlich. Er röchelte hingebungsvoll und sank tot vor dem Zauberer zu Boden.

Rincewind spähte durch die Tür und wich rasch zur Seite, als ein schweres Wurfbeil wie ein aufgescheuchtes Rebhuhn vorbeiraste.

Ein zweiter behutsamer Blick teilte ihm mit, daß er seinen Fast-Tod wahrscheinlich nur einem unglücklichen Zufall verdankte. In der finsteren *Trommel* wimmelte es von Kämpfenden, und ziemlich viele von ihnen — wie ein dritter und etwas längerer Blick bestätigte — schienen bereits den einen oder anderen Körperteil verloren zu haben. Rincewind duckte sich, als ein Stuhl über ihn hinwegsegelte und auf der anderen Straßenseite zerbrach. Dann holte er tief Luft und stürzte sich ins Getümmel.

Er trug einen dunklen Umhang, der noch dunkler war, weil er ihn nur selten ablegte und noch seltener wusch. In der brodelnden Düsternis schien niemand eine schattenhafte Gestalt zu bemerken, die verzweifelt von einem Tisch zum nächsten kroch. Einmal trat jemand auf etwas, das sich nach Fingern anfühlte, und gelegentlich schnappten Zähne nach den Waden des Zauberers. Er stieß einen schmerzerfüllten Schrei aus und ließ in seiner Wachsamkeit lange genug nach, um einem überraschten Schwertkämpfer Gelegenheit zu geben, mit seiner langen Klinge auszuholen und zuzustoßen.

Rincewind erreichte die Treppe, saugte an einem blutigen Striemen in der Hand und stürmte vornübergebeugt nach oben. Ein Armbrustbolzen bohrte sich über ihm ins Geländer, und daraufhin wimmerte er leise.

Als er die letzten Stufen hinter sich brachte, rechnete er jeden Augenblick mit einem besser gezielten Schuß.

Im Flur verharrte er kurz, schnaufte und sah mehrere Leichen. Ein großer Mann mit schwarzem Bart — in der rechten Hand hielt er ein blutiges Schwert — drehte einen Türknauf.

»He!« rief Rincewind. Der Mann drehte sich um, zog wie beiläufig ein kurzes Messer hinter dem Gürtel hervor und warf es. Rincewind zog den Kopf ein. Hinter ihm erklang ein kurzer Schrei: Der Armbrustschütze hatte gerade angelegt, ließ nun seine Waffe fallen und hob die Hände zur blutigen Kehle.

Der Bursche weiter vorn griff bereits nach einem zweiten Messer. Panik nagte an Rincewinds Gedanken, als er sich rasch umsah. Dann entschied er sich zur Improvisation, richtete sich auf und nahm die Haltung eines Zauberers an.

Er vollführte eine angemessen beeindruckende magische Geste. »Asoniti! Kyorucha! Beazlebor!«

Der Mann zögerte. Sein Blick huschte nach rechts und links, als er darauf wartete, daß sich Magie manifestiere. Als er begriff, daß nichts dergleichen geschah, war es bereits zu spät für ihn — Rincewind stürzte über den Flur und trat ihm zwischen die Beine.

Als er stöhnte und sich zusammenkrümmte, lief der Zauberer ins Zimmer, warf die Tür zu, lehnte sich dagegen und keuchte.

Eine seltsame Stille herrschte. Zweiblum schlief friedlich in seinem niedrigen Bett, und davor stand die Truhe.

Rincewind trat einige Schritte näher, und die Habgier

bewegte ihn so mühelos, als hätten sich unter seinen Füßen Räder gebildet. Er starrte auf die geöffnete Kiste, bemerkte mehrere Beutel ... In einem glänzte Gold. Einige Sekunden lang verdrängte Habsucht die natürliche Vorsicht des Zauberers, und er streckte die Hand aus. Dann zögerte er. Was hatte es für einen Sinn? Wahrscheinlich lebte er nicht lange genug, um den Reichtum zu genießen. Widerstrebend ließ er die Hand wieder sinken und beobachtete überrascht, wie der Truhendeckel zitterte. Er schien sich ein wenig nach vorn geneigt zu haben, wie von einem Windstoß erfaßt.

Rincewind betrachtete seine Finger und sah dann wieder zum Deckel. Er wirkte sehr schwer; dicke Messingbeschläge glänzten. Seltsam — jetzt rührte sich nichts mehr.

Welcher Wind?

»Rincewind!«

Zweiblum sprang aus dem Bett. Der Zauberer zuckte zurück und rang sich ein Lächeln ab.

»Ich weiß deine Pünktlichkeit sehr zu schätzen, teurer Freund! Wir nehmen nur schnell das Mittagessen ein, und dann geht's los. Bestimmt hast du für diesen Nachmittag ein höchst interessantes Besichtigungsprogramm vorbereitet!«

»Äh...«

»Großartig!«

Rincewind atmete tief durch. »Ich schlage vor, wir essen woanders«, sagte er mit wachsender Verzweiflung. »Unten hat eine Art Kampf stattgefunden.«

»Eine Tavernenschlägerei? Warum hast du mich nicht geweckt?«

»Nun, weißt du, ich ... *Was?*«

»Habe ich mich heute morgen nicht klar genug ausgedrückt, Rincewind? Ich möchte das wahre morporkianische Leben kennenlernen: Sklavenmarkt, Bordelle, der Tempel der Geringen Götter, die Bettlergilde — und eine echte Tavernenschlägerei.« Zweiblums Stimme gewann nun einen mißtrauischen Klang. »So etwas *gibt* es hier doch, oder? Du weißt schon — Leute, die sich an Kronleuchtern hin und her schwingen; Schwertduelle auf Tischen und so weiter. Ich meine jene Kämpfe, in die Hrun der Barbar und Schleicher immer wieder verwickelt werden. Anders ausgedrückt: *Aufregung.*«

Rincewind nahm seufzend auf der Bettkante Platz.

»Du möchtest einen Kampf sehen?« fragte er.

»Ja. Was ist falsch daran?«

»Nun, Menschen werden dabei verletzt.«

»Oh, es liegt mir fern, an einer solchen Auseinandersetzung *teilzunehmen*. Ich möchte sie nur beobachten, weiter nichts. Und ich würde gern einigen berühmten Helden begegnen. Sie kommen doch hierher, stimmt's? Es ist doch nicht alles Seemannsgarn, oder?« Der Zauberer hörte überrascht, daß Zweiblum jetzt in einem flehentlichen Tonfall sprach.

»O ja, sie kommen hierher, kein Zweifel«, erwiderte Rincewind hastig. Vor seinem inneren Auge entstanden dementsprechende Bilder, und ihn schauderte heftig.

Die Wege aller Helden des Runden Meeres führten früher oder später nach Ankh-Morpork. Die meisten stammten aus den barbarischen Stämmen im kalten Mittland, das Helden gewissermaßen exportierte. Fast alle besaßen primitive magische Schwerter, deren ungedämpfte thaumaturgische Schwingungen sich in der astralen Sphäre ausbreiteten und im Umkreis von vielen Meilen alle Experimente angewandter Zauberei störten. Aber allein aus diesem Grund erhob Rincewind keine Einwände gegen sie. Er wußte, daß er als Magier nicht viel taugte, und deshalb störte es ihn kaum, daß Destillierkolben explodierten und Dämonen im Zaubererviertel erschienen, wenn ein Held durchs Stadttor schritt. Nein, andere Charakteristiken von Helden bereiteten ihm weitaus mehr Sorgen: Im nüchternen Zustand neigten sie dazu, selbstmörderisch verdrießlich zu sein, und eine ausreichende Menge Alkohol verwandelte sie in irre Mörder. Außerdem gab es zu viele von ihnen. Wenn die Hochsaison der Helden begann, herrschte in den Abenteuerregionen unweit der Stadt ein ziemliches Durcheinander. Angeblich erwog man bereits die Möglichkeit, Dienstpläne zu erstellen.

Rincewind rieb sich die Nase. Die einzigen ihm persönlich bekannten Helden hießen Bravd und Schleicher, die sich derzeit nicht in Ankh-Morpork aufhielten. Hinzu kam Hrun der Barbar, praktisch ein Akademiker nach den Maßstäben des Mittlands — er konnte nachdenken, ohne dabei die Lippen zu bewegen. Man erzählte sich, daß Hrun die drehwärtigen Gebiete durchstreifte.

»Hör mal«, sagte der Zauberer nach einer Weile, »hast du jemals einen Barbaren kennengelernt?«

Zweiblum schüttelte den Kopf.

»Genau das habe ich befürchtet«, murmelte Rincewind. »Nun, sie sind ...«

Draußen auf der Straße ertönte das Geräusch eiliger Schritte, und im Schankraum erklangen zornige Stimmen, gefolgt von neuerlichem Lärm im Bereich der Treppe. Die Tür flog auf, bevor sich Rincewind fassen und zum Fenster stürmen konnte.

Erstaunlicherweise sah er nicht etwa einen Wahnsinnigen, der zu allem entschlossen war, um innerhalb möglichst kurzer Zeit reich zu werden. Statt dessen fiel sein Blick auf einen Feldwebel von der Stadtwache. Rincewind wagte wieder zu atmen. Natürlich: Die Wache griff nur dann sofort ein, wenn sie hoffen konnte, einen problemlosen Sieg zu erringen — andernfalls hielt sie sich zunächst zurück. Der Job stellte eine Rente in Aussicht und weckte in erster Linie das Interesse von vorsichtigen, zurückhaltenden Männern.

Der Feldwebel musterte Rincewind und wandte sich dann interessiert an Zweiblum.

»Ist hier alles in Ordnung?« fragte er.

»Oh, bestens«, erwiderte Rincewind. »Du bist unterwegs aufgehalten worden, nicht wahr?«
Der Feldwebel beachtete ihn nicht und deutete auf Zweiblum. »Der Fremde, habe ich recht?«
»Wir wollten gerade aufbrechen«, beeilte sich Rincewind zu sagen und fügte auf Trob hinzu: »Ich glaube, wir sollten das Mittagessen außer Haus einnehmen, Zweiblum. Ich kenne noch einige andere Tavernen.«
So gelassen und ruhig wie möglich marschierte er in den Flur. Der Vieräugige folgte ihm, und kurz darauf ächzte der Feldwebel leise, als die Truhe ruckartig den Deckel schloß, aufstand, sich streckte und ebenfalls das Zimmer verließ.
Unten zogen andere Wächter Leichen nach draußen. Es gab keine Überlebenden — die Wache hatte ihnen genügend Zeit gegeben, durch die Hintertür zu fliehen. Auf diese Weise gewährleistete sie einen für beide Seiten vorteilhaften Kompromiß zwischen Vorsicht und Gerechtigkeit.
»Wer sind alle diese Männer?« fragte Zweiblum.
»Oh, du weißt schon, nur Männer«, antwortete Rincewind. Bevor er etwas dagegen unternehmen konnte, beanspruchte ein gelangweilter Teil seines Gehirns die Kontrolle über den Mund und fügte hinzu: »Helden, um ganz genau zu sein.«
»Im Ernst?«
Wenn man mit einem Bein in der Grauen Miasma von H'rull steckt, so ist es besser, auch das andere nachzuziehen und zu versinken, anstatt den Kampf fortzusetzen. Rincewind beherzigte diesen Rat.
»Ja, da drüben liegt Erig Starkimarm, und der dort heißt — beziehungsweise hieß — Schwarzer Zenell ...«
»Ist auch Hrun der Barbar hier?« brachte Zweiblum hervor und blickte sich begeistert um. Rincewind holte tief Luft.
»Direkt hinter uns«, sagte er.
Diese Lüge war so dick, daß ihre Auswirkungen in ei-

ner niedrigen astralen Sphäre bis hin zum Zaubererviertel auf der gegenüberliegenden Seite des Flusses reichten. Dort wurden sie von der stationären magischen Welle beschleunigt und rasten übers Runde Meer. Eine Schwingung gelangte bis zu Hrun, der gerade auf einem langsam zerbröckelnden Felsvorsprung hoch oben in den Caderackbergen stand und gegen mehrere Gnolle kämpfte. Als Folge davon spürte er für ein oder zwei Sekunden seltsames Unbehagen.

Unterdessen hatte Zweiblum die Truhe geöffnet und entnahm ihr einen schweren schwarzen Würfel.

»Phantastisch!« sagte er. »Das wird man mir in meiner Heimat nie glauben!«

»Was ist los mit ihm?« fragte der Feldwebel skeptisch.

»Er freut sich, daß ihr uns gerettet habt«, entgegnete Rincewind. Er beäugte den schwarzen Würfel und rechnete fast damit, daß er explodierte oder irgendwelche Melodien spielte.

»Oh«, murmelte der Feldwebel. Auch er betrachtete den sonderbaren Kasten.

Zweiblum strahlte übers ganze Gesicht.

»Ich möchte eine Aufzeichnung von diesem Ereignis anfertigen«, sagte er. »Wenn du die Leute darum bätest, sich dort am Fenster aufzustellen... Es dauert nicht lange. Und, äh, Rincewind...«

»Ja?«

Zweiblum stand auf den Zehenspitzen und flüsterte: »Du weißt doch, was das für ein Apparat ist, oder?«

Der Zauberer blickte auf den schwarzen Kasten. Ein gläsernes Auge ragte aus der einen Seite, und hinten bemerkte er einen Hebel.

»Nicht unbedingt«, erwiderte er.

»Damit kann man innerhalb kurzer Zeit Bilder herstellen«, erklärte Zweiblum. »Eine neue Erfindung. Ich bin sehr stolz darauf, aber... Ich meine, vielleicht fürchten sich diese Herren davor. Vielleicht solltest du ihnen alles erklären. Ich bezahle sie natürlich für ihre Mühe.«

»Er hat einen Kasten, in dem ein Dämon steckt und Bilder malt«, sagte Rincewind knapp. »Wenn ihr auf die Wünsche dieses Verrückten eingeht, gibt er euch Gold dafür.«

Die Wächter lächelten nervös.

»Ich hätte auch dich gern auf dem Bild, Rincewind. Ja, so ist es gut, danke.« Zweiblum holte die goldene Scheibe hervor, die der Zauberer schon einmal gesehen hatten, beobachtete sie eine Zeitlang und brummte: »Dreißig Sekunden müßten genügen.« Fröhlich fügte er hinzu: »Bitte lächeln.«

»Lächeln«, krächzte Rincewind. Im Kasten surrte etwas.

»Fertig!«

Der zweite Albatros segelte weit über der Scheibenwelt. Er flog so hoch, daß seine winzigen orangefarbenen und dunklen Augen die ganze Welt sahen, auch das lange glitzernde und kreisförmige Band des Runden Meers. Am einen Bein des Vogels war eine gelbe Nachrichtenkapsel befestigt. Tief unten, in den Wolken verborgen, kehrte jener Albatros heim, der dem Patrizier von Ankh-Morpork die erste Botschaft gebracht hatte.

Verblüfft blickte Rincewind auf das kleine, viereckige Stück Glas. Er betrachtete sich selbst, eine kleine Gestalt mit perfekt nachgebildeten Farben, dahinter die Wächter, ihre Gesichter in einem Krampf des Schreckens erstarrt. Sie stöhnten in wortlosem Entsetzen, als sie ihm nun über die Schulter sahen.

Zweiblum grinste und verteilte einige kleine Münzen, die Rincewind als Viertel*rhinu* erkannte. Er zwinkerte dem Zauberer zu.

»Auf den Braunen Inseln hatte ich ähnliche Probleme«, erklärte er. »Die Leute dort glaubten, der Ikonograph stehle ihnen die Seelen. Lächerlich, nicht wahr?«
»Grrgh«, antwortete Rincewind. Da diese Bemerkung als Gesprächsbeitrag nicht ganz auszureichen schien, fügte er hinzu: »Ich glaube nicht, daß mir dieses Bild *sehr* ähnelt.«
Zweiblum schenkte ihm keine Beachtung. »Der Apparat ist ganz leicht zu bedienen. Man muß nur den Hebel hier betätigen, das ist alles. Ich stelle mich jetzt neben Hrun — dann kannst du auch mich ikonographieren.«
Die Münzen beruhigten den Feldwebel und seine Männer auf eine Weise, wie es nur Gold vermag. Eine halbe Minute später hielt Rincewind ein kleines Glasporträt in der Hand: Es zeigte einen Zweiblum, der ein großes schartiges Schwert in der Hand hielt und so glücklich lächelte, als hätten sich alle seine Träume erfüllt.

※

Sie aßen in einer kleinen Gaststätte an der Messingbrücke zu Mittag, während die Truhe unter dem Tisch hockte. Die Speisen und der Wein waren weitaus besser als Rincewinds übliche Kost, ein Umstand, der ihm dabei half, sich zu entspannen. Vielleicht kam es nicht so schlimm, wie er zuerst angenommen hatte. Ein wenig Phantasie und Geistesgegenwart — mehr brauchte er nicht.
Zweiblum schien zu überlegen. Nachdenklich starrte er in sein Weinglas und fragte schließlich: »Ich nehme an, hier in Ankh-Morpork kommt es praktisch jeden Tag zu Tavernenschlägereien, oder?«
»Ja, und auch während der Nacht.«
»Dabei werden zweifellos Anschlüsse und unbewegliches Inventar beschädigt, nicht wahr?«

»Anschl... Oh, ich verstehe. Du meinst die Einrichtung und so weiter. Ja, da hast du sicher recht.«
»Bestimmt ärgern sich die Wirte darüber.«
»Tja, ich habe noch nie darüber nachgedacht. Vermutlich gehört das zu ihrem Berufsrisiko.«
Zweiblum sah ihn an.
»Vielleicht könnte ich helfen«, sagte er. »Risiken sind mein Geschäft. Hm, ich glaube, dieses Essen enthält ziemlich viel Fett, nicht wahr?«
»Du wolltest eine typisch morporkianische Mahlzeit probieren«, entgegnete Rincewind. »Wie war das eben mit den Risiken?«
»Oh, damit kenne ich mich gut aus. Ich habe täglich damit zu tun.«
»Also habe ich dich richtig verstanden. Aber ich kann's kaum glauben.«
»Oh, ich gehe keine Risiken *ein*. Zu dem aufregendsten Zwischenfall meines Berufslebens kam es, als ich ein Tintenfaß umstieß. Nein, ich *bewerte* Risiken, Tag für Tag. Weißt du, wie die Chancen stehen, daß ein Haus im Roten Dreieck von Bes Pelargic durch ein Feuer zerstört wird? Eins zu fünfhundertachtunddreißig. Das habe ich berechnet«, fügte Zweiblum mit gewissem Stolz hinzu.
»Wes...« Rincewind versuchte, einen Rülpser zu unterdrücken. »Weshalb? Entschuldige bitte.« Er griff nach der Weinflasche und füllte sein Glas.
»Für...« Zweiblum zögerte. »In Trob fällt mir kein passender Ausdruck ein. Wahrscheinlich haben die Bin-Trobi überhaupt kein Wort dafür. In meiner Sprache nennen wir es...« Er formulierte einige seltsam klingende Silben.
»*Fähr-sicher-ung*«, wiederholte Rincewind. »Hört sich komisch an.«
»Angenommen, du hast ein mit Goldbarren beladenes Schiff. Es könnte in einen Sturm geraten oder von Piraten überfallen werden. Da du so etwas vermeiden möchtest, besorgst du dir eine *Fähr-sicher-ungs-Polließ*.

Ich rechne die Wahrscheinlichkeit für einen Verlust der Ladung aus, wobei ich die Wetterberichte und das Piratenaufkommen der letzten zwanzig Jahre berücksichtige. Dann füge ich ein bißchen hinzu, und du bezahlst Geld auf der Grundlage des von mir ermittelten Risikofaktors ...«

»Wobei auch das ›Bißchen‹ nicht zu kurz kommt, wie?« Rincewind hob tadelnd den Zeigefinger.

»Nun, wenn die Fracht tatsächlich verlorengeht, entschädige ich dich.«

»Ent-was?«

»Ich bezahle dir eine Summe, die dem Wert der Ladung entspricht«, erklärte Zweiblum geduldig.

»Oh, ich verstehe. Es ist wie mit einer Wette, stimmt's?«

»Ein durchaus angemessener Vergleich.«

»Und mit *Fähr-sicher-ungen* verdient man Geld?«

»Normalerweise verzeichnet die Bilanz einen Überschuß, ja.«

Eingehüllt in den warmen gelben Glanz des Weins versuchte Rincewind, sich *Fähr-sicher-ungen* unter den besonderen Bedingungen des Runden Meeres vorzustellen.

»Ich glaube, dasch mit den *Fähr-sicher-ungen* verschtehe ich nich ganz«, sagte er fest und beobachtete, wie sich die Welt um ihn herum drehte. »Magie, ja. Magie verschtehe ich.«

Zweiblum lächelte. »Magie ist eine Sache, *Widerhallendes-Geräusch-wie-von-unterirdischen-Geistern* eine ganz andere.«

»Hä?«

»Was?«

»Dieses schonderbare Wort, dasch du gerade benutzt haschst«, meinte Rincewind ungeduldig.

»*Widerhallendes-Geräusch-wie-von-unterirdischen-Geistern?*«

»Hab's noch nie zuvor gehört.«

Zweiblum versuchte es zu erklären.
Rincewind versuchte es zu verstehen.

※

Einen ganzen Nachmittag lang wanderten sie durch die drehwärtigen Stadtviertel am Ufer. Zweiblum ging voraus, und an einem Riemen baumelte ihm der seltsame Bildkasten um den Hals. Rincewind wankte ihm nach, wimmerte manchmal und tastete sich gelegentlich nach dem Kopf, um festzustellen, ob er ihm noch immer auf den Schultern saß.

Eine rasch größer werdende Schar folgte ihnen. In Ankh-Morpork gehörten Hinrichtungen, Duelle, Kämpfe, magische Fehden und ungewöhnliche Ereignisse zur täglichen Gewohnheit, und deshalb hatten die Bewohner den Beruf des interessierten Zuschauers bis zur Vollendung entwickelt. Sie alle waren außerordentlich begabte Gaffer. Zweiblum fertigte immer wieder Bilder von Leuten an, die, wie er meinte, ›typischen Beschäftigungen‹ nachgingen, und da anschließend ein Viertel*rhinu* den Besitzer wechselte — ›für die Mühe‹ der Ikonographierten —, zog er bald einen langen Schweif aus Neureichen hinter sich her. Die meisten von ihnen hofften vermutlich, daß der Verrückte irgendwann in einem Goldregen explodierte.

Vor dem Tempel des Siebenhändigen Sek fand eine hastig einberufene Versammlung von Priestern und rituellen Herzverpflanzern statt; alle Teilnehmer vertraten die Ansicht, die hundert Spannen hohe Statue des Gottes Sek sei viel zu heilig, als daß ein magisches Bild angefertigt werden dürfe. Zwei *Rhinu* sorgten dafür, daß sie ihre Meinung änderten und zu dem Schluß gelangten, daß Er vielleicht doch nicht so heilig war.

Ein längerer Aufenthalt in verschiedenen Bordellen hatten zahlreiche bunte und lehrreiche Bilder zur Folge. Rincewind steckte mehrere davon ein, um sie später allein und in aller Ruhe zu betrachten. Als der Nebel hinter seiner Stirn zerfaserte, fragte er sich ernsthaft nach der Funktionsweise des Ikonographen.

Sogar ein gescheiterter Zauberer wußte, daß lichtempfindliche Substanzen existierten. Waren die Glasplatten auf eine geheimnisvolle Weise behandelt worden, um das eingefangene Licht festzuhalten? Vielleicht. Rincewind vermutete häufig, daß es irgendwo Dinge gab, die besser waren als Magie, doch wenn er danach suchte, mußte er immer wieder Enttäuschungen hinnehmen.

Bald nutzte er jede Gelegenheit, um mit dem schwarzen Kasten Bilder anzufertigen. Zweiblum freute sich darüber, denn es ermöglichte ihm, in den eigenen Aufnahmen zu erscheinen. Es dauerte nicht lange, bis Rincewind eine seltsame Feststellung machte. Der Besitzer des Kastens bekam eine eigentümliche Macht: Wer sich mit dem hypnotischen Glasauge konfrontiert sah, gehorchte selbst den gebieterischsten Befehlen in Hinsicht auf Haltung und Gesichtsausdruck.

Während der Zauberer auf dem Platz der Gebrochenen Monde seiner neuen ikonographischen Leidenschaft frönte, schlug das Unheil zu.

Zweiblum posierte neben einem verwirrten Talismanverkäufer; und die Schar seiner Bewunderer stand in der Nähe, beobachtete ihn interessiert und wartete darauf, daß er etwas Verrücktes anstellte.

Rincewind ging für den richtigen Aufnahmewinkel in die Hocke und betätigte den magischen Hebel.

»Hat keinen Zweck«, sagte der Kasten. »Mir ist das Rosa ausgegangen.«

Direkt vor Rincewinds Augen öffnete sich eine bis dahin verborgene Klappe. Eine kleine grüne und schrecklich warzige Gestalt beugte sich daraus hervor und deutete auf die verschmierte Palette in ihrer Klauenhand.

»Kein Rosa mehr, siehst du?« kreischte der Homunkulus. »Es hat überhaupt keinen Sinn, daß du den Hebel betätigst, wenn kein Rosa mehr da ist, klar? Wenn du Wert auf Rosa legst, hättest du nicht die vielen jungen Frauen ikonographieren sollen, kapiert? Von jetzt an mußt du dich mit Schwarzweiß-Aufnahmen begnügen, verstanden?«

»Ja, sicher, schon gut«, erwiderte Rincewind. In einer dunklen Ecke des Kastens glaubte er, eine Staffelei und ein ungemachtes Bett zu erkennen. Der Zauberer hoffte, daß ihm die Augen einen Streich spielten.

»Farbe kannst du dir abschminken«, betonte der Kobold und schloß die Klappe. Rincewind hörte leises Grummeln und dann dumpfes Kratzen, wie von einem Stuhl, der über den Boden gezogen wurde.

»Zweiblum...«, begann er und sah auf.

Der Fremde war verschwunden. Rincewind richtete den Blick auf die Zuschauer und spürte dabei, wie ihm prickelndes Entsetzen über den Rücken kroch. Eine Sekunde später berührte ihn jemand am Rücken.

»Dreh dich ganz langsam um!« murmelte jemand. Die Stimme klang wie schwarze Seide. »Eine falsche Bewegung, und du kannst dich von deinen Nieren verabschieden.«

Das Interesse des Publikums wuchs, als sich aufregende Ereignisse ankündigten.

Rincewind kam der Aufforderung nach und spürte dabei, wie ihm eine Schwertspitze über die Rippen kratzte. Am anderen Ende der Klinge erkannte er Stren Withel — Dieb, Halsabschneider und mürrischer Kandidat für den Titel des gemeinsten Mannes auf der ganzen Scheibenwelt.

»Hallo«, sagte er nervös. Einige Meter entfernt sah er, wie zwei unsympathische Burschen den Deckel der Truhe hoben und auf Goldbeutel deuteten. Withel lächelte, und sein zernarbtes Gesicht wirkte keineswegs attraktiver.

»Ich kenne dich«, brummte er. »Ein Gossenzauberer. Was ist *das*?«

Rincewind beobachtete, daß der Truhendeckel zitterte, obwohl überhaupt kein Wind wehte. Und er hielt noch immer den Bildkasten in der Hand.

»Dies hier?« fragte er munter. »Damit kann man Bilder anfertigen. He, lächle weiterhin, in Ordnung?« Er wich zurück und hob den Ikonographen.

Withel zögerte kurz. »*Wie* bitte?« knurrte er.

»Ja, so ist es richtig«, sagte Rincewind. »Bitte recht freundlich!«

Der Dieb starrte ihn groß an, fluchte und holte mit dem Schwert aus.

Irgend etwas *schnappte*, und zwei Schreie ertönten. Rincewind drehte sich nicht um — aus Furcht davor, schreckliche Dinge zu sehen. Als Withel erneut nach ihm Ausschau hielt, hatte er bereits die andere Seite des Platzes erreicht und beschleunigte noch immer.

※

Der Albatros kam langsam und in einem weiten Bogen herab, schlug nicht besonders elegant mit den Flügeln, verlor dabei ein paar Federn und landete schließlich auf der Plattform im großen Garten des Patriziers.

Der Vogelhüter — er döste in der Sonne und rechnete an diesem Tag nicht mit einem zweiten Fernbrief — sprang auf und griff nach der Nachrichtenkapsel.

Einige Sekunden später rannte er durch die Flure des Palastes, hielt die kleine Phiole in der einen Hand und saugte an einer häßlichen Schnabelwunde in der anderen. Er verdankte sie eine fatalen Mischung aus Überraschung und Sorglosigkeit.

※

Rincewind lief durch eine Gasse und achtete nicht auf die wütenden Schreie im Bildkasten. Als er eine hohe Mauer erkletterte, flatterte sein Umhang wie das Gefieder einer zerzausten Dohle. Er landete im Vorhof eines Teppichgeschäfts, brachte sowohl Waren als auch Kunden durcheinander, verteilte Entschuldigungen, hastete durch den Hinterausgang, schlitterte in eine andere Gasse, blieb unversehens stehen und versuchte das Gleichgewicht zu wahren, um nicht in den Ankh zu fallen.

In manchen Legenden ist von mystischen Flüssen die Rede: Angeblich genügt ein Tropfen von ihnen, um einem Mann das Leben zu stehlen. Nach seiner von Dreck, Unrat und vielen anderen Dingen begleiteten Reise durch die Zwillingsstadt hätte der Ankh einer von jenen Strömen sein können.

Die wütenden Schreie in der Ferne gewannen den schrillen Klang des Entsetzens. Rincewind sah sich verzweifelt nach einem Boot um und suchte dann nach Halt an den glatten hohen Mauern zu beiden Seiten.

Er saß in der Falle.

Der Zauberspruch in Rincewinds Gedächtnis entwickelte ein magisches Eigenleben und drängte sich in sein Bewußtsein. Es wäre falsch zu sagen, daß der Zauberer ihn gelernt hatte — eher verhielt es sich umgekehrt. Jener Vorfall hatte dazu geführt, daß man Rincewind aus der Unsichtbaren Universität verbannte: Um eine Wette zu gewinnen, wagte er es, die letzte noch existierende Ausgabe eines Buches zu öffnen, das als Grimoire des Schöpfers galt und den Namen Oktav trug. Natürlich wartete er damals, bis der Bibliothekar fortging, aber wie sich kurz darauf herausstellte, drohten noch ganz andere Gefahren. Der Zauberspruch sprang von der Seite und fraß sich tief in Rincewinds Ich — selbst die fähigsten Spezialisten der medizinischen Fakultät brachten es nicht fertig, ihn aus dem Selbst des neugierigen Studenten zu locken. Darüber hinaus konnten sie nicht herausfinden, um welchen Zauberspruch es sich handelte. Nur eins stand fest: Er gehörte zu den acht elementaren magischen Formeln, die fest mit dem Gefüge von Raum und Zeit verbunden waren.

Seit jener Zeit geschah immer wieder folgendes: Wenn Rincewind in eine schwierige Lage geriet oder sich bedroht fühlte, schlich sich der Zauberspruch zur Zunge.

Er biß die Zähne zusammen, aber die erste Silbe bahnte sich einen Weg aus dem Mundwinkel. Die linke Hand kam von ganz allein in die Höhe, und oktarine Funken stoben von den Fingern, als sich ein magisches Kraftfeld bildete ...

Die Truhe sauste um die Ecke, und unter ihr stampften mehrere hundert Beine wie Kolben.

Rincewind schnappte nach Luft, woraufhin der Zauberspruch enttäuscht den Rückzug antrat.

Die große Kiste aus intelligentem Birnbaumholz schien in keiner Weise von dem Teppich behindert zu sein, der sie teilweise umhüllte — und ebensowenig von dem Dieb, der an einem Arm vom Deckel herabbaumelte. Er war im wahrsten Sinne des Wortes ein Totgewicht. An einer anderen Stelle ragten zwei Finger (Besitzer unbekannt) unter der Klappe hervor.

Die Truhe hielt einen Meter vor dem Zauberer an und zog kurz darauf die Beine ein. Es ließen sich keine Augen an ihr erkennen, aber Rincewind zweifelte nicht daran, daß die Kiste einen erwartungsvollen Blick auf ihn richtete.

»Husch«, sagte er versuchsweise. Die Truhe rührte sich nicht von der Stelle, aber der Deckel knarrte ein wenig nach oben und gab den toten Dieb frei.

Rincewind dachte an das Gold. Angenommen, die Kiste brauchte einen Herrn ... Vielleicht hatte sie ihn adoptiert.

Die Flut setzte ein, und er beobachtete undefinierbare Dinge, die im gelben Licht des Nachmittags flußabwärts trieben, zum nur hundert Meter entfernten Flußtor. Der Zauberer traf eine rasche Entscheidung und vertraute den Leichnam des Diebs dem Fluß an. Selbst wenn man ihn später fand — er würde kaum Aufsehen erregen.

Und die Haie in der Mündung waren an ebenso kräftige wie regelmäßige Mahlzeiten gewöhnt.

Rincewind sah der davontreibenden Leiche nach und überlegte, was es jetzt zu unternehmen galt. Die Truhe schwamm sicher. Wenn er bis zum Abend wartete und sich von der Ebbe hinaustragen ließ ... Flußabwärts gab es viele geeignete Stellen, wo er das Ufer ansteuern konnte, und anschließend ... Nun, falls der Patrizier *tatsächlich* die Lords der anderen Städte benachrichtigt hatte — Rincewind brauchte nur die Kleidung zu wechseln und sich gründlich zu rasieren, um nicht wiedererkannt zu werden. Wie dem auch sei: Die Welt bestand nicht nur aus Ankh-Morpork, und außerdem fiel es ihm leicht, neue Sprachen zu lernen. Wenn er sich erst einmal in Chimära, Gonim oder Ecalphon befand, konnte ihn kein noch so großes Heer zurückholen. Und dann ... Reichtum, Sicherheit, Komfort ...

Und Zweiblum? Rincewind erlaubte sich kurze Trauer.

»Es könnte schlimmer sein«, sagte er wie zum Abschied. »Wenn es *mich* erwischt hätte.«

Als er sich bewegte, stellte er plötzlich fest, daß ihn etwas am Umhang festhielt.

Rincewind drehte den Kopf und sah, daß der Saum seines Mantels unter dem Deckel der Truhe steckte.

※

»Ah, Gorphal«, sagte der Patrizier freundlich. »Komm herein. Nimm Platz. Darf ich dir einen kandierten Seestern anbieten?«

»Ich stehe immer zu Diensten, Herr«, erwiderte der ältere Mann ruhig. »Es sei denn, es geht dabei um den Verzehr von Stachelhäutern.«

Der Patrizier hob die Schultern und deutete zur Schriftrolle auf dem Tisch.

»Lies!«

Gorphal griff nach dem Pergament und wölbte ansatzweise eine Braue, als er die vertrauten Ideogramme des Goldenen Reiches sah. Etwa eine Minute lang las er schweigend, drehte dann das Dokument und betrachtete das Siegel auf der Rückseite.

»Du stehst in dem Ruf, das Reich gut zu kennen«, sagte der Patrizier. »Kannst du dies erklären?«

»Wer das Achatene Reich verstehen will, darf sich nicht nur mit den dortigen Ereignissen befassen, sondern muß auch über die Einstellungen von Kaiser und Untertanen Bescheid wissen«, antwortete der alte Diplomat. »Diese Nachricht ist zweifellos seltsam, ja, aber nicht überraschend.«

»Heute morgen hat mich der Kaiser *angewiesen*...« Der Patrizier erlaubte sich den Luxus, die Stirn zu runzeln. »... er hat *mich* angewiesen, jenen Zweiblum zu schützen. Jetzt soll ich ihn töten. Und das findest du nicht überraschend?«

»Nein, der Kaiser ist kaum mehr als ein Knabe. Und ein Idealist noch dazu. Er liebt sein Volk, und die Untertanen sehen eine Art Gott in ihm. Nun, wenn ich mich nicht sehr irre, stammt der zweite Brief von seinem Großwesir namens Neun Drehende Spiegel. Er ist im Dienst mehrerer Kaiser alt geworden und hält sie für zwar notwendige, aber recht lästige Bestandteile bei der erfolgreichen Verwaltung des Reichs. Der Großwesir legt Wert auf Ordnung. Alles gehört an seinen Platz — so lautet seine Devise.«

»Ich verstehe allmählich«, sagte der Patrizier.

»Das freut mich.« Gorphal lächelte in seinen Bart. »Der Tourist befindet sich nicht an seinem Platz. Vermutlich hat sich Neun Drehende Spiegel erst den Wünschen seines Herrn gefügt und dann eigene Maßnahmen beschlossen: Bestimmt will er sicherstellen, daß der Reisende nicht zurückkehrt und die Krankheit der Unzufriedenheit mitbringt. Das Reich möchte, daß seine Untertanen an den ihnen gebührenden Plätzen bleiben.

Aus diesem Grund wäre es weitaus vorteilhafter, wenn Zweiblum für immer im Land der Barbaren verschwindet. Damit ist unter anderem unsere Stadt gemeint, Lord.«

»Was rätst du mir?« fragte der Patrizier.

Gorphal hob die Schultern.

»Du solltest nichts unternehmen. Wahrscheinlich regelt sich alles von allein. Andererseits...« Er kratzte sich nachdenklich am Ohr. »Die Gilde der Meuchelmörder...«

»Ah, ja.« Der Patrizier nickte langsam. »Die Gilde der Meuchelmörder. Wie heißt ihr derzeitiger Präsident?«

»Zlorf Flanellfuß, Lord.«

»Sprich mit ihm.«

»Wie du wünschst, Lord.«

Der Patrizier nickte erneut, und diesmal wirkte er erleichtert. Er teilte den Standpunkt des Großwesirs Neun Drehende Spiegel. Das Leben war schon schwierig genug. Wenn Untertanen nicht an ihrem Platz blieben, ergaben sich nur Probleme.

Helle Sternbilder leuchteten über der Scheibenwelt. Nacheinander schlossen die Händler ihre Läden. Nacheinander standen die Ganeffs, Diebe, Langfinger, Huren, Betrüger, Schwindler, Einbrecher und andere Bürger der Nacht auf, um zu frühstücken. Zauberer gingen ihren multidimensionalen Angelegenheiten nach. In dieser Nacht fand die Konjunktion von zwei mächtigen Planeten statt, und über dem Magischen Viertel wogte bereits der thaumaturgische Dunst ersten Zaubers.

»Hör mal, so kommen wir nicht weiter«, sagte Rincewind und schob sich zur Seite. Die Truhe folgte ihm sofort und hob drohend den Deckel. Der Zauberer überlegte kurz, ob er versuchen sollte, sich mit einem entschlossenen Sprung in Sicherheit zu bringen, überlegte es sich jedoch anders, als die Kiste mit einem sehr bedeutungsvollen Knallen ihre Klappe zufallen ließ.

Mutlosigkeit erfaßte ihn, als er daran dachte, wenn ihm das verdammte Ding auch weiterhin folgen würde. Es wirkte ausgesprochen hartnäckig und stur. Selbst wenn er sich ein Pferd besorgte und fortritt — aus irgendeinem Grund war er sicher, daß er der Truhe nicht entkommen konnte. Rincewind stellte sich vor, wie sie sich ihm an die Fersen heftete — was hoffentlich nicht wörtlich zu verstehen war —, wie sie durch Flüsse und Ozeane schwamm. In jeder Nacht, während er schlief, holte sie langsam auf. Und eines Tages, nach vielen Jahren und in einer exotischen Stadt, hörte er dann Hunderte von kleinen Beinen, die in der Gasse hinter ihm beschleunigten ...

»Du hast den falschen Mann erwischt!« stöhnte er. »Mich trifft keine Schuld! Ich habe ihn nicht entführt!«

Die Truhe schob sich ein wenig nach vorn, und daraufhin befand sich nur noch ein schmaler Streifen schlüpfriger Mole zwischen Rincewinds Füßen und dem Fluß. Eine düstere Vorahnung verriet ihm, daß die Kiste viel schneller schwimmen konnte als er. Seine Phantasie wollte ihm zeigen, wie es sein mochte, im Ankh zu ertrinken — hastig schloß er das innere Auge.

»Weißt du«, sagte eine leise Stimme im Plauderton, »sie gibt erst Ruhe, wenn du dich fügst.«

Rincewind sah auf den Ikonograph hinab, der noch immer am Halsriemen baumelte. Die kleine Pforte daran stand offen, und der Homunkulus lehnte am Rahmen der winzigen Tür, rauchte eine Pfeife und beobachtete das Geschehen amüsiert.

»Dich nehme ich mit, Freundchen«, brachte der Zauberer zwischen zusammengebissenen Zähnen hervor.

Der Kobold nahm die Pfeife aus dem Mund. »Was hast du gesagt?« fragte er.

»Wenn ich in den Fluß springe, begleitest du mich, verdammt!«

»Nur zu.« Der Homunkulus klopfte an den Kasten. »Mal sehen, wer zuerst im Ankh versinkt.«
Die Truhe gähnte und kroch ein oder zwei Zentimeter weit vor.
»Schon gut, schon gut«, sagte Rincewind verärgert. »Aber du mußt mir genug Zeit geben, um gründlich nachzudenken.«
Die Kiste wich langsam zurück. Der Zauberer nutzte die Gelegenheit, um sich vom Fluß zu entfernen, nahm Platz und lehnte den Rücken an eine Mauer. Auf der anderen Seite des breiten Stroms glühten die Lichter von Ankh.
»Du bist Zauberer«, sagte der Bilderkobold. »Bestimmt fällt dir eine Möglichkeit ein, um Zweiblum zu finden.«
»Ich fürchte, meine magischen Fähigkeiten sind begrenzt.«
»Droh den Leuten einfach damit, sie in Würmer zu verwandeln«, fügte der Kobold ermutigend hinzu und überhörte Rincewinds letzte Bemerkung.
»Nein, für thaumaturgische Metamorphosen ist ein Zauberspruch der Achten Stufe notwendig. Ich habe meine Ausbildung nicht beendet und kenne nur eine magische Formel.«
»Vielleicht genügt sie.«
»Das bezweifle ich«, winkte Rincewind hoffnungslos ab.
»Wie wirkt sie?«
»Keine Ahnung. Und ich möchte auch gar nicht darüber reden.« Er seufzte. »Ehrlich gesagt: Zaubersprüche nützen kaum etwas. Es dauert drei Monate, um sich einen einfachen zu merken, und wenn man ihn ausspricht — *puff!* Dann ist er weg. Das finde ich so absurd an der ganzen Magie. Man verbringt zwanzig Jahre damit, einen Zauberspruch zu lernen, der nackte Jungfrauen im eigenen Schlafzimmer erscheinen läßt. Aber dann ist man halb blind vom Studium alter Grimoires, und

Quecksilberdämpfe haben einen so sehr vergiftet, daß man nicht mehr weiß, was als nächstes kommt.«

»Aus dieser Perspektive habe ich das noch nie gesehen«, sagte der Kobold.

»Irgend etwas stimmt nicht. Als Zweiblum erzählte im Achatenen Reich gäbe es eine bessere Art von Magie da dachte ich ... Ich dachte ...«

Der Homunkulus sah ihn erwartungsvoll an. Rincewind fluchte lautlos.

»Nun, wenn du's unbedingt wissen willst: Ich dachte er *meinte* keine Magie. Zumindest keine richtige.«

»Wovon könnte er denn sonst gesprochen haben?«

Rincewind kramte in den verstaubten Ecken seines Vokabulars und suchte nach den richtigen Worten. »Nun ...«, begann er unsicher. »Bessere Methoden, um bestimmte, äh, Dinge zu erledigen. Etwas, das *Sinn* hat. Zum Beispiel ... das Anschirren von Blitzen oder so.«

Der Homunkulus bedachte ihn mit einem mitleidigen Blick.

»Blitze sind Speere, die von den Donnerriesen im Kampf geschleudert werden«, entgegnete er sanft. »Eine meteorologische Tatsache. So etwas kann man nicht *anschirren.*«

»Ja«, gestand Rincewind kummervoll ein, »das ist der Haken daran, nicht wahr?«

Der Kobold nickte und verschwand in den Tiefen des Ikonographen. Kurze Zeit später roch Rincewind bratenden Schinken. Er wartete, bis es sein Magen einfach nicht mehr aushielt und klopfte dann an den Bildkasten. Der Homunkulus öffnete die kleine Tür.

»Ich habe über deinen Hinweis nachgedacht«, sagte das winzige Wesen, bevor der Zauberer den Mund öffnen konnte. »Selbst wenn es möglich wäre, ihnen Geschirre anzulegen — wie soll man sie dazu bringen, einen Karren zu ziehen?«

»Was? Wovon redest du da?«

»Blitze. Sie zucken vom Himmel herab. Nach *unter,*

um ganz genau zu sein. Aber wer will schon, daß man seinen Karren nach unten zieht? Außerdem: Wahrscheinlich würden sie sich durch die Riemen brennen.«
»Blitze sind mir völlig schnuppe! Wie soll ich mit einem leeren Magen denken?«
»Ich habe immer angenommen, man denkt mit dem Kopf. Nun, vielleicht hilft es, wenn du etwas ißt.«
»Wie denn? Wenn ich mich bewege, spannt die verdammte Truhe ihre Mus ... ihre Angeln.«
Die Kiste nahm diese Bemerkung zum Anlaß, den Deckel zu heben.
»Siehst du?«
»Keine Angst, sie will dich nicht beißen«, sagte der Kobold. »Sie möchte dir nur etwas zu essen geben. Verhungert nützt du ihr nichts.«
Rincewind spähte in die dunklen Tiefen der Truhe, und tatsächlich: In dem Durcheinander aus diversen Behältern und Goldbeuteln entdeckte er mehrere Flaschen und mit Ölpapier umwickelte Päckchen. Er lachte nervös, suchte auf der Mole, bis er ein genügend langes Stück Holz fand, rammte es so höflich wie möglich in die Lücke zwischen Klappe und Kiste, streckte dann rasch die Hand aus und griff nach einem der kleinen Pakete.
Es enthielt Kekse — so hart wie Diamantholz.
»Ferdammter Mift«, brummte der Zauberer und fürchtete, den einen oder anderen Zahn verloren zu haben.
»Kapitän Achtpanthers Roggenplätzchen«, sagte der Kobold. Er lehnte noch immer in der Tür des Bildkastens. »Sie haben vielen hungrigen Seeleuten das Leben gerettet, jawohl.«
»Oh, sicher. Benutzt man sie, um Flöße zu bauen? Oder wirft man sie den Haien vor — um anschließend zu beobachten, wie die Fische versinken? Was ist in den Flaschen? Gift?«
»Wasser.«

»Davon gibt's hier doch jede Menge. Warum hat Zweiblum Wasser mitgebracht?«
»Der Grund heißt mangelndes Vertrauen.«
»So wie Mißtrauen?«
»Ja, er meinte, es sei besser, das hiesige Wasser nicht zu trinken, verstehst du?«
Rincewind öffnete eine Flasche. Vielleicht bestand ihr Inhalt tatsächlich aus Wasser: Die Flüssigkeit schmeckte schal; ihr fehlten Aroma und Leben. »Fast völlig geschmack- und geruchlos«, brummte er.
Die Truhe knarrte leise und weckte seine Aufmerksamkeit. Ganz langsam und mit wohlüberlegter Drohung schloß sie den Deckel — Rincewinds improvisierter Keil zersplitterte wie ein trockenes Blatt.
»Na schön, in Ordnung«, sagte er. »Ich denke nach.«

※

Ymors Hauptquartier befand sich im Schiefen Turm an der Ecke Rauhreifstraße und Frostgasse. Gegen Mitternacht lehnte ein einsamer Wächter an der dunklen, von Schatten umhüllten Mauer, sah zu den beiden Konjunktionsplaneten hinauf und fragte sich gelangweilt, was sie für seine Zukunft bedeuteten.

Ein leises, eigentlich unhörbares Geräusch ertönte. Es klang so, als gähne eine Mücke.

Der Wächter blickte über die leere Straße und sah einen Gegenstand, der einige Meter entfernt im Schlamm lag und den Mondschein widerspiegelte. Er hob ihn auf, und das Glühen am Himmel glänzte über Gold. Der Mann schnappte so laut nach Luft, daß man sein Keuchen noch einige Dutzend Meter entfernt hörte.

Das leise Geräusch wiederholte sich, und auf der anderen Straßenseite rollte eine zweite Münze in den Rinnstein.

Als der Wächter sie in der Hand hielt, lag schon eine dritte auf dem Pflaster und drehte sich noch. Gold, so erinnerte er sich, bestand angeblich aus kristallisiertem Sternenlicht. Bisher hatte er nicht daran geglaubt, daß Gold einfach so vom Himmel fiel.

Als er den Zugang der nahen Gasse erreichte, begegnete er noch mehr gelbem Metall. Es ruhte noch immer in einem Beutel und war ziemlich schwer — Rincewind zielte damit auf den Kopf des Mannes und traf.

Als der Wächter wieder zu sich kam, blickte er in das fratzenhafte Gesicht eines Zauberers, der seine Kehle mit einem Schwert bedrohte. Darüber hinaus spürte er, daß ihn in der Dunkelheit etwas am Bein gepackt hatte.

Es handelte sich um jene Art von Griff, die ihm mitteilte, daß der Unbekannte noch weitaus fester zugreifen konnte, wenn er wollte.

»Wo ist er?« zischte der Zauberer. »Ich meine den reichen Fremden. Los, gib Auskunft!«

»Was hält mich am Bein fest?« fragte der Wächter, und die Stimme zitterte ihm vor unerklärlichem Entsetzen. Als er sich zu befreien versuchte, nahm der Druck zu.

»Die Antwort auf diese Frage gefiele dir nicht«, sagte Rincewind. »Wenn du jetzt so freundlich wärst, mir zuzuhören... Wo steckt der Fremde?«

»Er ist nicht hier! Man hat ihn zu Breitmann gebracht! Alle suchen nach ihm! Du bist Rincewind, nicht wahr? Die Truhe... Die beißende Kiste... Oneinoneinonein, bittebittebitte...«

Rincewind ging. Der Wächter fühlte, wie der verborgene Beingreifer seinen — beziehungsweise *ihren*, wie er befürchtete — Griff lockerte. Als er aufzustehen versuchte, stieß *etwas* Großes und Schweres und Kantiges gegen ihn, schleuderte ihn wieder zu Boden und folgte dem Zauberer. Eine Kiste. Und sie lief auf Hunderten von kleinen Füßen.

Mit Hilfe seines selbst zusammengestellten Wörterbuchs bemühte sich Zweiblum, Breitmann in die Geheimnisse der *Fähr-sicher-ungen* einzuweihen. Der dicke Wirt hörte aufmerksam zu, und die kleinen dunklen Augen glitzerten.

Ymor saß auf der anderen Seite des Tisches, sah amüsiert zu und nahm gelegentlich einen Brocken vom Teller, um seine Raben zu füttern. Neben ihm wanderte Withel auf und ab.

»Beruhige dich«, sagte Ymor und hielt den Blick auf die beiden Männer ihm gegenüber gerichtet. »Hier sind wir sicher, Stren. Wer würde es wagen, uns hier anzugreifen? Und der Gossenzauberer kommt bestimmt. Er ist viel zu feige, um sich aus dem Staub zu machen. Er hofft vermutlich, eine Übereinkunft mit uns treffen zu können. Und dann haben wir ihn. Und das Gold. Und die Truhe.«

In Withels einem Auge blitzte es. Er ballte die Faust, und der schwarze Handschuh knisterte leise. »Wer hätte gedacht, daß es soviel intelligentes Birnbaumholz auf der Scheibenwelt gibt?« stieß er hervor. »Die Sache gefällt mir nicht.«

»Reg dich ab, Stren!« Ymor grinste. »Es besteht kein Anlaß zur Sorge.«

Der zweitgrößte Dieb schnaubte abfällig und verließ das Zimmer, um seine Leute zu schikanieren. Ymor beobachtete weiterhin den Touristen.

Seltsam: Der kleine Kerl schien überhaupt nicht zu begreifen, in welcher Lage er sich befand. Ymor hatte mehrmals gesehen, wie er durchs Zimmer schritt und dabei sehr zufrieden wirkte. Schon seit einer halben Ewigkeit sprach er mit Breitmann, und nun wechselte ein Zettel den Besitzer — woraufhin der Wirt dem Fremden einige Münzen gab. Höchst sonderbar.

Als Breitmann aufstand und an Ymors Stuhl vorbeiwatschelte, schoß der Arm des Diebesherrn wie eine Stahlfeder vor und hielt den Dicken an der Schürze fest.

»Was hat das alles zu bedeuten?« fragte Ymor leise.
»N-nichts weiter. Eine private Angelegenheit.«
»Freunde sollten keine Geheimnisse voreinander haben, Breitmann.«
»Ja, äh, nun, eigentlich bin ich selbst nicht ganz sicher«, erwiderte der Wirt nervös. »Es ist eine Art Wette. Man nennt so etwas *Fähr-sicher-ungen*. Wir haben, äh, gewettet, daß die *Gebrochene Trommel* nicht niederbrennt.«
Ymor hielt den Blick des Dicken fest, bis Breitmann aus Furcht und Verlegenheit zu zittern begann. Dann lachte der Diebesherr.
»Meinst du den wurmstichigen alten Zunderhaufen?« erkundigte er sich. »Der Bursche muß verrückt sein.«
»Ja, aber er ist ein Verrückter mit viel Geld. Er erklärte mir folgendes: Jetzt, da er die — ich weiß nicht mehr wie das Wort heißt, aber es beginnt mit Prä; es handelt sich gewissermaßen um den Einsatz — bekommen hat, sind seine Vorgesetzten im Achatenen Reich dazu verpflichtet, für ihn zu bezahlen. Falls die *Gebrochene Trommel* zu Asche verbrennt. Was ich natürlich nicht hoffe. Daß sie in Flammen aufgeht, meine ich. Die *Gebrochene Trommel*. Ich meine, sie ist wie ein Heim für mich, die *Trommel*...«
»Eigentlich bist du gar nicht so dumm, wie?« Ymor stieß den Wirt von sich.
Die Tür flog auf und prallte an die Wand.
»He, das ist meine Tür!« ereiferte sich Breitmann. Dann sah er, wer auf der Treppe stand — und duckte sich gerade noch rechtzeitig hinter einen Tisch, um einem schwarzen Pfeil zu entgehen. Das Geschoß raste über ihn hinweg und bohrte sich hinter ihm in fleckiges Holz.
Ymor hob vorsichtig die Hand und schenkte Bier nach.
»Setz dich zu uns, Zlorf«, sagte er ruhig. »Und steck das Schwert ein, Stren. Zlorf Flanellfuß ist ein Freund von uns.«

Das Oberhaupt der Gilde der Meuchelmörder drehte geschickt sein kurzes Blasrohr und schob es mit einer geschmeidigen Bewegung ins Halfter.

»Stren!« knurrte Ymor.

Der schwarzgekleidete Dieb zischte und ließ sein Schwert in die Scheide gleiten. Doch Withels rechte Hand verharrte auf dem Heft, und er behielt den Meuchelmörder mißtrauisch im Auge.

Was ihm nicht sehr leicht fiel. Die Mitglieder der Gilde der Meuchelmörder wurden aufgrund von Auswahlprüfungen befördert, wobei dem praktischen Teil eine besondere, eigentlich sogar die einzige Bedeutung zukam. Aus diesem Grund bestand Zlorfs breites Gesicht überwiegend aus Narben — die unmittelbare Folge vieler direkter Begegnungen mit Konkurrenten und Rivalen. Wahrscheinlich war es nie sehr ansehnlich gewesen. Es hieß, daß Zlorf deshalb einen Beruf gewählt hatte, der dunkle Kapuzen, schwarze Mäntel und nächtliche Streifzüge erforderte, weil in seinen Adern auch das Blut von Trollen floß, die sich vor dem Tageslicht fürchteten. Wer so etwas in Zlorfs Hörweite behauptete, durfte seine Ohren anschließend im Hut nach Hause tragen.

Der Meuchelmörder schlenderte die Treppe herunter, gefolgt von einigen anderen Halsabschneidern. Direkt vor Ymor verharrte er und sagte: »Ich bin gekommen, um den Touristen zu holen.«

»Glaubst du wirklich, er geht dich etwas an, Zlorf?«

»Ja. Grinjo, Urmond — packt ihn!«

Zwei Meuchler näherten sich. Stren versperrte ihnen den Weg, und sein Schwert schien einen Zentimeter vor ihren Kehlen zu materialisieren, ohne vorher die Luft zwischen ihm und den beiden Männern zu durchdringen.

»Wahrscheinlich kann ich nur einen von euch töten«, grollte er. »Aber fragt euch selbst: Wer von euch muß dran glauben?«

»Sieh mal nach oben Zlorf!« schlug Ymor vor.
Mehrere gelbe, unheilvoll blickende Augen starrten von den Dachsparren herab.
»Noch ein Schritt, und du verläßt diesen Raum mit weniger Augen, als du hereingetragen hast«, verkündete der Diebesherr. »Setz dich und trink was, Zlorf. Laß uns vernünftig über diese Sache reden. *Ich* dachte, wir hätten uns bereits geeinigt: Du stiehlst nicht, und ich bringe niemanden um.« Er zögerte kurz. »Zumindest nicht gegen Bezahlung.«
Zlorf griff nach einem Krug Bier.
»Na schön«, erwiderte er. »Ich töte ihn. Und anschließend stiehlst du ihm alles. Der komische kleine Kerl dort drüben?«
»Ja.«
Zlorf musterte den freundlich lächelnden Zweiblum und hob die Schultern. Nur selten verschwendete er Zeit mit Überlegungen, warum gewisse Leute ihre Mitbürger ins Jenseits befördern wollten. Für ihn spielte das keine Rolle: Er verdiente sich seinen Lebensunterhalt mit dem Tod.
»Übrigens: Wer ist denn dein Auftraggeber?« fragte Ymor.
Zlorf hob die Hand. »Ich bitte dich!« protestierte er. »Hast du meine Berufsehre vergessen?«
»Oh, ich verstehe. Da fällt mir ein ...«
»Ja?«
»Ich glaube, im Flur stehen zwei meiner Wächter.«
»Sie *standen* dort.«
»Und zwei weitere warten vor dem Haus auf der anderen Straßenseite.«
»Jetzt nicht mehr.«
»Und die beiden Bogenschützen auf dem Dach?«
Zweifel kroch über Zlorfs Gesicht wie das letzte Licht der untergehenden Sonne über einen schlecht gepflügten Acker.
Erneut flog die Tür auf — sie gewöhnte sich allmäh-

lich daran — und schmetterte den daneben stehenden Meuchelmörder an die Wand.

»Hört auf damit!« donnerte Breitmann, der noch immer hinter einem Tisch hockte.

Zlorf und Ymor starrten zu dem Mann auf der Schwelle. Er war klein, dick und trug teure Kleidung. *Sehr* teure Kleidung. Hinter ihm ragten einige große breite Gestalten auf. Es handelte sich um *sehr* große und ausgesprochen *gefährlich* wirkende Gestalten.

»Wer ist das?« fragte Zlorf.

»Ich kenne ihn«, erwiderte Ymor. »Er heißt Rerpf. Ihm gehört die Taverne *Stöhnender Teller* unten an der Messingbrücke. Schmeiß ihn raus, Stren!«

Rerpf hob eine üppig mit Ringen geschmückte Hand. Stren Withel zögerte auf halbem Weg zur Tür, als sich zwei ziemlich massige Trolle durch die Tür schoben, auf beiden Seiten neben dem Dicken stehenblieben und im Licht zwinkerten. Melonengroße Muskeln wölbten sich in ihren mehlsackdicken Armen. Jeder Troll hielt eine zweischneidige Axt in der Pranke. Genauer gesagt: zwischen Daumen und Zeigefinger

Breitmann verließ sein Versteck, das Gesicht rot vor Zorn.

»Ich kann Trolle nicht ausstehen!« brüllte er. »Schafft sie weg!«

Niemand rührte sich, und von einem Augenblick zum anderen herrschte völlige Stille. Breitmann sah sich erschrocken um, als ihm dämmerte, was er gerade gesagt hatte — und zu wem. Ein leises Wimmern drang ihm aus der Kehle, froh darüber, entkommen zu sein.

Er erreichte die Tür zum Keller, als einer der Trolle wie beiläufig die haxengroße Hand hob und seine Axt warf. Das Geräusch der hinter dem Wirt zufallenden Tür ließ sich kaum von dem lauten Krachen unterscheiden, als das Wurfbeil dicke Holzbohlen zermalmte.

»Verdammt und zugenäht!« platzte es aus Zlorf Flanellfuß heraus.

»Was willst du?« fragte Ymor.

»Ich bin im Auftrag der Gilde aller Kaufleute und Händler hier«, antwortete Rerpf gelassen. »Um unsere Interessen wahrzunehmen, sozusagen. Damit meine ich den kleinen Fremden.«

Ymor furchte die Stirn.

»Entschuldige bitte«, murmelte er, »hast du gerade von der Kaufmannsgilde gesprochen?«

»Auch die Händler gehören zu ihr«, bestätigte Rerpf. Hinter ihm standen nicht nur weitere Trolle, sondern auch einige Menschen, die Ymor bekannt vorkamen. Er glaubte, sie schon einmal gesehen zu haben, hinter Theken und Ladentischen. Kaum mehr als Schatten und Schemen, denen man für gewöhnlich kaum Beachtung schenkte, die man rasch vergaß. Irgendwo im Hinterkopf breitete sich ein unangenehmes Gefühl aus. Er dachte daran, wie es sein mochte, ein Fuchs zu sein, der einem wütenden Schaf begegnete — einem Schaf, das es sich leisten konnte, Wölfe in seine Dienste zu nehmen.

»Seit wann gibt es diese, äh, Gilde, wenn ich fragen darf?« erkundigte sich der Diebesherr.

»Seit heute nachmittag«, erwiderte Rerpf. »Ich bin der Vizegildenmeister, zuständig für Tourismus.«

»Und was hat es mit dem Tourismus auf sich?«

»Nun, tja, wir sind nicht ganz sicher...«, begann Rerpf. Ein älterer bärtiger Mann reckte den Kopf über die Schulter des Gildenmeisters und schnatterte: »Ich spreche im Namen der Weinverkäufer von Morpork: Tourismus ist gut fürs Geschäft. Kapiert?«

»Und?« fragte Ymor kühl.

»Und wir schützen unsere Interessen, wie ich schon sagte«, erklärte Rerpf.

»Diebe RAUS, Diebe RAUS!« gackerte sein älterer Begleiter, und mehrere andere stimmten mit ein. Zlorf grinste. »Und das gilt auch für Meuchelmörder«, fügte der Alte hinzu. Daraufhin schnitt Zlorf eine finstere Miene.

»Ist doch ganz klar«, sagte Rerpf. »Wenn dauernd Leute bestohlen oder ermordet werden — welchen Eindruck sollen Besucher dadurch bekommen? Sie legen einen weiten Weg zurück, um unsere historisch und kulturell interessanten Sehenswürdigkeiten zu bewundern — ganz zu schweigen von unseren vielen malerisch-idyllischen Bräuchen —, und dann wachen sie tot in irgendeiner dunklen Gasse auf oder treiben den Ankh hinunter. Solche Leute berichten ihren Freunden bestimmt nicht davon, hier einige angenehme Tage verbracht zu haben. Sehen wir den Tatsachen ins Auge: Man muß mit der Zeit gehen.«

Zlorf und Ymor musterten sich gegenseitig.

»Uns bleibt wohl keine andere Wahl, wie?« brummte Ymor.

»Ganz recht, Freund. Er sprach vom Gehen. Ich meine: Los geht's!« Ruckartig hob er das Blasrohr an den Mund und schickte einen Pfeil zum nächsten Troll. Das riesenhafte Wesen wirbelte herum und warf seine Axt, die über den Kopf des Chefmeuchlers hinwegsauste und den Dieb hinter ihm traf.

Rerpf duckte sich und gab einem seiner Troll-Gefährten Gelegenheit, mit einer gewaltigen Armbrust anzulegen. Ein speerlanger Bolzen bohrte sich erst durch die Luft und dann in den Körper eines Mörders.

Und das war nur der Anfang ...

Es wurde bereits darauf hingewiesen: Wer imstande ist, das ferne Oktarin zu sehen — die achte Farbe, das Pigment der Phantasie —, kann Dinge wahrnehmen, die anderen verborgen bleiben.

Das war auch bei Rincewind der Fall. Er bahnte sich gerade einen Weg durch das Gedränge in den hell erleuchteten Abendbasaren von Morpork, und die Truhe folgte ihm dichtauf. Er rempelte eine hochgewachsene dunkle Gestalt an, drehte den Kopf, um einige passende Flüche zu murmeln — und sah den Tod.

Es mußte der Tod sein. Niemand sonst wanderte mit leeren Augenhöhlen umher, und die Sense bot einen weiteren Anhaltspunkt. Rincewind beobachtete entsetzt, wie ein Liebespaar (es lachte über irgendeinen Witz, den der Zauberer offenbar überhört hatte) durch die Erscheinung schlenderte, ohne sie zu bemerken.

Tod wirkte überrascht, was erstaunlich genug war, denn immerhin zeichnete sich sein Gesicht durch einen auffallenden Mangel an Mimik aus.

RINCEWIND? fragte er. Es klang so dumpf und hohl, als falle tief im Boden eine Tür aus Blei zu.

»Äh«, antwortete der Zauberer und versuchte, vor dem augenlosen Blick zurückzuweichen.

WARUM BIST DU HIER? (*Bumm-bumm*, pochten Sargdeckel in den von Würmern heimgesuchten finsteren Gewölben unter alten Bergen ...)

»Äh, warum denn nicht?« erwiderte Rincewind. »Nun, bestimmt hast du viel zu tun. Ich möchte dich nicht aufhalten ...«

ICH BIN ÜBERRASCHT, DASS DU MICH ANGESTOSSEN HAST. WEISST DU, HEUTE NACHT HABE ICH EINE VERABREDUNG MIT DIR.

»O nein ...«

ICH FINDE ES SEHR ÄRGERLICH, DICH HIER ZU TREFFEN. EIGENTLICH SOLLTEN WIR UNS IN PSEPHOLOPOLIS BEGEGNEN.

»Jene Stadt ist fünfhundert Meilen entfernt!«

DARAN BRAUCHST DU MICH NICHT EIGENS ZU ERINNERN. OFFENBAR IST DAS GANZE SYSTEM ERNEUT DURCHEINANDERGERATEN. DU BIST NICHT ZUFÄLLIG BEREIT, HIER DAS ZEITLICHE ZU SEGNEN?

Rincewind taumelte zurück und hob abwehrend die Hände. Der Fischverkäufer an einem benachbarten Stand hielt ihn für verrückt und sah interessiert zu.

»Auf keinen Fall!«

UND WENN ICH DIR EIN SCHNELLES PFERD LEIHE?
»Nein!«
DER TOD IST GAR NICHT SO SCHLIMM. GLAUB MIR, ICH WEISS BESCHEID.
»Nein!« Rincewind drehte sich um und rannte. Tod sah ihm nach und hob verbittert die Schultern.
VERDAMMTER MIST, fluchte er, wandte sich ab und bemerkte den Fischverkäufer. Tod knurrte leise, streckte die Hand aus und hielt das Herz des Mannes an. Es bereitete ihm nicht die erhoffte Genugtuung.
Dann erinnerte er sich daran, was später in dieser Nacht geschehen werde. Es wäre zwar falsch zu behaupten, daß Tod lächelte — seine Züge waren in einem ewigen kalkigen Grinsen erstarrt. Aber er summte eine fröhlich-unheilvolle Melodie und zögerte lange genug, um die Seele einer Eintagsfliege in den jenseitigen Kosmos zu geleiten. Dann befreite er die Katze unter dem Fischstand (alle Katzen können ins oktarine Spektrum sehen) von einem ihrer neun Leben, setzte sich in Bewegung und schritt zur *Gebrochenen Trommel*.

Die Kurze Straße in Morpork gehört zu den längsten der ganzen Stadt. Die Filigranstraße grenzt auf die gleiche Weise an ihr drehwärtiges Ende wie der Querbalken an ein T, und von der *Gebrochenen Trommel* aus kann man ihre volle Länge überblicken.

Am Ende der Kurzen Straße erhob sich ein dunkles Rechteck auf Hunderten von kleinen Beinen und lief los. Zuerst wankte es schwerfällig übers Pflaster, doch als es die halbe Strecke zurückgelegt hatte, war es bereits pfeilschnell ...

Ein dunklerer Schatten schob sich langsam an der Tavernenmauer entlang, nur einige Meter von den beiden Trollen entfernt, die den Eingang bewachten. Rincewind schwitzte. Wenn sie das leise Klirren der speziell vorbereiteten Goldbeutel an seinem Gürtel hörten ...

Einer der Trolle klopfte seinem Kollegen auf die Schulter — es hörte sich an, als stießen zwei Kieselsteine aneinander. Er deutete über die vom Sternenschimmern erhellte Straße ...

Rincewind sprang vor, drehte sich um und warf seine Last durchs nächste Fenster.

※

Withel sah ihn kommen. Der Beutel flog in einem weiten Bogen durchs Zimmer, drehte sich langsam um die eigene Achse und prallte an eine Tischkante. Einen Sekundenbruchteil später rollte glitzerndes Gold über den Boden.

Es war plötzlich mucksmäuschenstill im Raum, abgesehen vom leisen Klimpern der Goldmünzen und dem Stöhnen der Verwundeten. Withel stieß einen Fluch aus und tötete den Meuchelmörder, gegen den er gekämpft hatte. »Das ist ein Trick!« rief er. »Bleibt, wo ihr seid!«

Dutzende von Männern und mehrere Trolle erstarrten, die Hände und Pranken zum Zustechen und Zuschlagen erhoben.

Zum dritten Mal innerhalb kurzer Zeit flog die Tür auf. Zwei Trolle eilten herein, schlossen den Zugang wieder, schoben dicke Riegel vor und flohen die Treppe hinunter.

Draußen wurde das Geräusch hastiger Schritte immer lauter. Zum vierten und letzten Mal öffnete sich die Tür. Das heißt: Sie explodierte regelrecht. Einer der dicken Riegel segelte durchs Zimmer, und die anderen zerbarsten. Die Angeln gaben nach, und der Rahmen löste sich aus dem Mauerwerk. Eine große Truhe schüttelte mehrere Trümmerstücke ab.

Hinter ihr erschien Rincewind in der Öffnung und

schleuderte eine seiner Goldgranaten. Sie zerplatzte an der Wand, und es regnete Münzen.

⌘

Unten im Keller sah Breitmann auf, brummte leise vor sich hin und setzte seine Arbeit fort. Ein ganzer Spindelwinter-Vorrat an Kerzen lag bereits auf dem Boden und leistete sehr trockenem Feuerholz Gesellschaft. Jetzt nahm sich der Wirt ein Faß mit Lampenöl vor.
»*Fähr-sicher-ungen*«, murmelte er. Öl gluckerte und bildete eine große Lache zu seinen Füßen.

⌘

Withel stürmte zornig durch den Raum. Rincewind zielte sorgfältig und traf den Dieb mit einem Goldbeutel an der Brust.
Ymor rief etwas und richtete einen anklagenden Zeigefinger auf den Zauberer. Einer der Raben verließ seinen Platz unter den Dachsparren, flog auf Rincewind zu und streckte die langen Krallen aus.
Doch er erreichte sein Ziel nicht. Als ihn nur noch wenige Meter von dem Zauberer trennten, sprang die Truhe aus dem Schutthaufen, öffnete mitten in der Luft den Deckel, schnappte nach dem Vogel und schloß die Klappe wieder.
Die Kiste landete erstaunlich weich und leise. Rincewind beobachtete, wie sich der Deckel erneut nach oben neigte, nur um einige wenige Zentimeter, und darunter ... Eine palmwedelgroße mahagonirote Zunge leckte nach einigen Federn.
Im gleichen Augenblick fiel der Kerzenleuchter von der Decke, und daraufhin wurde es dunkel im Zimmer. Rincewind spannte die Muskeln, sprang aus dem Stand, griff nach einem Balken und zog sich mit einer ihn

selbst verblüffenden Kraft zur relativen Sicherheit des Daches hoch.
»Aufregend, nicht wahr?« ertönte eine Stimme neben ihm.
Unten begriffen Diebe, Meuchelmörder, Trolle, Kaufleute und Händler, daß sie sich in einem Raum befanden, in dem man auf Goldmünzen ausrutschen konnte — und der, abgesehen von einigen bedrohlich wirkenden Schatten, etwas überaus Grauenhaftes enthielt. Alle versuchten gleichzeitig, nach draußen zu fliehen, doch niemand schien sich an die genaue Lage der Tür zu erinnern.
Hoch über dem Chaos drehte Rincewind den Kopf und sah Zweiblum an.
»Hast du den Kerzenleuchter hinabfallen lassen?« flüsterte er.
»Ja.«
»Warum bist du hier?«
»Um den anderen dort unten nicht im Weg zu sein.«
Rincewind dachte darüber nach, doch ihm fiel keine passende Antwort ein. »Eine echte Tavernenschlägerei!« fügte Zweiblum hinzu. »Und sie ist noch weitaus besser, als ich sie mir vorgestellt habe! Hältst du es für angebracht, daß ich mich bei den Leuten bedanke? Oder hast du alles veranlaßt?«
Rincewind reagierte nicht darauf, als er den Touristen musterte. »Ich glaube, wir sollten jetzt nach unten zurückkehren«, sagte er dumpf. »Es ist niemand mehr da.«
Er führte Zweiblum an den vielen Hindernissen auf dem Boden vorbei, die Treppe hinauf und in den Rest der Nacht. Es funkelten noch immer einige Sterne am Himmel, aber der Mond war bereits untergangen. Randwärts zeigte sich ein mattes graues Glühen, das einen neuen Tag ankündigte. Erstaunlicherweise erstreckte sich eine leere Straße vor ihnen.
Rincewind schnupperte.

»Riechst du ebenfalls Öl?« fragte er.

Dann trat Withel aus den Schatten und brachte ihn zu Fall.

※

Breitmann kniete auf der obersten Stufe der Kellertreppe und holte die Zunderbüchse hervor. Wie sich herausstellte, war sie feucht geworden.

»Ich drehe der verdammten Katze den Hals um«, brummte er und tastete nach der zweiten Büchse, die für gewöhnlich auf einem kleinen Regal neben der Tür lag — sie fehlte. Breitmann knurrte ein Schimpfwort.

Rechts neben ihm erschien mitten in der Luft eine dünne, brennende Kerze.

HIER, NIMM.

»Danke«, sagte der Wirt.

NICHT DER REDE WERT.

Breitmann holte aus, um die Kerze zu werfen, doch dann zögerte er und starrte auf die Flamme. Dünne Falten bildeten sich in seiner Stirn. Er drehte sich langsam um und kniff argwöhnisch die Augen zusammen. Die kleine Kerze spendete nur wenig Licht, aber es genügte, daß er eine hochgewachsene dunkle Gestalt erkannte.

»O nein...«, hauchte er.

ABER JA, erwiderte Tod.

※

Rincewind rollte sich ab.

Ein oder zwei Sekunden lang glaubte er, Withel wolle ihm sofort die Klinge in den Leib stoßen, doch es war noch schlimmer. Der Dieb wartete darauf, daß er sich erhob.

»Du hast ein Schwert, wie ich sehe«, sagte er ruhig. »Ich schlage vor, du stehst auf. Laß uns feststellen, wie gut du mit deiner Waffe umgehen kannst.«

Rincewind stemmte sich so langsam wie möglich hoch und griff nach dem Kurzschwert, das er vor einigen Stunden und hundert Jahren einem Wächter abgenommen hatte. Verglichen mit Withels haardünnem und sicher sehr scharfen Rapier wirkte es stumpf und plump.

»Aber ich weiß doch gar nicht, wie man mit einem Schwert kämpft«, klagte er.

»Gut.«

»Ist dir bekannt, daß man Zauberer nicht mit scharfen Gegenständen töten kann?« fragte Rincewind verzweifelt.

Withel lächelte kühl. »Ich habe davon gehört«, entgegnete er. »Mal sehen, ob's stimmt.« Er griff an.

Rincewind parierte den ersten Hieb allein durch Glück, riß verblüfft die Hand zurück, wehrte den zweiten Schlag durch Zufall ab und empfing den dritten in Höhe des Herzens.

Es klirrte leise.

Der triumphierende Schrei blieb Withel im Hals stecken. Er zog das Schwert aus dem Umhang des Zauberers und stieß einen Rincewind damit an, den Furcht und Schuld erstarren ließen. Erneut klimperte es, und Goldmünzen fielen zu Boden.

»Du blutest also Gold, wie?« zischte der Dieb. »Aber hast du auch Gold in deinem zottigen Bart versteckt, du kleiner...«

Als er zum tödlichen Hieb ausholte, geschah etwas Überraschendes. Das düstere Glühen im zerschmetterten Eingang der *Gebrochenen Trommel* flackerte, trübte sich, wurde schlagartig heller und explodierte zu einem lodernden Feuerball. Die Wände stürzten ein, und das Dach flog mindestens dreißig Meter hoch nach oben, bevor es von den Flammen eingeholt wurde.

Withel starrte unbeeindruckt in die brodelnde Glut. Und Rincewind sprang. Er duckte sich unter dem Schwertarm des Diebs hinweg, brachte seine eigene

Klinge in einem weiten Bogen herum und schlug so ungeschickt zu, daß er den Mann mit der flachen Seite traf und die Waffe verlor. Funken stoben, und es regnete brennendes Öl, als Withel beide Hände ausstreckte, sie um den Hals des Zauberers schloß und ihn auf die Knie zwang.

»Du bist dafür verantwortlich!« heulte er. »Du und deine hinterhältige Truhe!«

Seine Daumen fanden Rincewinds Luftröhre und drückten zu. *Jetzt ist es aus mit mir*, dachte der Zauberer. *Nun, im Jenseits kann es nicht annähernd so schlimm sein wie hier...*

»Entschuldigung«, sagte Zweiblum.

Rincewind spürte, wie der Druck nachließ. Withel richtete sich langsam auf, und sein Gesicht zeigte jetzt nur noch Haß.

Ein brennender Span berührte den Zauberer. Er strich ihn hastig fort und stand auf.

Zweiblum stand hinter Withel und hielt das Rapier des Diebs so, daß er die Spitze am Rücken spürte. Rincewind nickte langsam, schob die Hand in eine Tasche seines Umhangs und zog sie als Faust zurück.

»Keine falsche Bewegung!« befahl er.

»Mache ich das richtig?« fragte Zweiblum besorgt.

Rincewind entschloß sich zu einer freien Übersetzung. »Er meint: Wenn du dich von der Stelle rührst, spießt er deine Leber auf.«

»Das bezweifle ich«, erwiderte Withel.

»Willst du's drauf ankommen lassen?«

»Nein.«

Als Withel herumwirbeln und sich auf den Touristen stürzen wollte, schlug Rincewind zu und traf ihn am Kinn. Eine Sekunde lang starrte ihn der Dieb verwundert an, und dann sank er aufs schmierige Pflaster.

Der Zauberer öffnete die Faust, und mehrere große Goldstücke entfielen seinen schmerzenden Fingern. Er blickte auf den reglosen Withel.

»Bei allen guten Geistern...«, ächzte er.

Rincewind hob den Kopf und stieß einen schmerzerfüllten Schrei aus, als ihm ein weiterer glühender Holzsplitter über den Nacken strich. Auf beiden Straßenseiten sprinteten Flammen über die Dächer. Überall warfen Leute ihre Besitztümer aus den Fenstern und holte Pferde aus brennenden Ställen. Die *Gebrochene Trommel* hatte sich in einen regelrechten Vulkan verwandelt, und eine weitere Explosion schleuderte einen weißen marmornen Kaminsims davon.

»Es ist nicht weit bis zum entgegensetzten Tor!« rief Rincewind, um das laute Prasseln zu übertönen. »Komm!«

Er packte den widerstrebenden Zweiblum am Arm und zerrte ihn über die Straße.

»Meine Truhe...«

»Zur Hölle damit!« kreischte Rincewind. »Wenn du noch länger an diesem Ort bleibst, kannst du mit ihrem Inhalt ohnehin nichts mehr anfangen. Komm jetzt!«

Sie liefen durch eine Menge entsetzter Bürger, die es ebenfalls für besser hielten, dieses Stadtviertel zu verlassen. Der Zauberer nutzte die gute Gelegenheit, um in tiefen Zügen kühle Morgenluft zu atmen. Etwas verwirrte ihn.

»Ich bin sicher, daß alle Kerzen erloschen sind«, sagte er. »Wie konnte das Feuer in der *Gebrochenen Trommel* entstehen?«

»Keine Ahnung«, stöhnte Zweiblum. »Es ist schrecklich. Wir kamen so gut miteinander aus.«

Rincewind blieb so plötzlich stehen, daß ein anderer Flüchtling gegen ihn stieß und mit einem Fluch abprallte.

»Ihr seid *gut miteinander ausgekommen?*«

»Ja, prächtige Burschen, fand ich. Es gab ein kleines Sprachproblem, aber sie waren so versessen darauf, mich in ihre Gruppe aufzunehmen, bedrängten mich immer wieder, ihr Angebot anzunehmen... Wirklich nette Leute.«

Rincewind wollte ihm widersprechen, wußte aber nicht, wo er anfangen sollte.

»Ein schwerer Schlag für den alten Breitmann«, fuhr Zweiblum fort. »Wie dem auch sei: Er war klug. Ich habe noch den *Rhinu*, den er als erste Prämie gezahlt hat.«

Rincewind hörte das Wort ›Prämie‹ jetzt zum erstenmal, aber inzwischen arbeitete sein Verstand bereits auf Hochtouren.

»Du hast die Trommel *fähr-sichert?*« fragte er. »Du hast mit Breitmann gewettet, daß sie nicht niederbrennt?«

»O ja. Normale Risikobewertung. Die Schadenersatzsumme beträgt zweihundert *Rhinu*. Warum?«

Rincewind drehte sich um, beobachtete das sich schnell ausbreitende Feuer und überlegte, wieviel von Ankh-Morpork man mit zweihundert *Rhinu* kaufen konnte. Einen ziemlich großen Teil, glaubte er. Nur nicht gerade jetzt... Die Flammen rasten so schnell durch die Stadt, daß die Kaufverträge verbrannten, noch bevor man sie unterschreiben konnte.

Der Zauberer sah auf den Touristen hinab.

»Du...«, begann er und suchte in seinem Gedächtnis nach dem schlimmsten Wort in der Trob-Sprache. Die zufriedenen kleinen BinTrobi schienen nie gelernt zu haben, wie man richtig fluchte.

»Du«, wiederholte er. Eine zweite eilige Gestalt stieß gegen Rincewind und verfehlte ihn nur knapp mit der langen Klinge, die ihn über die Schulter ragte. Rincewinds arg strapazierter Geduldsfaden riß.

»Du kleiner (solcher, der einen kupfernen Nasenring trägt, während eines schweren Gewitters in einem Fußbad auf dem Berg Raruaruaha steht und ruft, das Gesicht der Blitz-Göttin Alohura sehe wie eine kranke Uloruaha-Wurzel aus)!«

ICH ERFÜLLE NUR MEINE PFLICHT, sagte die Gestalt und marschierte von dannen.

Jede Silbe klang wie eine herabfallende Marmorplat-

te. Mehr noch: Rincewind zweifelte kaum daran, daß nur er die Stimme gehört hatte.
Erneut griff er nach Zweiblums Arm.
»Laß uns von hier verschwinden«, schlug er vor.

※

Eine interessante Nebenwirkung des Feuers in Ankh-Morpork betrifft die *Fähr-sicher-ungs-Polließ*. Sie verließ die Stadt durch das zerstörte Dach der Gebrochenen Trommel, wurde vom Aufwind weit nach oben getragen, um einige Tage später und mehrere tausend Meilen entfernt eine BinTrobi-Insel zu erreichen, wo sie auf einem Uloruaha-Strauch landete. Die einfachen, glücklichen Inselbewohner verehrten sie als Gott, sehr zur Erheiterung ihrer kultivierteren Nachbarn. Seltsamerweise kam es in den nächsten Jahren zu ausgiebigen Regenfällen und guten Ernten, was die Fakultät für Unbedeutende Religionen an der Unsichtbaren Universität dazu veranlaßte, eine Forschungsgruppe zu entsenden. Ihr Untersuchungsergebnis lautete: Da sieht man's mal wieder.

※

Das vom Wind geschürte Feuer breitete sich schneller aus, als ein Mann laufen konnte. Die große Holzpforte des entgegengesetzten Tors brannte bereits, als Rincewind — in seinem Gesicht zeigten sich erste rote Blasen — dort eintraf. Inzwischen saßen er und Zweiblum auf Pferden. Es war ihnen nicht sehr schwer gefallen, sich Reittiere zu besorgen. Ein listiger Händler hatte einen fünfzigmal höheren Preis verlangt und riß die Augen auf, als man ihm das Tausendfache in die Hand drückte.

Sie ritten durch das Tor, bevor die ersten großen Balken in einem Wirbelsturm aus Funken herabfielen. Morpork war bereits ein einziges Flammenmeer.

Als sie über die vom orangefarbenen Widerschein erhellte Straße galoppierten, drehte Rincewind den Kopf zu seinem Gefährten um, der gerade versuchte, das Reiten zu lernen.

Potzblitz! fuhr es ihm durch den Sinn. *Er lebt noch. Und ich auch. Wer hätte das gedacht? Vielleicht ist wirklich etwas dran an jener* Widerhallendes Geräusch-wie-von-unterirdischen-Geistern-*Magie*... Eine ziemlich mühselige Bezeichnung, fand er. Rincewind versuchte, das Wort in Zweiblums Muttersprache zu formulieren, ohne sich dabei die Zunge zu verrenken.

»Ökolügnie?« sagte er vorsichtig. »Ökro-gnotie? Ökonognomie?«

Er nickte zufrieden. Ja, das klang richtig.

※

Einige hundert Meter flußabwärts vom letzten brennenden Vorort schwamm ein seltsam kantiges und ziemlich nasses Objekt zum entgegengesetzten Ufer. Dort wuchsen ihm zahlreiche Beine, mit denen es nach Halt suchte.

Die Truhe — sie war rußverschmiert, an einigen Stellen angesengt und sehr, sehr zornig — kroch die Böschung hinauf, schüttelte Wasser ab und orientierte sich. Dann trabte sie los. Auf ihrem Deckel saß ein überaus häßlicher kleiner Kobold und beobachtete die Umgebung mit großem Interesse.

※

Bravd sah Schleicher an und hob die Brauen.

»Das ist alles«, sagte Rincewind. »Die Truhe hat uns gefunden, aber fragt mich jetzt bloß nicht, wie ihr das gelungen ist. Habt ihr noch Wein?«

Schleicher deutete auf die leeren Flaschen.

»Ich glaube, für heute abend hast du genug getrunken«, erwiderte er.

Bravd runzelte die Stirn.

»Gold ist Gold«, brummte er schließlich. »Wie kann jemand mit viel Gold glauben, arm zu sein? Entweder ist man arm oder reich. So verlangt es die Logik.«

Rincewind rülpste leise. Derzeit hatte er mit der Logik einige Schwierigkeiten. »Nun«, sagte er, »ich glaube äh, ich meine äh, worauf ich hinauswill, äh ... Kennt ihr Oktiron?«

Die beiden Abenteurer nickten. In den Ländern am Runden Meer war dieses seltsam schimmernde Metall fast ebenso geschätzt — und selten — wie intelligentes Birnbaumholz. Wer eine Nadel aus Oktiron besaß, verirrte sich nie, denn sie reagierte auf das magische Kraftfeld der Scheibenwelt und zeigte deshalb immer zur Mitte. Darüber hinaus stopfte sie ihrem Eigentümer auf wundersame Weise die Socken.

»Nun, ich meine, wißt ihr, äh, auch Gold hat eine Art magisches Kraftfeld. So etwas wie finanzielle Zauberei. Ökono-gnomie.« Rincewind lachte.

Schleicher stand auf und streckte sich. Die Sonne war bereits ein ganzes Stück über den Horizont geklettert; Rauchschwaden und Wolken aus schmutzigem Wasserdampf umhüllten die Stadt im Tal. *Dort gibt's Gold*, dachte Bravds Gefährte. *Selbst ein Bürger von Morpork läßt seine Schätze zurück, wenn er sich vom Tod unmittelbar bedroht sieht. Wird Zeit, daß wir aufbrechen.*

Der kleine Mann namens Zweiblum schien zu schlafen. Schleicher sah auf ihn hinab und schüttelte den Kopf.

»Die Stadt wartet auf uns«, sagte er. »Danke für die interessante Geschichte, Zauberer. Was hast du jetzt vor?« Schleicher blickte zur Truhe, die sofort zurückwich und drohend den Deckel hob.

»Nun, derzeit gibt es keine Schiffe, die Ankh-Morpork verlassen.« Rincewind kicherte. »Wahrscheinlich nehmen wir die Küstenstraße nach Chirm. Weißt du, ich muß mich um den Touristen kümmern. Was die Geschichte betrifft ... Sie ist wahr, glaub mir. Ich habe nichts erfunden ...«

»Oh, natürlich nicht«, erwiderte Schleicher in einem beschwichtigenden Tonfall. Er ging und schwang sich in den Sattel seines Pferds. Kurz darauf waren Bravd und sein Gefährte nur noch kleine Punkte unter einer Staubwolke; sie ritten zu einer Stadt, die zum größten Teil aus Asche und Holzkohle bestand.

Rincewind starrte benommen auf den reglosen Touristen. Besser gesagt: auf zwei reglose Touristen. Ein umherirrender Gedanke wanderte durch die mentalen Dimensionen, auf der Suche nach einem Verstand, der ihn aufnehmen konnte. Er traf das derzeit recht hilflose Bewußtsein des Zauberers und veranlaßte Zunge und Lippen, folgende Worte zu formulieren:

»Da hast du mich mal wieder in einen schönen Schlamassel gebracht«, stöhnte Rincewind und kippte um.

»Verrückt«, sagte Schleicher. Bravd ritt zwei Meter neben ihm und nickte.

»Früher oder später erwischt es alle Zauberer«, entgegnete er. »Es liegt an den Quecksilberdämpfen. Dadurch verfaulen ihre Gehirne. Und außerdem essen sie zu viele Pilze.«

»Andererseits ...«, begann sein braungekleideter Gefährte. Er griff unter den Umhang und holte eine goldene Scheibe hervor, die an einer kurzen Kette baumelte. Bravd wölbte die Brauen.

»Rincewind meint, der kleine Mann besitze eine goldene Scheibe, die ihm die Zeit nennt«, sagte Schleicher.

»Wodurch deine Habgier neugierig geworden ist, wie? Nun, du bist immer ein geschickter Dieb gewesen.«

»In der Tat«, bestätigte Schleicher bescheiden. Er berührte den kleinen Knopf am Rand der Scheibe, und daraufhin öffnete sie sich.

Der winzige darin gefangene Dämon sah von seinem kleinen Abakus auf und schnitt eine finstere Miene. »Es fehlen nur noch zehn Minuten bis zur achten Stunde«, knurrte er. Dann fiel die Klappe wieder zu und klemmte dabei um ein Haar Schleichers Finger ein.

Bravds Begleiter fluchte und warf den Zeitzähler weit in die Heide. Vielleicht fiel das Objekt dort auf einen Stein. Wie dem auch sei: Irgend etwas ließ das Gehäuse zerplatzen. Ein oktariner Blitz gleißte, und es roch nach Bimsstein, als das kleine Zeit-Wesen in die dämonische Dimension seiner Heimat zurückkehrte.

»Warum hast du das Ding weggeworfen?« fragte Bravd, der die Worte gehört hatte.

»Was denn?« erwiderte Schleicher. »Ich verstehe überhaupt nicht, was du meinst. Es ist gar nichts geschehen. Komm jetzt — wir vergeuden gute Gelegenheiten.«

Bravd nickte. Sie trieben ihre Pferde an und galoppierten zur alten Stadt, in der sie ehrliche Magie erwartete.

Gefährliche Acht

PROLOG

Die Scheibenwelt bietet einen Anblick, der weitaus beeindruckender ist als die Sehenswürdigkeiten in jenen Universen, die das Werk weniger phantasievoller und mehr auf Himmelsmechanik bedachter Schöpfer sind.

Zwar ist die Sonne der Scheibenwelt ziemlich klein, und die Größe ihrer Protuberanzen kann es höchstens mit Krockettoren aufnehmen. Aber dieser geringfügige Nachteil wird von der Himmelsschildkröte Groß-A'Tuin ausgeglichen, auf deren uraltem meteoritenzerkratzten Panzer vier Elefanten stehen, die wiederum die Scheibenwelt tragen. Während ihrer — oder seiner; das Geschlecht der Sternenschildkröte ist noch immer ein Rätsel — langen Reise an den Gestaden der Unendlichkeit dreht sie (beziehungsweise er) manchmal den kontinentgroßen Kopf und schnappt nach einem vorbeifliegenden Kometen.

Viele Gehirne, die der galaktischen Gewaltigkeit Groß-A'Tuins begegnen, lehnen es einfach ab, den Augen zu trauen. Für solche Personen besteht der beeindruckendste Anblick vielleicht im endlosen Randfall — dort brodelt das Runde Meer der Scheibenwelt über den Rand und ergießt sich ins Weltall. Möglicherweise gilt ihre Bewunderung auch dem Randbogen, einem aus acht Farben bestehenden Regenbogen, der die Scheibenwelt umgibt und im Dunst über dem Randfall glänzt. Die achte Farbe heißt Oktarin und wird von einem besonderen prismatischen Effekt erzeugt, wenn Sonnenlicht auf ein starkes magisches Kraftfeld trifft.

Es wäre auch denkbar, die Mitte für den prachtvollsten Anblick zu halten. Dort erhebt sich ein zehn Meilen hohes Massiv aus grünem Eis, ragt durch die Wolken und trägt auf seinem Gipfel Würdentracht, das Heim der Götter. Diese besonderen Götter blicken auf eine einzigartige Welt hinab, aber trotzdem sind sie nur selten zufrieden. Es stimmt sie verlegen zu wissen, Götter einer Welt zu sein, die nur deshalb existiert, weil jede Unwahrscheinlichkeitskurve nicht nur einen Anfang hat, sondern auch ein Ende. Hinzu kommt, daß sie in andere Dimensionen sehen können und dort Welten betrachten, deren Schöpfer sich durch den bereits erwähnten Phantasiemangel auszeichnen und himmelsmechanische Strukturen vorziehen. Kein Wunder, daß die Scheibenweltgötter den größten Teil ihrer Zeit damit verbringen, sich zu zanken, anstatt Omnikognition anzustreben.

An diesem besonderen Tag saß der Blinde Io — er verdankte es seiner ständigen Wachsamkeit, Oberhaupt aller Götter zu sein — an einem roten Marmortisch, stützte das Kinn auf die Hand und betrachtete ein Spielbrett. Man nannte ihn Blinden Io, weil sich leere glatte Haut dort erstreckte, wo man für gewöhnlich die Augenhöhlen vermutete. Natürlich mangelte es ihm nicht an Augen. Er hatte sogar ziemlich viele, und sie führten ein recht unabhängiges Eigenleben. Mehrere von ihnen schwebten jetzt über dem Tisch.

Das Spielbrett stellte eine mit allen Einzelheiten der Scheibenwelt ausgestattete Karte dar, eingeteilt in Quadrate. Auf einigen davon standen kunstvoll geformte Figuren. In zwei von ihnen hätte ein menschlicher Beobachter Bravd und Schleicher wiederkannt. Andere repräsentierten weitere Helden und Meisterkämpfer, von denen es auf der Scheibenwelt geradezu wimmelte.

Noch im Spiel waren Io, der Krokodilgott Offler, Zephir, Gott der leichten Brisen, Verhängnis und die Lady. Nach dem Ausscheiden der unwichtigeren sakralen Entitäten herrschte eine Atmosphäre der Konzentration am Tisch. Zufall wurde zu einem frühen Opfer, als sein Held in ein Haus mit Dutzenden von Gnollen stürmte (das Ergebnis eines glücklichen Wurfs Offlers). Kurz darauf löste Nacht ihre Chips ein und wies darauf hin, sie sei mit Schicksal verabredet. Einige kleinere Gottheiten schlichen sich heran und spähten über die Schultern der Spieler.

Nebenwetten wurden abgeschlossen, und bei den meisten ging es darum, daß auch die Lady bald ausscheiden würde. Ihr letzter nennenswerter Trumpf war jetzt nur noch Pottasche in den Ruinen der noch immer qualmenden Stadt Ankh-Morpork, und sie besaß kaum mehr andere wichtige Figuren.

Der Blinde Io griff nach dem Würfelbecher — es handelte sich um einen Schädel, dessen verschiedene Öffnungen man mit Rubinen zugestopft hatte —, sah die Lady aus mehreren Augen an und würfelte drei Fünfen.

Die Lady lächelte. *Ihre* Augen waren hellgrün, und darin fehlten sowohl Iris als auch Pupille; außerdem glühten sie von innen heraus.

Es wurde völlig still im Zimmer, als sie in ihrer Schachtel mit Spielfiguren kramte, zwei hervorholte und sie entschlossen aufs Brett setzte. Die anderen göttlichen Spieler beugten sich gleichzeitig vor.

»Ein unfähiger Zauberer und eine Art Angeftellter«, sagte der Krokodilgott Offler. Aufgrund seiner langen Reißzähne hatte er wie üblich Schwierigkeiten mit der korrekten Aussprache. »Na, waf foll man davon halten?« Mit einer Klauenpranke schob er einen Haufen knochenweißer Münzmarken in die Mitte des Tisches.

Die Lady nickte knapp, griff nach dem Becher und hielt ihn völlig ruhig. Trotzdem hörten die anderen Götter, wie sich die Würfel darin bewegten. Kurz darauf klackten sie über den Tisch.

Eine Sechs. Eine Drei. Und eine Fünf.

Doch mit der Fünf geschah etwas. Der entsprechende Würfel erzitterte unter der Wucht eines zufälligen Zusammenstoßes mit mehreren Milliarden Molekülen, drehte sich auf der einen Kante, neigte sich zur Seite — und zeigte eine Sieben.

Der Blinde Io griff danach und zählte die Seiten.

»Ich *bitte* dich«, sagte er verärgert. »Mogeln ist verboten.«

GEFÄHRLICHE ACHT

Die Straße von Ankh-Morpork nach Chirm ist steil, weiß und kurvenreich. Über viele Meilen hinweg besteht sie aus Schlaglöchern und halb im Boden steckenden Felsen, führt in weiten Spiralen um Berge herum, neigt sich in kühle grüne Täler mit Zitrusbäumen hinab und überquert lianenverhangene Schluchten auf knarrenden Hängebrücken. Im großen und ganzen ist sie mehr pittoresk als nützlich.

Pittoresk. Ein neues Wort für den Zauberer Rincewind (*Studentus magus* der Unsichtbaren Universität [gescheitert]). Es gehörte zu einigen anderen, die er seinem Vokabular seit dem Verlassen der verkohlten Ruinen von Ankh-Morpork hinzugefügt hatte. Zwei weitere hießen malerisch und idyllisch. Nach aufmerksamer Beobachtung der Umgebung, die Zweiblum veranlaßte, den Ausdruck ›pittoresk‹ zu verwenden, gelangte Rincewind zu dem Schluß, daß man damit zerklüftete Landschaften mit vielen Steilhängen beschrieb. Da die Worte ›malerisch‹ und ›idyllisch‹ meistens dann erklangen, wenn sie durch Dörfer kamen, argwöhnte der Zauberer, daß es sich um Synonyme für ›verfallen‹ und ›von Fieber heimgesucht‹ handelte.

Zweiblum war Tourist — der erste auf der Scheibenwelt. Und ›Tourist‹, so wußte Rincewind inzwischen, bedeutete ›Idiot.‹

Die Luft roch nach Thymian, und Bienen summten. Als sie langsam über den Weg ritten, dachte Rincewind an die Ereignisse der letzten Tage. Der kleine Fremde war zwar ganz offensichtlich verrückt, aber auch großzügiger und weitaus weniger gefährlich als die meisten Leute, mit denen der Zauberer in Ankh-Morpork Umgang gepflegt hatte. Rincewind mochte ihn. Antipathie ihm gegenüber kam Tritten nach kleinen, niedlichen und wehrlosen Hunden gleich.

Derzeit zeigte Zweiblum großes Interesse an den theoretischen und praktischen Aspekten von Magie.

»Mir erscheint das alles ziemlich seltsam«, sagte er. »Weißt du, ich dachte immer, ein Zauberer brauche nur einige magische Worte auszusprechen. Das viele Lernen klingt recht anstrengend.«

Rincewind pflichtete ihm verdrossen bei. Er versuchte zu erklären, daß die Magie tatsächlich einmal ungebändigt und frei gewesen war, bis sie im Morgengrauen der Zeit von den *Alten* gezähmt und dazu gezwungen worden war, unter anderem dem Gesetz von der Erhaltung der Wirklichkeit zu gehorchen. Es verlangte folgendes: Die für das Erreichen eines bestimmten Ziels notwendige Mühe mußte immer gleich groß sein, ungeachtet der eingesetzten Mittel. Anders ausgedrückt: Es war nicht weiter schwer, die Illusion eines Weinglases zu schaffen — dafür genügte eine unmerkliche Veränderungen bestimmter Lichtmuster. Aber wenn jemand ein Weinglas allein mit geistiger Kraft von einem Tisch aufsteigen lassen wollte, so mußte sich der entsprechende Zauberer mehrere Stunden lang systematisch vorbereiten, um zu verhindern, daß ihm die mentale Hebelkraft das Gehirn aus den Ohren drückte.

Rincewind fügte hinzu, daß noch immer ein Teil der alten Magie in der ursprünglich reinen Form existierte. Eingeweihte erkannten sie anhand der achteckigen Form, die sie im kristallinen Gefüge der Raum-Zeit bildete. Es gab zum Beispiel das Metall Oktiron und das Gas Oktogen. Beide Substanzen zeichneten sich durch starke magische Strahlung aus.

»Es ist alles sehr deprimierend«, schloß der Zauberer seinen Vortrag.

»Deprimierend?«

Rincewind drehte sich im Sattel und blickte zu Zweiblums Truhe, die ihnen auf Hunderten von kleinen Beinen folgte, gelegentlich den Deckel hob und nach Schmetterlingen schnappte. Er seufzte.

»Rincewind glaubt, er sollte in der Lage sein, Blitzen Geschirre anzulegen«, sagte der Bilderkobold. Er lehnte in der winzigen Tür des Kastens, der an Zweiblums Halsriemen hing, und beobachtete die Landschaft mit großem Interesse. Am Vormittag hatte er für seinen Herrn pittoreske und idyllische Bilder gemalt; jetzt legte er eine Pause ein und paffte seine Pfeife.

»Als ich von *Geschirren* sprach, meinte ich keine Geschirre in diesem Sinn«, erwiderte Rincewind scharf. »Ich meinte, nun, äh, ich meinte ... Himmel, ich weiß nicht, was ich meinte. Mir fallen einfach nicht die richtigen Worte ein. Wie dem auch sei: Ich halte eine besser organisierte Welt für wünschenswert.«

»Das sind Hirngespinste«, behauptete Zweiblum.

»Ich weiß. Gerade das bedrückt mich ja so.« Rincewind seufzte erneut. Es mochte ganz angenehm sein, immerzu den Maßstab der Logik anzulegen und zu glauben, das Universum werde von Vernunft und der Harmonie der Zahlen beherrscht. Aber leider gab es einen Haken an der Sache: Die Scheibenwelt wurde von einer riesigen Schildkröte durchs Weltall getragen, und die Götter neigten dazu, Atheisten zu besuchen und die Fenster ihrer Häuser einzuschlagen.

Ein leises Geräusch ertönte, kaum lauter als das Summen im Rosmarin neben der Straße. Es hörte sich sonderbar knochig an, wie von rollenden Schädeln oder klappernden Würfeln. Als es verklang, erlebte die Welt eine tiefgreifende Veränderung.

Ein fünf Meter großer Bergtroll stand nun auf dem Weg, und er schien recht wütend zu sein. Nun, gute Laune ist bei Trollen ohnehin sehr selten, aber in diesem Fall gingen Ärger und Zorn auf äußere Einflüsse zurück: Der plötzliche Transfer von den dreitausend Meilen entfernten Rammerorck-Bergen, die sich außerdem tausend Meter weiter randwärts erhoben, hatte aufgrund des Gesetzes von der Erhaltung der Energie dafür gesorgt, daß die Körpertemperatur des Trolls ein kritisches Niveau erreichte. Deshalb fletschte er die Zähne und brüllte.

»Ein sonderbares Wesen«, sagte Zweiblum. »Ist es gefährlich?«

»Nur für Menschen!« rief Rincewind. Er zog sein Schwert, holte aus und schaffte es, den Troll zu verfehlen. Die Klinge fiel ins Heidekraut am Straßenrand.

Wieder erklang ein leises, kaum hörbares Geräusch, wie das Klappern alter Zähne.

Das Schwert traf einen im Heidekraut verborgenen Stein — er war so gut versteckt, daß ihn bis vor wenigen Sekunden selbst ein aufmerksamer Beobachter nicht bemerkt hätte. Die Klinge prallte ab, sprang wie ein Lachs hoch, zielte sorgfältig und bohrte sich in den grauen Hals des Trolls.

Das Geschöpf knurrte, schlug mit einer Klauenpranke zu und riß eine tiefe Wunde in die Flanke von Zweiblums Pferd, das daraufhin schmerzerfüllt wieherte und davonsauste. Unmittelbar im Anschluß daran wirbelte der Troll herum und griff Rincewind an.

Dann übermittelte ein eher träges Nervensystem die Botschaft vom Tod. Ein oder zwei Sekunden lang wirkte das Wesen überrascht, stürzte um und splitterte — da Trolle Lebewesen aus Stein sind, verwandeln sie sich nach dem Tod in Kies.

Arrgh, dachte Rincewind, als sein entsetztes Pferd scheute. Er hielt sich verzweifelt fest, als das Tier auf zwei Beinen über die Straße wankte, laut schnaubte und in den Wald galoppierte.

Das Pochen der Hufe wurde rasch leiser, überließ die akustische Szene dem Summen der Bienen und dem leisen Knistern von Schmetterlingsflügeln. Ein anderes Geräusch kam hinzu, und es schien überhaupt nicht zu der Umgebung zu passen.

Es klang wie rollende Würfel.

»Rincewind?«

Die langen, von Bäumen gesäumten Korridore des Waldes warfen Zweiblums Stimme hin und her und schleuderten sie schließlich achtlos zu ihm zurück. Er setzte sich auf einen großen Stein und versuchte nachzudenken.

Zuerst einmal ... Er hatte sich verirrt. Eine ärgerliche Sache, ja — aber er machte sich deshalb keine großen Sorgen. Der Wald wirkte recht interessant; vielleicht gab es hier Elfen oder Gnome. Oder Elfen *und* Gnome. Schon mehrmals hatte er den Eindruck gewonnen, daß sonderbare grüne Gesichter von Zweigen und Ästen zu ihm herabspähten. Zweiblum wünschte sich seit seiner Kindheit, einem Elf zu begegnen. Ein Drache wäre ihm natürlich lieber gewesen, aber er war bereit, sich mit einem Elf zu begnügen. Oder mit einem Kobold.

Seine Truhe fehlte, und das ärgerte ihn. Darüber hinaus begann es nun zu regnen. Er rutschte unbehaglich auf dem feuchten Stein hin und her und bemühte sich, die Dinge aus einer optimistischen Perspektive zu betrachten. Zum Beispiel: Als sein Pferd während der wilden Flucht durch einige Büsche und Sträucher sprang, scheuchte es eine Bärin mit ihren Jungen auf, setzte den Weg jedoch fort, bevor Meister Petz reagieren konnte. Kurze Zeit später sprang es über einige schlafende Wölfe hinweg und war dabei so schnell, daß das wütende Heulen schon nach wenigen Sekunden hinter Roß und Reiter verklang. Trotzdem: Der Tag ging allmählich zur Neige, und Zweiblum hielt es für eine gute Idee, nicht im Freien zu verweilen. Vielleicht gab es irgendwo ein ... Er überlegte angestrengt und versuchte sich daran zu erinnern, welche traditionellen Unterkünfte der Wald anbot. Ja, genau: Möglicherweise konnte er in einem Lebkuchenhäuschen übernachten.

Mit der Zeit erwies sich der Stein als außerordentlich unbequem. Zweiblum senkte den Kopf und sah erst jetzt die seltsamen Muster im Felsen.

Sie schienen einer Spinne nachempfunden zu sein. Oder einem Tintenfisch. Moose und Flechten verwehrten den Blick auf Einzelheiten, aber die Runen darunter waren deutlich zu erkennen. Zweiblum las sie, und ihre Botschaft lautete: *Reisender, du brauchst nur tausend Schritte mittwärts zu gehen, um den gastlichen Tempel von Bel-Shamharoth zu erreichen.* Der Tourist sah sich mit einem seltsamen Phänomen konfrontiert — er verstand die Mitteilung, obwohl die einzelnen Schriftzeichen überhaupt keinen Sinn für ihn ergaben. Irgendwie gelangte ihre Bedeutung in sein Gehirn, ohne sich mit dem Umweg durch die Augen aufzuhalten.

Er stand auf und löste die Zügel des jetzt wieder fügsamen Pferds von einem kleinen Baum. Zweiblum wußte nicht, wo sich die Mitte befand, aber er sah nun einen alten Pfad, der durch den Wald reichte. Jener Bel-Shamharoth schien sich große Mühe zu geben, verirrten Reisenden zu helfen. Nun, die Alternative bestand aus hungrigen Wölfen ... Der Tourist nickte entschlossen.

Interessanterweise geschah einige Stunden später folgendes: Zwei Wölfe folgten Zweiblums Fährte und erreichten den Stein. Der Blick ihrer grünen Augen fiel auf das eigentümliche achtbeinige Muster — vielleicht handelte es sich tatsächlich um die Darstellung einer Spinne oder eines Tintenfischs; vielleicht zeigte es noch etwas weitaus Seltsameres —, und daraufhin gelangten sie zu dem Schluß, gar nicht so hungrig zu sein.

※

Etwa drei Meilen entfernt hielt sich ein gescheiterter Zauberer am hohen Ast einer Buche fest.

Seine gegenwärtige Lage war das Ergebnis von fünf Minuten hektischer Betriebsamkeit. Zuerst stürmte eine wütende Bärin durchs Unterholz und zerfetzte mit einem Prankenhieb die Kehle von Rincewinds Pferd. Als er floh, um nicht ebenfalls zum Opfer des Gemetzels zu werden, begegnete er mehreren zornigen Wölfen. Die Lehrer an der Unsichtbaren Universität hatten immer wieder seine Unfähigkeit verflucht, die Levitation zu erlernen; sie wären erstaunt darüber gewesen, wie schnell er den nächsten Baum erkletterte, offenbar ohne den Stamm zu berühren.

Jetzt gab es nur noch das Problem namens Schlange. Ein großes grünes Exemplar — und es kroch mit Reptiliengeduld über den Ast. *Ob sie giftig ist?* überlegte Rincewind, und gleich darauf kam er sich wie ein Narr vor, über eine solche Frage nachgedacht zu haben. *Natürlich war die Schlange giftig.*

»Warum grinst du so?« wandte er sich an die Gestalt auf dem nächsten Ast.

ICH KANN NICHT ANDERS, erwiderte Tod. WÜRDEST DU JETZT BITTE LOSLASSEN? ICH HABE NICHT DEN GANZEN TAG LANG ZEIT.

»Ich schon«, sagte Rincewind trotzig.

Die vor dem Baum wartenden Wölfe sahen nach oben und beobachteten, wie ihre nächste Mahlzeit mit sich selbst sprach.

ES TUT NICHT WEH, meinte Tod. Wenn Worte Gewicht hatten, so genügte ein einzelner Satz von Tod, um ein Schiff zu verankern.

Rincewinds Arme beschwerten sich mit heftigen Schmerzen. Er warf der geierartigen, leicht durchscheinenden Gestalt einen finsteren Blick zu.

»Es tut nicht weh?« wiederholte er. »Wahrscheinlich kitzelt es nur ein bißchen, von Wölfen zerfleischt zu werden, wie?«

Ein dumpfes Knacken wies ihn darauf hin, daß der Ast, an dem er hing, langsam die Geduld verlor. Er sah sich um und bemerkte einen dicken Zweig, von dem ihn nur ein Meter trennte. Wenn er ihn erreichen konnte...

Rincewind schwang sich zur Seite und streckte die Hand aus.

Der bereits stark gekrümmte Ast brach nicht etwa, sondern knirschte und neigte sich nach unten.

Rincewind fand sich am Ende einer langen Zunge aus Borke und Holzfasern wieder, die sich vom Baum löste und dabei in die Länge wuchs. Er starrte nach unten und stellte mit fatalistischer Zufriedenheit fest, daß er direkt auf dem größten Wolf landen würde.

Der Abstand zum Boden verringerte sich, als der Streifen aus Rinde immer länger wurde. Die Schlange beobachtete ihn nachdenklich.

Dann zitterte die Borkenzunge und verharrte. Rincewind wollte sich gerade zu seinem Glück gratulieren, als er den Kopf hob und etwas erblickte, das sich seiner Aufmerksamkeit erst jetzt offenbarte. Direkt vor ihm hing das größte Hornissennest, das er jemals gesehen hatte.

Er kniff die Augen zu.

Warum der Troll? dachte er. *Der Rest ist einfach mein übliches Pech, aber warum der Troll? Bei den Dämonen in der Hölle — was hat das alles zu bedeuten?*

Klick. Es klang nach einem brechenden Zweig, doch das Geräusch ertönte hinter Rincewinds Stirn. *Klickklick.* Und dann ein Windstoß, der kein einziges Blatt bewegte.

Das Hornissennest wurde vom Ast gerissen, als der lange Streifen aus Rinde vorbeizuckte. Es fiel in die Tiefe, und der Zauberer beobachtete, wie es immer kleiner wurde, als es sich unten dem Kreis aus aufgerissenen Mäulern näherte.

Der Kreis schloß sich.

Der Kreis dehnte sich plötzlich.

Mit schmerzerfülltem Geheul stoben die Wölfe davon und versuchten, dem zornigen Hornissenschwarm zu entkommen. Rincewind grinste schadenfroh.

Dann berührte sein Ellenbogen etwas — den Baumstamm. Die Borkenzunge hatte ihn bis zum Astansatz getragen. Leider befanden sich keine anderen Zweige in erreichbarer Nähe, und der glatte Stamm bot nicht genug Halt.

Dafür bot er Hände. Zwei schoben sich gerade durch die moosbewachsene Rinde vor ihm — schmale Hände, so grün wie junge Blätter —, gefolgt von einem schlanken Arm. Dann beugte sich die Baumnymphe vor und packte den verblüfften Zauberer. Mit jener pflanzlichen Kraft, die Wurzeln in Felsen treibt, zog sie ihn in den Stamm. Die massive Borke teilte sich wie Nebel, klappte hinter ihm wie eine Venusmuschel zu.

Tod nahm das Geschehen gleichmütig zur Kenntnis.

Eine Zeitlang beobachtete er mehrere Eintagsfliegen, die dicht vor ihm in einem fröhlichen Zickzack flogen. Als er mit den Fingern schnippte, fielen sie zu Boden. Doch aus irgendeinem Grund befriedigte es ihn nicht.

※

Der Blinde Io schob einen Stapel Chips über den Tisch, starrte finster aus den Augen, die sich derzeit im Zimmer befanden, stand auf und ging. Einige Halbgötter kicherten. Offler war kein so schlechter Verlierer: Er hatte den Verlust eines guten Trolls mit unerschütterlicher, wenn auch reptilischer Gelassenheit hingenommen.

Der letzte Gegner der Lady rückte seinen Stuhl zurecht, bis er genau auf der anderen Seite des Spielbretts saß.

»Lord«, sagte sie höflich.

»Lady«, erwiderte er. Ihre Blicke trafen sich.

Er war ein recht schweigsamer Gott, und es hieß, daß er die Scheibenwelt nach einem ebenso schrecklichen wie mysteriösen Zwischenfall in einer anderen Eventualität erreicht hatte. Eins der Privilegien von Göttern besteht natürlich darin, ihr Erscheinungsbild zu bestimmen, selbst anderen Göttern gegenüber. Derzeit sah Verhängnis wie ein freundlicher Mann in mittleren Jahren aus; unter dem sorgfältig zurückgekämmten grauen Haar zeigten sich Gesichtszüge, denen eine Jungfrau ohne Zögern ein Glas Bier angeboten hätte, wenn sie an ihrer Hintertür erschienen wären. Niemand würde zögern, einem solchen Gesicht über einen Zauntritt zu helfen.

Doch die Augen ...

Keine Gottheit kann über Art und Natur ihrer Augen hinwegtäuschen. Die Augen des Verhängnisses der Scheibenwelt lassen sich folgendermaßen beschreiben: Auf den ersten Blick betrachtet waren sie nur dunkel, doch wenn man genauer hinsah, erkannte man — zu spät! —, daß es sich um Tore in finsterste Finsternis handelte, in eine so tiefe Dunkelheit, daß der Beobachter spürte, von den beiden Ozeanen ewiger Nacht und den darin wirbelnden Sternen angesaugt zu werden ...

Die Lady hüstelte diskret und legte einundzwanzig weiße Chips auf den Tisch. Dann griff sie in eine Tasche ihres Umhangs und holte eine weitere Spielmarke hervor — sie glänzte silbergrau und war doppelt so groß wie die anderen. Die Seele eines wahren Helden hatte immer einen höheren Wert und wurde von den Göttern sehr geschätzt.

Verhängnis hob eine Braue.

»Diesmal solltest du besser nicht mogeln, Lady«, sagte er.

»Wer könnte das Verhängnis betrügen?« fragte sie. Der so freundlich wirkende Mann hob die Schultern.

»Niemand. Aber alle versuchen es.«

»Seltsam. Ich habe das Gefühl, daß du mir gegen die anderen geholfen hast.«

»Ja, um dafür zu sorgen, daß die Schlußphase des Spiels interessanter wird, Lady. Und nun ...«

Er öffnete seine Schachtel, entnahm ihr eine Spielfigur und setzte sie zufrieden aufs Brett. Die anwesenden Götter seufzten wie aus einem Mund, und selbst die Lady wirkte einige Sekunden lang überrascht.

Die Figur war überaus häßlich. Es zeigten sich kaum Einzelheiten — die Hände des Künstlers, der sie hergestellt hatte, schienen entsetzt gezittert zu haben, als sie langsam Gestalt annahm. Sie bestand nur aus Tentakeln und Saugnäpfen. Und aus Schnäbeln und Beißkiefern, beobachtete die Lady. Hinzu kam ein großes Auge.

»Ich dachte, Er sei gestorben, als die Zeit geboren wurde.«

»Vielleicht verabscheute selbst Er unsere nekrotische Freundin.« Verhängnis lachte leise und schien sich prächtig zu amüsieren.

»Ein solches Wesen hätte nie Teil der Schöpfung werden dürfen.«

»Aber es existiert«, erwiderte Verhängnis gnomisch. Er legte die Würfel in ihren ungewöhnlichen Behälter und sah dann zur Lady.

»Wenn du aufgeben möchtest...«, murmelte er.

Sie schüttelte den Kopf.

»Du bist dran«, sagte sie.

»Kannst du meinen Einsatz halten?«

»*Du* bist dran.«

⌘

Rincewind wußte, was sich im Innern von Bäumen befand: Holz, Saft, vielleicht auch Eichhörnchen. Aber kein Palast.

Dennoch: Die Kissen unter ihm waren eindeutig weicher als Holz; der Wein im hölzernen Becher schmeckte besser als Saft; und Vergleiche zwischen einem Eichhörnchen und der jungen Frau, die vor dem Zauberer saß und ihn nachdenklich ansah, erschienen unangemessen, solange man dabei nicht das Haar berücksichtigte.

Rincewind hockte in einem hohen breiten Zimmer, und das matte gelbe Licht darin hatte keinen erkennbaren Ursprung. Knorrige Torbögen gestatteten den Blick in andere Räume und auf etwas Langes, Wendeltreppenartiges. Der Zauberer fand das erstaunlich: Von außen betrachtet hatte der Baum einen völlig normalen Eindruck erweckt.

Die junge Frau war grün — fleischgrün. In dieser Hinsicht konnte Rincewind absolut sicher sein, denn sie trug nur ein Medaillon am Hals. Das lange Haar erinnerte ihn entfernt an Moos. In den Augen fehlten Pupillen, und sie glänzten in einem satten Grün. Der Zauberer bedauerte nun, beim anthropologischen Unterricht in der Unsichtbaren Universität nicht besser aufgepaßt zu haben.

Die Fremde gab keinen Ton von sich. Sie hatte nur auf das Sofa gedeutet und ihm Wein gebracht. Seitdem saß sie stumm da, beobachtete ihn und tastete gelegentlich mit den Fingerkuppen über einen langen Kratzer am Arm.

Rincewind dachte plötzlich daran, daß Hamadryaden so sehr mit ihren Bäumen verbunden waren, daß sie ihre Wunden teilten.

»Entschuldige bitte«, sagte er hastig, »es war ein Unfall. Ich meine, unten warteten hungrige Wölfe auf mich, und ...«

»Du hast meinen Baum erklettert, und ich habe dich gerettet«, warf die Baumnymphe ein. »Welch ein Glück für dich. Und vielleicht auch für deinen Freund?«

»Freund?«

»Der kleine Mann mit der magischen Truhe«, erklärte die Dryade.

»Oh, *ihn* meinst du.« Rincewind nickte. »Ja. Ich hoffe, es geht ihm gut.«

»Er braucht deine Hilfe.«

»Das ist häufig der Fall. Hat er es ebenfalls auf einen Baum geschafft?«

»Er hat den Tempel von Bel-Shamharoth erreicht.«

Rincewind verschluckt sich an dem Wein, und die Ohren versuchten ihm in den Kopf zu kriechen, entsetzt über die Silben, die sie gerade vernommen hatten. Der Seelenfresser! Ungebetene Erinnerungen galoppierten aus dem Gedächtnis des Zauberers und drängten sich in sein Bewußtsein. Während er an der Unsichtbaren Universität praktische Magie studierte, hatte er sich auf eine fatale Wette eingelassen. Er beobachtete sich nun selbst, wie er in ein kleines Zimmer abseits der Hauptbibliothek schlich, in einen Raum, an dessen Wänden Schutzpentagramme aus Blei hingen, eine Kammer, in der man sich nur vier Minuten und zweiunddreißig Sekunden lang aufhalten durfte, wenn man bei Verstand bleiben wollte — jene Zeitspanne hatte man im Verlauf von zweihundert Jahren mit zahlreichen vorsichtigen Experimenten ermittelt.

Der Rincewind seiner eigenen Erinnerung öffnete das *Buch*, das an einen Sockel aus Oktiron gekettet war, der mitten auf dem mit Runen übersäten Boden stand. Damit sollte nicht etwa einem Diebstahl vorgebeugt werden; es ging vielmehr darum, das *Buch* an der Flucht zu hindern. Es trug den Namen Oktav und war so voller Magie, daß es ein eigenes Bewußtsein entwickelt hatte. Ein Zauberspruch sprang von den knisternden Seiten und grub sich in die dunklen Tiefen von Rincewinds Gehirn. Später ließ sich nur feststellen, daß es sich um eine der Acht Großen Magischen Formeln handelte — über ihre Wirkung gewann man erst Aufschluß, wenn sie ausgesprochen wurde. Rincewind hütete sich davor, aber manchmal fühlte er den Zauberspruch und spürte, wie er sich hinter seinem Ego versteckte und auf eine günstige Gelegenheit wartete...

Ganz deutlich entsann sich der Zauberer an die Darstellung Bel-Shamharoths auf dem Umschlag des Oktavs. Er war nicht das Unheil an sich, denn selbst das Unheil hat eine gewisse Vitalität. Man konnte Bel-Shamharoth am besten mit der Rückseite einer Münze vergleichen, deren Vorderseite Gutes und Böses miteinander vereint.

»Der Seelenfresser — seine Zahl isset zweimal vier, lieget zwischen sieben und neun«, zitierte Rincewind und erstarrte innerlich vor Furcht. »O *nein*. Wo befindet sich der Tempel?«

»Mittwärts, zur Waldmitte hin«, antwortete die Baumnymphe. »Er ist sehr alt.«

»Wer kann so dumm sein, ausgerechnet Bel ... *ihn* zu verehren? Ich meine, Teufel *ja*, aber den Seelenfresser ...«

»Dadurch ergaben sich — gewisse Vorteile. Und jenes Volk, das einst in dieser Gegend lebte, hatte seltsame Vorstellungen.«

»Was ist mit ihm passiert?«

»Wie ich schon sagte: Es *hat* hier einmal gelebt.« Die Dryade stand auf und streckte die Hand aus. »Komm. Ich heiße Druellae. Begleite mich und beobachte das Schicksal deines Freundes. Es wird bestimmt interessant.«

»Ich bin nicht sicher, ob ...«, begann Rincewind.

Die Baumnymphe blickte ihn aus grünen Augen an.

»Glaubst du etwa, daß du eine Wahl hast?« fragte sie.

※

Eine Treppe, so breit wie eine *breite* Straße, reichte nach oben durch den Baum, und an jedem Absatz führten Torbögen in große Zimmer. Überall glühte das seltsame gelbe Licht. Rincewind nahm ein leichtes Geräusch wahr und konzentrierte sich darauf: Es klang nach einem leise grollenden Gewitter oder wie ein ferner Wasserfall.

»Es ist der Baum«, sagte die Dryade knapp.

»Was tut er?« erkundigte sich Rincewind.

»Er lebt.«

»Ich habe schon darüber nachgedacht. Ich meine, sind wir hier wirklich in einem Baum? Bin ich kleiner geworden? Von außen sah der Stamm dünn genug aus, um die Arme darumzuschlingen.«

»Da hast du vollkommen recht.«

»Äh, trotzdem bin ich jetzt hier drin?«

»Ja.«

»Äh«, sagte Rincewind.

Druellae lachte.

»Ich weiß, was dir durch den Kopf geht, falscher Zauberer! Immerhin bin ich Dryade. Begreifst du denn nicht, daß jene pflanzliche Entität, die du abwertend als ›Baum‹ bezeichnest, das vierdimensionale Analogon eines multidimensionalen Universums ist und... Nein, offenbar verstehst du es wirklich nicht. Mir hätte gleich klar sein müssen, daß du kein richtiger Zauberer bist. Schließlich hast du keinen Zauberstab.«

»Er verbrannte in einem Feuer«, erwiderte Rincewind automatisch.

»Keinen Hut mit aufgestickten magischen Symbolen.«

»Vom Wind fortgeweht.«

»Keinen Intimus.«

»Er starb. Hör mal, besten Dank dafür, daß du mich gerettet hast, aber wenn du gestattest, breche ich jetzt wieder auf. Bitte sei so freundlich und zeig mir den Weg nach draußen...«

Irgend etwas in Druellaes Gesicht veranlaßte Rincewind, sich umzudrehen. Hinter ihm standen drei männliche Dryaden, ebenso nackt wie die Frau, und unbewaffnet. Letztere Eigenschaft spielte jedoch keine Rolle: Die Männer sahen nicht so aus, als benötigten sie Waffen, um den Zauberer zu überwältigen. Sie schienen in der Lage zu sein, sich mit den Schultern einen Weg durch *festen* Fels zu bahnen und anschließend ein ganzes Regiment von Trollen in die Flucht zu schlagen. Die drei stattlichen Riesen starrten auf Rincewind herab, und in ihren Blicken kam eine unübersehbare Drohung zum Ausdruck. Die Farbe ihrer Haut entsprach der von

Walnußschalen, und darunter wölbten sich Muskeln wie Melonensäcke.

Rincewind drehte sich zu Druellae um und lächelte unsicher. Das Leben nahm wieder vertraute Formen an. »Ich bin nicht gerettet, oder?« fragte er. »Ich bin gefangen, stimmt's?«

»Natürlich.«

»Und vermutlich willst du mich nicht freilassen.« Es war keine Frage, sondern einer Feststellung.

Die Dryade schüttelte den Kopf. »*Du hast den Baum verletzt.* Aber du kannst von Glück sagen: Dein Freund begegnet Bel-Shamharoth; *du* stirbst nur.«

Zwei Hände packten Rincewind von hinten an den Schultern (mit der gleichen Entschlossenheit rollen sich alte Baumwurzeln um einen Kieselstein).

»Selbstverständlich wird man dich im Verlauf einer angemessenen Zeremonie hinrichten«, fuhr die Baumnymphe fort. »Nachdem die Gefährliche Acht mit deinem Freund fertig ist.«

Dem Zauberer fiel keine passende Antwort ein. Er brachte nur hervor: »Weißt du, ich habe immer gedacht, es gäbe keine männlichen Dryaden. Nicht einmal in einer Eiche.«

Einer der Riesen hinter ihm grinste.

Druellae schnaubte abfällig. »Dummkopf! Woher kommen deiner Meinung nach dann die Eicheln?«

Sie setzten den Weg über die Treppe fort, und kurze Zeit später erreichten sie einen großen saalartigen Raum, dessen Decke sich im goldenen Dunst verlor.

Mehrere hundert Dryaden warteten am anderen Ende des Saals. Sie traten respektvoll beiseite, als sich Druellae näherte. Niemand von ihnen beachtete Rincewind, der nur deshalb in Bewegung blieb, weil ihn die Riesen immer wieder von hinten anstießen.

Die meisten hier anwesenden Dryaden waren weiblichen Geschlechts, aber der Zauberer erkannte auch einige hünenhafte Männer: Wie götterartige Statuen standen sie zwischen den kleinen intelligenten Frauen. *Insekten*, dachte Rincewind. *Der Baum ist wie ein Bienenstock.*

Aber warum wohnten hier überhaupt Dryaden? Wenn er sich recht entsann, war das Baumvolk schon vor Jahrhunderten ausgestorben. Wie die meisten anderen Zwielicht-Völker hatte es nicht mit dem evolutionären Ehrgeiz der Menschen mithalten können. Nur Elfen und Trolle überlebten, als sich der Mensch auf der Scheibenwelt ausbreitete. Die Elfen, weil sie einfach zu schlau waren. Und die Trolle... Nun, sie nahmen es mühelos mit der hinterhältigen und habgierigen Gemeinheit der Menschen auf. Aber die Dryaden — sie hätten eigentlich längst tot sein müssen, ebenso wie Gnome und Elfen.

Das Rauschen (oder Donnern?) im Hintergrund wurde lauter. Manchmal tanzte goldenes Flackern über die durchsichtigen Wände und verschwand im gelben Dunst weit oben. Irgendeine Art von Energie vibrierte in der Luft.

»O unfähiger Zauberer, jetzt zeigen wir dir wahre Magie«, intonierte Druellae. »Nicht deine wieselgesichtige zahme Magie, sondern Wurzel-und-Ast-Magie. Alte Magie. Wilde Magie. Sieh nur!«

Etwa fünfzig Frauen bildeten eine Gruppe, faßten sich an den Händen und wichen zurück, bis sie einen großen Kreis bildeten. Die übrigen Dryaden stimmten einen dumpfen Gesang an. Als Druellae nickte, drehte sich der Kreis entgegengesetzt.

Rincewind beobachtete das Geschehen immer gebannter, als sich der Kreis schneller drehte, als die sanfte Melodie ein dichtes akustische Muster formte. Während des Studiums hatte er von der Alten Magie gehört, obgleich sie für Zauberer verboten war, und daher wußte er: Wenn sich der Kreis schnell genug im stationären magischen Kraftfeld der ebenfalls rotierenden Scheibenwelt drehte, so bewirkte die astrale Reibung einen großen Potentialunterschied, was Entladungen der elementaren magischen Energie zur Folge hatte.

Der Kreis war jetzt nur noch ein Schatten, und der Gesang hallte von den Wänden des Baumes wider...

Rincewind spürte ein vertrautes Prickeln im Nacken — es wies ihn auf die unmittelbar bevorstehende Entladung purer Thaumaturgie hin. Es überraschte ihn nicht, als einige Sekunden später eine Lanze aus hellem oktarinen Licht von der unsichtbaren Decke herabsauste und mit lautem Knistern die Mitte des Kreises traf.

Ein Bild entstand und zeigte einen baumgesäumten, sturmgepeitschten Hügel, auf dessen Kuppe sich Tempelmauern erhoben. Die Form jenes Bauwerks weckte tiefes Unbehagen im Betrachter. Rincewind wußte, daß es acht Seiten haben mußte, wenn es sich wirklich um den Tempel Bel-Shamharoths handelte. (Acht — so lautete Bel-Shamharoths Zahl. Aus diesem Grund vermied es jeder vernünftige Zauberer, sie auszusprechen. Man muß immer acht-geben, so warnte man die Studenten der Unsichtbaren Universität. Man muß immer darauf acht-en, daß man nicht acht-los wird. Bel-Shamharoths Aufmerksamkeit wurde insbesondere von magischen Amateuren und thaumaturgischen Pfuschern geweckt, die sich wie Strandgutsammler am Ufer des Unnatürlichen herumtrieben und bereits halb in seinem Netz steckten. Rincewind erinnerte sich an seine Zimmernummer im Wohnheim der Universität: 7a. Sie hatte ihn nicht überrascht.)

※

Regen strömte über die schwarzen Mauern des Tempels. Das einzige Zeichen von Leben war das draußen angebundene Pferd — und es gehörte nicht Zweiblum. Es schien viel zu groß zu sein: ein weißes Roß mit tellergroßen Hufen und einem ledernen Geschirr, an dem protziges Gold glitzerte. Derzeit erfreute es sich an dem Inhalt eines Futtersacks.

Aus irgendeinem Grund wirkte es vertraut auf Rincewind. Er glaubte, es schon einmal gesehen zu haben.

Außerdem: Es schien in der Lage zu sein, recht hohe Geschwindigkeiten zu erreichen — und sie auch für längere Zeit halten zu können. Rincewind brauchte jetzt nur noch seinen Wächtern zu entkommen, sich einen Weg aus dem Baum zu kämpfen, den Tempel zu finden und das Pferd zu stehlen, in der Hoffnung, daß sein Besitzer lange genug mit Bel-Shamharoth beschäftigt blieb.

»Offenbar besteht die Mahlzeit der Gefährlichen Acht heute aus zwei Gängen«, merkte Druellae an und bedachte Rincewind mit einem durchdringenden Blick. »Wem gehört das Pferd, falscher Zauberer?«

»Keine Ahnung.«

»Tatsächlich nicht? Nun, spielt keine Rolle. Wir werden es bald erfahren.«

Sie hob die Hand und winkte. Der Fokus des Bildes geriet in Bewegung, sauste durch ein achteckiges Portal und folgte dem Verlauf eines Flurs.

Wenige Sekunden später wurde eine Gestalt sichtbar, die sich vorsichtig an der Wand entlangschob. Rincewind bemerkte das Schimmern von Gold und Bronze.

Der Zauberer erkannte den Mann auf den ersten Blick. Er hatte ihn oft gesehen. Die breite Brust, der Hals so dick wie ein Baumstamm, unter der Mähne aus schwarzem Haar ein überraschend kleiner Kopf, der aussah wie eine Tomate auf einem Sarg ... Jetzt fiel ihm ein Name ein, und er lautete: Hrun der Barbar.

Hrun gehörte zu den dauerhaften Helden des Runden Meers: Er kämpfte gegen Drachen, plünderte Tempel aus, stellte sein Schwert manchmal in die Dienste des Meistbietenden und nahm an jeder ordentlichen Straßenprügelei teil. Im Gegensatz zu anderen Rincewind bekannten Helden vermochte er sogar mehr als zwei Silben lange Worte auszusprechen, wenn man ihm genug Zeit und den einen oder anderen Hinweis gab.

Am Rand von Rincewinds Hörweite ertönte ein seltsames Geräusch. Es klang, als fielen Schädel die Treppe eines fernen Kerkers hinunter. Er blickte zu den Wächtern hinüber, um festzustellen, ob sie es ebenfalls gehört hatten.

Die Aufmerksamkeit der männlichen Dryaden galt Hrun, der sich durch einen ähnlichen Körperbau auszeichnete. Ihre Hände ruhten nur noch leicht auf den Schultern des Zauberers.

Rincewind duckte sich, sprang wie ein Akrobat nach hinten, kam wieder auf die Beine und lief los. Als Druellae hinter ihm etwas rief, verdoppelte er die Geschwindigkeit.

Etwas hielt ihn an der Kapuze fest und riß sie ab. Ein Dryade an der Treppe breitete die Arme aus und grinste steif, als ihm der Zauberer entgegenraste. Rincewind wurde nicht langsamer und duckte sich erneut, diesmal so tief, daß sich sein Kinn auf einer Höhe mit den Knien befand. Eine baumstumpfgroße Faust zischte ihm dicht am Ohr vorbei.

Vor ihm wartete ein ganzes Dickicht aus Baummännern. Er wirbelte herum, wich einem zweiten Hieb des verwirrten Wächters aus und stürmte zum Kreis zurück. Unterwegs begegnete er den Dryaden, die ihn verfolgten und erzielte auf sie die gleiche Wirkung wie eine Kugel auf mehrere Kegel.

Aber es gab noch andere: Sie bahnten sich einen Weg durch die Gruppe der Frauen, schlugen mit den Fäusten auf hornige Handflächen und lächelten voller Vorfreude.

»Bleib stehen, falscher Zauberer!« rief Druellae und trat vor. Hinter ihr drehte sich der Kreis aus magischen Tänzern; sein Fokus trieb nun durch einen von violettem Licht erfüllten Korridor.

Das war zuviel für Rincewind.
»Hör endlich auf damit!« platzte es aus ihm heraus.
»Damit wir uns richtig verstehen: Ich *bin* ein Zauberer, und zwar ein *richtiger!*« Trotzig stampfte er mit dem Fuß auf.
»Ach, tatsächlich?« erwiderte die Baumnymphe.
»Dann laß uns sehen, wie du Magie beschwörst!«
»Äh...«, stotterte Rincewind und dachte an ein bestimmtes Problem. Seit sich der alte und geheimnisvolle Zauberspruch in seinem Gedächtnis eingenistet hatte, fehlten ihm sogar die Erinnerungen an jene einfache Thaumaturgie, die dazu diente, Kakerlaken zu töten oder sich am verlängerten Rücken zu kratzen, ohne dabei die Hände zu benutzen. Die Magier der Unsichtbaren Universität erklärten das Phänomen folgendermaßen: Die unfreiwillige Einprägung des Zauberspruchs beanspruchte das Erinnerungspotential aller magischen Speicherzellen im Gehirn. Wenn Rincewind noch niedergeschlagener und verzweifelter war als sonst, fand er eine eigene Antwort auf die Frage, warum es selbst unbedeutende Zauberformeln ablehnten, länger als einige wenige Sekunden in seinem Kopf zu verweilen.

Sie fürchteten sich dort.
»Äh...«, wiederholte er.
»Eine banale Prise Magie würde uns genügen«, sagte Druellae und beobachtete, wie Rincewind aus Wut und Verlegenheit zu zittern begann. Sie hob die Hand, und daraufhin näherten sich einige männliche Dryaden.

Der *Zauberspruch* wählte diesen Augenblick, um in den vorübergehend leeren Sattel von Rincewinds Bewußtsein zu springen. Dort hockte er und grinste höhnisch.

»Ich kenne einen Zauberspruch«, brachte Rincewind hervor.
»Ja?« fragte Druellae skeptisch. »Bin gespannt, wie er klingt.«
Die magische Formel versuchte, die Herrschaft über

Rincewinds Zunge zu gewinnen. Tief in ihm rang das Gewissen mit dem Stolz und gewann die erste Runde.

»Du hast gesagt, du könntest m-meine G-gedanken lesen«, erwiderte er undeutlich. »Nur zu!«

Die Baumnymphe kam noch etwas näher heran und blickte spöttisch in Rincewinds Augen.

Ihr Lächeln verblaßte. Abwehrend hob sie die Hände, taumelte zurück und stöhnte entsetzt.

Rincewind sah sich um. Die übrigen Dryaden wichen ebenfalls von ihm fort. Was hatte er getan? Offenbar etwas Schreckliches.

Seine Erfahrungen wiesen ihn unmißverständlich darauf hin, daß es nicht lange dauern konnte, bis sich das Universum von der Überraschung erholt hätte und wieder damit beginnen würde, ihn in die eine oder andere ausweglose Situation zu bringen. Er sprang vor und durch eine Lücke im Kreis der tanzenden Dryaden, die noch immer den magischen Kreis bildeten. Einige Sekunden später verharrte er, um festzustellen, wie Druellae reagierte.

»Packt ihn!« rief sie. »Bringt ihn möglichst weit vom Baum fort, bevor ihr ihn tötet!«

Rincewinds Beine bewegten sich von ganz allein und trugen ihn durch den Fokus des Kreises.

Etwas blitzte.

Plötzliche Dunkelheit wogte heran.

Ein violetter Schatten, der schwache Ähnlichkeit mit dem Zauberer aufwies, schrumpfte und verschwand.

Stille folgte.

※

Hrun der Barbar schlich lautlos durch Korridore, in denen das Licht so violett war, daß es fast schwarz wirkte. Seine anfängliche Verwirrung hatte sich inzwischen verflüchtigt. Es handelte sich ganz offensichtlich um einen magischen Tempel, und das erklärte alles.

Es erklärte zum Beispiel, warum er am vergangenen Nachmittag, als er durch den dunklen Wald ritt, eine Truhe am Wegesrand erspäht hatte. Der Deckel stand einladend offen und gewährte einen Blick auf ziemlich viel Gold. Doch als Hrun vom Pferd sprang und sich der Kiste näherte, wuchsen ihr plötzlich Beine. Sie trabte davon und blieb etwa hundert Meter entfernt stehen.

Der Barbar hatte die seltsame Truhe einige Stunden lang verfolgt und sie nun in diesen düsteren Gängen verloren. Mehrmals fiel sein Blick auf eher unangenehme Darstellungen in den Wänden und einige zerrissene Skelette, aber solche Dinge weckten keine Furcht in ihm. Das lag daran, daß er einerseits nicht besonders intelligent war und es ihm andererseits an Phantasie mangelte. Außerdem gehörten Skelette, sonderbare Skulpturen und gefährliche Tunnel zur täglichen Gewohnheit Hruns. Er verbrachte einen großen Teil seiner Zeit in ähnlichen Situationen, suchte nach Gold, kämpfte gegen Dämonen, rettete verzweifelte Jungfrauen und befreite sie jeweils von den Eigentümern, ihrem Leben und mindestens einem Grund für ihre Verzweiflung.

Beobachten Sie nun, wie Hrun leichtfüßig wie eine Katze an einer verdächtigen Öffnung in der Wand vorbeispringt. Selbst im violetten Licht glänzt seine Haut kupferfarben. Er trägt viel Gold bei sich, in Form von Fuß- und Armringen, aber ansonsten ist er nackt — abgesehen von einem Lendenschurz aus Leopardenfell. Er bekam ihn in den dampfenden Dschungeln Wiewunderlands — nachdem er den Besitzer mit den Zähnen getötet hatte.

In der rechten Hand hält er das magische schwarze Schwert Kring, geschmiedet aus einem Blitz. Es hat eine eigene Seele und verbirgt sich nie in einer Scheide. Hrun hatte es erst vor drei Tagen aus dem unbezwinglichen Palast des Erzmandriten von B'Ituni gestohlen und bedauerte das bereits, weil ihm die Klinge allmählich auf die Nerven ging.

»Die Kiste ist durch den letzten Gang auf der rechten Seite gelaufen«, zischte Kring. Es hörte sich an, als kratze Stahl über einen Stein.
»Sei still!«
»Ich wollte nur darauf hinweisen...«
»Du sollst die Klappe halten!«

※

Und Zweiblum...
Er wußte nicht mehr, wo er sich befand. Entweder war das Gebäude weitaus größer, als es zunächst den Anschein hatte, oder er durchstreifte jetzt ein langgestrecktes Kellergeschoß, ohne irgendwelche Treppen hinter sich gebracht zu haben. Es gab noch eine dritte Möglichkeit: Vielleicht mißachteten die inneren Dimensionen des Tempels eine grundlegende Regel der Architektur, indem sie größer waren als die Außenseite. Und dann die seltsamen Lampen... Sie präsentierten sich ihm als achteckige Kristalle, die in regelmäßigen Abständen an der Decke und den Wänden glühten. Ein höchst eigenartiges Licht ging von ihnen aus; es erhellte die Umgebung nicht, sondern betonte die finsteren Konturen der Dunkelheit.

Hinzu kamen die Darstellungen in den Wänden. *Von wem auch immer sie stammen mögen*, dachte Zweiblum heiter, *der Betreffende hat zuviel getrunken. Viele Jahre lang.*

Eins ließ sich jedoch nicht leugnen: Das Gebäude war faszinierend, und sein Architekt schien von der Zahl Acht besessen zu sein. Der Boden bestand aus achteckigen Fliesen. Die besondere Neigung der Wände schuf acht Seiten, wenn man Decke und Boden mitzählte. Und dort, wo sich Lücken im Mauerwerk gebildet hatten, bemerkte Zweiblum ackteckige Steine.

»Die Sache gefällt mir nicht«, sagte der Bilderkobold aus dem Kasten, der am Halsriemen des Touristen hing.
»Warum nicht?« fragte Zweiblum.

»Hier ist es unheimlich.«
»Aber du bist ein Dämon. Warum sollten Dämonen irgend etwas als unheimlich bezeichnen? Ich meine, was ist schon unheimlich für jemanden wie dich?«
»Oh, du weißt schon«, entgegnete der Bilderkobold. Er sah sich nervös um und verlagerte das Gewicht von einer Klaue auf die andere. »Dinge. Und so.«
Zweiblum bedachte ihn mit einem strengen Blick. »Welche Dinge?«
Der Dämon hüstelte nervös. (Dämonen atmen nicht, aber jedes intelligente Wesen — ob es atmet oder nicht — hüstelt nervös, wenn es den richtigen Augenblick für gekommen hält. Der Bilderkobold nahm jetzt die Gelegenheit wahr, diese Tradition fortzusetzen.)
»Oh, Dinge«, antwortete er kläglich. »Unheilvolle Dinge. Dinge, über die wir nicht gern reden, wenn du verstehst, was ich meine, Meister.«
Zweiblum schüttelte enttäuscht den Kopf. »Wenn doch nur Rincewind hier wäre«, sagte er. »Er wüßte bestimmt, worauf es ankommt.«
»*Rincewind?*« höhnte der Dämon. »Ich bezweifle, ob ein Zauberer hierherkommt. Magier können die Zahl Acht nicht ausstehen.« Erschrocken preßte sich der Bilderkobold die Hand auf den Mund.
Zweiblum blickte zur Decke hoch.
»Was war das?« fragte er. »Hast du etwas gehört?«
»Ich? Etwas gehört? Nein! Überhaupt nichts!« Der kleine Dämon sprang in den Kasten zurück und warf die Klappe hinter sich zu. Zweiblum klopfte an, und daraufhin öffnete sich die winzige Tür einen Spaltbreit.
»Es klang wie ein Stein, der sich bewegte«, erklärte er. Wieder fiel die Tür zu. Der Tourist hob die Schultern.
»Wahrscheinlich stürzt der Tempel langsam ein«, murmelte er und stand auf.
»Heda!« rief er. »Hört mich jemand?«
MAND, And, Nd, antworteten die dunklen Tunnel.
»Hallo?« fügte Zweiblum hinzu.

LO, Ho, Oh.
»Ich weiß, daß jemand hier ist. Ich habe euch gerade beim Würfelspiel gehört.«
HÖRT-hört.
»Wißt ihr, ich ...«
Der Tourist unterbrach sich. Der Grund dafür war ein heller Lichtfleck, der knapp zwei Meter vor ihm leuchtete. Das Glühen dehnte sich, und nach einigen Sekunden wurden die Umrisse eines Mannes erkennbar, der ein Geräusch von sich gab. Nein, das stimmte nicht ganz. Es handelte sich um ein Geräusch, das ihn schon seit einer ganzen Weile begleitete: der Splitter eines Schreis, gefangen in einem endlos gedehnten Sekundenbruchteil.

Die schimmernde Gestalt erreicht die Größe einer Puppe — ein verzerrtes Etwas, das sich wie in Zeitlupe um die eigene Achse drehte, während es mitten in der Luft hing. Zweiblum fragte sich, warum er gedanklich den Ausdruck ›Splitter eines Schreis‹ benutzt hatte — er bereute es nun.

Der strahlende Mann entwickelte eine gewisse Ähnlichkeit mit Rincewind. Der Mund des Zauberers stand offen, und seltsames Licht fiel auf sein Gesicht. Es stammte — wovon? Von sonderbaren Sonnen, fand Zweiblum. Von Sonnen, die Menschen für gewöhnlich nicht sahen. Er schauderte.

Der rotierende Magier war nun halb so groß wie ein durchschnittlicher Mensch. Er wuchs schneller; irgend etwas waberte, gefolgt von lautem Zischen und einer akustischen Explosion. Rincewind fiel aus der Luft und schrie. Er prallte auf den Boden, keuchte, rollte sich ab, schlang die Arme schützend um den Kopf und krümmte sich zusammen.

Als sich die Staubwolke legte, ging Zweiblum in die Hocke und klopfte Rincewind behutsam auf den Rükken. Der menschliche Ball rollte sich noch fester zusammen.

»Ich bin's«, sagte der Tourist freundlich. Der Zauberer lockerte die Muskeln, aber nur ein wenig.

»Was?« fragte ich.

»Ich bin's, Zweiblum.«

Rincewind sprang mit einem Satz auf die Beine und packte den kleinen Mann verzweifelt an den Schultern. In seinen weitaufgerissenen Augen flackerte es.

»Sag sie nicht!« zischte er. »Wenn du sie nicht sagst, kommen wir vielleicht mit heiler Haut davon!«

»Davon? Du willst schon wieder fort? Aber du bist doch gerade erst eingetroffen...«

»Sag sie nicht!«

Zweiblum wich vor dem Irren zurück.

»Was soll ich nicht sagen?«

»Die Zahl!«

»Die Zahl?« wiederholte Zweiblum. »Rincewind, ich glaube, du...«

»Ja, die Zahl! Zwischen sieben und neun. Vier plus vier!«

»Was, ach...«

Rincewind preßte dem Touristen die Hand auf den Mund. »Wenn du sie sagst, ist unser Schicksal besiegelt. Denk nicht einmal daran. Vertrau mir!«

»Ich verstehe überhaupt nicht, was du meinst!« klagte Zweiblum. Rincewind entspannte sich; in seinem Fall bedeutete es, daß eine Violinensaite im Vergleich zu ihm wie eine Schüssel mit Wackelpudding wirkte.

»Komm«, sagte er, »suchen wir nach einem Ausgang. Vielleicht gelingt es mir unterwegs, dir alles zu erklären.«

Nach dem ersten Zeitalter der Magie bestand ein großes Problem darin, die Grimoires auf der Scheibenwelt zu beseitigen. Zauber bleibt Zauber, selbst wenn er vorübergehend in die Gefangenschaft von Pergament und

Tinte gerät. Er neigt dazu, seine Kraft zu entfalten. Normalerweise ergeben sich keine Schwierigkeiten daraus, solange der Eigentümer des jeweiligen Zauberbuchs lebt, doch nach seinem Tod verwandelt es sich in unkontrollierte Macht, die nur schwer gebändigt werden kann.

Anders ausgedrückt: Ständig sickert Magie aus Zauberbüchern. Man hat es mit verschiedenen Lösungen versucht. In den peripheren Ländern beschwerte man die Bücher toter Zauberer mit Pentagrammen aus Blei und warf sie über den Rand. Im Mittland gab es weniger zufriedenstellende Alternativen. Eine bestand darin, die bedrohlichen Bücher in Behältern aus negativ polarisiertem Oktiron unterzubringen und sie an besonders tiefen Stellen des Meeres zu versenken. (Zuerst wurden die Grimoires in tiefen Höhlen vergraben, aber diese Praxis gab man auf, als sich die Bewohner der betreffenden Regionen über wandernde Bäume und fünfköpfige Katzen beschwerten.) Es dauerte allerdings nicht lange, bis Magie daraus entwich, und schließlich wiesen Fischer auf Schwärme aus unsichtbaren Fischen und übersinnlich begabte Venusmuscheln hin.

In einigen Zentren der Zauberei fand man eine zeitweilige Lösung, indem man große Kammern aus denaturiertem Oktiron konstruierte — diese Substanz eignet sich gut für die thaumaturgische Entsorgung, denn es kann nicht von Magie durchdrungen werden. Dort lagerte man die gefährlicheren Grimoires, bis ihre magische Strahlung nachließ.

So kam es, daß man in der Unsichtbaren Universität das Oktav aufbewahrte, die Nummer Eins aller Zauberbücher (früher hatte es dem Schöpfer des Universums gehört). Rincewind ließ sich von einer Wette dazu verleiten, es aufzuschlagen. Ihm blieben nur wenige Sekunden, um einen Blick hineinzuwerfen, bevor er gleich mehrere magische Alarme auslöste. Aber die Zeit genügte für einen Zauberspruch, von der Seite zu springen und sich in seinem Gedächtnis niederzulassen wie eine Kröte auf einem Stein.

※

»Und dann?« fragte Zweiblum.
»Oh, sie haben mich verprügelt. Und hinausgeworfen.«
»Und niemand weiß, was der Zauberspruch *bewirkt?*« Rincewind schüttelte den Kopf.
»Er verschwand aus dem Buch«, sagte er. »Die Wirkung der magischen Formel wird erst dann klar, wenn man sie ausspricht. Oder wenn ich sterbe. Dann sagt sie sich selbst. Ich habe nicht die geringste Ahnung, was es mit dem Zauberspruch auf sich hat. Vielleicht zerstört er das Universum oder beendet die Zeit.«
Zweiblum klopfte ihm auf die Schulter.
»Es hat keinen Sinn, darüber nachzugrübeln«, sagte er fröhlich. »Laß uns die Suche nach einem Ausgang fortsetzen.«
Erneut schüttelte Rincewind den Kopf. Das Entsetzen war von ihm gewichen. Vielleicht hatte er die innere Mauer des Grauens durchbrochen und die ruhige Zone dahinter erreicht. Jedenfalls zitterte er nicht mehr.
»Es gibt keine Rettung für uns«, erwiderte er. »Die ganze Nacht über sind wir unterwegs gewesen. Ich sage dir: Dieser Ort gleicht einem Spinnennetz. In welche Richtung wir uns auch wenden, wir erreichen in jedem Fall die Mitte.«
»Ich finde es nett von dir, daß du hergekommen bist, um mir zu helfen«, meinte Zweiblum. »Wie hast du das überhaupt angestellt? Es war recht beeindruckend.«
»Oh, nun«, begann der Zauberer unsicher, »ich dachte: ›He, du kannst den guten alten Zweiblum doch nicht im Stich lassen‹, und dann ...«
»Wir brauchen jetzt nur noch Bel-Shamharoth zu fin-

den und ihm alles zu erklären«, verkündete der Tourist. »Dann zeigt er uns vielleicht den Weg nach draußen.«
Rincewind stocherte in seinem Ohr.
»Die hiesigen Echos klingen irgendwie seltsam«, brummte er. »Mir war gerade so, als hätte ich von dir Worte wie *finden* und *erklären* gehört.«
»Da hast du völlig recht.«
Rincewind musterte Zweiblum im düsteren purpurnen Glühen.
»Wir sollen Bel-Shamharoth finden?« vergewisserte er sich.
»Ja, bestimmt bringt er Verständnis für unsere Lage auf.«
»Du willst den Seelenfresser finden und auf sein *Verständnis* hoffen? Möchtest du ihm freundlich zunicken und ihn dann fragen, wo sich der nächste Ausgang befindet? Hast du wirklich vor, dich mit *Erklärungen* an die Gefährliche Ach ... Gngh.« Rincewind biß das Ende des Wortes gerade noch rechtzeitig ab und stieß hervor: »Du bist ja *verrückt! He, komm zurück!*«
Er lief los und folgte Zweiblum durch den Gang, doch kurz darauf verharrte er mit einem dumpfen Stöhnen.
Hier war das violette Licht heller und verlieh allen Dingen neue, unangenehme Farben. Der Zauberer hatte jetzt eine große Kammer erreicht, deren Wände er nicht zu zählen wagte. Ach ... 7a Tunnel gingen sternförmig davon aus.
Auf der anderen Seite sah Rincewind einen niedrigen Altar mit zweimal vier Seiten. Er erhob sich jedoch nicht in der Mitte des Zimmers. Nein, im Zentrum des Raums bemerkte er eine große Steinplatte, die zweimal so viele Seiten hatte wie ein Quadrat. Sie wirkte ziemlich massiv. In dem seltsamen Licht erweckte sie den Eindruck, ein wenig geneigt zu sein — eine Kante ragte stolz auf.
Zweiblum stand darauf.
»He, Rincewind! Sieh nur!«

Die Truhe kam aus einem der neun minus eins Korridore, die von der Kammer abzweigten.
»Großartig«, sagte Rincewind. »Hervorragend. Sie kann uns nach draußen führen. Jetzt sofort.«
Zweiblum öffnete den Deckel und kramte in der Kiste.
»Ja«, entgegnete er, »nachdem ich ein paar Bilder gemacht habe. Ich brauche nur ein einige Zubehörteile für den Ikonographen, und dann ...«
»*Jetzt*, habe ich gesagt ...«
Rincewind unterbrach sich. Hrun der Barbar stand im Zugang des gegenüberliegenden Tunnels und hielt ein langes schwarzes Schwert in der Keulenfaust.
»Du?« fragte Hrun überrascht.
»Ahaha. Ja.« Rincewind nickte. »Hrun, nicht wahr? Lange nicht gesehen. Was führt dich hierher?«
Der Barbar deutete auf die Truhe.
»Das«, antwortete er. Soviel Konversation schien Hrun zu erschöpfen. In einem Tonfall, der Feststellung, Anspruch, Drohung und Ultimatum in sich vereinte, fügte er hinzu: »Meins.«
»Die Kiste gehört Zweiblum«, sagte Rincewind. »Wenn ich dir einen guten Rat geben darf: Rühr sie nicht an.«
Der Zauberer ahnte, daß er die falschen Worte gewählt hatte. Hrun schob Zweiblum beiseite und streckte die Hand nach der Truhe aus ...
... die auf Hunderten von kleinen Beinen zurückwich und drohend den Deckel hob. Rincewind glaubte, im matten Licht zwei Reihen langer und spitzer Zähne zu sehen, weiß wie gebleichtes Buchenholz.
»Ich muß dir etwas sagen, Hrun«, sagte der Zauberer schnell.
Der Barbar drehte sich verwirrt zu ihm um.
»Was?« fragte er.
»Es geht dabei um Zahlen. Weißt du, wenn du sieben und eins oder drei und fünf zusammenzählst bezie-

hungsweise zwei von zehn abziehst, so ergibt sich eine ganz bestimmte Zahl. Während wir uns hier aufhalten, solltest du sie nicht laut aussprechen — dann haben wir vielleicht die Möglichkeit, diesen Ort lebend zu verlassen oder eines natürlichen Todes zu sterben.«

»Wer ist das?« erkundigte sich Zweiblum. Er hatte einen Käfig aus den unergründlichen Tiefen in der Truhe hervorgeholt. Darin hockten einige verdrießlich wirkende rosarote Eidechsen.

»Ich bin Hrun«, erwiderte Hrun stolz. Dann sah er wieder Rincewind an.

»Was?« wiederholte er.

»Sag sie einfach nicht, in Ordnung?« gab der Zauberer zurück.

Er betrachtete das Schwert in Hruns Hand. Es war schwarz, aber dabei handelte es sich nicht um eine Farbe, vielmehr um einen Friedhof von Farben. In der Klinge zeigten sich einige höchst dekorative Runen, und hinzu kam ein trüber oktariner Glanz. Offenbar bemerkte das Schwert Rincewinds Blick. Seine Stimme klang wie Klauen, die über Glas kratzten, als es fragte:

»Seltsam — warum soll er nicht acht sagen?«

ACHT, Macht, kracht, hallte es wider. Tief im Boden knirschte es dumpf.

Die Echos wurden zwar leiser, weigerten sich jedoch hartnäckig, ganz zu verklingen. Sie tanzten hin und her und prallten fröhlich von den Wänden ab. Das violette Licht flackerte in ihrem Rhythmus.

»O *nein!*« heulte Rincewind. »Ich habe deutlich darauf hingewiesen, daß niemand *acht* sagen soll!«

Er schnappte nach Luft, entsetzt über sich selbst. Aber das Wort hatte seinen Mund verlassen und gesellte sich dem allgemeinen Geflüster hinzu.

Rincewind wirbelte herum, um die Flucht zu ergreifen, doch die Luft schien plötzlich dicker zu sein als Sirup. Eine gewaltige magische Entladung kündigte sich an und sprengte die Fesseln seiner Vorstellungskraft.

Als er sich in quälender Zeitlupe bewegte, hinterließ er einen Schweif aus goldenen Funken, der die Konturen seines Körpers nachbildete.

Hinter dem Zauberer donnerte es: Die große oktogonale Steinplatte stieg auf, hing einige Sekunden lang schief in der Luft und krachte dann herab.

Etwas Dünnes und Schwarzes schlängelte sich aus der Grube und tastete nach Rincewinds Wade. Er schrie, fiel auf vibrierende Fliesen und spürte, wie ihn das Ding über den Boden zerrte.

Plötzlich stand Zweiblum vor ihm und streckte die Hände aus. Rincewind griff verzweifelt nach den Armen des kleinen Mannes — und brachte ihn zu Fall. Ein oder zwei Sekunden lang lagen sie nebeneinander und starrten sich an. Dann rutschte der Zauberer weiter.

»Was hält dich fest?« keuchte er.

»N-nichts«, erwiderte Zweiblum. »Was geschieht hier?«

»Etwas zerrt mich zur Grube dort, falls es dir noch nicht aufgefallen sein sollte.«

»O Rincewind, es tut mir leid ...«

»*Dir* tut es leid?«

Etwas schabte wie eine Säge, und unmittelbar darauf ließ der Druck an Rincewinds Beinen unvermittelt nach. Er drehte den Kopf und sah Hrun, der am Rand der Grube hockte und mit heldenhafter Begeisterung auf diverse Tentakel einschlug. Sein Schwert war dabei kaum mehr als ein Schatten.

Zweiblum half dem Zauberer auf die Beine. Sie duckten sich halb hinter den Altar und beobachteten, wie der Barbar gegen ein Gewirr aus Armen kämpfte.

»Das hat keinen Sinn«, ächzte Rincewind. »Die Gefährliche A-rrgh kann sich ganz nach Belieben neue Tentakel wachsen lassen. *Was tust du da?*«

Zweiblum befestigte den mit Eidechsen gefüllten Käfig am Ikonographen, der inzwischen auf einem Dreibein stand.

»Ich brauche ein Bild davon«, erwiderte der Tourist. »Es ist phantastisch! Hörst du mich, Kobold?«

Der Bilderkobold öffnete die winzige Tür, sah kurz zur Grube und verschwand wieder im Kasten. Rincewind zuckte zusammen, als ihn etwas am Bein berührte, stampfte mit dem Fuß auf und zertrat die Spitze eines neugierigen Tentakels.

»Komm jetzt«, sagte er, »es wird Zeit, daß wir von hier verschwinden.« Er schloß die Hand um Zweiblums Arm, doch der Tourist rührte sich nicht von der Stelle.

»Du willst fliehen und Hrun mit dem Ding alleinlassen?« fragte er.

Rincewind sah ihn verblüfft an. »Warum nicht?« entgegnete er. »Es ist sein Job.«

»Vielleicht bringt ihn das Ungeheuer um!«

»Es könnte schlimmer sein«, sagte Rincewind.

»Wie denn?«

»Wenn es *uns* umbrächte«, erklärte der Zauberer weise. »Komm!«

Zweiblum hob die Hand. »He, das Etwas hat meine Truhe gepackt!«

Bevor Rincewind etwas unternehmen konnte, eilte Zweiblum an der Grube vorbei zur Kiste, die langsam über den Boden gezogen wurde und mit ihrem Deckelmaul vergeblich nach einem Tentakel schnappte. Wütend trat der Tourist nach dem langen Greifarm.

Ein zweiter löste sich aus dem Durcheinander, in dessen Mitte Hrun mit seinem Schwert um sich hackte. Der Barbar verschwand fast in einem zuckenden Pseudopodiengewühl, und Rincewind sah entsetzt, wie dem Helden das Schwert aus der Faust gerissen wurde. Die schwarze Klinge sauste fort und traf die Wand.

»Dein Zauberspruch!« rief Zweiblum.

Rincewind stand völlig reglos und beobachtete, wie das *Ding* aus der Grube stieg. Ein riesiges Auge glänzte und starrte ihn an. Er wimmerte leise, als sich ihm ein Tentakel um die Taille schlang.

Die Worte des Zauberspruchs glitten auf Rincewinds Zunge. Wie im Traum öffnete er den Mund und spürte, wie die Lippen erste Silben formten.

Ein weiterer Fangarm zuckte wie eine Peitsche heran, wickelte sich um Rincewinds Hals und schnürte ihm die Luft ab. Er schnaufte und taumelte der Grube entgegen.

Der Zauberer schlug um sich und berührte Zweiblums Bildkasten, der auf seinem Dreibein vorbeirutschte. Er griff danach und folgte jenem Instinkt, der seine Vorfahren dazu veranlaßt hatte, sich mit Steinen zu bewaffnen, sobald sie einem hungrigen Tiger begegneten. Wenn er weit genug ausholen konnte, um den Ikonographen ins Auge zu schleudern ...

Das Auge ... Es füllte das ganze Universum vor Rincewind. Sein Wille tropfte davon, wie Wasser durch ein Sieb.

Die trägen Eidechsen bewegten sich nun in ihrem Käfig. Jemand, dessen Enthauptung unmittelbar bevorsteht, neigt dazu, jeden Kratzer und Flecken auf dem Hinrichtungsblock zu sehen. Rincewind erging es nun ähnlich: Er bemerkte, daß die kleinen Reptilien auffallend große blauweiße Schwänze hatten, die besorgniserregend pulsierten.

Während er zum Auge gezerrt wurde, hob Rincewind den Ikonographen schützend vors Gesicht, und gleichzeitig hörte er die Stimme des Bilderkobolds: »Sie sind jetzt fast soweit. Ich kann sie nicht länger zurückhalten. Bitte alle recht freundlich ...«

Es folgte ein ...

... Blitz, so weiß und grell ...

... daß er mehr war als nur Licht.

Bel-Shamharoth schrie — ein Geräusch, das irgendwo im Ultraschallbereich begann und in Rincewinds Magengrube endete. Die Tentakel versteiften sich kurz und schleuderten ihre verschiedenen Lasten durch den Raum, um schützende Bündel vor dem Auge zu bilden. Die ganze Masse versank in der Grube. Einige Dutzend

Fangarme packten die Steinplatte und zerrten sie mit einem Ruck auf die Öffnung, wobei mehrere Tentakel eingeklemmt wurden.

Hrun fiel, rollte sich ab, prallte an die Wand und sprang mit einem Satz auf die Beine. Er fand sein Schwert und begann sofort damit, hingebungsvoll auf die hilflosen Tentakel einzuschlagen. Rincewind lag auf dem Boden und versuchte, nicht den Verstand zu verlieren. Als er ein dumpfes hölzernes Geräusch vernahm, drehte er vorsichtig den Kopf.

Die Truhe war auf ihrem gewölbten Deckel gelandet. Sie schaukelte nun hin und her, während die kleinen Beine zornig nach leerer Luft traten.

Besorgt hielt Rincewind nach Zweiblum Ausschau. Der Tourist ruhte zusammengekrümmt an einer Wand, aber wenigstens stöhnte er.

Der Zauberer kroch mühsam über den Boden. »Bei allen Göttern!« stieß er hervor. »Was *war* das?«

»Warum sind sie so hell gewesen?« murmelte Zweiblum. »Oh, mein Kopf ...«

»So hell?« wiederholte Rincewind und sah zu dem Käfig auf dem Bildkasten. Die Eidechsen darin schienen nun wesentlich kleiner zu sein und beobachteten ihn interessiert.

»Die Salamander«, brummte Zweiblum. »Das Bild ist bestimmt überbelichtet ...«

»Es handelt sich um Salamander?« fragte Rincewind ungläubig.

»Natürlich. Das Standardzubehör für den Ikonographen.«

Der Zauberer stand auf, wankte zum Kasten und hob ihn auf. Natürlich hatte er schon früher Salamander gesehen, aber seine Erfahrungen beschränkten sich auf kleinere Exemplare. Außerdem hatten sie sich in einem Einmachglas befunden, im kuriosbiologischen Museum der Unsichtbaren Universität — im Bereich des Runden Meers gab es keine lebenden Salamander mehr.

Er versuchte, sich an die wenigen Einzelheiten zu erinnern, die er über sie wußte. Die Eidechsen dieser Art gehörten zu den magischen Geschöpfen. Ihnen fehlte ein Maul, da sie sich allein von den proteinreichen oktarinen Wellenlängen im Sonnenlicht der Scheibenwelt ernährten. Natürlich nahmen sie auch den Rest des Lichts auf und verstauten ihn in einem speziellen Sack, der auf normale Weise entleert wurde. Eine von Scheibenwelt-Salamandern bewohnte Wüste strahlte des Nachts so hell wie ein Leuchtturm.

Rincewind stellte den Käfig ab und nickte grimmig. Angesichts des intensiven oktarinen Lichts an diesem magischen Ort hatten sich die Eidechsen vollgefressen, und anschließend nahm die Natur ihren Lauf.

Der Ikonograph stakte auf dem Dreibein beiseite. Rincewind trat danach und verfehlte ihn. Seine Antipathie intelligentem Birnbaumholz gegenüber nahm immer mehr zu.

Etwas Kleines berührte ihn an der Wange; er strich es verärgert beiseite.

Ein leises Knirschen veranlaßte Rincewind, sich umzudrehen. Gleichzeitig vernahm er eine Stimme, die wie ein Schnitzmesser klang, das durch Seide schnitt. »Das ist würdelos«, sagte sie.

»Klappe halten«, erwiderte Hrun. Er benutzte Kring, um die obere Hälfte des Altars aufzuheben, sah Rincewind an und grinste. Der Zauberer hoffte jedenfalls, daß die Fratze ein Grinsen sein sollte.

»Mächtige Magie«, kommentierte der Barbar und drückte mit einer Prankenhand auf das klagende Schwert. »Jetzt teilen wir den Schatz, ja?«

Rincewind verzog das Gesicht, als ihn ein kleiner harter Gegenstand am Ohr traf. Außerdem glaubte er, einen leichten Windstoß zu spüren.

»Woher willst du wissen, daß dort drin ein Schatz liegt?« fragte er.

Hrun hebelte erneut, und es gelang ihm, die Finger

unter den schweren Stein zu schieben. »Man findet Würgäpfel unter einem Würgapfelbaum«, antwortete er. »Man findet Schätze unter Altären. Logisch.«
Er knirschte mit den Zähnen. Die Platte kippte und donnerte zu Boden.
Diesmal fiel etwas auf Rincewinds Hand. Rasch griff er danach und betrachtete das Objekt: ein Steinsplitter mit fünf plus drei Seiten. Er blickte zur Decke hinauf. Sollte sie so durchhängen? Hrun summte eine leise Melodie vor sich hin, als er brüchiges Leder aus dem entweihten Altar zog.
Die Luft knisterte, fluoreszierte und surrte. Ungreifbarer Wind zupfte am Umhang des Zauberers, breitete ihn aus und ließ Strudel aus blaugrünen Funken entstehen. Undeutliche verrückte Geister wirbelten um Rincewinds Kopf, kicherten und rasten fort.
Er versuchte die Hand zu heben, und sofort wurde sie von einer glühenden oktarinen Korona umhüllt, als der magische Wind heftiger blies. Die Böen zischten durch den Raum, ohne ein einziges Staubkorn zu bewegen, aber sie schien bestrebt zu sein, die Lider des Zauberers umzustülpen. Sie kreischten durch die Korridore, und ihr gespenstisches Heulen hallte von Stein zu Stein.
Zweiblum torkelte näher und stemmte sich dem astralen Sturm entgegen.
»Lieber Himmel, was *ist* das?« rief er.
Rincewind drehte sich halb um. Sofort erfaßte ihn der heulende Wind und riß ihn fast von den Beinen. Phantomhafte Mahlströme zischten in der rauschenden Luft und zerrten an seinen Füßen.
Hrun hob den Arm und hielt ihn fest. Eine Sekunde später hatte er sowohl Rincewind als auch Zweiblum in den Windschatten des Altars gezogen, wo sie keuchend auf dem Boden liegenblieben. Neben ihnen funkelte das sprechende Schwert Kring: Der Sturm verstärkte sein magisches Kraftfeld um das Hundertfache.
»Nicht loslassen!« schrie Rincewind.

»Der Wind!« erwiderte Zweiblum. »Woher kommt er? Und *wohin* weht er?« Der Tourist blickte in das von Entsetzen gezeichnete Gesicht des Zauberers und klammerte sich daraufhin an den Steinen fest.

»Wir sind erledigt«, sagte Rincewind, während über ihnen die Decke knackte und sich nach unten wölbte. »Woher kommen Schatten? *Dorthin* weht der Wind!«

Der Zauberer wußte natürlich, daß folgendes geschah: Der gequälte Geist Bel-Shamharoths sank durch die tieferen chthonischen Ebenen. Sein unheilvolles Ich wurde aus dem Gestein in eine Region gesaugt, von der die seriösesten Priester der Scheibenwelt behaupteten, daß sie sich sowohl unter dem Boden als auch Ganz Woanders befand. Eine der Konsequenzen dieses Vorgangs bestand daran, daß sein Tempel nun den Verheerungen der Zeit ausgesetzt war, die es viele schamhafte Jahrtausende lang abgelehnt hatte, sich diesem Ort zu nähern. Das plötzlich freigesetzte akkumulierte Gewicht aller jener aufgestauten Sekunden lastete schwer auf den hilflosen Mauern.

Hrun sah zu den länger werdenden Rissen hinauf und seufzte. Dann schob er zwei Finger in den Mund und pfiff.

Seltsamerweise übertönte dieses echte Geräusch den Pseudolärm des anschwellenden astralen Strudels, der sich über der großen oktogonalen Platte formte. Ihm folgte etwas, das sich wie das Klappern sonderbarer Knochen anhörte, und daran wiederum schloß sich etwas an, das ganz und gar nicht eigenartig klang: dumpfer Hufschlag.

Hruns Streitroß trabte durch einen knirschenden Torbogen und bäumte sich mit wehender Mähne vor seinem Herrn auf. Der Barbar erhob sich, verstaute die Schatzbeutel in einem Sack am Sattel und schwang sich auf den Rücken des Pferds. Er griff nach unten, packte Zweiblum am Genick und zog ihn auf den Sattelstock. Als sich das Roß drehte, wagte Rincewind einen verzweifelten Sprung und landete hinter Hrun, der keine Einwände erhob.

Das Pferd lief durch die Tunnel, sprang über Schutthaufen hinweg und wich geschickt großen Steinen aus, die vom ächzenden Dach herabfielen. Rincewind hielt sich energisch fest und blickte zurück.

Kein Wunder, daß es Hruns Roß so eilig hatte. Dicht hinter ihnen stürmte eine recht gefährlich wirkende Truhe durchs flackernde violette Licht, gefolgt vom Ikonographen, der auf dem Dreibein daherstakte. Die Fähigkeit des intelligenten Birnbaumholzes, seinem Herrn überallhin zu folgen, war so groß, daß man die Grabgeschenke toter Könige und Kaiser daraus angefertigt hatte...

Als sie ins Freie gelangten, fielen hinter ihnen die achteckigen Steine des oktogonalen Zugangs auf Fliesen mit zweimal vier Seiten.

Die Sonne ging auf. Hinter Hrun und seinen Begleitern entstand eine große Staubwolke, als der Tempel einstürzte, aber niemand sah zurück. Eigentlich schade: Zweiblum hätte einige Bilder machen können, die selbst nach den Maßstäben der Scheibenwelt ungewöhnlich gewesen wären.

Etwas bewegte sich in den rauchenden Ruinen — ein grüner Teppich schien ihnen zu wachsen. Eine Eiche sauste nach oben, dehnte sich wie eine explodierende grüne Rakete aus und stand in einem Wald, noch bevor das Zittern der Zweige und Äste nachließ. Eine Buche schoß wie ein Pilz empor, reifte heran, verfaulte und zerfiel inmitten ihrer Nachkommen. Inzwischen waren die Reste des Tempels nur noch eine halb im Boden versunkene Masse aus moosbedeckten Steinen.

Bisher hatte sich die Zeit nur darauf beschränkt, eine offene Rechnung zu begleichen, doch jetzt beschloß sie, den Job mit aller gebotenen Gründlichkeit zu erledigen. Die kochende Grenzfläche zwischen verblassender Magie und sich ausbreitender Entropie raste den Hügelhang herab und überholte das galoppierende Pferd, dessen Reiter überhaupt nichts davon spürten, weil sie Geschöpfe der Zeit waren. Mit dem Peitschenschlag von Jahrhunderten schlug sie in den verzauberten Wald.

»Beeindruckend, nicht wahr?« bemerkte eine Stimme an Rincewinds Knie, als das Pferd durch den Dunst aus zerfallendem Holz und verwelkenden Blättern lief.

Sie hatte einen metallenen Klang. Rincewind senkte den Kopf, und sein Blick fiel auf das Schwert Kring. Zwei Rubine glänzten im Knauf, und der Zauberer glaubte sich von ihnen beobachtet.

Im Heideland am randwärtigen Ende des Waldes verharrten sie und sahen dem Kampf zwischen den Bäumen und der Zeit zu, dessen Ausgang bereits feststand. Er kam einer Art Kabarett gleich und bot abwechslungsreiche Unterhaltung, während sich die Reiter auf den eigentlichen Grund für die Pause konzentrierten: Er bestand in dem Verzehr gewisser Körperteile eines Bären, der unvorsichtigerweise vor Hruns Bogen gelaufen war.

Rincewind musterte den Barbaren, während er an einem fettigen Fleischstück nagte. Wenn Hrun seiner Arbeit als Held nachging, so unterschied er sich von dem anderen Hrun, der gelegentlich nach Ankh-Morpork kam, um in der einen oder anderen Taverne zu zechen. Jetzt war er so vorsichtig wie eine Katze, so geschmeidig wie ein Panther — und er fühlte sich hier wie zu Hause.

Ich habe Bel-Shamharoth überlebt, erinnerte sich der Zauberer. *Phantastisch.*

Zweiblum half dem Helden dabei, den gestohlenen Schatz zu sortieren. Er bestand zum größten Teil aus Silber, geschmückt mit düster schimmernden purpurnen Edelsteinen. Viele Gegenstände wiesen Darstellungen von Spinnen, Tintenfischen und den in Bäumen wohnenden Oktarsiern des Mittlands auf.

Rincewind versuchte vergeblich, nicht auf die neben ihm kratzende Stimme zu achten.

»... und dann gehörte ich dem Pascha von Re'durat

und spielte eine wichtige Rolle bei der Schlacht vom Großen Nef«, erzählte Kring in schabendem Plauderton. Derzeit ruhte das Schwert in einem Grasbüschel. »Dabei bekam ich die kleine Kerbe, die du im unteren Drittel meiner Klinge sehen kannst. Ein Ungläubiger trug eine große Halskette aus Oktiron, was nur als höchst unsportlich bezeichnet werden kann, und natürlich bin ich damals wesentlich schärfer gewesen, und mein Herr benutzte mich, um Taschentücher aus Seide mitten in der Luft zu durchschneiden, und ... Langweile ich dich?«

»Wie? O nein, nein, ganz und gar nicht; es ist alles sehr interessant«, erwiderte Rincewind, während er weiterhin Hrun beobachtete. Durfte man ihm vertrauen? Sie befanden sich hier mitten in der Wildnis, und vielleicht lauerten Trolle in der Nähe ...

»Ich habe dich sofort als kultivierten Mann erkannt«, fuhr Kring fort. »Viel zu selten bekomme ich Gelegenheit, interessante Menschen kennenzulernen. Ich meine, meistens dauern die Begegnungen nicht sehr lange. Tja, ich fände großen Gefallen daran, an einem ruhigen, friedlichen Ort über einem hübschen Kaminsims zu hängen. Habe ich dir schon gesagt, daß ich einmal hundert Jahre lang auf dem Grund eines Sees lag?«

»Das muß recht lustig gewesen sein«, kommentierte Rincewind geistesabwesend.

»Eigentlich nicht«, meinte Kring.

»Nun, da hast du wahrscheinlich recht.«

»Mein *größter* Wunsch besteht darin, eine Pflugschar zu sein. Ich weiß nicht, was das ist, aber es klingt nach einer sinnvollen Existenz.«

Zweiblum eilte zu dem Zauberer.

»Ich habe eine tolle Idee!« entfuhr es ihm.

»Ja.« Rincewind seufzte. »Wir bitten Hrun, uns nach Quirm zu begleiten.«

Zweiblum blinzelte überrascht. »Woher weißt du das?«

»Ich dachte mir einfach, daß dir so etwas einfallen müßte«, entgegnete Rincewind.

Hrun verstaute einige letzte Objekte aus Silber in den Satteltaschen, drehte sich um und lächelte aufmunternd. Dann glitt sein Blick zur Truhe.

»Wenn er bei uns wäre — wer hätte dann den Mut, uns anzugreifen?« erkundigte sich Zweiblum.

Rincewind kratzte sich am Kinn. »Hrun?«

»Aber wir haben ihm im Tempel das Leben gerettet!«

»Nun, wenn du mit *angreifen* vielleicht *töten* meinst ...« Rincewind überlegte kurz. »Ich bezweifle, ob er dazu fähig wäre. So etwas paßt nicht zu ihm. Wahrscheinlich würde er sich damit begnügen, uns auszurauben, zu fesseln und den Wölfen zu überlassen.«

»Ich *bitte* dich ...«

»So ist das nun mal im wirklichen Leben«, sagte Rincewind scharf. »Ich meine, du läufst hier mit einer Truhe herum, in der sich viel Gold befindet. Wer alle seine Sinne beisammen hat, versucht früher oder später, sich etwas davon zu schnappen — wahrscheinlich früher.« *Normalerweise würde ich eine solche Gelegenheit sofort nutzen*, fügte er in Gedanken hinzu. *Wenn ich nicht gesehen hätte, was die Kiste mit habgierigen Fingern anstellt.*

Dann ging ihm ein inneres Licht auf, und er sah von Hrun zum Ikonographen. Der Bilderkobold wusch gerade seine Wäsche in einem winzigen Trog, während die Salamander in ihrem Käfig dösten.

»Jetzt habe *ich* eine Idee«, murmelte er. »Was streben Helden in erster Linie an?«

»Gold?« vermutete Zweiblum.

»Nein. Ich meine, was wollen sie *wirklich*?«

Der Tourist runzelte die Stirn. »Ich verstehe nicht ganz«, murmelte er unsicher. Rincewind griff nach dem Bildkasten.

»Hrun«, sagte er. »Kommst du bitte mal hierher?«

Die Tage verstrichen friedlich. Zugegeben, einmal versuchte eine kleine Gruppe von Brückentrollen, Rincewind, Zweiblum und Hrun in einen Hinterhalt zu locken, und in einer Nacht schlichen sich Räuber heran — dummerweise verzichteten sie darauf, die Schlafenden sofort zu töten; statt dessen nahmen sie sich zuerst die Truhe vor. In beiden Fällen verlangte (und erhielt) Hrun doppelte Bezahlung.

»Wenn uns etwas zustößt, so kann niemand den magischen Bildkasten bedienen«, sagte Rincewind. »Und dann bekommst du keine Bilder von Hrun mehr, verstanden?«

Der Barbar nickte und betrachtete die letzte Aufnahme. Sie zeigte Hrun in typisch heldenhafter Pose, mit einem Fuß auf einem Haufen erschlagener Trolle.

»Ich und du und kleiner Freund Zwei Blumen, wir kommen alle gut miteinander aus, ja?« erwiderte er. »Und dann morgen, am nächsten Tag... Vielleicht können wir machen ein noch besseres Bild, ja?«

Er wickelte das Bild vorsichtig in Trollhaut und schob es zu den anderen in die Satteltasche.

»Es scheint zu klappen«, sagte Zweiblum bewundernd, als Hrun vorausritt, um das Gelände zu erkunden und nach Gefahren Ausschau zu halten.

»Natürlich«, bestätigte Rincewind. »Sich selbst mögen Helden am liebsten.«

»Weißt du eigentlich, daß du inzwischen ziemlich gut mit dem Ikonographen umgehen kannst?«

»Ja.«

»Vielleicht interessiert dich das hier.« Zweiblum reichte dem Zauberer ein Bild.

»Was ist das?« fragte Rincewind.

»Oh, nur ein Bild aus dem Tempel.«

Rincewind starrte darauf hinab und riß entsetzt die Augen auf. Es zeigte einige Tentakel, und der Vordergrund bestand aus einem großen, schwieligen, fleckigen und unscharfen Daumen.

»Die Geschichte meines Lebens«, stöhnte er dazu leise.

⌘

»Du hast gewonnen«, sagte Verhängnis und schob einen Stapel Seelen über den Spieltisch. Die übrigen Götter entspannten sich erleichtert. »Irgendwann revanchiere ich mich«, fügte der nun zerknirscht wirkende Gott hinzu.

Die Lady lächelte und blickte in zwei Augen, die wie Löcher im Universum aussahen.

⌘

Und dann gab es nur noch die Ruine im Wald und eine in der Brise zerfasernde Staubwolke am Horizont. Und eine hochgewachsene schwarze Gestalt, die auf einem verwitterten, moosbewachsenen Meilenstein saß. Er wirkte wie jemand, der sich ungerecht behandelt fühlt, den man fürchtet, obgleich er einziger Freund der Armen und bester Arzt für die tödlich Verwundeten ist.

Tod hatte natürlich keine Augen, was ihn jedoch nicht an der Beobachtung hinderte, daß Rincewind in der Ferne verschwand. Wenn sein Gesicht beweglich gewesen wäre, hätte er jetzt sicher die Stirn gerunzelt. Tod war immer sehr beschäftigt, aber trotzdem beschloß er nun, sich ein Hobby zuzulegen. Es hieß Rincewind. Irgend etwas an dem Zauberer ärgerte ihn maßlos, zum Beispiel der Umstand, daß er keine Verabredungen einhielt.

IRGENDWANN KRIEGE ICH DICH, MEIN LIEBER, sagte Tod mit einer Stimme, die wie zufallende Sargdeckel aus Blei klang. WART'S NUR AB.

Der Zauber des
Wyrmbergs

Man nannte ihn Wyrmberg, und er erhob sich fast eine halbe Meile über das grüne Tal — ein gewaltiges, graues und kopfstehendes Massiv.
Unten durchmaß es nur einige Dutzend Meter. Der Berg schwoll an, während er sich elegant und anmutig nach oben schwang, hohe Wolken durchstieß und in einem Plateau endete, das eine ganze Viertelmeile durchmaß. Ein kleiner Wald wuchs dort oben, und sein Grün reichte über den Rand. Hinzu kamen einige Gebäude. Sogar ein Flüßchen plätscherte, ergoß sich über die Felsen und wurde auf dem Weg nach unten ein Opfer des Winds: Er erreichte den Boden in Form von Sprühregen.
Einige Meter unter dem Plateau bemerkte ein aufmerksamer Beobachter mehrere Höhlen. Sie schienen von fleißiger Hand ins Gestein gemeißelt zu sein und bildeten regelmäßige Öffnungen in der hohen Flanke. An diesem kühlen Herbstmorgen sah der über die Wolken hinausragende Teil des Wyrmbergs wie ein riesiger Taubenschlag aus.
Was in diesem besonderen Fall bedeutete, daß die ›Tauben‹ eine Flügelspannweite von mehr als vierzig Metern hatten.

»Ich wußte es«, sagte Rincewind. »Wir befinden uns in einem starken magischen Kraftfeld.«
Zweiblum und Hrun ließen den Blick durch die kleine Senke schweifen, die ihnen als mittäglicher Lagerplatz diente. Dann sahen sie sich an.

Die Pferde fraßen in aller Gemütsruhe das saftige Gras am Flußufer. Gelbe Schmetterlinge flatterten über Büschen und Sträuchern. Es duftete nach Thymian, und Bienen summten. Wildschweine brutzelten leise an Spießen.

Hrun hob die Schultern und konzentrierte sich wieder darauf, die Muskeln zu ölen. Sie glänzten.

»Mir fällt nichts auf«, brummte er.

»Wirf eine Münze!« schlug Rincewind vor.

»Was?«

»Nur zu. Hol eine Münze hervor und wirf sie.«

»Na schön«, knurrte Hrun. »Wenn du unbedingt willst ...« Er entnahm seinem Beutel eine Handvoll Wechselgeld, das er in verschiedenen Scheibenweltländern erbeutet hatte. Behutsam wählte er einen Viertel-Zchloty aus Blei und balancierte ihn auf einem purpurnen Fingernagel.

»Jetzt mußt du dich entscheiden«, sagte er. »Kopf oder ...« Einige Sekunden lang blickte Hrun konzentriert auf die Rückseite der Münze. »Eine Art Fisch mit Beinen.«

»Wenn sie in der Luft ist«, sagte Rincewind. Hrun lächelte und schnippte mit dem Daumen.

Der Viertel-Zchloty flog und drehte sich.

»Kante«, murmelte Rincewind und sah nicht hin.

※

Magie stirbt nie. Sie verblaßt höchstens.

Das wurde vor allem dort auf der weiten blauen Scheibenwelt deutlich, wo kurz nach der Schöpfung die Magischen Kriege stattgefunden hatten. Damals existierte überall pure Zauberei, und die Ersten Menschen nutzten diese Kraft im Kampf gegen die Götter.

Der eigentliche Anlaß jener Kriege ging im Nebel der Zeit verloren, aber die Philosophen vertreten in diesem Zusammenhang die Ansicht, daß die Ersten Menschen kurz nach ihrer Schöpfung aus verständlichen Gründen in Wut gerieten. Daraufhin folgten erbitterte Auseinandersetzungen mit vielen beeindruckenden Spezialeffekten: Die Sonne raste über den Himmel; die Meere kochten; unheimliche Stürme verheerten das Land; kleine weiße Tauben erschienen auf geheimnisvolle Weise in bestimmten Kleidungsstücken; die Stabilität der ganzen Scheibenwelt (sie ruhte auf den Schultern von vier riesigen Elefanten, die ihrerseits auf dem Rücken einer durchs All wandernden gewaltigen Schildkröte standen) geriet in Gefahr. Schließlich griffen die Alten Erhabenen ein, denen selbst die Götter Rechenschaft schuldig sind. Sie beschlossen strenge Maßnahmen, verbannten die Götter in den Himmel und sorgten dafür, daß die Menschen ein ganzes Stück kleiner wurden. Anschließend saugten sie einen großen Teil der alten wilden Magie aus dem Boden.

Das löste jedoch nicht die Probleme jener Orte auf der Scheibenwelt, die während der Kriege von strategischen oder taktischen Zaubersprüchen getroffen worden waren. Im Lauf der Jahrtausende verblaßte die Magie und setzte dabei Myriaden von subastralen Partikeln frei, die in ihrem Wirkungsbereich starke Verzerrungen der Realität hervorriefen...

Rincewind, Zweiblum und Hrun starrten auf die Münze.

»Auf der Kante liegt sie wirklich, ja«, stellte Hrun fest. »Nun, du bist Zauberer. Und?«

»Diese Magie stammt, äh, nicht von mir.«

»Du meinst, du kannst so etwas nicht.«

Rincewind überhörte diese Bemerkung, da sie der Wahrheit entsprach. »Versuch es noch einmal«, schlug er vor.

Hrun holte eine Handvoll Münzen hervor.

Die ersten beiden landeten auf die übliche Art und Weise, ebenso wie die vierte. Nummer Drei fiel auf ihre Kante und zitterte, weigerte sich jedoch, zur einen oder anderen Seite zu kippen. Die fünfte verwandelte sich in eine gelbe Raupe und kroch fort. Die sechste verschwand mit einem lauten *Ploing*, als sie den höchsten Punkt ihrer Flugbahn erreichte. Kurz darauf donnerte es.

»He, die war aus Silber!« rief Hrun, stand auf und blickte nach oben. »Bring sie zurück!«

»Ich weiß überhaupt nicht, wo sie sich jetzt befindet«, erwiderte Rincewind müde. »Wahrscheinlich beschleunigt sie noch immer. Die Münzen, mit denen ich heute morgen experimentiert habe, kamen nicht wieder herunter.«

Hrun sah noch immer gen Himmel.

»Was?« fragte Zweiblum.

Rincewind seufzte. Dies hatte er gefürchtet.

»Wir sind hier in einem Gebiet mit hohem magischem Index«, sagte er. »Fragt mich bitte nicht nach dem Grund. Irgendwann einmal muß hier ein sehr starkes thaumaturgisches Kraftfeld entstanden sein, und wir fühlen die Nachwirkungen.«

»Genau«, bestätigte ein vorbeiwandernder Strauch.

Hruns Kopf ruckte nach unten und zur Seite.

»Soll das heißen, dies ist einer *jener* Orte?« erkundigte er sich. »Dann sollten wir ihn sofort verlassen.«

»Ganz meine Meinung.« Rincewind nickte. »Wenn wir denselben Weg zurückkehren, schaffen wir es vielleicht. Wir können nach jeweils einer Meile anhalten und eine Münze werfen.«

Er stand auf und begann sein Zeug in den Satteltaschen zu verstauen.

»Was?« wiederholte Zweiblum.

Rincewind wandte sich zu ihm um. »Verlang jetzt bitte keine langen Erklärungen. Komm einfach *mit*.«

»Aber hier scheint doch alles in Ordnung zu sein«,

meinte der Tourist. »Dieses Gebiet ist nur ein wenig unterbevölkert ...«

»Ja«, brummte Rincewind. »Seltsam, nicht wahr? *Komm* jetzt.«

Hoch über ihnen erklang ein Geräusch — es hörte sich an wie ein Lederriemen, mit dem jemand auf feuchten Stein schlug. Etwas Gläsernes und Undeutliches sauste über Rincewinds Kopf hinweg und wirbelte Asche an der Feuerstelle auf. Die Reste eines Wildschweins lösten sich vom Spieß und rasten davon.

Sie neigten sich zur Seite, um einigen Bäumen auszuweichen, flogen dann eine enge Schleife, nahmen mittwärtigen Kurs und ließen einen Schweif aus heißen Fettropfen zurück.

※

»Was tun sie jetzt?« fragte der alte Mann.

Die junge Frau blickte in die Kristallkugel.

»Sie reiten randwärts und haben es offenbar sehr eilig«, antwortete sie. »Übrigens: Die Truhe mit den Beinen folgt ihnen noch immer.«

Der alte Mann lachte leise — ein eigenartiges, beunruhigendes Geräusch in der dunklen staubigen Gruft. »Intelligentes Birnbaumholz«, murmelte er. »Bemerkenswert. Ja, ich glaube, wir holen uns die Kiste. Bitte kümmere dich darum, meine Liebe — bevor die Fremden aus dem Einflußbereich deiner Macht entkommen.«

»Schweig! Oder ...«

»Oder was, Liessa?« fragte der Alte. Er saß auf einem steinernen Stuhl, und das matte Licht gab seiner Haltung etwas Sonderbares. »Du hast mich schon einmal getötet, erinnerst du dich?«

Die junge Frau schnaubte abfällig, erhob sich und warf verächtlich das Haar zurück. Es glänzte rot, und an einigen Stellen zeigten sich blonde Strähnen. Aufgerichtet bot Liessa Wyrmgebieter einen beeindruckenden

Anblick. Sie war fast nackt, abgesehen von einigen dünnen Streifen Kettenhemd und Reitstiefeln aus schimmernder Drachenhaut. In einem davon steckte eine ungewöhnliche Reitpeitsche: Sie war fast so lang wie ein Speer, und ihre Spitze wies kleine stählerne Stacheln auf.

»Meine Macht genügt bestimmt«, sagte sie kühl.

Die undeutliche Gestalt nickte oder wackelte zumindest. »Das behauptest du immer wieder«, sagte der Alte. Liessa schnaubte erneut und verließ die Kammer.

Der Vater sah seiner Tochter nicht nach. Es hätte ihm ohnehin einige Probleme bereitet — er war inzwischen seit drei Monaten tot, und deshalb ließ der Zustand seiner Augen eher zu wünschen übrig. Hinzu kam folgendes: Als (wenn auch toter) Zauberer der fünfzehnten Stufe hatten sich seine Sehnerven längst daran gewöhnt, in Sphären und Dimensionen zu blicken, die mit der normalen Realität kaum in Verbindung standen, und aus diesem Grund eigneten sie sich nicht besonders gut dafür, das rein Weltliche zu beobachten. (Früher hatten andere Leute des öfteren den Eindruck gewonnen, daß seine Pupillen achteckig waren und an die Facettenaugen von Insekten erinnerten.) Außerdem: Da er jetzt in der schmalen Nische zwischen der Welt der Lebenden und dem dunklen Kosmos des Todes verweilte, konnte er das ganze Universum der Kausalität betrachten. Deshalb setzte er seine beachtlichen Kräfte nicht dazu ein, mehr über die drei Reisenden herauszufinden, die derzeit verzweifelt versuchten, sich in Sicherheit zu bringen. Er hoffte nur, daß seine niederträchtige Tochter diesmal den Tod fände.

Einige hundert Meter entfernt stieg Liessa, gefolgt von sechs Reitern, die ausgetretenen Stufen der Treppe hinunter, die ins hohle Zentrum des Wyrmbergs führten.

Seltsame Empfindungen regten sich in ihr. Ergab sich nun eine Gelegenheit für sie, aus der Sackgasse herauszukommen und den Thron des Wyrmbergs zu erringen? Natürlich gehörte er ihr. Andererseits: Die Tradition gebot, daß ein Mann über den Wyrmberg herrschte. Das ärgerte Liessa. Und wenn sich Liessa ärgerte, floß mehr Macht; dann wurden die Drachen größer und häßlicher.

Wenn sie einen Mann gehabt hätte, wäre alles anders. Am besten einen kräftigen, strammen Burschen mit ordentlichen Muskeln und wenig Gehirn. Jemand, der Anweisungen entgegennahm und sich an sie hielt...

Zum Beispiel der größte jener drei Reisenden, die aus dem Drachenland flohen — er schien geeignet zu sein. Und wenn sie sich irrte... Nun, die Drachen waren immer hungrig und mußten in regelmäßigen Abständen gefüttert werden. Damit sie stark und garstig wurden.

Noch garstiger als sonst.

Die Treppe führte durch einen steinernen Torbogen und endete an einem schmalen Sims am Dach der großen Höhle, in der die Wyrme schliefen.

Sonnenstrahlen fielen durch die vielen Öffnungen in den Wänden, glühten durch das düstere Halbdunkel und sahen aus wie Bernsteinstangen, in denen Millionen von goldenen Insekten gefangen waren. Unten entrissen sie der Finsternis nur einen fahlen Dunst. Oben...

Die Laufringe begannen so dicht über Liessas Kopf, daß sie nur die Hand auszustrecken brauchte, um einen zu berühren. Zu Tausenden erstreckten sie sich über die hohe und weite Höhlendecke. Hunderte von Steinmetzen hatten jahrelang gearbeitet, um die notwendigen Halterungen anzubringen; sie hingen mit dem Kopf nach unten, während sie die Haken in den Fels trieben. Doch noch viel eindrucksvoller waren die achtundachtzig Hauptringe am Scheitelpunkt der kuppelförmigen Decke. Früher hatte es fünfzig weitere gegeben, doch sie stürzten herab, als ein ganzes Heer aus schwitzenden

Sklaven (damals, zu Beginn der *Macht*, herrschte kein Mangel an ihnen) versuchte, sie an den vorgesehenen Stellen anzubringen. Aus irgendeinem Grund lösten sie sich aus dem Fels und rissen Dutzende von unfreiwilligen Arbeitern in die Tiefe.

Jetzt gab es noch achtundachtzig Hauptringe, groß wie Regenbögen, rostrot wie Blut. Und an ihnen hingen...

⌘

*D*ie *Drachen spüren Liessas Präsenz. Wind flüstert durch die Höhle, als sich achtundachtzig Flügelpaare wie in einem komplizierten Puzzle entfalten. Große Köpfe sehen aus grünen facettenreichen Augen auf sie herab.*

Die großen Tiere sind noch halb durchsichtig. Während die Reiter ihre Hakenstiefel aus dem Gestell nehmen, konzentriert sich Liessa darauf, den Drachen mehr Substanz zu verleihen. Kurze Zeit später werden sie deutlich sichtbar, und ihre bronzefarbenen Schuppen reflektieren das durch die Höhlenzugänge filternde Sonnenlicht. Liessas Bewußtsein pulsiert, doch inzwischen fließt die Kraft ganz von allein, und deshalb braucht sie sich kaum zu konzentrieren, um an andere Dinge zu denken.

Sie zieht ebenfalls die Hakenstiefel an, springt, dreht sich in der Luft und berührt mit den Füßen zwei Ringe. Es klickt leise, als sich die Haken um das Metall schließen.

Die Welt verändert sich: Aus der Decke wird nun der Boden. Liessa steht am Rand eines Trichters oder Kraters, aus dem kleine Ringe ragen — die Drachenreiter gehen darüber hinweg und bewegen sich dabei wie Seeleute auf schwankendem Deck. In der Mitte des Trichters warten ihre riesigen Rösser bei der Herde. Weit oben befinden sich die fernen Felsen des Höhlenbodens, über Jahrhunderte hinweg von Drachenkot verfärbt.

Liessa schreitet mit der ruhigen Eleganz, die ihr bereits zur zweiten Natur geworden ist, nähert sich ihrem eigenen Dra-

chen namens Laolith, der den großen Pferdekopf dreht und sie ansieht. Schweinefett klebt ihm am Maul.

Es hat gut geschmeckt, teilt Laoliths geistige Stimme mit.

»Ich habe dir doch verboten, allein zu fliegen«, erwidert Liessa scharf.

Ich hatte Hunger.

»Bezähm deinen Appetit! Bald kannst du Pferde fressen.«

Die Zügel bleiben einem in der Kehle stecken. Gibt es auch Krieger? Wir mögen Krieger.

Liessa schwingt sich an einer Leiter herab, erreicht Laoliths Hals und schließt die Beine darum.

»Der Krieger gehört mir. Die beiden anderen Reisenden kannst du haben. Einer von ihnen scheint eine Art Zauberer zu sein«, fügt sie aufmunternd hinzu.

Ach, du weißt ja, wie das mit Zauberern ist, grollt der Drache. Nach einer halben Stunde möchte man noch einen.

Er breitet die Schwingen aus und fällt.

※

»Sie holen zu uns auf!« stieß Rincewind hervor. Er beugte sich noch weiter über den Hals seines Pferds vor und stöhnte. Zweiblum versuchte, nicht den Anschluß zu verlieren, während er gleichzeitig zurückblickte und nach den fliegenden Tieren Ausschau hielt.

»Du verstehst nicht!« rief der Tourist aus vollem Hals, um das ohrenbetäubend laute Pochen der Flügelschläge zu übertönen. »Mein ganzes Leben lang habe ich mir gewünscht, Drachen zu sehen!«

»Von innen?« erwiderte Rincewind. »Sei still und reite!« Er trieb sein Roß an, starrte zum Wald vor ihnen und trachtete danach, ihn mit reiner Willenskraft näher zu bringen. Unter den Bäumen drohte ihnen keine Gefahr mehr. Unter den Bäumen konnten keine Drachen fliegen ...

Etwas rauschte, und ein Schatten stülpte sich über den Zauberer. Instinktiv neigte er sich zur Seite und spürte heißen Schmerz, als ihm etwas über die Schulter kratzte.

Hinter ihm schrie Hrun, aber es klang eher wie zorniges Gebrüll. Der Barbar war ins Heidekraut gesprungen und hatte sein schwarzes Schwert Kring gezogen. Er holte nun damit aus, als einer der Drachen im Tiefflug heransauste.

»Ich lasse mich nicht von verdammten Eidechsen in die Flucht schlagen!« donnerte Hrun.

Rincewind streckte sich und griff nach Zweiblums Zügeln.

»Komm *weiter!*« zischte er.

»Aber die Drachen...«, stammelte der Tourist verzückt.

»Zur Hölle mit den...«, begann der Zauberer und erstarrte. Ein weiteres Ungeheuer löste sich von den hoch oben kreisenden Punkten und glitt auf ihn zu. Rincewind ließ Zweiblums Pferd los, fluchte verbittert und setzte den Weg allein zu den Bäumen fort. Er sah sich nicht um, als es hinter ihm fauchte. Ein oder zwei Sekunden später fiel erneut ein Schatten auf ihn, und mit einem leisen Wimmern versuchte er, in die Mähne des Pferds zu kriechen.

Er rechnete damit, daß sich ihm messerscharfe Krallen in den Leib bohrten, aber statt dessen versetzte ihm etwas heftige Schläge, als das von Entsetzen gepackte Roß den Wald erreichte. Rincewind klammerte sich fest, doch ein anderer niedriger Ast, dicker als seine Kollegen, schleuderte ihn aus dem Sattel. Bevor ihn die blitzenden blauen Lichter der Bewußtlosigkeit ganz umhüllten, hörte er noch einen enttäuschten schrillen Reptilienschrei und lautes Knacken in den Baumwipfeln.

Als er erwachte, beobachtete ihn ein Drache — zumindest blickte er in seine Richtung. Rincewind ächzte und versuchte sich mit den Schulterblättern ins Moos zu graben. Dann schnappte er nach Luft, als ihn Schmerz durchflutete.

Durch den Dunst aus Pein und Furcht sah er zu dem Ungeheuer hinüber.

Es hing etwa hundert Meter entfernt am Ast einer alten abgestorbenen Eiche. Die bronze- und goldfarbenen Flügel waren eng um den Körper gefaltet, aber der lange pferdeartige Kopf drehte sich am Ende eines verblüffend beweglichen Halses hin und her. Der Drache suchte nach einem Opfer. *Bestimmt nach mir,* dachte der Zauberer.

Und er war halb durchsichtig. Zwar glitzerte der Sonnenschein auf den Schuppen, aber Rincewind erkannte die Umrisse der Zweige dahinter.

Auf einem davon saß ein Mann, winzig im Vergleich zum riesigen Drachen. Bis auf zwei hohe Stiefel, einem kleinen Lederbeutel im Bereich der Lenden und einem Helm mit hohem Kamm schien er völlig nackt zu sein. Gelangweilt schwang er ein kurzes Schwert hin und her, blickte müßig über die Wipfel und wirkte wie jemand, der einen nicht besonders interessanten Routineauftrag wahrnahm.

Ein Käfer kroch über Rincewinds Bein.

Der Zauberer fragte sich, wie gefährlich ein Drache war, dem es ganz offensichtlich an Substanz fehlte. *Tötet er nur halb?* dachte Rincewind. Er hielt es für besser, in dieser Hinsicht keine Experimente zu wagen.

Auf Knien, Fingerspitzen und Schultermuskeln schob er sich langsam zur Seite, bis sich die Eiche und ihre beiden Gäste hinter dem Laub verbargen. Dann stand er hastig auf und floh.

Er hatte kein bestimmtes Ziel, und außerdem fehlten ihm Proviant sowie ein Pferd. Aber solange ihm die Beine gehorchten, konnte er laufen. Farnblätter und Dornenzweige schlugen nach ihm, aber er spürte sie überhaupt nicht.

Nach etwa einer Meile blieb er stehen und lehnte sich an einen Baum, der sofort zu ihm sprach.
»Psst!« flüsterte er.
Rincewind hob langsam den Kopf, und neue Furcht prickelte in ihm, als er daran dachte, was sich seinen Augen darbieten mochte. Der Blick des Zauberers versuchte, an harmloser Borke und ungefährlichen Blättern zu verharren, doch die Geißel der Neugier trieb ihn weiter. Schließlich fiel er auf ein schwarzes Schwert, dessen Klinge den Ast über Rincewinds Kopf durchstoßen hatte.
»Steh da nicht einfach so herum«, sagte es mit einer Stimme, die so klang, als streiche jemand mit dem Finger über den Rand eines großen leeren Weinglases. »Zieh mich heraus.«
»Was?« erwiderte Rincewind. Er keuchte noch immer.
»Zieh mich heraus«, wiederholte Kring. »Sonst verbringe ich die nächsten Jahrmillionen in einem Kohleflöz. Habe ich dir davon erzählt, daß man mich einmal in einen See geworfen hat ...?«
»Was ist mit den anderen passiert?« fragte Rincewind und hielt sich verzweifelt an dem Baum fest.
»Oh, die Drachen haben sie erwischt. Ebenso die Pferde. Und die Truhe. Es wäre auch um mich geschehen gewesen, aber Hrun hat mich fallen lassen. Welch ein Glück für dich.«
»Nun ...«, begann Rincewind. Kring überhörte den Einwand.
»Bestimmt brennst du darauf, deine Kameraden zu retten«, fügte das Schwert hinzu.
»Ja, äh ...«
»Zieh mich raus. Dann können wir uns sofort auf den Weg machen.«
Rincewind betrachtete das Schwert. Der Gedanke an ein Rettungsunternehmen hatte sich in einem so fernen Winkel seines Bewußtseins versteckt, daß er — wenn man gewissen Theorien in bezug auf Natur und Gestalt

der hyperdimensionalen Multiplexität des Universums Glauben schenken durfte — vor alle anderen rückte. Außerdem: Ein magisches Schwert war alles andere als wertlos...

Und der Heimweg — in welche Richtung auch immer — konnte recht lang werden.

Rincewind kletterte hinauf und kroch über den Ast. Kring steckte tief im Holz. Der Zauberer griff nach dem Knauf und zog, bis ihm Sterne vor den Augen funkelten.

»Versuch's noch einmal!« feuerte ihn Kring an.

Rincewind stöhnte und biß die Zähne zusammen.

»Es könnte schlimmer sein«, fügte das Schwert hinzu. »Wenn ich in einem Amboß säße, zum Beispiel.«

»Jaargh«, schnaufte der Zauberer und fürchtete um die Zukunft seiner Leisten.

»Weißt du, meine Existenz verdient die Bezeichnung multidimensional«, verkündete Kring.

»Hach?«

»Ich hatte viele Namen.«

»Erstaunlich«, kommentierte Rincewind. Er ruckte nach hinten, als sich das Schwert plötzlich aus dem Holz löste. Es fühlte sich sonderbar leicht an.

Wieder auf dem Boden, beschloß er, seinen Standpunkt zu verdeutlichen.

»Ich glaube nicht, daß wir sofort mit einer Rettungsmission beginnen sollten«, sagte er. »Äh, es wäre besser, eine Stadt aufzusuchen. Um dort eine Suchgruppe zusammenzustellen.«

»Die Drachen flogen mittwärts«, entgegnete Kring. »Trotzdem schlage ich vor, daß wir mit dem Exemplar dort drüben anfangen.«

»Tut mir leid, aber...«

»Du kannst die Verschleppten nicht einfach ihrem Schicksal überlassen.«

Rincewind wölbte überrascht die Brauen. »Wirklich nicht?«

»Nein, das ist völlig ausgeschlossen. Ich will ganz offen sein. Ich habe schon mit besseren Leuten zusammengearbeitet, aber die Alternative wäre ... Hast du jemals mehrere Jahrmillionen in einem Kohleflöz verbracht?«

»Hör mal, ich ...«

»Keine Widerrede. Oder ich schlage dir den Kopf ab.«

Rincewind sah, wie sich sein Arm hob, bis nur noch ein Zentimeter die glitzernde Klinge von der Kehle trennte. Er versuchte, die Finger zu strecken und den Knauf loszulassen, aber sie traten in den Streik.

»Ich weiß doch gar nicht, wie man ein Held ist!« entfuhr es ihm.

»Ich bin bereit, es dir zu zeigen.«

Psepha mit den bronzenen Schuppen knurrte dumpf.

Der Drachenreiter K!sdra beugte sich vor und blickte über die Lichtung.

»Ich sehe ihn«, sagte er, schwang sich von Ast zu Ast, landete leichtfüßig im Gras und zog sein Schwert.

Er beobachtete den näher kommenden Mann, der den Schutz der Bäume offenbar nur widerstrebend verließ. Er war bewaffnet, aber der Drachenreiter bemerkte mit gewissem Interesse, wie er das Schwert hielt — weit von sich gestreckt, als erfülle es ihn mit Verlegenheit, zusammen mit der Klinge gesehen zu werden.

K!sdra hob das eigene Schwert und grinste vom einen Ohr bis zum anderen, als der Zauberer sich zögernd näherte. Als er bis auf einige Meter herangekommen war, sprang der Drachenreiter.

Später erinnerte er sich nur an zwei Einzelheiten des Kampfes. Erstens: Die Klinge des Zauberers zuckte auf eine geradezu gespenstische Weise nach oben und traf sein Schwert mit solcher Wucht, daß es ihm aus den Fingern gerissen wurde. Und zweitens: Während des

Duells hielt sich der Magier mit einer Hand die Augen zu. Später behauptete K!sdra, daß er seine Niederlage in erster Linie diesem Umstand verdankte.

Der Drachenreiter wich zurück, um einem weiteren Hieb auszuweichen, stolperte und fiel der Länge nach ins Gras. Psepha knurrte, breitete die Schwingen aus und stieß sich vom Ast ab.

Einen Augenblick später stand der Zauberer direkt vor K!sdra. »Wenn das Biest Feuer spuckte, lasse ich die Klinge los! Ich meine es ernst! Ich lasse sie wirklich los! Sag es dem Drachen!« Seltsam: Das schwarze Schwert zitterte, und der Zauberer schien damit zu ringen.

»Psepha!« rief K!sdra.

Der Drache brüllte verärgert, verzichtete jedoch darauf, Rincewind den Kopf abzureißen. Er schlug mehrmals mit den Flügeln und kehrte zum Baum zurück.

»Heraus damit!« heulte der Zauberer.

K!sdra schielte an dem dunklen Schwert vorbei.

»Heraus womit?« fragte er.

»Was?«

»Womit soll ich heraus?«

»Ich will wissen, wo meine Freunde sind! Damit meine ich den Barbaren und seinen Begleiter, einen kleinen Mann.«

»Vermutlich hat man sie zum Wyrmberg gebracht.«

Rincewind zerrte mit wachsender Verzweiflung an dem Schwert und versuchte das blutgierige Summen der Klinge zu überhören.

»Was ist ein Wyrmberg?« erkundigte er sich.

»*Der* Wyrmberg. Es gibt nur einen. Ein Drachenhort.«

»Und du hast hier gewartet, um mich ebenfalls dorthin zu verschleppen, stimmt's?«

K!sdra röchelte unwillkürlich, als ihm die Schwertspitze die Haut am Adamsapfel aufritzte.

»Ihr wollt bestimmt vermeiden, daß die Leute von euren Drachen erfahren, wie?« brummte Rincewind. Der Drachenreiter vergaß seine Situation lange genug, um zu nicken, wodurch er sich fast selbst die Kehle aufschlitzte.

Der Zauberer sah sich um, schluckte und begriff, daß er diese Sache konsequent zu Ende führen mußte.

»Na schön«, sagte er so ruhig und gelassen wie möglich. »Du solltest mich besser zu dem Wyrmberg führen.«

»Man erwartet von mir, daß ich dich dort tot abliefere«, erwiderte K!sdra mürrisch.

Rincewind starrte auf den Drachenreiter hinab und verzog das Gesicht langsam zu einem breiten, irren und völlig humorlosen Grinsen. Es kam einem mimischen Krampf gleich. Normalerweise wird ein solches Grinsen von Vögeln begleitet, die in den Mund hineinspazieren und kleine Brocken aus den Zähnen picken.

»Lebend genügt völlig«, sagte der Zauberer. »Wenn wir von irgendwelchen *Toten* reden ... Denk daran, wer hier das Schwert in der Hand hält.«

»Wenn du mich umbringst, verschwindest du geröstet in Psephas Magen!« rief der stolze Drachenreiter.

»Dann beschränke ich mich eben darauf, dir einzelne Körperteile abzuhacken«, kündigte Rincewind an und versuchte es erneut mit dem Grinsen.

»Oh, schon gut«, brummte K!sdra verdrießlich. »Glaubst du etwa, ich hätte keine Phantasie?«

Er kroch unter der schwarzen Klinge hervor und winkte dem Drachen zu, der daraufhin erneut die Flügel ausbreitete und heranglitt. Rincewind hielt den Atem an.

»Äh, müssen wir unbedingt mit dem Ding fliegen?« fragte er. K!sdra warf ihm einen verächtlichen Blick zu, während Krings Spitze noch immer auf seinen Hals zielte.

»Wie könnten wir sonst den Wyrmberg erreichen?«

»Keine Ahnung«, antwortete Rincewind. »Wie?«

»Ich meine, es gibt keine andere Möglichkeit. Entweder fliegen wir, oder ...«

»Wir gehen zu Fuß?« hoffte der Zauberer.

K!sdra schüttelte den Kopf.

Rincewind sah zu dem Drachen auf. Ganz deutlich sah er das Gras, auf dem das riesige Geschöpf hockte, doch als er eine Schuppe berührte, von der ein vager goldener Glanz ausging, fühlte sie sich beruhigend fest an. Seiner Ansicht nach sollten Drachen entweder ganz existieren oder überhaupt nicht. Ein nur halb realer Drache war schlimmer als beide Extreme.

»Ich wußte gar nicht, daß Drachen durchsichtig sind«, meinte er.

K!sdra hob die Schultern. »Jetzt weißt du's.«

Er schwang sich eher unbeholfen auf den Rücken des Ungeheuers, weil sich Rincewind an seinem Gürtel festhielt. Als er einigermaßen sicher saß, tastete er mit Fingern, deren Knöchel sich weiß abzeichneten, nach einem geeigneten Riemen des Geschirrs und stieß K!sdra behutsam mit dem Schwert an.

»Bist du schon mal geflogen?« fragte der Drachenreiter, ohne sich umzudrehen.

»Nicht auf diese Weise, nein.«

»Möchtest du was lutschen?«

Rincewind betrachtete den Hinterkopf des Mannes, senkte dann den Blick zu einem Beutel mit roten und gelben Bonbons.

»Ist das notwendig?« kam es ihm unsicher von den Lippen.

»So verlangt es die Tradition«, antwortete K!sdra. »Bedien dich!«

Der Drache stand auf, wankte schwerfällig über die Wiese und stieg in die Luft.

Gelegentlich litt Rincewind an Alpträumen, in denen er auf einem immateriellen, schrecklich hoch gelegenen Ort schwankte und tief unten eine dahinrasende, von Wolkentupfern gesprenkelte Landschaft sah. Für gewöhnlich erwachte er dann mit schweißnassen Waden. Er wäre sicher noch weitaus beunruhigter gewesen, wenn er gewußt hätte, daß es sich nicht um den üblichen Scheibenwelt-Drehschwindel handelte, sondern um die rückwirkende Erinnerung an ein Ereignis, das in der Zukunft wartete und ihn so nachhaltig entsetzen würde, daß die Schwingungen der Furcht weit bis ins vergangene Leben zurückreichten.

Jenes traumatische Ereignis mußte erst noch stattfinden, aber Rincewinds gegenwärtige Erfahrungen bereiteten ihn darauf vor.

Der Rücken des Drachen erbebte mehrmals, als Psepha über die Lichtung sprang. Beim letzten, höchsten Satz schlug er so wuchtig mit den Schwingen, daß die Bäume zitterten.

Dann blieb der Boden unter Rincewind zurück und wich mit sanftem Rucken fort. Plötzlich glitt Psepha anmutig dahin, während das Licht der Nachmittagssonne auf Flügeln schimmerte, die kaum mehr waren als goldener Glanz. Der Zauberer machte den Fehler, den Kopf zu senken — und starrte durch den Drachen hindurch bis hin zu den Bäumen. Sie befanden sich *tief* unten. In Rincewinds Magengrube krampfte sich etwas zusammen.

Es hatte kaum Sinn, die Augen zu schließen, denn dadurch ließ er seiner Phantasie freien Lauf. Er schloß einen Kompromiß, indem er in die Ferne blickte, die ihm zum ruhigen Betrachten einladende Wälder zeigte.

Wind zerrte an dem Zauberer. K!sdra drehte sich halb um und rief ihm ins Ohr:

»Dort ist der Wyrmberg!«

Rincewind neigte ganz langsam den Kopf zur Seite und achtete darauf, daß Kring weiterhin auf dem Rücken des Drachen ruhte. Seine tränenden Augen sahen den absurden, wie umgedreht wirkenden Berg, der in Form einer gewaltigen Trompete aus dem grünen Schoß des Tals ragte. Zwar betrug die Entfernung noch immer viele Meilen, aber schon jetzt bemerkte er ein trübes oktarines Glühen in der Luft, das auf eine stabile magische

Aura mit einer Feldstärke von mindestens einigen Milliprim hinwies!

»O nein«, hauchte er.

Es war sogar noch besser, nach unten zu sehen. Rasch wandte er den Blick vom Berg ab und stellte fest, daß er den Boden nicht mehr *durch* den Drachen erkennen konnte. Während sie sich dem Wyrmberg in einem weiten Bogen näherten, nahm ein goldenes Strahlen im Körper des Drachen zu und schien ihm mehr Substanz zu geben. Als der Wyrmberg direkt vor ihnen durch die Wolken stieß, war das Ungeheuer so wirklich und fest wie ein Stein.

Dem Zauberer fiel ein schwacher leuchtender Streifen in der Luft auf, der den Berg mit dem riesenhaften Tier verband. Er gewann den Eindruck, daß der Drache dadurch *echter* wurde.

Unterdessen verwandelte sich der Wyrmberg von einem kleinen Spielzeug in mehrere Milliarden Tonnen Fels, in eine kolossale Masse zwischen Himmel und Erde. Rincewind beobachtete kleine Felder, Wälder und einen See, von dem ein Fluß ausging, sich über den Rand ergoß und ...

Der Zauberer ließ sich dazu hinreißen, mit seinem Blick dem gischtenden Wasser zu folgen — und hielt sich gerade noch rechtzeitig fest, um nicht von dem Schuppenleib zu fallen.

Das breite Plateau des kopfstehenden Berges schwebte auf sie zu. Der Drache wurde nicht einmal langsamer.

Als sich der Wyrmberg wie die größte Fliegenklatsche im ganzen Universum vor Rincewind erhob, sah er einen Höhlenzugang. Psepha flog zu der Öffnung, und seine Schultermuskeln pumpten.

Der Zauberer schrie, als Dunkelheit wogte und ihm umhüllte. Felsen huschten vorbei, ihre Konturen nur Schemen aufgrund der hohen Geschwindigkeit. Dann wichen die Wände jäh zurück.

Sie befanden sich jetzt im Innern einer Höhle, aber

ihre Ausmaße gingen weit über die aller normalen Höhlen hinaus. Der Drache flog in fast grenzenloser Leere und war kaum mehr als eine vergoldete Fliege in einem Bankettsaal.

Es gab noch andere Drachen, goldene, silberne, schwarze und weiße. Sie glitten ebenfalls durch das Gewirr aus Lichtbalken, steuerten eigene Ziele an oder hockten auf Felsvorsprüngen. Hoch an der gewölbten Decke hingen viele weitere an großen Ringen, die Schwingen in der Art von Fledermäusen zusammengefaltet. Rincewind sah auch Menschen und schluckte — wie winzige Käfer krochen sie über die riesige Decke.

Dann fielen ihm dort oben Tausende von kleinen Ringen auf. Einige falsch herum stehende Männer beobachteten Psephas Flug interessiert. Rincewind schluckte erneut; er wußte einfach nicht, wie er sich jetzt verhalten sollten.

»Nun?« flüsterte er. »Irgendwelche Vorschläge?«

»Du greifst an«, antwortete Kring in einem tadelnden Tonfall. »Ist doch ganz klar.«

»Warum habe ich nicht sofort daran gedacht?« erwiderte Rincewind. »Vielleicht deshalb, weil die Leute mit Armbrüsten bewaffnet sind?«

»Schwarzseher!«

»Schwarzseher glauben nur, daß sie Niederlagen hinnehmen müssen. Ich bin *sicher!*«

»Du bist selbst dein schlimmster Feind«, sagte das Schwert.

Der Zauberer blickte zu den triumphierend lächelnden Männern.

»Das bezweifle ich«, erwiderte er skeptisch.

Bevor Kring einen zusätzlichen Kommentar abgeben konnte, streckte sich Psepha und landete auf einem der großen Ringe, der bedrohlich wackelte.

»Möchtest du sofort sterben oder dich erst ergeben?« fragte K!sdra ruhig.

Aus allen Richtungen näherten sich Männer; sie

schwankten seltsam, während ihre Hakenstiefel an die Ringe klackten.

An einer kleinen Plattform neben dem Landering hing ein Gerüst mit ähnlich beschaffenen Stiefeln. Bevor Rincewind den Drachenreiter daran hindern konnte, sprang K!sdra von Psephas Rücken, erreichte die Plattform und freute sich über das Unbehagen des Zauberers.

Ein einschüchterndes dumpfes Geräusch ertönte. Es stammte von mehreren Armbrüsten, die nun gespannt wurden. Rincewind musterte ernste umgedrehte Gesichter. Was die Kleidung betraf, genügte der Einfallsreichtum des Drachenvolkes nur für einige Lederstreifen mit bronzenen Verzierungen. Die Scheiden von Messern und Schwertern wurden andersherum getragen. Bei den Leuten, die auf Helme verzichteten, wogte das Haar wie Seetang in der Belüftungsbrise. Auch einige Frauen befanden sich unter ihnen, und die Tatsache, daß sie mit dem Kopf nach unten standen, wirkte sich seltsam auf ihre Anatomie aus. Rincewind starrte sie aus großen Augen an.

»Gib auf!« riet ihm K!sdra.

Der Zauberer öffnete den Mund, um dieser Aufforderung nachzukommen. Kring summte eine Warnung, und Schmerzwellen fluteten durch Rincewinds Arm. »Niemals«, krächzte er. Der Schmerz ließ nach.

»Er lehnt es natürlich ab, sich zu ergeben!« donnerte eine laute Stimme hinter ihm. »Immerhin ist er ein Held, nicht wahr?«

Rincewind drehte sich um und blickte in zwei haarige Nasenlöcher. Sie gehörten einem kräftig gebauten jungen Mann, der lässig an der Decke hing.

»Wie heißt du, Held?« fragte der Fremde. »Damit wir wissen, wer du gewesen bist.«

Heiße Pein flammte in Rincewinds Arm auf. »Ich ... ich bin Rincewind von Ankh«, brachte er hervor.

»Und ich bin Lio!rt Drachenlord«, erwiderte der hängende Mann. Er sprach seinen Namen mit einem scharfen Klicken im Hals aus, das Rincewind für eine Art wörtliche Zeichensetzung hielt. »Du bist gekommen, um mich zum Zweikampf herauszufordern. Es geht dabei um Leben oder Tod.«

»Nun, äh, das stimmt nicht ganz ...«

»Du irrst dich. K!sdra, gib unserem Helden ein Paar Hakenstiefel. Bestimmt möchte er so schnell wie möglich beginnen.«

»Nein, ich bin nur wegen meiner Freunde hier, und es liegt mir fern ...«, stotterte Rincewind. Der Drachenreiter führte ihn zur Plattform, drückte ihn dort auf einen Stuhl und zog ihm Hakenstiefel über die Füße.

»Beeil dich, K!sdra!« empfahl Lio!rt. »Unser Held soll nicht zu lange darauf warten, daß sich sein Schicksal erfüllt.«

»Nun, ich bin sicher, daß sich meine Freunde hier recht wohl fühlen. Wenn ihr so freundlich wärt, mich, äh, irgendwo abzusetzen ...«

»Du wirst deinen Freunden bald begegnen«, entgegnete der Drachenlord wie beiläufig. »Wenn du religiös bist, meine ich. Wer den Wyrmberg erreicht, verläßt ihn nie wieder. Höchstens im übertragenen Sinn. Zeig ihm, wie man die Ringe benutzt, K!sdra!«

»Sieh nur, in welche Situation du mich gebracht hast«, flüsterte Rincewind.

Kring vibrierte ihm in der Hand. »Denk daran, daß ich ein *magisches* Schwert bin!« summte die Klinge.

»Wie könnte ich das vergessen?«

»Klettre die Leiter hoch und greif nach einem Ring«, befahl der Drachenreiter. »Bring dann die Füße nach oben, bis die Haken zuschnappen.« Er half dem protestierenden Zauberer über die Leiter, und kurz darauf hing Rincewind an einem der Ringe, den Umhang in die Hose gestopft, Kring in der einen Hand. Aus dieser Perspektive betrachtet, wirkte das Drachenvolk recht normal, aber die Drachen ragten wie gewaltige Skulpturen auf, und ihre Augen glühten, während sie das Geschehen interessiert beobachteten.

»Achtung!« rief Lio!rt. Jemand reichte ihm einen in rote Seide gehüllten langen Gegenstand.

»Wir kämpfen, bis einer von uns stirbt«, sagte er. »Damit bist du gemeint.«

»Und ich bin frei, wenn ich den Sieg erringe?« fragte Rincewind ohne große Hoffnung.

Lio!rt deutete auf die vielen Drachenreiter in der Nähe.

»Sei nicht naiv«, erwiderte er.

Rincewind holte tief Luft. »Ich sollte dich besser warnen«, sagte er, und seine Stimme zitterte kaum. »Dies ist ein *magisches* Schwert.«

Lio!rt ließ die rote Seide fallen und hob eine pechschwarze Klinge. Runen glänzten darauf.

»Welch ein Zufall«, brummte er und griff an.

Rincewind erstarrte vor Furcht, aber sein Arm bewegte sich von ganz allein und stieß Kring nach vorn. Als sich die beiden Schwerter berührten, stoben oktarine Funken davon.

Lio!rt wich zurück und kniff die Augen zusammen. Kring sprang an seiner Deckung vorbei: Zwar zuckte das Schwert des Drachenlords nach oben und wehrte die Wucht des Hiebs ab, aber trotzdem blieb ein roter Striemen auf Lio!rts Brust zurück.

Er knurrte zornig und begann mit einem zweiten Angriff. Seine Hakenstiefel klapperten, als er von Ring zu Ring eilte. Erneut trafen die Klingen aufeinander, und wieder kam es dabei zu einer starken magischen Entladung. Mit der freien Hand griff Lio!rt nach Rincewinds Kopf und schüttelte ihn so heftig, daß sich ein Fuß des Zauberers vom Ring löste und verzweifelt nach Halt suchte.

Rincewind wußte, daß er mit ziemlicher Sicherheit der schlechteste Zauberer der Scheibenwelt war — immerhin kannte er nur einen Zauberspruch. Trotzdem gehörte er zu den Magiern, und deshalb verlangten die strengen Gesetze der Thaumaturgie, daß ihn zur gegebenen Zeit der Tod höchstpersönlich ins Jenseits geleitete, anstatt (wie in vielen anderen Fällen) einen seiner Assistenten zu schicken.

Aus diesem Grund rann die Zeit plötzlich so träge wie Sirup dahin, als der grinsende Lio!rt mit seinem Schwert ausholte.

Rincewind sah jetzt überall flackerndes oktarines Licht, in dem er hier und dort violette Flecken wahrnahm, hervorgerufen von Photonen, die auf ein magisches Kraftfeld stießen. Der Drachenlord zeigte sich als ein geisterhafter Schemen, dessen Schwert im Schnekkentempo durch das Glühen kroch.

Neben Lio!rt stand eine andere Gestalt, erkennbar nur für jemanden, der die zusätzlichen vier Dimensionen der Magie sehen kann. Sie war groß, hager und dünn; hinter ihr erstreckte sich kalte Schwärze, in der frostige Sterne funkelten. Mit beiden Händen hob sie eine überaus scharfe Sense ...

Rincewind duckte sich. Die Klinge zischte ihm dicht am Kopf vorbei und drang in den Fels der Höhlendecke ein, ohne langsamer zu werden. Mit der für ihn typischen Grabesstimme knurrte Tod einen Fluch, und von einem Augenblick zum anderen veränderte sich die Szene. Was auf der Scheibenwelt als Realität galt, kehrte leise zischend zurück. Lio!rt schnappte verblüfft nach Luft, als der Zauberer seinem tödlichen Schlag erstaunlich flink auswich. Jene Art von Verzweiflung, die nur dem wahrhaft Entsetzten zur Verfügung steht, verlieh Rincewind zusätzliche Beweglichkeit. Er sprang wie jemand, der von einem Katapult davongeschleudert wird, griff mit beiden Händen nach dem Schwertarm des Drachenlords und zog.

In der gleichen Sekunde entschied der zu sehr belastete Ring des Zauberers, sich mit einem spöttischen Knirschen aus der Höhlendecke zu lösen.

Rincewind baumelte über einem Tod, der ihm alle Knochen im Leib brechen würde, und er hielt sich so sehr an Lio!rts Arm fest, daß sein Gegner schrie.

Der Drachenlord warf einen Blick auf seine Füße. Kleine Felssplitter bröckelten dort ab, wo die Halterungen der Ringe im Gestein steckten.

»Laß los, verdammt!« rief er. »Sonst sterben wir beide!«

Rincewind überhörte ihn, klammerte sich weiterhin fest und versuchte, nicht daran zu denken, welches Schicksal ihn *tief* unten erwartete.

»Erschießt ihn!« brüllte Lio!rt.

Aus den Augenwinkeln sah Rincewind mehrere Armbrüste, die auf ihn zielten. Gleichzeitig schlug der Drachenlord mit seiner freien Hand zu — mehrere scharfkantige Ringe trafen die Finger des Zauberers.

Er ließ los.

※

Zweiblum griff nach den Gitterstäben und zog sich hoch.

»Siehst du was?« erklang Hruns Stimme weiter unten.

»Nur Wolken.«

Der Barbar ließ ihn herab und nahm auf der Kante eines hölzernen Bettes Platz. Abgesehen von den beiden Liegen enthielt die Kammer keine weiteren Einrichtungsgegenstände. »Verdammter Mist«, sagte er.

»Gib dich nicht der Verzweiflung hin«, erwiderte Zweiblum.

»Verzweiflung? Was ist das?«

»Bestimmt handelt es sich um ein Mißverständnis. Ich nehme an, man läßt uns bald frei. Die Leute hier scheinen recht zivilisiert zu sein.«

Hrun wölbte buschige Augenbrauen und musterte den Touristen. Er setzte zu einer Antwort an, überlegte es sich dann anders und seufzte.

»Und wenn wir zurückkehren, können wir allen erzählen, daß wir Drachen gesehen haben«, fuhr Zweiblum fort. »Toll, nicht wahr?«

»Es gibt keine Drachen«, sagte Hrun schlicht. »Kodix von Chimära hat den letzten vor zweihundert Jahren erschlagen. Ich weiß nicht, was wir hier sehen, aber es sind keine Drachen.«

»Sie haben uns durch die Luft getragen! Die Höhle enthält Hunderte von ihnen ...«

»Vermutlich nichts weiter als Magie«, brummte Hrun und winkte ab.

»Nun, sie sahen jedenfalls wie Drachen aus«, murmelte Zweiblum mit einer Mischung aus Enttäuschung und Trotz. »Schon als kleiner Junge habe ich mir gewünscht, Drachen zu sehen. Sie fliegen am Himmel, speien Feuer ...«

»Sie krochen durch Sümpfe und so«, entgegnete Hrun. Er streckte sich auf dem Bett aus. »Und sie stanken. Außerdem waren sie nicht besonders groß. Sammelten dauernd Feuerholz.«

»*Ich* habe gehört, daß sie Schätze sammelten«, warf Zweiblum ein.

»*Und* Feuerholz. He«, fügte Hrun hinzu, und seine Miene erhellte sich, »hast du die vielen Zimmer bemerkt, durch die man uns geführt hat? Ziemlich eindrucksvoll, oder? Mit interessanten Dingen gefüllt. Mir sind ein paar kostbare Wandteppiche aufgefallen.« Nachdenklich kratzte er sich am Kinn. Es klang nach einem Stachelschwein, daß durch Stechginsterbüsche kriecht.

»Was passiert jetzt?« fragte Zweiblum.

Hrun bohrte sich im Ohr und betrachtete anschließend den Zeigefinger.

»Oh«, meinte er, »ich schätze, gleich öffnet sich die

Tür, und dann bringt man mich in eine Arena, wo ich gegen zwei Riesenspinnen und einen achtfüßigen Sklaven aus Klatsch kämpfen muß. Anschließend rette ich irgendeine Prinzessin vom Opferaltar und töte den einen oder anderen Wächter, woraufhin mir die junge Frau einen nach draußen führenden Geheimgang zeigt. Wir schnappen uns zwei Pferde und entkommen mit dem Schatz.« Hrun faltete die Hände unterm Kopf, sah zur Decke hoch und summte leise vor sich hin.

»Glaubst du wirklich, daß soviel geschehen wird?«

»Würde mich überhaupt nicht überraschen.«

Zweiblum ließ sich auf das zweite Bett sinken und versuchte gründlich nachzudenken. Dabei ergaben sich einige Probleme, denn in seinem Bewußtsein war nur Platz für Drachen.

Drachen!

Er träumte von ihnen, seit er als Zweijähriger im *Oktarinen Märchenbuch* die Bilder feuerspeiender Ungeheuer gesehen hatte. Seine Schwester wies ihn damals darauf hin, daß solche Wesen in Wirklichkeit gar nicht existierten, und deutlich erinnerte er sich an seine Enttäuschung. Wenn es in der realen Welt keinen Platz für diese herrlichen Geschöpfe gab, fand er, so ließ die Welt sehr zu wünschen übrig. Später ging er bei dem Meisterbuchhalter Neunrute in die Lehre und lernte das graue Universum der Zahlen kennen, einen Kosmos, der das genaue Gegenteil von dem darstellte, was Drachen symbolisierten. Daraufhin blieb Zweiblum keine Zeit mehr für schöne Träume.

Dennoch: Mit diesen Drachen schien irgend etwas nicht zu stimmen. Im Vergleich mit denen, die ihm seine Vorstellungskraft zeigte, waren sie zu klein und schlank. Richtige Drachen sollten groß und grün und exotisch sein, ausgestattet mit Klauen, Krallen und einem feurigen Odem. Ja, groß und grün und ...

Am Rand seines Blickfelds, in der fernsten und dunkelsten Ecke der Kerkerzelle, bewegte sich etwas. Als

Zweiblum den Kopf drehte, verschwand der Schatten, aber es erklang weiterhin ein seltsames Geräusch, wie von Krallen, die über Stein kratzten ...

»Hrun?« fragte er.

Der Barbar schnarchte.

Zweiblum näherte sich der Ecke, betastete die Steine und rechnete halb damit, daß einer von ihnen nachgab, um ihm Zugang in einen finsteren Tunnel zu gewähren. Genau in diesem Augenblick flog die Tür auf und prallte an die Wand. Sechs Wächter stürmten herein, schwärmten aus und knieten nieder. Ihre Waffen zielten einzig und allein auf Hrun. Als Zweiblum später daran zurückdachte, fühlte er sich ein wenig beleidigt.

Hrun schnarchte noch immer.

Eine Frau schritt in die Kammer. Nur wenige Frauen können überzeugend schreiten, aber dieser gelang es. Sie warf einen kurzen gelangweilten Blick auf Zweiblum und schien ihm dabei die gleiche Bedeutung beizumessen wie einem unwichtigen Möbelstück. Dann starrte sie auf den Schlafenden hinab.

Sie trug ähnliche Lederkleidung wie die Drachenreiter, was bedeutete, daß sie praktisch völlig nackt war. Ihre einzige Konzession an die Anstandsregeln der Scheibenwelt bestand aus kastanienrotem Haar, das bis zu den Hüften reichte. Ein nachdenklicher Ausdruck zeigte sich in ihrem Gesicht.

Hrun schmatzte leise, drehte sich auf die andere Seite und schlief weiter.

Ganz vorsichtig, als handele es sich um ein höchst empfindliches Instrument, zog die Frau einen schmalen schwarzen Dolch hinter dem Gürtel hervor und stach zu.

Bevor die Spitze Hruns Haut berührte, bewegte sich die Hand des Barbaren: Sie schien von einem Punkt zum anderen zu gelangen, ohne die Entfernung dazwischen zurücklegen zu müssen. Mit einem dumpfen Klatschen schloß sie sich um den Unterarm der jungen

Frau. Die andere Hand tastete nach einem nicht vorhandenen Schwert ...

Hrun erwachte.

»Gngh?« fragte er, sah zu der Fremden auf und runzelte die Stirn. Dann bemerkte er die Wächter.

»Laß los!« erwiderte die Frau. Zwar klang ihre Stimme ruhig und leise, aber es ließ sich auch eine diamantene Schärfe darin vernehmen. Hrun lockerte vorsichtig den Griff.

Die Frau trat zurück, rieb sich den Unterarm und beobachtete Hrun mit der gleichen Aufmerksamkeit, die eine Katze einem Mauseloch entgegenbringt.

»Gut«, sagte sie schließlich. »Du hast die erste Prüfung bestanden. Wie heißt du, Barbar?«

»Wen nennst du einen Barbaren?« knurrte Hrun.

»Genau das möchte ich wissen.«

Hrun zählte langsam die Wächter, rechnete rasch und entspannte sich.

»Ich bin Hrun von Chimära. Und du?«

»Liessa Wyrmgebieter.«

»Du gebietest über diesen Ort?«

»Das muß sich erst noch herausstellen. Du siehst wie ein Söldner aus, Hrun von Chimära. Ich könnte dich gebrauchen — wenn du die Prüfungen bestehst. Es sind insgesamt drei, und die erste hast du bereits hinter dir.«

»Also sind noch ...« Hrun zögerte, und seine Lippen bewegten sich lautlos. Nach einer Weile führte er den begonnenen Satz zu Ende: »... zwei übrig. Worin bestehen sie?«

»Aus Gefahren.«

»Und der Lohn?«

»Er wird dir gefallen.«

»Entschuldigt bitte«, sagte Zweiblum.

»Und wenn ich den Anforderungen nicht gerecht werde?« erkundigte sich Hrun und schenkte dem Touristen keine Beachtung. In der Luft zwischen dem Barbaren und Liessa knisterten kleine Explosionen aus Charisma, als sie einen langen Blick wechselten.

»Wenn du die erste Prüfung nicht bestanden hättest, wärst du jetzt tot. Das ist in diesem Fall die typische Strafe.«

»Äh...«, machte Zweiblum. Liessa drehte kurz den Kopf und schien ihn zum erstenmal bewußt wahrzunehmen.

»Bringt ihn fort!« befahl sie knapp und wandte sich wieder Hrun zu. Zwei Wächter schulterten ihre Bogen, packten Zweiblum an den Ellbogen und hoben ihn hoch. Dann marschierten sie durch die Tür.

»He!« entfuhr es Zweiblum im langen Korridor. »Wo (als die beiden Männer vor einer anderen Tür stehenblieben) ist meine (als sie die Tür öffneten) Truhe?« Er landete auf etwas, das einst Stroh gewesen sein mochte. Hinter ihm fiel die Tür mit einem lauten Knall zu, und er hörte, wie mehrere Riegel vorgeschoben wurden.

In der anderen Kerkerzelle hatte Hrun nicht einmal mit der Wimper gezuckt.

»In Ordnung«, sagte er. »Und die zweite Prüfung?«

»Du sollst meine beiden Brüder töten.«

Hrun dachte darüber nach. »Nacheinander oder beide gleichzeitig?«

»Sukzessiv oder synchron«, antwortete Liessa.

»Was?«

»Töte sie einfach«, sagte die junge Frau scharf.

»Sind deine Brüder gute Kämpfer?«

»Ja.«

»Und der Lohn...?«

»Du heiratest mich und wirst zum Herrn des Wyrmbergs.«

Stille folgte. Hrun zog die Augenbrauen zusammen, als er versuchte, Liessas Hinweise zu verstehen.

»Ich bekomme dich und den Berg?« vergewisserte er sich.

»Ja.« Die junge Frau sah Hrun direkt in die Augen,

und ihre Lippen zuckten kurz. »Ich versichere dir: Es ist die Mühe wert.«

Der Barbar senkte den Kopf und betrachtete einige Ringe an Liessas Fingern. Die Edelsteine glänzten in dem einzigartigen Blau seltener Milchdiamanten aus den Tonbecken von Mithos. Als es ihm gelang, den Blick abzuwenden, bemerkte er den Zorn in den Augen der jungen Frau.

»Warum zögerst du?« stieß sie hervor. »Hast du etwa Angst? Hrun, der sich nicht einmal davor fürchtet, dem Tod ins Maul zu springen ...«

Der Barbar hob die Schultern. »Mag sein. Dazu wäre ich durchaus bereit — um ihm die Goldzähne zu stehlen.« Er holte aus und schwang das hölzerne Bett herum. Es prallte gegen die Bogenschützen, und Hrun folgte der Liege, schlug einen Mann nieder und entriß einem anderen die Waffe. Wenige Sekunden später war alles vorbei.

Liessa hatte sich nicht von der Stelle gerührt.

»Nun?« fragte sie.

»Nun was?« erwiderte Hrun und trat über die Bewußtlosen hinweg.

»Hast du jetzt vor, mich umzubringen?«

»Wie? O nein. Es war nur, äh, reine Angewohnheit. Ich wollte nicht aus der Übung kommen. Wo sind deine Brüder?« Er lächelte.

※

Zweiblum saß im Stroh und starrte in die Dunkelheit. Er fragte sich, wie lange er schon in diesem Verlies hockte. Mindestens seit einigen Stunden. Vielleicht sogar seit Tagen. Möglicherweise, so überlegte der Tourist, war er schon seit Jahren an diesem Ort und hatte es einfach vergessen

Nein, es nützte nichts, solchen Gedanken nachzuhängen. Er bemühte sich, an etwas anderes zu denken: Gras, Bäume, frische Luft, Drachen. Drachen ...

Es kratzte leise in der Finsternis. Zweiblum spürte, wie sich Schweißperlen auf seiner Stirn bildeten.

Jemand — etwas — leistete ihm in der Kammer Gesellschaft. Etwas, das leise Geräusche verursachte, aber trotzdem den Eindruck von Größe und Masse erweckte. Die Luft schien sich zu bewegen.

Als er den Arm hob, fühlte er etwas Schmieriges, und matte Funken stoben — deutliche Hinweise auf ein lokales magisches Kraftfeld. Plötzlich wünschte sich Zweiblum nichts sehnlicher als helles Licht.

Eine Flamme zischte über ihn hinweg und traf die Wand. Im Glühen der heißen Steine sah Zweiblum den Drachen, dessen Körper mehr als die Hälfte des Verlieses beanspruchte.

Zu Diensten, Herr, ertönte eine Stimme im Kopf des Touristen.

Während sich die vom Feuerodem getroffene Mauer knisternd abkühlte, betrachtete Zweiblum sein Spiegelbild in zwei riesigen grünen Augen. Der Drache dahinter schimmerte, war mit Hörnern und diversen Stacheln ausgestattet, entsprach genau den Ungeheuern im *Oktarinen Märchenbuch* — ein *wahrer* Drache. Zwar hatte er die Flügel zusammengefaltet, aber sie strichen trotzdem über die Wände auf beiden Seiten. Das gewaltige Wesen lag auf dem Boden, zwischen langen Klauen.

»Zu Diensten?« wiederholte Zweiblum. Entsetzen und Freude vibrierten in seiner Stimme.

Ja, Herr.

Das Glühen ließ allmählich nach. Zweiblum deutete mit dem zitternden Zeigefinger dorthin, wo er die Tür vermutete. »Öffne sie!«

Der Drache hob den großen Kopf. Wieder prasselte Feuer, und als sich die Muskeln am Hals des Drachen spannten, beobachtete Zweiblum, wie sich die Farben der Glut veränderten: Orangefarbene Tönungen gingen in Gelb über, gefolgt von Weiß und Hellblau. Die zunächst breite Flamme wurde schmaler, und wo sie die Wand berührte, verflüssigte sich das Gestein. Das Metall der Tür explodierte in einem Schauer aus heißen Tropfen.

Schwarze Schatten huschten und tanzten über die Mauern. Einige Sekunden lang blubberte der Stahl und warf Blasen — dann platzte die Pforte auseinander und fiel in den Korridor. Das Feuer erlosch so plötzlich, daß Zweiblum unwillkürlich zusammenzuckte.

Vorsichtig trat er an der halb geschmolzenen Tür vorbei und blickte durch den Gang. Weit und breit war niemand zu sehen.

Das große Schuppenwesen setzte sich ebenfalls in Bewegung. Der schwere Türrahmen bereitete ihm einige Probleme, die es mit einem kurzen Schulterzucken löste: Dicke Holzbalken splitterten und lösten sich aus dem Mauerwerk. Der Drache sah Zweiblum erwartungsvoll an, und seine Haut zitterte, als er versuchte, die Schwingen im schmalen Korridor zu entfalten.

»Wie bist du ins Verlies gekommen?« fragte Zweiblum.

Du hast mich gerufen, Herr.

»Daran erinnere ich mich überhaupt nicht.«

Mit deinen Gedanken, erwiderte der Drache geduldig. *Deine geistige Stimme war es, die mich rief.*

»Du meinst ... Ich habe nur an dich gedacht, und plötzlich warst du da?«

Ja.

»Magie?«

Ja.

»Aber ich habe mein ganzes Leben lang an Drachen gedacht!«

Hier ist die Grenze zwischen Gedanken und Realität durcheinandergeraten. Ich weiß nur eins: Zunächst existierte ich nicht, und dann hast du mich erdacht, woraufhin ich Gestalt und Leben bekam. Deshalb muß ich dir gehorchen.

»Meine Güte!«

Sechs Wächter wählten diesen Augenblick, um hinter der Ecke des Gangs hervorzutreten. Sie blieben unvermittelt stehen und rissen die Augen auf. Einer war geistesgegenwärtig genug, um die Armbrust zu heben und ihren Auslöser zu betätigen.

Die Brust des Drachen schwoll an, und der Bolzen verwandelte sich mitten im Flug in eine Wolke aus glühenden Splittern. Die Wächter flohen, und einen Sekundenbruchteil später kochte eine lodernde Flamme dort über den Boden, wo sie eben noch gestanden hatten.

Zweiblum sah bewundernd zu dem Schuppenriesen auf.

»Kannst du auch fliegen?« fragte er.

Natürlich.

Der Tourist sah erneut durch den Korridor und entschied sich dagegen, den Wächtern zu folgen. Er hatte keine Ahnung, wo er sich befand, und deshalb erschien ihm eine Richtung so gut wie jede andere. Er schob sich an dem Drachen vorbei und lief los, während sich das große Tier hinter ihm mühsam drehte.

Sie eilten durch Tunnel, die miteinander verbunden waren und ein regelrechtes Labyrinth bildeten. Einmal glaubte Zweiblum, in weiter Ferne Schreie zu hören, aber sie verklangen sofort wieder. Gelegentlich kamen sie im Halbdunkel an halb eingestürzten uralten Torbögen vorbei. Manchmal glühte es in kleinen Deckenöffnungen; gelegentlich glitzerte das matte Schimmern in Spiegeln, die man dort in Mauern eingelassen hatte, wo sich mehrere Passagen trafen. Ab und zu nahm der Tourist den helleren Glanz eines Lichtschachts wahr.

Als Zweiblum eine breite Treppe hinunterging und dabei silbergrauen Staub aufwirbelte, bemerkte er, daß die Tunnel in diesem Bereich wesentlich mehr Platz boten und auch besser konstruiert zu sein schienen. Statuen standen in kleinen Wandnischen, und an einigen

Stellen hingen verblichene, jedoch recht interessante Tapisserien. Meistens zeigten sie Drachen: im Flug oder an Landeringen; Drachen, auf deren Rücken Menschen hockten, die Wild jagten — oder andere Menschen. Behutsam berührte Zweiblum einen der Wandteppiche. Der Stoff zerbröckelte sofort in der heißen trockenen Luft; es blieben nur einige netzartige Strukturen übrig, wo Goldfäden zu dem Webmuster gehörten.

»Warum hat man das hier zurückgelassen?« murmelte der Tourist.

Ich weiß es nicht, antwortete der Drache höflich.

Zweiblum drehte sich um und blickte zu einem schuppigen Pferdegesicht auf.

»Wie heißt du, Drache?« fragte er.

Keine Ahnung.

»Ich glaube, ich nenne dich Neunrute.«

Dann soll das von jetzt an mein Name sein.

Sie wateten durch den allgegenwärtigen Staub und passierten einige Säle mit hohen dunklen Obelisken, die direkt aus dem Fels gemeißelt waren. Und dann die Wände... Vom Boden bis zur Decke bestanden sie aus Statuen, Skulpturen, Basreliefs und kannelierten Säulen, die unstete gespenstische Schatten warfen, wenn der Drache auf Zweiblums Bitte hin Licht spendete. Sie schritten durch lange Galerien und große Amphitheater, in denen sich der Staub zu einer dicken Patina angesammelt hatte. Überall herrschte völlige Stille; nirgends begegneten sie jemandem. Seit Jahrhunderten schien sich niemand in diesen großen Höhlen aufgehalten zu haben.

Dann sah der Tourist einen Pfad, der zu einem weiteren dunklen Tunnel führte — jemand hatte ihn regelmäßig benutzt, und zwar erst vor kurzer Zeit. Es handelte sich um eine tiefe Furche in der grauen Decke.

Zweiblum folgte dem Verlauf des Weges, schritt durch einige weitere hohe Säle und wanderte durch Korridore, die breit genug für einen Drachen waren.

(Einmal mußten Drachen an diesem Ort gewesen sein. Zweiblum fand ein Zimmer mit entsprechend großen, halb zerfallenen Ledergeschirren, und eine andere Kammer enthielt Rüstungsteile, die Elefanten gepaßt hätten.) Schließlich erreichten der Tourist und sein Begleiter eine Doppeltür aus grün angelaufener Bronze, beide Flügel so hoch, daß sie oben in der Dunkelheit verschwanden. Vor Zweiblum, in Brusthöhe, befand sich ein kleiner Messingknauf in Form eines Drachen.

Als er ihn drehte, schwang die Tür sofort und beunruhigend geräuschlos auf.

Einen Sekundenbruchteil später knisterten Funken in seinem Haar, und heiße Luft wehte ihm entgegen. Der Staub reagierte nicht etwa wie auf einen normalen Windstoß: Er stieg ebenfalls auf, zugegeben, nahm jedoch ebenso sonderbare wie unheimliche Formen an, bevor er sich wieder legte. Gleichzeitig vernahm Zweiblum das schrille Kichern der *Dinge* in den fernen Kerkerdimensionen, jenseits des zerbrechlichen Gitters von Zeit und Raum. Schatten erschienen dort, wo eigentlich gar keine sein durften. Die Luft summte wie ein Bienenstock.

Anders ausgedrückt: Der Tourist erlebte starke magische Entladungen.

Ein grünliches blasses Glühen erhellte die Kammer hinter der Tür. An den Wänden standen Hunderte von Särgen, jeder auf einem eigenen Marmorsockel. In der Mitte des Zimmers sah Zweiblum ein Podium mit einem steinernen Stuhl. Dort saß jemand völlig reglos und sagte mit hohler, brüchiger Stimme: »Komm herein, junger Mann!«

Zweiblum trat vor. Die Gestalt auf dem Stuhl schien menschlich zu sein, soweit er das im matten Licht erkennen konnte, aber sie nahm eine sonderbare Haltung ein. Der Tourist war plötzlich froh, sie nicht besser erkennen zu können.

»Weißt du, ich bin tot«, fuhr die Stimme im Plauderton fort, und Zweiblum hoffte inständig, daß sie, wie üblich, aus dem Mund kam. »Das hast du wahrscheinlich schon bemerkt.«

»Äh«, antwortete der Tourist. »Ja.« Er wich langsam zurück.

»Es ist offensichtlich, nicht wahr?« meinte die Stimme. »Ich nehme an, du bist Zweiblum. Oder kommt das erst später?«

»Später?« wiederholte Zweiblum. »Später als was?« Er blieb stehen.

»Nun«, sagte die Stimme, »wenn man tot ist, hat man einen wichtigen Vorteil: Man kann die Fesseln von Raum und Zeit abstreifen. Woraus sich allerdings ein Nachteil ergibt: Man sieht, was geschehen ist und passieren wird, und zwar zur gleichen Zeit. Obwohl ich natürlich weiß, daß die Zeit als solche gar nicht existiert.«

»Warum sollte das ein Nachteil sein?« erwiderte Zweiblum.

»Stell dir einmal vor, daß jeder Augenblick einerseits eine alte Erinnerung und andererseits eine unangenehme Überraschung ist — dann verstehst du vielleicht, was ich meine. Wie dem auch sei: Jetzt fällt mir wieder ein, was ich dir erzählen werde. Oder habe ich bereits alles geschildert? Übrigens, du hast da einen hübschen Drachen. Oder habe ich das schon gesagt?«

»Er gefällt mir sehr«, entgegnete Zweiblum. »Er ist einfach so erschienen.«

»Einfach so erschienen?« wiederholte die Stimme. »Du hast ihn gerufen!«

»Nun, äh, um ganz offen zu sein...«

»Du hast die Macht!«

»Ich habe nur an ihn gedacht.«

»Genau darin besteht die Macht! Wenn du gestattest: Ich bin Greicha der Erste, falls du das noch nicht wissen solltest. Oder habe ich mich schon vorgestellt? Entschuldige bitte. Leider mangelt es mir an Erfahrungen mit der Transzendenz. Nun, worüber sprachen wir gerade? Ah, ja, die Macht. Damit kann man Drachen beschwören.«

»Darauf hast du bereits hingewiesen«, sagte Zweiblum.

»Tatsächlich? Ich hatte es jedenfalls vor.«

»Aber *wie* funktioniert das? Mein ganzes Leben lang habe ich an Drachen gedacht, aber erst jetzt erschien einer.«

»Oh, die Sache ist so: Drachen haben nie auf die Art existiert, wie du (und auch ich, bis man mich vor etwa drei Monaten vergiftete) sie dir vorgestellt hast. Damit meine ich natürlich den echten, wahren Drachen, *draconis nobilis*. Der Sumpfdrache von der Gattung *draconis vulgaris* ist im Vergleich dazu ein banales Geschöpf, das nicht unsere Aufmerksamkeit verdient. Wahre Drachen hingegen sind so vornehme und erhabene Wesen, daß sie in dieser Welt nur dann Gestalt annehmen können, wenn sie von geschickter, fähiger Phantasie erdacht werden. Außerdem muß sich die entsprechend begabte Person innerhalb eines ausreichend starken magischen Kraftfelds befinden, das dabei hilft, Lücken in den Wänden zwischen dem Sichtbaren und Unsichtbaren zu schaffen. Wenn so etwas geschieht, kriechen die Drachen hindurch und prägen der Möglichkeitsmatrix dieser Welt ihre Gestalt ein. Ich war ein guter Drachenrufer, als ich noch lebte. Bis zu fünfhundert Exemplare konnte ich mir vorstellen, jawohl. Meine Kinder sind nicht annähernd so fähig. Selbst Liessa bringt es höchstens auf fünfzig eher unscheinbare Wesen. Soviel zur fortschrittlichen Erziehung. Ihr fehlt Überzeugungskraft; sie *glaubt* nicht wirklich an Drachen. Deshalb sind ihre langweilig, während deiner fast so gut ist, wie es einige von meinen damals waren. Eine Augenweide selbst für mich — obwohl meine Augen nicht mehr in besonders gutem Zustand sind.«

»Du weist immer wieder darauf hin, daß du tot bist«, warf Zweiblum rasch ein.

»Ja. Und?«

»Nun, Tote, äh, weißt du, sie reden nicht viel. Meistens, äh, schweigen sie. Sie sind sozusagen totenstill.«

»Ich bin früher ein außergewöhnlich mächtiger Zauberer gewesen — bis mich meine Tochter vergiftete. Natürlich handelt es sich dabei um die in unserer Familie gebräuchliche Methode, um die Thronfolge zu regeln, aber...« Die Leiche seufzte. Das heißt: Das Seufzen erklang etwa einen halben Meter über ihr. »Schon nach kurzer Zeit wurde klar, daß keins meiner drei Kinder mächtig genug ist, um seine Geschwister zu besiegen und die Herrschaft über den Wyrmberg für sich allein zu beanspruchen. Ich finde diese Situation ausgesprochen unbefriedigend. Ein Königreich wie das unsrige braucht eine Person an der Spitze. Deshalb beschloß ich, zumindest inoffiziell am Leben zu bleiben, worüber sich meine Sprößlinge sehr ärgern. Ich gebe ihnen erst dann die Genugtuung, mich zu bestatten, wenn einer von ihnen für die Zeremonie übrig ist.« Zweiblum hörte ein eigenartiges Schnaufen und kam zu dem Schluß, daß der Leichnam zu lachen versuchte.

»Ich vermute, wir sind von einem deiner Kinder entführt worden«, sagte Zweiblum.

»Von Liessa«, bestätigte der verstorbene Zauberer. »So heißt meine Tochter. Sie ist mächtiger als ihre beiden Brüder. Die Drachen meiner Söhne fliegen nur ein paar Meilen weit, bevor sie verblassen.«

Zweiblum hob die Brauen. »Verblassen? Mir fiel auf, daß man durch den Drachen hindurchsehen konnte, der uns hierher brachte. Das erschien mir seltsam.«

»Dafür gibt es einen guten Grund«, erwiderte Greicha. »Die Macht funktioniert nur in der Nähe des Wyrmbergs. Es liegt am Gesetz des umgekehrten Quadrats, weißt du. Glaube ich jedenfalls. Je weiter sich die Drachen entfernen, desto *unwirklicher* werden so. Andernfalls würde meine kleine Liessa bereits über die ganze Welt herrschen. Nun, ich möchte dich nicht länger aufhalten. Bestimmt willst du deinen Freund retten.«

Zweiblum schnappte nach Luft. »Hrun?«

»Nein, ich meine den dürren Zauberer. Einer meiner beiden Söhne — Lio!rt — versucht gerade, ihn in Stücke zu hacken. Ich bewundere, wie du ihn gerettet hast. Äh, wie du ihn retten *wirst*.«

Zweiblum richtete sich zu seiner vollen Größe auf, was ihm nicht weiter schwer fiel. »Wo ist er?« fragte er, schritt zur Tür und bemühte sich dabei, wie ein Held zu wirken.

»Du brauchst nur dem Pfad im Staub zu folgen«, antwortete die Stimme. »Liessa kommt manchmal, um ihren Papa zu besuchen. Mein kleines Mädchen... Nur sie brachte die notwendige Charakterstärke auf, um mich zu ermorden. Aus dem gleichen Holz geschnitzt wie ihr Vater. Übrigens — viel Glück! Ich erinnere mich daran, daß ich diese beiden Worte an dich gerichtet habe. An dich richten werde, meine ich.«

Greicha der Erste verlor sich in einem verbalen Irrgarten aus Zeitfolgen, als Zweiblum durch dunkle Korridore eilte, dichtauf gefolgt von dem Drachen. Es dauerte nicht lange, bis sich der Tourist erschöpft an eine Säule lehnte und keuchte. Es schien eine Ewigkeit her zu sein, seit er zum letztenmal etwas gegessen hatte.

Warum fliegen wir nicht? fragte Neunrute. Er breitete die Flügel aus, schlug versuchsweise damit und stieg einen knappen Meter auf, bevor die Klauen wieder den Boden berührten. Zweiblum starrte das große Tier einige Sekunden lang an und kletterte dann rasch auf den langen Hals. Kurze Zeit später waren sie in der Luft. Der Drache glitt durch Tunnel, Säle und Kammern und ließ dichte Staubwolken hinter sich zurück.

Zweiblum hielt sich fest, als Neunrute durch mehrere Höhlen flog und dann über eine Wendeltreppe sauste, die breit genug war, um den geordneten Rückzug eines ganzen Heers zu ermöglichen. Oben gelangten sie in

Bereiche, die nicht mehr ganz so unbewohnt wirkten. Die Spiegel an den Korridorecken glänzten fleckenlos und reflektierten mattes Licht.

Ich wittere andere Drachen.

Die Flügel schlugen so schnell, daß sie Schemen bildeten, und Zweiblum verlor fast den Halt, als der Drache plötzlich den Kurs änderte und wie eine nach Mükken gierende Schwalbe durch einen Nebentunnel raste. Kurz darauf neigte er sich erneut zur Seite, flog durch einen breiten Zugang und erreichte eine gewaltige Höhle. Felsen erstreckten sich tief unten, und oben fiel Licht aus runden Löchern. An der Decke herrschte rege Betriebsamkeit. Während Neunrute seine gegenwärtige Stellung hielt, die Schwingen ruhig hob und senkte, beobachtete Zweiblum große Tiere, die weit oben an Ringen hingen. Winzige Menschen wanderten verkehrt herum zwischen ihnen.

Dies ist eine Ruhehalle, sagte der Drache zufrieden.

Zweiblum sah, wie sich eins der Tiere von seinem Ring löste, näher kam und dabei anschwoll...

※

Lio!rts blasses Gesicht fiel fort, und ein sonderbarer Gedanke fuhr Rincewind durch den Sinn: *Warum steige ich auf?*

Dann drehte er sich in der Luft, und die Realität offenbarte sich ihm in ihrer ganzen Gnadenlosigkeit. Er stürzte den mit Drachenkot überzogenen fernen Felsen entgegen.

Entsetzen erfaßte ihn, und der Zauberspruch nahm sofort die gute Gelegenheit wahr, um seinen Schlupfwinkel in einer stillen Ecke des Gedächtnisses zu verlassen. *Sag mir jetzt,* flüsterte er. *Was hast du schon zu verlieren?*

Rincewind hob die Hand, und der heftiger werdende Wind riß sie ihm fast fort.

»Ashonai!« rief er. Eine Flamme aus kaltem blauen Feuer entstand und flackerte unheilvoll.

Der Zauberer winkte auch mit der anderen Hand, gab Grauen und Magie nach.

»Ebiris«, intonierte er. Die drei Silben manifestierten sich in Form von orangefarbener Glut.

»Urshoring. Kvanti. Pythan. N'gurad. Feringomalee.« Als ein schimmernder Regenbogen entstand, vollführte Rincewind eine beschwörende Geste und bereitete sich darauf vor, jenes letzte Wort zu sprechen, das den Farben schillerndes Oktarin hinzufügen und den Zauber besiegeln würde. Er vergaß die schon beträchtlich näher gekommenen Felsen.

»...«, begann er.

Irgend etwas preßte ihm die Luft aus den Lungen, und die thaumaturgische Struktur des Zauberspruchs zerriß. Zwei Arme schlangen sich ihm um den Leib, und die ganze Welt rückte beiseite, als der Drache den Sturzflug beendete und wieder aufstieg — seine Klauen kratzten kurz über den stinkenden Boden des Wyrmbergs. Zweiblum lachte erfreut.

»Wir haben ihn!«

Neunrute erreichte den Scheitelpunkt seiner eleganten Flugbahn, neigte die Schwingen und glitt durch eine breite Öffnung in die frische Morgenluft hinaus.

※

Gegen Mittag warteten die Drachen und ihre Reiter in einem weiten Kreis auf dem Plateau des kopfstehenden Wyrmbergs. Hinter ihnen gab es noch genug Platz für Diener, Sklaven und einige andere Leute, die auf dem Dach der Welt lebten. Sie alle beobachteten die Gestalten im Zentrum der Grasarena.

Die Gruppe setzte sich aus einigen hochrangigen Drachenlords zusammen, unter ihnen auch Lio!rt und sein Bruder Liartes. Rincewinds Duellgegner rieb sich noch immer die Beine und schnitt gelegentlich eine schmerzerfüllte Grimasse. Etwas weiter auf der einen Seite standen Liessa, Hrun und einige Personen aus dem Gefolge der jungen Frau. Zwischen diesen beiden Fraktionen hatte der derzeitige Verwalter des Wissens Aufstellung bezogen.

»Wie ihr alle wißt«, begann er unsicher, »hat der nicht ganz verstorbene Herr des Wyrmbergs, Greicha der Erste, folgendes festgelegt: Es gibt nur dann einen Thronfolger, wenn sich eins seiner Kinder mächtig genug fühlt, seine Geschwister zum Kampf herauszufordern. Der — oder die — Überlebende wird unser neuer Herrscher.«

»Ja, ja, wir wissen alle Bescheid«, erklang eine ungeduldige Stimme aus der Luft. »Wann geht's endlich los?«

Der Verwalter des Wissens schluckte. Er hatte sich noch immer nicht daran gewöhnt, daß sich sein früherer Herr weigerte, richtig zu sterben. *Hat der alte Mistkerl nun das Zeitliche gesegnet oder nicht?* dachte er.

»Allerdings müssen wir uns hier die Frage stellen«, fuhr er nervös fort, »ob es zulässig ist, daß die Herausforderung von einem Stellvertreter...«

»Daran kann überhaupt kein Zweifel bestehen«, zischte Greichas körperlose Stimme. »So etwas beweist Intelligenz. Laß dir nicht den ganzen Tag Zeit!«

»Ich fordere euch beide heraus«, sagte Hrun und starrte die Brüder an.

Lio!rt und Liartes wechselten einen Blick.

»Du willst gegen uns beide kämpfen — gleichzeitig?« fragte Liartes, ein großer drahtiger Mann mit langem schwarzen Haar.

»Ja.«

»Dadurch sind die Chancen nicht besonders ausgeglichen, oder?«

»Nein, ich bin euch eins zu zwei überlegen.«

Lio!rt schnitt eine finstere Miene. »Du hochnäsiger Barbar...«

»Das reicht!« knurrte Hrun. »Ich werde euch...«

Der Verwalter des Wissens hielt ihn zurück, indem er eine schmale Hand hob, in der sich blaue Adern abzeichneten.

»Es ist verboten, auf dem Todesboden zu kämpfen«, sagte er, zögerte kurz und dachte über die Unsinnigkeit dieser Regel nach. »Äh, ihr wißt, was ich meine«, fügte er hinzu, gab es auf und seufzte. »Als Herausgeforderte dürfen Lio!rt und Liartes die Waffen wählen.«

»Drachen«, erwiderten sie wie aus einem Mund. Liessa schnaubte.

»Drachen können zum Angriff benutzt werden, und deshalb sind sie Waffen«, sagte Lio!rt fest. »Wenn du anderer Ansicht bist, so schlage ich einen Kampf vor.«

»Ja«, pflichtete ihm Liartes bei und nickte Hrun zu.

Der Verwalter des Wissens spürte, wie ihm ein geisterhafter Finger an die Brust klopfte.

»Steh hier nicht mit offenem Mund herum«, ertönte Greichas Grabesstimme. »Beeil dich endlich!«

Hrun trat zurück und schüttelte den Kopf.

»O nein«, brachte er hervor. »Einmal genügt. Ich sterbe lieber, als auf einem verdammten Drachen zu kämpfen.«

»Dann stirb«, entgegnete der Verwalter des Wissens so freundlich wie möglich.

Lio!rt und Liartes schritten bereits über die Wiese und näherten sich den Bediensteten, die bei ihren Schuppenrössern standen. Hrun wandte sich an Liessa, die daraufhin die Schultern hob.

»Bekomme ich kein Schwert?« fragte er. »Nicht einmal ein Messer?«

»Nein«, antwortete die junge Frau. »Damit habe ich nicht gerechnet.« Sie wirkte plötzlich klein und hilflos. »Tut mir leid.«

»*Dir* tut es leid?«

»Ja. Es tut mir leid.«
»Du wiederholst dich.«
»Starr mich nicht so an! Ich erdenke einen besonders prächtigen Drachen für dich ...«
»Nein!«

Der Verwalter des Wissens putzte sich die Nase, hob das seidene Taschentuch und ließ es fallen.

Hrun hörte das dumpfe Donnern von Flügeln und wirbelte herum. Lio!rts Drache war bereits aufgestiegen und kam näher. Während er dicht über der Wiese flog, loderte eine Flamme aus seinem Rachen und brannte einen schwarzen Streifen ins Gras, der auf den Barbaren zielte.

Im letzten Augenblick stieß er Liessa beiseite und fühlte stechenden Schmerz, als ihm das Feuer über den Arm brannte. Er sprang, rollte sich ab, kam mit einem Satz wieder auf die Beine und hielt nach dem anderen Drachen Ausschau. Das Ungeheuer raste von der Seite heran, und Hrun hechtete nach rechts, um der Flamme zu entgehen. Als der Drache über ihn hinwegglitt, traf ihn der schuppenbewehrte Schwanz dicht über den Augen. Er stemmte sich in die Höhe und schüttelte den Kopf, um die blitzenden Sterne zu vertreiben. Der angesengte Rücken protestierte mit heißer Pein.

Lio!rt begann mit einem zweiten Angriff, aber diesmal flog er langsamer, um die unerwartete Flinkheit des Barbaren zu berücksichtigen. Die Entfernung schrumpfte, doch Hrun rührte sich nicht von der Stelle. Wie angewurzelt stand er im Gras und ließ die Arme baumeln — ein leichtes Ziel.

Als der Drache fortsegelte, drehte Lio!rt den Kopf und rechnete damit, einen schwelenden Aschehaufen zu sehen.

Statt dessen starrte er auf eine leere Wiese. Verwirrt blickte sich Lio!rt um.

Hrun zog sich mit der einen Hand über die Schulterschuppen des Drachen, und mit der anderen schlug er auf sein brennendes Haar ein. Lio!rt holte einen Dolch hervor, aber der Schmerz beschleunigte die ohnehin guten Reflexe des Barbaren. Ein Rückhandschlag stieß den Arm des Drachenlords beiseite, und der Dolch fiel zu Boden. Ein zweiter Hieb traf den Mann am Kinn.

Der Drache trug das Gewicht von zwei Männern und flog nur wenige Meter über dem Boden. Das erwies sich als Glücksfall, denn als Lio!rt das Bewußtsein verlor, verschwand der Schuppenriese.

Liessa eilte durchs Gras und half Hrun auf die Beine. Er sah sie an und blinzelte.

»Was ist geschehen?« stieß er verwirrt hervor. »Was ist geschehen?«

»Das war wirklich phantastisch!« erwiderte die junge Frau. »Der Salto mitten in der Luft und so — beeindruckend!«

»Ja, aber was ist *passiert*?«

»Das läßt sich nur schwer erklären ...«

Hrun starrte nach oben. Der weitaus vorsichtigere Liartes kreiste hoch am Himmel.

»Nun, dir bleiben etwa zehn Sekunden, um es zu versuchen«, sagte der Barbar.

»Die Drachen ...«

»Ja?«

»Eigentlich existieren sie gar nicht. Zumindest nicht *wirklich*, meine ich.«

»Soll das heißen, daß ich mir die Brandblasen am Arm nur einbilde?«

»Ja. Nein!« Liessa schüttelte heftig den Kopf. »Ich erzähle dir später alles.«

»Dann solltest du dir ein gutes Medium besorgen«, entgegnete Hrun scharf. Er beobachtete Liartes, der sich langsam näherte.

»Bitte hör mir zu. Solange mein Bruder bewußtlos ist, kann sein Drache nicht existieren, da ihm die Möglichkeit fehlt, in die hiesige Realität ...«

»Lauf!« rief Hrun. Er stieß die junge Frau fort und

warf sich zu Boden, als Liartes Drache vorbeirauschte und einen weiteren schwarzen Streifen auf der Wiese hinterließ.

Als das Wesen an Höhe gewann, um mit einem zweiten Angriff zu beginnen, sprang der Barbar auf und stürmte zum Wald am Rand der Grasarena. Eigentlich handelte es sich um kaum mehr als eine breite und hohe Hecke, aber wenigstens konnte dort kein Drache fliegen.

Das Schuppenwesen versuchte es auch gar nicht. Liartes landete einige Meter entfernt im Gras und stieg lässig ab. Der Drache faltete die Flügel zusammen und beschnupperte das Dickicht, während sein Herr an einem Baum lehnte und leise vor sich hin pfiff.

»Ich verbrenne dich«, drohte Liartes nach einer Weile. Die Büsche rührten sich nicht.

»Versteckst du dich vielleicht hinter der Stechpalme?« Die entsprechende Pflanze ging in Flammen auf.

»Ich glaube, in den Farnen hat sich etwas bewegt.« Die Farnkräuter verwandelten sich in weiße Asche.

»Du zögerst das Unvermeidliche nur hinaus, Barbar. Warum gibst du nicht auf? Ich habe viele Leute verbrannt — es tut überhaupt nicht weh.« Liartes behielt weiterhin die Sträucher im Auge.

Der Drache schob sich behutsam durch das Gestrüpp und verbrannte jeden verdächtig wirkenden Strauch. Liartes zog sein Schwert und wartete.

Hrun ließ sich von einem Baum fallen und lief bereits, als er landete. Hinter ihm brüllte der Drache und zerstampfte einige Büsche, während er sich umzudrehen versuchte. Aber Hrun war schneller und jagte heran, den Blick auf Liartes gerichtet, in der rechten Hand einen dicken Ast.

Es ist eine wenig bekannte, aber trotzdem wahre Tatsache, daß zweibeinige Geschöpfe auf kurzen Strecken schneller sind als vierbeinige. Der Grund: Ein Vierfüßer braucht gewisse Zeit, um die Beine zu sortieren. Hinter sich hörte Hrun das Kratzen von Klauen und ein unheilvolles Pochen — der Drache hatte die Schwingen ausgebreitet und versuchte zu fliegen.

Als Hrun seinen Gegner erreichte, hob Liartes das Schwert, doch die Klinge bohrte sich nur in den Ast. Einen Sekundenbruchteil später prallte der Barbar gegen ihn, und beide Männer stürzten zu Boden.

Der Drache fauchte.

Liartes schrie, als Hrun das Knie mit anatomischer Genauigkeit hochriß, aber es gelang ihm trotzdem, mit der Faust auszuholen. Er traf die Nase des Barbaren, die daraufhin brach — sie war bereits daran gewöhnt.

Hrun rollte sich ab, stand auf und blickte in das wütende pferdeartige Gesicht des Ungeheuers, das gerade tief Luft holte, um ...

Liartes stemmte sich in die Höhe, und Hrun trat ihm an den Kopf. Der Mann sackte in sich zusammen.

Der Drache verschwand. Eine Flamme züngelte Hrun entgegen, aber sie verblaßte unterwegs und erreichte den Barbaren als warme Luft. Dann war nur noch das Knistern abkühlender Asche zu hören.

Hrun warf sich den bewußtlosen Drachenlord über die Schulter und kehrte zur Arena zurück. Auf halbem Wege dorthin begegnete er Lio!rt, der reglos auf dem Boden lag, das eine Bein seltsam krumm. Er bückte sich und brummte, als er sich den zweiten Bruder auf die andere Schulter legte.

Liessa und der Verwalter des Wissens warteten auf einem Podium am Ende der Wiese. Die junge Frau hatte sich inzwischen wieder gefaßt und musterte Hrun gelassen, als er die beiden Männer auf die Stufen vor ihr sinken ließ. Die Leute in ihrer Nähe nahmen respektvolle Haltungen ein und wirkten wie ein Hofstaat.

»Töte sie!« befahl Liessa.

»Ich töte sie, wenn ich es für notwendig halte«, erwiderte Hrun. »Außerdem ist es nicht richtig, Bewußtlose umzubringen.«

»Ich könnte mir keine bessere Gelegenheit denken«, meinte der Verwalter des Wissens.

Liessa schnaubte leise. »Dann verbanne ich sie. Wenn sie den Wyrmberg verlassen haben und seine Magie nicht mehr nutzen können, verlieren sie ihre Macht. Dann sind sie nur mehr Räuber. Zufrieden?«

»Ja?«

»Es überrascht mich, daß du so gnädig bist, Bar... Hrun.«

Hrun hob die Schultern. »Ein Mann in meiner Stellung kann gar nicht anders, weil er auf seinen Ruf achten muß.« Er sah sich um. »Und die nächste Prüfung?«

»Ich warne dich — sie ist sehr gefährlich. Du darfst jetzt gehen, wenn du möchtest. Andererseits: Wenn du die Prüfung bestehst, wirst du Lord des Wyrmbergs. Und natürlich mein Gemahl.«

Hrun hielt dem durchdringenden Blick der jungen Frau stand und dachte an sein bisheriges Leben. Es schien plötzlich aus zu vielen langen und feuchten Nächten unter den Sternen zu bestehen, aus erbitterten Kämpfen gegen Trolle, Stadtwächter, zahllose Räuber, böse Priester und, mindestens dreimal, echte Halbgötter. Wofür das alles? Nun, für den einen oder anderen Schatz, das mußte er zugeben — aber was war aus den vielen erbeuteten Kostbarkeiten geworden? Die Rettung in Not geratener Jungfrauen mochte zunächst zwar lohnend sein, aber meistens endete die Sache damit, daß er sie in irgendeiner Stadt mit einer großzügigen Mitgift zurückließ: Früher oder später entwickelte selbst die netteste und sympathischste Ex-Jungfrau einen typisch weiblichen Egoismus und brachte kein Verständnis mehr dafür auf, daß er auch andere Noch-Jungfrauen retten wollte. Kurz gesagt: Das Leben hatte ihm kaum mehr eingebracht als einen Ruf und Dutzende von Narben. Vielleicht war es ganz lustig, zur Abwechslung einmal ein Lord zu sein. Hrun lächelte. Mit einer solchen Ausgangsbasis — mit Drachen und kampferprobten Männern — mochte selbst ein Lord zu einem guten Streiter werden.

Außerdem sah die Frau gar nicht so schlecht aus.

»Was ist mit der dritten Prüfung?« fragte sie.

»Bin ich dabei wieder waffenlos?« erwiderte Hrun.

Liessa nahm den Helm ab; langes rotes Haar glitt darunter hervor und fiel bis zu den Hüften. Dann streifte sie die wenigen Lederstreifen ihrer Kleidung ab und stand völlig nackt vor dem Barbaren.

Während Hruns Blick über ihren Körper glitt, setzte sein Bewußtsein zwei metaphorische Rechenmaschinen in Gang. Die erste bewertete das Gold der Armreifen, die Tigerrubine der Fußringe, die diamantene Paillette im Nabel sowie die an den Ohren baumelnden, sehr individuellen Anhänger aus erlesenem Silber. Die zweite stand in direkter Verbindung mit seiner Libido. Beide Ergebnisse erfreuten ihn.

Liessa hob die Hand, reichte ihm ein Glas Wein, lächelte und antwortete: »Ich glaube nicht.«

※

»Er hat nicht versucht, dich zu retten«, versuchte es Rincewind noch einmal.

Er klammerte sich verzweifelt an Zweiblums Taille fest, als der Drache langsam kreiste und die Welt dadurch gefährlich weit zur Seite neigte. Er wußte nun, daß er auf dem schuppigen Rücken eines Wesens hockte, das nur als eine Art dreidimensionaler Wachtraum existierte, und diese Erkenntnis half ihm nicht gerade dabei, den an seinen Waden zerrenden Schwindel zu überwinden. Immer wieder dachte er daran, was geschehen mochte, wenn Zweiblums Konzentration nachließ.

»Nicht einmal Hrun hätte etwas gegen die vielen Armbrüste unternehmen können«, erwiderte der Tourist fest.

Als der kleine Wald, in dem sie eine feuchte und unruhige Nacht verbracht hatten, unter dem Drachen zurückblieb, kletterte die Sonne über den Rand der Scheibenwelt. Sofort verwandelten sich die dunklen Blau- und Grautöne der Morgendämmerung in eine breiten bronzenen Strom, der über die Welt floß und golden glänzte, wo er auf Eis, Wasser oder einen Lichtdamm traf. (Das dichte magische Kraftfeld der Scheibenwelt sorgte dafür, daß sich das Licht nur mit Unterschallgeschwindigkeit bewegte, und diese interessante Eigenschaft nutzten die Sorca des Großen Nef. Im Lauf von Jahrhunderten hatten sie komplizierte Dämme konstruiert und Talwände mit Quarzglas beschichtet, um den Sonnenschein einzufangen und zu *speichern*. Wenn sich die Sonne nicht hinter Wolken verbarg, liefen die schimmernden Talsperren von Nef nach wenigen Wochen über. Von oben betrachtet, boten sie einen prächtigen Anblick, und daher ist es schade, daß Zweiblum und Rincewind nicht in jene Richtung blickten.)

Vor ihnen ragte die mehrere Milliarden Tonnen schwere Unmöglichkeit des magischen Wyrmbergs auf. Rincewind stellte erstaunt fest, daß ihm das gewaltige Massiv nur gelindes Unbehagen bereitete. Doch dann drehte er den Kopf und beobachtete, wie der Schatten des Bergs über die Wolken der Scheibenwelt krochen...

»Was siehst du?« fragte Zweiblum den Drachen.

Ich sehe einen Kampf auf dem Plateau des Bergs, erklang die sanfte mentale Antwort.

»Na bitte!« brummte Zweiblum. »Wahrscheinlich kämpft Hrun gerade um sein Leben.«

Rincewind schwieg, und nach einigen Sekunden wandte sich der Tourist zu ihm um. Der Zauberer starrte ins Leere, und seine Lippen zitterten lautlos.

»Rincewind?«

Er krächzte leise.

»Ich habe dich leider nicht verstanden«, meinte Zweiblum. »Was hast du gesagt?«

»... so hoch ... bestimmt fällt man ziemlich lange ...«, murmelte Rincewind. Sein Blick kehrte ins Hier und Heute zurück. Ein oder zwei Sekunden lang wirkte er verwirrt; dann riß er entsetzt die Augen auf und machte den Fehler, nach unten zu sehen.

»Arrgh«, stöhnte er und rutschte. Zweiblum hielt ihn fest.

»Was ist los?«

Rincewind bemühte sich, die Augen zu schließen, aber seine Phantasie hatte keine Lider und starrte weiterhin in die Tiefe.

»Hast du keine Höhenangst?« brachte er hervor.

Zweiblum beobachtete die von Wolkenschatten gesprenkelte winzige Landschaft. Es war ihm noch gar nicht in den Sinn gekommen, sich zu fürchten.

»Nein«, sagte er, »warum auch? Ob man zwanzig Meter oder mehrere Meilen tief fällt — man ist in jedem Fall tot. Also spielt der Höhenunterschied überhaupt keine Rolle.«

Rincewind versuchte, in aller Ruhe darüber nachzudenken, konnte sich jedoch nicht des Eindrucks erwehren, daß eine gewisse Logik fehlte. Er fürchtete sich nicht vor dem Fallen. Nein, seine Angst galt in erster Linie dem *Aufprall*...

Erneut griff Zweiblum nach ihm.

»Kopf hoch«, verkündete er fröhlich, »wir sind fast da.«

»Ich möchte wieder in der Stadt sein«, ächzte Rincewind. »Oder wenigstens auf dem Boden.«

»Ob Drachen bis zu den Sternen fliegen können?« überlegte Zweiblum laut. »Meine Güte, das wäre wundervoll ...«

»Du bist verrückt«, sagte Rincewind leise. Der Tourist antwortete nicht, und als sich Rincewind vorbeugte, stellte er erschrocken fest, daß Zweiblum mit einem verträumten Lächeln auf den Lippen zu den Sternen aufsah.

»Komm bloß nicht auf dumme Ideen!« fügte der Zauberer drohend hinzu.

Der Mann, den du suchst, spricht mit der Drachenfrau, teilte Neunrute mit.

»Hmm?« Zweiblum blickte noch immer zu den verblassenden Sternen hoch.

»Was?« drängte Rincewind.

»O ja. Hrun.« Zweiblum nickte. »Ich hoffe, wir erreichen ihn rechtzeitig. Nach unten! Sturzflug!«

Rincewind öffnete die Augen, als der Wind zu einem heulenden Sturm heranwuchs. Vielleicht wurden ihm die Lider aufgeblasen — angesichts der fauchenden Böen konnte er sie nicht geschlossen halten.

Der flache Gipfel des Wyrmbergs sauste ihnen besorgniserregend schnell entgegen, kippte und metamorphierte zu einem grünen Schemen, der an dem Drachen vorbeiraste. Winzige Wälder und Felder bildeten ein verschwommenes Fleckenmuster. Ein kurzes silbriges Aufblitzen in der Landschaft stammte vielleicht von dem Fluß, der sich über den Rand des Plateaus ergoß. Rincewind versuchte die Erinnerung daran aus seinem Bewußtsein zu vertreiben, aber sie fühlte sich dort sehr wohl, terrorisierte die anderen Gedanken und zertrümmerte die Einrichtung.

※

»Ich glaube nicht«, sagte Liessa.

Hrun streckte langsam die Hand aus und nahm das Weinglas entgegen. Er grinste wie ein Honigkuchenpferd.

Auf der anderen Seite der Grasarena fauchten die Drachen, und ihre Reiter sahen auf. Ein grüner Schatten huschte über die Wiese — und Hrun war verschwunden.

Das Weinglas verharrte kurz in der Luft und fiel auf

die Treppe vor dem Podium. Erst jetzt schwappte ein einzelner Tropfen heraus.

Der Grund für diesen bemerkenswerten Vorgang: Als der Drache Neunrute vorsichtig mit den Klauen nach Hrun griff, synchronisierte er ihre Biorhythmen. Da die Dimension der Phantasie viel komplexer ist als die weitaus jüngeren und einfacheren Dimensionen von Raum und Zeit, beschleunigte ein verblüffter und völlig regloser Hrun innerhalb eines Sekundenbruchteils von null auf achtzig Meilen in der Stunde. Es kam dabei zu keinen nachteiligen Nebenwirkungen, sah man einmal davon ab, daß ihm einige Schlucke Wein verlorengingen. Eine weitere Folge bestand darin, daß Liessa einen wütenden Schrei ausstieß und ihren Drachen rief. Als das große goldene Tier vor ihr materialisierte, sprang sie ihm nackt auf den Rücken und riß einem der Wächter die Armbrust aus der Hand. Kurze Zeit später war sie in der Luft, während die anderen Drachenreiter zu ihren Schuppenrössern liefen.

Der Verwalter des Wissens — in dem allgemeinen Durcheinander hatte er sich sicherheitshalber hinter eine Säule geduckt — empfing in diesem Augenblick das hyperdimensionale Echo einer Theorie, die sich zur gleichen Zeit im Kopf eines Psychiaters bildete. Der betreffende Mann gehörte zu einem anderen Universum, und aufgrund eines dimensionalen Lecks, das sich in beiden Richtungen auswirkte, sah er die junge Frau auf dem Drachen. Der Verwalter des Wissens lächelte.

»Wetten, daß sie ihn nicht einholt?« ertönte Greichas Stimme dicht an seinem Ohr. Sie klang nach Würmern und Gräbern.

Der Verwalter des Wissens schloß die Augen und schluckte krampfhaft.

»Ich dachte, daß mein Lord seinen Wohnsitz inzwischen ganz ins Gefürchtete Land verlegt hat«, sagte er.

»Ich bin Zauberer«, entgegnete Greicha. »Zauberer werden vom Tod höchstpersönlich ins Jenseits geleitet.

Und — ha! — *er* scheint noch immer nicht in der Nähe zu sein...«

SOLLEN WIR JETZT GEHEN? fragte Tod.

Er saß auf einem weißen Pferd — auf einem Pferd aus Fleisch und Blut, aber mit roten Augen und feurigen Nüstern —, streckte eine knochige Hand aus, nahm Greichas Seele und rollte sie zusammen, bis sie zu einem Punkt aus schmerzhaft hellem Licht wurde. Dann verschlang er sie.

Anschließend gab er seinem Roß die Sporen. Es sprang in die Luft, und Funken stoben von den Hufen.

»Lord Greicha!« flüsterte der alte Verwalter des Wissens, als der Kosmos um ihn herum flackerte.

»Das war ein gemeiner Trick«, ertönte die Stimme des Zauberers — jetzt nur noch ein leiser Hauch, der in den unendlichen schwarzen Dimensionen verklang.

»Herr«, fügte der alte Mann nervös hinzu, »wie ist der Tod?«

»Wenn ich alles genau untersucht habe, gebe ich dir Bescheid«, raunte es in der Ferne.

»Ja«, murmelte der Verwalter des Wissens. Plötzlich fiel ihm etwas ein. »Aber bitte am Tag.«

※

»Ihr Narren!« brüllte Hrun, der auf Neunrutes vorderen Klauen hockte.

»Was hat er gesagt?« rief Rincewind, als der Drache donnernd mit den Flügeln schlug und höher stieg.

»Ich habe ihn nicht verstanden!« heulte Zweiblum, und der Wind stahl ihm sofort die Worte von den Lippen. Neunrute neigte sich ein wenig zur Seite, und daraufhin sah der Tourist den schrumpfenden Wyrmberg. Dunkle Punkte lösten sich davon und nahmen die Verfolgung auf. Neunrutes Schwingen hoben und senkten sich weiterhin, und Zweiblum spürte, wie die Luft dünner wurde. In seinen Ohren knackte es zum drittenmal.

Vor dem Schwarm der Verfolger bemerkte er einen goldenen Drachen, auf dem jemand saß.

»He, ist alles in Ordnung mit dir?« fragte Rincewind. Er mußte sich die Lungen mehrmals mit der seltsam destillierten Luft füllen, um diese Worte zu formulieren.

»Ich hätte ein Lord werden können, aber ihr Narren mußtet unbedingt ...« Hrun brach ab, als selbst seiner breiten Brust die Luft ausging.

»Wassn eigentlich los?« brummte Rincewind. Blaue Lichter glühten ihm vor den Augen.

»Unk«, machte Zweiblum und verlor das Bewußtsein.

Der Drache verschwand.

Einige Sekunden lang setzten die drei Männer den Weg nach oben fort. Zweiblum und Rincewind bildeten ein sonderbares Paar: Sie saßen hintereinander, die Beine um etwas gespreizt, das nicht mehr existierte. Dann erholte sich die Schwerkraft der Scheibenwelt von ihrer Überraschung und zog.

In diesem Augenblick flog Liessas Drache vorbei, und Hrun landete auf dem Hals des goldenen Riesen. Die junge Frau beugte sich vor und küßte ihn.

Dieses Detail entging Rincewinds Aufmerksamkeit als er fiel, die Arme noch immer um Zweiblums Taille geschlungen. Die Scheibenwelt war eine kleine runde Karte, an den Himmel genagelt. Sie schien sich nicht zu bewegen, aber Rincewind wußte, daß sie näher kam. Die ganze Welt raste ihm wie eine riesige Sahnetorte entgegen.

»Wach auf!« rief er und versuchte das laute Rauschen des Winds zu übertönen. »Drachen! Denk an Drachen!«

Schemenhafte Flügel zuckten vorbei, als Zauberer und Tourist durch den Schwarm der Verfolger stürzten, der seinerseits nach oben fiel. Drachen kreischten und stoben davon.

Zweiblum gab keine Antwort. Rincewinds Umhang umflatterte ihn, aber der kleine Mann erwachte nicht.

Drachen, dachte Rincewind panikerfüllt. Er versuchte,

sich zu konzentrieren und vor seinem inneren Auge einen möglichst echten Drachen entstehen zu lassen. *Wenn Zweiblum dazu imstande ist, schaffe ich es ebenfalls.* Doch nichts geschah.

Die Welt wurde allmählich größer — eine wolkenverschleierte Scheibe, die immer mehr anschwoll.

Rincewind unternahm einen zweiten Versuch, rollte mit den Augen und quetschte Phantasie aus jeder einzelnen Hirnzelle. Ein Drache. Seine zu häufig verwendete und daher schon recht abgenutzte Vorstellungskraft streckte imaginäre Hände aus, um nach *irgendeinem* Drachen zu greifen ...

DAS HAT KEINEN ZWECK, lachte eine Stimme. Sie klang wie das dumpfe Läuten einer Friedhofsglocke. DU GLAUBST GAR NICHT AN SIE.

Rincewind beobachtete die schreckliche Gestalt auf dem weißen Pferd, und sein entsetztes Ich ließ die geistigen Zügel schießen.

Ein greller Blitz.

Gefolgt von völliger Finsternis.

Ein weicher Boden erstreckte sich unter Rincewinds Füßen, und er nahm rosarotes Licht wahr. In der Nähe ertönten erschrockene Schreie.

Verwirrt sah er sich um. Er befand sich nun in einer Art Tunnel, gefüllt mit Sesseln, in denen seltsam gekleidete Menschen saßen. Sie alle trugen Fesseln und starrten ihn groß an.

»Wach auf!« zischte Rincewind. »Hilf mir!«

Er zog den noch immer bewußtlosen Touristen mit sich, fort von den sonderbaren Leuten — bis er mit der freien Hand einen eigentümlich geformten Knauf ertastete. Er drehte ihn, trat rasch über die Schwelle und warf die Tür hinter sich zu.

Der Zauberer ließ den Blick durch den neuen Raum schweifen und bemerkte eine entsetzte junge Frau, die ihr Tablett fallen ließ und schrie.

Es klang ganz nach einem Schrei, der muskulöse und

entschlossene Männer herbeiruft. In Rincewinds Adern schwamm mehr Adrenalin als Blut, als er an der Frau vorbeisprang. In diesem Bereich gab es weitere Sessel, und die Menschen darin duckten sich, während er Zweiblum durch den Mittelgang zerrte. Neben den Sitzplätzen sah er kleine Fenster, durch die man einen silbernen Drachenflügel erkennen konnte. Dahinter schwebten Wolken.

Ein Drache hat mich gefressen, dachte Rincewind. *Das ist doch lächerlich*, antwortete er sich selbst. *Man kann nicht aus einem Drachen hinaussehen.* Dann prallte er mit der Schulter an die Tür am anderen Ende des Tunnels, öffnete sie und gelangte in einen kegelförmigen Raum, der ihm noch seltsamer erschien als die langgestreckten Kammern.

Hunderte von Lichtern glühten darin. Zwischen diesen Lichtern saßen vier Männer in Sesseln, die sich der Körperform anpaßten. Zuerst starrten sie Rincewind mit offenem Mund an, und dann glitten ihre Blicke zur Seite.

Der Zauberer drehte sich langsam um. Neben ihm stand ein fünfter Mann: jung, mit Bart und so dunkelhäutig wie das Nomadenvolk des Großen Nef.

»Wo bin ich?« fragte Rincewind. »Im Bauch eines Drachen?«

Der junge Mann wich zurück und hob einen kleinen schwarzen Kasten. Die vier anderen Fremden duckten sich.

»Was ist das?« erkundigte sich Rincewind. »Ein Ikonograph?« Er streckte die Hand aus und griff nach dem Kasten, was den dunkelhäutigen Mann zu überraschen schien. Er fluchte und versuchte, den Gegenstand zurückzureißen. Unmittelbar darauf erklang eine andere Stimme, von einem der sitzenden Männer. Allerdings saß er jetzt nicht mehr, sondern stand und richtete ein kleines Metallobjekt auf den Dunkelhäutigen.

Damit erzielte er eine erstaunliche Wirkung. Der junge Mann hob die Hände und rührte sich nicht mehr von der Stelle.

»Bitte geben Sie mir die Bombe, Sir!« bat der Fremde mit dem Metallobjekt. »Ganz vorsichtig!«

»Dieses Ding hier?« vergewisserte sich Rincewind.

»Sie können es haben! Ich will es nicht!« Das Mann nahm den Kasten sehr behutsam entgegen und stellte ihn auf den Boden. Die sitzenden Männer entspannten sich, und einer von ihnen sprach mit der Wand. Der Zauberer beobachtete ihn verwundert.

»*Keine Bewegung!*« befahl der Mann mit dem Metallobjekt — Rincewind vermutete, daß es sich dabei um ein Amulett handelte. Der Dunkelhäutige kauerte sich in der Ecke zusammen.

»Sie sind sehr mutig gewesen«, wandte sich Amuletthalter an Rincewind. »Wissen Sie das?«

»Was?«

»Fühlt sich Ihr Freund nicht wohl?«

»Freund?«

Rincewind blickte auf Zweiblum hinab, der noch immer friedlich schlummerte. Nun, das überraschte ihn nicht. Die eigentliche Überraschung bestand darin, daß Zweiblum jetzt andere Kleidung trug. Seltsame Kleidung. Seine Hose endete an den Knien, und über ihr spannte sich ein bunt gestreiftes Hemd. Auf dem Kopf ruhte ein komisch aussehender Strohhut, in dem eine Feder steckte.

Ein sonderbares Gefühl veranlaßte Rincewind, an sich selbst hinabzusehen. *Seine* Kleidung hatte sich ebenfalls verändert. Anstelle des bequemen alten Umhangs, die in diversen Notfällen rasches Handeln und recht hohe Fluchtgeschwindigkeiten zuließ, trug der Zauberer nun zwei Röhren an den Beinen. Hinzu kam eine Jacke aus dem gleichen grauen Stoff...

Er hörte die Sprache dieser Fremden nun zum erstenmal. Sie klang unfein, umständlich und ein wenig nach Mittländisch — warum verstand er jedes Wort?

Mal sehen, dachte Rincewind. *Wir sind plötzlich in diesem Drachen materialisiert, nachdem, ich meine, wir sind plötzlich, wir sind, wir...* Und dann fiel es ihm ein. Nach dem angenehmen Gespräch im Flughafen beschlossen sie, im Flugzeug nebeneinander zu sitzen. Er hatte dem Engländer Jack Twoflower versprochen, ihm Amerika zu zeigen. *Ja, genau. Und dann fiel Jack in Ohnmacht, woraufhin ich es mit der Angst zu tun bekam. Ich habe die Pilotenkanzel aufgesucht und den Flugzeugentführer überrascht.* Natürlich. Ganz klar. Lieber Himmel, was bedeutete »mittländisch«?

Dr. Rjinswand rieb sich die Stirn. Er konnte jetzt einen ordentlichen Drink gebrauchen.

※

Wellen des Paradoxen rollten über das Meer der Kausalität.

Wer sich außerhalb der Gesamtheit des Multiversums befindet, sollte folgenden wichtigen Umstand berücksichtigen: Rincewind und Zweiblum waren tatsächlich erst vor kurzer Zeit in einem Flugzeug erschienen, doch in einer alternativen Realität hatten sie sich seit dem Start an Bord befunden. Mit anderen Worten: Einerseits hielten sie sich noch nicht lange in diesem besonderen dimensionalen Gefüge auf, aber andererseits hatten sie hier ihr ganzes Leben verbracht. An dieser Stelle gibt die normale Sprache auf, besucht die nächste Kneipe und gießt sich einen hinter die Binde.

Folgendes geschah: Mehrere Quintillionen Atome waren gerade materialisiert (eigentlich ist das Gegenteil der Fall — siehe unten), und zwar in einem Universum, wo es sie nicht geben durfte. Für gewöhnlich besteht das Ergebnis aus einer enormen Explosion, aber zum Glück sind Universen recht widerstandsfähig. Dieser spezielle Kosmos rettete sich, indem er sein Raum-Zeit-Kontinuum zu einem Punkt schickte, wo er die überschüssigen Atome problemlos aufnehmen konnte. Anschließend kehrte er rasch in jenen eher subjektiven Bereich des Seins zurück, den die Bewohner Gegenwart nennen. Natürlich veränderte sich dadurch die Geschichte — es hatte weniger Kriege und Dinosaurier gegeben —, aber im großen und ganzen verstrich der Zwischenfall unbemerkt.

Außerhalb dieses besonderen Universums machten sich die Folgen stärker bemerkbar. Außer Kontrolle geratene Konsequenzen tanzten über die Summe Aller Dinge, was dazu führte, daß sich ganze Dimensionen zusammenkrümmten und Galaxien spurlos verschwanden.

Dr. Rjinswand — 33, Junggeselle, geboren in Schweden, aufgewachsen in New Jersey, Spezialist für Oxidationsprobleme nuklearer Reaktoren — ahnte nichts davon. Selbst wenn jemand in der Lage gewesen wäre, ihm alle Einzelheiten zu schildern: Bestimmt hätte er sie nicht geglaubt.

Jack Twoflower schien noch immer bewußtlos zu sein. Die Stewardeß — sie hatte Rjinswand zu seinem Platz geführt, während die übrigen Passagiere applaudierten — beugte sich besorgt über ihn.

»Wir haben bereits den Zielflughafen verständigt«, sagte sie zu Rjinswand. »Wenn wir landen, wartet ein Krankenwagen auf uns. Äh, in der Passagierliste steht, daß Sie Doktor sind ...«

»Ich weiß nicht, was ihm fehlt«, erwiderte Rjinswand rasch. »Ich könnte ihm nur helfen, wenn er ein Magnox-Reaktor wäre. Hat er einen Schock erlitten?«

»Ich habe noch nie ...«

Die Stewardeß unterbrach sich, als es im Heckbereich des Flugzeugs krachte. Einige Männer und Frauen schrien. Ein plötzlicher Windstoß wehte Zeitschriften und Zeitungen umher.

Etwas kam durch den Gang. Ein rechteckiger großer Gegenstand aus Holz und mit Messingbeschlägen. Es bewegte sich auf Hunderten von kleinen Beinen. Wenn der Schein nicht trog, wenn es sich wirklich um eine Truhe handelte — von der Art, wie man sie in Piratenfilmen zeigte, voller Gold und Juwelen —, so öffnete sie nun den Deckel.

Ihr Inhalt bestand nicht etwa aus einem Schatz. Statt dessen bleckte die Kiste lange spitze Zähne, weiß wie Elfenbein, und sie leckte mit einer langen mahagoniroten Zunge.

Rjinswand fühlte sich von einem großen Gepäckstück bedroht.

Er klammerte sich an dem bewußtlosen Jack Twoflower fest, der ihm überhaupt nicht helfen konnte, und ein leises Wimmern kam ihm von den Lippen. Von ganzem Herzen wünschte er sich an einen anderen Ort...

Plötzliche Dunkelheit.

Gefolgt von einem grellen Blitz.

Das Verschwinden von mehreren Quintillionen Atomen aus einem Universum, in dem sie eigentlich gar nicht existieren durften, verursachte ein starkes Ungleichgewicht in der allgemeinen Gesamtstruktur des Seins, und der betreffende Kosmos versuchte sofort, die innere Balance wiederherzustellen — ein Vorgang, dem einige Subrealitäten zum Opfer fielen. Gewaltige Entladungen purer Magie erschütterten das Fundament des Multiversums, brodelten durch Risse, erreichten bis dahin friedliche Dimensionen, bewirkten Novä und Şupernovä, ließen Sterne miteinander kollidieren, sorgten dafür, daß aufgescheuchte Wildgänse rückwärts flogen, und versenkten mythische Kontinente. Einige Welten, so weit entfernt wie das Ende der Zeit, erlebten prachtvolle Sonnenuntergänge aus schimmerndem Oktarin, als hochenergetische magische Partikel durch die Atmosphäre rasten. Im Kometenhalo des berühmten Eissystems von Zeret starb ein adliger Komet im thaumaturgischen Schweif eines fürstlichen Asteroiden.

Rincewind merkte natürlich nichts davon, als er den

noch immer ohnmächtigen Zweiblum festhielt und dem Meer der Scheibenwelt entgegenfiel, das einige hundert Meter weiter unten glänzte. Nicht einmal die Krämpfe und Zuckungen der Dimensionen konnten etwas an jenem ehernen Gesetz ändern, das die Erhaltung der Energie vorschrieb — Rjinswands kurze Reise in einem Flugzeug hatte ausgereicht, um ihn einige hundert Meilen horizontal und fast tausend Meter vertikal zu bewegen.

Das Wort ›Flugzeug‹ entflammte in Rincewinds Bewußtsein und zerfiel zu Asche.

Befand sich dort unten ein Schiff?

Die kalten Fluten des Runden Meers schlossen sich um den Zauberer und saugten ihn in grüne Tiefe. Wenige Sekunden später platschte es noch einmal, als auch die Truhe ins Wasser fiel — an ihrer Seite zeigte sich ein Aufkleber mit der mächtigen Reise-Rune TWA.

Später benutzten sie die Kiste als Floß.

Nahe am Rand

Der Bau hatte viel Zeit in Anspruch genommen. Jetzt waren die Arbeiten fast beendet, und einige Sklaven hackten die letzten Tonreste des Mantels fort.

Andere Sklaven begannen eifrig damit, die metallenen Flanken mit Silbersand zu polieren, und dort entstand schon nach kurzer Zeit der lebendige seidene Glanz junger Bronze. Das Gebilde war noch immer warm, obwohl es sich eine Woche lang in der Gußgrube abgekühlt hatte,

Der Erzastronom von Krull winkte kurz, und daraufhin setzten die Träger den Thron im Schatten des Rumpfes ab.

Das Ding sieht aus wie ein Fisch, dachte er. *Wie ein großer fliegender Fisch. Aus welchem Meer?*

»Prächtig und wundervoll«, lobte er. »Ein wahres Kunstwerk.«

»Das einen praktischen Zweck erfüllt«, sagte der untersetzte Mann neben dem Thron. Der Erzastronom drehte langsam den Kopf und musterte ein ausdrucksloses Gesicht. Keinem Gesicht fällt es besonders schwer, ausdruckslos zu wirken, wenn sich dort, wo eigentlich die Augen sein sollten, zwei goldene Kugeln befinden. Sie glühten beunruhigend.

»Einen praktischen Zweck, ja«, bestätigte der Erzastronom und lächelte. »Und einen theoretischen noch dazu. Wie dem auch sei: Ich bin sicher, auf der ganzen Scheibenwelt gibt es keinen anderen Künstler und Handwerker, der so gute Arbeit zu leisten vermag, Goldauge. Habe ich recht?«

Der untersetzte Mann zögerte, und sein nackter Leib — er war natürlich nicht ganz nackt; immerhin trug er einen Gürtel mit Werkzeugen, einen Abakus am Handgelenk und sonnengebräunte Haut — versteifte sich, als er über die Bedeutung der Frage nachdachte. Die goldenen Augen schienen in eine andere Welt zu blicken.

»Die Antwort lautet sowohl ja als auch nein«, erwiderte er schließlich und verletzte damit die übliche Etikette. Einige der weniger hochrangigen Astronomen hinter dem Thron schnitten finstere Mienen, doch der Erzastronom schien überhaupt nichts zu bemerken.

»Bitte erklär mir das!« bat er.

»Mir fehlen einige wichtige Fähigkeiten«, entgegnete der Künstler und Handwerker. »Ich bin Goldauge Silberhand Daktylos. Ich habe die Stählernen Krieger geschaffen, die das Grab von Pitchiu bewachen. Ich habe die Lichtdämme vom Großen Nef entworfen. Ich habe den Palast der Sieben Wüsten gebaut. Und doch ...« Er hob die Hand und klopfte an eins seiner Augen, das leise klirrte. »Als ich das Golem-Heer für Pitchiu baute, überhäufte er mich mit Gold — und ließ mir dann die Augen ausstechen, damit kein anderes Werk meine Arbeit für ihn übertreffen kann.«

»Klug, aber grausam«, kommentierte der Erzastronom voller Mitgefühl.

»Ja, so lernte ich, die Beschaffenheit des Metalls zu *hören* und mit den Fingern zu sehen. Ich lernte, Erze mit Hilfe von Geschmack und Geruch zu unterscheiden. Ich schuf mir diese Augen, aber ich kann sie nicht dazu bringen, mir ein Bild der Umgebung zu zeigen.

Dann beauftragte man mich, den Palast der Sieben Wüsten zu bauen. Der Emir überhäufte mich mit Silber und ließ mir die rechte Hand abhacken, was mich nicht sonderlich überraschte.«

Der Erzastronom nickte. »Ein ernstes Handikap in deinem Beruf.«

»Mit einem Teil des Silbers und meinen unübertroffenen Kenntnissen in Hinsicht auf Hebel und allgemeine Mechanik stellte ich diese neue Hand her. Nun, ich komme damit zurecht. Nach dem Bau des ersten Lichtdamms mit einer Kapazität von fünfzigtausend Tageslichtstunden überhäufte mich der Stammesrat vom Großen Nef mit erlesener Seide — und schnitt mir dann die Kniesehnen durch, um mich an der Flucht zu hindern. Aus diesem Grund blieb mir nichts anderes übrig, als die Seide und ein wenig Bambus für die Konstruktion eines Flugapparats zu verwenden, mit dem ich vom höchsten Turm meines Gefängnisses startete.«

»Was dich, auf Umwegen, nach Krull bringt«, warf der Erzastronom ein. »Eins erscheint mir seltsam: Ein anderer Beruf — zum Beispiel der Anbau von Salat — wäre sicher weniger riskant als ein Tod auf Raten. Warum bleibst du bei deiner bisherigen Tätigkeit?«

Goldauge Daktylos hob die Schultern.

»Weil ich ein guter Künstler und Handwerker bin«, antwortete er.

Der Erzastronom blickte an dem goldenen Fisch empor, der wie ein Gong in der Mittagssonne glänzte.

»So schön«, murmelte er, »und einzigartig. Komm, Daktylos! Übrigens ... Welche Belohnung habe ich dir versprochen?«

»Du hast mich gebeten, einen Fisch zu konstruieren, der durch das Meer zwischen den Welten schwimmt«, intonierte Goldauge. »Als Gegenleistung, äh ...«

»Ja? Mein Gedächtnis ist leider nicht mehr so gut wie früher.« Der Erzastronom strich über die warme Bronze.

Goldauge schien nicht viel Hoffnung zu haben. »Du hast versprochen, mich freizulassen und darauf zu verzichten, mir Gliedmaßen abzuhacken. Ich verlange keinen Lohn in Form von Gold, Silber oder Seide.«

»Ah, ja, jetzt erinnere ich mich wieder.« Der alte Mann hob eine von blauen Adern durchzogene Hand und fügte hinzu: »Ich habe gelogen.«

Es zischte leise, und Goldauge erzitterte kurz. Dann blickte er auf den Pfeil, der ihm aus der Brust ragte, und nickte enttäuscht. Ein Tropfen Blut kroch ihm aus dem Mundwinkel.

Es war völlig still auf dem Platz (abgesehen vom Summen einiger erwartungsvoller Fliegen), als Daktylos die silberne Hand hob und den Pfeil betastete.

Er stöhnte leise.

»Schlampige Arbeit«, sagte er und fiel nach hinten.

Der Erzastronom stieß die Leiche mit der Stiefelspitze an und seufzte.

»Ich ordne hiermit eine kurze Trauerzeit an, wie sie einem meisterlichen Künstler und Handwerker gebührt«, sagte er und beobachtete eine Schmeißfliege, die auf einem der beiden goldenen Augen landete und dort mehrere Sekunden lang umherkroch, bevor sie verwirrt fortflog. »Das erscheint mir lange genug«, brummte er und forderte zwei Sklaven auf, den Leichnam fortzutragen.

»Sind die Chelonauten bereit?« fragte er.

Der Erste Startlotse eilte herbei.

»Ja, Euer Beliebtheit«, meldete er.

»Werden die richtigen Gebete gesprochen?«

»In der Tat, Euer Beliebtheit.«

»Wieviel Zeit bleibt uns noch bis zur Tür?«

»Bis zum Startfenster«, berichtigte der Erste Startlotse respektvoll. »Drei Tage, Euer Beliebtheit. Dann ist Groß-A'Tuins Schwanz genau in der richtigen Position.«

»Wir brauchen also nur noch geeignete Opfer zu finden«, sagte der Erzastronom.

Der Erste Startlotse verneigte sich.

»Das Meer wird sie uns bringen«, meinte er.

Der alte Mann lächelte. »Wie üblich.«

※

»Wenn du doch nur navigieren könntest ...«
»Wenn du besser gesteuert hättest ...«

Eine Welle rauschte übers Deck. Rincewind und Zweiblum sahen sich an. »Schöpf weiter!« riefen sie gleichzeitig und griffen nach den Eimern.

Nach einer Weile klang Zweiblums brummige Stimme aus der halb unter Wasser stehenden Kabine.

»Warum soll ich daran schuld sein?« fragte er und reichte einen weiteren Eimer hinauf. Rincewind kippte ihn über Bord.

»Du hattest Wache«, erwiderte der Zauberer scharf.

»Denk daran, daß ich uns vor den Sklavenjägern gerettet habe«, meinte Zweiblum.

»Ich bin lieber ein Sklave als tot.« Rincewind richtete sich auf, blickte übers Meer und wirkte dabei ein wenig verwirrt.

Er unterschied sich von dem Rincewind, der vor etwa sechs Monaten aus der brennenden Stadt Ankh-Morpork entkommen war. Zum Beispiel hatte er mehr Narben; und er kannte nun viele andere Gegenden der Scheibenwelt. *Ich bin im Mittland gewesen und habe dort die Bräuche vieler exotischer Völker kennengelernt, was mir einige zusätzliche Narben einbrachte,* dachte er. *Einige unvergeßliche Tage lang war ich auf dem Dehydrierten Ozean im Herzen jener unglaublich trockenen Wüste unterwegs, die man Großer Nef nennt. In einem kälteren und feuchteren Meer habe ich Berge aus Eis gesehen. Ich bin auf einem Drachen geritten, der allein durch Phantasie Gestalt bekam. Ich hätte fast den mächtigsten Zauberspruch der ganzen Scheibenwelt ausgesprochen. Ich...*

Es gab *eindeutig* weniger Horizont, als es eigentlich der Fall sein sollte.

»Hmm?« machte Rincewind.

»Nichts ist schlimmer als Sklaverei«, wiederholte Zweiblum. Überrascht hob er die Brauen, als der Zauberer den Eimer fortwarf und auf dem nassen Deck Platz nahm. Sein Gesicht kam einer grauen Maske gleich.

»Hör mal«, sagte Zweiblum verlegen, »es tut mir leid, daß ich uns auf ein Riff gesteuert habe. Aber dieses Boot

will offenbar nicht sinken, und früher oder später finden wir Land. Die Strömung muß irgendwohin führen.«
»Sieh dir den Horizont an«, brachte Rincewind einsilbig hervor.
Zweiblum kniff die Augen zusammen.
»Scheint soweit in Ordnung zu sein«, entgegnete er kurz darauf. »Zugegeben, offenbar ist er ein ganzes Stück näher gekommen, aber...«
»Der Randfall«, sagte Rincewind. »Wir werden über den Rand der Welt getragen.«
Stille folgte, nur unterbrochen von beständigem Plätschern, als sich das langsam sinkende Schiff langsam in der Strömung drehte. Sie war bereits recht stark geworden.
»Das ist vermutlich der Grund für die Sache mit dem Riff«, fügte Rincewind hinzu. »In der vergangenen Nacht sind wir vom Kurs abgekommen.«
»Möchtest du etwas zu essen?« fragte Zweiblum. Er kramte in einem Bündel, das er an der Reling festgebunden hatte, damit es nicht naß wurde.
»Verstehst du denn nicht?« entfuhr es Rincewind. »Wir treiben über den *Rand*, verdammt!«
»Können wir etwas dagegen unternehmen?«
»Nein!«
»Dann hat es keinen Sinn, in Panik zu geraten«, sagte Zweiblum ruhig.
»Ich *wußte*, daß es besser gewesen wäre, nicht so weit randwärts zu segeln«, beklagte sich Rincewind beim Himmel. »Ich wünschte...«
»Ich wünschte, ich hätte jetzt meinen Ikonographen«, unterbrach Zweiblum den Zauberer. »Aber der Bildkasten befindet sich auf dem Schiff der Sklavenjäger, ebenso wie die Truhe und...«
»Dort, wohin wir jetzt unterwegs sind, brauchst du die Truhe nicht mehr«, hielt ihm Rincewind entgegen. Er ließ die Schultern hängen und beobachtete einen fernen Wal, der durch Leichtsinn oder Unachtsamkeit in

die randwärtige Strömung geraten war und nun dagegen ankämpfte.

Ein weiße Linie zeichnete sich am nahen Horizont ab, und der Zauberer glaubte, ein dumpfes Donnern zu hören.

»Was geschieht, wenn ein Schiff den Randfall hinabstürzt?« erkundigte sich Zweiblum.

»Wer weiß?«

»Nun, vielleicht segeln wir einfach weiter durchs All, bis wir eine andere Welt erreichen.« Der Tourist sah verträumt in die Ferne. »Das gefiele mir.«

Rincewind schnaubte leise.

Die Sonne stieg höher, und hier am Rand war sie beträchtlich größer. Die beiden Männer standen mit dem Rücken am Mast, und jeder hing seinen eigenen Gedanken nach. Ab und zu griff einer von ihnen nach dem Eimer und schöpfte ein wenig Wasser, obgleich das unter diesen besonderen Umständen kaum mehr Sinn hatte.

Im und auf dem Meer schien allmählich der Platz knapp zu werden. Rincewind bemerkte mehrere große Baumstämme, die einige Meter entfernt dahintrieben, und dicht unter der Oberfläche beobachtete er Fische aller Art. Das überraschte ihn nicht. Die Strömung war sicher voller Nahrung, herbeigespült von den Kontinenten der mittwärtigen Regionen. Er fragte sich, wie es sein mochte, die ganze Zeit über schwimmen zu müssen, um am gleichen Ort zu verweilen. *Mit meinem Leben ist es ähnlich,* dachte der Zauberer betrübt. Er sah einen kleinen grünen Frosch, der verzweifelt gegen die starke Strömung schwamm. Zu Zweiblums großer Überraschung griff Rincewind nach einem Paddel und streckte es der kleinen Amphibie entgegen, die dankbar darauf Platz nahm. Wenige Sekunden später durchstieß ein hungriges Maul die Wasseroberfläche und schnappte nach dem verschwundenen Leckerbissen.

Der Frosch hockte auf Rincewinds Hand, blickte zu ihm auf und biß den Zauberer nachdenklich in den Daumen. Zweiblum lachte leise. Rincewind achtete nicht auf ihn und schob den Frosch in eine Tasche seines Umhangs.

»Sehr menschlich von dir«, meinte der Tourist. »Aber in einer Stunde spielt das alles keine Rolle mehr.«

»Trotzdem«, erwiderte Rincewind unbestimmt und schöpfte Wasser. Gischt sprühte, und die Strömung wurde so stark, daß hohe Wellen entstanden. Darüber hinaus schien es unnatürlich warm zu sein. Goldfarbener Dunst wogte über dem Meer.

Das Donnern klang jetzt nicht mehr ganz so dumpf. Hundert Meter entfernt tauchte der größte Tintenfisch auf, den Rincewind jemals gesehen hatte, schlug wild mit den Tentakeln und versank wieder in den reißenden Fluten. Ein anderes Wesen, groß und glücklicherweise nicht genau zu erkennen, heulte im Hitzenebel. Eine ganze Schwadron aus fliegenden Fischen stieg in einer Wolke aus kleinen Tropfen auf, die in allen Regenbogenfarben schillerten, legte einige Meter zurück, fiel ins Wasser und wurde von einem Strudel fortgerissen.

Das Ende der Welt rückte näher. Rincewind ließ den Eimer fallen und hielt sich am Mast fest, als die grollende Stimme des Randfalls alles andere übertönte.

»Das muß ich mir ansehen«, sagte Zweiblum. Er kroch, schwamm und fiel zum Bug.

Etwas Hartes und Unnachgiebiges prallte an den Rumpf, der sich daraufhin um neunzig Grad drehte und mit der Seite am unsichtbaren Hindernis verharrte. Kalter Meeresschaum strömte übers Deck, und einige Sekunden lang bestand Rincewinds Universum nur noch aus brodelndem grünen Wasser. Als er zu schreien versuchte, gewann die Meereswelt den purpurnen Ton der Bewußtlosigkeit — der Zauberer war am Ertrinken.

Er erwachte mit brennender Flüssigkeit im Mund und schluckte. Heißer Schmerz vertrieb die Dunkelheit der Ohnmacht.

Die Planken des Bootes preßten sich ihm an den Rükken, und Zweiblum sah besorgt auf ihn herab. Rincewind stöhnte und setzte sich auf.

Das war ein Fehler. Nur knapp zwei Meter trennten ihn vom Rand der Welt.

Jenseits davon, dort, wo der endlose Randfall begann, befand sich etwas durch und durch *Magisches*.

Etwa siebzig Meilen entfernt, weit außerhalb des Einflußbereichs der Randströmung, trieb eine Dau ziellos durchs samtene Zwielicht. Über ihr flatterten die roten Segel eines freischaffenden Sklavenschiffes. Die Besatzung (beziehungsweise der Rest davon) stand auf dem Vorderdeck und leistete einigen Männern Gesellschaft, die fieberhaft an einem Floß arbeiteten.

Der untersetzte Kapitän — er trug Ellbogenturbane, typisch für einen Stammesangehörigen aus dem Großen Nef — war ein weitgereister Mann, der viele seltsame Völker und sonderbare Dinge gesehen hatte, um sie anschließend entweder zu versklaven oder zu stehlen. Seine berufliche Laufbahn begann als Matrose auf dem Dehydrierten Ozean im Herzen einer besonders trockenen Wüste. (Auf der Scheibenwelt gibt es für Wasser einen ungewöhnlichen vierten Aggregatzustand, verursacht von außerordentlicher Hitze und den Auswirkungen oktarinen Lichts. Dadurch kommt es zu einer dehydrierenden Wirkung, die silbrig glänzenden, frei schwebenden Sand zurückläßt, durch den ein speziell geformter Schiffsrumpf gleiten kann. Der Dehydrierte Ozean ist ein merkwürdiger Ort, aber die Fische darin sind noch viel eigentümlicher.) Der Kapitän hatte noch nie zuvor echte Furcht empfunden. Jetzt war er regelrecht entsetzt.

»Ich höre nichts«, wandte er sich leise an den Ersten Maat.

Der Maat starrte durchs Halbdunkel.

»Vielleicht ist *es* über Bord gefallen«, erwiderte er hoffnungsvoll. Die Antwort bestand aus einem wütenden Pochen auf dem Deck, gefolgt von einem lauten Krachen. Holz splitterte. Die Besatzungsmitglieder drängten sich besorgt aneinander, hielten Äxte und Fakkeln bereit.

Selbst wenn das Ungeheuer jetzt herangestürmt wäre — wahrscheinlich hätten sie gar nicht den Mut aufgebracht, ihre Waffen einzusetzen. Bevor seine grauenhafte Natur klar wurde, waren mehrere Männer so dumm gewesen, es mit Beilen anzugreifen. Daraufhin stellte *es* die Suche im Schiff ein und konzentrierte sich darauf, die Seeleute entweder über Bord zu jagen oder zu — fressen? Der Kapitän wußte es nicht genau. Das *Ding* sah wie eine gewöhnliche Truhe aus. Sie mochte ein wenig größer sein als normale Truhen, aber allein dieser Umstand weckte noch keinen Argwohn. Manchmal enthielt sie nur alte Socken, frische Wäsche und Gepäckstücke, aber wenn sich bei anderen Gelegenheiten der Deckel hob, so sah man ... Der Kapitän versuchte nicht daran zu denken. Er ahnte, daß die im Meer ertrunkenen Männer besser dran waren als jene anderen, die eine direkte und unmittelbare Begegnung mit der Kiste erlebt hatten. Er trachtete danach, diese Gedanken zu verdrängen, und erinnerte sich an *Zähne* wie weiße Grabsteine, an eine Zunge, so rot wie Mahagoni...

Er bemühte sich, seine Aufmerksamkeit auf etwas anderes zu richten. Es gelang ihm nicht ganz.

Eins stand fest: Nie wieder würde er undankbare Ertrinkende unter geheimnisvollen Umständen aus dem Ozean fischen. Sklaverei war doch besser als Haie, oder? Die Geretteten flohen, und als einige Matrosen die Truhe untersuchten... Wie kam es überhaupt, daß zwei Männer mitten im Meer auf einer Kiste hockten? Ja, und dann biß die Truhe... Erneut versuchte der Kapitän, nicht daran zu denken, und gleichzeitig fragte er sich: *Was geschieht, wenn das verdammte Ding merkt, daß sich sein Eigentümer nicht mehr an Bord befindet?*

»Das Floß ist fertig, Herr«, sagte der Erste Maat.

»Ins Wasser damit!« rief der Kapitän. Und: »Verlaßt das Schiff! Steckt es in Brand!«

Bestimmt gelang es ihm früher oder später, ein anderes Schiff zu bekommen, philosophierte er. Die Alternative... Man mußte lange in dem Paradies warten, das die Mullahs in Aussicht stellten, bevor einem ein zweites Leben gewährt wurde. *Soll die magische Kiste Hummer fressen.*

Manche Piraten errangen Unsterblichkeit, indem sie große Taten vollbrachten oder besonders grausam und tollkühn waren. Andere erreichten das Ziel der Unsterblichkeit, indem sie Schätze anhäuften. Doch der Kapitän hatte schon vor langer Zeit beschlossen, daß er unsterblich werden wollte, indem er nicht starb.

※

»Lieber Himmel, was ist *das* denn?« fragte Rincewind.

»Sieht toll aus«, erwiderte Zweiblum entzückt.

»Zuerst möchte ich wissen, worum es sich handelt«, brummte der Zauberer.

»Der Randbogen«, erklang eine Stimme dicht hinter seinem linken Ohr. »Und du kannst von Glück sagen, daß du ihn siehst. Zumindest von oben.«

Kalter, nach Fischen riechender Atem begleitete die Stimme. Rincewind saß völlig reglos.

»Zweiblum?« brachte er schließlich hervor.

»Ja?«

»Wenn ich mich umdrehe... Was sehe ich dann?«

»Er heißt Tethis und hat sich als Troll des Meeres vorgestellt«, erklärte der Tourist. »Dies ist sein Boot. Er hat uns gerettet. Bist du jetzt bereit, dich umzudrehen?«

»Äh, noch nicht ganz«, entgegnete Rincewind mit erzwungener Ruhe. »Übrigens: Warum fallen wir nicht über den Rand?«

»Weil euer Boot an den Umzaun gestoßen ist«, ertönte erneut die Stimme hinter Rincewind. Sie weckte Vorstellungen von dunklen Meeresschluchten und Schreckenswesen, die in Korallenriffen lauerten.

»An den Umzaun?« wiederholte er.

»Ja«, bestätigte der Troll, »er erstreckt sich am Rand der Welt.« Rincewind glaubte, jetzt nicht mehr nur das Donnern des Wasserfalls zu hören, sondern auch das Plätschern von Rudern. Er *hoffte* jedenfalls, daß dieses Geräusch von Rudern stammte.

»Oh, du meinst den *Umkreis*«, sagte der Zauberer. »Der Umkreis befindet sich immer am Rand von Dingen.«

»Das gilt auch für den Umzaun«, stellte der Troll fest.

»Er meint das hier.« Zweiblum deutete nach unten. Rincewind starrte in die entsprechende Richtung, und Furcht zitterte in ihm, als er überlegte, was sich seinen Blicken darbieten mochte ...

Mittwärts spannte sich ein Seil dicht über dem weißen Wasser. Das Boot war so daran vertäut, daß es trotzdem beweglich blieb — ein Wunder, das mit Hilfe eines komplizierten Systems aus Schlaufen, Holzrädern und kleinen Flaschenzügen bewerkstelligt wurde. Diese Vorrichtung bewahrte das Boot davor, der Strömung nachzugeben und ein Opfer des Wasserfalls zu werden. Sie löste ein Rätsel — aber was hielt das Seil?

Rincewind spähte daran entlang und bemerkte einen dicken Holzpfosten, der einige Meter weiter vorn aus dem Wasser ragte. Das Boot näherte sich ihm; die kleinen Räder klackten durch eine Rille und setzten ihren Weg dann fort.

Dem Zauberer fielen auch kleinere Seile auf, die in

Abständen von jeweils einem Meter am Haupttau hinabhingen.
Er wandte sich an Zweiblum.
»Ich sehe, was es *ist*«, sagte er. »Aber *was* ist es?«
Zweiblum hob die Schultern. »Dort vorn steht mein Haus«, verkündete der Meerestroll hinter Rincewind. »Dort können wir uns in aller Ruhe unterhalten. Jetzt muß ich rudern.«
Um einen Blick nach vorn zu werfen, wäre Rincewind nichts anderes übriggeblieben, als sich umzudrehen — und dann hätte er auch den Troll gesehen. Um das zu vermeiden, beobachtete er den Randbogen.
Er wölbte sich durch den Dunst hinter dem Rand und erschien nur morgens und abends, wenn das Licht der orbitalen Sonne an dem gewaltigen Leib der Schildkröte Groß-A'Tuin vorbeiglänzte und das magische Kraftfeld der Scheibenwelt genau im richtigen Winkel traf.
Ein doppelter Regenbogen schimmerte. Dicht über dem Randfall leuchteten die sieben geringeren Farben und flackerten in der Gischt des sterbenden Ozeans.
Sie waren blaß und unscheinbar, wenn man sie mit dem zweiten Band hinter ihnen verglich, das sich nicht dazu herabließ, im gleichen Spektrum zu glühen.
Es handelte sich um die Königsfarbe, von der alle anderen Farben nur unbedeutende verwaschende Reflexionen sind: Oktarin, die Farbe der Magie, das Pigment der Phantasie. Sie lebte, schillerte und vibrierte, und ihr Erscheinen wies in aller Deutlichkeit darauf hin, daß banale Materie sich der Macht des magischen Bewußtseins unterordnen mußte. Sie stellte die Kraft der Zauberei dar.
Rincewind fand, daß sie wie grünliches Purpur aussah.

Nach einer Weile offenbarte sich ein Fleck in den brodelnden Fluten als kleine Insel oder Felsen, der direkt am Rand der Welt aufragte, dort, wo der endlose Wasserfall begann. Darauf hatte jemand eine Hütte aus Treibholz gebaut, und Rincewind beobachtete, daß sich das oberste Seil an einigen Eisenstangen fortsetzte und durch ein rundes Fenster in der Hütte verschwand. Später erfuhr er den Grund dafür: Einige kleine am Tau befestigte Bronzeglocken wiesen den Troll auf Bergungsgut in dem Bereich des Umzauns hin, für den er zuständig war.

An der mittwärtigen Seite der Insel gab es eine schwimmende Umzäunung. Sie enthielt den einen oder anderen Schiffsrumpf und ziemlich viel Treibholz in Form von Planken, Balken und Baumstümpfen, aus denen hier und dort Blätter sproßten. So nahe am Rand der Scheibenwelt war das magische Kraftfeld derart stark, daß eine dunstige Korona alle Gegenstände umhüllte. Pure Illusion entlud sich spontan.

Das Boot knarrte leise, als es an eine Treibholzmole stieß. Dadurch schloß sich ein magischer Stromkreis, und Rincewind spürte eine gewaltige okkulte Aura — sie erschien ihm ölig, schmeckte bläulich und roch nach Blech. Um ihn herum regnete reine, ungeformte Magie auf die Welt herab.

Der Zauberer und Zweiblum traten auf den Steg, und zum erstenmal sah Rincewind den Troll.

Das Wesen wirkte nicht annähernd so schrecklich, wie er zunächst vermutet hatte.

Hmm, sagte seine Vorstellungskraft schließlich.

Der Troll war keineswegs *entsetzlich*. Anstelle eines halb verfaulten, mit zahllosen Tentakeln ausgestatteten Ungeheuers erblickte Rincewind einen gedrungenen, nicht besonders häßlichen alten Mann, der in einer Stadt kaum Aufsehen erregt hätte. Vorausgesetzt, die Stadtbewohner waren daran gewöhnt, alten Männern zu begegnen, die größtenteils aus Wasser bestanden. In diesem Fall schien der Ozean Leben geschaffen zu haben, ohne sich mit der langwierigen und anstrengenden Evolution aufzuhalten: Er hatte einfach einem Teil von sich die Form eines Zweifüßers gegeben und ihn an Land geschickt, wo er sich mit einem leisen Gluckern bewegte. Der durchsichtige Troll war angenehm blau, und Rincewind beobachtete, wie ihm einige Silberfische über die Brust schwammen.

»Es ist unhöflich, jemanden anzustarren«, sagte der Troll. Als er sprach, glitzerte ihm wellenkammartiger Schaum auf den Lippen. Dann schloß er den Mund wieder, und Rincewind dachte dabei an Wasser, das über einen Stein schwappt.

»Tatsächlich?« erwiderte der Zauberer. »Warum?« *Wie hält er sich zusammen?* dachte er verwundert. *Warum fließt er nicht einfach auseinander?*

»Wenn ihr mir jetzt zu meinem Haus folgt ...«, sagte der Troll würdevoll. »Dort gebe ich euch neue Kleidung und etwas zu essen.« Er schritt davon, ohne sich umzudrehen und festzustellen, ob ihm die beiden Männer folgten. Wohin sollten sie auch gehen? Es wurde dunkel, und kühler Wind kam auf. Der kurzlebige Randbogen verblaßte bereits, und der Nebel über dem Wasserfall lichtete sich.

»Komm!« Rincewind ergriff Zweiblum am Ellbogen, doch der Tourist rührte sich nicht von der Stelle.

»Komm!« wiederholte der Zauberer.

»Wenn es ganz dunkel ist ...«, begann Zweiblum und blickte zu den Wolken hinauf. »Glaubst du, daß wir dann tief unten die Weltenschildkröte Groß-A'Tuin sehen können?«

»Hoffentlich nicht«, entgegnete Rincewind. »Das meine ich ernst. Können wir jetzt gehen?«

Widerstrebend folgte ihm Zweiblum in die Hütte. Der Troll hatte zwei Öllampen angezündet und saß in einem Schaukelstuhl. Als Rincewind und der Tourist hereinkamen, stand er auf, nahm eine große Karaffe und füllte zwei Becher mit grüner Flüssigkeit. Im matten Licht schien er zu phosphoreszieren, wie warme Meere in lauen Sommernächten. Eine weitere Einzelheit seines Erscheinungsbilds gab dem langsam erwachenden Entsetzen des Zauberers einen Stoß in die Rippen: Der Troll schien etwas größer geworden zu sein.

Die Einrichtung des Zimmers bestand überwiegend aus Kisten.

»Äh«, sagte Rincewind. »Hübsches Plätzchen. Nicht übel.« Er benutzte ein Wort, das er von Zweiblum gelernt hatte: »Idyllisch.«

Dann griff er nach einem der beiden Becher und betrachtete die grüne Flüssigkeit darin. *Hoffentlich ist sie trinkbar*, dachte er. *Ich bin nämlich fest entschlossen, sie zu trinken. Der Zauberer schluckte.*

Der Geschmack erinnerte ihn an das Zeug, das ihm Zweiblum im Boot eingeflößt hatte, aber da er zu jenem Zeitpunkt mit dringenderen Angelegenheiten beschäftigt gewesen war, bekamen Zunge und Gaumen erst jetzt Gelegenheit, die Mysterien dieses neuen Aromas zu erforschen.

Rincewinds Mundwinkel zuckten. Er wimmerte leise. Das eine Bein zuckte plötzlich hoch und traf ihn an der Brust. Schmerzerfüllt verzog er das Gesicht.

Zweiblum drehte nachdenklich den Becher, hob ihn dann an die Lippen und trank noch einen zweiten Schluck.

»Ghlen Livid«, sagte er im Tonfall eines Kenners. »Ein Getränk aus fermentierten *Vulnüssen*, das man in meiner Heimat kaltdestilliert. Eine gewisse rauchige Qualität ... Pikant. Von den westlichen Plantagen der, äh, Rehigreed-Provinz? Und vermutlich die Ernte des nächsten Jahres, wie ich aufgrund der Farbe annehme. Darf ich fragen, wie du dazu gekommen bist?«

(Die Flora der Scheibenwelt läßt sich in verschiedene Kategorien einteilen. Die sogenannten einjährigen Pflanzen werden in diesem Jahr gesät und gedeihen später im gleichen Jahr. Die zweijährigen sät man jetzt, damit sie im nächsten Jahr heranwachsen. Hinzu kommen die multijährigen Spezies: Sie sät man in diesem Jahr, damit sie *irgendwann* keimen. Darüber hinaus gibt es die besondere Gattung der rückjährigen beziehungsweise reannuellen Pflanzen. Aufgrund einer besonderen vierdimensionalen Krümmung in ihren Genen sind sie imstande, jetzt gesät zu werden, um im *vergangenen* Jahr Früchte zu tragen. Die *Vulnuß* war in diesem Zusammenhang besonders außergewöhnlich, denn sie konnte bis zu acht Jahre vor ihrer Saat blühen. Wein aus *Vulnüssen* ermöglichte es gewissen Trinkern angeblich, in eine Zukunft zu sehen, die vom Standpunkt der Nuß aus betrachtet längst zur Vergangenheit gehörte. Seltsam, aber wahr.)

»Ständig geraten viele Dinge in den Umzaun«, erklärte der Troll gnomisch und ließ seinen Stuhl sanft schaukeln. »Meine Aufgabe ist es, das Treibgut zu bergen. Planken. Schiffe. Fässer mit Wein. Stoffballen. Und so weiter.«

Hinter Rincewinds Stirn strahlte das Licht des Verstehens.

»Der Umzaun ist kein Zaun, sondern ein Netz, stimmt's? Am Rand der Scheibenwelt spannt sich ein Netz.«

Der Troll nickte. Kleine Wellen rollten ihm über die Brust.

Rincewind blickte nach draußen in die fluoreszierende Dunkelheit und grinste breit.

»Natürlich!« entfuhr es ihm. Und: »Erstaunlich! Man treibt Pfähle in den Grund oder verankert sie an Riffen, und anschließend ... Meine Güte, das Netz muß *sehr* fest sein!«

»Das ist es auch«, betonte Tethis.

»Es könnte sich mehrere Meilen weit erstrecken, wenn man genug Felsen und — Dinge findet«, überlegte der Zauberer laut.

»Seine Länge beträgt zehntausend Meilen. Ich kontrolliere nur diesen kleinen Bereich.«

»Zehntausend Meilen? Ein Drittel des Umfangs der Scheibenwelt?«

Erneut nickte der Troll, und dabei erklang ein leises Plätschern. Während Rincewind und Zweiblum grünen Wein tranken, erzählte Tethis vom Umzaun und der Mühe, ihn zu bauen. Er berichtete vom uralten und weisen Königreich Krull, das den Umzaun vor einigen Jahrhunderten konstruiert hatte, von den sieben Flotten, die ständig an ihm entlangsegelten, um ihn in Ordnung zu halten und das Bergungsgut in die Heimat zu bringen. Krull... Ein Land, das von klugen Gelehrten regiert wurde, von Philosophen und Forschern, die nach Wissen strebten. Ständig versuchten sie, über alle sonderbaren Dinge des wundervoll komplexen Universums Aufschluß zu gewinnen, was sie natürlich nicht daran hinderte, aus dem Umzaun gerettete schiffbrüchige Seeleute zu versklaven und ihnen die Zunge herauszuschneiden.

An dieser Stelle beantwortete Tethis einige Zwischenfragen seiner beiden Zuhörer und wies dann darauf hin, wie sinnlos Fluchtversuche seien. Um eine der anderen dreihundertachtzig Inseln zwischen diesem Eiland und Krull zu erreichen, benötigte man ein Boot, und nur ein Selbstmörder wäre bereit gewesen, über den Rand zu springen. Außerdem ließ Tethis keinen Zweifel daran, daß erzwungenes Schweigen dem Tod in jedem Fall vorzuziehen sei.

Stille folgte diesen Ausführungen, und durch das von der Nacht gedämpfte Donnern des Randfalls bekam sie noch mehr Gewicht.

Dann knarrte wieder der Schaukelstuhl des Trolls. Während seines Monologs schien er noch mehr gewachsen zu sein.

»Natürlich ist das alles nicht persönlich gemeint«, fügte er hinzu. »Ich bin ebenfalls ein Sklave. Wenn ihr mich zu überwältigen versucht, muß ich euch leider töten, aber daran fände ich keinen Gefallen.«

Rincewind betrachtete die glänzenden Fäuste im Schoß des Trolls. Wahrscheinlich konnten sie mit der unbarmherzigen Wucht eines Tsunamis zuschlagen.

»Du verstehst nicht ganz«, sagte Zweiblum. »Ich bin Bürger des Goldenen Reiches. Krull möchte sich bestimmt nicht den Unwillen des Kaisers zuziehen.«

»Wie soll der Kaiser davon erfahren?« hielt ihm der Troll entgegen. »Glaubst du vielleicht, du bist der einzige Mann aus dem Reich, der in den Umzaun geriet?«

»Ich will kein Sklave sein!« rief Rincewind. »Eher... eher springe ich über den Rand!« Er war überrascht vom Klang seiner Stimme.

»Ach, tatsächlich?« erwiderte Tethis. Der Schaukelstuhl flog plötzlich zur Wand, und ein blauer Arm schlang sich um die Taille des Zauberers. Einige Sekunden später trug der Troll Rincewind nach draußen.

Er blieb erst am randwärtigen Ufer der Insel stehen. Rincewind zappelte.

»Hör auf damit, wenn du nicht über den Rand fallen willst«, gluckerte der Troll. »Ich halte dich fest, oder? Sieh dir das an!«

Rincewind hob vorsichtig die Lider.

Er sah eine samtschwarze Nacht, in der dunstumhüllte Sterne friedlich glänzten. Doch eine unwiderstehliche Faszination lockte seinen Blick nach unten.

Es war Mitternacht auf der Scheibenwelt, und das bedeutete: Die Sonne befand sich tief unten, glühte nun unter dem gewaltigen eisbedeckten Brustbein Groß-A'Tuins. Rincewind versuchte, sich auf die Stiefelspitzen zu konzentrieren, die einige Zentimeter weit über den Felssims hinausragten, doch dann streifte sein Blick die Fesseln der Panik ab.

Rechts und links strömten die Fluten des Runden Meers über den Rand und formten zwei glitzernde Vorhänge aus Wasser, die sich in der Tiefe vereinten. Hundert Meter weiter unten sah Rincewind den größten Lachs seines Lebens: Mit einem letzten hoffnungslosen Sprung bemühte sich der Fisch, nach oben zurückzukehren. Dann fiel er und drehte sich im goldenen Unterweltlicht um die eigene Achse.

Riesige Schatten wuchsen aus jenem Licht, wie Säulen, die das Dach des Universums trugen. Hunderte von Meilen unter der Scheibenwelt bemerkte der Zauberer einen Schatten, eine undeutliche Gestalt ...

Rincewind hatte manchmal die Wolken betrachtet und plötzlich seltsame Muster in ihnen erkannt. Jetzt erlebte er ein ähnliches Phänomen. Die Perspektive verschob sich plötzlich und gewann einen ganz neuen, erschreckenden Aspekt. Der Zauberer sah jetzt den Kopf eines Elefanten, so groß wie einen mittleren Kontinent. Ein mächtiger Stoßzahn ragte wie ein Berg durchs goldene Licht und projizierte einen breiten Schatten zu den Sternen. Der Schädel war ein wenig zur Seite geneigt, und ein immenses rubinfarbenes Auge wirkte wie ein roter Superriese, dem es gelang, auch mittags zu leuchten.

Unter dem Elefanten ...

Rincewind schluckte und trachtete danach, seine Vorstellungskraft im Zaum zu halten.

Unter dem Elefanten glänzte nur die ferne Sonne. Doch daneben zeichnete sich etwas ab, das trotz stadtgroßer Schuppen, pockennarbiger Krater und einer zerklüfteten mondartigen Landschaft der Paddelfuß einer Schildkröte sein mußte.

»Soll ich dich loslassen?« fragte der Troll.

»Gnarrgh«, erwiderte Rincewind und versuchte, sich in leerer Luft nach hinten zu ziehen.

»Seit fünf Jahren lebe ich hier *am Rand*, und bisher habe ich nicht den Mut gefunden, in die Tiefe zu springen«, donnerte Tethis. »Wenn ich dich richtig beurteile, hast du ebenfalls nicht genug Mumm dazu.« Er trat zurück und ließ Rincewind zu Boden sinken.

Zweiblum schlenderte zum Rand und spähte darüber hinweg.

»Phantastisch!« entfuhr es ihm. »Wenn ich doch nur meinen Bildkasten hätte ... Was gibt es sonst noch? Ich meine: Wenn man springt — was sieht man dann?«

Tethis setzte sich auf einen Felsvorsprung. Hoch über der Scheibenwelt kroch der Mond hinter einer Wolke hervor, und sein bleicher Glanz verlieh dem Troll die Tönung von Eis.

»Vielleicht befindet sich meine Heimat dort unten«, sagte er langsam. »Jenseits eurer albernen Elefanten und der lächerlichen Schildkröte. Eine wahre Welt. Manchmal komme ich hierher und halte Ausschau, aber aus irgendeinem Grund kann ich mich nicht zu jenem letzten und entscheidenden Schritt durchringen ... Eine wirkliche Welt, mit einem wirklichen Volk. Irgendwo dort unten habe ich Frau und Kinder ...« Tethis unterbrach sich und schniefte leise. »Man erfährt schon bald, aus welchem Stoff man gemacht ist — *hier am Rand.*«

»Bitte erinnere mich nicht dauernd daran«, stöhnte Rincewind. Er drehte sich zur Seite und sah Zweiblum, der unbekümmert an der Kante stand. »Gnah«, fügte er hinzu und versuchte sich in den Fels zu graben.

»Dort unten gibt es eine andere Welt?« vergewisserte sich Zweiblum, beugte sich vor und starrte in die Tiefe. »Wo?«

Der Troll winkte unsicher. »Irgendwo«, antwortete er. »Mehr weiß ich nicht. Es ist eine recht kleine Welt, zum größten Teil blau.«

»Und warum bist du hier?« erkundigte sich Zweiblum.

»Ist das nicht offensichtlich?« brummte Tethis. »Ich bin über den Rand gefallen!«

Er erzählte von seiner Heimat Bathys, irgendwo zwischen den Sternen. Auf der Scheibenwelt des Trolls hatte das Meeresvolk in drei großen Ozeanen blühende Zivilisationen geschaffen. Tethis war Fleischsammler gewesen, ein Angehöriger jener Kaste, die sich ihren Lebensunterhalt auf gefährliche Weise verdiente: Mit großen Landseglern wagten sich er und seine Gefährten weit auf die sturmumtosten Kontinente und jagten Schwärme aus Rotwild und Büffeln. Sein Segler geriet in einen Orkan, kam dadurch vom Kurs ab und wurde in unerforschte Regionen getrieben. Die übrigen Besatzungsmitglieder brachen mit dem kleinen Ruderwagen auf, um einen fernen See zu erreichen, doch Kapitän Tethis beschloß, bei seinem Schiff zu bleiben. Die Böen trieben es über den felsigen Rand der Welt und zerschmetterten es dabei zu Feuerholz.

»Zuerst fiel ich«, sagte Tethis. »Aber das Fallen ist gar nicht so schlimm, wißt ihr. Nur das Aufprallen tut weh, und unter mir erstreckte sich Leere. Während ich fiel, beobachtete ich, wie meine Heimatwelt über mir immer kleiner wurde und schließlich zwischen den Sternen verschwand.«

»Was geschah dann?« fragte Zweiblum aufgeregt und blickte ins dunstige Universum.

»Ich bin in der Kälte zu Eis erstarrt«, erwiderte Tethis schlicht. »Zum Glück kann mein Volk so etwas überleben. Gelegentlich taute ich in der Nähe von anderen Welten auf. Einmal sah ich eine, die von einem Ring aus hohen Bergen umschlossen wurde und sich als riesiger zusammengerollter Drache erwies, von Schnee und Gletschern bedeckt. Er hielt den eigenen Schwanz im Maul. Bis auf einige Dutzend Meilen kam ich heran, schoß wie ein Komet über die Landschaft und verschwand wieder. Als ich das nächste Mal erwachte, raste mir eure Welt wie eine vom Schöpfer geworfene Torte entgegen, und ich fiel ins Meer, nicht weit vom Umzaun entfernt. Wesen aller Art wurden von der Strömung zum Netz getrieben, und da man damals nach Sklaven für diese Überwachungsstationen suchte, kam ich schließlich hierher.« Der Troll legte eine kurze Pause ein und musterte Rincewind. »An jedem Abend stehe ich hier und sehe nach unten. Aber ich springe nie. Es ist schwer, mutig zu sein — *hier am Rand!*«

Der Zauberer kroch entschlossen auf die Hütte zu. Er stieß einen gedämpften Schrei aus, als ihn Tethis behutsam packte und auf die Beine stellte.

»Faszinierend«, murmelte Zweiblum und beugte sich noch weiter vor. »Dort draußen gibt es andere Welten?«

»Ziemlich viele, soweit ich weiß«, entgegnete der Troll.

»Man müßte doch etwas erfinden können«, sagte der Tourist nachdenklich. »Ich weiß nicht ... Ein *Ding,* in dem man vor der Kälte geschützt ist. Eine Art Schiff, das es den Reisenden erlaubt, über den Rand zu segeln und ferne Welten zu erreichen. Ich frage mich ...«

»Denk nicht einmal darüber nach!« ächzte Rincewind. »Sprich nicht mehr darüber, verstanden?«

»So reden alle in Krull«, sagte Tethis. »Zumindest jene Leute, die ihre Zungen behalten haben.«

※

»Bist du wach?«

Zweiblum schnarchte weiter. Rincewind stieß ihn nicht besonders sanft an.

»Ich habe gefragt, ob du wach bist«, zischte der Zauberer.

»Scrdfngh ...«

»Wir müssen hier weg, bevor die Bergungsflotte eintrifft!«

Das Spülwasser-Licht der Morgendämmerung rann durchs eine Fenster der Hütte, tropfte über verschiedene Kisten und Bündel. Zweiblum brummte leise und zog einige Felle und Decken, die Tethis ihnen gegeben hatte, bis zum Kinn hoch.

»Hier liegen überall Waffen und was weiß ich herum«, sagte Rincewind. »Der Troll ist irgendwo draußen. Wenn er zurückkehrt, überwältigen wir ihn und... und... Nun, dann fällt uns bestimmt etwas ein. Na, was hältst du davon?«

»Klingt nach keiner guten Idee«, erwiderte Zweiblum. »Außerdem ist so etwas wenig höflich, oder?«

»Und wenn schon!« knurrte Rincewind. »Wir leben in einem unhöflichen Universum.«

Er kramte zischen den Stapeln an der Wand und wählte einen Säbel mit welliger Klinge, vermutlich der einstige Stolz eines Piraten. Es schien eine Waffe zu sein, die sich auf Gewicht und Schärfe verließ, wenn es darum ging, Schaden anzurichten. Der Zauberer hob sie unbeholfen.

»Ich bezweifle, ob Tethis solche Dinge hierlassen würde, wenn sie eine Gefahr für ihn darstellen«, sagte Zweiblum.

Rincewind achtete nicht auf den Einwand und wartete neben der Tür. Als sie sich zehn Minuten später öffnete, holte er sofort aus und schlug in Kopfhöhe des Trolls zu. Die Klinge schnitt durch leere Luft und bohrte sich mit solcher Wucht in den Türpfosten, daß der Zauberer das Gleichgewicht verlor und fiel.

Über ihm seufzte jemand. Rincewind drehte sich um und sah Tethis, der traurig den Kopf schüttelte.

»Du hättest damit nichts gegen mich ausrichten können«, ließ sich der Troll vernehmen. »Aber ich fühle mich trotzdem verletzt. Sehr sogar.« Er streckte die Hand aus und zog den Säbel aus dem Holz. Ohne erkennbare Anstrengung bog er die Klinge zu einem Kreis und warf sie fort. Die runde Waffe rollte fort, erreichte kurz darauf das Ufer, prallte an einen Stein, sprang hoch und verschwand in den Dunstschleiern, die sich jetzt wieder über dem Randfall bildeten.

»Ja, du hast mich *sehr* verletzt«, betonte Tethis. Er griff neben die Tür und warf Zweiblum einen Sack zu.

»Der Rumpf eines bereits ausgeweideten Hirschs, ganz nach dem Geschmack von Menschen«, meinte er wie beiläufig. »Außerdem einige Hummer und ein Lachs.«

Er sah den Touristen an, richtete den Blick dann auf Rincewind.

»Was starrt ihr mich so an?«

»Es ist nur...«, begann Zweiblum.

»Im Vergleich zu gestern abend...«, fügte Rincewind hinzu.

»Bist du *klein*«, beendete der Tourist den Satz.

»Ich *verstehe*.« Der Troll holte tief Luft. »Jetzt werden wir *persönlich*, wie?« Er richtete sich zu seiner vollen Größe auf, die derzeit etwa hundertzwanzig Zentimeter betrug. »Zwar bestehe ich aus Wasser, aber auch Wasser ist zu Gefühlen fähig.«

»Tut mir leid«, erwiderte Zweiblum und kroch hastig unter den Fellen hervor.

»Ihr seid aus *Erde*«, fuhr Tethis fort. »Aber das ist schließlich nicht eure Schuld, und deshalb verzichte ich auf abfällige Bemerkungen. Man darf niemandem die Art seiner Existenz vorwerfen — so lautet meine Devise. Die Verantwortung trifft einzig und allein den Schöpfer. Was mich betrifft... Nun, euer Mond übt eine stärkere Kraft aus als der in meiner Heimat.«

»Der Mond?« Zweiblum wölbte verwirrt die Brauen. »Ich verstehe nicht...«

»Wenn du's genau wissen willst«, sagte der Troll mürrisch, »ich leide an chronischen Gezeiten.«

Eine Glocke läutete in der dunklen Hütte. Tethis trat über den knarrenden Boden und näherte sich einer kompliziert wirkenden Anordnung aus Hebeln, Strikken und anderen Dingen. Sie war am obersten Strang des Umzauns befestigt, an jenem langen Seil, das durchs Fenster reichte.

Die Glocke läutete erneut, und dann bimmelte sie einige Minuten lang in einem seltsamen Rhythmus. Der Troll stand dicht daneben und lauschte aufmerksam.

Als wieder Stille herrschte, drehte er sich langsam um und musterte die beiden Männer. Dünne Falten — oder kleine Wellentäler — entstanden in seiner wäßrigen Stirn.

»Ihr seid wichtiger, als ich dachte«, sagte er. »Ihr werdet nicht von der Bergungsflotte abgeholt, sondern von einem Flieger. So lautet die Nachricht aus Krull.« Er hob die Achseln. »Ich habe noch nicht einmal gemeldet, daß ihr hier seid. Offenbar hat wieder jemand *Vulnuß*-Wein getrunken.«

Er griff nach einem großen Hammer, der an einer Säule neben der Glocke hing, und klopfte damit eine kurze Antwort.

»Meine Botschaft wird jetzt von Zaunmann zu Zaunmann weitergeleitet, bis hin nach Krull«, erklärte er. »Wundervoll, nicht wahr?«

※

Das Objekt sauste übers Meer, knapp zwei Meter über den Wellen, aber trotzdem zog es einen brodelnden Schaumstreifen hinter sich her — hervorgerufen von jener Kraft, die es daran hinderte, ins Wasser zu fallen. Rincewind wußte sofort, um welche Energie es sich handelte. Er gab ohne weiteres zu, feige, unwissend und so unfähig zu sein, daß ihm sogar die Unfähigkeit schwerfiel, doch er war trotzdem ein Zauberer. Immerhin kannte er einen der Acht Großen Zaubersprüche, und wenn er starb, hatte er Anspruch darauf, daß ihn der Tod höchstpersönlich ins Jenseits geleitete, statt diese Pflicht weiterzugeben. Konzentrierte Magie offenbarte sich ihm auf den ersten Blick.

Die über den Ozean rasende Linse durchmaß etwa sechs Meter und war völlig durchsichtig. Auf ihr saßen viele in dunkle Umhänge gekleidete Männer, jeder mit dicken Lederriemen festgeschnallt. Sie alle starrten so gequält und voller Abscheu nach unten, daß sie aussahen wie häßliche Statuen.

Rincewind seufzte erleichtert. Es klang so seltsam, daß Zweiblum den Blick von der näher kommenden Linse abwandte und den Zauberer erstaunt musterte.

»Wir sind tatsächlich wichtig«, sagte Rincewind. »Man würde bestimmt nicht soviel Magie verschwenden, nur um zwei Sklaven abzuholen.« Er lächelte.

»Was ist das?« fragte Zweiblum.

»Nun, die Scheibe verdankt ihre Existenz vermutlich Fresnels Wundervollem Konzentrator«, antwortete Rincewind im Tonfall eines Fachmanns. »Dazu sind viele seltene und destabile Zutaten erforderlich, zum Beispiel Dämonenodem und so weiter. Mindestens acht Zauberer der vierten Stufe brauchen eine Woche, um der Linse mit ihrer thaumaturgischen Vorstellungskraft Gestalt zu geben. Und dann die Magier darauf... Sie alle müssen begabte Hydrophoben sein.«

»Soll das heißen, sie hassen Wasser?« warf Zweiblum ein.

»Nein, das würde nicht klappen«, widersprach Rincewind. »Haß ist eine anziehende Kraft, ebenso wie Liebe. Die Zauberer *verachten* Wasser; schon beim Gedanken daran wird ihnen übel. Ein guter Hydrophobe muß von Geburt an mit Hilfe von dehydriertem Wasser ausgebildet werden. Allein das kostet bereits ein Vermögen an Magie. Wie dem auch sei: Sie sind gute Wetterzauberer. Regenwolken geben einfach auf und ziehen weiter.«

»Klingt schrecklich«, kommentierte der Meerestroll hinter ihnen.

Rincewind überhörte Tethis' Bemerkung. »Und sie sterben jung. Weil sie ihren eigenen Körper zu sehr verabscheuen.«

»Manchmal glaube ich, daß man ein Leben lang über die Scheibenwelt reisen kann, ohne alle ihre Wunder zu sehen«, murmelte Zweiblum. »Und damit noch nicht genug: Wir wissen jetzt, daß es dort draußen viele andere Welten gibt. Wenn ich mir vorstelle, daß ich sterbe, ohne wenigstens ein Hundertstel von allem Sehenswerten bestaunt zu haben, dann fühle ich — Demut. Und natürlich auch Enttäuschung.«

Der Flieger hielt einige Meter vor dem mittwärtigen Ufer der Insel, und darunter bildete sich eine dichte Gischtwolke. Die Scheibe drehte sich langsam in der Luft. An der kurzen dicken Säule in ihrer Mitte stand jemand, der einen Kapuzenmantel trug und winkte.

»Ihr solltet euch besser beeilen«, riet der Troll. »Die Leute warten nicht gern. War nett, euch kennengelernt zu haben.« Er reichte Rincewind und Zweiblum eine feuchte Hand. Als er den beiden Männern einige Schritte weit ins Wasser folgte, wichen die beiden nächsten Hydrophoben auf der Scheibe voller Ekel zurück.

Die Gestalt mit dem Kapuzenmantel bückte sich und ließ eine Strickleiter herab. Gleichzeitig griff sie nach einem silbernen Stab, der ganz den Eindruck einer Waffe erweckte. Rincewinds Vermutung wurde zu Gewißheit, als der Unbekannte den Stab auf eine Stelle am Ufer richtete. Ein großer Felsbrocken verschwand und ließ nur grauen Dunst zurück.

»Damit ihr nicht glaubt, ich hätte Angst, dieses Ding zu benutzen«, erklärte Kapuze.

»Damit *wir* nicht glauben, *du* hättest Angst?« entgegnete Rincewind ungläubig. Der Fremde schnaubte abfällig.

»Wir wissen alles über dich, Rincewind. Du bist nicht nur ein Magier, sondern auch schlau und unerschrocken. Du lachst dem Tod ins Gesicht. Du täuschst mich nicht, indem du dich feige stellst.«

Rincewind konnte es kaum fassen. »Ich...«, stammelte er und erbleichte, als Kapuze mit dem tödlichen Silberstab auf ihn zielte. »Offenbar kennst du mich genau«, murmelte er nervös und nahm auf der schlüpfrigen Linse Platz. Der Kommandant gab einige Anweisungen, woraufhin Zauberer und Tourist sich an Ringen in der transparenten Scheibe festschnallten.

»Wenn du eine magische Formel sprichst, stirbst du auf der Stelle«, warnte die Dunkelheit unter der Kapuze. »Dritter Quadrant, *Versöhnung;* neunter Quadrant, *doppelter Abscheu. Volle Kraft voraus!*«

Hinter Rincewind rauschte Wasser empor, und die Scheibe setzte sich mit einem plötzlichen Ruck in Bewegung. Durch die gräßliche Anwesenheit des Trolls fiel es den Hydrophoben offenbar leichter, sich auf Verachtung zu konzentrieren: Die Linse stieg steil auf und begann erst mit dem horizontalen Flug, als sie eine Höhe von mehreren Dutzend Metern erreicht hatte. Der Zauberer blickte nach unten — und bedauerte das sofort.

»Nun, jetzt sind wir wieder unterwegs«, sagte Zweiblum fröhlich. Er drehte sich um und winkte Tethis zu, der kaum mehr war als ein kleiner Fleck am Rand der Welt.

Rincewind bedachte ihn mit einem finsteren Blick. »Bist du eigentlich *nie* besorgt?« fragte er

»Wir leben noch, oder?« antwortete der Tourist. »Und du hast selbst darauf hingewiesen, daß man sich nicht soviel Mühe machen würde, wenn es nur darum ginge, zwei Sklaven abzuholen. Tethis hat wahrscheinlich übertrieben. Ich bin sicher, es ist alles nur ein Mißverständnis. Bestimmt schickt man uns bald nach Hause. Das heißt, nachdem wir Krull gesehen haben. Was der Troll über jenes Land berichtete ... Es klang alles sehr verlockend.«

»O ja«, erwiderte Rincewind mit hohler Stimme. »Verlockend.« *Ich habe Aufregung und Langeweile gesehen,* dachte er. *Die Langeweile ist weitaus sicherer.*

Wenn Zweiblum oder der Zauberer aufmerksamer gewesen wären, so hätten sie jetzt eine seltsame V-förmige Welle gesehen, die sich im Wasser abzeichnete und genau auf Tethis' Insel zielte. Doch sie blickten nicht nach unten. Die vierundzwanzig Hydrophoben starrten zwar ins Meer, aber für sie gehörte die Welle zum allgemeinen Schrecken des Ozeans und war nicht besser oder schlechter als der Rest des flüssigen Entsetzens. Vielleicht hatten sie recht.

※

Bevor dies alles geschah, ging ein brennendes Piratenschiff mit lautem Zischen unter und begann die lange Reise zum Schlick am Meeresgrund. An dieser Stelle war der Ozean tiefer als sonst, denn unter dem Kiel befand sich der Gorunna-Graben — eine so finstere und unheilvolle Meeresschlucht, daß sich selbst Kraken nur in Begleitung eines mutigen Artgenossen dorthin wagten. In ebenso finsteren, aber weniger unheilvollen Schluchten benutzten die Fische natürliche Lichter auf den Köpfen und kamen eigentlich ganz gut zurecht, doch im Gorunna-Graben verzichteten sie darauf. Hier krochen sie — soweit Lebewesen ohne Beine überhaupt kriechen können. Darüber hinaus neigten sie dazu, gegen Dinge zu stoßen. Schreckliche Dinge.

Das grüne Wasser in der Nähe des Schiffes wurde purpurn, dann schwarz und schließlich so dunkel, daß Schwärze daneben grau erschien. Inzwischen waren die meisten Planken unter dem enormen Druck gesplittert.

Das Wrack trieb an Hainen alptraumhafter Polypen, an gespenstisch glühenden schwebenden Algenwäldern vorbei. *Dinge* strichen mit weichen kalten Tentakeln über den Rumpf, bevor sie durch die kalte Stille davonsausten.

Etwas kam aus der Dunkelheit, riß einen gewaltigen Rachen auf und verschlang das Schiff.

Einige Zeit später fanden die erstaunten Bewohner einer kleinen randwärtigen Insel in ihrer Lagune die Reste eines schrecklichen Ungeheuers, das nur aus Schnäbeln, Augen und Tentakeln bestand. Die Ausmaße des

Wesens boten Anlaß, noch überraschter zu sein, denn es war größer als das nahe Dorf. Hinzu kam ein Ausdruck des Entsetzens in der erstarrten Fratze des Monstrums, das den Eindruck erweckte, als sei es zu Tode getrampelt worden.

Etwas weiter randwärts von dem Atoll brachten zwei Fischerboote Netze aus, um die frei umherschwimmenden und ziemlich bissigen Austern zu fangen, von denen es in diesem Bereich des Meeres wimmelte. Sie erwischten etwas, das beide Boote mehrere Meilen weit zog, bevor der Kapitän vernünftigerweise entschied, die Stricke zu zerschneiden.

Noch weitaus verblüffter waren die Bewohner der letzten Insel des Archipels. Während der folgenden Nacht wurden sie von einem lauten Krachen in ihrem kleinen Dschungel geweckt. Einige besonders kühne Männer brachen auf, um nach dem Rechten zu sehen, und am Morgen fanden sie eine breite Schneise aus gesplitterten und entwurzelten Bäumen. Die Spur der Zerstörung begann am mittwärtigen Ufer des Atolls und führte von dort aus in einer geraden Linie randwärts. Auf dem Boden lagen nicht nur zerrissene Lianen und zermalmte Büsche, sondern auch einige sehr verwirrte und zornige Austern.

※

Sie befanden sich hoch genug, um die weite Wölbung des Rands zu sehen, der sich unten fortneigte. Rincewind war dankbar für die Wolken, die ihm den Blick auf den Wasserfall verwehrten. Aus dieser Höhe betrachtet, sah das blaue Meer fast einladend aus, aber den Zauberer schauderte trotzdem.

»Entschuldige bitte«, sagte er. Die Gestalt im Kapuzenmantel hatte die ganze Zeit über in die dunstige Ferne gestarrt. Jetzt drehte sie sich um und hob die silberne Waffe.

»Ich möchte dies hier nicht benutzen«, verkündete sie. »Wirklich nicht?« vergewisserte sich Rincewind.
»Was ist es überhaupt?« fragte Zweiblum.
»Ajandurahs Stab Völliger Negativität«, antwortete Rincewind. »Mir wäre es lieber, du würdest nicht ständig damit winken. Vielleicht geht das Ding los.« Er deutete auf die glühende Spitze. »Ich meine, es ist sehr schmeichelhaft, daß ihr soviel Magie für uns benutzt, aber ihr solltet es nicht übertreiben. Außerdem...«
»*Sei still!*« Die Gestalt schob die Kapuze zurück, und darunter kam das Gesicht einer Frau zum Vorschein. Rincewinds verwunderter Blick fiel auf schwarze Haut. Es war nicht das dunkle Braun von Urabewe oder das glänzende Blauschwarz aus dem von Monsunen heimgesuchten Klatsch, sondern das schwarze Schwarz der Mitternacht in einer tiefen Höhle. Augen und Brauen erinnerten den Zauberer an die Farbe des Mondscheins, und ein ähnliches blasses Schimmern zeigte sich an den Lippen. Die Frau — das Mädchen — schien etwa fünfzehn Jahre alt zu sein, und sie — es — wirkte sehr nervös.

Rincewind beobachtete, daß die Hand mit dem silbernen Stab zitterte. Sie konnte es sich leisten: Die Entfernung betrug nur etwa zwei Meter, und der Tod in Form *völliger Negativität* hätte den Zauberer kaum verfehlt. Doch das Zittern bot ihm einen Hinweis, die zum Fundament einer seltsamen Erkenntnis wurde: Jemand auf der Scheibenwelt fürchtete sich vor ihm. Das genaue Gegenteil war so häufig der Fall, daß Rincewind eine Art Naturgesetz darin gesehen hatte.

»Wie heißt du?« fragte er möglichst ruhig. Das Mädchen fürchtete sich, aber es besaß den Stab. *Mit einer solchen Waffe würde ich mich vor nichts fürchten*, dachte Rincewind. *Bei der Schöpfung: Warum hat es Angst vor mir?*

»Mein Name ist nebensächlich«, lautete die Antwort.
»Ein hübscher Name«, sagte Rincewind. »Wohin

bringt ihr uns? Und warum? Sicher setzt du dich keinen Gefahren aus, indem du Auskunft gibst.«

»Wir bringen euch nach Krull«, erwiderte das Mädchen. »Und verspotte mich nicht, Mittländer. Sonst bekommst du den Stab zu spüren. Du sollst das Ziel lebend erreichen, aber niemand hat mir befohlen, dich in einem Stück abzuliefern. Ich heiße Marchesa und bin Magierin der fünften Stufe. Verstehst du?«

»Nun, da du alles über mich weißt, dürfte dir auch klar sein, daß ich es nicht einmal bis zum Neophyten geschafft habe«, entgegnete Rincewind. »Eigentlich bin ich überhaupt kein richtiger Zauberer.« Als er Zweiblums überraschten Blick bemerkte, fügte er rasch hinzu. »Nur eine *Art* Zauberer.«

»Du kannst keine Magie beschwören, weil sich einer der Acht Großen Zaubersprüche in deinem Gedächtnis festgesetzt hat«, sagte Marchesa und verlagerte geschickt ihr Gewicht, als die große Linse in einem weiten Bogen übers Meer flog. »Deshalb hat man dich aus der Unsichtbaren Universität verstoßen. Wir wissen Bescheid.«

»Vorhin hast du ihn als schlauen und unerschrockenen Magier bezeichnet«, protestierte der Tourist.

»Ja«, bestätigte Marchesa, »wer das alles überlebt, was *er* überlebt hat — meistens gerät er nur deshalb in Schwierigkeiten, weil er sich für einen Zauberer hält —, muß zu einer gewissen Magie fähig sein. Ich warne dich, Rincewind. Wenn ich den Verdacht habe, daß du den Großen Zauberspruch intonierst, bringe ich dich auf der Stelle um.« Sie starrte ihn nervös an.

»Vielleicht solltest du uns einfach irgendwo, äh, absetzen«, schlug Rincewind vor. »Ich meine, danke dafür, daß ihr uns gerettet habt und so. Wenn du uns jetzt die Möglichkeit gibst, in die Freiheit zurückzukehren, so wären wir alle ...«

»Du hast hoffentlich nicht vor, uns zu versklaven«, warf Zweiblum ein.

Marchesa sah ihn schockiert an. »Natürlich nicht! Wie kommst du darauf? In Krull erwartet euch ein bequemes Leben in Wohlstand...«

»Gut«, kommentierte Rincewind.

»... wenn auch kein besonders langes.«

※

Krull erwies sich als große Insel mit hohen Bergen und weiten Wäldern. Hier und dort standen hübsche weiße Gebäude zwischen den Bäumen. Das Land stieg randwärts an, was bedeutete, daß der höchste Punkt von Krull über die Kante der Scheibenwelt hinausragte. Dort hatten die Krullianer ihre größte Stadt errichtet, die ebenfalls Krull hieß. Da das meiste Baumaterial in Form von Bergungsgut aus den Bereichen des Umzauns stammte, zeichneten sich die Häuser von Krull durch ein deutlich nautisches Erscheinungsbild aus.

Anders ausgedrückt: Ganze Schiffe waren kunstvoll miteinander verbunden und in Gebäude verwandelt worden. Trieren, Dauen und Karavellen wuchsen in seltsamen Winkeln aus dem allgemeinen hölzernen Chaos. Bunt bemalte Galionsfiguren und mittländische Drachenbuge erinnerten die Bürger von Krull daran, daß ihr Reichtum aus dem Meer kam. Schoner und Galeonen fügten den größeren Bauwerken ein eigentümliches maritimes Flair hinzu. Und so erhob sich die Stadt Etage um Etage zwischen dem blaugrünen Ozean der Scheibenwelt und dem faserigen Wolkenmeer des Rands. Die acht Farben des Randbogens spiegelten sich nicht nur an den Fenstern wider, sondern auch in den Linsen der vielen Teleskope, die den zahllosen Astronomen der Stadt gehörten.

»Sieht furchtbar aus«, brummte Rincewind niedergeschlagen.

Der Flieger schwebte nun über den schaumigen Anfang des Wasserfalls. Die Insel wurde zum Rand hin nicht nur höher, sondern auch schmaler, so daß die durchsichtige Scheibe bis in unmittelbarer Nähe der Stadt über dem Wasser bleiben konnte. Vom Geländer an der randwärtigen Klippe gingen Rampen aus, die ins Nichts reichten. Die Scheibe glitt auf eine zu und legte an, wie ein Boot an einer Mole. Vier Wächter warteten dort; wie Marchesa hatten sie Mondscheinhaar und nachtschwarze Haut. Sie schienen nicht bewaffnet zu sein, aber als Zweiblum und Rincewind auf den Steg traten, griffen sie sofort nach ihren Armen und hielten die beiden Männer so fest, daß jeder Fluchtversuch aussichtslos erschien.

Die Wächter führten ihre Gefangenen über eine Straße, die sich zwischen den Schiffshäusern dahinwand — Marchesa und die magischen Hydrophoben blieben hinter ihnen zurück. Kurze Zeit später neigte sich der Weg nach unten und endete an einem Palast, der halb aus dem Gestein der Klippe gemeißelt war. Rincewind sah hellerleuchtete Tunnel und offene Höfe. Einige ältere Männer, die Umhänge mit geheimnisvollen okkulten Symbolen trugen, wichen beiseite und blickten den vier Wächtern und ihren beiden Begleitern neugierig hinterher. Mehrmals bemerkte Rincewind Hydrophoben — in ihren Gesichtern kam deutlich der Abscheu den eigenen Körperflüssigkeiten gegenüber zum Ausdruck —, und gelegentlich begegneten sie schlurfenden Männern, bei denen es sich vermutlich um Sklaven handelte. Der Zauberer bekam kaum Gelegenheit, um über seine Beobachtungen nachzudenken. Schon nach kurzer Zeit öffnete sich eine Tür vor ihnen und sanft, aber fest schob man die beiden Gefangenen in ein Zimmer. Hinter ihnen schloß sich der Zugang wieder.

Rincewind und Zweiblum taumelten kurz, blieben stehen und sahen sich in dem Raum um.

Zweiblum suchte einige Sekunden lang nach einem passenden Wort und beschränkte sich dann auf ein erstauntes »Potzblitz!«

»Dies soll eine Kerkerzelle sein?« dachte Rincewind laut.

»Soviel Gold und Seide und so«, hauchte Zweiblum. »Derartigen Luxus habe ich hier nicht erwartet!«

In der Mitte des üppig geschmückten Zimmers — auf einem so dicken und flauschigen Teppich, daß Rincewind zunächst glaubte, über den Rücken eines zottigen Tiers zu gehen — stand ein langer glänzender Tisch mit Speisen. Es waren überwiegend Fischgerichte, darunter der größte und prächtigste Hummer, den Rincewind je gesehen hatte. Hinzu kamen Schüsseln und Teller mit überaus seltsamen kulinarischen Kreationen. Er streckte die Hand aus und griff vorsichtig nach einer purpurnen Frucht mit einer Kruste aus grünen Kristallen.

»Kandierter Seeigel«, erklang eine krächzende fröhliche Stimme hinter ihm. »Eine wahre Delikatesse.«

Rincewind ließ den angeblichen Leckerbissen fallen und drehte sich um. Ein alter Mann stand nun neben den langen Vorhängen. Er war groß und hager, und im Vergleich zu den anderen Gesichtern, die der Zauberer unterwegs betrachtet hatte, wirkte er fast freundlich und gutmütig.

»Das Püree aus Seegurken ist ebenfalls köstlich«, sagte der Fremde im Plauderton. »Die kleinen grünen Brokken dort sind junge Seesterne.«

»Danke für den Hinweis«, brachte Rincewind hervor.

»Schmecken wirklich ausgezeichnet«, meinte Zweiblum mit vollem Mund. »Magst du keine Meeresfrüchte?«

»Kommt darauf an«, erwiderte Rincewind. »Was ist mit diesem Wein? Besteht er aus zerdrückten Tintenfischaugen?«

»Aus Seetrauben«, erklärte der Alte.

»Großartig.« Rincewind trank einen Schluck. »Gar nicht übel. Nur ein bißchen salzig.«

»Seetrauben sind kleine Quallen«, erklärte der Fremde. »Ich glaube, ich sollte mich jetzt vorstellen. Warum haben sich die Wangen deines Freunds verfärbt?«

»Kulturschock, nehme ich an«, sagte Zweiblum.
»Welchen Namen hast du genannt?«
»Noch gar keinen. Ich bin Garhartra, der Gästemeister. Meine Aufgabe besteht darin, euren hiesigen Aufenthalt so angenehm wie möglich zu gestalten.« Er verbeugte sich. »Eure Wünsche sind mir Befehl.«
Zweiblum nahm auf einem verzierten Perlmutt-Stuhl Platz, in der einen Hand ein Glas mit öligem Wein, in der anderen einen kandierten Tintenfisch. Er runzelte die Stirn.
»Offenbar habe ich irgend etwas nicht richtig verstanden«, murmelte er. »Zuerst hieß es, wir sollten versklavt werden ...«
»Das ist nicht nur eine Lüge, sondern auch die Unwahrheit!« empörte sich Garhartra.
»Frei erfunden?« hoffte Zweiblum.
»Um nicht zu sagen: falsch erdichtet.«
Rincewind setzte sich unterdessen ans andere Ende des Tisches. »Sind diese Kekse aus etwas wirklich Ekligem?« fragte er.
»... und dann rettete man uns unter hohen magischen Kosten ...«
»Aus gepreßten Algen gebacken«, erläuterte der Gästemeister.
»... und dann werden wir bedroht, ebenfalls mit beträchtlichem magischen Aufwand ...«
»Ja, Algen, dachte ich mir schon.« Rincewind nickte. »Bestimmt schmecken sie so, wie Algen schmecken würden, wenn jemand masochistisch genug wäre, sie zu probieren.«
»... und dann haben uns Wächter durch die Stadt geführt und in diesen Raum geworfen ...«
»Sanft geschoben«, berichtigte Garhartra.
»... der sich unmittelbar darauf als bemerkenswert luxuriös eingerichtetes Zimmer erwies«, fuhr Zweiblum fort. »Hier finden wir erlesene Speisen und begegnen einem Mann, der sich ganz der Aufgabe widmen will,

alle unsere Wünsche zu erfüllen. Was mich an der ganzen Sache wundert, ist ein auffallender Mangel an konsequenter Logik.«

»In der Tat«, brummte Rincewind. »Er meint folgendes: Dürfen wir bald wieder allgemeine Unfreundlichkeit von euch erwarten? Ist dies nur die Mittagspause?«

Garhartra gestikulierte beschwichtigend.

»Bitte, bitte«, entgegnete er. »Es war nur wichtig, euch so schnell wie möglich an diesen Ort zu bringen. Es liegt uns fern, euch zu versklaven. In dieser Hinsicht habt ihr überhaupt nichts zu befürchten.«

»Gut«, sagte Rincewind zufrieden.

»Man wird euch nur opfern«, fügte Garhartra gelassen hinzu.

»*Opfern?*« entfuhr es dem Zauberer. »Ihr wollt uns töten?«

»Töten? Ja, natürlich. Gewiß! Ohne euren Tod könnte von einer richtigen Opferung wohl kaum die Rede sein, oder? Aber seid unbesorgt. Der Vorgang wird vergleichsweise schmerzlos sein.«

»Vergleichsweise?« wiederholte Rincewind. »Im Vergleich womit?« Er griff nach einer großen grünen Flasche mit Quallenwein und warf sie nach dem Gästemeister, der die Hand hob, um sich zu schützen.

Eine oktarine Flamme knisterte von Garhartras Fingern, und die Luft gewann plötzlich jene dichte schmierige Qualität, die auf eine starke magische Entladung hindeutete. Die Flasche wurde langsamer, verharrte etwa zwei Meter über dem Boden und drehte sich träge um die eigene Achse.

Gleichzeitig fühlte sich Rincewind von einer unsichtbaren Kraft gepackt, die ihn durch das Zimmer schleuderte und in halber Höhe an die gegenüberliegende Wand preßte. Dort hing er verblüfft, starrte zornig nach unten und schnaufte leise.

Garhartra ließ die Hand sinken und wischte sie wie beiläufig am Umhang ab.

»Weißt du, so etwas gefällt mir eigentlich nicht«, sagte er.

»Das habe ich sofort gemerkt«, knurrte Rincewind.

»Aber warum wollt ihr uns opfern?« fragte Zweiblum. »Ihr kennt uns doch kaum!«

»Genau darum geht's. Es gehört sich schließlich nicht, Freunde zu opfern, oder? Außerdem seid ihr dazu, äh, *bestimmt* worden. Ich weiß nicht viel über den betreffenden Gott, aber Er drückte sich ziemlich klar aus. So, jetzt muß ich mich sputen. Es gibt noch viel zu organisieren, das versteht ihr sicher.« Der Gästemeister öffnete die Tür und sah noch einmal zurück. »Bitte genießt euren hiesigen Aufenthalt und macht euch keine Sorgen.«

»Aber du hast uns überhaupt nichts *erklärt!*« jammerte Zweiblum.

»Es ist nicht die Mühe wert«, sagte Garhartra. »Immerhin werdet ihr schon morgen früh geopfert. Warum wollt ihr Bescheid wissen, wenn euch nur noch eine Nacht bleibt, um — vergleichsweise — ruhig zu schlafen?«

Er schloß die Tür. Ein kurzes oktarines Flackern wies auf eine magische Verriegelung hin, gegen die selbst der beste Schlosser nichts unternehmen konnte.

Die Glocken am Umzaun läuteten in der vom Mondschein erhellten Nacht am donnernden Randfall.

Terton, Zaunmann und für den fünfundvierzigsten Abschnitt zuständig, hatte ein so lautes Bimmeln zum letztenmal gehört, als ein Riesenkrake vor fünf Jahren an den Umzaun getrieben worden war. Er sah aus der Tür seiner Hütte — in Ermangelung einer geeigneten Insel stand sie auf Pfählen, die bis in den Meeresgrund hinabreichten — und starrte in die Dunkelheit. Mehrmals glaubte er, in der Ferne eine Bewegung zu erkennen. Eigentlich sollte er jetzt mit dem Ruderboot aufbrechen, um die Ursache für das hektische Läuten festzustellen, aber angesichts der feuchten Finsternis hielt er das für keine gute Idee. Terton schloß die Tür, wickelte Sackleinen um die außer Rand und Band geratenen Glocken und kroch wieder unter die Bettdecke.

Leider fand er keine Ruhe. Der oberste Strang des Umzauns summte nun, als zappele etwas Großes und Schweres daran. Einige Minuten lang blickte Terton an die Decke und versuchte, nicht an lange Tentakel und teichgroße Augen zu denken. Dann blies er die Öllampe aus und öffnete die Tür einen Spaltbreit.

Etwas sprang mit weiten Sätzen am Umzaun entlang und näherte sich. Das Ding ragte vor ihm auf, und für einige wenige Sekunden sah er ein rechteckiges, vielbeiniges und mit Algenfladen bedecktes Wesen: Zwar fehlte ihm ein Gesicht, aber der Zaunmann zweifelte nicht daran, daß dieses Geschöpf ausgesprochen wütend war.

Die Hütte brach auseinander, als das Ungeheuer hindurchraste, und Terton überlebte nur, weil er sich am Umzaun festhielt. Nach einigen Wochen nahm ihn eine heimkehrende Bergungsflotte auf. Später verließ er Krull mit einer gestohlenen Linse (er hatte ein erstaunliches hydrophobisches Talent entwickelt), erlebte einige Abenteuer, auf die hier nicht näher eingegangen werden soll, und gelangte schließlich zum Großen Nef. Jene Region der Scheibenwelt ist so trocken, daß es dort negativen Regen gibt, aber Terton hielt ihn trotzdem für unangenehm naß.

※

»Hast du es mit der Tür versucht?«

»Ja«, sagte Zweiblum. »Und sie ist genauso fest verschlossen wie vorher. Vielleicht können wir durchs Fenster fliehen.«

»Tolle Idee«, brummte Rincewind, der noch immer hoch oben an der Wand hockte. »Es führt direkt zum Rand. Wer dort hinausklettert, fällt durchs All, erstarrt zu Eis, prallt mit unglaublich hoher Geschwindigkeit auf irgendeine andere Welt oder stürzt direkt ins brennende Herz einer Sonne. Sehr verlockende Aussichten.«

»Es wäre einen Versuch wert«, meinte Zweiblum. »Möchtest du einen Algenkeks?«

»Nein!«

»Wann kommst du herunter?«

Rincewind stöhnte, zum Teil aus Verlegenheit. Garhartra hatte einen selten benutzten und schwer zu lernenden Zauber verwendet, der in Fachkreisen als Atavarrs Persönlicher Gravitationsumkehrer bekannt war. Woraus sich folgende praktische Konsequenzen ergaben: Solange die magische Wirkung nicht nachließ, glaubte Rincewinds Körper, daß sich ›unten‹ um neunzig Grad von der Richtung verschoben hatte, die von den meisten Bewohnern der Scheibenwelt für das Gegenteil von ›oben‹ gehalten wurde. Mit anderen Worten: Er stand an der Wand.

Unterdessen hing die geworfene Flasche noch immer in der Luft und weigerte sich hartnäckig, zu Boden zu fallen. In ihrem Fall war die Zeit — nun, nicht direkt stehengeblieben, aber sie hatte sich um einige Größenordnungen verlangsamt. Aus Rincewinds und Zweiblums subjektiver Perspektive flog sie schon seit einigen Stunden, ohne dabei mehr als einige wenige Zentimeter zurückzulegen. Das Glas glänzte im Mondschein. Der Zauberer seufzte und versuchte, es sich an der Wand bequem zu machen.

»Warum bist du nie *besorgt?*« erkundigte er sich trotzig. »Morgen früh sollen wir irgendeinem Gott geopfert werden, und du sitzt dort herum und ißt Entenmuscheln.«

»Bestimmt kommt alles in Ordnung«, sagte Zweiblum.

»Ich meine, man hat uns nicht einmal mitgeteilt, *warum* wir sterben sollen«, fuhr der Zauberer fort.
Du möchtest gern Bescheid wissen, wie?
»Hast du das gesagt?« wandte sich Rincewind an Zweiblum.
»Was denn?«
Du hörst Stimmen, flüsterte die Stimme hinter Rincewinds Stirn.
Ruckartig drehte er sich um. »Wer bist du?« fragte er scharf.
Der Tourist musterte ihn verwirrt. »Ich bin Zweiblum. Erinnerst du dich?«
Rincewind preßte sich die Hände an die Schläfen.
»Jetzt ist es soweit«, ächzte er. »Ich verliere den Verstand.«
Gut, hauchte die Stimme im Kopf des Zauberers. *Dann gibt's hier drinnen hoffentlich mehr Platz.*
Jene Magie, die Rincewind an der Wand festhielt, verflüchtigte sich mit einem leisen *Plopp.* Er stürzte und fiel auf den Teppich.
Vorsichtig — du hättest mich fast zerquetscht.
Rincewind stemmte sich auf den Ellbogen hoch und griff in eine Tasche seines Umhangs. Als er die Hand daraus hervorzog, hockte der grüne Frosch darauf, dessen Augen im Halbdunkel seltsam glühten.
»Du?« entfuhr es dem Zauberer.
Setz mich auf den Boden und tritt zurück. Der Frosch blinzelte.
Rincewind kam der Aufforderung nach und schob den verwunderten Zweiblum aus dem Weg.
Es wurde noch dunkler im Zimmer. Etwas zischte, fauchte und donnerte. Eine grüne, purpurne und oktarine Wolke entstand aus dem Nichts, rotierte und näherte sich der reglosen Amphibie. Kleine Blitze zuckten daraus herab. Bald darauf verschwand der Frosch in goldenem Dunst, der sich nach oben hin erweiterte und das ganze Zimmer mit einem warmen gelben Licht füllte. In

dem Nebel zeichnete sich eine dunkle undeutliche Gestalt ab; ihre Umrisse zitterten und wogten. Die ganze Zeit über erklang das hirnzerreißende schrille Heulen eines magischen Kraftfelds.

Von einem Augenblick zum anderen verschwand der thaumaturgische Tornado. Dort, wo eben noch ein Frosch gesessen hatte, saß nun ein Frosch.

»Phantastisch«, murmelte Rincewind.

Der Frosch warf ihm einen vorwurfsvollen Blick zu.

»Wirklich bemerkenswert«, kommentierte Rincewind. »Ein Frosch, der sich auf magische Weise in einen Frosch verwandelt. Verblüffend.«

»Dreh dich um«, sagte jemand hinter ihm. Es war die sanfte, fast einladende Stimme einer Frau — eine Stimme, mit der man das eine oder andere Glas Wein hätte trinken können. Aber sie erklang an einer Stelle, wo es eigentlich gar keine Stimme geben durfte. Rincewind und Zweiblum wandten sich um, ohne die Beine zu bewegen; sie wirkten wie Statuen, die sich auf einem Sockel drehten.

Eine Frau stand im ersten matten Glühen der Morgendämmerung. Sie sah aus wie... Sie war... Sie hatte... Um ganz genau zu sein, sie...

Später wichen Rincewinds und Zweiblums Beschreibungen der Frau stark voneinander ab. Nur in einem Punkt waren sie sich einig: Die Fremde verdiente es, als schön bezeichnet zu werden — obwohl die beiden Männer nicht wußten, welche körperlichen Merkmale den Eindruck von Schönheit hervorriefen. Hinzu kamen grüne Augen. Es handelte sich nicht um das blasse Grün normaler Augen, sondern um das kostbare satte Grün von geschliffenen Smaragden, und außerdem ging ein libellenartiges Schillern davon aus. Einige der wenigen magischen Tatsachen, die Rincewind kannte, bestand darin, daß Götter weder die Farbe noch die Beschaffenheit der Augen verändern konnten, so geschickt sie in anderen Dingen auch sein mochten...

»L...«, begann der Zauberer. Sie hob die Hand.

»Wenn du meinen Namen aussprichst, muß ich euch verlassen«, sagte sie sanft. »Du weißt sicher, daß ich die einzige Göttin bin, die nur kommt, wenn man sie nicht ruft.«

»Äh, ja«, krächzte Rincewind und versuchte, ihr nicht in die Augen zu sehen. »Davon habe ich gehört. Glaube ich jedenfalls. Man nennt dich Lady, nicht wahr?«

»Ja.«

»Du bist also eine Göttin?« fragte Zweiblum aufgeregt. »Ich wollte immer mal einer begegnen.«

Rincewind versteifte sich unwillkürlich und wartete auf eine Explosion aus göttlichem Zorn. Statt dessen lächelte die Lady nur.

»Der Zauberer sollte uns einander vorstellen«, sagte sie.

Rincewind hüstelte. »Äh, nun... Das ist Zweiblum, Lady, ein Tourist...«

»Ich war ihm bei einigen Gelegenheiten behilflich...«

»Zweiblum, das ist die Lady. Einfach nur die Lady, verstehst du? Sonst nichts. Gib ihr bloß keinen anderen Namen, kapiert?« fügte er verzweifelt hinzu und warf dem kleinen Mann bedeutungsvolle Blicke zu, die völlig mißachtet wurden.

Rincewind schauderte. Er war natürlich kein Atheist — auf der Scheibenwelt mußten Atheisten damit rechnen, von den Göttern hart bestraft zu werden. Wenn er einmal etwas Geld übrig hatte — was nur selten geschah —, ließ er in irgendeinem Tempel einige Münzen in den Klingelbeutel fallen, nach dem Motto, daß ein Mann alle Freunde brauchte, die er bekommen konnte. Ansonsten kümmerte er sich kaum um Götter und hoffte, daß sie ihn ebenfalls in Ruhe ließen. Das Leben war schon so kompliziert genug.

Es gab allerdings zwei Götter, die echtes Entsetzen in ihm weckten. Die meisten Götter verhielten sich wie Menschen, tranken gern Wein, führten Krieg und liebten Gesellschaft im Bett. Aber mit dem Verhängnis und der Lady war nicht zu spaßen.

Im Götterviertel von Ankh-Morpork hatte Verhängnis einen kleinen und schweren Tempel aus Blei, in dem sich hohlwangige Gläubige in dunklen Nächten trafen, um mehr oder weniger sinnlose Zeremonien durchzuführen. Die Lady galt zwar als mächtigste Göttin in der ganzen Geschichte der Schöpfung, aber es existierte kein einziger Tempel, in dem man Sie verehrte. Einige tollkühne Mitglieder der Spielergilde hatten einmal im tiefsten Keller des Gildenhauses mit einer Form der Verehrung experimentiert: Innerhalb einer Woche starben sie alle durch Armut oder Mord — oder wurden von Tod geholt. Sie war die Göttin-der-man-keinen-Namen-geben-darf. Wer nach Ihr suchte, fand Sie nie, aber häufig kam Sie jenen zu Hilfe, die in große Not gerieten. Oder auch nicht. Man wußte nie, wie Sie sich verhalten würde. Sie mochte keine Rosenkränze, fand dafür großen Gefallen an Würfeln. Kein Mann wußte, wie Sie aussah. Aber wenn jemand beim Spiel sein Leben setzte und dann nach den Karten griff, blickte er Ihr manchmal direkt ins Gesicht. Manchmal, nicht immer. Kein anderer Gott wurde gleichzeitig so sehr umworben und verflucht.

»In meiner Heimat gibt es keine Götter«, sagte Zweiblum.

»Da irrst du dich«, erwiderte die Lady. »Überall gibt es Götter. Aber manchmal tarnen sie sich und erscheinen in ungewohnter Gestalt.«

Rincewind schüttelte sich geistig.

»Nun, ich möchte nicht drängen, aber in einigen Minuten kommen Leute, um uns abzuholen und zu opfern.«

»Ja«, bestätigte die Lady.

»Kennst du vielleicht den Grund dafür?« erkundigte sich Zweiblum.

Die Lady nickte. »Die Krullianer wollen ein Schiff aus

Bronze über den Rand der Scheibenwelt fallen lassen, um das Geschlecht der Weltschildkröte Groß-A'Tuin in Erfahrung zu bringen.«

»Welch ein Unsinn«, brummte Rincewind.

»Nicht unbedingt. Denk mal darüber nach. Eines Tages begegnet Groß-A'Tuin vielleicht einem anderen Exemplar der Gattung *chelys galactica*, irgendwo in der ewigen Nacht dort draußen. Was passiert dann? Kampf? Paarung? Ein wenig Phantasie genügt, um zu dem Schluß zu gelangen, daß das Geschlecht von Groß-A'Tuin sehr wichtig für uns sein könnte. Das behaupten jedenfalls die Krullianer.«

Rincewind stellte sich Weltenschildkröten bei der Paarung vor und schauderte heftig.

»Nun«, fuhr die Göttin fort, »es soll also ein Raumschiff gestartet werden, mit zwei Passagieren an Bord — der Höhepunkt vieler Forschungsjahrzehnte. Natürlich drohen den Reisenden nicht unbeträchtliche Gefahren. Um das Risiko zu reduzieren, hat der Erzastronom von Krull mit Verhängnis vereinbart, beim Start zwei Männer zu opfern. Als Gegenleistung stellte Verhängnis Sein Wohlwollen dem Schiff gegenüber in Aussicht. Eine gute Übereinkunft, nicht wahr?«

»Und wir sind die Opfer«, sagte Rincewind.

»Ja.«

»Ich dachte immer, Verhängnis lasse sich nicht auf einen solchen Handel ein«, brummte Rincewind. »Ich bin immer davon überzeugt gewesen, Verhängnis sei unbestechlich.«

»Normalerweise ist das auch der Fall. Aber ihr beide seid Ihm schon seit einer ganzen Weile ein Dorn im Auge. Er hat ausdrücklich euch als Opfer verlangt. Er hat euch erlaubt, den Piraten zu entkommen. Er hat euch die Möglichkeit gegeben, in den Umzaun zu treiben. Manchmal ist Verhängnis ziemlich gemein.«

Kurze Stille folgte. Der Frosch seufzte und hüpfte unter den Tisch.

»Aber du kannst uns helfen?« fragte Zweiblum.

»Ihr amüsiert mich«, erwiderte die Lady. »Gelegentlich bin ich recht sentimental. Das wissen Spieler und Leute, die das Risiko lieben. Nun, eine Zeitlang ließ ich mich in der Seele eines Frosches nieder, und ihr habt mich freundlicherweise gerettet — niemand sieht tatenlos zu, wie ein hilfloses armes Wesen in den sicheren Tod schwimmt.«

»Danke«, sagte Rincewind.

»Verhängnis ist mit der ganzen Kraft seines Willens gegen euch«, betonte die Lady. »Aber ich kann euch eine Chance geben. Eine kleine, winzige Chance. Der Rest liegt bei euch.«

Sie verschwand.

»Donnerwetter!« platzte es nach einer Weile aus Zweiblum heraus. »Ich habe noch nie zuvor eine Göttin gesehen.«

Die Tür schwang auf. Garhartra kam herein und hob einen silbernen Stab. Ihm folgten zwei Wächter, die konventioneller bewaffnet waren, mit Schwertern.

»Ah.« Der Gästemeister lächelte freundlich. »Wie ich sehe, seid ihr soweit.«

Jetzt, flüsterte erneut die Stimme in Rincewinds Kopf.

Seit inzwischen acht Stunden hing die Flasche in der Luft, die der Zauberer am vergangenen Abend nach Garhartra geworfen hatte: Magie zwang sie in ein individuelles Zeitfeld. Aber während der Nacht war das ursprüngliche magische Mana der Thaumaturgie fortgetropft, und jetzt genügte die magische Energie nicht mehr, um dem starken Normalitätsfeld des Universums standzuhalten. Innerhalb von wenigen Mikrosekunden kehrte die Realität zurück. Als sichtbares Ergebnis davon beendete die Flasche den Rest ihrer Flugbahn, prallte an den Kopf des Gästemeisters und überschüttete die Wächter mit Splittern und Quallenwein.

Rincewind griff nach Zweiblums Arm, trat dem nächsten Wächter zwischen die Beine und zerrte den überraschten Touristen durch die Tür. Bevor der bewußtlose Garhartra zu Boden sank, eilten die beiden Opfergäste bereits über ferne Fliesen.

Rincewind rutschte um eine Ecke und fand sich auf einem Balkon wieder, der an den vier Seiten eines Hofes entlangreichte. Unten beanspruchte ein Zierteich den größten Teil des Platzes, und dort schwammen einige Sumpfschildkröten zwischen den Seerosen.

Vor Rincewind standen zwei verblüffte Zauberer, gekleidet in die dunkelblauen und schwarzen Umhänge ausgebildeter Hydrophoben. Einer von ihnen faßte sich schnell wieder, hob die Hand und formulierte die ersten Worte eines Zauberspruchs.

Neben Rincewind ertönte ein kurzes scharfes Geräusch — Zweiblum spuckte. Der erste Hydrophobe schrie und ließ so plötzlich die Hand sinken, als hätte ihn etwas gestochen.

Dem anderen blieb gar keine Zeit, um zu reagieren. Rincewind sprang auf ihn zu und holte wild mit den Fäusten aus. Ein wuchtiger Schlag, hinter dem das Gewicht des Entsetzens lag, schlickte den Krullianer übers Geländer. Als er in den Teich fiel, geschah etwas Seltsames: Das Wasser wich fort, wie von einem großen Ballon beiseite gedrängt, und der kreischende Hydrophobe schwebte in einer Blase aus Abscheu.

Zweiblum beobachtete ihn erstaunt — bis Rincewind den Touristen an der Schulter packte und zu einem Korridor deutete. Sie stürmten weiter, während hinter ihnen der erste Hydrophobe auf dem Boden lag und die feuchte Hand so weit wie möglich von sich streckte.

Eine Zeitlang hörten sie die Stimmen einiger Verfolger, aber als sie die Flucht durch einen Nebengang fortsetzten und einen weiteren Hof überquerten, vernahmen sie schließlich nur noch das Geräusch der eigenen Schritte. Nach einer Weile öffnete Rincewind eine sicher wirkende Tür, spähte in das Zimmer dahinter und stellte fest, daß sich niemand darin aufhielt. Hastig schob er

Zweiblum in die Kammer, schloß die Tür wieder, lehnte sich dagegen und keuchte hingebungsvoll.

»Wir haben uns in einem Palast verirrt und sind auf einer Insel, die wir nicht verlassen können«, schnaufte er.

»Und das ist noch nicht alles«, fügte er hinzu. »Wir...« Der Zauberer unterbrach sich plötzlich, als seine verwirrten Sehnerven erste Bilder vom Inhalt der Kammer übermittelten.

Zweiblum starrte zu den Wänden.

Es war ein seltsames Zimmer, denn es enthielt das ganze Universum.

※

Tod saß in seinem Garten und strich mit einem Wetzstein über die Sense. Die Klinge war bereits so scharf, daß jede vorbeikommende Brise sofort in zwei ziemlich verblüffte Zephire zerschnitten wurde. Allerdings geschah es nur sehr selten, daß in Tods stillem Garten Wind wehte. Er erstreckte sich auf einem geschützten Plateau über den komplexen Dimensionen der Scheibenwelt, und jenseits davon ragten die kalten, stillen, dunklen und enorm hohen Berge der Ewigkeit auf.

Sssst, machte der Wetzstein. Tod summte die Melodie eines Klagelieds und klopfte den Takt mit einem knochigen Fuß auf kalte Steinplatten.

Jemand näherte sich durch den düsteren Obstgarten, wo die Nachtäpfel wuchsen, und Tod nahm den süßlichen Duft zertretener Lilien wahr. Er sah verärgert auf und blickte in Augen, die so schwarz waren wie das Innere einer Katze. Außerdem leuchteten Sterne darin, die nichts mit den vertrauten Konstellationen des realen Universums gemeinsam hatten.

Tod und Verhängnis musterten sich gegenseitig. Tod grinste — eigentlich blieb ihm gar nichts anderes übrig, denn er bestand aus bleichen Knochen. Der Wetzstein sang rhythmisch über die Klinge, als er seine Arbeit fortsetzte.

»Ich habe eine Aufgabe für dich«, sagte Verhängnis. Die Worte glitten zur Sense und zerfielen in zwei Bänder aus Konsonanten und Vokalen.

HEUTE GIBT ES SCHON GENUG ARBEIT FÜR MICH, erwiderte Tod mit einer Stimme so schwer wie Neutronium. DIE SCHWINDSUCHT BREITET SICH IN PSEUDOPOLIS AUS, UND ICH WERDE DORT ERWARTET, UM VIELE BÜRGER VON IHREM LEID ZU BEFREIEN. SEIT HUNDERT JAHREN HAT ES KEINE SO GROSSE SEUCHE MEHR GEGEBEN. DIE PFLICHT VERLANGT VON MIR, DURCH DIE STRASSEN ZU MARSCHIEREN.

»Ich meine den kleinen Touristen und seinen Begleiter, den unfähigen Zauberer«, erklärte Verhängnis, nahm neben dem ganz in Schwarz gekleideten Tod Platz und beobachtete das Scheibenwelt-Universum. Von diesem multidimensionalen Aussichtspunkt betrachtet, wirkte es wie ein bunt glitzernder Kristall.

Der Sensengesang verstummte.

»Sie sterben in einigen Stunden«, sagte Verhängnis. »So ist es bestimmt.«

Tod bewegte sich, und der Wetzstein schabte wieder über die Klinge.

»Ich dachte, das würde dich freuen«, fügte Verhängnis hinzu.

Tod hob die Schultern — eine eindrucksvolle Geste bei jemanden, dessen sichtbare Gestalt einem Skelett gleichkam.

FRÜHER HABE ICH SIE UNERMÜDLICH GEJAGT, antwortete er. ABER DANN FIEL MIR EIN, DASS JEDER MENSCH FRÜHER ODER SPÄTER STIRBT. LETZTENDLICH STIRBT ALLES. MAN KANN MICH HINHALTEN, ABER NIEMALS GANZ LEUGNEN, SAGTE ICH MIR. WARUM SICH SORGEN MACHEN?

»Niemand ist in der Lage, mich zu betrügen«, erwiderte Verhängnis scharf.

DAS HABE ICH GEHÖRT. Tod grinste noch immer.

»Das genügt!« Verhängnis sprang auf. »Sie werden sterben!« Er verschwand in einer blauen Stichflamme.

Tod nickte langsam und konzentrierte sich wieder auf die Klinge. Nach einigen Minuten schien sie scharf genug zu sein. Er erhob sich, richtete die Sense auf eine dicke Kerze, die am Ende der Sitzbank brannte, schlug zweimal kurz zu und zerschnitt die Flamme in drei helle Streifen. Tod lächelte zufrieden.

Kurze Zeit später betrat er den Stall hinterm Haus und sattelte seinen weißen Hengst. Das Tier beschnupperte ihn freundlich. Zwar hatte es scharlachrote Augen und Flanken, die wie geölte Seiten glänzten, aber es handelte sich trotzdem um ein Pferd aus Fleisch und Blut. Vermutlich war es besser dran als die meisten Lasttiere der Scheibenwelt: Tod pflegte es gut, und außerdem wog er nicht viel. Zwar ritt er oft mit prall gefüllten Satteltaschen, aber sie hatten überhaupt kein Gewicht.

※

»So viele Welten!« staunte Zweiblum. »Phantastisch!«

Rincewind brummte etwas und ging vorsichtig durch das mit Sternen gefüllte Zimmer. Der Tourist blieb vor einem komplexen Astrolabium stehen, in dessen Mitte sich das Groß-A'Tuin-Elefanten-Scheibenwelt-System zeigte, hergestellt aus Bronze und mit winzigen Edelsteinen geschmückt. An dünnen Silberfäden aufgehängte Sonnen und Planeten drehten sich darum.

»Phantastisch!« wiederholte Zweiblum. An den Wänden hingen pechschwarze Tapisserien mit Sternbildern aus kleinen phosphoreszierenden Staubperlen. Wer sich in diesem Zimmer befand, gewann den Eindruck, im interstellaren Ozean zu schwimmen. Mehrere Staffeleien trugen Skizzen von Groß-A'Tuin, so wie sie (oder er) von verschiedenen Bereichen des Umzauns aus zu sehen war. Die Darstellungen enthielten jede mächtige Schuppe, jeden einzelnen Krater. Zweiblum blickte sich verträumt und voller Sehnsucht um.

Rincewinds Besorgnis wuchs. Ihn beunruhigten vor allem die beiden Anzüge, die in der Mitte des Zimmers an Haken hingen. Voller Unbehagen ging er um sie herum.

Offenbar bestanden sie aus weißem Leder, und daran sah er Riemen, kleine Messingstutzen sowie andere höchst verdächtig anmutende Vorrichtungen. Die Beine endeten in hohen Stiefeln mit dicker Sohle, und die Arme wurden in lange elastische Stulpen geschoben. Besonders seltsam erschienen dem Zauberer die beiden großen Kupferhelme, die offenbar mit Schellen am Kragen der Anzüge befestigt werden sollten. Als Schutz taugten sie nicht viel: Ein einfacher Schwerthieb genügte wahrscheinlich, um sie zu zertrümmern — selbst wenn die Klinge nicht vorn das lächerliche Glasfenster traf. Beide Helme hatten einen Kamm aus weißen Federn, der ihr allgemeines Erscheinungsbild keineswegs verbesserte.

Rincewind ahnte langsam, wofür diese besondere Kleidung diente.

In der Nähe stand ein Tisch, auf dem Himmelskarten und Zettel mit vielen Zahlen lagen. *Für wen auch immer die Anzüge bestimmt sind*, dachte Rincewind, *die Betreffenden sollen dorthin reisen, wo noch nie ein Mensch gewesen ist* — sah man einmal von den unglücklichen Seeleuten ab, die über den Rand gefallen waren; sie zählten eigentlich nicht. Die Ahnungen des Zauberers klopften zaghaft und erschrocken an die Pforte der Gewißheit.

Als er sich umdrehte, begegnete er dem nachdenklichen Blick des Touristen.

»Nein ...«, begann Rincewind in einem klagenden Tonfall. Zweiblum beachtete ihn nicht.

»Die Göttin sprach von zwei Männern, die über den Rand geschickt werden sollen«, sagte er, und in seinen

Augen zeigte sich ein sonderbarer Glanz. »Außerdem meinte Tethis, man braucht dabei eine Art Schutz. Die Krullianer haben das Problem gelöst. Dies sind *Raumrüstungen*.«

»Mir erscheinen sie nicht besonders geräumig«, erwiderte Rincewind hastig und griff nach dem Arm des Touristen. »Wenn du jetzt bitte mitkommst... Es hat überhaupt keinen Sinn, noch länger in diesem Raum, äh, Zimmer zu bleiben...«

»Warum gerätst du immer gleich in *Panik?*« fragte Zweiblum verdrießlich.

»Weil gerade mein ganzes zukünftiges Leben am inneren Auge vorbeizog, und es dauerte überhaupt nicht lange, und wenn du dich jetzt nicht in Bewegung setzt, gehe ich ohne dich, denn bestimmt schlägst du gleich vor...«

Die Tür öffnete sich.

Zwei stämmige junge Männer kamen herein. Sie trugen nur Unterhosen aus Wolle, und einer von ihnen trocknete sich mit einem Handtuch ab. Beide nickten den Geflohenen zu und schienen überhaupt nicht überrascht zu sein.

Der größere Mann nahm auf einer Sitzbank Platz, winkte Rincewind zu und fragte:

»? Tyø yur åtl hø sooten gåtrunen?«

Unbehagen entstand in Rincewind. Zwar hielt er sich für einen Experten, soweit es die Sprachen in den westlichen Regionen der Scheibenwelt betraf, aber nun hörte er zum erstenmal Krullianisch und verstand kein einziges Wort. Zweiblum erging es ebenso, doch das hinderte ihn nicht daran, einen Schritt vorzutreten und tief Luft zu holen.

Im magischen Kraftfeld der Scheibenwelt bewegte sich das Licht eher langsam und träge; seine Geschwindigkeit war nicht höher als die von Schall in weniger gut entwickelten Universen. Trotzdem gab es hier nichts Schnelleres — abgesehen von Rincewinds Gedanken unter bestimmten Umständen. Jetzt leiteten sie gerade einen Warptransfer ein.

Von einem Augenblick zum anderen wurde ihm klar, daß der Tourist seine eigenen linguistischen Fähigkeiten ausprobieren würde. Mit anderen Worten: Er wollte einige laute und langsame Worte in seiner Muttersprache formulieren.

Rincewinds Ellbogen traf die Rippen des Touristen und preßte ihm die Luft aus den Lungen. Als der kleine Mann schmerzerfüllt und verblüfft aufsah, zog ihm der Zauberer eine imaginäre Zunge aus dem Mund und schnitt sie mit einer fiktiven Schere ab.

Der zweite Chelonaut — so lautete die Berufsbezeichnung der beiden Männer, die bald zu Groß-A'Tuin reisen würden — wandte den Blick vom Kartentisch ab und beobachtete erstaunt Rincewinds Geste. Tiefe Falten gruben sich in seine hohe Heldenstirn, als er mühsam überlegte.

»? Hør yu latruin nør û?« erkundigte er sich.

Rincewind lächelte, nickte und schob Zweiblum auf ihn zu. Er seufzte innerlich, als er sah, daß sich der Tourist plötzlich für ein großes Messingteleskop auf dem Tisch interessierte.

»! Sooten û!« befahl der sitzende Chelonaut. Rincewind nickte, lächelte, nahm einen der großen Kupferhelme vom Haken und schmetterte ihn mit aller Kraft auf den Kopf des Mannes. Der Chelonaut stöhnte leise und fiel zu Boden.

Der andere Krullianer trat einen verwirrten Schritt näher, bevor ihm Zweiblum einen zwar amateurhaften, aber trotzdem recht wirkungsvollen Schlag mit dem Teleskop versetzte. Bewußtlos sank er auf seinen Kollegen.

Rincewind und Zweiblum blickten sich über ihre beiden Opfer hinweg an.

»Na *schön!*« sagte der Zauberer scharf. Er gewann den unangenehmen Eindruck, irgendeine Auseinandersetzung verloren zu haben, wußte jedoch nicht genau, worum es sich dabei handelte. »Du brauchst es gar nicht zu sagen. Jemand dort draußen erwartet zwei in Raumrüstungen gekleidete Männer. Diese beiden Burschen hielten uns vermutlich für Sklaven. Wir verstecken sie hinter den Vorhängen, und dann ...«

»... sollten wir uns rasch anziehen«, beendete Zweiblum den Satz und griff nach dem zweiten Helm.

»Ja«, bestätigte Rincewind. »Nun, als ich die Anzüge sah, war ich plötzlich ganz *sicher*, daß ich einen davon tragen würde. Frag mich bloß nicht, woher ich das wußte. Wahrscheinlich lag's daran, daß ich mir nichts Schlimmeres vorstellen konnte.«

»Du hast selbst darauf hingewiesen, daß es keine Fluchtmöglichkeit für uns gibt«, entgegnete Zweiblum. Seine Stimme klang gedämpft, als er sich die obere Hälfte des Anzugs über den Kopf zog. »Alles ist besser, als geopfert zu werden.«

»Komm nur nicht auf dumme Gedanken«, warnte Rincewind den Touristen. »Sobald wir eine Gelegenheit haben, uns aus dem Staub zu machen ...«

Wütend schob er den rechten Arm in eine Stulpe, stieß mit der Stirn an den Helm und fluchte leise. Dann fiel ihm ein, daß jemand *dort oben* sie beobachtete.

»Herzlichen Dank«, sagte er verbittert.

<pre>   ❖   </pre>

Am Rand der Stadt und Insel namens Krull befand sich ein großes halbkreisförmiges Amphitheater, das mehreren zehntausend Personen Platz bot. Es verdankte seine Form einem guten Grund: Von der Arena aus konnte man das Wolkenmeer sehen, das vom Randfall weiter unten emporbrodelte, und jetzt war jeder Platz besetzt. Die Menge wurde immer unruhiger. Sie hoffte darauf, eine doppelte Opferung und den Start des großen bronzenen Raumschiffs zu sehen, aber bisher ließen beide Ereignisse auf sich warten.

Der Erzastronom winkte den Ersten Startlotsen zu sich.

»Nun?« fragte er und füllte diese drei Buchstaben mit einem ganzen Lexikon aus Ärger und Drohung. Der Erste Startlotse erblaßte.

»Es gibt keine Neuigkeiten, Herr«, erwiderte der Startlotse und fügte mit nervöser Fröhlichkeit hinzu: »Allerdings wird es Eure Beliebtheit freuen zu hören, daß Garhartra das Bewußtsein wiedererlangt hat.«

»Was er vielleicht noch bedauert«, sagte der Erzastronom.

»Ja, Herr.«

»Wieviel Zeit bleibt uns?«

Der Startlotse blickte zur eilig am Himmel emporkletternden Sonne hinauf.

»Dreißig Minuten, Euer Beliebtheit. Anschließend hat sich Krull vom Schwanz Groß-A'Tuins fortgedreht, und dann wird der *Mächtige Reisende* durch den Interschildkrötenraum forttreiben. Ich habe bereits die automatischen Kontrollen vorbereitet, und ...«

»Schon gut, schon gut«, entgegnete der Erzastronom ungeduldig. »Der Start muß rechtzeitig stattfinden. Laß den Hafen weiterhin bewachen. Wenn die verdammten Flüchtlinge gefaßt werden, wird es mir eine Freude sein, sie selbst hinzurichten.«

»Ja, Herr, äh ...«

Der Erzastronom runzelte die Stirn. »Hast du mir sonst noch etwas mitzuteilen, Mann?«

Der Startlotse schluckte. Er hielt dies alles für sehr unfair ihm gegenüber. Er war ein praktischer Magier, kein Diplomat, und deshalb hatten ihn einige kluge Leute beauftragt, die schlechten Nachrichten zu überbringen.

»Ein Ungeheuer ist aus dem Meer gestiegen und greift die Schiffe im Hafen an«, sagte er. »Eben traf ein Kurier ein und berichtete davon.«

»Ein großes Ungeheuer?« fragte der Erzastronom.

»Nein, nicht besonders. Aber es scheint, äh, ziemlich wütend zu sein, Herr.«

Der Herrscher über Krull und den Umzaun dachte einige Sekunden lang nach und hob die Schultern.

»Im Meer wimmelt es von Ungeheuern«, stellte er fest. »Sonst wäre es überhaupt kein richtiges Meer. Sorg dafür, daß jenes Wesen beseitigt wird. Und noch etwas, Startlotse...«

»Herr?«

»Wenn man mich noch mehr verärgert... Denk daran, daß zwei Personen geopfert werden sollen. Aber vielleicht bin ich großzügig und erhöhe die Anzahl.«

»Ja, Herr.« Der Erste Startlotse hastete fort, froh darüber, den Blicken des Autokraten zu entschwinden.

Der *Mächtige Reisende* war jetzt nicht mehr nur eine stumpfe bronzene Hülle, die man vor einigen Tagen aus der Gußform geschlagen hatte. Mitten in der Arena ruhte er in einem Turmgerüst. Vor ihm reichten Schienen bis zum Rand, wo sich die Gleise einige Meter weit nach oben neigten.

Der verstorbene Daktylos Goldauge — er war nicht nur für den Bau des *Mächtigen Reisenden* veranwortlich, sondern auch für die Entwicklung der Startrampe — hatte behauptet, jene nach oben gebogene Stelle solle verhindern, daß die Kapsel an Felsen stieß, wenn ihr langer Fall begann. Vielleicht steckte nur Zufall dahinter, daß sie auch wie ein Lachs springen und prächtig im Sonnenschein glänzen würde, bevor sie im Wolkenmeer verschwand.

Fanfaren erklangen an der einen Seite des Amphitheaters. Die Ehrenwache der Chelonauten erschien, woraufhin die Menge jubelte. Dann traten die in Weiß gekleideten Forscher ins Licht.

Dem Erzastronom fiel sofort auf, daß irgend etwas nicht mit rechten Dingen zuging. Zum Beispiel schritten Helden immer in einer besonderen Gangart. Sie watschelten nicht so wie einer der beiden Chelonauten.

Die versammelten Bürger von Krull applaudierten ohrenbetäubend laut. Falten entstanden in der Stirn des Erzastronomen, als die Chelonauten und ihre Eskorte die große Arena durchquerten und an diversen Altären vorbeiwanderten — sie waren für die Zauberer und Priester der vielen krullianischen Sekten errichtet worden, um den Erfolg des Starts zu gewährleisten. Als die Chelonauten am Fuß der Leiter standen, die zum Schiff führte — zögerten sie nicht ein wenig? —, erhob sich der Erzastronom, doch die lautstarke Begeisterung der Menge übertönte seine Worte. Er hob eine Hand und spreizte die Finger in der typischen Geste eines Magie beschwörenden Thaumaturgen. Wer sich aufs Lippenlesen verstand und gleichzeitig mit den Standardtexten der Zauberei vertraut war, hätte die Eröffnungsworte von Westenkuchs Schwebefluch erkannt — und sofort die Flucht ergriffen.

Der Erzastronom kam allerdings nicht dazu, die magische Formel ganz auszusprechen. Überrascht drehte er sich um, als im Bereich des großen Torbogens der Arena Aufruhr entstand. Wächter liefen ins Licht und warfen die Waffen fort, als sie hinter Altären in Deckung gingen oder über die Brüstungen vor den Tribünen hinwegsetzten.

Hinter ihnen erschien etwas. Das Publikum in der Nähe des Zugangs stellte den bereits heiser gewordenen Jubel ein und entfernte sich ebenso still wie entschlossen vom Torbogen.

Das *Etwas* war eine niedrige Kuppel aus Tang und Algen, die sich mit unheilvoller Zielstrebigkeit bewegte. Ein Wächter überwand sein Entsetzen lange genug, um vor das Ding zu treten und einen Speer zu schleudern, der sich ins grüne Bündel bohrte. Die Zuschauer klatschten — und verstummten, als die Kuppel vorsprang und den Mann verschlang.

Der Erzastronom winkte kurz und verscheuchte die undeutlichen Konturen von Westenkuchs berühmtem

Fluch, formulierte dann die Worte des mächtigsten Zauberspruchs aus seinem Repertoire, bekannt unter der Bezeichnung *Teuflisches Verbrennungswunder.*

Oktarines Feuer flackerte an und zwischen seinen Fingern, als er eine komplexe magische Rune in die Luft malte. Thaumaturgische Energie knisterte und zog eine blaue Rauchfahne hinter sich her, als sie dem *Etwas* entgegenloderte.

Eine zufriedenstellende Explosion krachte, und Flammen rasten nach oben, zogen brennende Tangfladen hinter sich her. Eine dichte Wolke aus Rauch und Dampf umhüllte das Ungeheuer einige Sekunden lang, und als sie sich lichtete, war die grüne Kuppel verschwunden.

Auf den Steinplatten zeigte sich ein großer Aschekreis, und darin schwelten noch einige Algenreste.

In der Mitte des Kreises stand eine ganz normale, wenn auch recht große Holztruhe. Sie war nicht einmal versengt. Jemand auf der anderen Seite des Amphitheaters lachte, verstummte jedoch ganz schnell, als sich die Kiste auf Dutzenden von kleinen Beinen umdrehte und dem Erzastronomen zuwandte. Eine ganz normale, wenn auch recht große Holztruhe hat natürlich kein Gesicht, mit dem sie jemanden ansehen kann, aber dieses besondere Exemplar richtete nun den Blick auf den Herrscher von Krull. Das wurde dem Erzastronomen sofort klar. Außerdem gewann er den schrecklichen Eindruck, daß die Truhe die Augen zusammenkniff.

Und sie kam näher. Ihn schauderte.

»*Magier!*« keifte er. »*Wo sind meine Magier?*«

Überall in der Arena spähten bleiche Männer hinter Altären und unter Bänken hervor. Einer der kühneren krullianischen Zauberer bemerkte den Gesichtsausdruck des Erzastronomen, hob zitternd den Arm und schleuderte einen Blitz. Das Feuer zischte zur Kiste, traf sie und zerstob zu weißen Funken.

Dies war das Zeichen für alle Magier, Beschwörer und

Thaumaturgen von Krull, mit wiedergefundenem Eifer aufzuspringen und, unter den entsetzten Blicken ihres Herrn, jede Zauberformel zu sprechen, die ihnen in den Sinn kam. Flüche heulten und kreischten durch die Luft.

Eine selbst für die neugierigsten Blicke undurchdringliche Wolke aus magischen Partikeln umgab die Truhe, wogte und wallte, gewann hier und dort höchst beunruhigende Formen. Eine Zauberformel nach der anderen jagte in dieses Durcheinander. Flammen und Blitze in allen acht Farben loderten aus dem kochenden Etwas, das nun den Platz der Truhe einnahm.

Seit den Magischen Kriegen war nicht mehr soviel Zauberei auf eine kleine Stelle konzentriert worden. Die Luft erzitterte und funkelte. Mehrere Zaubersprüche prallten voneinander ab und erzeugten ungebändigte wilde Magie, die ein gespenstisches und unkontrolliertes Halbleben führte. Die Steine unter der wabernden Masse gaben nach und brachen. Einer von ihnen verwandelte sich in etwas, das hier besser nicht beschrieben werden soll, und glitt in eine niedere Dimension. Andere sonderbare Nebenwirkungen manifestierten sich. Kleine Bleiwürfel sausten aus dem thaumaturgischen Sturm und rollten übers bebende Pflaster; unheimliche geisterhafte Gestalten schnatterten und vollführten obszöne Gesten; vierseitige Dreiecke und kantige Kreise entstanden, vereinten sich wieder mit dem donnernden, fauchenden Turm wilder Magie, der aus glühenden Steinen aufragte und sich über ganz Krull ausbreitete. Es spielte kaum mehr eine Rolle, daß die Magier inzwischen keine Zaubersprüche mehr riefen und flohen: Das *Ding* nährte sich nun von den oktarinen Partikeln, die hier am Rand der Scheibenwelt in einem breiten Strom flossen. Auf der Insel schlugen alle magischen Aktivitäten fehl, da das zur Verfügung stehende *Mana* in die Wolke gesaugt wurde, die bereits eine halbe Meile hoch war und gräßliche Umrisse gewann. Von Grauen erfüllte Hydrophoben stürzten mit ihren Linsen ins Meer; magische Elixiere verwandelten sich in schmutziges Wasser; magische Schwerter schmolzen und tropften aus ihren Scheiden.

Am Ausgangspunkte der Wolke stand die Truhe, glänzte wie ein Spiegel im Wüten des thaumaturgischen Orkans, und das Chaos hinderte sie nicht daran, sich weiterhin dem Erzastronomen zu nähern.

❊

Rincewind und Zweiblum standen am Startturm des *Mächtigen Reisenden* und beobachteten die Vorgänge voller Ehrfurcht. Die Wächter der Eskorte waren längst geflohen und hatten die Waffen zurückgelassen.

»Nun«, seufzte der Tourist schließlich, »damit wäre die Truhe wohl erledigt.« Er seufzte noch einmal.

»Da irrst du dich«, erwiderte Rincewind. »Intelligentes Birnbaumholz ist immun gegen alle bekannten Arten von Magie. Die Pflicht der Kiste besteht darin, dir überallhin zu folgen. Ich meine, wenn du stirbst und in den Himmel kommst, so brauchst du im Leben nach dem Tod wenigstens nicht auf saubere Socken zu verzichten. Wie dem auch sei: *Ich* möchte noch nicht sterben, und deshalb sollten wir jetzt aufbrechen.«

»Wohin willst du?« fragte Zweiblum.

Rincewind griff nach einer Armbrust und mehreren Bolzen. »Keine Ahnung. Nur weg von hier.«

»Und die Truhe?«

»Sei unbesorgt. Wenn der Sturm alle freie Magie in diesem Bereich verbraucht hat, so läßt er von ganz allein nach.«

Das geschah bereits. Noch immer stieg eine dichte Wolke von der Arena auf, aber sie zerfaserte allmählich und wirkte wesentlich harmloser. Einige Male flackerte sie ungewiß.

Erste Lücken bildeten sich darin, und kurz darauf

zeichneten sich die Konturen der Kiste zwischen fast unsichtbaren Flammen ab. Die abkühlenden Steine in ihrer Nähe knackten und splitterten.

Zweiblum rief leise nach seiner Truhe. Sie unterbrach ihren hartnäckigen Marsch über die geplagten Steinplatten und schien zu lauschen. Dann bewegten sich ihre vielen Beine in einem komplizierten Muster, als sie sich umdrehte und Kurs auf den *Mächtigen Reisenden* nahm. Rincewind beobachtete sie griesgrämig. Die Kiste hatte eine elementare Natur, absolut keinen Verstand und eine mörderische Einstellung gegenüber allen Dingen, die ihren Herrn bedrohten. Darüber hinaus war der Zauberer nicht sicher, ob sie sich innen im gleichen Raum-Zeit-Gefüge befand wie außen.

»Nicht einmal ein Kratzer dran«, sagte Zweiblum erfreut, als die Truhe vor ihm verharrte. Er öffnete den Deckel.

»Jetzt ist nicht der geeignete Zeitpunkt, um die Unterwäsche zu wechseln«, knurrte Rincewind. »Die Wächter und Priester kehren sicher bald zurück, und bestimmt sind sie *sehr* wütend!«

»Wasser«, murmelte Zweiblum. »Die ganze Kiste ist voller Wasser!«

Rincewind blickte ihm über die Schulter und hielt vergeblich nach Kleidung, Geldbeuteln und den anderen Besitztümern des Touristen Ausschau. Statt dessen sah er Wasser.

Plötzlich sprang eine Welle empor und schwappte über den Rand. Sie platzte auf die Steinplatten, floß dort jedoch nicht auseinander, sondern nahm die Form eines Fußes an. Ein weiterer Fuß und die untere Hälfte von zwei Beinen folgten, als mehr Wasser aus der Truhe strömte und eine unsichtbare Gußform zu füllen schien. Einige Sekunden später stand der Meerestroll Tethis vor der Kiste und blinzelte.

»Oh«, sagte er schließlich, »ihr seid's! Eigentlich sollte es mich nicht überraschen.«

Er blickte sich um und kümmerte sich nicht um das Erstaunen der beiden Männer.

»Ich saß vor meiner Hütte und sah mir den Sonnenuntergang an, als dieses Ding aus dem Wasser raste und mich verschluckte«, erklärte er. »Ich fand das ziemlich seltsam. Wo sind wir hier?«

»Krull«, antwortete Rincewind. Er starrte auf die jetzt wieder geschlossene Truhe, der es gelang, selbstgefällig zu wirken. Es kam nicht selten vor, daß sie irgendwelche Leute verschlang, aber wenn sie das nächste Mal den Deckel öffnete, enthielt sie nur Zweiblums Wäsche. Rincewind griff zu, riß die Klappe nach oben — und sah einige Hemden und Hosen, frisch gebügelt.

»Na so was!« entfuhr es Tethis. Er sah auf.

»He!« fügte er hinzu. »Ist dies nicht das Schiff, das die Krullianer über den Rand schicken wollen? Habe ich recht? Ja, bestimmt!«

Ein Pfeil zuckte ihm durch die Brust und hinterließ einige kleine Wellen. Der Meerestroll schien überhaupt nichts davon zu bemerken. Ganz im Gegensatz zu Rincewind. Soldaten krochen nun hinter den Tribünen hervor, und einige andere Wächter spähten durch den Torbogen des Eingangs.

Ein zweiter Pfeil prallte vom Turm hinter Zweiblum ab. Auf diese Entfernung hatten die Geschosse keine große Durchschlagskraft, aber es war nur noch eine Frage der Zeit, bis ...

»Schnell!« rief Zweiblum. »Ins Schiff! Sicher wagen sie es nicht, darauf zu schießen!«

»Ich *wußte*, daß du das vorschlägst«, stöhnte Rincewind. »Ich *wußte* es!«

Er trat nach der Truhe. Sie wich ein wenig zurück und hob drohend den Deckel.

Ein Speer fiel vom Himmel und bohrte sich neben dem Zauberer ins Holz. Er stieß einen kurzen Schrei aus, folgte den anderen und kletterte ebenfalls die Leiter hoch.

Pfeile pfiffen ihnen um die Ohren, als sie den schmalen Steg erreichten, der über den Rücken des *Mächtigen Reisenden* führte. Zweiblum ging voraus und hüpfte regelrecht. Rincewind diagnostizierte ein hohes Maß an unterdrückter Aufregung.

Auf dem Schiff fanden sie eine große runde Bronzeluke mit mehreren Haspen. Tethis und der Tourist knieten und versuchten, die spangenartigen Vorrichtungen zu lösen.

Im Herzen des Mächtigen Reisenden *rieselte schon seit Stunden feiner Sand in ein speziell geformtes Gefäß. Jetzt erreichte es genau das richtige Gewicht, kippte und stieß ein sorgfältig ausbalanciertes Pendel an, das herumschwang und dadurch eine Nadel aus einem komplizierten kleinen Mechanismus zog. Eine Kette rasselte. Etwas machte leise* Klong...

»Was war das?« fragte Rincewind nervös und sah nach unten...

※

Inzwischen regnete es keine Pfeile mehr. Dutzende von Priestern und Soldaten standen reglos und starrten zum Schiff hinauf. Ein besorgter kleiner Mann bahnte sich mit den Ellbogen einen Weg durch die Menge und öffnete den Mund, um etwas zu rufen.

»Was war das?« erkundigte sich Zweiblum und drehte eine Flügelmutter.

»Ich habe auch etwas gehört«, sagte Rincewind. »Äh, wir drohen einfach damit, dieses Ding zu beschädigen, wenn man uns nicht gehen läßt, einverstanden? Darauf beschränken wir uns, in Ordnung?«

»Ja«, entgegnete Zweiblum unbestimmt. Er setzte sich auf die Fersen. »Das wär's. Alle Spangen sind gelockert.«

Einige muskulöse Männer kletterten die Leiter des Startturms hoch, und unter ihnen erkannte Rincewind die beiden Chelonauten. Sie trugen jetzt Schwerter.

»Ich ...«, begann er.

Das Schiff erbebte. Und dann, ganz langsam, glitt es über die Schienen.

In diesem Augenblick blanken Entsetzens stellte Rincewind fest, daß es Zweiblum und dem Troll gelungen war, die Luke aufzuziehen. Einige metallene Sprossen führten in die Kabine weiter unten. Tethis verschwand.

»Wir müssen fort von hier«, flüsterte der Zauberer. Der Tourist sah ihn an, und ein verträumtes Lächeln umspielte seine Lippen.

»Sterne«, murmelte er. »Welten. Der ganze Himmel ist voller Welten, die niemand sehen wird. Ich bin die einzige Ausnahme.« Er trat durch die Luke.

»Du bist vollkommen übergeschnappt«, sagte Rincewind heiser und versuchte das Gleichgewicht zu wahren, während das Schiff schneller wurde. Er drehte sich um, als einer der Chelonauten vom Turm sprang, auf dem gewölbten Rumpf des Schiffes landete, dort vergeblich nach Halt tastete, abrutschte und mit einem Schrei fiel.

Der *Mächtige Reisende* war bereits recht schnell. Über Zweiblums Kopf hinweg beobachtete Rincewind das vom Sonnenschein erhellte Wolkenmeer und den prächtigen Randbogen, der verlockend glänzte und Narren aufforderte, sich ins Nichts zu wagen ...

Außerdem sah er mehrere Männer, die mit verzweifelter Hast über die niedrigen Hänge der Startrampe kletterten und einen dicken Balken auf die Schienen zerrten, um das Schiff entgleisen zu lassen, bevor es den Rand erreichte. Die Räder stießen an das Hindernis, doch die einzige Auswirkung bestand darin, daß der *Mächtige Reisende* erzitterte, wodurch Zweiblum von der metallenen Leiter und in die Kabine fiel. Über ihm klappte die Luke mit einem schrecklichen Geräusch zu, und mehrere kleine Verschlüsse rasteten ein. Rincewind hechtete nach vorn, zerrte an den Spangen und wimmerte.

Das Wolkenmeer kam immer näher. Nur noch wenige Meter trennten das Schiff vom felsigen Rand, an dem das Amphitheater endete.

Der Zauberer stand auf. Jetzt gab es nur noch eine Möglichkeit für ihn, und er nahm sie ohne zu zögern wahr: Rincewind geriet in Panik, als der *Reisende* über den nach oben geneigten Bereich der Rampe hinwegschoß, wie ein Lachs emporsprang und über den Rand fiel.

Einige Sekunden später pochten Dutzende von kleinen Füßen. Die Truhe erreichte ebenfalls die Kante der Scheibenwelt, und ihre Beine stampften wie Kolben, als sie den Weg fortsetzte und sich entschlossen ins Universum stürzte.

Ende

Rincewind erwachte und zitterte. Ihm war eiskalt.
So ist das also, dachte er. *Nach dem Tod findet man sich an einem feuchten, nebligen und sehr kalten Ort wieder: Hades, wo die klagenden Geister der Verstorbenen für immer und ewig durch Sümpfe des Elends marschieren, in denen unheimliche, geisterhafte Lichter flackern und* — einen Augenblick...

Hades konnte unmöglich so unbequem sein, und Rincewinds derzeitige Empfindungswelt zeichnete sich durch einen erschreckenden Mangel an Bequemlichkeit aus. Sein Rücken schmerzte dort, wo sich ein Ast hineinzubohren versuchte; die von Zweigen zerkratzten Arme und Beine protestierten mit brennendem Stechen; und der Kopf fühlte sich so an, als sei er vor kurzer Zeit von einem sehr harten Gegenstand getroffen worden. Wenn dies der Hades war, so kam er der Hölle gleich — einen Augenblick...

Baum. Er konzentrierte sich auf dieses Wort, das aus den dunklen Winkeln seines Bewußtseins emporschwebte. Die Anstrengung trieb ihm Schweiß aus den mentalen Poren. In den Ohren des Zauberers rauschte es, und vor den Augen tanzten ihm blitzende Lichter. Baum. Ding aus Holz. Ja, genau. Zweige und Äste und dergleichen. Und Rincewind lag darin. Baum. Tropfende Nässe. Um ihn herum kalte weiße Wolken. Auch weiter unten. Kälte.

Er lebte und ruhte in Begleitung zahlloser blauer Flecken in einem Dornbusch, der in einem Felsspalt wuchs und aus dem gischtenden weißen Wall des Randfalls ragte. Diese Erkenntnis traf den Zauberer mit der

Wucht eines Eishammers. Ihn schauderte. Der Baum — beziehungsweise der Strauch — knirschte warnend.

Etwas Blaues und Verschwommenes raste an ihm vorbei, tauchte kurz in die donnernden Fluten, kam wieder zum Vorschein und nahm auf einem Zweig neben Rincewinds Kopf Platz. Es handelte sich um einen kleinen Vogel mit blauen und grünen Federn. Das Geschöpf verschlang den kleinen Silberfisch, den es im Wasserfall gefangen hatte, bevor es den Kopf drehte und Rincewind neugierig ansah.

Er bemerkte viele andere Vögel in der Nähe.

Sie segelten über dem Wasser, flitzten umher oder flogen in weiten Schleifen. Gelegentlich stahl einer von ihnen einen weiteren zum Tod verurteilten Leckerbissen aus dem Randfall. Einige von ihnen saßen im Baum, und ihr Gefieder schimmerte. Rincewind beobachtete sie hingerissen.

Als erster Mensch sah er die Randfischer, kleine Wesen, die vor langer Zeit einen selbst für die Scheibenwelt einzigartigen Lebensstil entwickelt hatten. Schon viele Jahrtausende vor dem Bau des Umzauns fanden die Randfischer eine recht wirkungsvolle Methode, um sich hier am Ende der Welt den Lebensunterhalt zu verdienen.

Rincewinds Anwesenheit schien sie überhaupt nicht zu stören. Eine kurze, aber sehr beunruhigende Vision zeigte ihm, wie er den Rest seines Lebens in diesem Baum verbrachte, sich von rohen Vögeln und den Fischen ernährte, die er fangen konnte, während sie an ihm vorbeifielen.

Der Dornbusch bewegte sich. Rincewind ächzte leise, als er nach unten rutschte, aber es gelang ihm, sich an einem Zweig festzuhalten. Allerdings: Früher oder später würde er einschlafen...

Irgend etwas veränderte sich, und der Himmel gewann einen purpurnen Glanz. Eine ganz in Schwarz gekleidete große Gestalt stand in der Luft neben dem

Baum, und in der einen Hand hielt sie eine Sense. Das Gesicht verbarg sich in den Schatten eine Kapuze.

ICH BIN GEKOMMEN, UM DICH ZU HOLEN, verkündete der unsichtbare Mund. Die Stimme klang so dumpf wie der Herzschlag eines Wals.

Der Baum knarrte erneut, und einige kleine Steine prallten an Rincewinds Helm ab, als sich eine Wurzel aus dem Felsspalt löste.

Der Tod kam immer selbst, um die Seelen von Zauberern zu ernten.

»Woran soll ich sterben?« fragte Rincewind.

Die große Gestalt zögerte.

WIE BITTE? erwiderte sie.

»Nun, ich habe mir nichts gebrochen, und ich bin auch nicht ertrunken, woraus folgt: Welcher Anlaß schickt mich vom Diesseits ins Jenseits? Man kann nicht einfach vom Tod umgebracht werden — es muß einen Grund geben.« Rincewind spürte verblüfft, daß er sich gar nicht mehr fürchtete. Zum erstenmal in seinem Leben hatte er keine Angst. Schade, daß diese Erfahrung nur von kurzer Dauer sein würde.

Tod überlegte und schien sich dann zu einer Entscheidung durchzuringen.

DU KÖNNTEST AUS ENTSETZEN STERBEN, sagte die Kapuze. Es hörte sich noch immer nach einer Grabesstimme an, aber ein leichtes Vibrieren verriet Unsicherheit.

»Da muß ich dich enttäuschen«, entgegnete Rincewind selbstgefällig.

EIN GRUND IST NICHT NOTWENDIG, meinte Tod. ICH KANN DICH EINFACH TÖTEN.

»Ausgeschlossen! Das wäre Mord!«

Die schwarze Gestalt seufzte und schob die Kapuze zurück. Rincewind sah nicht etwa den erwarteten grinsenden Totenschädel, sondern das blasse und halb durchsichtige Gesicht eines recht besorgten Dämons.

»Ich verpatze alles, stimmt's?« jammerte das Wesen.

»Du siehst überhaupt nicht wie der Tod aus!« entfuhr es Rincewind. »Wer bist du?«

»Skrofulose.«

»*Skrofulose?*«

»Tod hatte keine Zeit«, erklärte der Dämon zerknirscht. »In Pseudopolis ist eine große Seuche ausgebrochen. Er muß dort durch die Straßen marschieren, und deshalb schickte er mich.«

»Niemand stirbt an Skrofulose! Ich habe meine Rechte. Immerhin bin ich Zauberer!«

»Schon gut, schon gut«, brummte Skrofulose. »Dies sollte eigentlich meine große Chance sein. Sieh es mal so: Wenn ich von der Sense Gebrauch mache, bist du ebenso tot, als hätte der Tod höchstpersönlich damit zugeschlagen. Wer wüßte schon Bescheid?«

»Ich zum Beispiel!« antwortete Rincewind.

»Was jedoch keine Rolle spielt«, hielt ihm Skrofulose entgegen. »Schließlich wärst du tot.«

»Verschwinde!« zischte der Zauberer.

»Ich kann dich ja verstehen«, sagte der Dämon und hob die Sense. »Aber versuch einmal, die Sache aus meiner Perspektive zu sehen. Dieser Auftrag bedeutet mir sehr viel, und du mußt zugeben, daß dein Leben nicht gerade wundervoll ist. Die Reinkarnation könnte nur eine Verbesserung sein — oh!«

Skrofulose preßte sich die Hand auf den Mund, doch Rincewind richtete bereits einen zitternden Zeigefinger auf ihn.

»Reinkarnation!« wiederholte er aufgeregt. »Es stimmt also, was die Mystiker behaupten!«

»Ich gebe nichts zu«, erwiderte der Dämon. »Es ist mir nur so herausgerutscht. Und jetzt ... Bist du bereit, freiwillig zu sterben?«

»Nein«, sagte Rincewind.

»Wie du willst.« Skrofulose holte mit der Sense aus, und sie pfiff ziemlich professionell durch die Luft, aber Rincewind hockte gar nicht mehr im Baum. Er befand sich einige Meter darunter, und die Entfernung wurde immer größer. Der Zweig hatte genau diesen Augenblick gewählt, um zu brechen und den Zauberer ins interstellare Meer zu schicken.

»Komm zurück!« kreischte der Dämon.

Rincewind antwortete nicht. Mit dem Bauch nach unten lag er auf fauchender Luft und starrte in Wolken hinab, die sich langsam teilten.

Schließlich blieben sie über ihm zurück.

Unten funkelte das Universum. Rincewind sah Groß-A'Tuin, riesig und gewaltig, der Panzer von Kratern übersät. Er betrachtete den kleinen Mond der Scheibenwelt. In der Ferne nahm er ein mattes Schimmern wahr, das nur vom *Mächtigen Reisenden* stammen konnte. Und dann die Sterne ... Sie wirkten wie winzige Diamanten, die jemand auf schwarzem Samt verstreut hatte. Verlockende Sterne, die kühne Seelen zu sich riefen ...

Die ganze Schöpfung wartete darauf, daß Rincewind hineinfiel.

Er nahm die Einladung an.

Es blieb ihm auch gar nichts anderes übrig.

Der Zauberhut

WIDMUNG

Vor vielen Jahren sah ich in Bath eine wohlbeleibte amerikanische Dame, die einen *riesigen* karierten Koffer hinter sich herzog. Die kleinen, quietschenden Räder blieben immer wieder in den Pflasterrissen stecken und verliehen dem Ding ein höchst interessantes Eigenleben. In jenem Augenblick wurde Truhe geboren. Ich danke jener Frau und allen anderen Leuten in Orten wie Ichweißnichtwo, Nebraska. Vermutlich können sie ein wenig Zuspruch vertragen.

Dieses Buch enthält keine Karte. Der geneigte Leser mag sich seine eigene zeichnen.

Es war einmal ein Mann, und er hatte acht Söhne. Ansonsten beschränkte sich seine Bedeutung auf die eines Kommas im Buch der Geschichte. Es ist traurig, aber über gewisse Menschen läßt sich einfach nicht mehr sagen.

Der achte Sohn wuchs auf, heiratete und zeugte ebenfalls acht Söhne. Und da es für den achten Sohn eines achten Sohnes nur einen angemessenen Beruf gibt, lernte er die Kunst der Zauberei. Er wurde weise und mächtig — nun, zumindest mächtig —, trug einen spitzen Hut, und normalerweise hätte sich sein Schicksal damit erfüllt.

Nicht so in diesem Fall.

Er ignorierte die Gebote der Magie und handelte zweifellos entgegen aller Vernunft (wobei die warme, oftmals recht verwirrende und *unvernünftige* Vernunft des Herzens eine Ausnahme bildet), als er aus den Sälen der Zauberei floh, sich verliebte und heiratete — nicht unbedingt in dieser Reihenfolge.

Er hatte sieben Söhne, und jeder von ihnen war schon in der Wiege mindestens ebenso mächtig wie die übrigen Zauberer auf der Scheibenwelt.

Und dann bekam er einen achten Sohn...

Einen Zauberer hoch zwei. Eine Quelle der Magie.

Einen Kreativen Magus.

Der Donner eines sommerlichen Gewitters hallte über die Sandsteinklippen. Tief unten saugte das Meer am Kies, so laut wie ein zahnloser Greis, der seine Suppe schlürft. Einige Möwen segelten träge im Aufwind und warteten darauf, daß irgend etwas geschah.

Der Vater von acht Zauberern saß im spärlichen, raschelnden Gras am Klippenrand, hielt das Kind in den Armen und starrte über den Ozean.

Dunkle Wolken ballten sich am Horizont zusammen und zogen langsam landwärts. Sie schoben jene Art von sirupartigem Licht vor sich her, die auf ein zu allem entschlossenes Unwetter hinweist.

Als hinter ihm plötzliche Stille herrschte, drehte sich der Vater um und starrte aus tränengeröteten Augen auf eine große Gestalt, die einen schwarzen Kapuzenmantel trug.

ALLESWEISS DER ROTE? fragte der Fremde. Die Stimme war so hohl wie ein leeres Gewölbe, so dicht wie ein Neutronenstern.

Allesweiß lächelte das schreckliche Lächeln eines Mannes, der von einem Augenblick zum anderen überschnappt. Er hob das Kind, damit Tod es betrachten konnte.

»Mein Sohn«, sagte er. »Ich nenne ihn Münze.«

EIN NAME IST SO GUT WIE JEDER ANDERE, erwiderte Tod höflich. Aus leeren Augenhöhlen blickte er auf ein kleines, rundliches und schlummerndes Gesicht herab. Allen Gerüchten zum Trotz ist Tod keineswegs grausam — er versteht nur sein Handwerk. In dieser Hinsicht kann es niemand mit ihm aufnehmen.

»Du hast seine Mutter geholt«, sagte Allesweiß. Es war nur eine Feststellung, die er ohne jeden Groll traf. Rauch stieg aus dem Tal hinter den Klippen: Nur Ruinen erinnerten an das Haus des Zauberervaters, und der Wind wehte Asche über die seufzenden Dünen.

LETZTENDLICH FIEL SIE EINEM HERZANFALL ZUM OPFER, erwiderte Tod. ES GIBT SCHLIMMERE ARTEN ZU STERBEN. GLAUB MIR, ICH KENNE MICH AUS.

Allesweiß sah wieder übers Meer. »Ich konnte sie nicht einmal mit meiner Magie retten«, murmelte er.

AN MANCHEN ORTEN VERSAGT SELBST DIE ZAUBEREI.

»Und jetzt hast du es auf das Kind abgesehen.«

NEIN. DEINEN ACHTEN SOHN ERWARTET EIN ANDERES SCHICKSAL. ICH BIN DEINETWEGEN GEKOMMEN.

»Oh.« Der Zauberer stand auf, legte das Kind vorsichtig ins dünne Gras und griff nach einem langen Stab. Schwarzes Metall glänzte, wies viele silberne und goldene Verzierungen auf, die ebenso komplex wie geschmacklos wirkten. Bei dem Metall handelte es sich um Oktiron, die eherne Substanz der Magie.

»Ich habe ihn selbst hergestellt«, verkündete Allesweiß stolz. »Es heißt, man könne keinen solchen Stab aus Metall schaffen. Die anderen Zauberer behaupteten, er müsse unbedingt aus Holz bestehen, aber sie irrten sich. Ich habe mir dabei große Mühe gegeben. Er ist das Werk meines Denkens und Fühlens, und ich werde ihn meinem Sohn überlassen.«

Seine Fingerkuppen glitten liebevoll über den Stab, der auf die Berührung reagierte und leise summte.

»Das Werk meines Denkens und Fühlens«, wiederholte er nachdenklich.

EIN GUTER STAB, pflichtete ihm Tod bei.

Allesweiß hob ihn und blickte auf seinen achten Sohn herab, der leise gluckste.

»Meine Frau wollte eine Tochter«, sagte er.

Tod zuckte mit den Schultern. Allesweiß starrte ihn verwirrt und zornig an.

»Was *ist* er?«

DER ACHTE SOHN DES ACHTEN SOHNES EINES ACHTEN SOHNES, gab Tod bereitwillig Auskunft. Der Wind zerrte an seinem Umhang und trieb die dunklen Wolken schneller übers Firmament.

»Und was wird er dadurch?«

EIN KREATIVER MAGUS, WIE DU SEHR WOHL WEISST.

Das Gewitter zögerte nicht, Tods bedeutungsvolle

Worte mit einem angemessenen Grollen zu untermalen.

»Und sein Schicksal?« rief der Vater, um das Fauchen der Böen zu übertönen.

Erneut zuckte Tod mit den Achseln. Bei ihm wirkte diese Geste überaus beeindruckend.

KREATIVE MAGIER BESTIMMEN IHR SCHICKSAL SELBST. SIE SIND KEINE GEWÖHNLICHEN STERBLICHEN WIE WIR. WIE DU, MEINE ICH.

Allesweiß lehnte sich auf seinen Stab, trommelte mit den Fingern an schwarzes Oktiron und verlor sich im Labyrinth seiner Gedanken. Nach einigen Sekunden zuckte die linke Braue.

»Nein«, sagte er leise. »Nein. Ich nehme sein Schicksal in meine Hand.«

DAVON RATE ICH DIR AB.

»Schweig! Und hör gut zu. Sie warfen mich hinaus, wiesen auf ihre Bücher und Rituale und die magischen Gebote hin! Sie nennen sich Zauberer, aber in ihren fetten Leibern steckt weniger Magie als in meinem kleinen Finger! Sie verbannten mich. *Mich!* Weil ich zeigte, daß ich ein Mensch bin! Was sind Menschen ohne Liebe?«

ZIEMLICH ARM DRAN? vermutete Tod und fügte hinzu: DENNOCH ...

»Du sollst zuhören! Man verjagte mich und meine Familie, und wir mußten hier Zuflucht suchen, am Ende der Welt. Es war der Kummer, der meine Frau umbrachte! Außerdem haben die angeblichen Zauberer auch versucht, meinen Stab zu stehlen!« Allesweiß schrie nun, um sich verständlich zu machen. Das Heulen des Sturms wurde immer lauter.

»Nun, ich habe nicht meine ganze Macht verloren«, fuhr der Vater finster fort. »Ich sage hier und jetzt, daß mein Sohn die Unsichtbare Universität besuchen und den Hut des Erzkanzlers tragen wird, und alle

Zauberer auf der Scheibenwelt werden sich vor ihm verneigen! Er wird ihnen zeigen, was sich in ihren Herzen verbirgt. In ihren feigen, habgierigen Herzen. Er soll das Schicksal der ganzen *Welt* bestimmen, und es wird keine mächtigere Magie geben als seine.«

NEIN. Tod sprach dieses eine Wort völlig ruhig und gelassen aus, aber trotzdem zeigte es eine erstaunliche Wirkung: Es war lauter als das Donnern des Gewitters und befreite Allesweiß zumindest zeitweise von seinem Wahn.

Der Vater schwankte unsicher. »Wie bitte?« fragte er.

ICH SAGTE NEIN. NICHTS IST ENDGÜLTIG ODER ABSOLUT. ABGESEHEN VON MIR NATÜRLICH. WER MIT DEM SCHICKSAL HERUMPFUSCHT, BRINGT DAS GANZE UNIVERSUM IN GEFAHR. ES MUSS WENIGSTENS EIN BISSCHEN PLATZ FÜR DEN ZUFALL BLEIBEN. DIE RECHTSANWÄLTE DES VERHÄNGNISSES VERLANGEN EINE HINTERTÜR IN JEDER PROPHEZEIUNG.

Allesweiß beobachtete das unerbittliche Gesicht des Knochenmanns.

»Soll das heißen, ich muß den Zauberern eine Chance lassen?«

JA.

Die Finger des Vaters machten *Pock-pock-pock* auf dem Metall des Stabs.

»Dann sollen sie ihre Chance bekommen, wenn die Hölle gefriert«, sagte er.

NEIN. ES IST MIR NICHT GESTATTET, DIR IRGENDEINEN HINWEIS AUF DIE TEMPERATURVERHÄLTNISSE IN DER ANDEREN WELT ZU GEBEN.

Allesweiß zögerte kurz. »Na schön. Sie sollen eine Chance erhalten, wenn mein Sohn den Stab wegwirft.«

KEINEM ZAUBERER KÄME ES IN DEN SINN, SEINEN STAB WEGZUWERFEN, stellte Tod fest. DIE BINDUNG IST VIEL ZU GROSS.

»Trotzdem ist es möglich, das mußt du zugeben.«
Tod dachte darüber nach. Das Verb *müssen* wurde ihm gegenüber nur sehr selten verwendet, aber unter diesen besonderen Umständen war er zu einem Zugeständnis bereit.
WIE DU MEINST, sagte er.
»Ist diese Chance klein genug?«
ICH ERACHTE SIE ALS AUSREICHEND WINZIG, GERADEZU MOLEKULAR.
Allesweiß entspannte sich ein wenig. »Ich bedaure es nicht«, erklärte er in einem fast normalen Tonfall. »Ich würde noch einmal eine solche Entscheidung treffen. Kinder sind unsere Hoffnung auf die Zukunft.«
DIE ZUKUNFT BRINGT KEINE HOFFNUNG, sagte Tod.
»Was denn sonst?«
MICH.
»Abgesehen von dir, meine ich!«
Tod musterte ihn verwundert. ICH VERSTEHE NICHT...
Die Böen zischten und fauchten, legten dann eine kurze Pause ein, um Atem zu schöpfen. Eine Möwe nutzte die Gelegenheit, um hastig in ihr Nest an der Klippe zurückzukehren.
»Gibt es irgend etwas in der Welt, durch das unser Leben lebenswert wird?« fragte Allesweiß bitter.
Tod überlegte.
KATZEN, sagte er schließlich. JA, KATZEN SIND RECHT NETT.
»Ich verfluche dich!«
DA BIST DU NICHT DER ERSTE, erwiderte Tod gleichmütig.
»Wieviel Zeit bleibt mir?«
Tod holte eine große Sanduhr unter seinem Umhang hervor. Die beiden kristallenen Hälften waren mit einem schwarzen und goldenen Gittermuster geschmückt, und die obere enthielt nur wenige Körner.

OH, UNGEFÄHR NOCH NEUN SEKUNDEN.

Allesweiß straffte seine nach wie vor recht eindrucksvolle Gestalt und richtete den Stab aus schimmerndem Metall auf das Kind. Die rechte Hand des Säuglings kroch wie eine kleine, rosafarbene Krabbe unter der Decke hervor und griff danach.

»Dann laß mich der erste und letzte Zauberer in der Geschichte dieser Welt sein, der seinen Stab an den achten Sohn weiterreicht«, sagte Allesweiß langsam und feierlich. »Ich fordere ihn auf, guten Gebrauch davon...«

AN DEINER STELLE WÜRDE ICH MICH BEEILEN.

»... zu machen, auf daß er der mächtigste...«

Ein Blitz zuckte aus dem Herzen einer Wolke, traf die Hutspitze des Vaters, knisterte über den ausgestreckten Arm, tastete funkenstiebend am Stab entlang und traf das Kind.

Der Zauberer verschwand in einer Rauchwolke. Das dunkle Oktiron glühte grün, weiß und blutrot. Der Knabe lächelte im Schlaf.

Als der Donner verhallte, bückte sich Tod und hob behutsam den Säugling an, der daraufhin die Augen öffnete.

Sie glühten in einem goldfarbenen Ton, und zwar von innen heraus. Zum erstenmal in seinem Leben — obgleich dieser Ausdruck nicht ganz angemessen war — begegnete Tod einem Blick, dem er nur mit Mühe standhalten konnte. Die Pupillen beobachteten etwas, das sich einige Zentimeter hinter seiner Stirn zu befinden schien.

Das mit dem Blitz habe ich nicht beabsichtigt, erklang Allesweiß' Stimme aus dem Nichts. *Ist mein Sohn verletzt?*

NEIN. Tod sah das unschuldige und gleichzeitig wissende Lächeln des Knaben. Zögernd drehte er den Kopf. ER IST EIN KREATIVER MAGUS. ZWEIFELLOS

WIRD ER WEITAUS SCHLIMMERE DINGE ÜBERLEBEN. WENN DU MICH NUN BEGLEITEN WÜRDEST...
Nein.
ICH MUSS DARAUF BESTEHEN. IMMERHIN BIST DU TOT. Tod hielt vergeblich nach dem Seelenschatten des Vaters Ausschau. WO BIST DU?
Im Stab.
Tod lehnte sich auf seine Sense und seufzte.
WIE NÄRRISCH VON DIR. ICH KÖNNTE DICH LEICHT HERAUSSCHNEIDEN.
Nicht ohne den Stab zu beschädigen, antwortete der körperlose Allesweiß. Tod glaubte, in der Stimme eine gewisse Genugtuung zu hören. *Das Kind hat ihn entgegengenommen, und das bedeutet: Wenn du den Stab zerstörst, bringst du meinen Sohn um, obwohl seine Zeit noch nicht abgelaufen ist. Ganz im Gegenteil, sie hat gerade erst begonnen. Wenn du ihn tötest, bringst du das Schicksal durcheinander.* Mit deutlichem Triumph fügte der Vater hinzu: *Meine letzte Magie. Gerissen von mir, nicht wahr?*

Tod betastete den Zauberstab. Schwarzes Oktiron knisterte leise, und höhnische Funken tanzten übers dunkle Metall.

Seltsamerweise wurde der Knochenmann überhaupt nicht wütend. Ärger und Zorn sind Gefühle, und um Gefühle zu empfinden, braucht man Drüsen, an denen es Tod mangelte. Deshalb mußte er sich ziemlich anstrengen, um auch nur ein wenig ungehalten zu werden. Er seufzte erneut. Dauernd versuchten irgendwelche Leute, ihm ein Schnippchen zu schlagen, aber wenigstens bewies der Zauberer in diesem Zusammenhang mehr Einfallsreichtum als viele seiner Vorgänger. Den meisten fiel nur eine symbolische Schachpartie ein, die Tod fürchtete, weil er sich nie daran erinnern konnte, wie man den Springer setzte.

DU SCHIEBST DAS UNVERMEIDLICHE NUR HINAUS, sagte er.

Genau darum geht es im Leben.
ABER WAS ERHOFFST DU DIR DAVON?
Ich kann die ganze Zeit über bei meinem Sohn sein und ihn lehren, obwohl er meine Präsenz überhaupt nicht spürt. Ich geleite ihn in die Sphäre des Wissens und Verstehens. Und wenn er bereit ist, führe ich ihn zur Macht.
DA FÄLLT MIR EIN ... WOHIN HAST DU DEINE ANDEREN SÖHNE GEFÜHRT?
Ich habe sie rausgeworfen. Sie wagten es, mir zu widersprechen. Sie wollten nicht auf mich hören, lehnten es ab, sich von mir unterweisen zu lassen. Ich werde dafür sorgen, daß dieser Knabe den Rat seines Vaters beherzigt.
HÄLTST DU DAS FÜR KLUG?
Der Zauberstab schwieg. Das Kind daneben lächelte, lauschte einer Stimme, die für den Rest der Welt unhörbar blieb.

※

Es gibt keine Analogie für die Art und Weise, in der die kosmische Schildkröte Groß-A'Tuin durch die galaktische Nacht wandert. Wenn man zehntausend Meilen lang ist und einen von Meteoriten zerkratzten Panzer hat, auf dem hier und dort Kometeneis glänzt, kann man mit nichts verglichen werden.

Groß-A'Tuin ist schlicht und einfach die größte Schildkröte, die je gelebt hat. In aller Seelenruhe gleitet sie (oder er) durch die interstellaren Tiefen, und auf ihrem (seinem?) Rücken stehen vier gewaltige Elefanten, Träger der weiten, glitzernden und von einem ewigen Wasserfall gesäumten Scheibenwelt. Sie verdankt ihre Existenz entweder einer Störung im allgemeinen Gefüge der Wahrscheinlichkeit oder, was eher anzunehmen ist, einem Scherz der Götter.

Es soll nicht unerwähnt bleiben, daß Götter mehr Humor haben als viele Menschen.

In der Unsichtbaren Universität von Ankh-Morpork, einer alten, großen und wie ein Krebsgeschwür wuchernden Stadt unweit des Runden Meeres, befand sich ein ganz besonderes Samtkissen. Es lag in einer der oberen Kammern, und darauf ruhte ein Hut.

Natürlich handelte es sich um einen speziellen Hut. Es war ein prächtiger, ein *einzigartiger* Hut.

Er lief spitz zu, wie es sich gehörte, und er verfügte über eine breite, herabhängende Krempe. Nach diesen elementaren Merkmalen ließ der entsprechende Designer seiner schöpferischen Phantasie freien Lauf. Er stattete sein Werk mit goldenen Spitzen, Perlen und erlesenen Geziefer-Streifen aus, fügte funkelnde Ankhsteine* sowie einige ausgesprochen geschmacklose Pailletten hinzu und zögerte nicht, das Ergebnis seiner gestalterischen Bemühungen mit einer Kette aus Oktarinen zu krönen.

Da sie derzeit keinem starken magischen Feld ausgesetzt waren, glühten sie nicht und sahen wie minderwertige Diamanten aus.

Der Frühling hatte in Ankh-Morpok Einzug gehalten, obwohl das nicht sofort ersichtlich wurde. Es gab jedoch einige subtile Anzeichen, die Eingeweihte zu deuten verstanden. Zum Beispiel verfärbte sich der Schaum grün, der auf dem breiten Ankhstrom schwamm, einem Fluß (sofern er diese Bezeichnung verdiente), der für die Bürger gleich mehrere Zwecke erfüllte: Er diente als Trinkwasserreservoir, Kanalisation und häufig benutzter Friedhof. Fleißige Hausfrauen kamen auf die Idee, im blassen, zögernden Sonnenschein Wanzen und andere Insekten aus der Winterwäsche zu schütteln, und

---

* Sie ähneln Rheinkieseln, stammen jedoch aus einem anderen Fluß. Wenn es um glitzernde Objekte geht, offenbaren Zauberer soviel Geschmack und Selbstdisziplin wie eine geistesgestörte Elster.

daraufhin entwickelten viele Dächer Knospen in Form von Matratzen, Nackenrollen und Laken. In dunklen, muffigen Kellern knackte und knirschte es im Gebälk, als das trockene Holz den uralten Ruf des Saftes vernahm und von Wurzeln und Wäldern träumte. Vögel nisteten zwischen den Giebeln und Zinnen der Unsichtbaren Universität, wobei allerdings folgendes auffiel: Ganz gleich, wie wenige Nistplätze zur Verfügung standen — keine einzige Taube ließ sich in den einladend geöffneten Mäulern der steinernen Figuren am Dachrand nieder, was die in Granit gehauenen Ungeheuer verständlicherweise enttäuschte.

Auch in der Universität selbst herrschte eine Art Frühling. An diesem Abend begann das Fest der Geringen Götter, und dabei sollte ein neuer Erzkanzler gewählt werden.

Nun, von einer *Wahl* in dem Sinne konnte eigentlich keine Rede sein, denn Zauberer hielten nicht viel davon, ihre Stimme abzugeben. Sie befürchteten, sie später nicht zurückzuerhalten. Außerdem wußten sie, daß neue Erzkanzler von den Göttern auserkoren wurden, und in diesem Jahr zweifelte kaum jemand daran, daß sie sich auf den alten Virrid Festschmaus einigten: Schon seit einer ganzen Weile wartete er mehr oder weniger geduldig darauf, an die Reihe zu kommen.

Der Erzkanzler der Unsichtbaren Universität galt als offizielles Oberhaupt aller Zauberer auf der Scheibenwelt. Frühere Thaumaturgen, die einen so hohen Rang bekleideten, mußten beweisen, daß sie mit allen magischen Wassern gewaschen waren, aber inzwischen herrschten ruhigere Zeiten, und alle respektablen Seniorzauberer hielten solche Dinge für unter ihrer Würde. Sie zogen gewöhnliche Verwaltungsarbeiten vor, die sicherer waren und fast ebensoviel Spaß machten. Und sie liebten üppige Mahlzeiten.

Der lange Nachmittag zog sich weiterhin in die Länge. Der Hut ruhte noch immer auf seinem verblaßten Samtkissen in Virrid Festschmaus' Kammer, während der zukünftige Erzkanzler in seiner Badewanne saß und sich den Bart schrubbte. Andere Zauberer dösten in ihren magischen Laboratorien oder wanderten durch den Garten, um für das bevorstehende Abendessen ihren Appetit zu stimulieren. Sie wußten, daß dazu Bewegung notwendig war, aber die meisten erachteten es als völlig ausreichend, eine kurze, höchstens zehn Stufen hohe Treppe zu erklimmen.

Im Großen Saal machten sich die Bediensteten ans Werk. Unter den ernsten Blicken von zweihundert gemalten oder marmornen Erzkanzlern begannen sie damit, die langen Tische zu decken, während in den vielen Küchengewölben... Nun, in dieser Hinsicht sind der Phantasie keine Grenzen gesetzt. Der Leser sollte bei seinen Vorstellungen nicht nur eine Menge Öl und Fett berücksichtigen, sondern auch schweißtreibende Hitze, lautes Geschrei, Fässer mit Kaviar, gebratene Ochsen und lange Stricke mit Würsten, die wie Papierschlangen von Wand zu Wand reichten. Der Chefkoch hatte sich in eins der kühleren Zimmer zurückgezogen und arbeitete hingebungsvoll an einem Modell der Universität. Aus irgendwelchen unerfindlichen Gründen wählte er Butter als Darstellungsmasse. Er präsentierte immer solche Kunstwerke, wenn ein Fest anstand — Butterschwäne, Buttergebäude, ganze ranzige Menagerien —, und er fand solchen Gefallen daran, daß niemand den Mut aufbrachte, im Einhalt zu gebieten.

Unterdessen durchstreifte der Butler das Kellerlabyrinth, wandte sich den Weinfässern zu, füllte Dutzende von Karaffen und nahm seine Pflicht wahr, indem er sorgfältig probierte. Als er sich auf den Rückweg machte, taumelte er leicht.

Selbst die Raben ließen sich von der Aufregung anstecken. Sie wohnten im Kunstturm, der fast dreißig

Meter weit gen Himmel ragte und als höchstes Gebäude auf der Scheibenwelt galt. Das verwitterte Gestein bildete die Grundlage für einen prächtig gedeihenden Miniaturwald hoch über den Dächern der Stadt. Völlig neue Gattungen von Käfern und kleinen Säugetieren entwickelten sich dort, und da sich nur selten jemand in den Turm verirrte — er wies die unangenehme Eigenschaft auf, schon bei leichtem Wind zu schwanken —, fühlten sich die Raben dort völlig ungestört. Doch jetzt schwirrten sie nervös umher, wie Mücken kurz vor einem Gewitter. Es wäre nicht unbedingt falsch gewesen, wenn jemand den Kopf gehoben, die Vögel beobachtet und Verdacht geschöpft hätte.

Etwas Schreckliches bahnte sich an.

Sie wissen das bereits, nicht wahr?

※

Betreffende Ahnungen beschränken sich nicht nur auf den Leser.

»Was ist denn los?« rief Rincewind, um das laute Rasseln, Knistern und Knarren zu übertönen.

Der Bibliothekar duckte sich, als ein in Leder gebundenes Buch aus dem Regal sprang und am Ende seiner Kette verharrte. Er warf sich zu Boden und landete auf einer Ausgabe von *Malefizius' Entdekung der Dähmonologie*, die mit fanatischem Eifer an ein nahes Pult hämmerte.

»Uff!« sagte er.

Rincewind preßte die Schulter an ein zitterndes Regal, und mit den Knien zwang er einige trotzige Bände an ihren angestammten Platz zurück. Es herrschte ein schier ohrenbetäubender Lärm.

Magische Bücher führen ein gewisses Eigenleben, und einige von ihnen sind entschieden zu vital. Exemplare der ersten Auflage des *Necrotelicomnicon* müssen zum Beispiel zwischen zwei dicken Stahlplatten aufbewahrt werden. Die *Ware Cunst der Levitazion* verbrachte die letzten hundertfünfzig Jahre auf dem Dachboden, und *Schoiderig Heißbluts Kompändium über sechssuelle Magieh* liegt in einem mit Eis gefüllten Faß; es hat ein ganzes Zimmer für sich allein, und die Tür war vorsichtshalber mit zwei Riegeln und vier Schlössern gesichert. Eine strenge Regel besagt, daß es nur von Zauberern gelesen werden darf, die mindestens achtzig Jahre alt oder tot sind.

Aber selbst die gewöhnlichen Grimoires und Inkunabeln in den Hauptregalen waren so unruhig wie die Bewohner eines Hühnerhauses, das von einem Fuchs besucht wird. Zwischen den geschlossenen Deckeln kratzte es leise, so als strichen Klauen übers Pergament.

»Was hast du gesagt« schrie Rincewind.

»Uff!«[*]

»Genau!«

Als ehrenamtlicher stellvertretender Bibliothekar beschränkte sich Rincewinds Tätigkeit im großen und ganzen darauf, Indexlisten zu erstellen und Bananen zu holen. Er bewunderte die routinierte Kompetenz seines Vorgesetzten, der gelassen an den Regalen vorbeiwank-

---

[*] Es ist bereits darauf hingewiesen worden, daß sich die Bibliothek der Unsichtbaren Universität für niemanden eignet, der eine ruhige Stelle sucht. Einer von vielen magischen Zwischenfällen verwandelte den Bibliothekar in einen Orang-Utan, und er widerstand allen Versuchen, ihm wieder menschliche Gestalt zu geben. Er hat Gefallen an den praktischen langen Armen und greiffähigen Zehen gefunden, und er mag es auch, sich ungeniert in aller Öffentlichkeit zu kratzen. Der größte Vorteil seiner Affenexistenz besteht jedoch darin, daß sich alle wichtigen Probleme des Lebens auf die schlichte Frage reduzieren, wer ihm die nächste Banane gibt. Man kann keineswegs behaupten, daß er den emotionalen Reichtum des menschlichen Lebens vergessen hat; er zieht es nur vor, seinen Seelenfrieden nicht mit so erhabenen Dingen wie Verzweiflung, Kummer, verletzter Eitelkeit und falschem Ehrgeiz zu belasten.

te, hier tröstend über einen schwarzen Band strich und dort einige erschrockene Wörterbücher mit leisem Affenmurmeln beruhigte.

Nach einer Weile ließ die literarische Panik in der Bibliothek nach, und Rincewind wagte es, sich zu entspannen.

Doch es war ein trügerischer Frieden. An vielen Stellen knisterten Blätter, und in fernen Regalen knarrten trotzige Buchrücken. Nach der ersten Aufregung ließ sich die nervöse Wachsamkeit der Bibliothek mit der einer Katze vergleichen, die das gut gefüllte Lager einer Schaukelstuhlfabrik durchstreift.

Der Bibliothekar kehrte zurück. Sein Gesicht konnte nur in einem Lastwagenreifen Sympathie wecken und zeigte ein ständiges schiefes Lächeln, das jedoch über seine wahren Empfindungen hinwegtäuschte. Als Rincewind beobachtete, wie der Affe unter seinen Lieblingstisch kroch und sich eine Decke über den Kopf zog, hielt er zumindest eine gewisse Besorgnis für angebracht.

Sehen Sie sich den Stellvertreter des Orang-Utans an, während sein argwöhnischer Blick über die stummen, verdrießlichen Regale schweift. Auf der Scheibenwelt gibt es acht Stufen der Zauberei, und nach sechzehn Jahren hat es Rincewind nicht einmal geschafft, Stufe Eins zu erreichen. Seine Lehrer vertreten sogar die Ansicht, daß es ihm an den notwendigen Fähigkeiten für die Stufe Null fehlt, obgleich die meisten Menschen auf dieser magischen Ebene *geboren* werden. Um es anders auszudrücken: Ein Statistiker würde darauf hinweisen, daß durch Rincewinds Tod das durchschnittliche okkulte Leistungsvermögen der Menschheit um einen Bruchteil stiege.

Er ist groß und hager und hat einen strubbeligen Bart, der deutlich darauf hinweist, daß ihn die Natur nicht als Bartträger vorgesehen hat. Er hüllt sich in einen dunkelroten Umhang, der schon bessere Tage beziehungsweise Jahre gesehen hat. Trotzdem erkennt man auf den ersten Blick, daß er ein Zauberer ist. Auf seinem Kopf ruht ein spitzer Hut mit angemessen breiter und schlaffer Krempe, und an dem aufragenden Kegel glänzen silberne Buchstaben, die das Wort ›Zaubberer‹ bilden — ganz offensichtlich stammen sie von jemandem, der mit Nadel und Faden ebenso unvertraut ist wie mit der Orthographie. Oben baumelt ein Stern. Die meisten Pailletten fehlen, sind längst abgefallen.

Rincewind rückte sich seinen Hut zurecht, hastete durch die uralten Türen der Bibliothek und trat in goldenen Sonnenschein. In der Stille des Nachmittags war nur das hysterische Krächzen der Raben zu hören, die über dem Kunstturm hin und her flatterten.

Rincewind starrte eine Zeitlang zu ihnen empor. Die Raben der Unsichtbaren Universität galten als recht hart im Nehmen. Schicksal und Verhängnis mußten sich wirklich etwas einfallen lasen, um sie in Unruhe zu versetzen.

Andererseits ...

Über Ankh-Morpork spannte sich ein blauer Himmel, an dem hier und dort einige Wolkenfetzen klebten. Die Sonne neigte sich allmählich dem Horizont entgegen, und ihr Licht verlieh dem fransigen Weiß am Firmament einen rötlichen Glanz. Die alten Eichen auf dem viereckigen Innenhof der Universität standen in voller Blüte. Aus einem offenen Fenster drangen die schrillen, jammernden Laute eines gequälten Musikinstruments — ein magischer Schüler, der mit nur wenig Erfolg versuchte, auf einer Violine zu spielen. Nun, die allgemeine Atmosphäre war alles andere als unheilvoll.

Rincewind lehnte sich an die warme Mauer. Und schrie.

Das Gebäude zitterte. Er spürte, wie die Vibrationen erst die Hand erfaßten und dann durch den Arm krochen, ein vages Prickeln in genau der richtigen Frequenz, um namenloses Grauen zum Ausdruck zu bringen. Die Steine fürchteten sich.

Rincewind riß entsetzt die Augen auf, als er ein leises Klirren vernahm. Die verzierte Deckplatte mehrerer Abflußrinnen kippte zur Seite, und die spitze Schnauze einer Universitätsratte kam zum Vorschein. Das kleine Nagetier bedachte den Zauberer mit einem verzweifelten Blick, trippelte ins Freie und sauste an ihm vorbei, gefolgt von einigen Familienangehörigen, Freunden und Bekannten. Manche von ihnen trugen Kleidung, aber das war nicht weiter verwunderlich: Die intensive magische Strahlung in der Unsichtbaren Universität stellt seltsame Dinge mit den Genen an.

Rincewind blinzelte verwirrt und erschrocken, beobachtete eine wahre Flut aus grauen Leibern. Hunderte von Ratten krochen aus ihren Schlupflöchern und flohen zum Außenwall. Der Efeu neben ihm raschelte, und mehrere Mäuse riskierten todesverachtende Sprünge auf seine Schulter, kletterten eilig am dunkelroten Umhang herab und schlossen sich ihren größeren Brüdern an. Sie schenkten Rincewind nicht die geringste Beachtung, und auch das war nicht ungewöhnlich: Die meisten Geschöpfe ignorierten ihn.

Er wirbelte um die eigene Achse, stürmte mit wehendem Mantel ins Gebäude zurück und hielt erst inne, als er das Büro des Quästors erreichte. Fast eine Minute lang hämmerte er an die Tür, und schließlich öffnete sie sich einen Spaltbreit.

»Oh, Rincewind, nicht wahr?« fragte der Quästor. Er wirkte nicht gerade begeistert. »Was ist los?«

»Wir sinken!«

Spelzdinkel — so hieß der Quästor — musterte ihn eine Zeitlang. Er war groß und drahtig, erweckte den Anschein, als sei er irgendwann einmal ein Pferd gewesen, dem die Reinkarnation als Mensch gelang. Wer ihm begegnete, gewann den Eindruck, von Zähnen angestarrt zu werden.

»Wir sinken?« wiederholte er.

»Ja. Alle Ratten fliehen!«

Der Quästor holte tief Luft.

»Komm herein«, sagte er freundlich. Rincewind folgte ihm in einen niedrigen, dunklen Raum, trat zusammen mit Spelzdinkel ans Fenster heran. Es gewährte einen ungehinderten Blick über den Garten bis hin zum Fluß, der seine stinkende Last friedlich zum Meer trug.

»Du hast es nicht etwa, hm, übertrieben, oder?« fragte der Quästor.

»Was soll ich übertrieben haben?« erwiderte Rincewind schuldbewußt.

»Weißt du, dies ist ein Gebäude«, sagte Spelzdinkel und drehte sich eine Zigarette — das typische Verhalten eines Zauberers, der sich mit einem Rätsel konfrontiert sieht. »Einige Hinweise sprechen deutlich dafür, daß wir uns nicht in einem Schiff befinden. Zum Beispiel halte ich vergeblich nach Delphinen Ausschau, die fröhlich vor dem Bug tollen, und es fehlt auch das übliche Leckwasser. Mit anderen Worten: Es besteht eine nur sehr geringe Wahrscheinlichkeit dafür, daß wir sinken. Andernfalls müßten wir, hm, in die Rettungsboote klettern und zum Ufer rudern. Hm?«

»Aber die Ratten...«

»Eine Art, hm, Frühlingsritual. Vielleicht ist gerade ein Weizenfrachter im Hafen vor Anker gegangen.«

»Außerdem habe ich gespürt, wie die Universität erzitterte«, fügte Rincewind ein wenig unsicher hinzu. Verwirrt sah er sich im Zimmer um. Die Wände waren beruhigend massiv, und das Feuer im Kamin knisterte vorlaut, wirkte überhaupt nicht eingeschüchtert. Alles schien in bester Ordnung zu sein.

»Ein kurzes Beben, weiter nichts. Vermutlich hatte Groß-A'Tuin einen, hm, Schluckauf. Du solltest dich,

hm, zusammenreißen. Hast du vielleicht etwas getrunken?«
»Nein!«
»Hm. Möchtest du einen Schluck?«
Spelzdinkel schlenderte zu einem dunklen Eichenschrank, griff nach einer Karaffe und füllte zwei Gläser. »Um diese Jahreszeit ziehe ich Sherry vor«, sagte der Quästor und deutete auf die Gläser. »Wie magst du ihn lieber — trocken oder, hm, süß?«
»Hm, danke«, entgegnete Rincewind. »Bestimmt hast du recht. Ich sollte mich ein wenig ausruhen.«
»Gute Idee.«
Rincewind verließ die Kammer und wanderte durch kühle, steinerne Flure. Ab und zu berührte er eine Wand, horchte und schüttelte den Kopf.

Als er erneut den Innenhof überquerte, bemerkte er Dutzende von Mäusen, die an einem Balkon vorbeiliefen und in Richtung Fluß hasteten. Der Boden unter ihnen schien sich ebenfalls zu bewegen. Er sah genauer hin und stellte fest, daß die Mäuse über die Chitinrücken von Myriaden Ameisen liefen.

Selbstverständlich handelte es sich nicht um gewöhnliche Ameisen. Das jahrhundertelange Tröpfeln von magischer Energie in den Mauern der Unsichtbaren Universität zeigte deutliche Wirkung. Einige Exemplare der Gattung Formicoidea zogen winzige Karren, während andere auf abgerichteten Käfern ritten. Und sie alle machten sich so schnell wie möglich aus dem Staub — ein rotbraunes Heer, das vor einem unbekannten Feind die Flucht ergriff. Ein sonderbarer Wind schien das Gras auf dem Platz zu erfassen, als die Ameisenstreitmacht abrückte.

Rincewind hob den Kopf, als eine alte, gestreifte Matratze durch eins der oberen Fenster geschoben wurde und aufs Pflaster herabfiel. Nach einer kurzen Pause — wahrscheinlich schöpfte sie Atem — stemmte sie sich ein wenig in die Höhe, marschierte zielstrebig über den Rasen und hielt genau auf den Zauberer zu, der im letzten Augenblick zur Seite sprang. Er vernahm ein fast schrilles Zirpen, und sein verblüffter Blick fiel auf Tausende von entschlossenen Beinen unter dem dicken Stoff. Selbst die Wanzen machten sich auf und davon, und da sie nicht wußten, ob sie woanders eine ebenso komfortable Unterkunft fanden, beschlossen sie, auf Nummer Sicher zu gehen. Eine von ihnen winkte und quiekte einen Gruß.

Rincewind wich zurück, bis etwas seinen Rücken berührte und ihn erstarren ließ. Er wandte sich um, sah eine steinerne Bank und beobachtete sie argwöhnisch. Als er sicher sein konnte, daß sie nicht die geringste Absicht hatte, ebenfalls zu fliehen, seufzte er leise und nahm Platz.

Bestimmt gibt es für all das eine ganz natürliche Erklärung, dachte er. Oder eine völlig normale übernatürliche.

Er hörte ein dumpfes Knirschen und drehte den Kopf. *Dafür* gab es sicher keine natürliche Erklärung. Mit geradezu quälender Langsamkeit verließen die granitenen Figuren das Dach. Sie kletterten an Brüstungen und Regenrinnen herab, und außer dem gelegentlichen Kratzen von Stein auf Stein blieb alles still.

Bedauerlicherweise wußte Rincewind nicht, was es mit schlechter Zeitraffer-Fotografie auf sich hat, denn sonst hätte er den Vorgang in allen Einzelheiten beschreiben können. Die steinernen Ungeheuer bewegten sich nicht in dem Sinne, sondern kamen in Form plötzlicher Ortswechsel voran: Erst befanden sie sich an einer Stelle, dann an einer anderen, wobei die Unterschiede manchmal nur wenige Zentimeter betrugen. In einer stummen Prozession aus Schnäbeln, Mähnen, Schwingen, Klauen und Taubenkot ruckten sie an dem Zauberer vorbei.

»Was geht hier vor?« krächzte Rincewind.

Eine Mischung aus Kobold, Harpyie und Huhn blieb stehen, und drehte mit kurzen, knappen Zuckungen den Kopf. Die Stimme klang wie die Peristaltik eines Gebirges (obgleich die Resonanz ein wenig unter dem Umstand litt, daß die Gestalt ihren Rachen nicht schließen konnte), als das Wesen sagte:

»Ein ahrer Auberer ommt! O eh!«

»Wie bitte?« erwiderte Rincewind. Aber das granitene Monstrum gab keine Antwort, setzte seinen Weg fort und stapfte über den uralten Rasen.*

Rincewind blieb sitzen und starrte zehn Sekunden lang ins Leere, bevor er einen Schrei ausstieß und so schnell lief wie noch nie zuvor in seinem Leben.

Er verharrte erst, als er sein Zimmer im Bibliotheksflügel erreichte. Es war eine eher bescheidene Unterkunft, die in erster Linie als Lager für alte Möbel diente, aber Rincewind verband damit Vorstellungen von Heim und Sicherheit.

An der einen dunklen Wand stand ein großer Kleiderschrank. Er gehörte nicht zu den modernen Kleiderschränken, deren einziger Zweck darin besteht, nervöse Liebhaber zu verstecken, wenn der Ehemann früher als erwartet nach Hause zurückkehrt. Nein, es war ein wuchtiges Ding aus Eichenholz, so schwarz wie die Nacht. In seinen staubigen Tiefen lauerten Kleiderbügel und vermehrten sich, und in den unteren Fächern wimmelte es von vergessenen Schuhen. Vielleicht verbargen sich irgendwelche wundersame Welten hinter der Rück-

---

* Als der Obergärtner der Unsichtbaren Universität später die von den Steingeschöpfen zurückgelassenen Furchen sah, zerbiß er seine Harke und sprach folgende berühmt gewordenen Worte: »Wie bekommt man einen solchen Rasen? Man mäht und walzt ihn fünfhundert Jahre lang, und dann latschen einige Mistkerle einfach darüber hinweg.«

wand, aber sie blieben unentdeckt, weil niemand den Gestank der vielen Mottenkugeln ertragen konnte.

Auf diesem Schrank ruhte eine große, von vergilbtem Papier und alten Laken umhüllte, mit Messingbeschlägen versehene Truhe namens Truhe. Niemand wußte, warum sich Rincewind für ihren Eigentümer hielt. Wahrscheinlich gab es im ganzen Multiversum keine anderen Reiseutensilien, die auch nur annähernd so geheimnisvoll waren und sich wiederholt der schweren Körperverletzung schuldig gemacht hatten. Truhe wurde häufig als eine Mischung zwischen Koffer und wahnsinnigem Mörder beschrieben. Sie verfügte über viele Eigenschaften, und im Laufe dieser Geschichte wird der Leser einige kennenlernen. Derzeit aber unterschied sie sich nur in einer Hinsicht von allen anderen messingbeschlagenen Truhen: Sie schnarchte, und es klang, als säge jemand langsam durch hartes Holz.

Truhe ist zweifellos magischer Natur, und bestimmte Leute haben allen Grund, sich vor ihr zu fürchten, aber in einem Punkt ähnelte sie allen anderen Gepäckstücken auf der Scheibenwelt: Während des Winters wurde sie träge und schlummerte gern auf einem Kleiderschrank.

Rincewind stieß sie mehrmals mit dem Besen an, bis das Sägen aufhörte. Dann wandte er sich der Bananenkiste zu, die er als Tisch verwendete, stopfte sich verschiedene Gegenstände in die Taschen und eilte zur Tür. Ihm fiel auf, daß seine Matratze fehlte, aber er machte sich nichts daraus, weil er entschlossen war, nie wieder auf irgendwelchen Matratzen zu schlafen.

Truhe landete mit einem lauten Pochen auf dem Boden. Nach einigen Sekunden zeigte sie Dutzende von kleinen, rosafarbenen Füßen, neigte sich von einer Seite zur anderen und streckte die Beine, bevor sie die Klappe öffnete und gähnte.

»Kommst du nun oder nicht?« fragte Rincewind.

Die Klappe schloß sich wieder. Die winzigen Füße gerieten in Bewegung, als sich Truhe umdrehte, der Tür zuwandte und ihrem Herrn folgte.

In der Bibliothek herrschte noch immer eine gewisse Anspannung: Hier und dort rasselten Ketten*, und altes Pergament knisterte. Rincewind trat an den Tisch heran und griff nach dem haarigen Arm des Bibliothekars, der noch immer unter seiner Decke kauerte.

»Laß uns von hier verschwinden!«

»Uff!«

Rincewind rollte mit den Augen. »Wenn du mich begleitest, gebe ich dir einen aus«, sagte er verzweifelt.

Der Bibliothekar entfaltete sich wie eine vierbeinige Spinne. »Uff?«

Rincewind zog den Affen unterm Tisch hervor und durch die Tür. Er entschied sich gegen das Haupttor der Universität, lief statt dessen zu einer eigentlich völlig normal wirkenden Wand: Einige lose Mauersteine gaben den Studenten seit zweitausend Jahren die Möglichkeit, nach dem magischen Zapfenstreich zurückzukehren, ohne von ihren Lehrern erwischt zu werden.

Nach einigen Metern blieb Rincewind so plötzlich stehen, daß der Bibliothekar gegen ihn stieß und Truhe auf sie beide prallte.

»Uff!«

»Bei allen Göttern!« entfuhr es dem Zauberer. »Sieh dir das an!«

»Uff?«

Eine schwarze Flut strömte aus einem Abflußgitter in der Nähe des Küchenbereichs. Frühes Sternenlicht spiegelte sich auf Millionen von kleinen schwarzen Rücken wider.

---

* In den meisten alten Bibliotheken kettet man Bücher an die Regale, damit sie nicht von literarisch interessierten Personen beschädigt werden. In der Bibliothek der Unsichtbaren Universität ist es genau umgekehrt.

Aber es waren nicht die Kakerlaken an sich, die Rincewind so sehr verwirrten. Vielmehr galt sein bestürztes Erstaunen der Tatsache, daß sie im Gleichschritt marschierten, jeweils hundert nebeneinander. Natürlich hatten sich die Insekten durch das starke magische Feld ebenso verändert wie alle anderen inoffiziellen Bewohner der Universität, doch Milliarden von winzigen Beinen, die sich genau im Takt bewegten, verursachten ein außerordentlich beunruhigend klingendes Geräusch.

Rincewind trat vorsichtig an der Marschkolonne vorbei, während der Bibliothekar mit einem Satz darüber hinwegsprang.

Truhe allerdings... Als sie ihnen folgte, klang es so, als tanze jemand auf Kartoffelchips.

Woraufhin Rincewind beschloß, das Universitätsgelände doch durchs Haupttor zu verlassen. Eine schmale Lücke in der Mauer bot Truhe sicher nicht genug Platz, und mit ihrem ausgeprägten Taktgefühl wäre sie vermutlich einfach durch die Wand gerannt. Der Zauberer und seine beiden Begleiter schlossen sich den übrigen Flüchtlingen an, den Insekten und ängstlichen Nagetieren. Einige Biere, so glaubte er, würden es ihm erlauben, alles aus einer anderen Perspektive zu sehen, und wenn sie nicht genügten, brauchte er sein leeres Glas nur unter den Zapfhahn zu halten. Ein Versuch konnte sicher nicht schaden.

So kam es, daß Rincewind im Großen Saal fehlte, als das Festessen begann. Wie sich herausstellte, war es die wichtigste verpaßte Mahlzeit in seinem Leben.

An einer Stelle des langen Außenwalls klirrte es leise, als sich ein Dregghaken an den stählernen Zacken auf der Mauer verfing. Einige Sekunden später sprang eine schlanke, ganz in Schwarz gekleidete Gestalt auf den

Universitätshof, eilte lautlos zum Großen Saal und verschmolz mit den Schatten.
Niemand bemerkte den Eindringling.
Auf der anderen Seite des Hofes näherte sich der Kreative Magus dem Tor. Wo seine Stiefel das Kopfsteinpflaster berührten, knisterten blaue Funken und verdunstete der Tau des frühen Abends.

※

Es war nicht etwa warm, sondern heiß. Wirklich *heiß*. Der große Kamin am drehwärtigen Ende des Großen Saals glühte praktisch. Zauberer reagieren sehr empfindlich auf Kälte, und die Anwesenden wollten in dieser Hinsicht nicht das geringste Risiko eingehen. Die enorme Hitze der lodernden Flammen schmolz alle Kerzen im Umkreis von sechs Metern, und im Lack auf den langen Tischen bildeten sich Blasen. Blauer Tabakrauch ballte sich zu dichten Wolken zusammen und gewann seltsame Formen, wenn er auf kurzlebige Felder von Zufallsmagie stieß. Auf dem mittleren Tisch ärgerten sich die Reste eines gebratenen Schweins darüber, daß es jemand geschlachtet hatte, bevor es Gelegenheit bekam, seinen letzten Apfel zu fressen. Nur eine ölig glänzende Lache erinnerte an das Butter-Modell der Universität.
Bier floß in Strömen. Die meisten Wangen glänzten rot, und hier und dort sangen einige Zauberer traditionelle Trinklieder, bei denen es in erster Linie darauf anzukommen schien, sich immerzu auf die Knie zu klopfen und dauernd »Ho!« zu rufen. Als Entschuldigung für dieses Verhalten mag angeführt werden, daß Magier zum Zölibat verpflichtet sind und sich daher auf andere Art und Weise abreagieren müssen.
Ein weiterer Grund für die unbeschwerte Heiterkeit bestand darin, daß niemand versuchte, irgendwen um-

zubringen — ein in magischen Kreisen höchst ungewöhnlicher Zustand.

Die höheren Stufen der Thaumaturgie bringen enorme Gefahren mit sich. Jeder Zauberer versucht, den Platz eines Kollegen weiter oben einzunehmen, während er gleichzeitig den von unten nachrückenden Strebern auf die Finger tritt. Wer Zauberer beschreibt, indem er von natürlichem Konkurrenzdenken und angeborenem Ehrgeiz spricht, könnte ebenso gut behaupten, Piranhas seien von Natur aus ein wenig hungrig. Nun, seit den Magischen Kriegen, durch die weite Landstriche der Scheibenwelt unbewohnbar* wurden, ist es Thaumaturgen verboten, ihre Meinungsverschiedenheiten mit magischen Mitteln beizulegen. Aus solchen Duellen ergaben sich häufig Probleme für die Bevölkerung, und außerdem ließ sich nur schwer feststellen, welcher der beiden Rußflecken den Sieg errang. Um nicht zu lange auf Beförderungen warten zu müssen, machen Zauberer rituellen Gebrauch von Messern, unauffälligen Giften, in Schuhen versteckten Skorpionen und phantasievollen Fallen, die unter anderem rasiermesserscharfe Pendel verwenden.

Niemand saß auf dem Stuhl des Erzkanzlers. Virrid Festschmaus speiste allein in seinem Arbeitszimmer, wie es sich für einen Mann gehörte, den die Götter nach einer längeren Beratung mit den anderen Seniorzauberern auserwählt hatten. Trotz seiner achtzig Lenze war er ein wenig nervös und aß nur einen Teil des zweiten Hähnchens.

In einigen Minuten mußte er eine Rede halten. Als junger Magier hatte Festschmaus auf verschiedene Art versucht, Macht zu erringen: In schimmernden Okta-

---

* Zumindest läßt sich in den betreffenden Gebieten niemand nieder, der Wert darauf legt, am nächsten Morgen in dem Körper zu erwachen, den er abends in eine warme Decke hüllte.

grammen trat er gegen Dämonen an, und er besuchte Dimensionen, die nicht für Menschen bestimmt waren. Es gelang ihm sogar, das Bezuschussungskomitee der Unsichtbaren Universität zu überlisten. Aber in den Acht Kreisen der Leere gab es nichts Schlimmeres, als sich mehreren hundert erwartungsvollen Gesichtern gegenüberzusehen, die einen durch dichten Zigarrenqualm anstarrten.

Jeden Augenblick konnten die Herolde eintreffen, um ihn zum Großen Saal zu geleiten. Virrid Festschmaus seufzte und schob den Pudding beiseite, ohne ihn probiert zu haben. Mit einem leisen Ächzen stand er auf, durchquerte das Zimmer, blieb vor dem großen Spiegel stehen und tastete in seinen Taschen nach dem Manuskript der Ansprache.

Schließlich holte er einige zerknitterte Blätter hervor und räusperte sich.

»Liebe Brüder der magischen Kunst«, begann er, »Es ist mir eine große Freude, euch... hier... ich... Die ehrenhaften Traditionen dieser alten Universität... äh... Blicke ich mich um und sehe die Bilder der früheren Erzkanzler...« Festschmaus zögerte, starrte auf die Notizen herab und drehte die Zettel hin und her. Nach einer Weile fuhr er etwas selbstsicherer fort: »Während ich heute abend vor euch stehe, erinnere ich mich an die Geschichte vom dreibeinigen Hausierer und der, äh, Kaufmannstochter. Nun, was den Kaufmann betrifft...«

Es klopfte an der Tür.

»Herein!« sagte Festschmaus laut und warf einen neuerlichen Blick auf sein eher unvollständiges Manuskript.

»Der Kaufmann...«, murmelte er. »Der Kaufmann... Er hatte drei Töchter. Ja, ich glaube, es waren drei. Kein Zweifel. Äh, und eine davon...«

Er sah in den Spiegel und drehte sich um.

»Wer bist d...«, brachte er hervor.

Und stellte fest, daß es weitaus schlimmere Dinge gab, als Reden zu halten.

※

Die kleine, dunkel gekleidete Gestalt schlich durch leere Flure, hörte das Geräusch und achtete nicht darauf. Wo sich starke Magie bemerkbar machte, kam es häufig zu unangenehmen Geräuschen. Die Gestalt suchte nach etwas. Sie wußte nicht genau, um was es sich handelte, spürte jedoch, daß sie sich dem Ziel näherte.

Nach einigen Minuten gelangte sie in Virrid Festschmaus' Zimmer. Fette Rauchschwaden trieben durch die Kammer, und Rußpartikel bildeten einen schwarzen Nebel. Auf dem Boden zeigten sich mehrere fußförmige Brandspuren.

Die Gestalt zuckte mit den Schultern — in den Arbeitsräumen von Zauberern mußte man auf allerlei Überraschungen gefaßt sein. Aus den Augenwinkeln bemerkte sie ihr Abbild im gesplitterten Spiegel, rückte die Kapuze zurecht und setzte die Suche fort.

Sie bewegte sich wie jemand, der auf eine innere Stimme hört, schritt völlig lautlos durchs Zimmer und blieb schließlich am Tisch stehen, auf dem eine große, runde und zerkratzte Schachtel aus Leder stand. Vorsichtig beugte sich die Gestalt vor und hob den Deckel.

Die Stimme aus dem Innern des Behälters klang so, als filtere sie durch dicken Stoff. *Endlich. Was hat dich so lange aufgehalten?*

※

»Ich meine, wie haben sie überhaupt angefangen? Ich meine, damals gab es noch echte Zauberer und keinen Blödsinn mit magischen Stufen und so. Ich meine, sie hoben einfach die Arme und ... Zack!«

Zwei Männer, die in einer dunklen Ecke der *Geflickten Trommel* saßen, sahen jäh auf. Sie waren neu in der Stadt: Die Stammgäste reagierten nicht, wenn jemand stöhnte, und wem etwas an seinem Leben lag, überhörte auch alle anderen Geräusche, zum Beispiel häßliches Knirschen. In einigen Vierteln von Ankh-Morpork ist Neugier das beste Mittel, um Selbstmord zu begehen.

Rincewind gestikulierte unsicher über den vielen leeren Gläsern auf dem Tisch. Inzwischen war es ihm fast gelungen, die Kakerlaken zu vergessen. Wenn er sich weiterhin Mühe gab, schaffte er es vielleicht, auch die Sache mit der Matratze aus seinem Gedächtnis zu streichen.

»Ja, die alten Zauberer winkten einfach, und schon entstand ein Feuerball vor ihnen — hui! Und wenn sie verschwinden wollten, lösten sie sich einfach in Rauch auf. Paff! Oh, entschuldige bitte.«

Bier schwappte auf den Tisch, und der Bibliothekar schob sein Glas vorsichtshalber zur Seite. Als sich Rincewind vergewissert hatte, daß keine Gefahr bestand, noch mehr von der goldgelben Flüssigkeit zu verschütten, ruderte er erneut mit den Armen.

»Sie konnten *richtige* Magie beschwören«, sagte er und rülpste leise.

»Uff!«

Rincewind starrte in die schaumigen Reste seines letzten Biers und entschied, auch Truhe einen Schluck zu gönnen. Er bückte sich ganz vorsichtig, um zu vermeiden, daß ihm der Kopf von den Schultern fiel, kippte das Glas und füllte eine Untertasse. Erleichtert stellte er fest, daß sein stummer Begleiter noch immer dicht neben dem Tisch hockte. Wenn er Schenken besuchte, brachte ihn Truhe häufig in Verlegenheit, weil sie sich an die anderen Gäste heranschlich und ihnen einen solchen Schrecken einjagte, daß sie mit leckeren Bratkartoffeln ihr Wohlwollen zu erringen versuchten.

Er runzelte die Stirn und trachtete danach, das Chaos hinter seiner Stirn zu entwirren.

»Wo bin ich stehengeblieben?«

»Uff«, sagte der Bibliothekar.

»O ja.« Rincewind strahlte. »*Sie* verzichteten auf den Unsinn mit Stufen, Ebenen und Rangfolgen. Weißt du, damals gab es noch kreative Magier. Sie gingen in die Welt hinaus, fanden neue Zauberformeln und erlebten Abenteuer...«

Er tauchte den Zeigefinger in die Bierlache und malte ein Zeichen auf das fleckige Holz des Tisches.

Einer seiner Lehrer hatte einmal von ihm gesagt: »Wenn man seine Kenntnisse in der magischen Theorie als *miserabel* bezeichnet, so fehlt ein passender Ausdruck, um sein Verständnis für die thaumaturgische Praxis zu beschreiben.« Diese Bemerkung verwirrte Rincewind noch immer. Er leugnete die Tatsache, daß man gute magische Fähigkeiten haben mußte, um ein Zauberer zu sein. Irgendwo tief in seinem Kopf *wußte* er, daß er ein Zauberer war. Seiner Ansicht nach hatte Magie gar nichts oder nur wenig damit zu tun. Er hielt sie für ein Extra, das keineswegs den Ausschlag gab.

»Als kleiner Junge sah ich in einem Buch das Bild eines kreativen Magus«, sagte er wehmütig. »Er stand auf einem Berggipfel und hob die Arme, und daraufhin spülten die Wellen des Meeres hoch empor, so wie bei einem Sturm in der Ankhbucht, und es blitzte überall um ihn herum...«

»Uff?«

»Ich habe keine Ahnung, warum er nicht getroffen wurde«, antwortete Rincewind scharf. »Vielleicht trug er Gummistiefel.« Verträumt fuhr er fort: »Er hatte einen Stab und einen Hut, der aussah wie meiner, und seine Augen glühten, und seine Fingerspitzen *glitzerten*, ich meine, es lösten sich *Funken* von ihnen, und ich dachte, eines Tages nehme ich seinen Platz ein und...«

»Uff?«
»In Ordnung. Ich nehme auch noch einen Halben.«
»Uff!«
»Wie willst du eigentlich deine Zeche bezahlen? Mit Bananen?«
»Uff, uff.«
»Dachte ich mir.«

Rincewind vervollständigte das Gemälde. Es zeigte einen Berg, und darauf stand ein Strichmännchen. Eigentlich hatte es kaum Ähnlichkeit mit ihm — wer mit schalem Bier malt, muß auf Details verzichten —, aber es konnte kein Zweifel daran bestehen, wen die Figur darstellen sollte.

»Ich wollte so sein wie er«, sagte Rincewind. »Paff und zack! Nicht der Firlefanz in den Zimmern der Universität. All die Bücher und übrigen Sachen — so was nützt überhaupt nichts. Was wir brauchen, ist echte Zauberei.«

Die letzten Worte hätten ihm sicher den Preis für die dümmste Bemerkung des Tages eingebracht, aber er verzichtete auf eine solche Trophäe, indem er hinzufügte:

»Wirklich schade, daß es heute keine kreativen Magier mehr gibt.«

※

Spelzdinkel griff nach seinem Löffel und schlug damit auf den Tisch.

In dem purpurnen, mit Gezieferpelz* geschmückten Zeremoniengewand des Ehrenwerten Konzils der Seher

---

* Der Geziefer ist ein kleiner, schwarz und weiß gemusterter Verwandter des Lemmings, und in den kalten Mittregionen kommt er recht häufig vor. Sein weiches Fell wird sehr geschätzt, vor allen Dingen vom Geziefer selbst. Der egoistische Mistkerl will sich einfach nicht von seinem Pelz trennen und leistet mit allen Mitteln Widerstand, wenn jemand Anspruch darauf erhebt.

bot er einen eindrucksvollen Anblick. Seit drei Jahren gehörte er zu den Zauberern der fünften Stufe und wartete darauf, daß ihm einer der vierundsechzig Magier der Ebene sechs Platz machte, in dem er das Zeitliche segnete. An diesem Abend war der Quästor in guter Stimmung. Er hatte eine ausgezeichnete, ungefährliche Mahlzeit genossen, und in seinem Zimmer befand sich ein Fläschchen mit garantiert geschmacksneutralem Gift, das ihm bei richtiger Anwendung innerhalb von wenigen Monaten eine Beförderung ermöglichen sollte. Er glaubte, allen Grund zu haben, optimistisch in die Zukunft zu blicken.

Die große Standuhr am Ende des Großen Saals schlug neunmal.

Das Klopfen mit dem Löffel nützte nicht viel. Spelzdinkel griff nach einem Zinnhumpen und knallte ihn auf den Tisch.

»Brüder!« rief er und nickte zufrieden, als der Lärm nachließ. »Danke. Bitte steht jetzt auf, damit die, hm, Schlüsselzeremonie beginnen kann.«

Einige lachende Stimmen erklangen, und hier und dort ertönte ein erwartungsvolles Seufzen, als die Zauberer ihre Stühle zurückschoben und unsicher aufstanden.

Die Doppeltür des Saals war geschlossen, und man hatte auch nicht darauf verzichtet, drei schwere Riegel vorzuschieben. Die Tradition verlangte vom neuen Erzkanzler, dreimal Eintritt zu verlangen, und das anschließende Öffnen des Zugangs demonstrierte angeblich die Bereitschaft der versammelten Magier, den Erwählten als Oberhaupt der Unsichtbaren Universität anzuerkennen. Oder irgend etwas in der Art. Der Ursprung dieses Brauchs verlor sich in grauer Vorzeit, und allein das genügte als Grund, daran festzuhalten.

Plötzlich wurde es still, und alle Blicke richteten sich auf die Tür.

Spelzdinkel hörte ein leises Klopfen.

»Verschwinde!« rief ein Zauberer, der sich durch eine besonders subtile Form von Humor auszeichnete. Dutzende von Magiern krümmten sich vor Lachen.

Der Quästor holte einen großen Eisenring mit den Schlüsseln der Universität hervor. Nicht alle bestanden aus Metall. Manche waren nicht einmal sichtbar, und einige wirkten überaus sonderbar.

»Wer klopfet dort an die Tür?« intonierte er.

»*Ich.*«

Die Stimme war deshalb seltsam, weil jeder Zauberer den Eindruck gewann, sie ertöne direkt hinter ihm. Mehrere Thaumaturgen sahen sich verstohlen um.

Verblüffte Stille herrschte, und dadurch klang das leise Klicken im Schloß unnatürlich laut. Mit einer Mischung aus Faszination und Entsetzen beobachteten die Magier, wie die schweren Eisenriegel ganz von allein zurückwichen. Dicke Eichenbalken, die im Laufe vieler Jahrhunderte die Festigkeit von Granit gewonnen hatten, knirschten aus der Einfassung. Die Angeln glühten erst rot, schimmerten dann gelb und erstrahlten in einem grellen Weiß, bevor sie explodierten. Langsam und mit unheilvoller Unvermeidlichkeit stürzten die beiden Türflügel in den Saal.

Rauch wallte, und in den dichten Schwaden zeichnete sich undeutlich eine Gestalt ab.

»Donnerwetter, Virrid!« stieß ein Zauberer in der Nähe hervor. »Das war echt nicht schlecht.«

Aber als die Gestalt den Saal betrat, wurde sofort klar, daß es sich nicht um Virrid Festschmaus handelte.

Der Fremde trug einen schlichten weißen Umhang und schien mindestens einen Kopf kleiner zu sein als ein gewöhnlicher Magier. Darüber hinaus war er auch erheblich jünger. Spelzdinkel schätzte sein Alter auf ungefähr zehn. In der einen Hand hielt der Junge einen langen, schwarzen Stab.

»Wo hat er seinen Mantel gelassen?«

»Der Hut fehlt!«

»He, er ist überhaupt kein Zauberer...«

Der Knabe wanderte an den erstaunten Thaumaturgen vorbei und blieb erst vor dem oberen Tisch stehen. Spelzdinkel sah in das junge, von blondem Haar gesäumte Gesicht hinab, starrte in zwei goldene, von innen heraus glühende Augen. Er hatte das unangenehme Gefühl, daß ihr Blick überhaupt nicht ihm galt, sondern einem Punkt etwa zehn Zentimeter hinter seinem Kopf. Verwirrt überlegte er, wie er sich jemandem gegenüber verhalten sollte, der einfach durch ihn hindurchstarrte, ihn überhaupt nicht zu beachten schien, ihm den Eindruck vermittelte, völlig überflüssig zu sein. Spelzdinkels Selbstbewußtsein murmelte einen Fluch, doch die Stimme der Vorsicht riet zu Besonnenheit.

Schließlich besann sich der Quästor auf seine Würde und straffte die Schultern.

»Was hat das, hm, zu bedeuten?« fragte er. Es klang nicht besonders ehrfurchtgebietend, wie er sich selbst eingestehen mußte, aber der wahrhaft *durchdringende* Blick tilgte alle Worte aus ihm.

»Ich bin gekommen«, sagte der Fremde.

»Gekommen? Weshalb?«

»Um den mir gebührenden Platz einzunehmen. Wo steht mein Stuhl?«

»Gehörst du zu den Schülern?« erkundigte sich Spelzdinkel. Zorn verbannte die Verlegenheit aus ihm. »Wie heißt du, junger Mann?«

Der Knabe ignorierte ihn und wandte sich an die versammelten Zauberer.

»Wer ist hier der mächtigste Magier?« fragte er. »Ich möchte ihn kennenlernen.«

Spelzdinkel nickte kurz. Während der letzten beiden Minuten hatten sich zwei Studienpförtner herangeschlichen, und auf das Zeichen des Quästors hin sprangen sie sofort herbei.

»Werft ihn raus«, sagte Spelzdinkel, und die beiden

muskulösen, athletisch gebauten Männer knurrten zustimmend. Hände so breit und dick wie Bananenbündel schlossen sich um pfeifenstieldünne Arme.

»Dein Vater wird davon erfahren«, fügte der Quästor streng hinzu.

»Das hat er bereits«, erwiderte der Knabe. Er sah zu den beiden Pförtnern auf und zuckte mit den Achseln.

»Was geht hier vor?«

Spelzdinkel drehte sich um und erkannte Skarmer Billias, den Leiter des Ordens vom Silbernen Stern. Der Quästor war schlank und drahtig, auf Billias traf das genaue Gegenteil zu. Er sah aus wie ein kleiner Ballon, den man aus irgendeinem Grund in blauen Samt und Gezieferpelz gehüllt hatte. Seine Körpermasse wäre für zwei Menschen völlig ausreichend gewesen.

Unglücklicherweise behauptete Billias voller Stolz, gut mit Kindern umgehen zu können, und er sah nun eine Möglichkeit, seine entsprechenden Fähigkeiten unter Beweis zu stellen. Er beugte sich so weit herab, wie es das Abendessen im weit vorgewölbten Bauch erlaubte, und schob dem Jungen ein bärtiges, gerötetes Gesicht entgegen.

»Was ist denn los, Junge?« fragte er.

»Das *Kind* ist hier eingedrungen, weil es unbedingt einem mächtigen Zauberer begegnen möchte«, brummte Spelzdinkel in einem mißbilligenden Tonfall. Er hielt nichts von Kindern, und vielleicht war das der Grund, warum sie solches Interesse an ihm fanden. Derzeit gelang es ihm mit großem Erfolg, nicht an die aufgebrochene Tür zu denken.

»Und wenn schon«, sagte Billias. »Jeder Junge, der etwas auf sich hält, träumt davon, irgendwann einmal Zauberer zu sein. Ich wollte Zauberer werden, als ich klein war. Dir geht es bestimmt ebenso, nicht wahr, Junge?«

»Kennst du alle Geheimnisse der Magie?«

»Wie?«

»Ich meine, bist du mächtig?«

»Ob ich mächtig bin?« wiederholte Billias. Er richtete sich wieder auf, betastete seinen Umhang, der ihn als Zauberer der achten Stufe auswies, wechselte einen kurzen Blick mit Spelzdinkel und zwinkerte. »Oh, ich glaube schon. Ja, ich bin ziemlich mächtig, so wie es sich für einen guten Zauberer gehört.«

»Dann fordere ich dich heraus. Zeig mir deine stärkste Magie. Nach dem Sieg über dich werde ich Erzkanzler, nicht wahr?«

»Du unverschämter Lüm...« begann Spelzdinkel, aber das schallende Gelächter der anderen Magier übertönte seine Empörung. Billias versuchte, sich auf die Knie zu klopfen, und als er sie nicht erreichen konnte, begnügte er sich mit den Oberschenkeln.

»Du willst ein Duell?« gluckste er. »Offenbar mangelt es dir nicht an Selbstvertrauen.«

»Magische Duelle sind verboten, wie wir alle wissen«, warf der Quästor ein. »Außerdem: Es ist doch lächerlich! Ich habe keine Ahnung, wer die Tür für ihn aufgebrochen hat, aber ich bin nicht bereit, hier herumzustehen und zuzusehen, wie du unsere Zeit verschwen...«

»Immer mit der Ruhe«, sagte Billias. »Wie lautet dein Name, Junge?«

»Münze.«

»Münze, *Herr*«, zischte Spelzdinkel.

»Nun, Münze, du möchtest also meine stärkste Magie sehen, wie?«

»Ja.«

»Ja, *Herr*«, fauchte der Quästor. Münze bedachte ihn mit einem starren Blick. Es war ein Blick so alt wie die Zeit, ein Blick, der sich auf den Felsen vulkanischer Inseln sonnt und dem es dabei nie zu heiß wird. Spelzdinkel spürte, wie sein Gaumen trocken wurde.

Billias streckte die Hände aus und bat um Stille. In einer dramatischen Geste rollte er den linken Ärmel hoch und hob die Hand.

Die versammelten Zauberer sahen interessiert zu. Die Thaumaturgen der achten Stufe standen eigentlich jenseits der Magie und verbrachten den größten Teil ihrer Zeit damit, über verschiedene Dinge nachzudenken — ihre Überlegungen galten in den meisten Fällen der nächsten Mahlzeit — und zu vermeiden, die Aufmerksamkeit eines ehrgeizigen Zauberer der siebten Ebene zu wecken. Gespannt warteten sie auf eine Demonstration achtstufiger Macht.

Billias schmunzelte zuversichtlich, und der Knabe erwiderte das Lächeln, während er etwas zu beobachten schien, das sich einige Zentimeter hinter dem Kopf des alten Zauberers befand.

Ein Magier der achten Ebene läßt sich nicht so leicht aus der Fassung bringen, aber es fiel Billias schwer, die Ruhe zu bewahren. Plötzlich nahm er die ganze Sache wesentlich ernster und spürte den unwiderstehlichen Drang, sein Publikum zu beeindrucken. Diesem Empfinden folgte Ärger über die Nervosität, die tief in ihm zitterte, und er beendete sein kurzes emotionales Abenteuer, als eine innere Stimme »Narr!« flüsterte.

Er holte tief Luft. »Ich werde dir Maligrees Wundervollen Garten zeigen«, verkündete Billias.

Die Zauberer murmelten aufgeregt. In der ganzen Geschichte der Unsichtbaren Universität war es nur vier Magiern gelungen, den vollständigen Garten zu beschwören. Die meisten Thaumaturgen waren durchaus imstande, die Bäume und Blumen zu schaffen, und manche brachten es sogar fertig, Vögel hinzuzufügen. Es handelte sich nicht um einen besonders mächtigen Zauber — es ließen sich keine Berge damit versetzen —, aber die winzigen Details in Maligrees komplexer Formel erforderten ein hohes Maß an magischer Kompetenz.

Billias zeigte seine leeren Hände und blickte auf den Knaben herab. »Es ist kein fauler Zauber, wie du siehst«, sagte er und belächelte sein kluges Wortspiel. Seine Lippen bewegten sich lautlos, und die Finger malten geheimnisvolle Zeichen in die Luft. Goldene Funken glitzerten heran, knisterten über der einen Hand und bildeten einen kleinen Ball, in dem sich Konturen formten ...

Maligree gehörte zu den letzten wahren kreativen Magiern, und die Legende berichtete, er habe den Garten als ein kleines, privates, in sich geschlossenes Universum erschaffen, in dem er in aller Ruhe rauchen und nachdenken konnte, während er die Sorgen des Alltags wenigstens vorübergehend vergaß. Allein das war schon rätselhaft genug, denn kein gewöhnlicher Zauberer verstand, wieso ein kreativer Magus Alltagssorgen haben konnte. Ganz gleich, wie die Erklärung lauten mochte: Maligree begab sich immer häufiger in seinen persönlichen Kosmos, bis er nicht mehr zurückkehrte und einfach die Tür hinter sich schloß.

Der Wundervolle Garten ruhte als schimmernde Kugel in Billias' Händen. Einige in der Nähe stehende Zauberer reckten die Hälse, spähten über die Schulter ihres Kollegen und bewunderten einen mehr als fünfzig Zentimeter durchmessenden Ball, der eine paradiesische Blumenlandschaft enthielt. Sie beobachteten einen See mit interessanten Wellenmustern, starrten auf purpurne Berge, die sich hinter einem dichten Wald erhoben. Bienengroße Vögel flogen von Baum zu Baum. Zwei Rehe, die kleiner waren als normale Mäuse, grasten auf einer Wiese und sahen zu Münze auf.

Der Knabe nickte kurz. »Nicht schlecht«, kommentierte er kritisch. »Gib mir den Garten.«

Er nahm die eigentlich substanzlose Kugel von Billias entgegen und wog sie in den Händen.

»Warum ist sie nicht größer?« fragte er.

Billias holte ein spitzenbesetztes Taschentuch hervor und wischte sich den Schweiß von der Stirn.

»Nun...«, sagte er und suchte nach einer passenden Antwort. Der Tonfall des Knaben verwirrte ihn so sehr, daß er sich nicht die Zeit nahm, beleidigt zu sein. »In den vergangenen Jahrhunderten hat die Wirkung der Zauberformel etwas nachgelassen...«

Münze neigte den Kopf zur Seite und schien mehrere Sekunden lang zu lauschen. Dann flüsterte er einige Silben und berührte die Oberfläche der Kugel.

Der Ball schwoll an. Im einen Augenblick war er kaum mehr als ein faszinierendes Spielzeug in den Händen des Jungen, und im nächsten...

... fanden sich die Zauberer im kühlen Gras einer Wiese wieder, die bis zum See reichte. Sanfter Wind wehte von den Bergen her, und die Luft duftete nach Thymian und Heu. Ein blauer Himmel spannte sich über der Landschaft, und im Zenit gewann er eine purpurne Tönung.

Die Rehe standen im Schatten eines nahen Baums und beobachteten die Neuankömmlinge argwöhnisch.

Spelzdinkel sah verblüfft herab. Ein Pfau zupfte an seinen Schnürsenkeln.

»—«, begann er und brach ab. Münze hielt noch immer eine Kugel, und in ihrem Innern... Der Quästor hatte den Eindruck, durch ein dickes Vergrößerungsglas oder den Boden einer Flasche zu sehen, als er den Großen Saal der Unsichtbaren Universität betrachtete.

Der Junge richtete seinen Blick auf die Bäume und kniff nachdenklich die Augen zusammen, als er zu den fernen, schneebedeckten Bergen starrte. Schließlich wandte er sich an die sprachlosen Zauberer und nickte.

»Wirklich nicht übel«, sagte er. »Hier könnte es mir gefallen.« Er vollführte eine komplizierte Geste, die alles *umzustülpen* schien.

Einen Sekundenbruchteil später standen die Magier

wieder im Saal, und in den Händen des Knaben ruhte die Kugel mit dem Wundervollen Garten. Schockierte Stille herrschte, als er sie Billias zurückgab und sagte: »Das war recht interessant. Nun, jetzt zeige ich dir meine Magie.«

Er hob die Arme, musterte Billias — und ließ ihn einfach verschwinden.

Bei solchen Gelegenheiten bricht häufig Chaos aus, und das geschah auch diesmal. Münze stand völlig ruhig und gelassen in dem allgemeinen Durcheinander, und vor ihm zerfaserte eine Wolke aus dichtem Rauch.

Spelzdinkel ignorierte den Lärm, bückte sich langsam und hob vorsichtig eine Pfauenfeder auf. Tief in Gedanken versunken drehte er sie hin und her, sah zur Tür, beobachtete den Knaben und blickte auf den leeren Stuhl des Erzkanzlers. Schließlich seufzte er hoffnungsvoll, und ein dünnes Lächeln umspielte seine Lippen.

※

Eine Stunde später, als in der Ferne Donner grollte und die weißen Wolken über der Stadt flohen, um ihren grauen und schwarzen Verwandten Platz zu machen, als Rincewind leise zu singen begann und alle Kakerlaken vergaß, als eine vielbeinige Matratze durch die Straßen von Ankh-Morpork wanderte ... verließ Spelzdinkel das Arbeitszimmer des Erzkanzlers, schloß die Tür und setzte sich zu den anderen Zauberern.

Es waren insgesamt sechs, und sie machten sich Sorgen.

Sie machten sich solche Sorgen, daß sie Spelzdinkel zuhörten, obgleich er nur erst die fünfte magische Stufe erreicht hatte.

»Er ist zu Bett gegangen«, sagte er. »Und vorher hat er ein Glas warme Milch getrunken.«

»Milch?« wiederholte einer der Thaumaturgen. In seiner Stimme erklang so etwas wie müdes Entsetzen.

»Kinder vertragen keinen Alkohol«, erklärte Spelzdinkel.

»O ja. Natürlich. Milch. Hat viele Vitamine, nicht wahr? Ist gut fürs Wachstum. Ich meine ...«

Neben ihm hockte ein hohlwangiger Zauberer mit tief in den Höhlen liegenden Augen und fragte: »Hast du gesehen, was er mit der Tür im Großen Saal anstellte?«

»Ich weiß, was er mit Billias gemacht hat!«

»*Was* hat er mit ihm gemacht?«

»Ich will es gar nicht wissen.«

»Brüder, Brüder«, warf Spelzdinkel beschwichtigend ein. Er musterte die sorgenvollen Gesichter und dachte: zu viele Mahlzeiten; zu häufiges Warten darauf, daß die Diener den Nachmittagstee bringen; zu viele Stunden in muffigen Zimmern und in Gesellschaft von alten Büchern, die von Toten geschrieben wurden. Höchste Zeit für einige tiefgreifende Veränderungen in der Universität.

Für einen umfassenden Wandel, überlegte der Quästor und fand Gefallen an diesen Vorstellungen. Für eine Modifikation. Um nicht zu sagen: für eine magisch-politische Metamorphose.

Da keine weiteren geeigneten Fremdwörter in seinem mentalen Vokabular verzeichnet waren, brummte er:

»Ich frage mich, ob wir es tatsächlich mit einem, hm, Problem zu tun haben.«

Ernstlich Heiter von den Weisen des Unbekannten Schatten schlug mit der Faust auf den Tisch.

»Beim kosmischen Gram!« entfuhr es ihm. »Irgendein Kind betritt mitten in der Nacht den Großen Saal, schlägt zwei der besten Zauberer in dieser Universität, nimmt auf dem Stuhl des Erzkanzlers Platz ... Und du fragst dich, ob wir ein Problem haben? Der Junge ist ein Naturtalent! Was wir heute abend sahen, deutet darauf hin, daß es kein Magier auf der Scheibenwelt mit ihm aufnehmen kann.«

»Warum sollte uns daran gelegen sein, es mit ihm aufzunehmen?« erwiderte der Quästor geduldig.

»Weil er mächtiger ist als wir!«

»Ach?« Im Vergleich zu Spelzdinkels Stimme sah glattes Glas wie ein gepflügter Acker aus und gewann Honig die Qualität von grobem Kies.

»Es ist doch ganz logisch, daß ...«

Ernstlich zögerte, und Spelzdinkel bedachte ihn mit einem aufmunternden Lächeln.

»Ähem.«

Der Räusperer war Marmaric Krempel, Oberhaupt der Hereinleger. Mehrere Ringe glänzten, als er die Fingerspitzen aneinanderpreßte und den Blick auf Spelzdinkel richtete. Der Quästor mißtraute Krempel noch mehr als seinen anderen Kollegen, hegte großen Argwohn in bezug auf seinen Verstand. Er befürchtete, daß Marmaric eine recht hohe Intelligenz zu eigen war, dachte an viele winzige, auf Hochglanz polierte Zahnräder, die hinter der faltigen Stirn emsige Arbeit verrichteten.

»Der Knaben scheint kaum geneigt, seine Macht einzusetzen«, sagte Krempel.

»Und was ist mit Billias und Virrid?«

»Kindlicher Groll, weiter nichts«, erwiderte Marmaric.

Die anderen Zauberer sahen den Quästor an. Sie ahnten, daß zwischen den beiden Männern irgend etwas vor sich ging, wußten jedoch nicht genau, worum es sich handelte.

Es gibt einen schlichten Grund dafür, warum keine Zauberer über die Scheibenwelt herrschen. Man reiche zwei Magiern ein Seil, und sie ziehen instinktiv in verschiedenen Richtungen. Wahrscheinlich liegt es an ihren Genen oder der Ausbildung: Im Vergleich zu ihrer Kooperationsbereitschaft offenbart ein alter Elefant mit Zahnschmerzen den gleichen Eifer wie eine Biene, die den Rekord im Honigsammeln brechen will.

Spelzdinkel breitete die Arme aus. »Brüder«, wiederholte er sich, »begreift ihr denn nicht, was uns das Schicksal bescherte? Der Junge ist begabt, und vielleicht wuchs er ohne einen Lehrer auf, irgendwo auf dem, hm, Land, und er spürte den uralten Ruf der Magie in seinen Knochen, nahm eine weite, hm, Reise auf sich, begegnete vielen, hm, Gefahren, und schließlich erreichte er sein Ziel, ganz allein und voller, hm, freudiger Erwartung, und er hofft darauf, daß wir ihm, hm, helfen, seine Hand nehmen und ihn, hm, ins Reich der Zauberei *führen*. Oh, wie grausam wäre es, wenn wir ihn abwiesen, ihn der kalten Unbarmherzigkeit des, hm, Winters überließen, ihn in die dunkle, frostige Nacht schicken ...«

Der Quästor unterbrach seine Rede, als sich Ernstlich Heiter die Nase putzte.

»Wir haben den Winter längst hinter uns«, bemerkte einer der anderen Zauberer. »Und was die Nacht betrifft ... Der Vollmond scheint, und es ist noch immer recht warm.«

Spelzdinkel überlegte kurz. »Oh, wie sehr litte das Knäblein im geradezu *hinterhältig wechselhaften Frühlingswetter*, ja, verdammt sei der Mann, der es ...«

»Es ist fast Sommer.«

Krempel rieb sich nachdenklich den Nasenrücken.

»Der Junge hat einen Zauberstab«, stellte er fest. »Woher stammt er? Hast du ihn danach gefragt?«

»Nein«, antwortete Spelzdinkel und bedachte Marmaric mit einem finsteren Blick. Er war gerade richtig in rhetorischen Schwung gekommen.

Krempel starrte auf seine Fingerspitzen herab. Auf eine recht bedeutungsvolle Weise, wie der Quästor zu erkennen glaubte.

»Nun, ganz gleich, welche Probleme sich ergeben — bestimmt können sie bis morgen warten«, sagte das Oberhaupt der Hereinleger. Spelzdinkel bemerkte seinen auffallend gelangweilten Tonfall.

»Lieber Himmel, er hat Billias einfach verschwinden lassen!« platzte es ernst aus Ernstlich heraus. »Und es heißt, in Virrids Zimmer sei alles voller Ruß!«

»Vermutlich fielen sie ihrer eigenen Dummheit zum Opfer«, entgegnete Krempel gelassen. »Ehrenwerter Bruder, ich bin sicher, du ließest dir von einem *Kind* keine magische Niederlage beibringen, oder?«

Ernstlich zögerte. »Nun...«, sagte er. »Nein, natürlich nicht.« Er sah das unschuldige Lächeln Krempels und hüstelte verlegen. »Ganz gewiß nicht. Billias verhielt sich wirklich wie ein Narr. Trotzdem scheint mir eine gewisse Vorsicht angebracht.«

»Ich schlage vor, wir beginnen gleich morgen früh damit, vorsichtig zu sein«, sagte Krempel fröhlich. »Brüder, laßt uns diese Besprechung vertagen. Der Junge schläft, und zumindest in dieser Hinsicht sollten wir uns ein Beispiel an ihm nehmen. Morgen sieht bestimmt alles anders aus.«

»Ich habe einige Dinge gesehen, die sich nicht über Nacht verändern«, erklärte Ernstlich düster. Das Phänomen der Jugend erfüllte ihn mit ausgeprägtem Unbehagen, und er vertrat die Ansicht, daß sich nur Unheil daraus ergeben konnte.

Die Seniorzauberer verließen die Kammer und machten sich wieder auf den Weg zum Großen Saal, wo ihre magischen Kollegen gerade mit dem neunten Gang des Festessens begannen. Ihr Appetit hatte nicht unter den jüngsten Ereignissen gelitten. Wundervolle Gärten, Umstülpungen und Leute, die sich in Rauch auflösen, schlugen nur unerfahrenen Thaumaturgen auf den Magen.

Aus irgendeinem unerfindlichen Grund blieben

Spelzdinkel und Krempel allein im Zimmer zurück. Sie saßen an den beiden Enden des langen Tisches und beobachteten sich wie Katzen. Manchmal hocken sich Katzen stundenlang gegenüber und spielen jene Art von geistigem Schach, bei dem ein menschlicher Großmeister nach wenigen Zügen mattgesetzt würde. Aber selbst die besten Katzen müßten einem durchschnittlichen Zauberer unterliegen. Spelzdinkel und Krempel waren nur dann zum ersten verbalen Zug bereit, wenn sie alle Varianten des zu erwartenden Gesprächs durchdacht hatten und zu dem Schluß gelangten, daß ihnen genügend Möglichkeiten zum Kontern blieben.

Nach einigen Minuten gab der Quästor nach.

»Alle Zauberer sind Brüder«, sagte er. »Wir sollten Vertrauen zueinander haben. Ich verfüge über Informationen.«

»Ja«, bestätigte Krempel. »Du weißt, wer der Junge ist.«

Spelzdinkels Lippen bewegten sich lautlos, als er sich den nächsten Wortwechsel vorzustellen versuchte. »Du kannst nicht ganz sicher sein«, antwortete er nach einer Weile.

»Mein lieber Spelzdinkel: Du errötest immer, wenn du versehentlich die Wahrheit sagst.«

»Ich bin nicht rot geworden!«

»Eben«, kommentierte Krempel.

»Na schön«, gestand der Quästor ein. »Aber du glaubst, noch etwas anderes zu wissen.«

Der dicke Zauberer zuckte mit den Schultern. »Es ist nur ein Verdacht, kaum mehr als eine Ahnung«, sagte er. »Aber warum sollte ich mich mit dir *verbünden?*« Es fiel ihm nicht leicht, dieses völlig unvertraute Wort zu formulieren. »Immerhin bist du nur ein Magier der fünften Stufe. Ich könnte alle Informationen bekommen, indem ich in deinem Kopf nachsehe und das Gehirn anschließend durch die Ohren presse. Nun, sei gewiß, daß ich nichts gegen dich persönlich habe. Es geht mir darum, die Antworten auf einige Fragen zu finden.«

Die Geschehnisse der nächsten Sekunden folgten so dicht aufeinander, daß sie sich dem Verständnis von Nicht-Zauberern entziehen. Etwa folgendes trug sich zu:

Spelzdinkel hatte unter dem Tisch die Zeichen des Migränenbeschleunigers in die Luft gemalt. Jetzt murmelte er eine Silbe und schleuderte den Zauber seinem Widersacher entgegen. Die Magie hinterließ eine deutliche Brandspur im Holz, und auf halbem Weg traf sie auf die silbernen Schlangen von Bruder Strengmeisters Wirkungsvollem Natterbann, der von Krempels Fingern sprang.

Die beiden thaumaturgischen Entitäten prallten aufeinander, verwandelten sich in eine Kugel aus grünem Feuer und füllten den Raum mit winzigen gelben Kristallen.

Die Zauberer wechselten einen langen finsteren Blick, in dem man Kastanien hätte rösten können.

Krempel war überrascht. Und das überraschte ihn. Zauberer der achten Stufe sehen sich höchst selten mit der Notwendigkeit konfrontiert, ihr okkultes Geschick zu beweisen. Rein theoretisch gab es nur sieben andere Magier, die ebenso mächtig waren, und alle anderen nahmen einen geringeren Rang ein, spielten somit eigentlich keine Rolle. Solche Einstellungen führen zu Selbstzufriedenheit und der Überzeugung, wenigstens relative Sicherheit zu genießen.

Spelzdinkel war ein Zauberer der fünften Stufe, und daraus ergaben sich einige bedeutsame Konsequenzen.

An der Spitze der magischen Hierarchie mag das Leben recht hart sein, und unten ist es wahrscheinlich noch härter, aber um den Zustand in der Mitte zu beschreiben, muß man den Ausdruck ›hart‹ durch geeignete Synonyme wie graniten oder stählern ersetzen. Die geborenen Verlierer, Faulen, Dummen und Pechvögel werden bereits auf den ersten Ebenen ausgemerzt, und zurück bleiben nur die Ehrgeizigen, Gerissenen und Vorsichtigen. Die Zauberer der fünften Stufe wissen, daß sie auf allen Seiten von überaus entschlossenen Feinden umgeben sind. Ambitionierte Vierer drängen dauernd von unten nach und warten nur darauf, in die Fußstapfen eines erschöpften Fünfers zu treten. Die arroganten Sechser bemühen sich ständig, keinen Platz für Ehrgeiz zu lassen. Es herrscht nie Ruhe; dauernd ist alles in Bewegung. Um es anders auszudrücken: Die Magier der fünften Stufe sind gemein und zäh und haben Nerven aus Stahl; ihre geistigen und körperlichen Muskeln bleiben immerzu für den letzten Sprint zum Ziel angespannt, wo die kostbarste aller Trophäen wartet — der Hut des Erzkanzlers.

Das Novum der Zusammenarbeit übte einen gewissen Reiz auf Krempel aus. Vielleicht lohnte es die Mühe, eine Zeitlang auf Mordpläne und Giftattentate zu verzichten, die Kooperation als neues Werkzeug zu verwenden — solange sich dieses bemerkenswerte Instrument zu seinem Nutzen einsetzen ließ. *Nachher* konnte er es im metaphorischen Geräteschuppen verstauen und zu den alten Traditionen zurückkehren...

Spelzdinkel dachte: ein Patronat. Er hatte diese Bezeichnung schon einmal gehört, obwohl sie nicht zum üblichen Wortschatz der Zauberer gehörte, und daher wußte er auch, welche Vorstellungen es damit zu verbinden galt — jemand stand einem bei. Normalerweise kam es keinem Magier in den Sinn, einem Kollegen beizustehen; sie zogen es vor, bei ihm zu stehen und einen Dolch in den wehrlosen Rücken zu stoßen. Aber in diesem besonderen Fall... Allein der Gedanke, einen Konkurrenten zu unterstützen... Andererseits: Vielleicht erwies sich der alte Narr als nützlich, wenigstens eine Zeitlang, und *nachher*...

Die beiden Zauberer starrten sich mit widerstrebender Anerkennung und unbegrenztem Mißtrauen an. Glücklicherweise war es ein Mißtrauen, auf das sie sich verlassen konnten. Bis *nachher.*

»Der Knabe heißt Münze«, sagte Spelzdinkel. »Er nannte mir auch den Namen seines Vaters: Allesweiß.«

»Ich frage mich, wie viele Brüder er hat«, murmelte Krempel.

»Wie bitte?«

»Seit Jahrhunderten, vielleicht sogar seit Jahrtausenden, hat es in dieser Universität keine solche Magie mehr gegeben«, fuhr Krempel fort. »Ich kenne sie nur aus den ältesten aller Bücher.«

»Wir haben Allesweiß vor dreißig Jahren verbannt«, erinnerte sich der Quästor. »Er heiratete, wenn ich mich recht entsinne. Nun, seine Söhne, hm, kamen sicher als Zauberer zur Welt, aber ich verstehe nicht ...«

»Was wir gesehen haben, war keine Zauberei, sondern kreative Magie«, verkündete Krempel und lehnte sich zurück.

Spelzdinkels Blick reichte über den zischenden Lack hinweg, klebte am Gesicht des dicken Mannes auf der anderen Seite des Tisches fest.

»Kreative Magie?«

»Der achte Sohn eines Zauberers wird als kreativer Magus geboren.«

»Das wußte ich nicht!«

»Es ist nur Eingeweihten bekannt.«

»Na schön, aber ... Kreative Magier lebten vor langer, *langer* Zeit. Ich meine, hm, damals war die Magie stärker als heute, hm, und die Menschen ... Sie hatten andere, hm, Bräuche, und ... Ich meine, sie *verhielten* sich anders, hm, und magische Dinge ... die Verlockungen des, hm, weiblichen Fleisches ...« Die beiden letzten Worte bewirkten eine seltsame Reaktion in Spelzdinkel.

Acht Söhne, dachte er. Es bedeutet, daß er es achtmal getrieben hat. Mindestens. Donnerwetter!

»Kreative Magier waren zu allem fähig«, fügte der Quästor hinzu. »Ihre Macht reichte fast an die der Götter heran. Hm. Woraus sich natürlich einige Probleme ergaben. Mit den Göttern, hm. Bestimmt lassen sie nicht zu, daß noch einmal jemand ihre Autorität in Frage stellt.«

»Nun, es kam zum Chaos, weil die kreativen Magier untereinander stritten«, sagte Krempel. »Aber durch einen kreativen Magus dürften sich eigentlich keine Schwierigkeiten ergeben. Vorausgesetzt natürlich, ältere und klügere Zauberer stehen ihm mit weisem Rat zur Seite.«

»Der Knabe will den Hut des Erzkanzlers!«

»Warum soll er ihn nicht haben?«

Das war sogar für Spelzdinkel zuviel. Seine Kinnlade klappte herunter.

»Aber der Hut ...«

»Ist nur ein Hut«, sagte Krempel. »Ein Symbol, weiter nichts. Wenn der Junge solchen Wert darauf legt, bekommt er ihn eben. Er muß natürlich gewisse Gegenleistungen erbringen.« Das Oberhaupt der Hereinleger zwinkerte verschwörerisch. »Ein Strohhut.«

Spelzdinkel blinzelte.

»Ein Strohhut?«

»Ja. Für einen Strohmann.«

»Ich höre immer nur Stroh. Münze ist ein Junge aus Fleisch und Blut, und der Hut des Erzkanzlers ...«

»Ich habe nur eine Me ... eine Metaff ...« Krempel atmete tief durch. »Ich habe nur einen Vergleich verwendet, etwas Salz in die rhetorische Suppe gestreut.«

Spelzdinkel achtete nicht auf die letzten Worte. »Wenn wir ihm den Hut geben, wird er zum neuen Erzkanzler. Und der Erzkanzler wird von den Göttern auserwählt!«

Krempel wölbte eine Braue. »Tatsächlich?« fragte er und hüstelte.

»Nun, ja, ich glaube schon. In gewisser Weise.«

»*In gewisser Weise?*«

Krempel stand auf und versuchte vergeblich, seinen zerknitterten Umhang glattzustreichen. »Ich glaube, du mußt noch eine Menge lernen«, sagte er. »Übrigens: Wo befindet sich der Hut?«

»Ich weiß nicht«, erwiderte der Quästor, der noch immer um seine Fassung rang. »Irgendwo in, hm, Virrids Zimmer, nehme ich an.«

»Wir sollten ihn besser holen«, schlug Krempel vor.

Er blieb an der Tür stehen und zupfte nachdenklich an seinem Bart. »Ich erinnere mich an Allesweiß«, murmelte er. »Wir haben zusammen studiert. Komischer Typ. Seltsame Angewohnheiten. Ein sehr begabter Zauberer, bevor er überschnappte. Zuckte immer mit den Brauen, wenn er aufgeregt war.« Krempel starrte über eine vierzig Jahre breite Reminiszenzenkluft und schauderte.

»Der Hut«, sagte er. »Bringen wir ihn in Sicherheit. Es wäre sehr schade, wenn etwas damit passierte.«

※

Krempel wußte es noch nicht, aber er lag mit seinen Ahnungen genau richtig: Der Hut wollte vermeiden, daß irgend etwas mit ihm passierte, und darum hatte er gewisse Vorsichtsmaßnahmen ergriffen. Derzeit war er zur *Geflickten Trommel* unterwegs und wurde von einem verwirrten, ganz in Schwarz gekleideten Dieb getragen — nicht etwa auf dem Kopf, sondern unterm Arm.

Wie sich bald herausstellen wird, handelte es sich um eine ganz besondere Art von Dieb. Dieser Dieb beherrschte die Kunst des Diebstahls wahrhaft meisterlich. Andere Diebe stahlen alles, was nicht niet- und nagelfest war, aber dieser Dieb nahm auch die Nieten und Nägel mit. Dieser Dieb hatte ganz Ankh schockiert, indem er mit erstaunlichem Erfolg Dinge stahl, die in absolut einbruchsicheren Schatzkammern aufbewahrt und von wachsamen, bis an die Zähne bewaffneten Soldaten kontrolliert wurden. Es gibt Künstler, die Kapellen- und Kirchendecken mit herrlichen Gemälden schmücken — dieser Dieb hätte sie stehlen können.

Dieser spezielle Dieb stand in dem für seine Zunft beneidenswerten Ruf, während eines gut besuchten Abendgottesdienstes das edelsteinbesetzte Opfermesser aus dem Tempel des Krokodilgottes Offler gestohlen zu haben. Angeblich war es ihm sogar gelungen, die silbernen Hufeisen des besten Rennpferds aus dem Gestüt des Patriziers verschwinden zu lassen, während sich das Roß der Ziellinie näherte. Als Gritoller Hehlegut, Vizepräsident der Diebesgilde, auf dem Marktplatz angerempelt wurde, kurze Zeit später nach Hause zurückkehrte und feststellte, daß ihm einige geraubte Diamanten fehlten, zweifelte er nicht daran, wem sein Zorn gebührte.* Dieser Dieb konnte Initiative, den Augenblick und alle Worte stehlen, die einem auf der Zunge lagen.

Aber zum erstenmal hatte er nun etwas entwendet, das ihn darum bat, gestohlen zu werden, mit einer respekteinflößenden Stimme sprach und ihm genaue Anweisungen darüber gab, wohin es gebracht werden wollte.

In Ankh-Morpork fand gerade ein interessanter Übergang statt: Wer seinen Lebensunterhalt bei hellem Tageslicht verdiente, machte Feierabend und ruhte sich aus, während die Fleißigen der Nacht aufstanden und mit erneuerter Energie ihre Arbeit begannen. Ihre handwerklichen Utensilien bestanden aus Messern, Dolchen,

---

* Er wußte deshalb Bescheid, weil er die Diamanten sicherheitshalber verschluckt hatte.

Totschlägern, Knüppeln, kleinen Morgensternen, gezinkten Karten, manipulierten Würfeln, Falschgeld und finsteren Blicken, die sich manchmal mit einem freundlichen Lächeln tarnten.

Mit anderen Worten: Der Tag hatte gerade jenen subtilen Wendepunkt erreicht, an dem es für Überfälle zu spät ist und Einbrecher noch ein wenig warten müssen.

Rincewind saß allein in einem lauten Zimmer, in dem Dutzende von Gästen saßen, rauchten, tranken und die nächsten Morde planten. Er sah nicht auf, als ein Schatten über den Tisch kroch und eine dunkle Gestalt ihm gegenüber Platz nahm. Dunkle Gestalten waren in dieser Schenke recht häufig anzutreffen. Die *Geflickte Trommel* wahrte eifersüchtig ihren Ruf, die stilvollste anrüchigste Taverne in ganz Ankh-Morpork zu sein, und der große Troll an der Tür beurteilte die Eignung der Gäste anhand von schwarzen Umhängen, glühenden Augen, magischen Schwertern und so weiter. Rincewind hatte nie herausgefunden, was mit den Leuten geschah, die den Test nicht bestanden. Vielleicht endeten sie im geräumigen Trollmagen.

Die Gestalt beugte sich ein wenig vor, und ihre Stimme ertönte aus den Tiefen einer schwarzen, pelzbesetzten Samtkapuze.

»Pscht«, sagte sie bedeutungsvoll.

»Danke für das Angebot«, erwiderte Rincewind, der zunehmend Mühe hatte, seine Gedanken zu ordnen. »Aber ich verzichte lieber darauf.«

»Ich suche einen Zauberer«, sagte die Stimme. Sie klang heiser, versuchte offenbar, nicht erkannt zu werden — ein typisches Verhalten für die Stimmen in der *Geflickten Trommel*.

»Hast du einen bestimmten Zauberer im Sinn?« erkundigte sich Rincewind vorsichtig. In seiner gegenwärtigen Umgebung genügten dumme Fragen, um Gefahr heraufzubeschwören.

»Jemanden, der die Traditionen ehrt und für hohen Lohn keine Risiken scheut«, sagte eine andere Stimme. Sie schien von einer runden Lederschachtel im Arm des Fremden zu stammen.

»Oh«, erwiderte Rincewind, »das grenzt die Auswahl ein wenig ein. Was Lohn und Risiko betrifft ... Geht es dabei um weite Reisen durch fremde, gefährliche Länder?«

»In der Tat.«

»Vermutlich sind auch Begegnungen mit exotischen Wesen nicht auszuschließen?« Rincewind lächelte.

»Nicht ganz.«

»Und ständig droht einem fast sicherer Tod?«

»Eine Möglichkeit, die durchaus berücksichtigt werden sollte.«

Rincewind nickte und griff nach seinem Hut.

»Nun, dann wünsche ich dir viel Erfolg bei deiner Suche«, sagte er. »Ich würde dir gern helfen, aber leider bin ich nicht dazu bereit.«

»Wie bitte?«

»Nun, ich bedaure es sehr, aber die Aussicht von fast sicherem Tod in den Klauen exotischer Ungeheuer aus fremden Ländern reizt mich nicht besonders. Ich habe es mit solchen Dingen probiert, konnte mich jedoch nicht daran gewöhnen. Jedem sein eigenes Abenteuer, so lautet meine Devise. Ich ziehe Langeweile vor.« Er rammte sich den Hut auf den Kopf und stand unsicher auf.

Rincewind kam bis zur untersten Stufe der Treppe, die zur Straße führte, als jemand hinter ihm sagte: »Ein *wahrer* Zauberer hätte nicht abgelehnt.«

Er hätte einfach weitergehen können, und einige Sekunden lang spielte Rincewind tatsächlich mit dem Gedanken, die Treppe zu erklimmen, auf die Straße zurückkehren, sich in der Kichergasse eine klatschianische Pizza zu holen und anschließend unter die Bettdecke zu kriechen. Durch eine solche Entscheidung wäre die Geschichte wesentlich verändert und erheblicher kürzer gestaltet worden, aber solche Dinge spielten für den stellvertretenden Bibliothekar der Unsichtbaren Universität nur eine untergeordnete Rolle. Ihn lockte in erster Linie die Vorstellung, sich gründlich auszuschlafen, auch wenn er dabei auf eine weiche Matratze verzichten mußte.

Die Zukunft hielt den Atem an, wartete darauf, daß Rincewind fortging.

Aber er blieb stehen, und dafür gab es drei Gründe. Der erste hieß Alkohol. Als zweiter mag die winzige Flamme des Stolzes angeführt werden, die selbst im Herzen des vorsichtigsten Feiglings brennt. Der dritte war die Stimme.

Eine herrliche Stimme. Sie klang wie lange, seidige Locken.

Die Wechselbeziehung zwischen Zauberern und Sex ist ziemlich kompliziert, aber es wurde bereits darauf hingewiesen, daß sie auf folgendes hinausläuft: Wenn es um Wein, Weib und Gesang geht, so ist es Zauberern gestattet, ganz nach Belieben zu trinken und zu grölen.

Jungen Thaumaturgen erklärte man, der Umgang mit Magie sei sehr schwierig, und deshalb dürfe man nicht durch verstohlene und schweißtreibende Aktivitäten abgelenkt werden. Es sei weitaus besser, so hieß es, solche Dinge zu vergessen und sich statt dessen mit Erich Enthaltsams *Okkulter Fibel* zu befassen. Seltsamerweise gaben sich nur wenige magische Schüler mit dieser Erklärung zufrieden; die meisten anderen schöpften Verdacht und argwöhnten, man verlange nur deshalb erotische Abstinenz von ihnen, weil die entsprechenden Regeln von alten — und vermutlich vergeßlichen — Zauberern stammten. Damit hatten sie nur zum Teil recht. Der Grund für das obligatorische Zölibat war tatsächlich in Vergessenheit geraten: Wenn man Zauberern ungehinderten Umgang mit dem femininen Geschlecht erlaubte, bestand die Gefahr kreativer Magie.

Natürlich beschränken sich Rincewinds Kenntnisse nicht nur auf die Bibliothek in der Universität. Er hatte die eine andere Erfahrung gemacht und sich früh genug von den Geboten seiner Ausbildung befreit, um mehrere Stunden in der Gesellschaft einer Frau zu verbringen, ohne anschließend eine kalte Dusche und mehrere Beruhigungspillen nehmen zu müssen. Aber die Stimme hätte sogar eine Statue dazu veranlassen können, von ihrem Sockel zu springen und mit hundert Kniebeugen und fünfzig Liegestützen zu versuchen, sich von hormoneller Energie zu befreien. Wenn eine solche Stimme »guten Morgen« sagte, klang es wie eine Einladung ins Bett.

Die Fremde strich ihre Kapuze zurück, und langes, fast weißes Haar kam darunter zum Vorschein. Die gebräunte Haut stand in einem ebenso auffallenden wie harmonischen Kontrast dazu, und daraus ergab sich eine gut kalkulierte Wirkung auf die männliche Libido: Jemand schien ein Feuer unter ihr anzuzünden.

Rincewind zögerte und verlor die letzte Gelegenheit, an der gewohnten Langeweile festzuhalten. Hinter und über ihm brummte der Troll: »Ich schagte doch, dasch ihr nicht eintreten...«

Die Frau sprang vor und drückte Rincewind eine runde Lederschachtel in die Hände.

»Rasch, komm mit mir«, drängte sie. »Du bist in großer Gefahr!«

»Wieso?«

»Weil ich dich töten werde, wenn du mich nicht begleitest.«

»He, warte einen Augenblick, wenn das so ist...« wandte Rincewind verwirrt ein.

Drei Soldaten aus der persönlichen Garde des Patriziers erschienen am oberen Ende der Treppe, und der

Anführer blickte grinsend in den Schankraum herab. Sein Lächeln wies deutlich darauf hin, daß er die Freude ganz allein für sich gepachtet hatte.

»Niemand rührt sich von der Stelle«, sagte er.

Rincewind hörte ein lautes Klappern, drehte den Kopf und bemerkte weitere Gardisten an der Hintertür.

Die Stammgäste der *Geflickten Trommel* blieben still sitzen, und ihre Hände lösten sich langsam von diversen Messergriffen. Sie sahen auf den ersten Blick, daß es sich nicht um gewöhnliche Stadtwächter handelte, in deren Wesen Vorsicht und Korruption eine bestimmende Rolle spielten. Diese wandelnden Muskelberge waren absolut unbestechlich, wenn auch nur deshalb, weil der Patrizier in jedem Fall mehr zahlte. Außerdem schienen sie es nur auf die Frau abgesehen zu haben. Die Kundschaft des Wirts entspannte sich, und aus ihrer Besorgnis wurde Interesse. Einige von ihnen überlegten sogar, ob es sich lohnte, an dem bevorstehenden Spektakel teilzunehmen — sobald sie ganz sicher sein konnten, wer den Sieg errang.

Rincewind spürte einen wachsenden Druck am Handgelenk.

»Bist du verrückt?« flüsterte er. »Willst du dir den Zorn des Patriziers zuziehen?«

Irgend etwas zischte, und eine halbe Sekunde später ragte ein Dolchheft aus der Schulter des Anführers. Die junge Frau wirbelte um ihre eigene Achse, und mit der Sicherheit eines Chirurgen traf ihr Fuß den Schritt des ersten Wächters. Zwanzig Augenpaare tränten voller Mitgefühl.

Rincewind hielt seinen Hut fest und versuchte, unter den nächsten Tisch zu kriechen, aber nach wie vor hielt ihn eine schmale Hand fest, schloß sich wie eine stählerne Zwinge um seinen Unterarm. Ein weiterer Gardist näherte sich und wurde mit einem Messer begrüßt, das sich ihm in den Oberschenkel bohrte. Die junge Frau zog ein Schwert, das einer langen Nadel ähnelte, und drohend hob sie die dünne Klinge.

»Noch jemand?« fragte sie.

Einer der übrigen Soldaten legte mit seiner Armbrust an. Der Bibliothekar hockte noch immer vor einem Glas, streckte den rechten Arm aus — ein Vergleich mit zwei Besenstielen, die jemand mit einem haarigen Band verbunden hat, erscheint hier angemessen — und gab dem Mann einen Klaps auf den Rücken. Der Bolzen prallte vom Stern an Rincewinds Hut ab und traf die Wand dicht über einem allseits geachteten Zuhälter, der zwei Tische entfernt saß. Sein Leibwächter warf ein Messer und verfehlte nur knapp einen Dieb, der sich herausgefordert fühlte, nach einem Stuhl griff und ihn auf zwei Gardisten herabschmetterte, die sich gerade einige andere Gäste vornahmen. Nach dieser förmlichen Einleitung führte eins zum anderen, und innerhalb kurzer Zeit waren alle Anwesenden am Kampf beteiligt. Die meisten versuchten, sich aus dem Staub zu machen, und einige andere gaben sich damit zufrieden, mehr Schläge auszuteilen als einzustecken.

Rincewind fühlte sich unerbittlich hinter die Theke gezogen, und dort sah er den Wirt. In aller Seelenruhe hockte er auf seinen Geldbeuteln, genehmigte sich einen Drink und achtete darauf, daß er jederzeit nach einer mit langen Nägeln verzierten Keule greifen konnte. Wenn auf der anderen Seite des Tresens Holz splitterte, verzog er das Gesicht und murmelte etwas von ›Schadenersatz‹ und ähnlich geheimnisvollen Dingen.

Ein schwarzer Wirbelwind schien Rincewind fortzureißen, und es blieb ihm gerade noch Gelegenheit, einen letzten Blick auf den Bibliothekar zu werfen. Der Orang-Utan sah aus wie ein haariger, mit Wasser gefüllter Gummisack, aber in bezug auf Gewicht und Reichweite konnte er es mit allen Menschen im Zimmer aufnehmen. Derzeit saß er auf der Schulter eines Gardisten und trachtete mit nicht unbeträchtlichem Erfolg danach, ihm den Kopf abzuschrauben.

Rincewind konzentrierte sich auf die eigene Situation, als sein Hosenboden über mehrere Stufen rutschte.

»Liebes Fräulein«, sagte er verzweifelt. »Was hast du vor?«

»Gibt es eine Möglichkeit, aufs Dach zu klettern?«

»Ja. Was enthält die Schachtel?«

»Pscht!«

Die junge Frau blieb an einer Ecke des schmuddeligen Korridors stehen, öffnete den Beutel am Gürtel, holte mehrere kleine Objekte hervor und verstreute sie auf dem Boden. Die Gegenstände bestanden aus vier miteinander verschweißten Stahlzacken, und ganz gleich, wie sie lagen: Eine Spitze zeigte immer nach oben.

Nachdenklich beobachtete die schwarzgekleidete Gestalt eine nahe Tür.

»Du hast nicht zufällig einen anderthalb Meter langen dünnen Draht bei dir, oder?« fragte sie hoffnungsvoll, hielt plötzlich wieder ein Wurfmesser in der Hand und drehte es hin und her.

»Ich bedaure«, erwiderte Rincewind gequält.

»Schade. Ich hätte meine Vorräte rechtzeitig aufstokken sollen. Komm.«

Die Frau trat ans nächste Fenster heran, öffnete es und schwang ein Bein übers Sims.

»Na schön«, sagte sie über die Schulter hinweg. »Bleib hier und erklär den Soldaten alles.«

»Warum sind sie hinter dir her?«

»Keine Ahnung.«

»Was? Sie müssen doch irgendeinen Grund haben, um dich zu verfolgen.«

»Oh, es gibt sogar eine Menge Gründe. Ich weiß nur nicht, welcher die Wächter hierher führte. Kommst du jetzt?«

Rincewind zögerte. Die persönliche Garde des Patriziers war nicht gerade dafür bekannt, Appellen an die Vernunft mit besonderem Wohlwollen zu begegnen. Sie vergnügte sich viel lieber damit, das Artikulationsvermögen betreffender Personen zu stimulieren, indem sie ihnen die Zungen abschnitt. Viele Dinge erweckten den Groll der Gardisten, unter anderem der Umstand, daß sich außer ihnen noch andere Leute in der Welt befanden. Wer vor ihnen die Flucht ergriff, machte sich ihrer Meinung nach eines Kapitalverbrechens schuldig.

»Ich glaube, ich werde dich begleiten«, sagte Rincewind galant. »Eine junge Frau wie du sollte um diese Zeit nicht allein in Ankh-Morpork unterwegs sein.«

※

Kalter Nebel wallte durch die Straßen der Stadt, und das Licht von Fackeln und Laternen glühte trüb durch die träge dahinziehenden Schwaden.

Die Meisterdiebin spähte um eine Ecke.

»Die Soldaten haben unsere Spur verloren«, sagte sie. »Hör auf zu zittern. Wir sind jetzt in Sicherheit.«

»Soll das heißen, ich bin ganz allein mit einer gemeingefährlichen Wahnsinnigen zusammen?« fragte Rincewind. »Wirklich nett.«

Die Frau — das Fräulein — entspannte sich und lachte.

»Ich habe dich beobachtet«, vertraute sie ihm an. »Eben hast du dich noch vor einer langweiligen und uninteressanten Zukunft gefürchtet.«

»Ich *wünsche* mir eine langweilige und uninteressante Zukunft«, entgegnete Rincewind bitter. »Und ich *fürchte*, sie könnte kurz sein.«

»Kehr mir den Rücken zu«, sagte die Namenlose und trat in eine Seitengasse.

»Kommt überhaupt nicht in Frage.«
»Ich möchte mich ausziehen.«
Rincewind wirbelte herum und spürte, wie ihm das Blut ins Gesicht schoß. Hinter ihm raschelte und knisterte es, und er roch süßes Parfüm. Nach einer Weile sagte die Unbekannte: »Jetzt kannst du die Augen wieder öffnen.«
Der Zauberer reagierte nicht.
»Mach dir keine Sorgen. Ich bin wieder angezogen.«
Vorsichtig hob Rincewind die Lider. Die junge Frau trug nun ein gesetztes, weißes Spitzenkleid mit hübschen, gebauschten Rüschen. Er öffnete den Mund — und begriff, daß seine früheren Probleme recht simpel und banal gewesen waren, wenn man sie mit dieser ... Angelegenheit verglich. Bisher hatte er sich immer mit einigen mehr oder weniger klugen Worten herauswinden können, und wenn diese Möglichkeit versagte, blieb ihm immer noch die Option der Flucht. Sein Gehirn schickte dringende Befehle an die Laufmuskeln, aber bevor sie ihr Ziel erreichten, schlossen sich erneut stählerne Finger um seinen Unterarm.
»Du solltest wirklich nicht so nervös sein«, sagte die Namenlose zuckersüß. »Sehen wir uns einmal dieses Ding an.«
Sie griff nach der ledernen Schachtel, die an Rincewinds Händen festzukleben schien. Vorsichtig hob sie den Deckel und holte den Hut des Erzkanzlers hervor.
Die Oktarine glänzten in allen acht Farben des Spektrums, und seltsames Licht schimmerte, tanzte, gleißte und funkelte durch die neblige Gasse. Um ohne magische Mittel eine solche Wirkung hervorzurufen, benötigt man nicht nur einen außergewöhnlich begabten Superspezialisten für Superspezialeffekte, sondern auch eine gut gefüllte schöpferische High-Tech-Wunderkiste. Es braucht wohl nicht extra betont zu werden, daß nur wenige auserwählte Menschen Gelegenheit bekommen,

unter gewöhnlichen Umständen einen solchen Farb-*dunst* zu beobachten.

Rincewind sank langsam auf die Knie.

Die junge Frau musterte ihn verwirrt.

»Haben sich die Knochen deiner Beine in Gummi verwandelt?«

»Es ... es ist der Hut, der Hut des *Erzkanzlers*«, brachte Rincewind hervor und kniff die Augen zusammen. »Du hast ihn gestohlen!« platzte es aus ihm heraus. Er stemmte sich wieder in die Höhe und griff nach der irrlichternden Krempe.

»Ein Hut, weiter nichts.«

»Gib ihn her! Frauen dürfen ihn nicht berühren! Er gehört den Zauberern!«

»Warum regst du dich so auf?« fragte die Unbekannte.

Rincewind öffnete den Mund. Rincewind schloß den Mund.

Er wollte sagen: Es ist der Hut des Erzkanzlers. Begreifst du denn nicht? Er wird vom Kopf aller Zauberer getragen, das heißt, vom Kopf aller Zaubererköpfe, ich meine, er gehört eigentlich aufs, äh, metaphorische Haupt der Magiergemeinschaft, und überhaupt ... er ist das Ziel aller Zaubererwünsche, er versinnbildlicht organisierte Thaumaturgie, man kann sich ihn als Spitze unseres Berufsstandes vorstellen, als ein Symbol, er bedeutet ...

Und so weiter. Rincewind erfuhr am ersten Studientag in der Unsichtbaren Universität vom Hut des Erzkanzlers, und die entsprechenden Worte seiner Tutoren sanken so tief in seinen leicht zu beeindruckenden Geist wie Bleigewichte in weiche Grütze. Viele Rätsel der Welt blieben ihm rätselhaft, aber ein Punkt ließ nicht einmal für zaghaften Zweifel Platz: Der Hut des Erzkanzlers war *wichtig*. Vielleicht brauchten selbst Zauberer ein wenig Magie in ihrem Leben.

Rincewind, sagte der Hut.

Er starrte die junge Frau an. »Er hat zu mir gesprochen!«

»Mit einer Stimme, die dicht hinter der Stirn erklingt?«

»Ja!«

»Ich habe sie ebenfalls gehört. Die Stimme, meine ich.«

»Aber sie kennt meinen Namen!«

Natürlich kennen wir ihn, du närrischer Narr. Immerhin gelten wir als magisch.

Die Worte klangen nicht nur angemessen dumpf, sondern hatten auch einen sonderbar choralen Effekt. Rincewind stellte sich Dutzende von Stimmen vor, die alle zugleich und fast synchron sprachen.

Er straffte seine Gestalt.

»O großartiger und wundervoller Hut«, sagte er mit feierlichem Ernst, »strafe dieses unverschämte Mädchen, das die Frechheit, nein, die Dreistigkeit, nein, die Unverfrorenheit...«

Hör auf mit dem Unsinn. Die Diebin hat uns gestohlen, weil wir es ihr befahlen. Wir sind gerade noch rechtzeitig entkommen.

»Aber sie ist...« Rincewind zögerte. »Sie gehört dem, äh, weiblichen Geschlecht an und...«

Das war auch bei deiner Mutter der Fall.

»Ja, aber sie rannte fort, bevor ich geboren wurde«, murmelte Rincewind.

Es gibt viele anrüchige Schenken und Tavernen in der Stadt, aber du mußtest dich ausgerechnet für die Geflickte Trommel *entscheiden,* klagte der Hut.

»Er war der einzige Magier, den ich finden konnte«, erwiderte die junge Frau. »Er erschien mir durchaus geeignet. Ich meine, er hat einen Hut, und darauf steht ›Zaubberer‹ geschrieben und so.«

Man darf nicht alles glauben, was geschrieben steht. Nun, jetzt ist es zu spät. Uns bleibt nicht mehr viel Zeit.

»Einen Augenblick«, warf Rincewind ein. »Was ist eigentlich los? Du *wolltest* dich von ihr stehlen lassen? *Warum* bleibt uns nicht mehr viel Zeit?« Er richtete einen anklagenden Finger auf den Hut. »Wie dem auch sei: Du kannst nicht einfach herumlaufen und dich stehlen lassen. Du gehörst auf den ... den Kopf des Erzkanzlers! Die Ernennungzeremonie fand heute abend statt, und ich hätte daran teilnehmen sollen ...«

Etwas Schreckliches geschah in der Universität. Es ist von größter Bedeutung, daß wir nicht zurückgebracht werden, verstehst du? Reise mit uns nach Klatsch. Dort gibt es jemanden, der mich tragen soll.

»Warum?« Rincewind fand die Stimme immer seltsamer. Sie klang so, als sei es unmöglich, ihr nicht zu gehorchen, so als bringe sie massives Schicksal zum Ausdruck. Wenn sie ihn aufgefordert hätte, von einer hohen Klippe zu springen, wäre ihm vermutlich erst auf halbem Wege nach unten eingefallen, mit einem festen »Nein!« zu antworten.

Es droht der Tod aller Zauberei.

Rincewind sah sich schuldbewußt um.

»Wieso?« fragte er.

Das Ende der Welt steht bevor.

»Was, schon wieder?«

Wir meinen es ernst, sagte der Hut verdrießlich. *Der Triumph der Eisriesen, die Apokralypse, das Kaffeetrinken der Götter. Die Liste ließe sich fortsetzen.*

»Können wir das alles verhindern?«

An diesem Punkt ist die Zukunft ungewiß.

Das entschlossene Entsetzen wich allmählich aus Rincewinds Zügen.

»Prüfst du meine Gutgläubigkeit?« argwöhnte er.

Es wäre sicher einfacher, wenn du dich an deine Anweisungen hieltest und nicht versuchtest, gewisse Dinge zu verstehen, sagte der Hut. *Junge Dame, leg uns in unsere Schachtel zurück. Bald werden viele Leute nach uns Ausschau halten.*

»He, warte mal«, brummte Rincewind. »In den vergangenen Jahren habe ich dich oft gesehen, aber du hast nie gesprochen.«

Wir schwiegen, weil wir nichts zu sagen hatten.

Rincewind nickte. Es klang vernünftig.

»Verstau das Ding endlich in der Schachtel und laß uns von hier verschwinden«, schlug die Namenlose vor.

»Ein bißchen mehr Respekt, wenn ich bitten darf, junges Fräulein«, sagte Rincewind geziert. »Du siehst hier das Symbol uralter Zauberei.«

»Ich überlasse es dir«, sagte die Unbekannte.

»Nicht so hastig«, stieß Rincewind hervor und folgte der jungen Frau, als sie an verwitterten Mauern entlangeilte, eine schmale Straße überquerte und durch eine dunkle, schmale Gasse zwischen zwei Häusern huschte, die sich wie betrunken aneinanderlehnten. Es sei hinzugefügt, daß sich ihre oberen Stockwerke tatsächlich berührten. Schließlich seufzte die Namenlose und blieb stehen.

»Was ist denn?« fragte sie.

»Du bist der geheimnisvolle Dieb, nicht wahr?« sagte Rincewind. »Ich meine, die geheimnisvolle Diebin. Du bist in aller Munde.« Er errötete und verbesserte sich hastig: »Das heißt, alle Leute reden von dir. Angeblich gelang es dir, in verriegelte Schatzkammern einzudringen und so. Äh, ich habe mir dich ein wenig anders vorgestellt.«

»Ach?« erwiderte sie kühl. »Wie denn?«

»Nun, du bist ... äh ... kleiner.«

Die junge Frau seufzte erneut. »Komm weiter.«

In diesem Teil von Ankh-Morpork glühten nur wenige Laternen, aber weiter vorn gab es überhaupt keine mehr. Pechschwarze Finsternis wartete dort und grinste erwartungsvoll.

»Ich sagte, komm weiter«, wiederholte die Diebin. »Wovor fürchtest du dich?«

Rincewind holte tief Luft. »Vor Mördern, Assassinen, Erwürgern, Halsabschneidern, selbsternannten Henkern, Räubern, Banditen und anderen Schurken, die in keine bestimmte Kategorie passen«, erwiderte er. »Dort vorn beginnen die Schatten!«*

»Ja«, bestätigte die Namenlose. »Niemand wird es wagen, dort nach uns zu suchen.«

»Oh, die Soldaten werden uns folgen, wie es sich für ordentliche Verfolger gehört, aber anschließend können sie nicht wieder zurückkehren, weil sie unliebsame Bekanntschaft mit heimtückischen Messern, hinterhältigen Dolchen und gemeinen Totschlägern machen«, sagte Rincewind voller Unbehagen. »Weißt du, ich bin keine Echse, sondern ein Mensch. Ich habe nur eine dünne Haut, keinen dicken Panzer. Und deshalb möchte ich darauf verzichten, ebenso einmalige wie endgültige Erfahrungen in den Schatten zu sammeln. Du solltest dir ein Beispiel an mir nehmen. Ich meine, eine wunderhübsche junge Frau wie du... Wie schrecklich wäre es, wenn du... Ich meine, einige Leute in dem Viertel vor uns... Insbesondere die Männer...«

Die Diebin lächelte. »Du bist bei mir«, sagte sie mit einer Stimme, die wie besonders süßer Honig klang. »Du wirst mich sicher beschützen.«

Rincewind glaubte, in einer nahen Gasse schwere Gardistenschritte zu hören.

»Ich wußte, daß du so etwas sagen würdest«, entgegnete er verzweifelt.

---

* In ihrer Werbebroschüre *Willkommen in Ankh-Morpork. Statt der Thausend Übaraschungen* beschreibt die Kaufmannsgilde den als ›Schatten‹ bekannten Teil von Alt-Morpork als ›ein folkloristisches Labürinth mahlerischer Gassen und Strassen, wo hinter jehder Ekke Aufrehgung und Romantik lauern; manchmhal hört man auch die freudigen Schreie der Bewohner und das gurgelnde Lachen all jehner, die sich an jahrtausige und daher recht alte Traditionen halten‹. Mit anderen Worten: Sie sind gewarnt.

Durch diese dunklen Straßen muß ein Mann gehen, dachte er. Und irgendwo beginnt er zu rennen.

※

In dieser nebligen Frühlingsnacht ist es so finster in den Schatten, daß es zu dunkel wäre, um über Rincewinds Weg durch die gespenstischen Gassen zu lesen. Daher müssen die beschreibenden Passagen über die verzierten Dächer und den Wald aus schiefen Schornsteinen gehoben werden. Der Leser mag die wenigen funkelnden Sterne bewundern, deren Licht durch die wogenden Dunstschwaden dringt, und der Autor rät ihm, die von unten herauffilternden Geräusche zu ignorieren: das Scharren ängstlicher Füße, das Knacken von zu dünnen Knochen, die gedämpften Schreie, das Knirschen und Ächzen und Stöhnen. Es hört sich an, als sei in den Schatten ein Raubtier unterwegs, das gerade eine zweiwöchige Hungerdiät beendet hat.

Nicht weit vom Zentrum dieses Viertels entfernt — die Schatten sind nie vollständig kartographisch erfaßt worden — befindet sich ein kleiner Platz. Dort brennen einige Fackeln an den Wänden, aber sie verströmen das für die Altstadt von Morpork typische Licht: Es ist bösartig und gehässig und dunkel im Herzen.

Rincewind wankte auf den Platz und stützte sich an einer Mauer ab. Die junge Frau trat unbeschwert ins rötliche Glühen und summte fröhlich vor sich hin.

»Ist alles in Ordnung mit dir?« fragte sie.

»Ngrrgh«, sagte Rincewind.

»Wie bitte?«

»Jene Männer«, stammelte er. »Ich meine, die Art und Weise, wie du einem von ihnen in die ... wie du ihn getreten hast ... Und der andere, den du zwischen die ... Und dein Messer, das den dritten genau am ... Wer *bist* du?«

»Ich heiße Conina.«

Rincewind starrte sie einige Sekunden lang verwirrt an.

»Tut mir leid«, sagte er. »Klingt nicht vertraut.«

»Ich bin erst seit kurzer Zeit hier«, erklärte die Diebin.

»Ja, ich dachte mir schon, daß du nicht aus dieser Stadt stammst«, murmelte Rincewind. »Ich hätte bestimmt von dir gehört.«

»Ich wohne hier. Sollen wir reingehen?«

Rincewind hob den Kopf und betrachtete das Schild über der kleinen, dunklen Tür. Es deutete darauf hin, daß die Taverne hinter den finsteren Mauern *Zum Trollkopf* hieß.

Vielleicht hat der Leser den Eindruck gewonnen, daß die *Geflickte Trommel*, in der vor einer Stunde eine sehr temperamentvolle Schlägerei stattfand, zu den anrüchigsten aller anrüchigen Schenken in Ankh-Morpork gehört. Aber an dieser Stelle soll betont werden, daß sie in einem ausgezeichneten Ruf als verrufenes Wirtshaus stand. Ihre Gäste genossen eine Art rauhe, grobe Ehrenhaftigkeit: Sie brachten sich mit kameradschaftlichem Respekt um, doch sie mordeten keineswegs aus reiner Boshaftigkeit. Ein kleiner Junge konnte in der *Trommel* eine Limonade trinken und brauchte nicht mehr als eine Ohrfeige zu fürchten, wenn die Mutter von seinem erweiterten Wortschatz erfuhr. An ruhigen Abenden — und wenn er sicher sein konnte, daß ihm der Bibliothekar keinen Besuch abstattete — stellte der Wirt sogar Schalen mit Erdnüssen auf den Tresen.

Der *Trollkopf* hingegen war eine Jauchegrube, von der ein ganz anderer Gestank ausging. Wenn sich seine Gäste Mühe gaben, ein Bad nahmen und die Kleidung wechselten, wurden sie vielleicht — nur vielleicht — den Anforderungen gerecht, die man an den Abschaum der Menschheit stellte.

Inzwischen dürfte klar geworden sein, daß die Schatten den Bodensatz von Kultur und Zivilisation darstellen.

Übrigens: Das Ding über der Tür ist gar kein Schild. Wer auch immer die Taverne *Trollkopf* nannte — er meinte es ernst.

Rincewind spürte, wie sich in seiner Magengrube ein flaues Gefühl ausbreitete, als er die brummende Hutschachtel an die Brust preßte und eintrat.

Stille. Sie umhüllte den Zauberer und seine Begleiterin und war fast so dicht wie der Qualm, der von verschiedenen schwelenden Substanzen ausging und jedes normale menschliche Gehirn innerhalb weniger Sekunden in Käse verwandeln konnte. Mißtrauische Augen spähten durch den Rauch.

Zwei Würfel rollten über einen Tisch und blieben liegen. Ihr Klacken klang ziemlich laut, und Rincewind bezweifelte, daß sie seine Glückszahl zeigten.

Er fühlte Dutzende von Blicken auf sich ruhen, während er der völlig unbefangenen und *kleinen* Conina in den Schankraum folgte. Als er den Kopf drehte, sah er das anzügliche Grinsen von Männern, die mit gedankenlosen Dolchstößen töteten — Gedankenlosigkeit galt in diesem Zusammenhang als absolutes Muß, denn bei solchen Individuen nahmen bewußte Überlegungen entschieden zuviel Zeit in Anspruch. Wenn sie einen Plan entwickelten, für dessen Ausführung mehr als zehn Sekunden erforderlich waren, stellten sie erstaunt fest, daß sich gerade der Sargdeckel schloß.

In normalen Schenken gab es einen Tresen, an dem man sich nach dem zwanzigsten Glas festhalten konnte, aber in diesem Fall sah Rincewind nur einige große schwarze Flaschen und mehrere Fässer, die in Wandgestellen ruhten.

Die Stille zog sich wie eine Aderpresse zusammen, und Rincewind rechnete jeden Augenblick damit, kalten Stahl zwischen den Schulterblättern zu spüren.

Ein großer dicker Mann, dessen Kleidung nur aus einer Pelzweste und einem ledernen Lendenschurz bestand, erhob sich mit einem verhängnisvoll klingenden Schnaufen und wechselte einige heimtückische Blicke mit anderen Schurken. Sein Mund wirkte wie ein von Lippen gesäumtes Loch.
»Suchst du nach männlicher Gesellschaft, kleines Fräulein?« fragte er.
Conina sah zu ihm auf.
»Bitte geh mir aus dem Weg.«
Rauhes Gelächter sprang aus den Kehlen der Stammgäste, kroch über den schmierigen Boden, krabbelte an Rincewind empor und versuchte, ihn zu erwürgen. Conina kniff die Augen zusammen.
»Oh«, grölte der Hüne begeistert, »ich mag junge Frauen, die ...«
Coninas Hand *zuckte*, verwandelte sich in einen Schemen, der *hier* und *dort* gewisse Körperstellen berührte. Einige Sekunden lang starrte der dicke Riese ungläubig auf sie herab, dann faltete er sich langsam zusammen.
Rincewind wich zurück, als sich alle anderen Männer in der Taverne vorbeugten. Sein Instinkt forderte ihn auf, die Beine in die Hand zu nehmen und zu fliehen, aber die Stimmen von Vorsicht und Besonnenheit rieten ihm, an Ort und Stelle zu verharren, wenn ihm etwas an seinem Leben lag. Was auch immer geschehen mochte: Die Bühne des Schicksals beschränkte sich auf den Schankraum. Rincewind empfand diese Erkenntnis als recht beunruhigend.
Eine Hand preßte sich ihm auf den Mund. Zwei weitere griffen nach der Hutschachtel.
Conina sauste an ihm vorbei und hob den Rock weit genug, damit ihr Fuß ein Ziel neben Rincewinds Taille treffen konnte. Jemand wimmerte und sank zu Boden. Die junge Frau pirouettierte elegant, hielt plötzlich zwei Flaschen, zerschlug sie an einem Regal und hielt die ge-

splitterten Hälften in den Händen. Der Straßenslang bezeichnete solche Waffen als ›Morpork-Dolche‹.

Von einem Augenblick zum anderen kamen die Stammgäste des *Trollkopfs* zu dem Schluß, daß Zurückhaltung angebracht war.

»Jemand hat den Hut gestohlen«, brachte Rincewind heiser hervor. »Die Burschen verschwanden durch die Hintertür.«

Conina bedachte ihn mit einem finsteren Blick und lief zum Ausgang. In der Gruppe vor ihr bildete sich eine Gasse — die Männer waren wie Haie, die einen Artgenossen zu erkennen glaubten. Rincewind folgte seiner Begleiterin hastig, bevor man ihn für einen Thunfisch halten konnte.

Kurz darauf erreichten sie eine schmale Gasse und hasteten weiter. Rincewind versuchte, mit Conina Schritt zu halten. Wer ihr folgte, lief Gefahr, auf spitze Dinge zu treten, und er wußte nicht genau, ob sie sich daran erinnerte, daß er auf ihrer Seite stand — welche Seite das auch sein mochte.

Es nieselte irgendwie zögernd und unsicher. Und am Ende der Gasse glühte etwas in einem blassen Blau.

»Warte!«

Conina hörte das Entsetzen in Rincewinds Stimme und drehte den Kopf.

»Stimmt was nicht?«

»Warum ist er stehengeblieben?«

»Ich frage ihn«, erwiderte die junge Frau fest.

»Warum ist er so *weiß*?«

Conina drehte sich um, stemmte die Arme in die Hüften und klopfte ungeduldig mit dem Fuß auf den Boden.

»Ich kenne dich seit kaum einer Stunde, Rincewind, und es erstaunt mich, daß du so lange überlebt hast.«

»Trotzdem kannst du nicht leugnen, daß ich noch immer bei bester Gesundheit bin, oder? In dieser Hinsicht habe ich echtes Talent. Zieh ruhig Erkundigungen über mich ein. Ich bin süchtig.«

»Süchtig nach was?«

»Nach dem Leben. Ich bin schon in jungen Jahren davon abhängig geworden und habe mich so sehr daran gewöhnt, daß ich nicht mehr darauf verzichten möchte.«

Conina starrte auf den vom blauen Glanz umhüllten Mann, der etwas in seinen Händen zu betrachten schien.

Schneeflocken sanken wie dicke Schuppen auf seine Schultern herab. Es handelte sich um die Art von Schuppen, wie sie sich jeder Hersteller von Produkten für die persönliche Hygiene erträumt. Rincewind hatte ein Gefühl für solche Dinge und ahnte, daß sich der Mann in einem Stadium befand, in dem selbst das beste und wirkungsvollste Shampoo nichts mehr nützte.

Zusammen mit Conina schob er sich an einer glitzernden Mauer entlang.

»Er wirkt irgendwie seltsam«, sagte die junge Frau.

»Meinst du damit seinen privaten Schneesturm?«

»Das weiße Rieseln scheint ihn nicht zu stören. Er lächelt.«

»Ein im wahrsten Sinne des Wortes eingefrorenes Grinsen, wenn du mich fragst.«

Eiszapfen hingen an den Händen des Mannes, die am geöffneten Deckel klebten. Oktarines Schimmern ging von dem Hut aus, spiegelte sich in erwartungsvoll starrenden und rauhreifbedeckten Augen wider.

»Kennst du ihn?« fragte Conina.

Rincewind zuckte mit den Schultern. »Ich habe ihn schon mal gesehen«, sagte er. »Er heißt Larry der Fuchs oder Fezzy das Wiesel oder so ähnlich. Nun, sein Name hat irgend etwas mit einem Nagetier zu tun. Er stiehlt, und ansonsten ist er harmlos.«

»Er wirkt ziemlich kalt.« Conina fröstelte.

»Ich schätze, er befindet sich jetzt an einem wärmeren Ort. Wir sollten die Schachtel schließen.«

Jetzt droht nicht mehr die geringste Gefahr, erklang die Stimme des Hutes aus dem blauen Glanz. *Auf diese Weise enden alle Feinde der Zauberei.*

Rincewind fragte sich, ob er der Auskunft eines Hutes Vertrauen schenken sollte.

»Wir brauchen irgend etwas, um den Deckel zuzuklappen«, murmelte er. »Ein Messer oder was in der Art. Hast du eins bei dir?«

»Dreh dich um«, antwortete Conina.

Es raschelte. Eine Parfümwolke wehte durch die Gasse.

»Jetzt kannst du die Augen wieder öffnen.«

Rincewind nahm ein fast dreißig Zentimeter langes Wurfmesser mit *scharfer* Schneide entgegen.

»Danke.« Er drehte sich um. »Dies ist doch nicht etwa deine letzte Waffe, oder?«

»Keine Sorge. Zu meiner Ausrüstung gehören noch einige Dolche und andere Dinge.«

»Darauf hätte ich gewettet.«

Rincewind streckte vorsichtig das Messer aus. Langsam näherte es sich der ledernen Schachtel, und die Klinge wurde weiß, begann zu dampfen. Er stöhnte leise, als er Kälte spürte — eine brennende, stechende Kälte, die ihm durch den Arm kroch und nach seinem Bewußtsein tastete. Die geistigen Befehle glitten durch einen mentalen Gletscher, und Rincewind beobachtete, wie sich seine Finger zögernd krümmten. Die Spitze des Messers berührte den Deckel und schoben ihn auf die Schachtel zurück.

Das blaue Glühen verflüchtigte sich. Aus dem Schnee wurde Graupel, der im Nieselregen schmolz.

Conina stieß ihn beiseite und zog die Hutschachtel aus gefrorenen Händen.

»Ich wünschte, wir könnten ihm irgendwie helfen. Es erscheint mir nicht richtig, ihn einfach so zurückzulassen.«

»Ich bezweifle, ob er uns irgendwelche Vorwürfe machen wird«, sagte Rincewind.
»Wir sollten ihn wenigstens an die Wand lehnen. Oder so.«
Rincewind nickte und griff nach einem Eiszapfenarm des Diebs. Der Rauhreif erwies sich als recht glatt, und er versuchte vergeblich, den Mann festzuhalten. Die Gestalt wankte, fiel aufs Kopfsteinpflaster...
... und zerbrach.
Conina starrte auf die Splitter hinab.
»Grgh«, machte sie.
Am Ende der Gasse, am Hinterausgang des *Trollkopfs*, bewegte sich etwas. Rincewind spürte, wie ihm die junge Frau das Messer aus der Hand riß, und einen Sekundenbruchteil später raste die Klinge dicht an seinem Ohr vorbei und bohrte sich zwanzig Meter entfernt in den Türpfosten. Ein neugieriger Kopf wich hastig zurück.
»Ich schlage vor, wir verlassen diesen ungastlichen Ort«, sagte Conina und lief weiter. »Können wir uns irgendwo verstecken? Vielleicht bei dir?«
»Ich wohne in der Universität«, erklärte Rincewind und achtete einmal mehr darauf, nicht den Anschluß zu verlieren.
Kehr nicht in die Unsichtbare Universität zurück, knurrte der Hut aus den Tiefen der Schachtel. Rincewind nickte geistesabwesend. Eine solche Vorstellung behagte ihm ohnehin nicht.
»Außerdem dürfen sich dort nach Sonnenuntergang keine Frauen aufhalten«, sagte er.
»Und vor Sonnenuntergang?«
»Das Verbot gilt, äh, auch tagsüber.«
Conina seufzte. »So ein Unsinn. Was haben Zauberer nur gegen Frauen?«
Rincewind runzelte die Stirn. »Überhaupt nichts«, erwiderte er. »Das ist es ja gerade.«

Unheimliche graue Dunstschwaden zogen über die Docks von Morpork, umwallten Takelagen, krochen an schiefen Dächern entlang und lauerten in den Gassen. Bei gewissen Personen stand der nächtliche Hafen in dem Ruf, noch gefährlicher zu sein als die Schatten. Zwei Straßenräuber, ein Dieb und jemand, der Conina auf die Schulter geklopft hatte, um sie nach der Uhrzeit zu fragen, konnten das bestätigen.

»Darf ich mich nach etwas erkundigen?« sagte Rincewind, als er über den unglücklichen Fußgänger hinwegtrat, der zusammengekrümmt am Boden lag, leise wimmerte und es nun bedauerte, keine Uhr zu besitzen.

»Ich höre.«

»Ich möchte dich natürlich nicht beleidigen.«

»Ja?«

»Mir ist nur aufgefallen ...«

»Hm?«

»Fremden gegenüber zeigst du eine, äh, recht eigentümliche Verhaltensweise.« Rincewind duckte sich, aber nichts geschah.

»Was machst du da unten?« fragte Conina verwundert.

»Entschuldige bitte.«

»Ich weiß, was du denkst. Ich kann nichts dafür, gerate ganz nach meinem Vater.«

»Und wer ist dein Vater? Etwa Cohen der Barbar?« Rincewind lächelte, um zu zeigen, daß er seine Frage scherzhaft meinte. Zumindest formten seine Lippen eine Art Sichel.

»Kein Grund zum Lachen, Zauberer.«

»Was?«

»Es ist nicht meine Schuld.«

Dünne Verwirrungsfalten bildeten sich in Rincewinds Stirn. »Habe ich das richtig verstanden? Dein Vater ist wirklich *Cohen der Barbar*?«

»Ja.« Die junge Frau schob trotzig das Kinn vor. »Jeder hat einen Vater«, sagte sie. »Selbst du, nehme ich an.«

Sie spähte um eine Ecke.

»Alles klar. Komm!« Als sie über feuchtes Kopfsteinpflaster schritten, fügte sie hinzu: »Vermutlich war *dein* Vater ein Zauberer.«

»Das glaube ich nicht«, entgegnete Rincewind. »Zauberei und Familie sind zwei Dinge, die sich angeblich nicht miteinander vertragen.« Er zögerte. Er kannte Cohen, war zu einer seiner Hochzeiten eingeladen worden, als der Barbar ein Mädchen in Coninas Alter heiratete. Nun, man konnte viel über Cohen sagen, aber eins stand fest: Er verstand es zu leben. »Viele Leute würden gern so sein wie Cohen. Ich meine, er war der beste Kämpfer, der geschickteste Dieb, der ...«

»Viele *Männer* träumen davon, in seine sprichwörtlichen Fußstapfen zu treten«, warf Conina scharf ein. Sie lehnte sich an eine Mauer und musterte ihn finster.

»Es gibt ein langes Wort, das alles genau beschreibt«, behauptete sie. »Eine Hexe nannte es mir. Leider hab ich's vergessen ... Ihr Zauberer kennt euch doch mit langen Wörtern aus, nicht wahr?«

Rincewind öffnete die untersten Schubladen seines Gedächtnisses, strich mentale Spinnweben beiseite und suchte nach möglichst langen Wörtern. »Marmelade?« sagte er schließlich.

Conina schüttelte verärgert den Kopf. »Es bedeutet, daß man den Eltern nachschlägt.«

Rincewind runzelte die Stirn. Was Eltern betraf, waren seine Kenntnisse eher begrenzt.

»Kleptomanie?« fragte er vorsichtig. »Rückfälligkeit?«

»Es beginnt mit einem V.«

»Verzweiflung?«

Conina schnippte mit den Fingern. »Värärbung«, sagte sie triumphierend. »Die Hexe erklärte mir, was es damit auf sich hat. Meine Mutter tanzte im Tempel irgendeines irren Gottes, und mein Vater rettete sie, und ... Sie blieben eine Zeitlang zusammen. Es heißt, Figur und Aussehen habe ich von meiner Mama.«

»Und daran gibt es absolut nichts auszusetzen«, kommentierte Rincewind mit hoffnungsvoller Galanterie.

Conina errötete. »Ja, nun, äh, mag sein. Aber von meinem *Paps* habe ich Sehnen, mit denen man ein großes Schiff vertäuen könnte. Hinzu kommen die Reflexe einer Schlange, die auf heißes Blech gerät: Ständig gerate ich in Versuchung, irgendwelche Dinge zu stehlen, und wenn ich einem Fremden begegne, verspüre ich oft den Wunsch, ihm aus einer Entfernung von dreißig Metern einen Dolch ins linke Auge zu werfen. Wozu ich durchaus in der Lage wäre«, sagte sie stolz.

»Donnerwetter!«

»Deshalb neigen Männer dazu, mir aus dem Weg zu gehen.«

»Kann ich mir denken«, murmelte Rincewind voller Mitgefühl.

»Ich meine, wenn sie herausfinden, wer ich bin, machen sie sich in den meisten Fällen aus dem Staub. Unter solchen Umständen ist es sehr schwer, einen Freund zu behalten.«

»Es sei denn, du hältst ihn am Hals fest.«

»Derartige Eigenschaften sind eher hinderlich, wenn man auf eine feste Beziehung Wert legt.«

»Ja, da hast du sicher recht«, pflichtete Rincewind bei. »Aber sie wären eine ideale Voraussetzung, wenn man ein berühmter Barbarendieb werden möchte.«

»Das ist mein zweites Problem«, gestand Conina ein. »Mir steht eher der Sinn danach, anderen Leuten die Haare zu schneiden.«

»Oh.«

Eine Zeitlang starrten sie in den Nebel.

»Du meinst wirklich Haare und keine Kehlen?« fragte Rincewind zaghaft.

Conina seufzte.

»Ich fürchte, als Barbarenfriseuse bekommt man kaum Gelegenheit, sich seinen Lebensunterhalt zu verdienen«, sagte Rincewind. »Ich meine, niemand möchte einen Haarschnitt samt Enthauptung.«

»Ach, jedesmal wenn ich ein Maniküre-Etui sehe, kann ich kaum der Versuchung widerstehen, einen doppelhändigen Nagelreiniger zur Hand zu nehmen«, sagte Conina. »Man bezeichnet solche Gegenstände auch als Breitschwerter.«

Diesmal seufzte Rincewind. »Ich weiß, wie du dich fühlst«, murmelte er. »Ich wollte immer ein Zauberer sein.«

»Aber du *bist* doch Zauberer.«

»Nun, äh, ja, in gewisser Weise, aber ...«

»Pscht!«

Rincewind wurde an die Wand geschleudert, und eine einsame Nebelschwade freute sich über die unerwartete Gesellschaft, kondensierte an seinem Nacken. Conina hielt plötzlich ein breites Wurfmesser in der Hand und duckte sich wie ein gefährliches Tier. Oder schlimmer noch: wie eine gefährliche Frau.

»Was ...« begann Rincewind.

»Sei still!« zischte Conina. »Jemand nähert sich.«

Mit einer fließenden Bewegung richtete sie sich auf, wirbelte herum und schleuderte das Messer.

Irgend etwas pochte leise.

Cohens Tochter verharrte und riß die Augen auf. Diesmal reagierten ihre Heldengene, die eine Zukunft in modischen Frisiersalons ablehnten, mit ausgesprochener Verblüffung.

»Ich habe gerade eine hölzerne Kiste umgebracht«, sagte Conina.

Rincewind beugte sich vor und sah um die Ecke. Truhe stand auf den nassen Kopfsteinen, und das Messer zitterte noch immer im Deckel. Sie sah erst Conina an, und ihre Füße trippelten in einem komplexen Tangomuster, als sie den Blick auf Rincewind richtete. Natürlich hatte Truhe gar kein Gesicht, nur ein Schloß und mehrere Scharniere, aber sie starrte besser als ein alter Leguan. In dieser Hinsicht konnte sie es sogar mit den Glasaugen einer Statue aufnehmen. Wenn sie sich auf einen Wettstreit einließ, in dem es darum ging, verletzten Stolz zum Ausdruck zu bringen, gab der durchschnittliche getretene Spaniel sofort auf und schlich in seine Hundehüte zurück.

Rincewind bemerkte mehrere Pfeilspitzen und gebrochene Schwertklingen im Holz.

»Was ist das?« fragte Conina.

»Truhe«, erwiderte Rincewind und rollte mit den Augen.

»Gehört sie dir?«

»Eigentlich nicht. Nur in gewisser Weise.«

»Ist sie gefährlich?«

Truhe drehte sich langsam um und sah wieder die junge Frau an.

»In diesem Zusammenhang gibt es zwei verschiedene Standpunkte«, sagte Rincewind. »Manche Leute halten sie für gefährlich, während andere glauben, sie sei *sehr* gefährlich. Was meinst du?«

Truhe hob ihre Klappe einen Spaltbreit.

Sie bestand aus dem Holz eines intelligenten Birnbaums. Intelligente Birnbäume sind derart magische Pflanzen, daß sie auf der Scheibenwelt fast ausstarben und nur in wenigen Regionen überlebten. Man stelle sie sich als eine Mischung aus Oleander und Weidenröschen vor, die jedoch nicht in Bombenkratern gedeiht, sondern dort, wo sich starke magische Kräfte entfalteten. Für gewöhnlich benutzt man das Holz, um Zauberstäbe daraus herzustellen, und jemand erlaubte sich einen Scherz, indem er es für eine Gepäckkiste verwendete.

Zu Truhes magischen Fähigkeiten gehörte eine ebenso schlichte wie entnervende Eigenschaft: Sie folgte demjenigen, den sie als Eigentümer erachtete, auf Schritt und Tritt. Es spielte dabei keine Rolle, in welchen Dimensionen, Ländern, Universen oder Zeitepochen sich der Betreffende aufhielt. Auf ›Schritt und Tritt‹ bedeutete *überallhin*. Man wurde die Truhe ebenso schwer los wie den Katzenjammer nach einem einwöchigen Gelage.

Darüber hinaus nahm sie ihrem Besitzer gegenüber eine außerordentlich beschützende Haltung ein. Es ist nicht leicht, dem Rest der Schöpfung ihr allgemeines Gebaren zu beschreiben: Man sollte vielleicht mit dem Ausdruck ›sture Boshaftigkeit‹ beginnen und anschließend nach geeigneten Synonymen suchen.

Conina blickte auf die Klappe hinab und verglich sie mit einem Rachen.

»Mir erscheint die Bezeichnung ›extrem gefährlich‹ angemessen«, antwortete sie schließlich.

»Truhe mag Bratkartoffeln«, sagte Rincewind und fügte hinzu: »Besser gesagt: Sie *ißt* Bratkartoffeln.«

»Und Menschen?«

»O ja, sie verschmäht nie einen Leckerbissen. Bisher hat sie rund fünfzehn Personen verschlungen, wenn ich richtig mitgezählt habe.«

»Waren sie gut oder böse?«

»Einfach nur tot, glaube ich. Übrigens kümmert sich Truhe auch um die schmutzige Wäsche. Man legt die Sachen einfach hinein und nimmt sie später gewaschen und gebügelt heraus.«

»Was ist mit Blutflecken?«

»Da du mich darauf ansprichst...« begann Rincewind. »Eine komische Sache.«

»Was hältst du für komisch?« erkundigte sich Conina und behielt Truhe im Auge.

»Nun, das Innere verändert sich nie. Es weist eine multidimensionale Struktur auf und...«

»Mit welcher Einstellung begegnet sie Frauen?«
»Oh, sie ist nicht wählerisch. Im vergangenen Jahr verspeiste Truhe ein Zauberbuch. Sie schmollte drei Tage lang und spuckte es dann wieder aus.«
»Schrecklich«, sagte Conina und wich zurück.
»In der Tat«, bestätigte Rincewind. »Da hast du vollkommen recht.«
»Ich meine die Art und Weise, wie sie einen anstarrt!«
»Sie kann ziemlich gut starren, nicht wahr?«
Wir müssen nach Klatsch reisen, tönte eine Stimme aus der Hutschachtel. *Eins der Schiffe dort drüben wäre geeignet. Geh an Bord.*

Rincewind spähte durch den grauen Dunst und beobachtete die seltsamen Formen, aus denen Stangen mit Stricken herauswuchsen. Hier und dort glühten Ankerlichter in der Finsternis.

»Es ist schwer, nicht zu gehorchen, stimmt's?« sagte Conina.

»Ich versuche es zumindest«, erwiderte Rincewind. Schweiß perlte auf seiner Stirn.

Ich habe gesagt, du sollst an Bord gehen, brummte der Hut. Rincewinds Beine begannen zu zittern.

»Warum tust du mir das an?« klagte er.

Weil mir keine andere Wahl bleibt. Glaub mir: Es wäre mir weitaus lieber gewesen, auf die Hilfe eines Zauberers der achten Stufe zurückzugreifen. Ich darf auf keinen Fall getragen werden!

»Warum nicht? Du bist der Hut des Erzkanzlers.«

Und durch mich sprechen alle Erzkanzler, die jemals gelebt haben. Ich bin die Universität. Ich bin das Wissen. Ich bin das Symbol der von Menschen kontrollierten Magie, und ich will nicht auf dem Haupt eines kreativen Magus' enden! Es muß unbedingt verhindert werden, daß sich erneut kreative Magie ausbreitet! Eine solche Bürde wäre zu schwer für diese Welt!

Conina hustete leise.

»Hast du irgend etwas davon verstanden?« fragte sie behutsam.

»Einen Teil — aber ich glaube kein Wort«, antwortete Rincewind und preßte die Füße fest auf den Boden.

Man bezeichnete mich als Strohhut für einen Strohmann! Die Stimme aus der Schachtel klang entrüstet. *Dicke Zauberer, die alle Traditionen der Universität verraten — und sie sahen nur ein Mittel zum Zweck in mir! Rincewind, ich beschwöre dich. Und auch dich, junges Fräulein. Wenn ihr mir dient, erfülle ich euren größten Wunsch.*

»Wie willst du mir meinen größten Wunsch erfüllen, wenn das Ende der Welt bevorsteht?«

Der Hut dachte einige Sekunden lang nach. *Nun, hast du einen größten Wunsch, der sich innerhalb weniger Minuten erfüllen läßt?*

»Wieso behauptest du eigentlich, über magische Kräfte zu verfügen? Du bist doch nur ein ...« Rincewind brach ab.

Ich BIN Magie. Richtige Magie. Außerdem: Wenn man zweitausend Jahre lang von den besten Zauberern getragen wird, lernt man einige Dinge. Und nun ... Wir müssen fliehen.

Aber natürlich würdevoll.

Rincewind warf Conina einen flehentlichen Blick zu, doch die junge Frau zuckte nur mit den Schultern.

»Ich weiß nicht, was ich davon halten soll«, sagte sie. »Offenbar steht uns ein Abenteuer bevor. Ich erlebe dauernd welche. Es liegt an der Genetik.«[*]

---

[*] Auf der Scheibenwelt scheiterte das Studium der Genetik schon in einem frühen Stadium, als einige Zauberer versuchten, so einfache Dinge wie Taufliegen und Erbsen miteinander zu kreuzen. Leider hielten sie sich nicht mit der notwendigen Grundlagenforschung auf, und das Ergebnis ihrer Bemühungen — ein grünes, bohnenartiges Objekt, das dauernd vor sich hinsummte — führte ein nur kurzes und unglückliches Leben, bevor es von einer zufällig vorbeikommenden Spinne gefressen wurde.

»Aber ich mag keine Abenteuer!« jammerte Rincewind. »Ich habe ein ganzes Dutzend hinter mir und konnte mich nie daran gewöhnen!«

Oh, du hast also Erfahrung, stellte der Hut fest.

»Nein«, widersprach Rincewind. Seine schmale Brust hob und senkte sich in kurzen Abständen. »*Meine* Genetik macht mich zu einem Feigling, der dauernd wegrennt. Die Gefahr hat mich mindestens hundertmal angestarrt — von hinten.«

Ich möchte nicht, daß du in Gefahr gerätst.

»Das freut mich!«

Ich möchte, daß du alle Gefahren meidest.

Rincewind ließ die Schultern hängen. »Warum ausgerechnet ich?« stöhnte er.

Zum Wohle der Universität. Zum Wohle der Zauberei. Zum Wohle der ganzen Scheibenwelt. Um deiner innigsten Wünsche willen. Und wenn du nicht gehorchst, ergeht es dir wie dem Mann, der mich in der Schenke stahl.

Rincewind atmete fast erleichtert auf. Bestechungsversuche, Schmeicheleien und Appelle an seine Ehre prallten wirkungslos an ihm ab, aber Drohungen nahm er sich zu Herzen. Bei Drohungen wußte er, woran er war.

※

Am Tag der Geringen Götter ging die Sonne wie ein schlecht pochiertes Ei auf. Silbrig und goldfarben schimmernder Dunst ruhte wie eine faserige Decke auf Ankh-Morpork — feucht, warm und stumm. Frühlingsdonner grollte über der weiten Ebene jenseits der Stadt. Es schien wärmer zu sein als für die Jahreszeit üblich.

Normalerweise schliefen Zauberer recht lange, aber an diesem Morgen standen sie schon früh auf und wanderten ziellos durch die Korridore. Sie alle spürten die Veränderung.

Die Universität füllte sich mit Magie.
Natürlich war sie immer voller Magie, aber es handelte sich um einen alten, geruhsamen Zauber, so aufregend und gefährlich wie ein gefütterter Pantoffel. Jetzt sickerte eine neue Art von Magie durchs Gemäuer, scharf wie die Schneide eines Dolches, so fest und massiv wie Stahl, so strahlend und kalt wie Kometenfeuer. Sie filterte durch die Mauern und knisterte an Vorsprüngen, wie statische Elektrizität auf dem Nylonteppich der Schöpfung. Sie summte und zischte. Sie zupfte an Zaubererbärten, wehte als oktariner Dunst von Fingern, die seit mindestens drei Jahrzehnten nicht mehr vollbracht hatten, als blasses Licht zu beschwören. Wie können die Auswirkungen möglichst plastisch und stilvoll beschrieben werden? Nun, den meisten Zauberern erging es wie einem Greis, der sich einer hübschen jungen Frau gegenübersieht und mit einer Mischung aus Grauen und Entzücken feststellt, daß sein Fleisch plötzlich ebenso willig ist wie der Geist.

Kreative Magie, flüsterte es in den Sälen und Fluren der Unsichtbaren Universität.

Einige Thaumaturgen versuchten sich heimlich an Zauberformeln, die sie schon seit Jahren nicht mehr richtig beherrschten, und voller Erstaunen beobachteten sie, wie sich die erhofften Effekte einstellten. Zuerst wahrten sie noch eine gewisse Zurückhaltung, aber schon bald schöpften sie Zuversicht und Vertrauen in ihre neugewonnenen Fähigkeiten. Mit fröhlichem Juchzen schleuderten sie grüne Feuerbälle umher, zogen lebende Tauben aus ihren Hüten oder schufen einen bunten Paillettenregen.

Kreative Magie! Ein oder zwei besonders würdevolle Zauberer, die sich bisher nichts anderes zuschulden kommen ließen als das Verspeisen lebender Austern, machten sich unsichtbar und stellten den Dienstmädchen nach.

Kreative Magie! Einige der kühneren Thaumaturgen versuchten sich an uralten Flugzaubern und flatterten ein wenig unbeholfen unter den Decken. Kreative Magie!

Nur der Bibliothekar nahm nicht an dem allgemeinen Durcheinander teil. Eine Zeitlang beobachtete er die magischen Possen, schürzte skeptisch die Lippen und wankte dann zur Bibliothek. Niemand hörte, daß er die Tür hinter sich verriegelte.

In den mit niedergeschriebener Zauberei gefüllten Kammern herrschte angespannte Stille. Die Bücher zerrten nicht mehr an ihren Ketten. Sie hatten das Stadium panischer Angst hinter sich und die Ruhe demütigen Entsetzens erreicht, hockten wie gebannt in den Regalen und ... warteten.

Eine langer, haariger Arm tastete nach oben und packte *Kaspar Keiners Follschtändiges Leksikon der Magieh mit Richtliniehen für den Kluhgen,* bevor der Band zur Seite springen konnte. Einige Sekunden lang streichelte er das Buch, um es zu beruhigen, schlug es dann unter K auf. Sanft glättete der Bibliothekar die zitternde Seite und strich mit einem hornigen Fingernagel über die verschiedenen Einträge, bis er die Stelle fand und las:

Kreativer Magus, m. (mythisch). Ein Proto-Zauberer, eine Forte, durch die neue Magieh in die Welt gelangen könnet; ein Zauberer, dessen Leistunksfähigkeit nicht von den phüsischen Bedingungen seines Körpers beschränkt wird und weder Tohd noch Schicksal zu fürchten brauchet. Es steht geschriebent, daß einst kreative Magier über eine noch junge Scheibenwelt wandelten, aber inzwischen gebet es glücklichermaßen keine mehr, denn kreative Magie ist nicht für den Mehnschen bestimmet, und ihre Rückkehr würde das Ände der Welt bedoiten ... Wenn der Schöpfer bereit gewesen wäret, den Menschen mit Gotteskraft auszustatten, hätte er ihm Flügel verliehen. SIEHE AUCH: die Apokralypse, die Legende der Eisriesen und das Kaffeetrinken der Götter.

Der Bibliothekar las die Querverweise, blätterte zur ursprünglichen Seite zurück und starrte nachdenklich darauf herab. Nach einer Weile stellte er das Buch vorsichtig ins Regal, kroch unter den Tisch und zog sich die Decke über den Kopf.

Unterdessen standen Spelzdinkel und Krempel auf dem Bardenbalkon des Großen Saals und beobachteten das Geschehen aus einer völlig anderen Perspektive.

So dicht nebeneinander wirkten sie fast wie die Zahl 10.

»Was geht hier vor?« fragte Spelzdinkel. Er hatte eine schlaflose Nacht hinter sich, und es fiel ihm noch immer nicht leicht, klar zu denken.

»Magische Kraft strömt in die Universität«, erwiderte Krempel. »Eine direkte Konsequenz von kreativer Magie. Sie schaffte einen Kanal für pure okkulte Energie. Und ich meine echte Magie, nicht den abgenutzten Kram, den wir während der letzten Jahrhunderte benutzt haben. Wir erleben hier die Dämmerung einer neuen...«

»Einer, hm, neuen Dämmerung?«

»Genau. Es beginnt eine Zeit der Wunder, ein...«

»Ein neues Zeitalter? Ein *anus mirabilis*?«

Krempel runzelte die Stirn. »Ja«, bestätigte er schließlich, »Etwas in der Art, glaube ich. Du kannst wirklich gut mit Worten umgehen.«

»Danke, Bruder.«

Krempel achtete überhaupt nicht auf die Antwort, die alle Rangunterschiede unberücksichtigt ließ. Statt dessen lehnte er sich an die verzierte Brüstung und beobachtete das magische Chaos im Saal. Aus einem Reflex heraus tasteten seine Hände nach dem Tabaksbeutel —

und verharrten, bevor sie ihn berührten. Der alte Thaumaturge lächelte und schnippte mit den Fingern. Eine brennende Zigarre erschien zwischen seinen Lippen.

»Dazu war ich schon seit Jahren nicht mehr in der Lage«, überlegte er laut. »Große Veränderungen werfen ihr, äh, Licht voraus. Unsere Kollegen dort unten haben es noch nicht begriffen, aber dies ist das Ende von Kategorierungsebenen und -stufen. Wir mußten ein solches System schaffen, um die magischen Energien zu ... zu rationalisieren. Jetzt stehen sie uns im Übermaß zur Verfügung.« Plötzlich fiel ihm etwas ein. »Wo ist der Junge?«

»Er schläft noch ...«, begann Spelzdinkel.

»Ich bin hier«, sagte Münze.

Er stand im Tor, der zu den Unterkünften der Seniorzauberer führte, und in der rechten Hand hielt er den aus Oktiron bestehenden Stab, der ihn um mehr als einen Meter überragte. Dünne, netzartige Linien aus gelbem Feuer tanzten über das schwarze Metall. Es war so dunkel, daß der Zauberstab wie ein Riß im Gefüge der Welt wirkte.

Spelzdinkel spürte, wie sich der goldene Blick des Knaben in sein Bewußtsein brannte, alle Gedanken erfaßte und sie an die Rückwand seines Schädels projizierte.

»Ah«, sagte er und versuchte, möglichst freundlich und onkelhaft zu sprechen. Es klang wie ein heiseres, rauhes Todesröcheln. Nach einem solchen Anfang konnte es nur noch schlimmer werden, und Spelzdinkel hörte seine Befürchtungen bestätigt, als er hinzufügte: »Wie ich sehe, bist du schon, hm, auf.«

»Mein *lieber* Junge«, intonierte Krempel.

Münze bedachte ihn mit einem kalten, durchdringenden Blick.

»Ich habe dich gestern abend gesehen«, sagte er. »Kennst du alle Geheimnisse der Magie?«

»Nur einige«, erwiderte Krempel, der sofort begriff, worauf der Junge hinauswollte. Voller Unbehagen erinnerte er sich an Billias und Virrid Festschmaus. »Ich bin gewiß nicht annähernd so mächtig wie du.«
»Werde ich zum Erzkanzler ernannt, wie es meine Bestimmung ist?«
»Oh, natürlich«, versicherte Krempel. »Daran kann überhaupt kein Zweifel bestehen. Darf ich mir deinen Stab ansehen? Die Zeichen darauf bilden höchst interessante Muster ...«
Er streckte eine fleischige Hand aus.
Und damit offenbarte er ein in jeder Hinsicht empörendes Verhalten. Normalerweise kam es keinem Zauberer in den Sinn, den Stab eines Kollegen ohne dessen ausdrückliche Genehmigung zu berühren. Aber es gibt eben Leute, die sich nicht dazu durchringen können, in Kindern vollwertige Menschen zu sehen, und aus diesem Grund glauben sie, man brauche ihnen gegenüber keine guten Manieren zu zeigen.
Krempels Finger schlossen sich um den schwarzen Zauberstab.
Es ertönte ein Geräusch, das Spelzdinkel nicht im eigentlichen Sinne hörte, sondern eher fühlte. Einen Augenblick später sauste Krempel von der Brüstung fort und prallte an die Wand. Es klang so, als ließe jemand einen Sack Schweineschmalz fallen.
»Versuch nie wieder, meinen Stab anzufassen«, sagte Münze. Er drehte sich um und sah durch den bleichen Spelzdinkel hindurch. »Hilf ihm auf. Wahrscheinlich ist er nicht schwer verletzt.«
Der Quästor eilte zur Mauer und beugte sich über Krempel, der asthmatisch keuchte. Seine Wangen glühten in einem sonderbaren Ton. Spelzdinkel klopfte ihm auf die Hand, bis er schließlich die Augen öffnete.
»Hast du gesehen, was geschehen ist?« fragte Krempel.

»Ich bin mir nicht, hm, sicher«, hauchte der Quästor.
»Was ist geschehen?«
»Das Ding hat mich gebissen.«
»Wenn du den Stab noch einmal berührst, wirst du sterben«, sagte Münze ruhig. »Ist das klar?«
Krempel hob vorsichtig den Kopf, aus Furcht, er könne ihm von den Schultern fallen.
»Völlig«, erwiderte er.
»Und jetzt möchte ich mir gern die Universität ansehen«, fügte der Junge hinzu. »Ich habe viel von ihr gehört ...«
Spelzdinkel half Krempel auf die Beine und stützte ihn, als sie dem Knaben gehorsam folgten.
»Hüte dich vor dem Stab«, murmelte Krempel.
»Dazu bin ich, hm, fest entschlossen«, entgegnete Spelzdinkel. »Wie hat es sich angefühlt?«
»Bist du jemals von einer Schlange gebissen worden?«
»Nein.«
»In dem Fall weißt du genau, wie es sich anfühlte.«
»Hmm?«
»Es war *nicht* wie ein Schlangenbiß.«
Sie eilten dem Jungen nach, der einige Stufen hinter sich brachte und die Tür des Großen Saals durchschritt.
Spelzdinkel trat vor ihn und blieb stehen, eifrig darauf bedacht, einen guten Eindruck zu machen.
»Dies ist der Große Saal«, sagte er. Münze richtete einen goldenen Blick auf ihn, und im Hals des Zauberers entstand ein dicker Kloß. »Man nennt ihn so, weil er ein Saal ist. Und groß.«
Der Quästor schluckte. »Es ist ein großer Saal«, fuhr er fort und bemühte sich, zumindest an einem Rest von geistiger Klarheit festzuhalten. Das Feuer goldgelber Pupillen verbrannte sein inneres Wörterbuch. »Ein großartiger großer Saal, und deshalb heißt er ...«
»Was sind das für Leute?« fragte Münze und hob sei-

nen Stab. Die anwesenden Zauberer hatten den Jungen bemerkt und sich zu ihm umgedreht, doch nun wichen sie hastig zur Seite, als fühlten sie sich von einem Flammenwerfer bedroht.

Spelzdinkel folgte dem Blick des kreativen Magus. Münze deutete auf die Gemälde und Statuen der früheren Erzkanzler, die von den Wänden herabstarrten. Sie hielten zierende Schriftrollen und mysteriöse astrologische Instrumente in den faltigen Händen, gaben sich so betont bedeutungsvoll, als litten sie an chronischer Verstopfung.

Krempel holte tief Luft. »Zweihundert meisterlichmächtige Magier sehen auf dich herab.«

»Sie gefallen mir nicht«, verkündete Münze, und sein Stab verströmte oktarine Glut. Die Abbilder der Erzkanzler verschwanden.

»Die Fenster sind zu klein ...«

»Die Decke ist zu hoch ...«

»Und alles ist viel zu *alt* ...«

Die Zauberer warfen sich zu Boden, und einigen Glücklichen gelang es sogar, hinter diversen Möbelstükken in Deckung zu gehen, als der Stab blitzte und gleißte. Spelzdinkel schob sich den Hut über die Augen und kroch unter einen Tisch, während um ihn herum die ganze Universität erbebte. Holz knackte. Stein knirschte.

Jemand berührte ihn an der Schulter. Er schrie.

»Reiß dich zusammen!« rief Krempel, um den Lärm zu übertönen. »Rück deinen Hut zurecht! Zeig ein wenig Würde!«

»Und was machst du unter dem Tisch?«

»Wir müssen die gute Gelegenheit beim Schopf packen!«

»Packen? So wie den Stab?«

»Folge mir!«

Spelzdinkel kroch einige Meter weit, stand auf und sah eine neue, eine schrecklich helle Welt.

Die rauhen Steinwände — verschwunden. Ebenso fehlte das dunkle Gebälk unter der Decke, das Eulen und Fledermäusen sichere Heimstatt geboten hatte. Vergeblich hielt der Quästor nach den Fliesen und ihrem verwirrenden Schwarzweiß-Muster Ausschau.
Aber damit noch nicht genug.
Die hohen und schmalen Fenster mit ihrer jahrhundertealten Patina aus schmierigem Staub schienen sich einfach in Luft aufgelöst zu haben. Zum erstenmal seit dem Bau der Unsichtbaren Universität glänzte strahlender Sonnenschein in den Großen Saal.
Die Zauberer starrten sich verblüfft an, und was sie sahen, entsprach ganz und gar nicht ihren Erwartungen. Das erbarmungslose Licht verwandelte üppige goldene Stickereien in blasse Geschmacklosigkeit, offenbarte angeblich kostbaren Stoff als fleckigen, abgewetzten Samt. Sorgfältig gepflegte Bärte erwiesen sich als dichtes, von Nikotin verklebtes Gewirr, und herrlich funkelnde Diamanten wurden zu billigen Ankhsteinen. Das neugierige Schimmern der Sonne kroch durch den Saal und verdrängte vertraute Schatten.
Was dabei zum Vorschein kam, empfand Spelzdinkel als ziemlich niederschmetternd. Er merkte plötzlich, daß er unter seinem Umhang — seinem zerknitterten, fransigen Umhang, der sowohl dem Gilb als auch einigen hungrigen Mäusen zum Opfer gefallen war — noch immer Pantoffeln trug.
Die Wände des Saals bestanden jetzt fast ausschließlich aus Glas. Und wo kein Glas schimmerte, funkelte erlesener Marmor. Es herrschte eine solche Pracht, daß sich der Quästor plötzlich klein und erbärmlich vorkam.
Er drehte sich zu Krempel um und stellte fest, daß sein Kollege den Knaben namens Münze aus glühenden Augen musterte.
Den meisten anderen Magiern erging es nicht anders. Wer sich als Zauberer nicht von Macht angelockt fühlte,

war kein echter Zauberer, und in diesem besonderen Fall handelte es sich um *echte*, pure Macht. Der schwarze Stab hatte sie alle in den Bann geschlagen.

Krempel streckte die Hand aus, um dem Jungen auf die Schulter zu klopfen. Gerade noch rechtzeitig überlegte er es sich anders.

»Wundervoll«, sagte er statt dessen.

Er wandte sich den übrigen Thaumaturgen zu und hob die Arme. »Brüder!« rief er. »In unserer Mitte weilt ein überaus mächtiger Zauberer!«

Spelzdinkel zupfte an seinem Mantel.

»Er hätte dich fast umgebracht«, flüsterte er. Krempel ging nicht darauf ein.

»Ich schlage vor...« Er zögerte kurz. »Ja, ich schlage vor, ihn zum Erzkanzler zu ernennen!«

Einige Sekunden der Stille folgten, und dann erklangen sowohl jubelnde Stimmen als auch lauter Protest. Weiter hinten kam es zu Handgreiflichkeiten, doch die vorn stehenden Zauberer zögerten, irgendwelche Einwände zu erheben. Dafür gab es einen einfachen Grund: Sie sahen, wie Münze lächelte. Es war ein helles, kaltes Lächeln, wie das Grinsen des pockennarbigen Mondes.

Die magischen Reihen gerieten in Bewegung, und ein älterer Zauberer bahnte sich einen Weg durch die Menge.

Spelzdinkel erkannte Ovin Schmollwinkel, einen Thaumaturgen der siebten Stufe, der den Studenten die Gebote des Wissens beibrachte. In seinem Gesicht zeigten sich rote Flecken des Zorns und weiße Striemen der Wut. Wenn er sprach, klangen seine Worte so scharf wie Messer, Dolche, Gartenscheren und andere Schneidwerkzeuge, die man gerade vom Schleifer geholt hatte.

»Bist du verrückt?« fuhr er Krempel an. »Nur ein Zauberer der achten Stufe kann Erzkanzler werden! Und der betreffende Kandidat wird während einer geschlossenen Versammlung aller Seniormagier gewählt (die den besonderen Segen der Götter genießen). So lautet das Gebot. (Und so ist es Tradition!)«

Schmollwinkel hatte sich viele Jahre lang mit den zweihunderteinundvierzig primären und neunhundertachtzehn sekundären magischen Geboten befaßt, wobei die speziellen Wechselwirkungen der Magie nicht ohne Folgen für ihn blieben. Er wirkte so zerbrechlich wie eine kleine Käsestange, und als Ausgleich für seine recht nüchterne und langweilige Tätigkeit gab ihm das Schicksal die Fähigkeit zu verbaler Interpunktion.

Er zitterte vor Empörung, und es dauerte eine Weile, bis er merkte, daß die anderen Zauberer sicherheitshalber von ihm fortwichen. Schmollwinkel wurde zum Zentrum eines sich immer weiter ausdehnenden Kreises, und die anwesenden Magier achteten darauf, nicht einmal in seine Nähe zu *blicken*.

Münze hob seinen Stab.

Ovin Schmollwinkel hob einen anklagenden Finger.

»Ich habe keine Angst vor dir, junger Mann«, zischte er. »Du bist zweifellos talentiert, aber Talent allein genügt nicht. Ein großer Zauberer muß auch über viele andere wichtige Eigenschaften verfügen. Ich denke nur an Verwaltungsgeschick und Weisheit und ...«

Münze ließ seinen Stab wieder sinken.

»Die Gebote der Magie gelten für alle Zauberer, nicht wahr?« fragte er.

»Selbstverständlich! So ist es seit dem Anbeginn ...«

»Aber ich bin kein Zauberer.«

Schmollwinkel zögerte. »Äh«, sagte er und überlegte. »Ein guter Hinweis.«

»Dennoch ist mir die Bedeutung von Weisheit, Weitblick und gutem Rat klar. Es wäre mir eine Ehre, wenn du mich mit so nützlichen Dingen ausstatten könntest. Um ein Beispiel meiner bedauerlichen Ignoranz zu geben: Wieso herrschen keine Zauberer über die Welt?«

»Wie?«

»Eine schlichte Frage. In diesem Saal befinden sich ...« — die Lippen des Knaben zitterten kurz —, »...vierhundertzweiundsiebzig Zauberer, und sie sind in der wichtigsten aller Künste bewandert. Dennoch beschränkt sich eure Herrschaft auf einige Morgen mit minderwertiger Architektur. Warum?«

Die ältesten der alten Zauberer wechselten wissende Blicke.

»So mag es den Anschein haben«, erwiderte Schmollwinkel verunsichert. »Trotzdem, mein Junge: Du übersiehst dabei, daß uns Domänen jenseits aller Horizonte der weltlichen Macht offenstehen.« Es glitzerte in seinen Augen. »Die Magie geleitet uns in innere Kosmen voller Wunder und ...«

»Ja, ja«, warf Münze ein. »Aber die Universität ist von einem hohen und sehr massiven Wall umgeben. Wieso?«

Krempel befeuchtete sich die Lippen. Wirklich bemerkenswert: Das Kind sprach genau das aus, was er dachte.

»Ihr zankt euch dauernd darum, wer eine Vorrangstellung einnimmt«, fuhr Münze freundlich fort. »Doch jenseits der Wälle ... Können die Bürger dieser Stadt — damit meine ich sowohl die reichen Kaufleute als auch die anderen, die ihren Lebensunterhalt mit dem Sammeln von Abtrittsdünger und Pferdeäpfeln verdienen — wirklich zwischen den erfahrenen Magiern der achten Stufe und einem einfachen Beschwörer unterscheiden?«

Schmollwinkel starrte ihn verwirrt und fassungslos an.

»Junge, über diese Dinge weiß selbst der dümmste Bürger Bescheid«, behauptete er. »Unsere Hüte und Umhänge ...«

»Oh«, sagte Münze. »Natürlich. Die Hüte und Umhänge.«

Diesen Worten schloß sich eine bedrückende und nachdenkliche Stille an.

»Ich habe den Eindruck, daß Zauberer nur über Zauberer herrschen«, fügte der Knabe hinzu. »Wer regiert in der Realität jenseits aller Universitätsmauern?«

»Der Patrizier Lord Vetinari, soweit es die Stadt betrifft«, sagte Krempel vorsichtig.

»Ist er ein fairer und gerechter Herrscher?«

Krempel überlegte. Es hieß, der Patrizier verfüge über ein ausgezeichnet funktionierendes Spionagenetz. »Nun«, begann er behutsam, »ich würde sagen, er ist unfair und ungerecht, gleichzeitig jedoch völlig unparteiisch. Mit anderen Worten: Seine unfaire Ungerechtigkeit gilt allen Untertanen, wobei er keine Ausnahme macht.«

»Bist du damit zufrieden?« erkundigte sich Münze.

Krempel mied Schmollwinkels Blick.

»Es geht nicht darum, zufrieden oder unzufrieden zu sein«, antwortete er. »Ich schätze, wir haben bisher nur wenige Gedanken daran verschwendet. Weißt du, die wahre Berufung eines Zauberers ...«

»Stimmt es wirklich, daß den Weisen gar keine andere Wahl bleibt, als sich einer solchen Herrschaft zu unterwerfen?«

Krempel schnitt eine Grimasse. »Was für ein Unsinn! Natürlich nicht! Wir nehmen die gegenwärtige Situation einfach nur hin. Wenn du größer wirst, kommst du sicher irgendwann zu dem Schluß, daß Weisheit in erster Linie bedeutet, auf den richtigen Zeitpunkt zu warten ...«

»Wo wohnt der Patrizier?« fragte Münze. »Ich würde ihn gern kennenlernen.«

»Ein Treffen läßt sich bestimmt arrangieren«, erwiderte Krempel. »Der Patrizier ist immer bereit, Zauberern eine Audienz zu gewähren ...«

»Jetzt werde ich *ihm* eine Audienz gewähren«, sagte

der Knabe. »Er soll erfahren, daß die Zauberer lange genug auf den richtigen Zeitpunkt gewartet haben. Tretet bitte ein wenig zurück.«
Er hob den Stab.

⌘

Der gegenwärtige Herrscher über die große Zwillingsstadt Ankh-Morpork saß in einem Sessel vor den Stufen der Treppe, die zum Thron emporführte. Er las in so geheimen Geheimdienstberichten, daß der Code noch einmal codiert worden war. Was den Thron weiter oben betraf... Seit zweitausend Jahren hatte niemand mehr auf ihm gesessen, seit dem Tod des letzten Königs von Ankh. Legenden behaupteten, eines Tages bekomme die Stadt einen neuen König, und bei den entsprechenden Prophezeiungen fanden legendentypische magische Schwerter, Muttermale in Form von Erdbeeren und dergleichen mehr Erwähnung.

Derzeit bestand die einzige erforderliche Qualifikation darin, nach der Offenbarung solcher Identifikationsmerkmale länger als fünf Minuten zu überleben. Der Grund? Die einflußreichen Kaufmannsfamilien von Ankh regierten schon seit zwanzig Jahrhunderten über die Stadt und klebten ebenso sehr an ihrer Macht wie eine Napfschnecke an ihrem Stein.

Der derzeitige Patrizier (Oberhaupt der unerhört reichen und mächtigen Vetinari-Familie) war dünn, hochgewachsen und stand in dem Ruf, ebenso kaltblütig zu sein wie ein toter Pinguin. Wenn man ihn ansah, hielt man ihn für jene Art von Mann, der eine weiße Katze streichelt, während er irgendwelche Leute dazu verurteilt, in einem Piranha-Aquarium zu sterben. Er schien auch fähig zu sein, erlesenes Porzellan zu sammeln und seine Kunstwerke zu bewundern, während gräßliche

Schreie aus nahen Folterkammern drangen. Von solchen Personen erwartet man unwillkürlich, daß sie dünne Lippen haben und Wörter wie *exquisit* benutzen, und falls sie einmal zwinkern, so ist das Grund genug, den Tag im Kalender anzukreuzen.

Erstaunlich, wie sehr der erste Eindruck täuschen kann, nicht wahr? Obige Beschreibungen treffen in keiner Weise auf den Patrizier zu, obwohl hier darauf hingewiesen werden soll, daß er einen kleinen und bereits recht alten Terrier namens Wuffel hatte, der schlecht roch und Fremde anschnaufte — angeblich das einzige Wesen auf der ganzen Scheibenwelt, das Mitgefühl in dem Patrizier weckte. Natürlich ließ er manchmal Bewohner der Stadt oder unglückliche Reisende zu Tode quälen, doch bei bürgerlichen Herrschern galt eine solche Verhaltensweise als völlig normal, und es gab eine überwältigende Mehrheit in Ankh-Morpork, die derartige Maßnahmen billigte.* Wer in Ankh wohnt, macht sich schon sehr bald eine praktische Einstellung zu eigen, und der Erlaß des Patriziers, mit dem Straßentheater und öffentliche Pantomimik verboten wurden, entschädigte sie für viele Dinge. Er übte keine Schreckensherrschaft aus, gab sich dann und wann mit einer Prise Furcht zufrieden.

Der Patrizier seufzte und legte den letzten Geheimdienstbericht auf den hohen Stapel, der sich neben seinem Sessel gebildet hatte.

Als kleiner Junge hatte er einmal einen Akrobaten gesehen, der mit zehn Tellern jonglieren konnte. Wenn jener Mann in der Lage gewesen wäre, ein solches Kunststück mit hundert Tellern zu wiederholen, hätte er damit die Voraussetzung erworben, als Auszubildender in

---

* Wobei die ›überwältigende Mehrheit‹ aus all jenen Bürgern besteht, die nicht gerade in eine mit Skorpionen gefüllte Grube gestoßen werden.

die Dienste des amtierenden Patriziers zu treten und zu lernen, wie man Ankh-Morpork regierte. Lord Vetinari dachte kummervoll daran, daß die Stadt ab und zu mit einem Termitenhaufen verglichen wurde, unter dem ein Feuer brannte.

Er sah aus dem Fenster, beobachtete den fernen Kunstturm der Unsichtbaren Universität und fragte sich, ob die dort wohnenden alten Narren eine Möglichkeit kannten, die Arbeit mit diversen Papieren, Unterlagen und Dokumenten auf ein unbedingt notwendiges Minimum zu beschränken. Wahrscheinlich nicht. Von Zauberern konnte man wohl kaum erwarten, daß sie den Umgang mit so elementaren Dingen wie allgemeiner Spionage verstanden.

Der Patrizier seufzte erneut und griff nach einem Protokoll, aus dem hervorging, was der Präsident der Diebesgilde um Mitternacht im schalldichten Zimmer hinter dem Gildenhauptquartier zu seinem Stellvertreter gesagt hatte. Er begann zu lesen, und plötzlich ...

... war er im Großen S ...

Nein, er befand sich *nicht* im Großen Saal der Unsichtbaren Universität. Er kannte die geräumige Kammer, hatte dort an einigen bemerkenswerten Festen teilgenommen. Dennoch: Von einem Augenblick zum anderen sah er sich von Zauberern umringt, und sie wirkten irgendwie ...

... *anders*.

Einige weniger glückliche Bürger der Stadt vertraten die Ansicht, Lord Vetinari weise erstaunliche Ähnlichkeiten mit Tod auf, und zumindest in einem Punkt hatten sie recht: Der Patrizier wurde erst zornig, wenn er Gelegenheit bekam, über gewisse Dinge nachzudenken. Doch manchmal dachte er ziemlich schnell.

Er starrte die versammelten Zauberer an, aber aus irgendeinem Grund blieben ihm die Worte des Ärgers im Hals stecken. Die Magier sahen aus wie Schafe, die einen gefangenen Wolf fanden und gleichzeitig auf die Idee kamen, daß Einigkeit und Solidarität Stärke schuf.

Ihre Augen glühten sonderbar.

»Was hat diese empörende Entf...« Lord Vetinari zögerte und fügte hinzu: »Ich meine, was hat dies zu bedeuten? Es ist ein kleiner Scherz am Tag der Geringen Götter, nicht wahr?«

Der Patrizier ließ den Blick über faltige Gesichter schweifen und richtete ihn auf einen kleinen Jungen, der einen langen Metallstab in der Hand hielt. Der Knabe lächelte das seltsamste Lächeln, das er jemals gesehen hatte.

Krempel räusperte sich.

»Mein Lord...«, begann er.

»Sprich!« sagte der Patrizier scharf.

Krempel wollte zunächst zurückhaltend und bescheiden bleiben, aber der Tonfall des Lords war entschieden zu gebieterisch. Die Knöchel des Thaumaturgen wurden weiß.

»Ich bin ein Zauberer der achten Stufe«, stellte er ruhig fest. »Und daher wirst du mir mit angemessenem Respekt begegnen.«

»So ist es richtig«, warf Münze ein.

»Werft ihn in den Kerker«, sagte Krempel.

»Wir haben überhaupt keinen Kerker«, gab Spelzdinkel zu bedenken. »Wir sind hier in der Universität.«

»Bring ihn in den Weinkeller«, zischte Krempel. »Und wenn du schon dort unten bist... Bau ein Verlies.«

»Ist euch eigentlich klar, auf was ihr euch einlaßt?« fragte der Patrizier. »Ich verlange auf der Stelle eine Erklärung!«

»Du hast nichts mehr zu verlangen«, erwiderte Krempel. »Und was deinen freundlichen Wunsch nach einer Erklärung betrifft... Von nun an herrschen Zauberer über die Stadt, wie es sich gehört. Bringt den Lord jetzt...«

»Zauberer? *Ihr* wollt über Ankh-Morpork herrschen? Es fällt euch doch schon schwer genug, die Universität zu verwalten.«

»Ja!« Krempel ahnte, daß er damit keine besonders schlagfertige Antwort gab, aber es blieb ihm kaum Zeit, sich eine bessere einfallen zu lassen. Argwöhnisch beobachtete er den Hund Wuffel, der zusammen mit seinem Herrchen in den neuen Großen Saal teleportiert worden war und auffälliges Interesse am Stiefel des Zauberers zeigte.

»In einem solchen Fall ziehen alle weisen Männer die Sicherheit eines möglichst tiefen Kerkers vor«, verkündete der Patrizier. Er seufzte zum drittenmal innerhalb weniger Minuten. »Wenn ihr nun mit dem Unsinn aufhört und mich in meinen Palast zurückbringt — vielleicht, ja, *vielleicht* bin ich dann bereit, diesen Zwischenfall zu vergessen.«

Wuffel wandte sich von Krempels Stiefel ab, watschelte zu Münze und verlor unterwegs einige Haare.

»Dieser *Schabernack* hat lange genug gedauert«, sagte Lord Vetinari fest. »Ich werde wirklich langsam...«

Wuffel knurrte. Er gab ein dumpfes, urzeitliches Geräusch von sich, das bestimmte Erinnerungen im Rassengedächtnis aller Anwesenden weckte und sie in Versuchung führte, möglichst rasch einen hohen Baum zu erklettern. Es deutete auf graue Schemen hin, die in der Morgendämmerung des Universums auf Jagd gingen. Es ist wahrhaft verblüffend, wie drohend ein so kleiner und alter Hund wie Wuffel wirken kann, und was noch überraschender sein mag: Sein Knurren galt dem Stab des Jungen.

Der Patrizier trat vor, um nach dem Tier zu greifen. Im gleichen Augenblick hob Krempel die Hand und schickte einen blauen und orangefarbenen Blitz aus oktarinem Feuer durch den Saal.

Lord Vetinari verschwand. Wo er eben noch gestanden hatte, blinzelte nun eine kleine Eidechse und blickte sich mit echsenhafter Betroffenheit um.

Krempel starrte bestürzt auf seine Finger, so als sähe er sie jetzt zum erstenmal.

»Na *schön*«, flüsterte er heiser.

Einige Zauberer beobachteten die hechelnde Eidechse, drehten sich dann um und starrten ins helle Morgenlicht. Sie dachten an den Stadtrat, das Konzil der Wächter, die Gilde der Diebe, die Handelskammer und Priester und fast freien Kaufleute. Noch wußten die Bürger von Ankh-Morpork nicht, was ihnen bevorstand.

※

E*s hat begonnen*, erklang die Stimme des Hutes aus der Schachtel, die auf den Decksplanken des Schiffes lag.

»Was hat begonnen?« fragte Rincewind.

Die Herrschaft der kreativen Magie.

Rincewind runzelte die Stirn. »Ist das gut?«

Kannst du eigentlich verstehen, was man dir sagt? erkundigte sich der Hut skeptisch.

Rincewind fühlte sich auf vertrauteres Terrain versetzt. »Nein«, entgegnete er. »Nicht immer. Nicht oft. In der letzten Zeit eher selten.«

»Bist du *wirklich* ein Zauberer?« fragte Conina.

»Das ist die einzige Gewißheit meines Lebens«, sagte er überzeugt.

»Seltsam.«

Rincewind saß auf der Truhe und blickte übers Vordeck der *Ozeanwalzer*, die friedlich das grüne Wasser des Runden Meeres durchpflügte. Eine Zeitlang beobachtete er die Matrosen, die sich vermutlich mit überaus wichtigen nautischen Dingen beschäftigten. Er hoffte inständig, daß ihnen keine Fehler unterliefen, denn er haßte Tiefen fast ebenso hingebungsvoll wie Höhen.

»Du wirkst besorgt«, sagte Conina, die ihm gerade

das Haar schnitt. Scharfe Klingen blitzen im Sonnenschein, und Rincewind versuchte, seinen Kopf möglichst klein zu machen.

»Kein Wunder. Ich *bin* besorgt.«

»Was hat es mit der sogenannten Apokralypse auf sich?«

Rincewind zögerte. »Nun...«, murmelte er und suchte nach den richtigen Worten. »Sie ist das Ende der Welt. In gewisser Weise.«

»In gewisser Weise? Das Ende der Welt in *gewisser Weise*? Meinst du etwa, wir können nicht ganz sicher sein? Sollen wir uns an den nächsten Passanten wenden und fragen: Entschuldige bitte, hast du irgend etwas gehört?«

»Weißt du, in diesem Zusammenhang vertreten die Seher verschiedene Standpunkte. Es gibt Dutzende von ebenso vagen wie unterschiedlichen Prophezeiungen, und einige von ihnen sind, äh, ziemlich exotisch. Deshalb nannte man die ganze Sache Apokralypse.« Er zwinkerte verlegen. »Es ist eine Art Wortspiel. Gefällt es dir?«

»Nein.«

»Dachte ich mir.«*

Coninas Schere schnippte geschäftig.

»Offenbar ist der Kapitän froh darüber, daß wir an Bord sind«, sagte die junge Frau nach einer Weile.

»Er hält es für ein gutes Omen, in Begleitung eines Zauberers unterwegs zu sein«, erklärte Rincewind. »Da irrt er sich natürlich.«

»Viele Leute glauben an so etwas«, meinte Conina.

»Sie haben auch allen Grund, sich über die Anwesenheit eines Zauberers zu freuen. Ganz im Gegenteil zu mir. Ich kann nicht schwimmen.«

---

* Was Wortspiele angeht, sind Zauberer ebenso geschmackssicher wie in bezug auf glitzernde Dinge.

»Nicht einmal einige Meter weit?«
Rincewind zögerte erneut und drehte vorsichtig den Stern an seinem Hut.
»Wie tief ist das Meer an dieser Stelle?« erkundigte er sich. »Mir genügt eine Schätzung.«
»Nun, etwa zwölf Faden, nehme ich an.«
»Dann kann ich etwa zwölf Faden weit schwimmen, wie tief das auch sein mag.«
»Hör endlich auf, so schrecklich zu zittern«, sagte Conina streng. »Ich hätte dir fast das Ohr abgeschnitten.« Sie sah einen vorbeikommenden Matrosen an, verzog das Gesicht und winkte mit der Schere. »Was guckst du so? Hast du noch nie jemanden gesehen, dem die Haare geschnitten wurden?«
Ein Mann in der Takelage brummte etwas, und von den Bramsegeln her — vielleicht handelte es sich auch ums Vorschiff — ertönte anzügliches Gelächter.
»Das habe ich nicht gehört«, log Conina, zerrte entschlossen am Kamm und löste damit einige harmlose Insekten von Rincewinds Kopfhaut.
»Au!«
»Ich habe dir doch gesagt, du sollst stillhalten!«
»Das fällt mir nicht gerade leicht. Ich muß dauernd daran denken, wer die scharfen Klingen schwingt.«
Auf diese Weise verging der Morgen: Kleine Wellen leckten fröhlich am Rumpf der *Ozeanwalzer* entlang, in der Takelage knarrte und knirschte es — und Rincewind bekam einen recht ausgefeilten Stufenschnitt. Als er sich in einem Spiegelsplitter beobachtete, konnte er eine gewisse ästhetische Verbesserung nicht leugnen.
Der Kapitän hatte ihnen mitgeteilt, daß sie die Stadt Al Khali an der mittwärtigen Küste von Klatsch anliefen.
»Der einzige Unterschied zu Ankh besteht darin, daß es dort keinen Schlamm gibt, sondern nur Sand«, sagte Rincewind und beugte sich über die Reling. »Außerdem

dient Al Khali als Umschlagplatz für Sklaven aller Art.«

»Sklaverei ist unmoralisch«, sagte Conina fest.

»Tatsächlich? Donnerwetter!« entfuhr es Rincewind.

»Möchtest du, daß ich deinen Bart stutze?« fragte die junge Frau hoffnungsvoll.

Sie hob die Schere, verharrte in dieser Haltung und starrte übers Meer.

»Gibt es irgendwelche Seeleute, die ein Kanu mit seitlichen Erweiterungen und einem kleinen Segel benutzen, das mit der Darstellung eines roten Auges geschmückt ist?«

»Ich habe von klatschianischen Sklavenpiraten gehört«, erwiderte Rincewind. »Aber dies ist ein großes Schiff. Bestimmt wagt es niemand, uns anzugreifen.«

»*Ein* Sklavenpirat sicher nicht«, pflichtete ihm Conina bei und beobachtete noch immer den dunstigen Bereich, der den Übergang zwischen Ozean und Himmel markierte. »Aber vielleicht fühlen sie sich mit fünf Booten stark genug.«

Rincewind spähte zur fernen Gräue und sah zum Ausguck hoch. Der Mann im Mastkorb schüttelte den Kopf.

»Du willst mich wohl auf den Arm nehmen, was?« brummte er und lachte mit dem Humor eines verstopften Abflußrohrs. »Du kannst dort drüben überhaupt nichts erkennen, oder? Oder?«

»In jedem Kanu sitzen zehn Männer«, sagte Conina grimmig.

»Hör mal, wenn das ein Witz sein soll ...«

»Sie sind mit langen Krummsäbeln bewaffnet.«

»Nun, ich sehe nur Wasser und ...«

»... ihr langes und ziemlich schmutziges Haar weht im Wind ...«

»Vermutlich sind die Haarspitzen gespalten, stimmt's?« bemerkte Rincewind trocken.

»Versuchst du etwa, komisch zu sein?«
»Wer? Ich?«
»Und ich habe überhaupt keine Waffe«, sagte Conina und wandte sich ruckartig von der Reling ab. »Wahrscheinlich gibt es auf diesem Schiff kein einziges anständiges Schwert.«

»Vielleicht solltest du nach einem unanständigen Ausschau halten«, schlug Rincewind kühn vor und hüstelte, als ihn die junge Frau mit einem finsteren Blick bedachte. Dennoch fügte er hinzu: »Vielleicht sind die klatschianischen Piraten nur hierher unterwegs, um sich von dir die Haare waschen zu lassen.«

Erstaunlicherweise reagierte Conina nicht auf die letzte Bemerkung. Während sie hastig ihr Gepäck durchsuchte, näherte sich Rincewind vorsichtig der Schachtel, die den Hut des Erzkanzlers enthielt. Behutsam öffnete er den Deckel.

»Dort draußen ist überhaupt nichts, oder?« fragte er.
Woher soll ich das wissen? Setz mich auf.
»Was? Auf den Kopf?«
Gütiger Himmel...
»Aber ich bin doch nicht der Erzkanzler!« entfuhr es Rincewind. »Ich meine, mein Haupt ist nicht würdig genug. Ich meine, ich weiß natürlich, wie wichtig es ist, einen kühlen Kopf zu bewahren ...«
Ich brauche deine Augen, um zu sehen. Setz mich endlich auf. Und zwar auf den Kopf.
»Äh...«
Vertrau mir.

Es blieb Rincewind gar nichts anderes übrig, als zu gehorchen. Zögernd setzte er seinen ziemlich mitgenommenen grauen Hut ab, blickte wehmütig auf den zerkratzten Stern und hob das Symbol des Erzkanzlers aus der Schachtel. Es war schwerer, als er erwartet hatte, und die Oktarine glühten matt.

Langsam ließ er den weitaus prächtigeren Hut auf

seinen neuen Haarschnitt herab, schloß die Hände fest um die Krempe und rechnete jeden Augenblick damit, ersten Frost zu spüren.

Aber es geschah etwas ganz anderes. Er fühlte sich plötzlich seltsam leicht, erahnte große Macht und umfassendes Wissen. Es war keine substantielle, greifbare Präsenz, die ihm unmittelbar zur Verfügung stand. Sie lag ihm vielmehr auf der metaphorischen Zungenspitze, verbarg sich vor neugierigen Blicken.

Sonderbare Erinnerungsfragmente huschten an seinem inneren Auge vorbei, und es handelte sich nicht um Reminiszenzen, die aus seinem eigenen, nicht besonders leistungsfähigen Gedächtnis stammten. Er tastete vorsichtig danach, wie jemand, der einen hohlen Zahn erforscht, und kurz darauf sah er...

... zweihundert verstorbene Erzkanzler. Sie standen dicht hintereinander, bildeten eine lange Reihe, die in eine graue, ferne Vergangenheit reichte. Weise, kluge Männer. Trübe Augen, die ihn aufmerksam beobachteten.

Deshalb geht von dem Hut solche Kälte aus, dachte Rincewind. Die Wärme der Gegenwart wird vom Jenseits angesaugt.

Vertraute Furcht klopfte ihm kameradschaftlich auf die Schulter.

Als der Hut sprach, bewegten sich zweihundert blasse Lippenpaare.

Wer bist du?

Rincewind, dachte Rincewind. Und in einem entlegenen Winkel seines Selbst fügte er verstohlen hinzu: Hilfe!

Er spürte, wie seine Knie unter dem Gewicht der Jahrhunderte nachgaben.

Wie fühlt man sich im Tod? fragte er zaghaft.

Der Tod ist nur ein langer Schlaf, antworteten die mentalen Leichen der Magier.

Ja, aber was *empfindet* man dabei? überlegte Rincewind.
Du bekommst eine gute Chance, das selbst herauszufinden, wenn die Kanus eintreffen, Rincewind.
Er gab einen entsetzten Schrei von sich und riß sich den Hut vom Kopf. Das echte Leben mit seiner Vielfalt von Geräuschen kehrte zurück, aber da jemand dicht neben ihm auf einen Gong hämmerte, wartete die Realität mit keiner nennenswerten Verbesserung auf. Inzwischen waren die Kanus deutlich zu sehen: Eine gespenstische Stille umhüllte sie, während sie durchs Wasser glitten und sich rasch dem Schiff näherten. Schwarzgekleidete Gestalten holten immer wieder mit langen Paddeln aus, und man rechnete unwillkürlich damit, daß sie grölten und laute Kampfschreie ausstießen. Es wäre angemessener gewesen, obwohl sich an der Situation natürlich nichts geändert hätte. Das Schweigen der Männer deutete auf unheilvolle Zielstrebigkeit hin.
»Bei den Göttern, das war schrecklich«, sagte Rincewind und deutete auf den Hut. Er beobachtete die klatschianischen Piraten und fügte hinzu: »Vom Grauen ins Entsetzen. Ich meine ...«
Matrosen mit Entermessern eilten übers Deck. Conina zupfte an Rincewinds Ärmel.
»Bestimmt versuchen die Piraten, uns lebend gefangenzunehmen«, sagte sie.
»Oh«, machte Rincewind. »Das ist mir recht.«
Dann fiel ihm etwas anderes über klatschianische Sklavenjäger ein, und er schluckte krampfhaft.
»Vermutlich, äh, haben sie es in erster Linie auf dich abgesehen«, brachte er hervor. »Ich kenne Gerüchte darüber, was sie mit jungen Frauen anstellen ...«
»Sollte ich darüber Bescheid wissen?« fragte Conina. Rincewind mußte erschrocken feststellen, daß sie noch immer unbewaffnet war.
»Man wird dich in ein Serail werfen!«

Conina zuckte mit den Schultern. »Es gibt Schlimmeres.«

»Aber das Ding hat viele stählerne Spitzen, und wenn man die Tür schließt...« Rincewind brach ab. Die Distanz zu den Kanus schrumpfte weiter, und inzwischen konnte man die grimmigen Mienen der Klatschianer erkennen.

»Du meinst eine Eiserne Jungfrau. weißt du denn nicht, was ein Serail ist?«

»Äh...«

Conina erzählte es ihm. Rincewind errötete.

»Wie dem auch sei«, fuhr die junge Frau fort, »zuerst müssen sie mich gefangennehmen, und ich bin nicht unbedingt bereit, mich einfach so zu fügen. Du solltest dir in erster Linie Sorgen um dich selbst machen.«

In dieser Beziehung verfügte Rincewind über erhebliche Erfahrungen. Trotzdem entstanden Verwirrungsfalten in seiner Stirn.

»Um mich selbst? Warum?«

»Du bist die zweite Person an Bord, die ein Kleid trägt.«

»Es ist kein Kleid, sondern ein Umhang«, erwiderte Rincewind würdevoll.

»Hoffentlich bemerken die Sklavenjäger den Unterschied.«

Eine Hand so groß und breit und dick wie ein Bananenbündel schloß sich um Rincewinds Schulter, drehte ihn herum. Ringe glänzten an fleischigen Fingern, und darüber, ein ganzes Stück darüber, grinste das haarige Gesicht des Kapitäns. Er stammte aus den mittwärtigen Regionen, und zu seinem Stammbaum schienen einige besonders große und kräftig gebaute Bären zu gehören.

»Ha!« sagte er. »Die Piraten wissen nicht, daß wir einen Zauberer an Bord haben, der in ihren Bäuchen heißes grünes Feuer brennen lassen kann! Ha?«

Das dunkle Gestrüpp der dichten Augenbrauen geriet

in Bewegung, als Rincewind durch nichts zu erkennen gab, magischen Zorn auf die Sklavenjäger zu richten.

»Ha?« beharrte der Kapitän. Es gelang ihm virtuos, eine einzelne Silbe ebenso ausdrucksvoll zu gestalten wie mehrere Flüche, die selbst einen professionellen Helden beeindrucken mochten.

»Nun, ja, ich ... gürte nur gerade meine Lenden«, entgegnete Rincewind. »Ja, genau. Ich gürte sie. Du möchtest also grünes Feuer?«

»Und ihre Knochen sollen sich in heißes Blei verwandeln.« Der Kapitän ließ seiner Phantasie freien Lauf. »Und die Haut soll Blasen werfen, und lebende Skorpione sollen durch ihre Schädel krabbeln und die Hirne fressen, und ...«

Das erste Kanu ging längsseits, und zwei Enterhaken kratzten übers Holz. Als die Klatschianer an Bord kamen, drehte sich der Kapitän um, zog sein Schwert, zögerte und sah noch einmal Rincewind an.

»Gürte dich schnell«, sagte er. »Sonst hast du bald keine Lenden mehr. Ha?«

Rincewind wandte sich an Conina, die an der Reling lehnte und ihre Fingernägel betrachtete.

»Du solltest dich besser ans Werk machen«, riet sie ihm. »Fünfzigmal grünes Feuer und heißes Blei. Außerdem wurden auch noch Hautblasen und hirnfressende Skorpione erbeten. Gnade steht nicht auf dem Bestellzettel.«

»Ach, so etwas passiert mir dauernd«, stöhnte Rincewind.

Er blickte übers Geländer und beobachtete das Hauptdeck des Schiffes. Die Angreifer waren weit in der Überzahl und setzten Netze und Seile ein, um die Besatzung der *Ozeanwalzer* zu fesseln. Schweigend schlugen sie mit Knüppeln und Fäusten zu, vermieden es, Stichwaffen zu benutzen.

»Sie wollen die Handelsware nicht beschädigen«,

sagte Conina. Rincewind riß entsetzt die Augen auf, als der Kapitän überwältigt wurde und brüllte: »Grünes Feuer! Grünes Feuer! Ha!«

Der Zauberer — diese Bezeichnung wird hier nur verwendet, um eine Wiederholung des Namens zu vermeiden — wich zurück. Seine magischen Fähigkeiten waren eher beschränkt, aber was die Kunst des Überlebens betraf, konnte er bisher einen hundertprozentigen Erfolg vorweisen, und er wollte diese Leistungen nicht ausgerechnet jetzt schmälern. Er brauchte nur schwimmen zu lernen, und dafür blieb ihm Zeit genug: Immerhin dauerte es einige Sekunden, sich über die Reling zu schwingen und ins Wasser zu fallen. Angesichts der besonderen Umstände konnte ein Versuch kaum schaden.

»Worauf wartest du noch?« fragte er Conina. »Laß uns fliehen, solange die Sklavenjäger beschäftigt sind.«

»Ich brauche ein Schwert«, erwiderte die junge Frau.

»Du läßt unsere letzte Chance ungenutzt verstreichen.«

»Cohens Tochter ergreift nicht einfach die Flucht.«

»Und was ist mit der Friseuse?«

Als Conina keine Antwort gab, starrte Rincewind auf Truhe herab und gab ihr einen Tritt.

»Komm«, schnaufte er. »Intelligentes Birnbaumholz geht nicht so leicht unter.«

Truhe streckte betont gleichgültig die Beine, drehte sich langsam und sank neben Conina aufs Deck.

»Verräter«, warf Rincewind den Scharnieren vor.

Der Kampf schien bereits entschieden zu sein. Fünf Sklavenjäger stiegen die Treppe zum Achterdeck hoch und überließen es ihren Gefährten, weiter unten Ordnung zu schaffen.

Der Anführer nahm seine Maske ab, sah Conina an und lächelte anzüglich. Dann richtete er seinen Blick auf Rincewind, und das anzügliche Lächeln wuchs in die Breite.

»Dies ist ein Umhang«, sagte Rincewind hastig. »Und seid auf der Hut: Ich bin ein Zauberer.« Er holte tief Luft. »Wenn ihr mich anrührt, wünsche ich mir sicher, euch nie begegnet zu sein. Gebt acht!«

»Ein Zauberer?« brummte der Anführer. »Zauberer geben keine guten, starken Sklaven ab.«

»Damit hast du völlig recht«, bestätigte Rincewind. »Seid also bitte so freundlich, zur Seite zu treten und mich gehenzulassen ...«

Der Klatschianer starrte Conina an und winkte einem seiner Männer zu, bevor er mit dem tätowierten Daumen auf Rincewind zeigte.

»Tötet ihn nicht so schnell. Er...« Der Sklavenjäger zögerte und bedachte Rincewind mit einem zahnintensiven Lächeln. »Vielleicht ... Ja. Warum nicht? Kannst du singen, Zauberer?«

»Vielleicht, kommt ganz darauf an«, erwiderte Rincewind vorsichtig. »Warum?«

»Möglicherweise bietet dir der Serif einen Job in seinem Harem an.« Einige Männer kicherten.

»Es könnte eine *einmalige* Gelegenheit für dich sein«, fuhr der Anführer fort und genoß die höhnische Anerkennung seines Publikums. Die anderen Sklavenjäger lachten und klopften sich vergnügt auf die Oberschenkel.

Rincewind trat einen Schritt zurück. »Vielen Dank für das Angebot«, sagte er. »Ich fürchte allerdings, für so etwas eigne ich mich nicht.«

»*Jetzt* noch nicht«, erklärte der Anführer heiter. »Aber nach einer kleinen Operation bringst du alle notwendigen Voraussetzungen mit. Sie bestehen in erster Linie aus einem gewissen *fehlenden* Körperteil.«

»Jetzt reicht's«, sagte Conina gelangweilt. Sie musterte die beiden Männer, die rechts und links neben ihr standen, und dann bewegten sich ihre Hände. Der von der Schere getroffene Pirat war wahrscheinlich besser dran als sein Kollege — ein stählerner Kamm kann ziemlich deutliche Spuren in einem Gesicht hinterlassen. Anschließend bückte sich die junge Frau, nahm ein Schwert, das einer der beiden Sklavenjäger fallen gelassen hatte, und griff die anderen Klatschianer an.

Der Anführer drehte sich erst um, als er das Stöhnen und Ächzen hörte, und sein Blick fiel auf die geöffnete Klappe der Truhe. Rincewind sprang sofort los, gab ihm einen kräftigen Stoß und beobachtete voller Genugtuung, wie er in den multidimensionalen Tiefen der Kiste verschwand.

Jemand schrie, doch der Schrei brach sofort ab.

Irgend etwas klickte, und es klang so, als entriegele man das Schloß der Höllenpforte.

Rincewind taumelte plötzlich und erbebte am ganzen Leib. »Eine einmalige Gelegenheit«, ächzte er und begriff mit für ihn typischer Verspätung. »Eine kleine Operation...« Er erbleichte.

Und beobachtete Conina beim Kampf. Nur wenige Männer konnten der jungen Frau dabei zusehen, ohne ihr sofort zum Opfer zu fallen.

Ihre Gegner grinsten zunächst, weil sie glaubten, leichtes Spiel mit dem *Mädchen* zu haben, aber sie wurden schnell ernst. Das Spektrum ihrer Mimik reichte von Verblüffung und Zweifel bis hin zu Besorgnis und namenlosem Grauen, als harter, entschlossener Stahl durch ungläubiges Fleisch schnitt.

Den letzten Leibwächter des Anführers erledigte Conina mit einigen wohlgezielten Hieben, die Rincewind Tränen in die Augen trieben. Sie legte eine kurze Pause ein, sah sich um und seufzte, bevor sie über die Reling hinweghechtete und aufs Hauptdeck sprang. Truhe folgte ihr, und ein Sklavenjäger dämpfte ihren Aufprall. Sie leistete einen erheblichen Beitrag zur plötzlichen Panik der Klatschianer. Es war schon schlimm genug, mit fataler Entschlossenheit von einer hübschen jungen

Frau angegriffen zu werden, die ein weißes, blumengeschmücktes Kleid trug, aber das männliche Ego litt noch weitaus mehr, als es sich mit einem bissigen Gepäckstück konfrontiert sah. Wie sich herausstellte, erwiesen sich solche Begegnungen auch für den Rest der Männlichkeit als außerordentlich schmerzlich.

Rincewind spähte vorsichtig über die Reling.

»Angeber«, brummte er und meinte Truhe.

Ein Wurfmesser schabte dicht neben seinem Kinn übers Holz und sauste am Ohr vorbei. Rincewind hob die Hand, als er ein plötzliches Stechen spürte — und starrte entsetzt darauf herab, bevor er das Bewußtsein verlor. Normalerweise fiel er nicht gleich in Ohnmacht, wenn er Blut sah, aber seiner emotionalen Belastungsfähigkeit waren Grenzen gesetzt, sobald es um das eigene ging.

※

Auf dem weiten, kopfsteingepflasterten Hiergibt'salles-Platz vor den dunklen Toren der Universität herrschte rege Betriebsamkeit.

Es hieß, in Ankh-Morpork sei alles verkäuflich — abgesehen von Bier, Frauen und ähnlichen Handelsgütern, die nur ausgeliehen wurden. Der Platz verdiente seinen Namen, denn das Angebot ließ wirklich keine Wünsche offen. Im Laufe der Jahre gingen die Buden und Verkaufsstände mit weiteren Hütten und Baracken schwanger, bis sich geschäftstüchtige Neuankömmlinge direkt an den uralten Mauern der Universität niederlassen mußten. Die Wände erwiesen sich sogar als recht nützlich, den man konnte Nägel und Bolzen hineinhämmern, um Kleidungsstücke und Amulette daran aufzuhängen.

Niemand sah, wie die Tore aufschwangen. Stille strömte aus der Unsichtbaren Universität, glitt so über die laute Hektik des Platzes wie die einsetzende Flut über den von der Ebbe zurückgelassenen Schlamm. Stille wird keineswegs durch die Abwesenheit von Akustik definiert, sondern besteht vielmehr aus donnerndem Anti-Geräusch. Wahre Stille erstreckte sich auf der anderen Seite des Schweigens, und ihre dunklen Dezibel erdrosselten die Stimmen der Marktschreier so nachdrücklich, als stopfe ihnen jemand Knebel aus Samt in den Hals.

Kunden und Verkäufer drehten sich um, und ihre Lippen bewegten sich mit dem gleichen verbalen Erfolg wie der Mund eines Goldfischs. Tausende von Augenpaaren starrten zu den Toren.

Irgend etwas begleitete die Kakophonie der Ruhe. Die Stände in unmittelbarer Nähe der breiten Pforten knirschten plötzlich übers Pflaster, und mehr oder wenige teure Handelsware rutschte aus den Regalen. Die Eigentümer sprangen eilig beiseite, als die Buden gegen andere stießen, ohne zu verharren. Holz knackte lautlos, und langsam entstand eine breite Straße, eine leere Schneise, die sich über den ganzen Platz erstreckte.

Ardrothy Langstab, Lieferant von Pasteten Mit Persönlichkeit, blickte gerade rechtzeitig über die Reste seines Verkaufsstands, um zu beobachten, wie die Zauberer durchs Tor schritten.

Er kannte Zauberer. Zumindest hatte er bisher geglaubt, sie zu kennen. Er hielt sie für gutmütige alte Männer, die wie ausgediente Sofas gekleidet waren und sich schon seit vielen Jahren für seine Waren interessierten. Nie klagten sie darüber, daß die von ihm angebotenen Pasteten keineswegs das Gütesiegel ›frisch‹ verdienten und sich durch weitaus mehr Persönlichkeit auszeichneten, als einer vorsichtigen Hausfrau lieb sein konnte.

Diese besonderen Zauberer aber sah Ardrothy zum erstenmal. Sie traten so auf den Platz, als gehöre er ihnen, und unter ihren Schnörkelschuhen zischten kleine blaue Funken. Seltsamerweise wirkten die Magier größer als sonst.

Vielleicht lag es nur an ihrer betont aufrechten Haltung...

Ja, genau.

Ardrothys Gene schenkten ihm eine spezielle Sensibilität gegenüber Magie, und als die Zauberer über den Platz stolzierten, flüsterte eine warnende Stimme in seinem Innern: He, Ardrothy, pack deine Messer, Gewürze und Fleischwölfe ein und verlaß die Stadt innerhalb der nächsten zehn Minuten.

Der letzte Zauberer in der Gruppe folgte seinen Kollegen in einigem Abstand und schnitt eine Grimasse, als er sich auf dem Platz umblickte.

»Früher gab es hier Springbrunnen«, sagte er. »Ihr Leute — fort mit euch!«

Die Händler und Kaufleute starrten sich groß an. Zauberer sprachen immer gebieterisch, das verlangte ihr Beruf. Aber diese Stimme klang schärfer als gewöhnlich, entsprach dem verbalen Äquivalent einer drohend erhobenen Faust.

Ardrothy drehte den Kopf. Einige Meter entfernt kam Bewegung in die Reste einer anderen Bude. Eingelegte Seesterne und diverse Muscheln rutschten zur Seite, und darunter zeigte sich eine Art Racheengel, zupfte kleine Garnelen und Krabben aus seinem langen Bart: Miskin Kobel, ein Mann, der in dem Ruf stand, Austern mit einer Hand öffnen zu können. Jahrelang hatte er Napfschnecken von Steinen gelöst und mit den riesigen Herzmuscheln in der Ankhbucht gerungen, und die Belohnung für solche Mühen bestand in einem Körperbau, den man normalerweise mit tektonischen Platten assoziierte. Miskin stand nicht etwa auf, sondern entfaltete sich.

Er näherte sich dem letzten Zauberer und deutete mit

einem zitternden Finger auf die Trümmer seines Standes. Sechs unternehmungslustige Hummer nutzten die Gelegenheit und stakten davon, um ihre unverhoffte Freiheit zu genießen.

In Kobels Wangen mahlten aalartige Muskelstränge, als er den Mund öffnete und fragte: »Seid ihr dafür verantwortlich?«

»Tritt zur Seite, Flegel«, sagte der Zauberer. Nach Ardrothys Meinung verliehen ihm diese Worte die voraussichtliche Lebenserwartung einer Glasschale.

»Ich hasse Zauberer«, brummte Kobel. »Ich kann sie nicht ausstehen. Und deshalb werde ich dich verprügeln, in Ordnung?«

Er holte mit der rechten Hand aus.

Der Zauberer wölbte eine Braue, und gelbes Feuer umhüllte Miskin. Es ertönte ein Geräusch, das Ardrothy Langstab an reißende Seide erinnerte, und in der nächsten Sekunde war Kobel verschwunden. Zurück blieben nur seine Stiefel, die einsam und verlassen auf dem Kopfsteinpflaster standen. Dünne Rauchfäden lösten sich von ihnen.

Niemand weiß, warum immer rauchende Stiefel zurückbleiben, ganz gleich, wie stark die Explosion ist. Es gehört einfach dazu.

Ardrothy gewann den Eindruck, daß der Zauberer mindestens ebenso überrascht und schockiert war wie die Menge der Zuschauer, aber er faßte sich schnell und hob seinen Stab.

»Laßt euch das eine Lehre sein, Leute«, sagte er. »Niemand fordert einen Zauberer heraus, verstanden? Von jetzt an wird sich hier so allerlei ändern. Ja, was willst du?«

Die letzten Worte galten Ardrothy, der mit wenig Erfolg versuchte, sich unbemerkt vorbeizuschleichen. Nervös griff er nach seinem Tablett.

»Ich habe mich nur gefragt, ob Euer Ehrwürden den

Wunsch hat, eine dieser köstlichen Pasteten zu erwerben«, stieß er hastig hervor. »Sie sind sehr lecker und haben einen hohen Nähr...«

»Sieh genau zu, erbärmlicher Verkäufer«, sagte der Zauberer. Er streckte die Hand aus, spreizte die krummen Finger — und schloß sie um eine Pastete.

Es handelte sich um ein dickes, goldbraunes und glasiertes Prachtexemplar. Ardrothy wußte, daß sie vollständig mit erlesenem, zartem Schweinefleisch gefüllt war und keine Bereiche frischer Luft enthielt, die seine Gewinnspanne darstellten. Jedes Ferkel, das etwas auf sich hielt, wollte einmal zu einer solchen Pastete werden.

Verzweiflung zitterte in ihm, als er seinen Ruin in Form eines knusprigen Teigs betrachtete.

»Möchtest du einmal abbeißen?« fragte der Zauberer. »Ich kann mir jederzeit weitere besorgen.«

»Einfach so aus dem Nichts...«, stöhnte Ardrothy.

Er blickte an der herrlich glänzenden Pastete vorbei und musterte den Zauberer. Das irre Glänzen in den Augen des Magiers wies ihn nur zu deutlich auf eine Katastrophe hin.

Ardrothy Langstab drehte sich um, und als gebrochener Mann wankte er zum nächsten Stadttor.

Die Zauberer begnügten sich offenbar nicht damit, lästige Mitbürger zu töten. Sie nahmen ihnen auch die Möglichkeit, ihren Lebensunterhalt zu verdienen.

※

Kaltes Wasser spritzte in Rincewinds Gesicht und riß seinen Geist aus einem schrecklichen Traum, in dem hundert maskierte Frauen versuchten, ihm mit Breitschwertern das Haar zu schneiden. Sie bewiesen dabei ein erstaunliches Geschick. Die meisten Männer hätten einen solchen Alptraum sicher auf Kastrationsängste zurückgeführt, aber Rincewinds Unterbewußtsein kannte sich bestens mit der Furcht aus, in kleine Stücke geschnitten zu werden. Daher treffen die üblichen psychologisch-psychiatrischen Erklärungen in diesem Fall nicht zu.

Er setzte sich auf.

»Ist alles in Ordnung mit dir?« fragte Conina besorgt
Rincewind blickte sich auf dem Deck um und bemerkte die unübersehbaren Spuren des Kampfes.

»Nicht unbedingt«, erwiderte er vorsichtig. Es schienen keine schwarzgekleideten Krieger mehr an Bord zu sein, zumindest nicht in der Senkrechten. Was die waagerechte Ausdehnung betraf... Mehrere Besatzungsmitglieder der *Ozeanwalzer* befanden sich in der Nähe, wahrten jedoch einen respektvollen Abstand zu Conina. Nur der Kapitän stand neben ihr und grinste dumm.

»Die Piraten sind geflohen«, sagte Conina. »Sie nahmen, was sie kriegen konnten — und verschwanden.«

»Es sind Mistkerle«, stellte der Kapitän klug fest. »Aber sie paddeln ziemlich flink.« Conina zuckte zusammen, als er ihr auf den Rücken klopfte. »Für ein Fräulein kämpft sie sehr gut«, sagte er und fügte hinzu: »Ja!«

Rincewind stand unsicher auf. Der Bug des Schiffes zeigte auf einen dunklen Streifen am Horizont, vermutlich die mittwärtige Küste vom Klatsch. Als er sich vergewissert hatte, völlig unverletzt zu sein, gestattete er sich ein zögerndes Lächeln.

Der Kapitän nickte ihnen fröhlich zu, eilte fort und gab Befehle, bei denen es um Segel, Seile und ähnliche Dinge ging. Conina nahm auf Truhe Platz, die keine Einwände erhob.

»Er ist uns so dankbar, daß es uns bis nach Al Khali bringen wird«, sagte sie.

»Ich dachte, die Stadt sei ohnehin unser Reiseziel«, erwiderte Rincewind. »Ich habe gesehen, wie du dich mit dem Kapitän geeinigt und ihn bezahlt hast.«

»Ja, das stimmt schon. Aber seine Absicht bestand darin, uns zu überwältigen und mich als Sklavin zu verkaufen.«

»Und was sollte mit mir geschehen?« brachte Rincewind hervor und beantwortete seine Frage selbst. »Oh, ich verstehe. Er sieht ja, daß ich den Umhang eines Zauberers trage. Er würde es nie wagen ...«

»Äh, eigentlich wollte er dich verschenken«, murmelte Conina und zupfte konzentriert an einem Holzspan, der nur in ihrer Phantasie aus Truhes Klappe ragte.

»Mich *verschenken?*«

»Ja. In gewisser Weise. Um die Gunst einiger Konkubinen zu erringen. Äh.«

»Was haben denn Bienen damit zu tun?«

Conina maß ihn mit einem langen, nachdenklichen Blick, und als Rincewind nicht zu schmunzeln begann, seufzte sie und fragte: »Warum sind Zauberer immer so nervös, wenn es um Frauen geht?«

Diesen Vorwurf wies Rincewind entrüstet von sich. »Von Nervosität kann überhaupt keine Rede sein!« entgegnete er scharf. »Wenn du's genau wissen willst... Ich meine, im allgemeinen komme ich sehr gut mit Frauen zurecht. Mich beunruhigen nur die Vertreter des weiblichen Geschlechts, die Schwerter schwingen.« Er dachte eine Zeitlang nach und fügte hinzu: »Um ganz ehrlich zu sein — mich berunruhigen alle Leute mit Schwertern.«

Conina kratzte hingebungsvoll an dem imaginären Span. Truhe knarrte voller Wonne.

»Ich weiß noch etwas, das dich berunruhigen wird.«

»Hmm?«

»Der Hut ist weg.«

»Was?«

»Ich konnte es nicht verhindern. Jemand schnappte sich die Schachtel und machte sich damit auf und davon...«

»Die Sklavenjäger sind mit dem Hut des Erzkanzlers geflohen?«

»Sprich nicht in seinem solchen Ton mit mir! *Ich* habe nicht die Hände in den Schoß gelegt, als der Kampf begann.«

Rincewind ruderte mit den Armen. »Neinneinnein, du verstehst mich völlig falsch, und ich habe auch gar nicht in irgendeinem Ton gesprochen... Ich muß jetzt gründlich überlegen...«

»Der Kapitän glaubt, daß die Piraten nach Al Khali zurückkehren«, vernahm er Coninas Stimme. »Dort gibt es einen Ort, an dem man viele Verbrecher treffen kann, und wir sind bestimmt in der Lage...«

»Ich sehe nicht ein, warum wir zu irgend etwas in der Lage sein sollen«, sagte Rincewind. »Der Hut wollte möglichst weit von der Universität entfernt sein, und ich bezweifle, ob die Sklavenjäger einen Abstecher dorthin machen, um den Weinkeller zu plündern.«

»Du willst sie einfach so davonkommen lassen?« fragte Conina verblüfft.

»Nun, irgend jemand sollte sie verfolgen. Aber warum ausgerechnet ich?«

»Aber du hast doch gesagt, der Hut sei das Symbol der Zauberei und er verkörpere ein Ziel, das alle Zauberer anstreben! Du mußt ihn zurückholen!«

»Muß ich?« Rincewind nahm auf dem Deck Platz und lehnte sich an die Reling. Er fühlte sich irgendwie seltsam, und es dauerte eine Weile, bis er den Grund dafür fand: Er traf eine Entscheidung. Ganz allein. Sie gehörte nur ihm. Niemand setzte ihn unter Druck. Manchmal gewann er den Eindruck, daß er nur deshalb ständig in Schwierigkeiten geriet, weil andere Leute irgend etwas von ihm wollten, doch diesmal hatte er eine ganz persönliche und individuelle Entscheidung getroffen, ohne daß ihn jemand zu etwas zwang. Er würde die *Ozeanwalzer* im Hafen von Al Khali verlassen und nach Hause zurückkehren. Sollte jemand anders die Welt retten — er wünschte dem Betreffenden viel Glück. Eine eigene Entscheidung! Und sie gefiel ihm.

Verwundert runzelte er die Stirn. Warum regten sich trotzdem Zweifel in ihm?

Weil es die falsche Entscheidung ist, du Idiot!

Du hast mir gerade noch gefehlt, dachte Rincewind. Ich hatte schon genug Stimmen im Kopf. Dort ist die Tür. Ich meine, du verstehst sicher, was ich meine.

Ich gehöre hierher.

Soll das heißen, du bist ich?

Dein Gewissen.

Oh.

Du darfst nicht zulassen, daß der Hut zerstört wird. Er ist das Symbol ...

Ja, ich weiß ...

... das Symbol einer von Geboten bestimmten Magie. Einer Magie, die von der Menschheit kontrolliert werden kann. Du willst doch bestimmt nicht in die dunklen Äpocken der ...

Was?

Äpocken ...

Müßte es nicht ›Epochen‹ heißen?

Äh, ja, du hast recht. — Das Gewissen holte tief Luft. — Wo bin ich stehengeblieben? Ach ja. Du willst doch bestimmt nicht in die dunklen Epochen der Herrschaft purer Magie zurückkehren, oder? Damals erbebte täglich das Gefüge der Realität. Eine wirklich schlimme Zeit, glaub mir.

Woher wissen wir das?

Es ist alles im Rassengedächtnis gespeichert.

Donnerwetter! Habe ich auch eins?

Nun, ein kleines.

Na schön. Aber warum ausgerechnet ich?

Tief in deinem Herzen bist du ein wahrer Zauberer. Das Wort ›Zaubberer‹ steht auf deinem Hut.

»Ja, aber das Problem besteht darin, daß ich dauernd Leuten begegne, die mich auf die Probe stellen wollen«, erwiderte Rincewind kummervoll.
»Was hast du gesagt?« fragte Conina.
Rincewind beobachtete die dünne Linie am Horizont und seufzte.
»Ich habe nur mit mir selbst gesprochen«, sagte er.

※

Krempel betrachtete den Hut kritisch, ging um den Tisch herum und sah aus verschiedenen Blickwinkeln darauf herab. »Ziemlich gut«, sagte er schließlich. »Woher stammen die Oktarine?«
»Es sind nur gewöhnliche Ankhsteine«, entgegnete Spelzdinkel. »Sie haben selbst dich getäuscht, stimmt's?«
Es war ein *prächtiger* Hut. Spelzdinkel mußte sogar zugeben, daß er weitaus besser aussah als das Original. Der alte Hut des Erzkanzlers hatte sein — nun — *Alter* nicht leugnen können. Er entsann sich in diesem Zusammenhang an verblaßten, ausgefransten goldenen Zwirn und stumpfe Pailletten. Die Kopie stellte zweifellos eine Verbesserung dar. Sie besaß Stil.
»Die Spitzen gefallen mir sehr gut«, sagte Krempel.
»Es hat eine Ewigkeit gedauert, sie hinzuzufügen.«
»Du hättest sie einfach beschwören können. Mit Magie.« Krempel spreizte die Finger und griff nach dem hohen, kühlen Glas, das vor ihm erschien. Unter einem bunten Papierschirm und dem Fruchtsalat enthielt es zähflüssigen, erlesenen Alkohol.
»Es klappte nicht«, erwiderte Spelzdinkel. »Die magische Energie, hm, *verbrannte* den Stoff, anstatt ihn zu vernähen. Ich mußte selbst zu, hm, Nadel und Faden greifen.« Er schloß die Hutschachtel.
Krempel verschluckte sich an seinem Getränk. »He,

warte, stell das Ding nicht einfach weg«, sagte er und streckte die freie Hand nach dem Behälter aus. »Auf eine solche Gelegenheit warte ich schon lange ...«

Er drehte sich zu dem großen Wandspiegel um und ließ den Hut langsam auf seine fettig glänzenden Locken herab.

Der erste Tag kreativer Magie ging zu Ende, und den Zauberern war es gelungen, alles zu verändern — bis auf sich selbst.

Sie hatten es insgeheim versucht, wenn sie sich unbeobachtet fühlten. Sogar Spelzdinkel schreckte nicht davor zurück, magische Hand an sich zu legen; er zog sich zu diesem Zweck in sein Arbeitszimmer zurück und verriegelte die Tür. Er schaffte es, zwanzig Jahre jünger zu werden, freute sich über eine Brust, an der selbst härtester Granit zerbrochen wäre. Aber als er in seiner Konzentration nachließ, kehrte er unglücklicherweise in das alte, aufgedunsene Selbst zurück. In der individuellen Existenz gab es irgend einen sehr elastischen Faktor: Je entschlossener man ihn fortstieß, desto schneller raste er wieder heran, und die Wucht des Aufpralls ließ keine masochistischen Wünsche offen. Mit Spitzen besetzte eiserne Kugeln, Breitschwerter und dicke Knüppel, aus denen rostige Nägel ragen, gelten gemeinhin als recht gefährliche Waffen, aber sie sind nichts im Vergleich mit Masse und Trägheitsmoment von zwanzig Lebensjahren, die plötzlich auf Geist und Körper herabstürzen.

Der Grund: Kreative Magie konnte nicht auf Dinge angewendet werden, die sich durch eine magische Natur auszeichneten. Denoch bewirkten die Zauberer einige wichtige Veränderungen. Man nehme nur Krempels Umhang. Er bestand aus Seide und kostbaren Spitzen, bewies ebenso kostspielige wie unübertreffliche Geschmacklosigkeit. Der Zauberer sah darin aus wie ein Haufen Wackelpeter mit Sofaschonern.

»Der Hut steht mir gut, findest du nicht?« sagte Krempel. Er rückte die Krempe zurecht und bewunderte sein verwegenes Erscheinungsbild.

Spelzdinkel gab keine Antwort. Er sah aus dem Fenster.

Ein geschäftiger Tag ging zu Ende, und einige Verbesserungen fielen sofort auf.

Die alten Steinmauern existierten nicht mehr; hübsch verzierte Brüstungen und Geländer nahmen nun ihren Platz ein. Dahinter erstreckte sich die Stadt wie ein Juwel aus weißem Marmor und roten Schindeln. Der Fluß Ankh war nicht mehr der mit stinkendem Schlamm gefüllte Abwasserkanal, mit dem der Leser bereits vertraut ist. Statt dessen bildete er ein breites, silbrig glänzendes Band, und sein Wasser war so rein und klar wie geschmolzener Schnee.* Ein romantisch veranlagter Zauberer hatte ihn sogar mit dicken, zufriedenen Karpfen und schlanken, glücklichen Forellen bevölkert.

Ein Beobachter über der Stadt wäre vermutlich geblendet worden. Ankh-Morpork *strahlte* regelrecht. Es fehlte die jahrtausendealte Patina aus Müll und Dreck.

Der ungewohnte Anblick bereitete Spelzdinkel vages Unbehagen. Er fühlte sich nicht wohl, so als trüge er neue Kleidung, die unangenehm kratzte. Nun, er *trug* neue Kleidung, und sie kratzte tatsächlich, aber das war nicht das Problem. Er fand die neue Welt hübsch und interessant. Sie erschien ihm genau so, wie sie sein sollte, und doch ... Und doch ... Habe ich eine derart drastische Veränderung gewollt? überlegte er skeptisch. Oder ging es mir nur darum, einige Dinge komfortabler zu gestalten?

---

* Die Bürger von Ankh-Morpork haben immer behauptet, ihr Fluß sei geradezu unglaublich rein. Wenn Wasser von so vielen Nieren gefiltert wurde, argumentierten sie, könne es sicher keinen Schmutz mehr enthalten.

»Der Hut scheint extra für mich angefertigt zu sein«, sagte Krempel. »Er paßt ausgezeichnet, nicht wahr? Nicht wahr?«

Spelzdinkel drehte sich nachdenklich um.

»Hm?«

»Der Hut, Mann.«

»Oh. Hm. Du wirkst damit sehr, hm, würdevoll.«

Krempel seufzte, nahm die schmuckvolle Kopfbedeckung ab und legte sie in die Schachtel zurück. Ich schlage vor, wir machen uns nun damit auf den Weg«, sagte er. »Der Junge wartet bereits darauf.«

»Ich frage mich noch immer, wo der richtige Hut ist«, brummte Spelzdinkel.

»Hier drin.« Krempel klopfte auf den Deckel der Schachtel.

»Ich meine den, hm, richtigen.«

»Dies *ist* der richtige.«

»Ich wollte sagen...«

»Dies ist der Hut des Erzkanzlers«, betonte Krempel. »Du solltest es eigentlich wissen. Immerhin hast du ihn selbst angefertigt.«

»Ja, aber...«, begann der Quästor kummervoll.

»Du würdest dem Knaben doch keine *Fälschung* anbieten, oder?«

»Nein, natürlich, hm, nicht...«

»Es ist nur ein Hut. Er stellt das dar, was man von ihm erwartet. Wenn ihn die Leute auf dem Kopf des Erzkanzlers sehen, halten sie ihn für das Original, und in gewisser Weise *stimmt* das auch. Dinge werden durch das definiert, was sie, äh, anstellen. Nicht nur Dinge, sondern auch, äh, Menschen. Das ist die fundamentale Basis der Zauberei, jawohl.« Krempel legte eine Kunstpause ein und drückte die Hutschachtel in Spelzdinkels Hände. »*Cogitum ergot hutto*, könnte man sagen.«

Der Quästor versuchte, sich an seine Kenntnisse über alte Sprachen zu erinnern.

»›Ich denke, und deshalb bin ich ein Hut?‹« übersetzte er vorsichtig.

»Was?« fragte Krempel, als sie die Treppe heruntergingen und sich dem neuen Großen Saal näherten.

»›Und deshalb halte ich mich für einen verrückten Hut?‹« vermutete Spelzdinkel.

»Sei endlich still, in Ordnung?«

Noch immer hing Dunst über der Stadt, und im Licht der untergehenden Sonne, das durch die breiten, hohen Fenster glänzte, gewannen die silbrig und goldfarben schimmernden Schwaden einen blutroten Ton.

Münze hatte sich den Stab über die Knie gelegt und saß still da. Spelzdinkel dachte daran, daß er den Knaben nie ohne seinen Zauberstab gesehen hatte, und das erschien ihm seltsam. Die meisten Zauberer bewahrten das Zeichen ihrer Magie unter dem Bett auf oder hängten es über dem Kamin an die Wand.

Der Stab des Jungen bereitete ihm Unbehagen. Er war schwarz, aber dieser Eindruck konnte nicht unbedingt auf die Farbe zurückgeführt werden. Vielmehr wirkte der Gegenstand wie ein bewegliches Loch, das Zugang zu anderen und in jeder Hinsicht *finsteren* Dimensionen gewährte. Natürlich fehlten ihm Augen, aber der Quästor fühlte trotzdem einen starren Blick auf sich ruhen. Der Stab schien seine geheimsten Gedanken zu kennen, und in dieser Hinsicht war er Spelzdinkel zweifellos überlegen.

Seine Haut prickelte, als er zusammen mit Krempel den Saal durchquerte und pure Magie spürte, die von dem Kind ausging.

Einige Dutzend der ältesten Zauberer standen in der Nähe von Münze und blickten fasziniert zu Boden.

Spelzdinkel reckte den Hals und sah...

Die Welt.

Sie schwamm in einer Pfütze aus schwarzer Nacht, die irgendwie Teil des Bodens geworden war, und der

Quästor wußte mit schrecklicher Gewißheit, daß es sich um die *echte* Welt handelte und kein magisches Abbild. Er beobachtete Wolkenfetzen und alles andere: die kalten Wüsten der mittwärtigen Regionen, den Gegengewicht-Kontinent, das Runde Meer, den Wasserfall am Rand, winzig und pastellfarben und zweifellos real...

Jemand sprach zu ihm.

»Hm?« brummte er. Plötzliche metaphorische Kühle brachte ihn in die Wirklichkeit zurück. Entsetzt stellte er fest, daß Münze eine Bemerkung an ihn gerichtet hatte.

»Entschuldige bitte«, sagte er hastig. »Die ... die Welt hat mich abgelenkt. Ich finde sie, hm, wunderschön...«

»Unser Spelzdinkel ist ein Ästhet«, kommentierte Münze. Ein oder zwei Zauberer, die das Wort kannten, lachten leise. »Aber was die Welt betrifft ... Sie könnte verbessert werden. Ich sagte eben: Ganz gleich, wohin wir auch sehen, Spelzdinkel, überall erkennen wir Habgier und grausame Unmenschlichkeit. Ein Beweis dafür, daß die Welt schlecht regiert wurde, nicht wahr?«

Der Quästor fühlte sich im Mittelpunkt der allgemeinen Aufmerksamkeit.

»Hm«, erwiderte er. »Nun, die menschliche Natur läßt sich nicht ändern.«

Völlige Stille folgte.

Spelzdinkel zögerte. »Oder etwa doch?« erkundigte er sich.

»Es wird sich erweisen«, behauptete Krempel. »Wenn wir die Welt ändern, nehmen wir damit auch Einfluß auf das menschliche Wesen. Stimmt's, Brüder?«

»Als Beispiel mag die Stadt angeführt werden«, sagte einer der anderen Zauberer. »Und ich habe mir ein Schloß geschaffen...«

»Wir herrschen über Ankh-Morpork, aber wer herrscht über den Rest der Welt?« fragte Krempel. »Sicher gibt es dort draußen mindestens tausend aufgeblasene Könige und Kaiser und Stammesoberhäupter.«

»Niemand von ihnen kann lesen, ohne die Lippen zu bewegen«, warf ein Thaumaturge ein.

»Der Patrizier konnte lesen«, sagte Spelzdinkel.

»Aber nicht ohne Zeigefinger«, murmelte Krempel.

»Da fällt mir ein: Wo steckt die Eidechse? Nun, spielt keine Rolle. Wichtig ist nur eins: Die Welt sollte von klugen, weisen und philosophisch erfahrenen Männern regiert werden. Sie braucht jemanden, der sie *führt*. Jahrhundertelang haben wir uns gegenseitig bekämpft, aber wer weiß, wozu wir fähig sind, wenn wir zusammenhalten?«

»Heute die Stadt und morgen die Welt«, meinte ein Zauberer, der weiter hinten stand.

Krempel nickte.

»Morgen die Welt und ...« — er rechnete kurz —, »... und am Freitag das Universum!«

Damit bleibt das Wochenende frei, dachte Spelzdinkel. Er erinnerte sich an die Hutschachtel und bot sie Münze an. Krempel trat mit einer fließenden Bewegung auf ihn zu, griff nach dem Behälter, reichte ihn dem Jungen und verbeugte sich erstaunlich tief.

»Der Hut des Erzkanzlers«, sagte er. »Er gebührt dir, wie wir meinen.«

Münze nahm die Schachtel entgegen, und zum erstenmal glaubte Spelzdinkel, in den kindlichen Zügen einen Hauch von Unsicherheit zu erkennen.

»Sollte er nicht während einer feierlichen Zeremonie übergeben werden?« fragte der Knabe.

Krempel hüstelte.

»Äh, nein«, entgegnete er. »Eigentlich, äh, nicht.« Er sah die anderen Zauberer an, die pflichtbewußt den Kopf schüttelten. »Nein. In diesem Zusammenhang wurde noch nie eine feierliche Zeremonie durchgeführt. Abgesehen von dem Festessen. Äh. Weißt du, die Ernennung des, äh, Erzkanzlers hat nichts mit einer Art, äh, Krönung gemein. Um es anders auszudrücken: Der

Hut symbolisiert das Oberhaupt unserer magischen Bruderschaft, ja...« Der goldene Blick des Jungen verwirrte Krempels Stimmbänder. »Weißt du, der Erzkanzler ist, äh, der... Erste... unter... Gleichen...«

Er trat unsicher zurück, als sich der Stab von ganz allein drehte und auf ihn zeigte. Einmal mehr schien Münze einer Stimme zu lauschen, die nur er vernahm.

»Nein«, sagte der Knabe schließlich, und seine Stimme vibrierte eindrucksvoll. Um einen solchen Nachhall zu bewirken, sind entweder ausgeprägte okkulte Fähigkeiten erforderlich oder die teuren Geräte eines modern eingerichteten Audiostudios. »Es wird eine Zeremonie geben. Es muß ein Ritual stattfinden, damit die Bewohner der Scheibenwelt wissen, daß Zauberer die Herrschaft angetreten haben. Aber wir führen es nicht hier durch. Ich wähle einen geeigneten Ort. Und alle Zauberer, die jemals die Tore der Universität durchschritten haben, nehmen daran teil, verstanden?«

»Einige von ihnen wohnen ziemlich weit entfernt«, gab Krempel zu bedenken. »Ihre Reise hierher dürfte einige Zeit in Anspruch nehmen, und deshalb schlage ich vor, wir gedulden uns eine Weile, während...«

»Es sind Zauberer!« rief Münze. »Sie können von einem Augenblick zum anderen hier sein! Ich habe ihnen Macht gegeben. Außerdem...« Er senkte die Stimme und klang wieder einigermaßen normal. »Die Universität hat ihren Zweck erfüllt. Sie diente nie als wahres Heim für Magie, eher als ihr Kerker. Ich errichte ein neues Gebäude für uns.«

Er hob den Hut aus der Schachtel und lächelte. Spelzdinkel und Krempel hielten unwillkürlich den Atem an.

»Aber...«

Sie drehten sich um. Ovin Schmollwinkel, Hüter der magischen Gebote, hatte gesprochen. Verblüfft starrte er auf den Hut, und es dauerte einige Sekunden, bis er den offenen Mund wieder zuklappte.

Münze sah ihn an und wölbte eine Braue.

»Du hast doch nicht etwa vor, die Universität zu schließen?« fragte der Zauberer entrüstet.

»Wir brauchen sie nicht mehr«, erwiderte das Kind. »Hier gibt es nur Staub und alte Bücher. Solche Dinge haben wir inzwischen hinter uns. Stimmt das nicht... Brüder?«

Die anderen Magier murmelten unsicher. Es fiel ihnen schwer, sich ein Leben ohne die Mauern der Unsichtbaren Universität vorzustellen. Andererseits, wenn sie genauer darüber nachdachten... Es mangelte tatsächlich nicht an Staub, und die Bücher waren wirklich ziemlich alt...

»Außerdem, Brüder... Wer von euch hat in den letzten Tagen die dunkle Bibliothek besucht? Die Magie ist nun *in* euch und nicht mehr zwischen Buchdeckeln gefangen. Das freut euch sicher, oder? Gibt es irgend jemanden unter euch, der in den vergangenen vierundzwanzig Stunden weniger Magie beschwor als in all den Jahren vorher? Ich bin ziemlich sicher, daß niemand von euch eine andere Ansicht vertritt als ich, *oder?*«

Der Quästor schauderte. Tief in seinem Herzen erwachte gerade ein zweiter Spelzdinkel und trachtete verzweifelt danach, sich Gehör zu verschaffen. Es war ein Spelzdinkel, der sich plötzlich nach jenen ruhigen Tagen zurücksehnte, als eine freundliche und gutmütige Magie in alten, ausgetretenen Pantoffeln umherschlurfte und immer Zeit für einen Sherry hatte. Voller Wehmut erinnerte er sich an eine magische Kraft, die sich nicht wie ein heißes Schwert im Gehirn anfühlte — und die darauf verzichtete, Menschen zu töten.

Grauen packte ihn, als seine Stimmbänder Haltung annahmen, die Warnungen des Selbsterhaltungstriebs ignorierten und Anstalten machten, dem Jungen zu widersprechen.

Spelzdinkel spürte ganz deutlich, daß der schwarze

Zauberstab nach ihm Ausschau hielt, und er stellte sich einen oktarinen Blitz vor, der ihn ebenso verschwinden ließ wie den armen Billias. Er biß die Zähne zusammen, doch der Protest zerrte seine Kiefer auseinander. Die Lungen holten tief Luft. Nur noch wenige Sekunden, und dann...

Krempel verlagerte sein Gewicht und trat ihm auf den Fuß. Spelzdinkel ächzte dumpf.

»Entschuldige«, sagte Krempel.

»Stimmt was nicht, Spelzdinkel?« fragte Münze.

Der Quästor hüpfte auf einem Bein, und die Anspannung in ihm ließ jäh nach. Tiefreichende Erleichterung durchströmte ihn, genährt von stechendem Schmerz. Noch nie zuvor war jemand so dankbar dafür gewesen, daß hundert Kilo Zauberer beschlossen hatten, ihm auf den großen Zeh zu treten.

Sein Stöhnen bewahrte ihn vor einem gräßlichen Schicksal. Münze seufzte und stand auf.

»Es war ein angenehmer Tag«, sagte er.

※

Zwei Uhr morgens. Der vom Fluß aufsteigende Dunst kroch schlangengleich durch die Straßen und Gassen von Ankh-Morpork, aber er kroch allein. Zauberer hielten nichts davon, bis nach Mitternacht aufzubleiben, und deshalb gingen auch alle anderen Bürger früh zu Bett, träumten die sorgenvollen Träume von Leuten, die sich plötzlich nicht mehr in ihrer Welt zurechtfinden.

Auf dem Platz der Gebrochenen Monde glitt die Nebelschwaden einsam über traurig brennende Fackeln und stumme Fenster, hinter denen rote Netzgardinen hingen. Einst galten die diversen Etablissements als Zentrum überaus mysteriöser und exotischer Freuden — von gesülzten Aalen bis hin zu Geschlechtskrankheiten nach freier Wahl boten sie alles an, was Magen und

Libido begehrten —, aber jetzt warteten bereitwillige junge Damen vergeblich darauf, in Gesellschaft unter warme Decken zu kriechen.

Das abgewetzte Kopfsteinpflaster existierte nicht mehr. Statt dessen glänzte nun weißer Marmor, und Statuen säumten leise gurgelnde Springbrunnen. Nur dumpfes Plätschern erklang in der cholesterinartigen Stille, die im Herzen der Stadt zu einem ebenso langsamen wie unerbittlichen Infarkt führte.

Schweigen umhüllte die dunkle Masse der Unsichtbaren Universität, doch in einem der langen Korridore...

Spelzdinkel schlich wie eine zweibeinige Spinne durch den Flur und sprang von Säule zu Säule — das heißt, er wankte ziemlich schnell. Schließlich erreichte er die verbotene Tür der Bibliothek. Nervös starrte er in die Finsternis, aus der er kam, zögerte und klopfte vorsichtig an.

Stille tröpfelte aus dem uralten Holz. Aber es war nicht etwa die Art von Stille, die den Rest der Stadt in ihrem Bann hielt. Nein, es handelte sich um eine höchst wachsame Stille — die Stille einer schlafenden Katze, die gerade ein Auge geöffnet hatte.

Als sich Spelzdinkel nicht mehr beherrschen konnte, sank er auf Hände und Knie und spähte durch den Spalt unter der Tür. Nach einer Weile beugte er sich zu dem dunklen Loch an der untersten Angel vor und flüsterte: »Hallo! Hm. Kannst du mich hören?«

Irgendwo in den schwarzen Tiefen der Bibliothek schien sich etwas zu bewegen.

Spelzdinkel versuchte es erneut, während die Anzeige seines emotionalen Barometers zwischen Schrecken und Hoffnung wechselte. Das Herz pochte ihm bis zum Hals empor, verspürte offenbar den dringenden Wunsch, die Brust zu sprengen, herauszuhüpfen und sich irgendwo zu verstecken.

»Hallo? Ich bin's, hm, Spelzdinkel. Du kennst mich doch, oder? Bitte sprich mit mir!«

Vielleicht strichen große, ledrige Füße über den Boden jenseits der Tür. Möglicherweise knarrten auch nur die Nerven des Quästors. Er schluckte krampfhaft, massierte den Hals, um einen dicken Kloß daraus zu vertreiben — und hätte sich fast erwürgt. Er stöhnte und keuchte, räusperte sich dann, als er neues Vertrauen zu seinen eigenwilligen Stimmbändern schöpfte.

»Sieh mal, ich meine, hör mal. Münze, das Kind, der Knabe ... Er will die Bibliothek schließen!«

Die Stille wurde lauter. Die schlafende Katze stülpte ein Ohr vor.

»Was sich derzeit zuträgt, ist völlig verkehrt!« hauchte der Quästor und preßte sich die Hand auf den Mund, als er die enorme (und fatale?) Bedeutung seiner Worte begriff.

»Uff?«

Ein leises, kaum wahrnehmbares Geräusch, wie das Rülpsen einer Kakerlake.

Spelzdinkel nahm seinen ganzen Mut zusammen und brachte die Lippen noch näher ans Angelloch heran.

»Ist der, hm, Patrizier dort drin?«

»Uff.«

»Und das Hündchen?«

»Uff.«

»Oh. Gut.«

Spelzdinkel streckte sich bäuchlings aus, starrte in die Nacht und trommelte mit den Fingern auf kalten Stein.

»Du wärst nicht zufällig so freundlich, mir Einlaß zu gewähren, oder?« fragte er.

»Uff!«

Der Quästor schnitt eine Grimasse.

»Nun, vielleicht könntest du mich trotzdem eintreten lassen. Nur für einige Minuten. Wir müssen etwas besprechen. Von Mann zu Mann.«

»Iekh!«
»Na gut. Von Mann zu Affe.«
»Uff.«
»Und wenn du herauskommst?«
»Uff.«
Spelzdinkel seufzte. »Deine loyale Entschlossenheit ist zweifellos lobenswert, aber es kann sicher nicht schaden, wenn du eine Ausnahme machst.« Ihm fiel etwas ein. »Früher oder später verhungerst du dort drin. Wahrscheinlich früher.«
»Uff, uff!«
»Nein?«
»Uff.«
»Wie du meinst.« Spelzdinkel seufzte erneut und spürte, wie er sich allmählich entspannte. Das Gespräch beruhigte ihn, obgleich die Tür nach wie ein unüberwindliches — und un*durch*dringliches — Hindernis blieb. Alle anderen Bewohner der Universität schienen in einem Traum zu leben, während sich der Bibliothekar nichts mehr wünschte als weichen Fruchtsalat, regelmäßigen Nachschub an Karteikarten und einmal im Monat die Möglichkeit, der privaten Menagerie des Patriziers einen Besuch abzustatten.* Hier war die Welt noch in Ordnung.
Spelzdinkel dachte nach. »Du hast also genug Bananen und so weiter?«
»Uff.«
»Laß niemanden in die Bibliothek, hörst du? Hm. Ich glaube, es ist außerordentlich wichtig, daß die Tür geschlossen bleibt.«
»Uff.«
»Gut.« Der Quästor stand auf und staubte sich die

---

* Niemand wußte, was er dort anstellte, und wer etwas ahnte, schwieg taktvoll.

Knie ab. Dann beugte er sich zum Schlüsselloch vor und fügte hinzu: »Sei wachsam und mißtrauisch.«
»Uff.«
Es war nicht völlig dunkel in der Bibliothek, denn von den vielen mit magischen Büchern gefüllten Regalen ging ein mattes oktarines Glühen aus, verursacht von den Wechselwirkungen zwischen thaumaturgischer Hintergrundstrahlung und einem starken okkulten Kraftfeld. Das Licht genügte, um mehrere Kisten zu erhellen, die direkt hinter der Tür standen und offenbar als Barrikade dienten.

Der frühere Patrizier hockte in einem großen Einmachglas, das auf einem nahen Schreibtisch stand. Der Bibliothekar hockte darunter, zog sich eine weiche Decke über den Kopf und hielt Wuffel auf dem Schoß.

Gelegentlich aß er eine Banane.

Unterdessen humpelte Spelzdinkel durch die finsteren Korridore der Universität zurück und sehnte sich nach der (relativen) Sicherheit seines Schlafzimmers. Er lauschte so nervös und angestrengt nach den leisesten Geräuschen, daß er am Rande des akustischen Spektrums ein kaum wahrnehmbares Schluchzen hörte.

Eigentlich hatten solche Geräusche im Wohnbereich der Zauberer überhaupt nichts zu suchen. Um diese Zeit erwartete man dort eher hingebungsvolles Schnarchen, leises Klirren von Gläsern, disharmonisches Singen oder das Zischen einer Zauberformel, die nicht die erhoffte Wirkung erzielte. Fast lautloses Weinen stellte eine derart einzigartige Einzigartigkeit dar, daß Spelzdinkel den Kurs änderte und durch einen Gang wankte, der zum Zimmer des Erzkanzlers führte.

Die Tür stand einen Spaltbreit offen. Die Stimme der Vorsicht riet dem Quästor, vorsichtig zu sein, und Spelzdinkel bereitete sich innerlich auf eine eilige Flucht vor, als er einen verstohlenen Blick in die Kammer wagte.

Rincewind riß die Augen auf.

»Was *ist* das?« raunte er.

»Irgendein Tempel, glaube ich«, antwortete Conina.

Rincewind verharrte und blickte nach oben, während die Bürgerschaft von Al Khali ihn in einer Art Brownschen Bewegung umquirlte. Ein Tempel, dachte er. Nun, das Gebäude war groß und beeindruckend, und der entsprechende Architekt hatte alle Tricks angewendet, um es noch größer und eindrucksvoller wirken zu lassen. In den Beobachtern entstand das (vollauf beabsichtigte) Gefühl, sie seien klein und unbedeutend; außerdem wurde ihnen bewußt, daß es ihnen an Kuppeln mangelte.

Andererseits: Rincewind kannte sich mit heiliger Architektur aus, und sowohl die Fresken als auch die — natürlich — beeindruckenden Mauern darüber erschienen ihm ganz und gar nicht religiös. Zum Beispiel erweckten die dargestellten Personen den Anschein, als vergnügten sie sich prächtig. Rincewind glaubte sicher zu sein, daß sie eine Menge Spaß hatten. Ja, daran konnte eigentlich gar kein Zweifel bestehen. Es hätte ihn sehr überrascht, wenn das nicht der Fall gewesen wäre.

»Sie tanzen doch nicht, oder?« fragte er in dem verzweifelten Versuch, die von den Augen empfangene Botschaft zu leugnen. »Vielleicht demonstrieren sie eine spezielle Akrobatik.«

Conina neigte den Kopf und blinzelte im grellen Sonnenschein. »Das glaube ich eigentlich nicht«, sagte sie nachdenklich.

Rincewind erinnerte sich an seine Moral. »Eine junge Frau sollte so etwas nicht betrachten«, verkündete er ernst.

Conina musterte ihn und lächelte. »Zauberern ist ein solcher Anblick streng verboten«, bemerkte sie zuckersüß. »Eigentlich müßtest du jetzt blind werden.«

Rincewind sah erneut nach oben, bereit dazu, sich einer visuellen Gefahr auszusetzen. Eigentlich hätte ich mit so etwas rechnen sollen, dachte er. Diese Leute wissen es eben nicht besser. Fremde Länder, fremde Sitten, nicht wahr? Hier herrschen andere Gewohnheiten.

Obgleich einige gewisse Dinge nicht nur den Bräuchen in seiner Heimat entsprachen, sondern auch wesentlich phantasievoller und ... freizügiger wirkten.

»Die Tempelfresken von Al Khali sind auf der ganzen Scheibenwelt berühmt«, sagte Conina, als sie sich einen Weg durch die Menge der Kinder bahnten, die Rincewind ständig irgendwelche Dinge verkaufen oder ihn netten Verwandten vorstellen wollten.

»Das wundert mich nicht«, pflichtete er seiner Begleiterin bei und starrte auf die geschäftstüchige Schar hinab. »Würdet ihr mich bitte in Ruhe lassen? Nein, ich will das nicht kaufen, was auch immer es ist. Nein, deine Schwester interessiert mich nicht. Und dein Bruder ebensowenig. Auch das *Es* kannst du behalten, Lümmel! He, ihr da, runter von dem Ding!«

Die letzten Worte galten einigen Kindern, die in aller Seelenruhe auf einer Kiste aus intelligentem Birnbaumholz ritten. Truhe folgte ihrem Eigentümer und machte keine Anstalten, sich von ihrer juchzenden Last zu befreien. Vielleicht hat sie Kummer, dachte Rincewind, und daraufhin verbesserte sich seine Stimmung ein wenig.

»Wie viele Menschen leben auf diesem Kontinent?« fragte er.

»Keine Ahnung«, entgegnete Conina, ohne sich umzudrehen. »Wahrscheinlich Millionen.«

»Wenn ich klug wäre, hätte ich mich von diesem Ort ferngehalten«, sagte Rincewind fest.

Schon seit einigen Stunden befanden sie sich in Al Khali, dem Tor zum geheimnisvollen Kontinent Klatsch. Für Rincewind waren es genau einige Stunden zuviel.

Eine anständige Stadt sollte sich in ein Gewand aus Nebel und Dunst kleiden, überlegte er verdrießlich. Ihre Bewohner sollten zu Hause bleiben und sich nicht auf den Straßen herumtreiben. Sand und Hitze gehören in die Wüste. Und was den Wind betrifft...

Ankh-Morpork war für den berühmten Geruch bekannt, der selbst Leuten mit verstopfter Nase Tränen in die Augen trieb. In Al Khali fiel sofort der Wind auf, der aus weiter Ödnis wehte und von anderen Ländern am Rand der Scheibenwelt erzählte. Eigentlich handelte es sich nur um eine sanfte Brise, aber sie flüsterte und raunte rund um die Uhr, und auf Besucher in der Stadt übte sie schließlich die gleiche Wirkung aus wie ein Reibeisen auf weiche Tomaten. Nach einer Weile gewann man den Eindruck, daß sie einem die Haut von den Knochen schabte und direkt über die Nerven kratzte.

Coninas empfindsame Nase nahm aromatische Nachrichten in Empfang, die aus dem Herzen des Kontinents stammten und von verschiedenen Dingen berichteten: der Kühle nächtlicher Wüsten, dem Gestank von Löwen, dem Kompost in undurchdringlichen Dschungeln und den recht strengen Duftnoten von Antilopen und Gnus.

Rincewind roch natürlich überhaupt nichts. Ihm kam die ganz normale Magie von Anpassung und Gewohnheit zustatten: Den meisten Morporkianern wäre es nicht einmal gelungen, eine nur fünf Meter entfernt brennende und mit Knoblauchresten gefüllte Matratze zu riechen.

»Wohin jetzt?« fragte er. »Vielleicht sollten wir eine windgeschützte Stelle suchen.«

»Mein Vater verbrachte einige Zeit in Khali, als er nach der Verlorenen Stadt Ieeh suchte«, erklärte Conina. »Häufig sprach er begeistert vom *Holterdipolter* und meinte, das sei eine Art Basar.«

»Oh, sicher, wir wenden uns einfach an einen Verkäufer, der Hüte aus zweiter Hand anbietet«, sagte Rincewind. »Was für eine verrückte Idee ...« Er kannte sich mit verrückten Ideen aus. Sie kamen ihm häufig in den Sinn.

»Ich habe gehofft, daß wir angegriffen werden. Das scheint mir die beste Möglichkeit zu sein. Mein Vater meinte, nur wenige Fremde wagten sich ins *Holterdipolter*, und noch weniger bekämen Gelegenheit, den Basar wieder zu verlassen. Er meinte, dort trieben sich sehr gefährliche Leute herum.«

Rincewind dachte darüber nach.

»Könntest du das bitte wiederholen? Ich habe nur gehört, daß du hoffst, überfallen zu werden. Anschließend klingelte irgend etwas in mir.«

»Nun, wir möchten doch einen Kontakt zur hiesigen Verbrecherszene herstellen, oder?«

»Von *möchten* kann eigentlich keine Rede sein«, widersprach Rincewind behutsam. »Nein, einen solchen Ausdruck würde ich nicht verwenden.«

»Welchen dann?« fragte Conina.

»Äh, *nicht möchten* erscheint mir angemessener.«

»Du hast dich bereit erklärt, den Hut zu suchen!«

»Aber nicht dazu, bei der Suche zu sterben«, erwiderte Rincewind betrübt. »Das würde niemandem nützen. Mir am allerwenigsten.«

»Mein Vater sagte immer, der Tod sei wie ein traumloser Schlaf«, murmelte Conina.

»Aber ich träume gern«, sagte Rincewind und erinnerte sich in diesem Zusammenhang an die Auskunft der zweihundert Erzkanzler, die durch den Hut zu ihm gesprochen hatten. Er folgte der jungen Frau, die durch eine schmale Gasse schritt, vorbei an Wänden aus weißen Adobeziegeln. »Außerdem ist es schwer, am nächsten Morgen aus einem solchen Schlaf zu erwachen.«

»Du gehst kein großes Risiko ein«, entgegnete Conina. »Immerhin bin ich bei dir.«

»Ja, und du freust dich schon auf einen Kampf, nicht wahr?« sagte Rincewind vorwurfsvoll, als Conina zielstrebig den Weg fortsetzte. Pubertäre Kleinunternehmer folgten ihnen, so beharrlich wie Kletten. »Die Värärbung ist wieder am Werk, stimmt's?«
»Sei endlich still und versuch, wie ein Opfer auszusehen.«
»Das fällt mir nicht schwer«, brummte Rincewind und wehrte ein besonders hartnäckiges Mitglied der Junioren-Handelskammer ab. »Darin habe ich eine Menge Übung. Zum letztenmal: Ich will *niemanden* kaufen, du Flegel!«
Mürrisch beobachtete er die Wände und stellte mit einem Hauch von Erleichterung fest, daß sie keine peinlichen Bilder aufwiesen. Aber der heiße Wind wehte noch immer, und der allgegenwärtige Sand ging ihm zunehmend auf die Nerven. Rincewind wünschte sich nichts sehnlicher als das eine oder andere kühle Bier, ein kühles Bad und frische Kleidung, möglichst kühl. Wahrscheinlich hätte er sich dadurch kaum besser gefühlt, aber vielleicht wäre es erträglicher gewesen, sich schlecht zu fühlen. Nun, das Bier mußte er sicher von seiner Liste streichen. Seltsam: In kalten Städten wie Ankh-Morpork erfreuten sich kühle Getränke großer Beliebtheit, aber hier in Al Khali, einem urbanen Backofen, über dem die Sonne wie eine Heizlampe brannte, zog man ölige Flüssigkeiten vor, die einem Hals und Kehle verätzten. Hinzu kam eine Architektur, die Rincewind für völlig falsch hielt. In den Tempeln standen Statuen, wie man sie eher an anderen, ganz und gar unheiligen Orten vermutete. Eine solche Stadt eignete sich einfach nicht für Zauberer. Nun, bestimmt gab es eine lokale Alternative, zum Beispiel schlichte Beschwörer, aber von *anständiger* Magie konnte man wohl kaum sprechen...
Conina ging munter weiter und summte fröhlich.

Sie gefällt dir, nicht wahr? fragte eine gestaltlose Stimme. Streite es bloß nicht ab. Ich weiß Bescheid.

Bei allen Göttern! entfuhr es Rincewinds gequälten Gedanken. Du bist doch nicht etwa mein Gewissen, oder?

Nein, deine Libido. Ist ziemlich muffig hier drin, nicht wahr? Du hast es nicht mehr getrieben, seit du vor zwanzig Jahren allein auf dem Klo warst und ...

Verschwinde aus meinem Kopf!

Oh, ich befinde mich nicht in deinem Kopf. Wenn du's genau wissen willst ...

Nein, dachte Rincewind hastig. Und dann: Ich bin Zauberer. Zauberer hören auf die Stimme der Vernunft, nicht auf die des Herzens.

Da wir gerade bei Stimmen sind ... Was hältst du von einer Abstimmung? He, Drüsen, was meint ihr dazu? — Einige Sekunden lang herrschte Stille. — Rincewind? Die Drüsen haben mir gerade folgendes mitgeteilt: Soweit es den Körper betrifft, ist dein Verstand in der Minderheit.

Ach? Zufälligerweise kann er ein Veto einlegen.

Ha! Sei dir da bloß nicht so sicher. Übrigens hat dein Herz mit dieser Sache überhaupt nichts zu tun. Es ist nur ein Muskel, der das Blut durch die Adern pumpt. Sieh es doch einmal so: Du magst die junge Frau, oder?

Nun ... Rincewind zögerte. Ja, dachte er. Ich meine, äh ...

Nette Gesellschaft, nicht wahr? Angenehm klingende Stimme?

Das schon, aber ...

Möchtest du mehr von ihr sehen?

Nun ... Rincewind stellte verblüfft fest, daß er versucht war, darauf mit einem klaren Ja zu antworten. Man konnte keineswegs behaupten, daß er den Umgang mit Frauen ablehnte, aber das weibliche Geschlecht schien ständig irgendwelche Probleme zu verursachen, und außerdem stand es in dem Ruf, sich schädlich auf magische Fähigkeiten auszuwirken. Andererseits mußte er sich der unliebsamen Erkenntnis stellen, daß sein thaumaturgisches Talent kaum über das eines Gummihammers hinausging und sich dem Wert Null näherte — von unten.

Also hast du doch gar nichts zu verlieren, warf seine Libido lockend ein.

An diesem Punkt seines mentalen Gesprächs merkte Rincewind, daß irgend etwas fehlte. Es dauerte eine Weile, bis er herausfand, was er vermißte.

Schon seit einigen Minuten versuchte niemand mehr, ihm irgend etwas zu verkaufen. In Al Khali bedeutete das vermutlich, daß man tot war.

Zusammen mit Conina und Truhe stand er in einer langen, schattigen Gasse, und keine Menschenseele befand sich in der Nähe. In der Ferne hörte er das Summen und Brummen allgemeiner urbaner Geschäftigkeit, aber um ihn herum herrschte erwartungsvolle Stille.

»Die Kinder sind weggelaufen«, sagte Conina.

»Müssen wir mit einem Angriff rechnen?«

»Vielleicht. Drei Männer folgen uns über die Dächer.«

Rincewind sah nach oben, und im gleichen Augenblick sprangen drei in schwarze Umhänge gekleidete Gestalten vor ihnen auf den Boden. Als er den Kopf drehte, bemerkte er zwei weitere, die hinter einer Ecke hervortraten. Ihre Bewaffnung bestand aus krummen Säbeln. Tücher verbargen die unteren Gesichtshälften, aber Rincewind zweifelte nicht daran, daß die Männer grimmig grinsten.

Er klopfte energisch auf Truhes Klappe.

»Schnapp sie dir«, schlug er vor. Truhe blieb einige Sekunden lang reglos stehen, setzte sich dann in Bewegung und watschelte zu Conina, bedachte ihn mit einem hämischen und (wie Rincewind in einem Anflug

von eifersüchtigem Entsetzen feststellte) auch verlegenen Scharnierblick.
»Du, du ...«, knurrte er und gab ihr einen Tritt. »Du *Handtasche*.«
Er schob sich näher an Conina heran, die nachdenklich lächelte.
»Was jetzt?« fragte er. »Willst du ihnen eine schnelle Dauerwelle anbieten?«
Die Männer kamen langsam näher, und Rincewind merkte, daß ihre Aufmerksamkeit in erster Linie der jungen Frau galt.
»Ich bin nicht bewaffnet«, sagte sie.
»Was ist mit deinem legendären Kamm passiert?«
»Er liegt irgendwo auf dem Schiff.«
»Und die Schere?«
Conina schüttelte den Kopf und drehte sich ein wenig zur Seite, damit sie so viele Gegner wie möglich im Auge behalten konnte.
»Ich habe zwei Haarklemmen dabei«, sagte sie aus dem Mundwinkel.
»Nützen sie was?«
»Keine Ahnung. Wird sich gleich herausstellen.«
»Es ist deine Schuld, daß wir in eine solche Lage geraten sind!«
»Beruhige dich. Ich glaube, die Burschen wollen uns nur gefangennehmen.«
»Zumindest dich. Wahrscheinlich planen sie, dich in ein Serail mit stählernen Spitzen ...« Rincewind erinnerte sich. »... dich in einen, äh, Harem mit vielen anderen Frauen zu stecken. Aber was ist mit mir? Wenn ich mich recht entsinne, stand eine Operation auf dem Programm.«
Truhe hob und senkte die Klappe, wußte offenbar nicht so recht, was sie von der Sache halten sollte. Einer der Männer streckte vorsichtig sein Schwert aus und berührte Rincewind am verlängerten Rücken.

»Hab ich's mir doch gedacht«, sagte Conina. »Sie möchten uns irgendwohin bringen.« Plötzlich knirschte sie mit den Zähnen. »O nein!«
»Was ist denn jetzt los?«
»Ich kann es nicht!«
»Was kannst du nicht?«
Conina ließ den Kopf hängen. »Ich kann mich nicht ohne Kampf gefangennehmen lassen!« hauchte sie bestürzt. »Mindestens tausend barbarische Vorfahren würden mich des Verrats bezichtigen!«
»Halte dich an die Ahnen deiner Mutter.«
»Ich meine es ernst. Nun, es dauert nicht lange.«
Irgend etwas bewegte sich schemenhaft, und der am nächsten stehende Mann sank mit einem leisen Ächzen zu Boden. Unmittelbar darauf stießen Coninas Ellbogen zu und bohrten sich in die Magengruben der Gestalten direkt hinter ihr. Eine Hand raste mit einem leisen Zischen an Rincewinds Ohr vorbei und fällte den vierten Gegner. Der fünfte Mann wollte sich aus dem Staub machen, aber Cohens Tochter ließ ihn nicht entkommen. Sie stürzte sich auf den Fliehenden, stieß seinen Kopf an die Mauer.

Conina rollte sich von dem Bewußtlosen herunter, schnaufte und strahlte.

»Ich gebe es nicht gern zu, aber jetzt fühle ich mich besser«, sagte sie. »Obwohl ich es zutiefst bedaure, alle Friseusentraditionen verletzt zu haben. Oh!«

»Ja«, bestätigte Rincewind ernst. »Ich habe mich gefragt, ob du sie ebenfalls gesehen hast.«

Conina beobachtete einige Bogenschützen, die an der gegenüberliegenden Wand Aufstellung bezogen hatten. Sie wirkten so gleichgültig wie Leute, die bezahlt wurden, um einen bestimmten Auftrag zu erledigen, und Rincewind befürchtete, daß sie im wahrsten Sinne des Wortes über Leichen gingen. Auch über seine.

»Wird Zeit für die Haarklemmen«, sagte er.

Conina rührte sich nicht von der Stelle.

»Mein Vater wies mich immer wieder darauf hin, wie sinnlos es sei, gegen einen mit gefährlichen Projektilwaffen ausgerüsteten und zahlenmäßig überlegenen Feind anzutreten«, antwortete sie.

Rincewind kannte Cohens Ausdrucksweise und musterte die junge Frau ungläubig.

»Ich schätze, in Wirklichkeit hat er etwa folgendes gesagt: Versuch nie, einem verdammten Stachelschwein den Hals umzudrehen.«

※

Wenn Spelzdinkel an das bevorstehende Frühstück dachte, begann er zu zittern.

Er überlegte, ob er mit Krempel sprechen sollte, ahnte jedoch, daß ihm der dicke Zauberer weder zuhören noch glauben würde. Eigentlich fiel es ihm selbst schwer, an der Überzeugung festzuhalten, nicht geträumt zu haben ...

Nein. Unsinn. Es war kein Traum, sondern die reale Realität, um nicht zu sagen: die wirkliche Wirklichkeit, keine mögliche Mög ...

Der Quästor unterbrach diesen unerquicklichen Gedankengang und schaltete sein mentales Getriebe in den Leerlauf.

Wer in diesen Tagen in der Universität wohnte, sah sich mit einigen neuen Problemen konfrontiert. Um nur ein Beispiel zu nennen: Das Gebäude, in dem man einschlief, war nicht unbedingt das gleiche, in dem man aufwachte. Die Räume und Zimmer neigten dazu, unternehmungslustig umherzustreifen — die Folge stärker werdender magischer Kraftfelder. Thaumaturgische Energie staute sich in dicken, staubigen Teppichen, lud die Zauberer so sehr auf, daß ein kräftiger Händedruck genügte, um gespenstische okkulte Metamorphosen einzuleiten. Tatsächlich hatte sich bereits so viel Magie angesammelt, daß die Kammern der Universität nicht mehr als Speicher genügten. Wenn nicht bald etwas unternommen wurde, mochten auch gewöhnliche Bürger in der Lage sein, die verschiedensten *Dinge* zu beschwören. Eine schreckliche Vorstellung, fand der Quästor. Aber Spelzdinkel hatte bereits viele schreckliche Vorstellungen, und dadurch setzte ein gewisser Gewöhnungsprozeß ein — sehr zum Wohl seines Seelenfriedens.

Die Schwierigkeiten beschränkten sich nicht nur auf das geographische Muster in der Universität. Der Druck des okkulten Stroms betraf auch die Nahrungsmittel. Wenn man ein Stück leckeren Schweinebratens aufspießte und es zum Mund führte, konnte es sich unterwegs in etwas anderes verwandeln. Wenn man Glück hatte, war es ungenießbar. Wenn man *Pech* hatte, erwies es sich zwar als eßbar, stimulierte jedoch nur selten den individuellen Appetit. Gelegentlich traf man entsprechende Feststellungen, bevor das *Etwas* die Zunge berührte, aber in besonders schlimmen Fällen rang man sich erst dann zu einer fürs Geschmacksempfinden wichtigen Erkenntnis durch, wenn die ersten Bissen den Magen erreichten und versuchten, durch die Speiseröhre zurückzuklettern.

Spelzdinkel fand den Knaben Münze in einem Zimmer, das noch vor wenigen Stunden ein Besenschrank gewesen war. Natürlich bot die Kammer nun mehr Platz. Der Quästor suchte nach angemessenen Vergleichen, mußte jedoch aufgeben, weil er keine Flugzeughangars kannte. Vermutlich wäre ihm eine solche Metapher ohnehin recht schwergefallen, denn es gab nur wenige Flugzeughangars mit weißem Marmorboden und vielen Statuen. Zwei Besen und ein kleiner, verbeulter Eimer standen in der Ecke, wirkten jedoch nicht annähernd so fehl am Platz wie die gesplitterten Tische im früheren Großen Saal: Aufgrund der ungehindert umherschwappenden magischen Gezeiten schwebten sie nun hoch über dem (natürlich aus Marmor bestehenden) Boden und waren auf die Größe einer kleinen Telefonzelle geschrumpft. Allerdings muß darauf hingewiesen werden, daß in Spelzdinkels innerem Synonymwörterbuch auch ein solcher Begriff fehlte.

Vorsichtig betrat der Quästor den großen Raum und gesellte sich den anderen Zauberern hinzu. Magische Macht verlieh der Luft eine etwas schmierige Qualität.

»Du wirst mir nicht glauben, was ich gestern abend ...« begann er.

»Sei still!« zischte Krempel. »Dies ist wahrhaft erstaunlich!«

Münze saß auf seinem Stuhl, genau in der Mitte des kreisförmigen thaumaturgischen Rates. Die eine Hand war um den schwarzen Zauberstab geschlossen, und in der anderen hielt er einen kleinen, eiförmigen, weißen Gegenstand. Die Konturen erschienen irgendwie verschwommen. Spelzdinkel sah genauer hin und gewann den sonderbaren Eindruck, daß es sich nicht um ein kleines Objekt handelte, das man aus der Nähe betrachtete, sondern ein riesiges Etwas, von dem ihn viele Meilen trennten. Trotzdem ruhte es zwischen den Fingern des Jungen.

»Was macht er da?« flüsterte der Quästor.

»Ich weiß nicht genau«, murmelte Krempel. »Wir glauben, er schafft gerade ein neues Heim für die Magie. Für die kreative Magie, um ganz genau zu sein.«

Buntes Licht flackerte über den undeutlichen ovoidischen Körper, wie die Blitze eines fernen Gewitters. In dem unsteten Schimmern sah das konzentrierte Gesicht des Knaben wie eine fratzenhafte Maske aus.

»Ich bezweifle, ob wir alle dort drin Platz haben, sagte Spelzdinkel. »Krempel, gestern abend sah ich ...«

»Es ist vollbracht«, verkündete Münze. Er hob das Ei,

das daraufhin von innen heraus erglühte und winzige Vorsprünge entwickelte. Es schien nicht nur sehr weit entfernt, sondern auch außergewöhnlich schwer zu sein, glaubte Spelzdinkel. Für sein Gewicht mußten ganz neue Maßeinheiten gefunden werden. Es durchbrach alle Barrieren, die sich in Kilogrammen und Tonnen messen ließen, gehörte zu jener negativen Sphäre, in der das Vakuum aus Blei bestand.

Erneut zupfte der Quästor an Krempels Ärmel.

»Hör mir zu, es ist wichtig. Weißt du, gestern abend...«

»Ich wäre dir sehr dankbar, wenn du darauf verzichten würdest, mich dauernd abzulenken.«

»Der Stab, es geht um den Stab, er ist kein normaler...«

Münze stand auf und zeigte mit seinem Stab zur Wand, in der sich sofort eine Tür bildete. Der Junge ging nach draußen, und die Zauberer wechselten verblüffte Blicke.

Der kreative Magus durchschritt den Garten des Erzkanzlers, und die Zauberer folgten ihm wie der Schweif eines Kometen. Er blieb erst stehen, als er das Ufer des Ankh erreichte. Dort erhoben sich einige altehrwürdige Weiden, und der Fluß strömte — oder glitt — in einem weiten, hufeisenförmigen Bogen dahin. Molche tummelten sich auf der kleinen Wiese, die irgendein Optimist ›Des Zauberers Lustgarten‹ genannt hatte. An lauen Sommerabenden, wenn der Wind nicht vom Ankh her wehte, eignete sich der Ort für einen gemütlichen Spaziergang.

Es hing noch immer warmer, silbriger Dunst über der Stadt, als Münze durch das feuchte Gras wanderte, bis er die Mitte der Wiese erreichte. Dort holte er aus und warf das Ei. Es glitzerte und funkelte, als es sich dem Boden entgegenneigte, und mit einem leisen Platschen verschwand es zwischen den grünen Halmen.

Der Knabe wandte sich den herbeischnaufenden Zauberern zu.

»Wahrt einen sicheren Abstand«, riet er ihnen. »Und bereitet euch darauf vor, so schnell zu laufen wie noch nie zuvor in eurem Leben.«

Er hob den aus schwarzem Oktiron bestehenden Stab und deutete damit auf das Ei. Oktarines Licht gleißte, zuckte fort und traf den Gegenstand. Blaue und purpurne Funken stoben.

Stille herrschte. Mehr als zehn Zauberer beobachteten das Ei erwartungsvoll.

Eine leichte Brise bewegte die langen Zweige der Weiden auf keineswegs mysteriöse Art.

Ansonsten geschah nichts.

»Äh...«, begann Spelzdinkel.

Dann erzitterte der Boden. Einige Blätter fielen von Zweigen und Ästen; ein Wasservogel krächzte überrascht, stieg auf und flog hastig davon.

Ein seltsames Geräusch erklang. Es begann als dumpfes Stöhnen, das man nicht hörte, sondern eher spürte, als wüchsen den Füßen Ohren.

Der Schlamm in unmittelbarer Nähe des Eis brodelte. Und explodierte.

Die Erde brach einer dünnen Zitronenschale gleich auf. Heißer Matsch spritzte auf einige Zauberer herab, die sich hinter Baumstämme duckten. Nur Münze, Spelzdinkel und Krempel blieben stehen und beobachteten das funkelnde weiße Gebäude, das sich unter der Wiese hervorschob, Grasbüschel und Lehmbrocken abschüttelte. Hinter den Magiern ragten Türme empor; Strebepfeiler *wuchsen* durch die Luft, um sie miteinander zu verbinden.

Der Quästor wimmerte leise, als die weiche Masse unter seinen Füßen nachgab und silbrigen Fliesen wich. Er bebte am ganzen Leib, während der Untergrund mit langsamer Unerbittlichkeit anstieg und ihn zusammen mit Krempel und Münze weit über die Baumwipfel hinaus in die Höhe trug.

Die Dächer der Universität blieben unter ihnen zurück. Ankh-Morpork schrumpfte zusammen, und der Fluß wand sich als kleine Schlange durch eine Ebene, die kaum mehr war als ein Fleck. Es rauschte und dröhnte in Spelzdinkels Ohren, als das magische Bauwerk an den Wolken kratzte und sich noch weiter emporreckte.

Der Quästor fühlte kühle Nässe, und kurze Zeit später blendete ihn helles Licht. Benommen starrte er auf faseriges Weiß und beobachtete andere Türme: Sie durchstießen die Wolkendecke und glänzten im ungetrübten Sonnenschein.

Krempel ging unbeholfen in die Knie, betastete den Boden vorsichtig und bedeutete Spelzdinkel, seinem Beispiel zu folgen.

Der Quästor berührte eine verblüffend glatte Substanz. Das Material fühlte sich an wie warmes Eis und sah aus wie Elfenbein. Es war nicht durchsichtig, erweckte jedoch den Eindruck, als strebe es eine solche Eigenschaft an.

Spelzdinkel hatte das sonderbare Gefühl, daß er nur die Augen zu schließen brauchte, um den Boden überhaupt nicht mehr zu spüren.

Schließlich begegnete er Krempels Blick.

»Sieh mich nicht so, hm, an«, sagte er. »Ich weiß auch nicht, was es ist.«

Sie musterten den Jungen.

»Es ist Magie«, erklärte Münze.

»Ja, Herr«, erwiderte Krempel behutsam. »Aber woraus besteht dieses ... Etwas?«

»Aus *Magie*. Aus purer, erstarrter, geronnener Magie, die von Sekunde zu Sekunde erneuert wird. Könnt ihr euch ein besseres Baumaterial für unser neues Heim vorstellen?«

Der Stab erglühte, schmolz die Wolken. Unter ihnen erschien die Scheibenwelt, und aus dieser Höhe betrachtet erwies sie sich tatsächlich als eine Scheibe. Cori Celesti, der zehn Meilen hohe Berg, auf dem die Götter wohnten, nagelte sie an den Himmel. Spelzdinkel beobachtete das Runde Meer — es schien so nahe zu sein, daß er hineinspringen konnte. Perspektivische Verzerrung krümmte die Konturen des großen Kontinents Klatsch, und der weite Wasserfall am Rand bot sich als glitzernde Wölbung dar.

»Es ist zu groß«, brachte Spelzdinkel hervor. Seine bisherige Welt hatte sich nur bis zu den Toren im Außenwall der Universität erstreckt, und damit gab er sich vollauf zufrieden. Eine solche Welt blieb überschaubar. Aber jetzt befand er sich ungefähr tausend Meter *über* seiner vertrauten Heimat und stand auf einer Substanz, deren Existenz alle ehrbaren Physiker geleugnet hätten.

Dieser Gedanke schockierte ihn. Er war Zauberer und dachte *besorgt* an Magie.

Bedächtig schob er sich in Richtung Krempel zurück, der gerade sagte: »Eigentlich habe ich mir die Scheibenwelt anders vorgestellt.«

»Hm?«

»Von hier oben aus wirkt sie wesentlich kleiner, oder?«

»Nun, ich weiß, hm, nicht. Hör zu, ich muß dir was erzählen...«

»Sieh dir die Spitzhornberge an. Es hat den Anschein, als brauche man nur die Hand auszustrecken, um sie zu berühren.«

Ihre Blicke reichten über zweitausend Kilometer hinweg und glitten an zerklüfteten, an einigen Stellen vereisten und schneebedeckten Hängen entlang. Wenn man mittwärts durch die entlegenen Täler der Spitzhornberge reist, so heißt es, gelangt man früher oder später ins gefrorene Land unter Cori Celesti, die geheime Domäne der Eisriesen. Angeblich sind sie dort seit ihrem letzten Kampf mit den Göttern gefangen. Als sie die Welt regierten, ragten die Berggipfel als Inseln aus einem weiten Eismeer, und noch immer herrschte urzeitliche Kälte auf ihnen.

Münze lächelte sein goldenes Lächeln.

»Was hast du gesagt, Krempel?« fragte er.

»Es liegt an der klaren Luft, Herr. Dadurch scheinen die Berge ganz nahe zu sein. Ich sagte eben, man könne sie fast berühren, indem man nur ...«

Krempel brach ab, als der Knabe winkte. Münze hob eine schmale Hand und rollte den Ärmel hoch, um zu zeigen, daß er auf irgendwelche Tricks verzichtete. Er streckte den Arm aus — und schloß die Finger um eine weiche, weiße und kalte Masse.

Die beiden Zauberer beobachteten verblüfft, wie Schnee schmolz und eine kleine Lache auf dem Boden bildete.

Münze lachte.

»Überrascht euch das so sehr?« fragte er. »Soll ich Perlen vom randwärtigen Krull oder Sand aus dem Großen Nef holen? Ist eure Zauberei zu ähnlichen Leistungen imstande?«

Spelzdinkel glaubte plötzlich, in der Stimme des Jungen eine sonderbare stählerne Härte zu vernehmen. Erneut fühlte er Münzes unerbittlichen Blick auf sich ruhen.

Schließlich seufzte Krempel. »Nein«, erwiderte er leise. »Mein ganzes Leben lang habe ich nach Magie gesucht und nur bunte Lichter, thaumaturgischen Firlefanz und alte, staubige Bücher gefunden. Zauberei hat nichts für die Welt geleistet.«

»Und wenn ich euch sage, daß ich beabsichtigte, die einzelnen magischen Orden aufzulösen und die Universität zu schließen? Meine *Berater* bekommen natürlich einen angemessen hohen Status.«

Krempels Lippen zitterten, doch er zuckte nur mit den Schultern.

»Was soll ich darauf antworten?« brachte er mühsam hervor. »Was nützt eine Kerze am hellen Mittag?«

Münze wandte sich an Spelzdinkel. Und der Stab drehte sich ebenfalls. Die filigranen Symbole im schwarzen Metall schienen ihn kühl zu mustern. Eins von ihnen, im Bereich der Spitze, wies gespenstische Ähnlichkeit mit einer Augenbraue auf.

»Du bist sehr schweigsam, Spelzdinkel. Stimmst du mir nicht zu?«

Nein. Einst hatte die Welt kreative Magie und tauschte sie gegen Zauberei ein. Die Zauberei gebührt dem Menschen, während kreative Magie allein den Göttern zusteht. Sie ist nicht für uns bestimmt. Irgend etwas mit ihr war nicht in Ordnung, und leider haben wir vergessen, warum wir die Finger davon lassen sollten. Mir gefiel die Zauberei. Sie verursachte kein Chaos. Sie paßte sich der Struktur unserer Welt an. Sie fügte sich ein. Man konnte gelassen bleiben und in aller Ruhe einen Sherry trinken. Mein Ehrgeiz beschränkte sich nur darauf, Zauberer zu sein. Und vielleicht auch Erzkanzler.

Er starrte auf seine Füße herab.

»Doch«, flüsterte er. »Ich bin ganz deiner Meinung.«

»Gut«, sagte Münze zufrieden. Er schlenderte über geronnene Magie und blickte auf die Straßenkarte Ankh-Morporks herab. Der Kunsturm war ein winziger Zacken in der Tiefe.

»Ich glaube...«, begann er. »Ich glaube, die Ernennungszeremonie wird in der nächsten Woche stattfinden, bei Vollmond.«

»Äh, bis zum nächsten Vollmond dauert es noch drei Wochen«, wandte Krempel ein.

»In der kommenden Woche«, wiederholte der Knabe. »Wenn ich in der kommenden Woche einen Vollmond verlange, bekomme ich ihn auch.« Er sah weiterhin

nach unten, betrachtete die kleinen, modellartigen Gebäude der Universität und kniff die Augen zusammen.
»Was ist das?« fragte er und senkte den Zeigefinger.
Krempel reckte den Hals.
»Äh, die Bibliothek. Ja. Es ist die Bibliothek. Äh.«
Krempel empfand die Stille als so bedrückend, daß er glaubte, man erwarte weitere Bemerkungen von ihm. Alles war besser als eine solche *Lautlosigkeit*.
»Dort werden die magischen Bücher aufbewahrt, weißt du. Insgesamt neunzigtausend, nicht wahr, Spelzdinkel?«
»Hm? Oh. Ja. Ungefähr neunzigtausend, habe ich gehört.«
Münze stützte sich auf seinen Stab und schnitt eine Grimasse.
»Verbrennt sie«, sagte er. »Alle.«

⌘

Mitternacht stolzierte dunkel durch die Korridore der Unsichtbaren Universität, als Spelzdinkel weitaus weniger selbstbewußt an stummen Mauern vorbeischlich und sich der nach wie vor geschlossenen Tür der Bibliothek näherte. Er klopfte an, und das leise Pochen hallte so laut durchs Gebäude, daß sich der alte Zauberer unwillkürlich duckte und darauf wartete, von der Finsternis erwürgt zu werden.

Nach einer Weile hörte er ein leises Kratzen und Schaben: Möbel wurden beiseite geschoben.

»Uff?«
»Ich bin's.«
»Uff?«
»Spelzdinkel.«
»Uff.«
»Du mußt verschwinden! Der Junge will die Bibliothek niederbrennen!«

Der Bibliothekar gab keine Antwort.
Spelzdinkel sank auf die Knie.
»Er schreckt vor nichts zurück«, raunte er. »Wahrscheinlich zwingt er *mich*, das Feuer zu legen. Es ist der Stab, weißt du, er weiß alles, ich meine wirklich *alles*, er weiß auch, daß ich von ihm weiß und... Bitte hilf mir...«
»Uff?«
»Gestern abend habe ich einen Blick in das Zimmer des Knaben geworfen... Der Stab... Er *glühte* und stand in der Mitte des Raums, wie ein Fanal, und Münze lag auf dem Bett und schluchzte, ich konnte spüren, wie der Stab zu ihm sprach, wie er ihn lehrte, ihm schreckliche Dinge zuflüsterte, und dann bemerkte er mich, du mußt mir helfen, du bist der einzige, der nicht unter dem Bann...«

Spelzdinkel unterbrach sich abrupt. Ganz langsam und gegen seinen Willen wandte er sich um; irgend etwas drehte seinen Kopf.

Er wußte, daß sich außer ihm niemand in der Universität aufhielt. Die Zauberer waren alle in den Neuen Turm umgezogen, wo selbst die Studenten des ersten thaumaturgischen Semesters in Unterkünften wohnten, wie sie bisher nur erfahrenen Seniormagiern zur Verfügung gestanden hatten.

Der Stab schwebte einige Meter entfernt in der Luft und glühte in einem oktarinen Schein.

Der Quästor stand vorsichtig auf und kehrte den Rücken einer beruhigend massiven Steinwand zu, während er das gräßliche Ding im Auge behielt. Zögernd schob er sich an der Mauer entlang, bis er das Ende des Korridors erreichte. An der Ecke verharrte er kurz und merkte, daß ihm der Stab nicht folgte — aber er drehte sich langsam, um ihn weiterhin zu beobachten.

Spelzdinkel gab einen gedämpften, entsetzten Schrei von sich, hob den Saum seines Umhangs und lief los.

Woraufhin sich der Stab direkt vor ihm befand. Ruckartig blieb er stehen (das heißt, er wollte ruckartig stehenbleiben, aber aufgrund so rätselhafter Dinge wie Trägheitsmoment und Masse rutschten seine Füße noch einen Meter weiter) und rang schnaufend nach Atem.

»Du jagst mir keine Angst ein«, log er, wirbelte um die eigene Achse und marschierte in eine andere Richtung davon. Nervös schnippte er mit den Fingern, um eine Fackel mit weißen Flammen zu beschwören — nur ein mattes oktarines Schimmern wies auf ihren magischen Ursprung hin.

Einmal mehr schwebte der Stab vor ihm und saugte das Licht der Fackel an. Der flackernde Schein beschrieb einen kurzen Bogen und verschwand in einem Blitz, den ein leises *Plop* begleitete.

Spelzdinkel wartete, und seine geblendeten Augen tränten. Er blinzelte furchtsam, sah jedoch nur blaues Netzhautfunkeln. Wenn der Zauberstab des Knaben noch immer präsent war, so schien er nicht geneigt zu sein, irgend etwas gegen den Quästor zu unternehmen. Als das Gleißen neuerlicher Dunkelheit wich, entdeckte Spelzdinkel einen völlig lichtlosen und überraschend regelmäßig geformten Schatten in der Schwärze. Die Küchentreppe.

Er sprang darauf zu, hastete Stufen hinab, die er nur erahnte, verlor den Halt, stürzte und fiel auf erstaunlich unebene Fliesen. Blasser Mondschein filterte durch ein fernes Gitter, und Spelzdinkel wußte, daß irgendwo weiter oben eine Pforte existierte, die nach draußen führte.

Er stemmte sich in die Höhe, verfluchte das Stechen in den Fußknöcheln und begann mit der langen Wanderung über einen endlosen, dunklen Boden. Jeder keuchende Atemzug strich mit einem lauten Zischen über die Trommelfelle, so als stecke sein Kopf in einer großen Muschel.

Irgend etwas klirrte und klapperte. Natürlich gab es in der Universität keine Ratten mehr, aber seit einiger Zeit wurde die Küche nicht mehr benutzt: Die Universitätsköche galten als beste gastronomische Künstler auf der ganzen Scheibenwelt, aber sie mußten sich nach neuen Kunden umsehen, denn inzwischen konnte jeder Zauberer nach Belieben Mahlzeiten herbeibeschwören, die selbst kühnste kulinarische Wünsche erfüllten. Die großen Kupfertöpfe hingen traurig an der Wand und setzten bereits Grünspan an, und in dem großen Ofen träumte melancholische Asche von herrlich lodernden Feuern.

Der Stab lag quer vor der Hintertür und bildete einen improvisierten Riegel. Er richtete sich auf, als Spelzdinkel heranwankte, glitt einige Meter über den Fliesen durch leere Luft und erstrahlte in gemeiner Boshaftigkeit. Langsam näherte er sich dem Zauberer.

Der Quästor wich zurück und rutschte auf schmierigen Steinen aus. Er schrie auf, als ihn etwas an den Waden berührte, doch seine zitternde Hand ertastete nur den Block, der zum Zerhacken von Brennholz diente.

Die Finger krochen weiter, strichen über rissiges Holz — und berührten ein Beil, dessen Klinge tief in der harten Masse steckte. Spelzdinkels Überlebenswille schöpfte neue Hoffnung, und instinktiv umfaßte er den Griff.

Er war außer Atem. Er fühlte sich in die Enge getrieben. Seine Geduld ging zur Neige. Und er hatte solche Angst, daß er kaum mehr einen klaren Gedanken fassen konnte. Eine überaus gefährliche Mischung.

Gefährlich für ihn selbst.

Als der Stab direkt vor ihm verharrte, zerrte er die Axt aus dem Holz, holte mit seiner ganzen Kraft aus ...

Und zögerte. Der Zauberer in ihm protestierte gegen die Zerstörung einer derart großen Macht. Einer Macht, die sich als Werkzeug einsetzen ließ. Er stellte sich vor, wie der Stab seinen Befehlen gehorchte, wie er ...

Schwarzes Oktiron neigte sich und deutete auf ihn.
Einige Korridore entfernt stemmte sich ein Affe mit dem Rücken gegen die Tür der Bibliothek und beobachtete blauweiße Funken, die zischend und fauchend über den Boden glitten. Er hörte das ferne Prasseln purer Magie und vernahm ein Geräusch, das als dumpfes Brummen begann und so schrill endete, daß selbst Wuffel nichts mehr hören konnte. Trotzdem stülpte der Hund die Pfoten über den Kopf.

Kurz darauf erklang ein leises Scheppern, so als fiele ein verbogenes, halb geschmolzenes Beil auf steinernen Boden.

Die Stille, die auf ein solches Geräusch folgt, ähnelt einer heißen Lawine.

Der Bibliothekar griff nach dem Schweigen und hüllte es einem warmen Mantel gleich um seinen zitternden, haarigen Leib. Langsam stand er auf und betrachtete die vielen Bücher; jedes einzelne erglühte in einem individuellen okkulten Kraftfeld. Dutzende, Hunderte, Tausende von Regalen blickten auf ihn herab. Sie hatten es ebenfalls gehört. Er spürte ihre Furcht.

Einige Sekunden lang stand der Orang-Utan völlig reglos, und schließlich traf er eine Entscheidung. Er schlurfte zu seinem Schreibtisch, suchte in den Schubladen und holte einen Bund mit vielen rasselnden Schlüsseln hervor. Dann kehrte er zu den Regalen zurück, blieb stehen und sagte laut und deutlich: »Uff.«

Die Bücher beugten sich zu ihm vor. Der Bibliothekar genoß nun ihre volle Aufmerksamkeit.

»Was ist dies für ein Ort?« fragte Conina.

Rincewind sah sich verwundert um.

Sie befanden sich noch immer im Herzen von Al Khali; deutlich hörten sie das urbane Summen hinter den

Mauern. Aber mitten in der großen Stadt hatte jemand eine weite freie Fläche geschaffen, sie mit hohen Wällen abgeschirmt und einen herrlich-romantischen Park angelegt, der ebenso natürlich wirkte wie ein Honigkuchenpferd.

»Offenbar hat jemand fünf Quadratmeilen der Innenstadt genommen und sie mit Wänden und Türmen, äh, umzäunt«, erwiderte Rincewind unsicher.

»Höchst sonderbar«, kommentierte Conina.

»Nun, einige der hiesigen Religionen...«, begann Rincewind. »Weißt du, die Leute glauben, nach ihrem Tod könnten sie durch eine Art Garten spazieren. Angeblich erklingt dort überall sphärische Musik, und es soll auch jede Menge Fruchtsaft und ... und ... junge, hübsche, wundervolle Frauen geben«, schloß er hastig.

Conina beobachtete die grüne Pracht des von hohen Mauern umgebenen Parks, betrachtete Pfauen, verzierte Bögen und leise gluckernde Springbrunnen. Einige zurückhaltende Mädchen standen in der Nähe und musterten sie gleichgültig. Ein verborgenes Orchester spielte komplexe klatschianische *Bhong*-Musik.

»Ich bin nicht gestorben«, stellte sie fest. »Ich würde mich bestimmt daran erinnern. Außerdem ist dies nicht meine Vorstellung vom Paradies.« Sie bedachte die jungen Frauen mit einem kritischen Blick. »Ich frage mich, wer sie frisiert...«

Eine Schwertspitze berührte sie am verlängerten Rükken, und daraufhin setzte sie sich wieder in Bewegung. Zusammen mit Rincewind wanderte sie über einen von bunten Blumen gesäumten Pfad, der zu einem kleinen, kuppelförmigen Pavillon führte. In der Nähe wuchsen einige Obstbäume.

Conina schnitt eine finstere Grimasse.

»Außerdem halte ich nichts von irgendwelchen Fruchtsäften. Davon muß ich dauernd aufstoßen.«

Rincewind blieb stumm. Er hatte genug damit zu tun,

seine chaotischen Empfindungen zu entwirren. Sie bereiteten ihm erhebliches Unbehagen, denn er fürchtete, sich allmählich zu verlieben.

Er war sicher, an allen entsprechenden Symptomen zu leiden: feuchte Handflächen, ein seltsames Brennen in der Magengrube, das Gefühl, als bestehe die Haut auf der Brust aus straff gespannten Gummibändern. Und wenn Conina sprach, gewann er den Eindruck, als striche ihm jemand mit heißem Stahl über den Rücken.

Rincewind blickte auf Truhe herab, die neben ihm über den Weg stapfte, und er glaubte, gewisse Anzeichen zu erkennen.

»Du auch?« fragte er.

Vielleicht lag es nur an einigen Reflexen, die der Sonnenschein auf der zerkratzten Klappe hervorrief, aber für einige Sekunden bemerkte Rincewind ein rötliches Schimmern.

Nun, zwischen intelligentem Birnbaumholz und seinem Eigentümer gab es natürlich eine seltsame mental-emotionale Verbindung, und ... Rincewind schüttelte den Kopf, doch der Gedanke kehrte mit sturer Beharrlichkeit zurück und erklärte wenigstens, daß Truhe einen großen Teil ihrer Boshaftigkeit verloren hatte.

»Es kann unmöglich klappen«, sagte er. »Ich meine, sie ist eine Frau, und du bist, nun, du bist ...« Er zögerte. »Äh, was du auch sein magst — erinnere dich an deine *hölzerne* Natur. Eine Beziehung zwischen dir und *ihr* ... Nein, unmöglich. Du kämst ins Gerede. Du ...«

Er drehte sich um und musterte die schwarzgekleideten Wächter.

»Was gibt's da zu grinsen?« fragte er streng.

Truhe trippelte zu Conina, folgte ihr in einem so geringen Abstand, daß sie mit der Ferse an ein Scharnier stieß.

»Verschwinde!« zischte sie und gab der Kiste einen wuchtigen Tritt.

Truhe zeichnete sich durch einen eklatanten Mangel an Mimik aus, aber es gelang ihr dennoch, schockierte Enttäuschung zum Ausdruck zu bringen.

Der Pavillon weiter vorn erwies sich als ein zwiebelförmiges, mit glitzernden Edelsteinen geschmücktes Etwas, das auf vier Säulen ruhte. Das Innere bestand aus zahllosen Kissen, auf dem ein ziemlich dicker, rund vierzig Jahre alter Mann lag. Drei junge Frauen leisteten ihm Gesellschaft. Er trug einen purpurnen, mit goldenem Zwirn und besonders großen Pailletten geschmückten Umhang. Rincewind hielt unwillkürlich den Atem an, als er dieses überaus exotische Kleidungsstück sah, verglich es mit einer Kreuzung zwischen einigen kleinen Kochtopfdeckeln und mehreren Quadratmetern pervertiertem Garn. Er dachte an die Tempelfresken und schauderte hingebungsvoll.

Der Mann schrieb, und nach einer Weile hob er den Kopf.

»Wahrscheinlich kennt ihr keinen guten Reim auf ›du‹, oder?« fragte er gereizt.

Rincewind und Conina wechselten einen kurzen Blick.

»Im Nu?« schlug der Zauberer vor. »Hab Ruh?«

»Kuh?« sagte Conina mit erzwungener Fröhlichkeit.

Der dicke Mann zögerte. »Kuh gefällt mir«, sagte er. »Ja, Kuh bietet gewisse Möglichkeiten. Kuh könnte wirklich passen. Übrigens: Zieht euch ein Kissen heran und nehmt Platz. Möchtet ihr Fruchtsaft? Warum steht ihr so steif da?«

»Es liegt an den Stricken«, sagte Conina.

»Ich bin gegen kalten Stahl allergisch«, fügte Rincewind hinzu.

»Ach, wie langweilig«, stöhnte der Dicke und klatschte in die Hände. An den wurstartigen Fingern steckten so viele Ringe, daß es laut rasselte und klirrte. Sofort traten zwei Wächter vor, durchschnitten die Fesseln und verschwanden zusammen mit ihren Gefährten. Rincewind sah sich mißtrauisch um und erahnte Dutzende von neugierigen und argwöhnischen Augenpaaren, die sich im nahen Dickicht verbargen. Zwar schienen er und Conina nun mit dem Mann allein zu sein, aber der Überlebensinstinkt warnte ihn vor einem aggressiven Verhalten und meinte, dadurch könne sich dieser Bereich des Parkes in einen außerordentlich unangenehmen und schmerzvollen Ort verwandeln. Er versuchte, Ruhe und ein möglichst hohes Maß an Freundlichkeit auszustrahlen.

Rasch blätterte er in seinem psychischen Wörterbuch und sah unter ›Höflichkeit‹ nach.

»Nun«, brachte er schließlich hervor, während er Brokatvorhänge, mit Rubinen besetzte Säulen und Kissen aus kostbarem Samt betrachtete, »du hast dich recht hübsch eingerichtet. Dein Heim wirkt wie ...« — er bemühte seine deskriptive Phantasie —, »... wie ein wundervolles Wunder.«

»Man bemüht sich um Schlichtheit«, seufzt der Mann, während sein Federkiel emsig übers Papier kratzte. »Warum seid ihr hier? Oh, versteht mich bitte nicht falsch. Selbstverständlich ist es mir eine Freude, Musenkollegen kennenzulernen, die sich ebenfalls der so anspruchsvollen poetischen Kunst widmen.«

»Man brachte uns hierher«, antwortete Conina.

»Einige Männer mit Schwertern«, sagte Rincewind.

»Liebe Freunde, die Wächter schwingen ihre Schwerter nur, um in Übung zu bleiben. Greift zu.«

Er wandte sich an eins der Mädchen und schnippte mit den Fingern.

»Äh, vielleicht später«, murmelte Rincewind bestürzt. Aber die junge Frau griff nach einem Tablett mit goldbraunen Stäbchen und bot es ihm an. Er probierte eins und hob überrascht die Brauen. Das Ding war knusprig und schmeckte fast so süß wie Honig. Er nahm zwei weitere.

»Entschuldige bitte«, sagte Conina, »aber wer bist du? Und wo sind wir hier?«

»Ich bin Krösus, Serif von Al Khali«, erwiderte der Dicke. »Und dies ist meine Wildnis. Man gibt sich Mühe.«

Rincewind verschluckte sich fast.

»Doch nicht etwa der Krösus aus ›so reich wie Krösus‹?« fragte er.

»Wahrscheinlich meinst du meinen lieben Vater. Ich bin noch reicher. Tja, wenn man viel Geld hat, fällt es einem schwer, Schlichtheit zu erreichen. Man gibt sich Mühe.« Er seufzte.

»Vielleicht solltest du deine Besitztümer verschenken«, schlug Conina vor.

Der Serif seufzte erneut. »Das ist nicht so leicht, wie du glaubst. Man muß eben versuchen, mit viel wenig anzustreben.«

»Einen Augenblick«, warf Rincewind ein und spürte vertraute Verwirrung. Er schluckte eine klebrige Masse. »Es heißt, ich meine, man behauptet, eine Berührung von dir genüge, um irgendwelche Gegenstände in *Gold* zu verwandeln.«

»Wodurch der Aufenthalt im Klo mit einigen Schwierigkeiten verbunden wäre«, erklärte Conina heiter.

»Ha, man hört solche Geschichten über sich«, sagte Krösus und ignorierte die letzte Bemerkung taktvoll. »Wie langweilig. Als ob Geld — oder Gold — wichtig sei. Wahrer Reichtum liegt in den Schatzkammern der Literatur.«

»Der Krösus, von dem *ich* hörte, galt als Oberhaupt einer Bande, äh, heimtückischer Mörder«, verkündete Conina. »Er soll die Ersten Assassinen angeführt haben, die im mittwärtigen Klatsch einen denkbar schlechten Ruf genossen. Womit ich dir keineswegs zu nahe treten möchte.«

»O ja, mein lieber Vater«, entgegnete Krösus junior.

»Die *Haschischim*.* Eine tolle Idee. Solange man sie auf die Theorie beschränkt. Was die praktische Umsetzung betrifft, kam es zu einigen Problemen. Deshalb nahmen wir Gemeine Heimtückische in unsere Dienste.«

»Ah«, machte Conina und nickte. »Vermutlich Angehörige einer religiösen Sekte.«

Krösus musterte sie einige Sekunden lang. »Nein«, sagte er langsam. »Das glaube ich eigentlich nicht. Wir nannten sie so, weil sie gemein und heimtückisch waren, sogar regelrecht hinterhältig.«

Er griff nach dem langen Pergament, das er beschrieben hatte. »Ich ziehe geistiges Leben vor, und aus diesem Grund habe ich das Stadtzentrum in eine Wildnis verwandeln lassen. Um in aller Ruhe nachzudenken und literarische Kunst zu schaffen. Man gibt sich Mühe. Darf ich euch mein neuestes Œuvre vorlesen?«

»Ein Ei?« fragte Rincewind, der allmählich die Übersicht verlor.

Krösus streckte eine fleischige Hand aus und intonierte:

»Ein sommerlicher Palast, errichtet im Nu,
eine Flasche Wein, ein Laib Brot, geröstetes
Lammfleisch mit Zucchini, gebackene Pfauenzungen,
Krabben in Zuckerguß, eisgekühlter Fruchtsaft
Gebäck vom Tablett, angeboten vom Du.
Oh, ich singe in prächtiger Wildnis,
und die Wildnis ist eine ...«

---

* Die Haschischim verdankten ihren Namen einem überaus hohen Haschischkonsum, und im Vergleich zu anderen gemeinen und heimtückischen Mördern zeichneten sie sich durch einige einzigartige Eigenschaften aus. Sie waren nicht nur so gefährlich und entschlossen, wie man es von ehrbar unehrenhaften Assassinen erwartet, sondern hatten auch Humor. Häufig kicherten sie ohne ersichtlichen Anlaß, betrachteten schmunzelnd die Licht- und Schattenmuster auf den Klingen ihrer langen Dolche, und in extremen Fällen rollten sie durchs Gras und lachten schallend.

Krösus zögerte und nahm nachdenklich den Federkiel zur Hand.

»Vielleicht ist Kuh doch nicht so geeignet, wie ich zunächst glaubte«, sagte er. »Ja, jetzt kommen mir erhebliche Zweifel ...«

Rincewind beobachtete den sorgfältig gepflegten, geradezu *manikürten* Park, die vielen Statuen und Springbrunnen, die hohen Mauern. Eine der Dus winkte ihm zu.

»Dies ist eine Wildnis?« fragte er.

»Ich glaube, meine Landschaftsgestalter haben alle notwendigen Einzelheiten berücksichtigt. Sie brauchten eine *Ewigkeit* für die kleinen Kurven und Windungen der Bäche. Ja, wie ich aus für gewöhnlich gut unterrichteter Quelle erfuhr, zeichnen sich die Wasserläufe durch wilde Pracht und bemerkenswerte natürliche Schönheit aus.«

»Was ist mit Skorpionen?« erkundigte sich Rincewind und griff nach einem weiteren Honigstäbchen.

»Keine Ahnung«, sagte der Serif. »Um ganz ehrlich zu sein: Skorpione erscheinen mir nicht besonders poetisch. Ich halte mich an das Standardwerk ›Für Angehende Dichter‹ und ziehe Honig und Heuschrecken vor. Obgleich ich noch keinen rechten Geschmack für Insekten entwickelt habe.«

»Ich dachte immer, Bewohner der Wildnis verspeisen nicht etwa Heuschrecken, sondern die Früchte des Heuschrecken*baums*«, warf Conina ein. »Mein Vater meinte, sie seien sehr schmackhaft.«

»Es sind keine Insekten?« fragte Krösus.

»Ich glaube nicht.«

Der Serif sah Rincewind an und nickte. »Iß auch die restlichen Stäbchen«, sagte er. »Ich konnte mich noch nie dafür erwärmen. Zu knusprig, zu süß.«

»Ich möchte nicht undankbar klingen ...« Conina sprach lauter, um das asthmatische Keuchen eines Rincewinds zu übertönen, der plötzlich begriff, womit er seinen Magen belastete. »Warum hast du uns hierherbringen lassen?«

»Gute Frage.« Krösus starrte eine Zeitlang ins Leere und versuchte, sich zu erinnern.

»Du bist eine sehr attraktive junge Frau«, sagte er. »Du beherrschst nicht zufällig die Zimbel?«

»Wie viele Klingen hat sie?« fragte Conina.

»Schade«, murmelte der Serif. »Ich habe extra eine importiert.«

»Mein Vater hat mir beigebracht, wie man auf der Mundharmonika spielt«, bot sich Cohens Tochter an.

Krösus' Lippen bewegten sich lautlos, als er die poetische Natur eines solchen Musikinstruments erforschte.

»Das hilft mir nicht viel«, antwortete er nach einer Weile. »Auf ›Mundharmonika‹ reimt sich kaum etwas. Trotzdem vielen Dank.« Erneut bedachte er Conina mit einem nachdenklichen Blick. »Ja, ich muß eingestehen, du bist tatsächlich reizend. Hat dir schon jemand gesagt, daß dein Hals wie ein Elfenbeinturm aussieht?«

»Nein«, erwiderte die junge Frau.

»Bedauerlich«, murmelte Krösus. Er tastete zwischen den Kissen umher, fand eine kleine Glocke und läutete damit.

Einige Minuten verstrichen ereignislos, und schließlich trat eine finstere Gestalt hinter dem Pavillon hervor. Der Mann wirkte wie jemand, der sich durch einen Korkenzieher denken konnte, ohne die Gedanken zu krümmen. Das seltsame Funkeln in seinen Augen hätte selbst einen Tiger dazu veranlaßt, den Schwanz einzuziehen und sich aus dem Staub zu machen.

Es fehlte ein Schild, das mit unübersehbaren Blockbuchstaben ›Großwesir‹ verkündete, aber trotzdem konnte an seiner Identität nicht der geringste Zweifel bestehen. Wenn es darum geht, vertrauensvolle Witwen um die Pension zu betrügen oder furchtsame junge

Männer zu erschrecken, sind Großwesire unübertrefflich. Bei einem visuellen Ringkampf mit einer bösartigen und hungrigen Kobra erringen solche Leute mühelos den Sieg. Durchtriebenheit ist bei ihnen die größte aller Tugenden, ehrliche Aufrichtigkeit die gräßlichste aller Sünden.

Er trug einen Turban, aus dem die Spitze eines bunten Huts ragte. Und natürlich hatte er einen langen, dünnen Schnurrbart.

»Ah, Abrim«, sagte Krösus.

»Euer Hoheit?«

»Mein Großwesir«, stellte der Serif vor.

Das dachte ich mir, dachte Rincewind.

»Unsere beiden Gäste ... Warum haben wir sie hierherbringen lassen?«

Der Großwesir zupfte an seinem Bart und wirkte wie ein Bankier, der gerade die Zinsen erhöhte. Auf über hundert Prozent. Pro Tag.

»Der Hut, Euer Hoheit«, sagte er. »Der Hut. Erinnert Ihr Euch nicht mehr?«

»Oh, der *Hut*. Ja, natürlich. Wohin haben wir ihn gelegt?«

»Einen Augenblick.« Rincewind räusperte sich. »Geht es zufälligerweise um einen großen und recht alten Hut, der mit ... äh, verschiedenen Dingen geschmückt ist? Mit Spitzen und diversem Zeug und ...« Er zögerte. »Es hat ihn doch niemand aufgesetzt, oder?«

»Er warnte uns ausdrücklich davor«, sagte Krösus. »Woraufhin Abrim ein vorsichtiges Experiment durchführte. Der daran beteiligte Sklave klagte später über Kopfschmerzen.«

»Der Hut wies uns auch auf dein baldiges Eintreffen hin«, fügte der Wesir hinzu, blickte auf Rincewind hinab und deutete eine Verbeugung an. »Deshalb hoffe ich ... Das heißt: Der *Serif* glaubt, du könntest uns mehr über jenes wundervolle Artefakt erzählen.«

Es gibt einen speziellen Tonfall, der den Gesprächspartner deutlich darauf hinweist, daß er verhört wird, und in dieser Hinsicht ließ die Stimme des Wesirs keinen Platz für Zweifel. Rincewind vernahm eine gewisse Schärfe, die ihm folgende Botschaft übermittelte: Wenn du mir nicht sofort sagst, was es mit dem Hut auf sich hat, binde ich dich auf ein Streckbrett und lege dir Daumenschrauben an. Und wenn das nicht genügt, hole ich siedendes Öl, extrascharfe Messer und rotglühendes Brandeisen.

Es war die typische Ausdrucksweise von Großwesiren. Wahrscheinlich besuchten sie eine rhetorische Schule, bevor sie mit ersten Verschwörungen und Intrigen begannen.

»Himmel, ich bin froh, daß ihr ihn gefunden habt!« platzte es aus Rincewind heraus. »Der Hut ist gngngngnh...«

»Bitte?« Abrim winkte zwei Wächtern zu, die daraufhin einen Schritt vortraten. »Ich habe nichts mehr verstanden, nachdem dir die junge Dame den Ellenbogen ans Ohr rammte.« Er verneigte sich vor Conina.

»Ich glaube, du solltest uns jetzt besser zum Hut führen«, sagte Cohens Tochter freundlich und gleichzeitig fest.

Fünf Minuten später betraten sie eine der vielen Schatzkammern des Serif. Der Hut lag auf einem Tisch und sagte: *Na endlich. Was hat euch so lange aufgehalten?*

※

Während Rincewind und Conina Gefahr laufen, den Plänen eines verschlagenen Großwesirs zum Opfer zu fallen, während Münze vor die versammelten Zauberer tritt (die meisten ducken sich) und über Verrat spricht, während die Scheibenwelt unter dem Beginn einer magischen Diktatur ächzt... Während all dies geschieht, erlaubt sich der Autor, auf die Problematik von Poesie und Inspiration hinzuweisen.

Um nur ein Beispiel zu nennen: Der Serif sitzt nach wie vor in seiner von geschickten Gärtnern angelegten Wildnis, blättert in einem dicken Buch, das er selbst verfaßt hat, und liest ein Gedicht, das mit folgenden Worten beginnt:

»Auf die Beine! Denn aus des Morgens Tasse fiel gerade ein Löffel, der verscheuchte alle Sterne, die ich so sehr hasse ...«

Krösus seufzt kummervoll und stellt sich der bitteren Erkenntnis, daß die erhabenen Wortgebilde seiner Phantasie auf dem Papier der Realität nicht ganz den Sinn ergeben, der ihm vorschwebt.

Es muß bezweifelt werden, ob sie jemals seinem Willen gehorchen.

Traurigerweise gehören solche Erfahrungen zum allgemeinen Erlebnisgut der Welt.

Es ist eine in allen Dimensionen des Multiversums anerkannte Tatsache, daß wahrhaft großartige Leistungen durch einen Augenblick der Inspiration ermöglicht werden. Natürlich muß man zunächst eine Menge Vorarbeit leisten, doch manchmal springt Quantität in Qualität um, wenn man einen fallenden Apfel sieht, das Pfeifen eines Kessels hört oder beobachtet, wie Wasser über den Rand der Badewanne läuft. Dann macht es plötzlich *Klick* im Kopf des Beobachters, und aus Myriaden mentaler Mosaiksteine (manchmal sind es auch weniger) ergibt sich ein einheitliches Bild. Die DNS, so heißt es in wissenschaftlichen Kreisen, verdankt ihre Entdeckung dem Anblick einer Wendeltreppe, als das Bewußtsein des entsprechenden Forschers gerade die richtige ideelle Temperatur hatte. Was wäre geschehen, wenn er statt dessen einen Lift benutzt hätte? Nun, in dem Fall hielte die Genetik sicher einige Überraschungen bereit.*

Manche Leute glauben, so etwas sei wunderbar. Sie irren sich. Es ist tragisch. Ständig rasen kleine Inspirationspartikel durchs All, durchdringen dichte Materie ebenso mühelos wie Neutrinos einen großen Haufen aus Zuckerwatte. Und die meisten von ihnen *verfehlen das Ziel.*

Schlimmer noch: Viele von ihnen treffen genau den richtigen Bereich im *falschen* Gehirn.

Auch hier soll ein Beispiel genannt werden. Der seltsame Traum von einem bleiernen Pfannkuchen, der an einem tausendfünfhundert Meter hohen Gerüst hängt, hätte als Katalysator für die Erfindung der repressivgravitationellen Erzeugung von Elektrizität dienen können. (Damit stünde unbegrenzte und völlig saubere Energie zur Verfügung; die Bewohner der betreffenden Welt wünschten sich so etwas schon seit Jahrhunderten, und als die Wissenschaftler immer nur hilflos mit den Achseln zuckten, wurden sie gekündigt und mußten sich ihren Lebensunterhalt als akademische Straßenfeger verdienen. Sie waren nicht sehr glücklich darüber und entwickelten automatische Reinigungsmaschinen, vergaßen jedoch, unter der programmtechnischen Rubrik ›Kein Schmutz!‹ den Begriff ›Städte‹ zu verzeichnen.) Leider entstand diese Idee im eher vagen Denken einer verwirrten Ente.

Oder man nehme eine Herde weißer Pferde, die über eine Wiese mit wilden Hyazinthen galoppiert... Ein begabter Komponist hätte diese Szene sicher genutzt, um das berühmte Werk *Suite der fliegenden Götter* zu verfassen, musikalischer Trost und Balsam für Millionen von

---

* Die Forschungsarbeiten kämen vermutlich ein ganzes Stück schneller voran, wären jedoch darauf beschränkt, höchstens vierzehn Personen zu befördern.

Seelen. Aber leider lag der Künstler mit Grippe im Bett, und deshalb traf das Inspirationspartikel einen nahen Frosch, der sich außerstande sah, abgesehen von einem lauten »Quak!« andere wichtige Beiträge zur akustischen Poesie zu leisten.

Viele Zivilisationen sind auf diese schockierende Verschwendung aufmerksam geworden und haben verschiedene Techniken entwickelt, um Abhilfe zu schaffen. Bei den meisten geht es um ebenso illegale wie vergnügliche Methoden, das Bewußtsein mit exotischen Kräutern und verschiedenen Hefeprodukten auf die richtige Wellenlänge zu justieren. Leider klappt es nicht ganz.

Krösus hoffte auf eine Inspiration für Gedichte über Leben und Philosophie, wollte irgendwie zum Ausdruck bringen, daß die Realität weitaus hübscher und interessanter wirkte, wenn man sie durch den Boden eines Weinglases betrachtete. Es ist wirklich schade, daß er vergeblich hoffte, denn seine poetischen Fähigkeiten reichten nicht einmal an die einer Hyäne heran.

Es bleibt rätselhaft, warum die Götter so etwas zulassen.

Nun, der für eine solche Erklärung notwendige Inspirationsfunke hat zwar die Scheibenwelt erreicht, doch er ließ sich im Gehirn einer kleinen weiblichen Blaumeise nieder, die mit der Botschaft nicht viel anfangen konnte und sie in ein fröhliches Zwitschern übersetzte. Ein sonderbarer Zufall wollte es, daß ein in der Nähe wohnender Philosoph, der dem gleichen Problem einige schlaflose Nächte gewidmet hatte, plötzlich auf den Gedanken kam, den Bedürfnissen von Blaumeisen angemessene Vogelhäuser zu bauen.

Solche Dinge grenzen an Magie, und damit sind wir wieder beim Thema.

Irgendwo in den dunklen Schluchten des interstellaren Alls war ein einzelnes Inspirationspartikel unterwegs und ahnte glücklicherweise nichts von seinem Schicksal. Es bestand nämlich darin, in einigen Stunden eine bestimmte Stelle in Rincewinds Kopf zu treffen.

Es wäre schon schwierig genug gewesen, wenn Rincewind einen normal großen Kreativitätsknoten besessen hätte.. Doch dieses bestimmte Teilchen aus komprimierter Idee sah sich mit der außerordentlich problematischen Aufgabe konfrontiert, über viele hundert Lichtjahre hinweg ein Ziel von den Ausmaßen einer kleinen Rosine anzuvisieren. In einem großen Universum ist das Leben für subatomare Partikel nicht unbedingt leicht.

Aber wenn es wirklich trifft, offenbart sich Rincewind eine wichtige philosophische Erkenntnis. Falls nicht, wird irgendein in der Nähe befindlicher Backstein zu einer bedeutenden Einsicht gelangen, mit der er allerdings überhaupt nichts anfangen kann.

※

Der Palast des Serif — die Legende nannte ihn Rhoxie — nahm den Teil der Stadtmitte von Al Khali ein, den die ›Wildnis‹ unbeansprucht ließ. Viele Dinge, die mit Krösus in Zusammenhang standen, fanden ihren Niederschlag in der Mythologie. Der Palast wies Hunderte von Torbögen, Kuppeln und Säulen auf, stand darüber hinaus in dem Ruf, in mehr Zimmer und Kammern unterteilt zu sein, als selbst der beste Mathematiker zählen konnte. Rincewind gab bei sieben auf, und daher wußte er nicht, in welcher Nummer er sich befand.

»Er enthält Magie, nicht wahr?« fragte Abrim, deutete auf die Kopfbedeckung des Erzkanzlers und stieß Rincewind in die Rippen.

»Du bist ein Zauberer«, sagte er. »Sag mir, was es damit auf sich hat.«

»Woher willst du wissen, daß ich Zauberer bin?« erwiderte Rincewind verzweifelt.

»Es steht auf deinem Hut geschrieben«, sagte der Großwesir.

»Oh.«

»Und du hast ihn auch auf dem Schiff getragen. Meine Männer haben dich gesehen.«

»Der Serif nimmt auch Sklavenjäger in seine Dienste?« warf Conina scharf ein. »Ich hätte mehr Takt von ihm erwartet.«

»Krösus ist recht taktvoll — im Gegensatz zu mir«, sagte Abrim. »*Ich* habe die Piraten beauftragt. Immerhin bin ich der Großwesir. Ich muß gewissen Erwartungen gerecht werden.«

Er musterte die junge Frau nachdenklich und nickte dann zwei Wächtern zu.

»Der gegenwärtige Serif sieht die Welt in erster Linie aus einer *literarischen* Perspektive«, sagte er. »Ich vertreten einen anderen Standpunkt. Bringt sie ins Serail!« befahl er den beiden Soldaten, rollte mit den Augen und seufzte übertrieben. »Ich fürchte allerdings, daß dir kein besonders schlimmes Schicksal droht. Wahrscheinlich erwarten dich nur Langeweile und ein wunder Hals.«

Abrim wandte sich an Rincewind.

»Gib keinen Ton von dir«, zischte er. »Rühr dich nicht von der Stelle. Die Hände bleiben unten, klar? Falls du doch versuchen solltest, irgendwelche Magie zu beschwören ... Ich trage viele seltsame und mächtige Amulette, die mich schützen.«

»He, einen Augenblick ...«, begann Rincewind.

Conina kam ihm zuvor. »Schon gut. Ich wollte mich schon immer mal in einem Harem umsehen.«

Rincewind öffnete und schloß den Mund, ohne daß sich seiner Kehle ein Laut entrang. Schließlich brachte er hervor: »Im Ernst?«

Die junge Frau zwinkerte ihm zu, wahrscheinlich eine Art Signal. Rincewind fühlte sich verpflichtet, es zu verstehen, doch in den dunklen Tiefen seines Ichs regten

sich seltsam leidenschaftliche Empfindungen. Sie weckten zwar keinen Mut in ihm, aber Zorn. Hinter der Stirn und unter der Hutkrempe fand ein Gespräch statt, das hier in wesentlichen Auszügen wiedergegeben werden soll:
Hallo.
Wer bist du?
Dein Gewissen, Ich fühle mich schrecklich. Sieh nur, die Soldaten führen Conina fort.
Besser sie als mich, erwiderte Rincewind, dachte an Operationen und Chirurgenmesser.
Unternimm etwas!
Gegen so viele Soldaten kann ich nichts ausrichten. Sie würden mich töten!
Und wenn schon. Dein Tod ist nicht das Ende der Welt.
Für mich schon, dachte Rincewind grimmig.
Stell dir vor, wie stolz du im Jenseits auf dich sein könntest...
Halt endlich die Klappe, in Ordnung? Ich habe genug von mir.
Abrim näherte sich Rincewind und beobachtete ihn neugierig.
»Mit wem sprichst du?« fragte er.
»Ich warne dich«, stieß Rincewind zwischen zusammengebissenen Zähnen hervor. »Ich werde von einer magischen Truhe mit vielen Beinen begleitet, und sie fällt gnadenlos über alle meine Feinde her. Ein Wort von mir genügt, und...«
»Ich bin beeindruckt«, sagte Abrim. »Ist sie unsichtbar?«
Rincewind drehte langsam den Kopf.
Man kann nicht behaupten, Truhe sei nirgends zu sehen. Irgendwo *war* sie zu sehen, aber leider befand sich der entsprechende Ort nicht in Rincewinds Nähe.
Abrim zupfte an seinem Schnurrbart und ging lang-

sam um den Tisch herum, auf dem der Hut des Erzkanzlers lag.
»Dies ist ein Artefakt der Macht«, brummte er. »Ich frage dich noch einmal: Was hat es damit auf sich? Was vermag es zu leisten?«
»Warum richtest du die Frage nicht direkt an den Hut?« entgegnete Rincewind.
»Weil er es ablehnt, mir Auskunft zu geben.«
»Nun, was möchtest du wissen?«
Der Großwesir lachte, und es klang nicht sehr freundlich. Es hörte sich an, als sei ihm das Lachen mehrmals geduldig erklärt worden — ohne irgendeinen Hinweis auf Humor.
»Du bist Zauberer«, sagte er. »Zauberei ist magische Macht. Nun, ich habe mich selbst schon mit Magie beschäftigt und glaube, talentiert zu sein.« Abrim straffte seine Gestalt. »O ja. Aber man wies mich an der Universität ab. Es hieß, ich sei geistesgestört. Nicht zu fassen, was?«
»Nein«, erwiderte Rincewind ehrlich. Er konnte es tatsächlich nicht fassen. Die meisten Zauberer der Unsichtbaren Universität hatten weitaus mehr Schrauben locker als Abrim. Der Wesir wäre sicher imstande gewesen, die Aufnahmeprüfung mühelos zu bestehen. Er brachte alle notwendigen Voraussetzungen mit.
Abrim bedachte ihn mit einem ermutigenden Lächeln.
Rincewind warf einen kurz Blick auf den Hut, der weiterhin schwieg. Dann richtete er seine Aufmerksamkeit wieder auf den Großwesir. Das Lachen war schon gespenstisch genug gewesen, doch wenn man es mit Abrims Lächeln verglich, klang dieses so melodisch wie der Gesang einer Nachtigall. Er schien das Grinsen mit Hilfe von Diagrammen und grafischen Darstellungen gelernt zu haben.
»Nicht einmal wilde Pferde würden mich dazu brin-

gen, dir in irgendeiner Art und Weise zu helfen«, sagte Rincewind.
»Oh«, erwiderte der Großwesir. »Eine Herausforderung.« Er winkte den nächsten Wächter herbei.
»Haben wir wilde Pferde in den Ställen?«
»Einige sind ziemlich bockig, Herr.«
»Wähl die vier unberechenbarsten Rösser aus, und führ sie auf den drehwärtigen Hof. Und bring, äh, mehrere Ketten mit.«
»Wie du befiehlst, Herr.«
»Ähem«, machte Rincewind. »Hör mal ...«
»Ja?« fragte Abrim.
»Wenn du die Sache so siehst ...«
»Möchtest du mir etwas sagen?«
»Weißt du, es ist der Hut des Erzkanzlers«, platzte es aus Rincewind heraus. »Das Symbol der Zauberei.«
»Mächtig?«
Rincewind schauderte. »Sehr«, erwiderte er.
»Und der Erzkanzler?«
»Nun, äh, der Erzkanzler ist von uns allen am ältesten. Der älteste Zauberer, sozusagen. Das Oberhaupt der Universität. Er ... Was machst du da?«
Abrim griff nach dem Hut und drehte ihn hin und her.
»Mit anderen Worten: Dies ist das Zeichen des obersten magischen Amtes?«
»Ja, das stimmt, aber, nun, wenn du ihn aufsetzen willst ... Ich sollte dich besser warnen ...«
Sei still.
Abrim sprang zurück und ließ den Hut fallen.
Der Zauberer hat keine Ahnung. Schick ihn fort. Laß uns miteinander verhandeln.
Der Großwesir starrte auf die schimmernden Oktarine herab.
»*Verhandeln?*« wiederholte er ungläubig. »Mit einem Hut?«

Ich habe viel zu bieten, wenn ich auf dem richtigen Kopf sitze.
Rincewind riß entsetzt Augen und Ohren auf. Es wurde bereits darauf hingewiesen, daß sein Gefahreninstinkt dem gewisser kleiner Nagetiere in nichts nachstand. Der Überlebenswille sprang in seinem Kopf hin und her und suchte verzweifelt nach einer Hintertür.
»Hör nicht auf ihn!« rief er.
Setz mich auf, sagte der Hut betörend. Es war eine uralte Stimme, und sie klang so, als habe der Sprecher den Mund voller Filz.
Wenn es wirklich eine Schule für Großwesire gab, hatte Abrim die Ausbildung als Klassenbester abgeschlossen.
»Zuerst müssen einige Dinge geklärt werden«, sagte er, nickte den Wächtern zu und deutete auf Rincewind.
»Bringt ihn fort, und werft ihn ins Becken mit den Spinnen«, sagte er.
»Nein, keine Spinnen!« jammerte Rincewind. »Alles andere, aber bitte keine Spinnen!«
Ein Offizier trat vor und schlug sich respektvoll mit der Faust an die Stirn. Eine Delle dicht über der Nase deutete auf eine lange Dienstzeit hin.
»Die Spinnen sind uns gerade ausgegangen, Herr«, erwiderte er.
»Oh!« Abrim dachte kurz nach. »Dann steckt ihn in den Tigerkäfig.«
Der Wächter zögerte und versuchte, Rincewinds lautes Wimmern zu überhören. »Der Tiger ist krank, Herr. Hatte die ganze Nacht über Durchfall.«
»Dann werft diesen elenden Feigling in den Schacht des ewigen Feuers!«
Rincewind sank auf die Knie, und über ihm wechselten zwei Soldaten einen kurzen Blick.
»Äh, du hättest uns vorher Bescheid geben sollen, Herr...«

»... dann wäre es uns möglich gewesen, das erloschene Feuer wieder anzuzünden und zu schüren, äh ...«

Der Großwesir hieb mit der Faust auf den Tisch. Plötzlich erhellte sich die Miene des Offiziers unheilvoll. »Wir könnten ihn in die Schlangengrube werfen, Herr«, sagte er. Die anderen Soldaten nickten. Mit der Schlangengrube war immer alles in bester Ordnung.

»Was hältst du von Schlangen?« fragte einer der Wächter.

Rincewind witterte eine letzte Chance. »Schlangen? Nun, ich mag sie nicht sehr...«

»Die Schlangengrube!« donnerte Abrim.

»Jawohl, die Schlangengrube«, pflichteten ihm die Soldaten bei.

»Ich meine, *manche* Schlangen sind ganz in Ordnung«, fügte Rincewind hinzu. »Zum Beispiel die ungiftigen...« Kräftige Hände schlossen sich um seine Arme und zerrten ihn davon.

Kurz darauf erlebte er eine Überraschung. Die Grube enthielt nur eine einzige Schlange, die sich an einer schattigen Stelle zuammengerollt hatte und Rincewind argwöhnisch musterte. Vielleicht erinnerte er sie an einen Mungo.

»Hallo«, sagte sie nach einer Weile. »Bist du ein Zauberer?«

Die normale Schlangensprache ist reich an Konsonanten, wobei das S recht häufig verwendet wird, aber diesem Reptil fiel es nicht schwer, auch die Vokale zu formulieren. Rincewind achtete nicht darauf. Er war verzweifelt genug, um keine Zeit zu verlieren, und erwiderte schlicht: »Es steht auf meinem Hut geschrieben. Kannst du nicht lesen?«

»Doch. Sogar in siebzehn Sprachen. Ich habe es mir selbst beigebracht. Ich bin Autodidakt.«

»Tatsächlich?«

»Ich bekam Gelegenheit, an einigen Fernkursen teilzunehmen. Natürlich versuche ich, nicht zu lesen. Lesende Schlangen erregen Aufmerksamkeit...«

»Kann ich mir vorstellen.« Noch nie zuvor hatte Rincewind eine kultiviertere Schlangenstimme gehört.

»Ich fürchte, mit dem Sprechen verhält es sich ähnlich«, fuhr die Schlange fort. »Eigentlich sollte ich gar nicht mit dir reden. Oder wenigstens nicht auf diese Weise. Vielleicht wäre es angebrachter, ein wenig zu zischen. Außerdem: Vermutlich erwartet man von mir, daß ich dich töte.«

»Ich habe seltsame und ungewöhnliche Fähigkeiten«, erwiderte Rincewind. Eigentlich stimmt das sogar, dachte er. Es ist wirklich ungewöhnlich, daß ein Zauberer überhaupt keine Form von Magie beherrscht. Außerdem kann man eine Schlange ruhig anlügen.

»Donnerwetter! Nun, ich nehme an, du bleibst nicht lange hier.«

»Hmm?«

»Vermutlich willst du dich nur kurz umsehen und schwebst dann einfach nach oben.«

»Vielleicht«, sagte Rincewind vorsichtig.

»Äh, würde es dir in dem Fall etwas ausmachen, mich mitzunehmen?«

»Wie?«

»Ich weiß, daß ich dich um einen großen Gefallen bitte, aber diese Grube ist, nun, eine Grube. Sie hat keinen Ausgang, wenn du verstehst, was ich meine.«

»Ich soll dich *mitnehmen*? Aber du bist eine Schlange, und dies ist deine Grube. Eigentlich sollst du hierbleiben und Leute beißen und so. Ich, äh, ich weiß über solche Dinge Bescheid.«

Hinter dem Reptil wuchs ein Schatten in die Länge und stand auf.

»Das war eine ziemlich unfreundliche Bemerkung«, sagte der Schemen. »Selbst Schlangen haben ein Ehrgefühl und können beleidigt sein.«

Die Gestalt trat ins Licht.
Rincewind sah einen jungen Mann, der ihn um ein ganzes Stück überragte. Mit anderen Worten: Rincewind saß natürlich, aber der Bursche wäre selbst dann größer gewesen, wenn er gestanden hätte.
Wer behauptete, er sei dürr, ließ eine gute Gelegenheit ungenutzt, das Wort ›ausgezehrt‹ zu verwenden. Der Junge sah aus, als gehörten Toastständer und Liegestühle zu seinen Vorfahren, und dieser Eindruck wurde von seiner Kleidung unterstrichen.
Rincewind sah genauer hin.
Und stellte fest, daß er sich nicht getäuscht hatte.
Die hagere Gestalt bot sich in der traditionellen Aufmachung eines barbarischen Helden dar: einige eisenbeschlagene Lederriemen, hohe, gefütterte Stiefel, eine kleine Reisetasche (natürlich aus Leder) und eine Gänsehaut. Nun, man konnte ein solches Kostüm keineswegs als außergewöhnlich bezeichnen; in Ankh-Morpork lief man dauernd ähnlich gekleideten Abenteurern über den Weg. Aber Rincewind begegnete jetzt zum erstenmal einem barbarischen Helden, der...
Der junge Mann folgte seinem Blick, starrte an sich herab und zuckte mit den Schultern.
»Es blieb mir keine andere Wahl«, sagte er. »Ich habe es meiner Mutter versprochen.«
»Du trägst *Unterwäsche aus Wolle?*«

※

An jenem Abend geschahen sonderbare Dinge in Al Khali. Perlmuttenes Schimmern wallte übers Meer, strich an der Küste entlang und gab den Stadtastronomen einige Rätsel auf, doch es war nicht annähernd so seltsam wie... Kleine Blitze aus purer Magie tanzten und knisterten wie statische Elektrizität über Kanten und Vorsprünge, doch gewisse Dinge erwiesen sich als weitaus eigentümlicher...

Etwas wirklich Sonderbares trug sich in einer Taverne am Stadtrand zu.

Immerwährender Wind wehte den Duft der Wüste selbst durch geschlossene Fenster und beäugte neugierig das Etwas, das in der Mitte des Schankraums hockte. Die Gäste beobachteten es eine Zeitlang, während sie mit *Orakh* gewürzten Kaffee tranken. Diese Spezialität besteht überwiegend aus Kaktussaft und Skorpiongift und gilt als stärkstes alkoholisches Getränk im ganzen Multiversum, aber die Nomaden genossen es nicht etwa, weil sie sich einen angenehmen Rausch erhofften. Nein, sie brauchten etwas, um die Wirkung des klatschianischen Kaffees auszugleichen.

Man konnte den Kaffee benutzen, um Dächer mit einer wasserdichten Schutzschicht zu versehen, und auf den ungeübten Magen hatte er die gleiche Wirkung wie eine Kugel aus heißem Feuer auf weiche Butter.

Aber das war nicht der Grund. Klatschianischer Kaffee besaß weitaus schlimmere Eigenschaften.

Wer zuviel davon trank, wurde knurd.*

---

* In einer wahrhaft magischen Welt gibt es für alles eine gegenteilige Entsprechung. Man nehme nur Antilicht. Es darf nicht mit Dunkelheit verwechselt werden, denn Dunkelheit ist nichts weiter als die Abwesenheit von Licht. Antilicht bekommt man, wenn man die Dunkelheit durchdringt und auf der *anderen Seite* Ausschau hält. Ebensowenig kann man den Zustand des Knurd mit gewöhnlicher Nüchternheit vergleichen. Vielleicht läßt sich der Unterschied mit einer Metapher veranschaulichen: Nüchternheit ist wie ein Bad in Samt und weicher Wolle. Wer knurd ist, sieht sich aller Illusionen beraubt und verliert auch den angenehmen rosafarbenen Dunst, in dem die meisten Leute einen großen Teil ihres Lebens verbringen. Die betreffenden Personen können völlig klar denken und begreifen das ganze schreckliche Ausmaß der unerbittlichen Realität. Nachdem sie ein bißchen geschrien haben, achten sie darauf, nie wieder knurd zu werden.

Die Wüstensöhne starrten argwöhnisch in ihre fingerhutgroßen Kaffeetassen und fragten sich, ob sie es mit dem Orakh übertrieben hatten. Fiel das Ding auch den anderen auf? Wurde man zu einem Narren, wenn man eine entsprechende Bemerkung machte? Derartige Sorgen hatte man, wenn man seinen Ruf als harter und furchtloser Sohn der Wüste wahren wollte. Wer einen zitternden Finger hob und »He, seht mal, gerade ist eine Kiste mit Dutzenden von kleinen Beinen hereinmarschiert, erstaunlich, nicht wahr?« sagte, bewies damit einen eklatanten und möglicherweise fatalen Mangel an heldenhafter Maskulinität.

Die Gäste gaben sich selbst dann ruhig und desinteressiert, als Truhe zu einigen Orakh-Krügen an der Wand trippelte. Wenn sie stehenblieb und sich nicht mehr rührte, wirkte sie noch weitaus eindrucksvoller.

Schließlich sagte einer der Nomaden: »Ich glaube, sie möchte etwas zu trinken.«

Langes Schweigen folgte, und nach einer Weile erwiderte einer der anderen Männer mit der Gelassenheit eines Großmeisters, der die Hand zum entscheidenden Zug hob: »Wer?«

Die übrigen Gäste blickten gleichgültig in ihre Tassen und Gläser.

Eine Zeitlang war nur leises Kratzen zu hören. Es stammte von einer Eidechse, die auf der Suche nach leckeren Fliegen über eine schwitzende Decke kroch.

»Ich meine den Dämon, der gerade hinter dir stehengeblieben ist, o Bruder des Sands«, sagte der erste Mann gelangweilt.

Der zweite Mann hielt den augenblicklichen Wüstenrekord in Unerschütterlichkeit und lächelte stumm vor sich hin, bis er spürte, wie jemand — *etwas* — an seinem Umhang zupfte. Das Lächeln blieb, aber der Rest des Gesichts wollte plötzlich nichts mehr damit zu tun haben.

Truhe litt an Liebeskummer und hatte eine typisch menschliche Entscheidung getroffen: Sie wollte sich betrinken. Natürlich fehlte ihr Geld für die Zeche, und außerdem konnte sie keine direkte Bestellung aufgeben, aber trotzdem fiel es ihr nicht weiter schwer, sich verständlich zu machen.

Der Wirt verbrachte einen langen Abend damit, Untertassen mit Orakh zu füllen und sie auf den Boden zu stellen — bis Truhe schließlich durch die Wand taumelte.

Stille herrschte in der Wüste. Nun, normalerweise war sie nicht still. Normalerweise hörte man zirpende Grillen, summende Moskitos und das leise Rauschen von Flügeln, wenn Nachtvögel über den abkühlenden Sand glitten. Doch in dieser Nacht rührte sich überhaupt nichts — bis auf einige Dutzend Nomaden, die ihre Zelte abbrachen und sich hastig auf den Weg machten.

»Ich habe es meiner Mutter versprochen«, wiederholte der junge Mann. »Weißt du, ich erkälte mich leicht.«

»Vielleicht solltest du dir, äh, mehr überziehen. Mehr Kleidung, meine ich. Ich meine ...«

»O nein, das geht doch nicht. Ich muß mich mit all diesen Ledersachen begnügen.«

»Mit *all diesen*?« erwiderte Rincewind skeptisch. »Einen solchen Ausdruck würde ich eigentlich nicht verwenden. Nein, *all diese* erscheint mir kaum angemessen. Warum mußt du sie tragen?«

»Damit die Leute wissen, daß ich ein barbarischer Held bin.«

Rincewind lehnte sich mit dem Rücken an die stinkende Wand der Schlangengrube und musterte den jungen Mann. Seine Augen wirkten wie gekochte Weintrauben, und über ihnen wuchs ein dichtes Gestrüpp aus rotem Haar. Auf dem Schlachtfeld des Gesichts fand ein erbitterter Kampf zwischen eingeborenen Sommersprossen und einem angreifenden Akneheer statt.

»Ein barbarischer Held«, murmelte er.

»An meiner Kleidung gibt es doch nichts auszusetzen, oder? Das Leder war ziemlich teuer ...«

»Oh, damit ist soweit alles in Ordnung, aber ... Wie heißt du, Junge?«

»Nijel ...«

»Weißt du, Nijel ...«

»Nijel der Zerstörer«, fügte der junge Mann hinzu.

»Weißt du, Nijel ...«

»... der Zerstörer ...«

»Na, schön, Nijel der Zerstörer ...«, sagte Rincewind verzweifelt.

»Sohn des Lebensmittelhändlers Hasenfuß ...«

»Was?«

»Man muß irgendeinen Vater haben«, erklärte Nijel. »Es steht hier drin ...« Er drehte sich halb um, griff in seine Ledertasche und holte ein dünnes, abgegriffenes und schmuddeliges Buch hervor.

»In einem Abschnitt wird erläutert, wie wichtig es ist, den richtigen Namen zu wählen«, murmelte er.

»Wie bist du in diese Grube geraten?«

»Nun, ich wollte etwas aus Krösus' Schatzkammern stehlen, aber im kritischen Augenblick erlitt ich einen Asthmaanfall«, sagte Nijel und blätterte nervös durch das Buch.

Rincewind beobachtete die Schlange, die noch immer versuchte, ihnen nicht im Weg zu sein. Sie lebte schon seit einer ganzen Weile in der Grube und wußte daher, wann sich Schwierigkeiten anbahnten. Das Reptil gab sich große Mühe, möglichst freundlich zu sein und keinen Groll zu schaffen. Es erwiderte Rincewinds Blick und zuckte mit den Schultern — eine erstaunliche Leistung, wenn man bedenkt, daß Schlangen gar keine Schultern haben.

»Seit wann bist du ein barbarischer Held?«

»Ich stehe erst am Anfang meiner Karriere. Ich wollte schon immer ein Barbarenheld sein und dachte mir: Fang ruhig an; irgendwann kommst du in Übung und lernst alle notwendigen Dinge.« Nijel beäugte Rincewind kurzsichtig. »Daran gibt es doch nichts auszusetzen, oder?«

»Tja, das Leben eines barbarischen Helden ist ohnehin ziemlich schwer«, entgegnete Rincewind behutsam.

»Stell dir nur einmal vor, während der nächsten fünfzig Jahre Lebensmittel zu verkaufen«, brummte Nijel und schauderte entsetzt.

Rincewind dachte darüber nach.

»Geht es dabei auch um Kopfsalat?« fragte er.

»O ja«, bestätigte Nijel und legte das geheimnisvolle Buch in die Tasche zurück. Dann ließ er den Blick über die Grubenwände schweifen.

Rincewind seufzte. Er mochte Kopfsalat. Er war so unglaublich langweilig. Viele Jahre lang hatte er vergeblich nach Langeweile gesucht. Wenn er glaubte, sie endlich gefunden zu haben, wurde sein Leben immer zum Mittelpunkt eines allgemeinen und viel zu großen Interesses. Die Vorstellung, daß jemand freiwillig fünfzig Jahre der Langeweile aufgab, um Abenteuer zu erleben, erschien ihm grauenhaft. Fünf Jahrzehnte hätten ihm Zeit genug gegeben, Eintönigkeit und Monotonie zu einer wahren Kunst zu entwickeln. Wehmütig dachte er an all die Dinge, mit denen er sich *nicht* befassen würde...

»Kennst du irgendwelche Lampendocht-Witze?« fragte er und machte es sich auf dem Sand gemütlich.

»Ich glaube nicht«, antwortete Nijel höflich und klopfte an einen Stein.

»Ich kenne Hunderte. Und sie sind alle sehr spaßig. Zum Beispiel: Weißt du, wie viele Trolle notwendig sind, um einen Lampendocht zu wechseln?«
»Dieser Stein bewegte sich«, stellte Nijel fest. »Sieh nur, es ist eine Art Tür. Komm, hilf mir.«
Mit aller Kraft preßte er sich an die Platte, und seine Bizeps zeichneten sich so deutlich ab wie Erbsen an einem Bleistift.
»Vermutlich ein Geheimgang«, sagte er. »Aber die Tür klemmt. Wie wär's, wenn du von deiner Magie Gebrauch machtest?«
»Möchtest du nicht den Rest des Witzes hören?« fragte Rincewind gequält. In der Grube war es warm und trocken, und es drohte keine unmittelbare Gefahr — wenn man einmal von der Schlange absah, die sich Mühe gab, harmlos und unauffällig zu wirken. Gewisse Leute verlangten ständig mehr, als ihnen das Schicksal zubilligte.
»Derzeit ziehe ich es vor, darauf zu verzichten«, erwiderte Nijel. »Um ganz ehrlich zu sein: Magische Unterstützung wäre mir lieber.«
»Als Witzeerzähler bin ich weitaus besser«, sagte Rincewind kummervoll. »Weißt du, Magie und ich ... Wir sind wie Feuer und Wasser, wenn du verstehst, was ich meine. Um es anders auszudrücken: Zauberei erfordert weitaus mehr als nur einen ausgestreckten Zeigefinger und Worte wie Abraka ...«
Irgend etwas krachte. Ein dicker Blitz aus oktarinem Licht schlug in die Steinplatte und zerfetzte sie. Heiße Granitsplitter rasten wie Schrapnellgeschosse umher, und es regnete Erstaunen und Verblüffung.
Nach einer Weile stand Nijel auf und strich über die rauchenden Stellen an seiner ledernen Weste.
»Ja«, sagte er und klang wie jemand, der versuchte, nicht die Beherrschung zu verlieren. »Tja. Nun. Na schön. Wir sollten warten, bis sich der Stein ein wenig

abgekühlt hat, nicht wahr? Anschließend könnten wir, äh, aufbrechen.«

Er räusperte sich und hüstelte leise.

»Nnh«, machte Rincewind. Er starrte auf seinen Zeigefinger herab, streckte ihn von sich und bedauerte es offenbar, keine längeren Arme zu haben.

Nijel spähte in die qualmende Öffnung.

»Der geheime Gang führt in eine Art Kammer«, sagte er.

»Nnh.«

»Nach dir«, fügte Nijel hinzu und gab Rincewind einen vorsichtigen Stoß.

Der Zauberer taumelte, stieß mit dem Kopf an einen Felsvorsprung und schien es nicht einmal zu merken. Wie ein Schlafwandler wankte er durchs Loch.

Nijel klopfte an die Wand und runzelte die Stirn. »Spürst du etwas?« fragte er. »Hat es irgend etwas zu bedeuten, daß die Mauer zittert?«

»Nnh.«

»Ist alles in Ordnung mit dir?«

»Nnh.«

Nijel preßte das Ohr an den Stein. »Ich höre ein seltsames Geräusch. Ein dumpfes Summen.« Staub löste sich vom Mörtel weiter oben und rieselte auf ihn herab.

Unmittelbar darauf krochen einige dicke Granitbrocken aus den Wänden der Grube und fielen mit einem leisen, unheilverkündenden Pochen in den Sand.

Rincewind achtete nicht darauf und stolperte durch den Tunnel. Gelegentlich schnaufte und ächzte er schockiert, und die ganze Zeit über ignorierte er schwere Steine, die ihn nur um wenig Zentimeter verfehlten. Es soll nicht unerwähnt bleiben, daß ihn einige trafen, an Schultern und Armen, manchmal auch am Kopf, aber er stapfte ungerührt weiter.

Wenn Rincewind nicht so sehr auf sein Entsetzen konzentriert gewesen wäre, hätte er vermutlich geahnt, was nun geschah. Die Luft fühlte sich schmierig an und roch wie glühendes Blech. Blasses Regenbogenglühen glitt über alle Ecken und Kanten. Irgendwo in der Nähe ballte sich magische Energie zusammen, eine enorme thaumaturgische Kraft, die nach einer Möglichkeit suchte, sich zu entladen.

Rincewind war alles andere als ein begabter Zauberer, aber unter diesen besonderen Umständen konnte man ihn mit einem kupfernen Leuchtturm vergleichen, über dem ein Gewitter tobte.

Nijel stürmte durch wallende Staubwolken und prallte gegen den Zauberer, der in einem oktarinen Halo stand.

Rincewind bot einen schrecklichen Anblick. Krösus hätte sich vermutlich von seinen glühenden Augen und dem wirren Haar stimuliert gefühlt.

Er sah aus wie jemand, der gerade einige Zirbeldrüsen verspeist und sie mit einer Mischung aus Adrenalin und Chrom hinuntergespült hatte. Er schien einen einzigartigen mentalen Höhenflug zu erleben, ohne sich irgendwelche Sorgen über die Landung zu machen.

Jedes einzelne Haar stand ab und *strahlte*. Selbst die Haut erweckte den Eindruck, als wolle sie sich von ihm lösen. Die Augen rollten horizontal, und wenn er den Mund öffnete, stoben winzige Funken von den Zähnen auf. Wo seine Füße den Boden berührten, schmolz festes Gestein. An einigen Stellen wuchsen dem Granit mißtrauisch horchende Ohren; hier und dort verwandelten sich Splitter in kleine, purpurne Schuppenwesen, die sofort flohen.

»Äh«, begann Nijel unsicher. »Stimmt was nicht?«

»Nnh«, antwortete Rincewind, und der Laut metamorphierte zu einem großen Pfannkuchen.

»Du siehst irgendwie *seltsam* aus«, sagte Nijel und offenbarte damit bemerkenswerten Scharfsinn.

»Nnh.«

»Vielleicht solltest du versuchen, einen Ausgang für uns zu schaffen«, schlug der junge Mann vor und war klug genug, sich zu ducken und die Arme um den Kopf zu schlingen.

Rincewind nickte wie eine Marionette und richtete seinen aufgeladenen Zeigefinger zur Decke. Sie schmolz wie Eis im Feuer eines Schweißbrenners.

Noch immer erbebte alles, und beunruhigende Vibrationen erfaßten den ganzen Palast. Es ist allgemein bekannt, daß gewisse Frequenzen Panik erzeugen, während andere Verlegenheit und nicht nur mentale Verstopfung bewirken, doch von dem zitternden Fels gingen Schwingungen aus, die im Gefüge der Realität Entsetzen sprießen ließen. Die Wirklichkeit bekam es mit der Angst zu tun und hastete davon.

Nijel beobachtete das Tröpfeln von der Decke, streckte die Hand aus probierte die weiche Masse.

»Schmeckt wie Vanillesoße«, sagte er und fügte hinzu: »Ich nehme an, eine Treppe ist nicht möglich, oder?«

Erneut leckten oktarine Flammen aus den von Magie heimgesuchten Fingern Rincewinds, und sie kondensierten zu einer fast perfekten Rolltreppe. Allerdings gab es im Rest des Multiversums keine zweite solche Treppe, die mit Krokodilhaut ausgelegt war.

Nijel griff nach den Schultern des schwankenden Zauberers und sprang auf eine Stufe.

Glücklicherweise erreichten sie das Ende der Treppe, bevor sich die Magie schlagartig auflöste.

Ein großer weißer Turm wuchs aus dem Zentrum des Palastes, durchstieß die Dächer ebenso mühelos wie ein Pilz hartes Straßenpflaster. Schon nach kurzer Zeit überragte er alle anderen Gebäude in Al Khali.

Unten schwangen breite Doppeltüren auf, und Dutzende von Zauberern traten heraus, stolzierten so selbstbewußt umher, als gehöre ihnen die ganze Stadt. Rincewind glaubte, einige Gesichter wiederzuerkennen.

Sie gehörten Männern, die bei magischen Vorlesungen einschliefen, gemütlich durch den Garten der Unsichtbaren Universität schlenderten und sich aufs nächste Gelage freuten. Es waren keine Mienen, die sich dafür eigneten, böse Boshaftigkeit zum Ausdruck zu bringen; normalerweise zeichneten sie sich durch einen auffälligen Mangel an hinterhältiger Heimtücke aus. Doch inzwischen hatten sie sich auf eine Art und Weise verändert, die vorsichtigen Gemütern Vorsicht gebot.

Nijel wurde hinter eine nahe Mauer zurückgerissen. Verwirrt blickte er in Rincewinds besorgte Augen.

»He, das ist Magie!«

»Ich weiß«, sagte Rincewind. »Sie erscheint mir... falsch!«

Nijel beobachtete den funkelnden Turm.

»Aber...«

»Sie *fühlt* sich falsch an«, betonte Rincewind und fügte hinzu: »Verlang jetzt bloß keine Erklärung von mir.«

Einige Wächter des Serif liefen durch einen nahen Torbogen und stürmten den Zauberern entgegen. Sie gaben keinen einzigen Laut von sich, und dadurch wirkte ihr Angriff geradezu gespenstisch. Einige Sekunden lang blitzten ihre Schwerter im hellen Sonnenschein. Dann drehten sich zwei Magier um, streckten die Hände aus und ...

Nijel schauderte und wandte sich um.

»Grgh«, sagte er.

Stählerne Klingen fielen aufs Kopfsteinpflaster.

»Ich glaube, wir sollten klammheimlich von hier verschwinden«, flüsterte Rincewind.

»Hast du gesehen, in was sich die Soldaten verwandelten?«

»In Leichen«, entgegnete Rincewind. »Das genügt mir. Ich möchte nicht darüber nachdenken.«

Nijel zweifelte kaum daran, daß er bis an den Rest seines Lebens daran denken würde, besonders in dunklen, stürmischen Nächten. Magie tötete auf eine weitaus *einfallsreichere* Art als zum Beispiel Stahl. Sie eröffnete völlig neue Möglichkeiten des Sterbens, und Nijel erinnerte sich viel zu deutlich an die gräßlichen Konturen, die er gesehen hatte, bevor alles in gnädigem oktarinem Feuer verschwand.

»Ich wußte nicht, daß Zauberer zu so etwas fähig sind«, sagte er, als sie durch eine Gasse eilten. »Ich habe sie nie für gefährlich gehalten, eher für, nun, ein wenig dümmlich. Ich dachte immer, es seien, äh, Witzfiguren.«

»Dann lach doch über das, was eben geschah«, brummte Rincewind.

»Sie haben die Wächter getötet, ohne auch nur mit der Wimper...«

»Bitte geh nicht in die Einzelheiten. Ich kenne sie nur zu genau.«

Nijel wich zurück und kniff die Augen zusammen.

»Du bist ebenfalls ein Zauberer«, sagte er vorwurfsvoll.

»Aber nicht *so* einer«, gab Rincewind zurück.

»Und *was* für einer bist du, wenn ich fragen darf?«

»Ich gehöre zur pazifistischen Magierkategorie.«

»Wie sie die Wächter ansahen, so gleichgültig und unbekümmert...«, stieß Nijel hervor und schüttelte den Kopf. »Das war das Schlimmste.«

»Ja.«

Rincewind holte mit dieser einen Silbe aus, schwang sie wie einen dicken Knüppel hin und. Der junge Mann schauderte noch einmal, klappte aber endlich den Mund zu. Rincewind musterte ihn und spürte, wie sich Mitgefühl in ihm regte. Was ihn ziemlich erstaunte: Normalerweise brauchte er sein ganzes Mitleid für sich selbst.

»Hast du zum erstenmal gesehen, wie jemand umgebracht wurde?« fragte er.

»Ja.«

»Wie lange bist du schon ein barbarischer Held?«

»Äh, welches Jahr schreibt man?«

Rincewind spähte um eine Ecke, aber die Leute in horizontaler und vertikaler Nähe schenkten ihnen keine Beachtung. Sie waren viel zu sehr damit beschäftigt, in Panik zu geraten.

»Du bist schon eine ganze Weile unterwegs, nicht wahr?« erwiderte er leise. »Hast völlig den kalendarischen Überblick verloren, stimmt's? Mach dir nichts draus. Ich habe es selbst häufig erlebt. Dies ist das Jahr der Hyäne.«

»Oh, in dem Fall...« — Nijels Lippen bewegten sich lautlos —, »... hat meine Laufbahn als Barbarenheld vor ungefähr drei Tagen begonnen. Hör mal«, fügte er rasch hinzu, »wie kann man so beiläufig töten? Ohne auch nur einen einzigen Gedanken daran zu verschwenden?«

»Keine Ahnung«, sagte Rincewind, und sein Tonfall deutete darauf hin, daß tief in ihm ein Mörderinstinkt erwachte.

»Ich meine... Als mich der Großwesir in die Schlangengrube werfen ließ, schien er wenigstens ein gewisses Interesse an meinem Schicksal zu haben.«

»Sehr lobenswert von ihm. Was wäre die Welt ohne Anteilnahme?«

»Ich meine, er lachte sogar!«

»Was einen Sinn für Humor beweist.«

Rincewind glaubte, seine Zukunft ebenso kristallklar zu sehen wie ein Mann, der von einer hohen Klippe stürzt — und zwar aus dem gleichen Grund. »Sie haben nur die Finger ausgestreckt, kaltblütig und ohne *Gefühl*...«, sagte Nijel, und daraufhin erwiderte Rincewind scharf: »Halt endlich die Klappe! Was meinst du wohl, was ich davon halte? Immerhin bin ich *Zauberer!*«

»Ja, genau, und deshalb hast *du* nichts zu befürchten«, brachte Nijel hervor.

Rincewind verlor endgültig die Beherrschung und schlug zu. Es war kein sehr kräftiger Hieb, denn selbst im Zorn blieben seine Muskeln eher schlaff. Die Faust traf Nijels Schläfe und brachte ihn zumindest mit der Wucht der Überraschung zum Schweigen.

»Ja, ich bin ein Zauberer«, zischte Rincewind. »Ein Zauberer, der nicht besonders gut mit Magie umgehen kann! Bisher habe ich überlebt, weil ich darauf achtete, nicht wichtig genug zu sein, um zu sterben! Aber wenn alle Zauberer gehaßt und gefürchtet werden, geht es mir früher oder später an den Kragen. Wahrscheinlich weitaus früher, als mir lieb ist.«

»Lächerlich!«

Rincewind blinzelte in grenzenloser Verwirrung.

»Was?«

»Idiot! Du brauchst doch nur den närrischen Umhang auszuziehen und den blöden Hut wegzuwerfen. Dann erkennt dich niemand als Zauberer!«

Rincewinds Mund öffnete und schloß sich mehrmals. Der Leser möge ihn mit einem Goldfisch vergleichen, der ohne großen Erfolg versuchte, das Konzept des Steptanzes zu begreifen.

»Ich soll den Umhang ausziehen?« fragte er.

»Ja«, bestätigte Nijel und stand wieder auf. »Die zerkratzten Pailletten und all das übrige Zeug ... Damit fällst du sofort auf.«

»Ich soll den Hut wegwerfen?«

»Du mußt zugeben, daß die Aufschrift ›Zaubberer‹ ein recht deutlicher Hinweis ist, nicht wahr?«

Rincewind rang sich ein besorgtes Lächeln ab.

»Entschuldige bitte«, sagte er. »Ich fürchte, ich kann dir nicht ganz folgen.«

»Trenn dich von den Sachen. Ist doch gar nicht so schwer, oder? Versteck sie irgendwo und sei das, was du, nun, sein möchtest. Irgend etwas. Nur kein Zauberer.«

Betretenes Schweigen folgte, während in der Ferne Klingen klirrten.

»Äh«, machte Rincewind und schüttelte den Kopf. »Leider weiß ich noch immer nicht genau, worauf du hinauswillst...«

»Gütiger Himmel, es ist doch ganz einfach!«

»... entzieht sich bedauerlicherweise meinem Verständnis...«, murmelte Rincewind. Sein Gesicht war kalkweiß, und Schweiß perlte auf seiner Stirn.

»Du kannst *aufhören*, ein Zauberer zu sein.«

Rincewinds Lippen zitterten, als er die einzelnen Worte stumm wiederholte, zuerst einzeln, dann alle zusammen.

»Was?« hauchte er. Und schließlich: »Oh.«

»Kapiert? Oder brauchst du's schriftlich?«

Rincewind schüttelte kummervoll den Kopf.

»Ich glaube, *du* verstehst nicht. Ein Zauberer wird nicht zu einem Zauberer, weil er sich auf eine bestimmte Weise *verhält*, sondern weil er ein Zauberer *ist*.« Er verstand es ausgezeichnet, kursiv zu sprechen. »Wenn ich kein Zauberer wäre, *existierte* ich überhaupt nicht.« Rincewind nahm seinen Hut ab und betastete nervös den lockeren Stern an der Spitze. Einige kleine Pailletten lösten sich und fielen zu Boden.

»Ich meine, hier steht Zauberer geschrieben«, fügte er hinzu. »Es ist sehr wichtig...«

Er unterbrach sich und riß die Augen auf.

»Hut«, sagte er leise, als eine zaghafte Erinnerung im Nebel seines Geistes winkte.

»Ein *guter* Hut«, versicherte Nijel, der glaubte, man erwarte eine solche Bemerkung von ihm.

»Hut«, sagte Rincewind noch einmal. Dann platzte es aus ihm heraus: »Der Hut! Wir müssen den Hut finden!«

»Du hast doch bereits einen«, warf Nijel ein.
»Ich meine nicht diesen Hut, sondern einen anderen Hut. *Den* Hut. Und Conina!«
Er wankte einige Meter weit durch die Gasse, verharrte und taumelte zurück.
»Hast du eine Ahnung, wo sie sein könnten?« fragte er.
»Wer?«
»Es geht um einen magischen Hut. Und eine junge Frau.«
»Wie?«
»Es ist nur schwer zu erklären. Ich fürchte, daß Schreie dabei eine wichtige Rolle spielen.«
Nijel besaß kein sehr ausgeprägtes Kinn, aber er schob es trotzdem vor.
»Eine junge Frau, die gerettet werden muß?« erkundigte er sich mit grimmiger Entschlossenheit.
Rincewind zögerte. »Nun, ich bin sicher, *irgendwer* sollte gerettet werden«, antwortete er. »Vielleicht Conina. Oder jemand in ihrer Nähe.«
»Warum hast du das nicht gleich gesagt? Auf eine solche Gelegenheit hoffe ich schon seit ... seit drei Tagen! Barbarische Helden retten doch dauernd irgendwelche Leute, nicht wahr? Meistens Prinzessinnen in hohen Kerkern und junge Frauen in tiefen ... Ich meine ...«
Nijel holte tief Luft. »Komm!«
Etwas krachte, und die von Rincewind befürchteten Schreie erklangen.
»Wohin?« fragte der Zauberer.
»Weg von hier!«
Für gewöhnlich neigen Helden dazu, wie verrückt durch einstürzende Paläste zu eilen, die sie kaum kennen, alle in Gefahr befindlichen Personen zu retten und gerade rechtzeitig genug nach draußen zurückzukehren, bevor das Gebäude in sich zusammenfällt oder im Sumpf versinkt. Nijel und Rincewind hielten sich we-

nigstens teilweise an das traditionelle Szenario. Sie besuchten die Küche, verschiedene Thronkammern und die Ställe (zweimal). Außerdem lernten sie Dutzende von Fluren und Korridoren kennen. Ab und zu eilten schwarzgekleidete Soldaten an ihnen vorbei, ohne ihnen die geringste Beachtung zu schenken.

»Das ist doch lächerlich«, sagt Nijel schließlich. »Warum fragen wir nicht jemanden? Ist alles in Ordnung mit dir?«

Rincewind lehnte an einer mit peinlichen Darstellungen geschmückten Säule und versuchte offenbar, sich die Lungen aus dem Leib zu keuchen.

»Du könntest dir einen Wächter schnappen und ihn foltern, um Auskunft zu bekommen«, schlug er vor und schnappte nach Luft. Nijel bedachte ihn mit einem sonderbaren Blick.

»Warte hier«, sagte er und schlenderte umher, bis er einen Bediensteten fand, der gerade mehrere Schränke plünderte.

»Entschuldige bitte«, wandte er sich an den Mann. »Wie gelangt man zum Harem?«

»Durch den Gang dort drüben«, lautete die Antwort. »Die dritte Tür links.«

»In Ordnung.«

Nijel kehrte zurück und erstattete Bericht.

»Hast du ihn gefoltert?« fragte Rincewind.

»Nein.«

»Das war nicht sehr barbarisch, oder?«

»Nun, ich muß noch Erfahrung sammeln«, erwiderte Nijel. »Immerhin habe ich darauf verzichtet, mich zu bedanken.«

Dreißig Sekunden später schoben sie einen breiten Perlenschnurvorhang beiseite und betraten den Harem des Serif von Al Khali.

Farbenprächtige Singvögel zwitscherten in goldenen Käfigen. Aromatisches Wasser plätscherte in Springbrunnen aus erlesenem Onyx. Hier und dort wuchsen Orchideen, und bunt schimmernde Kolibris sausten darüber hinweg. Zwanzig junge Frauen — ihre Kleidung hätte gerade für die Hälfte ausgereicht — drängten sich zusammen und sahen furchtsam auf.

Rincewind bemerkte sie gar nicht. Das heißt, er bemerkte sie schon — mehrere Dutzend Quadratmeter Hüften und Oberschenkel (ihre Tönungen reichten von marmornem Weiß bis hin zu Mitternachtschwarz) ließen sich nur schwer übersehen. Ein solcher Anblick führte dazu, daß sich Rincewinds Libido erfreut die Hände rieb und gewissen Drüsen Dampf machte. Aber leider fand die erotische Energie kein Ventil, denn Panik verließ den Zuschauerraum, eilte ins mentale Fitneßcenter, schwang sich dort auf ein Rad und trat in die Adrenalinpedale. Der Überlebensinstinkt leistete ihr Gesellschaft.

Der Leser ahnt es bereits: Rincewind starrte in die wütenden Mienen von vier Wächtern, deren Bewaffnung aus langen Krummsäbeln bestand.

Sofort trat der Zauberer einen Schritt zurück.

»Jetzt bist du dran«, sagte er.

»Ja!«

Nijel zog ein Schwert und streckte es so weit von sich, daß seine Muskeln vor Anstrengung zitterten.

Einige Sekunden lang herrschte völlige Stille, und alle warteten gespannt darauf, was nun geschehen mochte. Dann stieß Nijel einen Kampfschrei aus, den Rincewind niemals vergessen würde. Er lautete:

»Äh, entschuldigt bitte ...«

※

»Eigentlich ist es eine Schande«, sagte ein kleiner Zauberer.

Die anderen antworteten nicht. Es *war* eine Schande, und sie alle vernahmen die vorwurfsvolle, anklagende

Stimme des Gewissens. Doch die seltsame Alchimie der Seele schuf einen Ausgleich für prickelnde Schuld und verdrängte Beklemmung mit kühner Arroganz.

»Sei endlich still«, brummte ein anderer Magier, der bei dieser besonderen Gelegenheit in die Rolle des Anführers schlüpfte. Er hieß Benado Benimmdich, aber irgend etwas in der allgemeinen Atmosphäre dieses Abends deutet darauf hin, daß sein Name keine Rolle spielt. Dunkelheit kriecht durch die Gänge und Korridore, und in ihr tummeln sich gespenstische Schatten.

Die Unsichtbare Universität steht nicht etwa leer. Es halten sich nur keine Menschen darin auf.

Sechs Zauberer haben den Auftrag bekommen, die Bücher in der Bibliothek zu verbrennen. Sie fürchten sich natürlich nicht vor Geistern, denn sie sind so sehr mit magischer Energie aufgeladen, daß sie bei jedem Schritt leise summen. Ihre Umhänge sind prächtiger als alle Mäntel, die jemals von Erzkanzlern getragen wurden, die spitzen Hüte so spitz, daß man jemanden damit erstechen kann. Natürlich ist es reiner Zufall, daß sie dicht beisammen stehen.

»Ziemlich dunkel hier«, sagte der kleinste Zauberer.

»Es ist Mitternacht«, erwiderte Benimmdich scharf. »Und wenn hier irgendwelche Gefahren drohen, so gehen sie von uns aus. Stimmt's, Jungs?«

Leises, unsicheres Murmeln bestätigte seine Worte. Die übrigen Magier begegneten Benado Benimmdich mit großem Respekt, denn er stand in dem beneidenswerten Ruf, sich mit positivem Denken auszukennen.

»Wir fürchten uns doch nicht vor ein paar alten Büchern, oder?« Er starrte auf den kleinsten Zauberer herab. »Du hast doch keine Angst, nicht wahr?« fügte er streng hinzu.

»Ich? Oh. Nein, natürlich nicht«, erwiderte der Thaumaturge hastig. »Bücher bestehen doch nur aus Papier. Das hat auch *er* gesagt.«

»Na bitte.«
»Allerdings sind es rund neunzigtausend«, warf ein anderer Zauberer ein.
»Ich habe oft gehört, es seien so viele, daß man sie überhaupt nicht zählen kann«, meldete sich ein dritter zu Wort. »Angeblich liegt es an den Dimensionen. Ja. Es heißt, in der Bibliothek sieht man nur die Spitze des... des... Nun, die Spitze irgendeines Dings, das sich zum größten Teil unter Wasser befindet.«
»Meinst du ein Nilpferd?«
»Ein Krokodil?«
»Den Ozean?«
»Jetzt reicht's mir!« rief Benimmdich — und zögerte. Die Finsternis schien den Klang seiner Stimme zu verschlingen und höhnisch zu grinsen.
Er räusperte sich und straffte die Gestalt.
»Na schön«, brummte er und starrte auf die *dunkle* Tür, hinter der sich die Bibliothek erstreckte.
Er hob die Hände und vollführte eine höchst komplizierte Geste. Beobachtern sei geraten, sicherheitshalber den Blick abzuwenden, wenn sie vermeiden wollen, daß sich ihre Augen verdrehen. Der Grund? Benimmdichs Finger formten einige sehr schmerzhaft wirkende Knoten, wobei sie sich gegenseitig *durchdrangen.*
Es krachte, und die Tür flog aus den Angeln, verwandelte sich in eine dichte Wolke aus Sägemehl.
Die Stille ließ sich davon nicht beeindrucken und kroch sofort zurück.
Es konnte kein Zweifel daran bestehen, daß die Pforte nicht mehr existierte. Vier einsame Angeln zitterten am Rahmen, und jenseits der Schwelle bemerkten die Zauberer ein wildes Durcheinander aus geborstenen Möbeln und langen Holzsplittern. Selbst Benimmdich war überrascht.
»Tja«, brummte er. »So einfach ist das. Habt ihr gesehen? Mir ist überhaupt nichts zugestoßen, oder?«

Schnabelschuhe kratzten über den Boden. Die Schwärze in der Bibliothek war nicht völlig schwarz. Ein mattes und dennoch fast blendendes Glühen wies auf thaumaturgische Strahlung hin: Möglichkeitspartikel erreichten die Fluchtgeschwindigkeit der Realität und bildeten ein starkes magisches Kraftfeld.

»Also los«, sagte Benimmdich betont fröhlich. »Wer beansprucht die Ehre, das Feuer zu entzünden?«

Zehn stille Sekunden später fügte er hinzu: »Nun, ihr wollt sie also mir überlassen. Meine Güte, ebensogut könnte man mit einer Mauer sprechen.«

Er durchschritt die Tür und eilte zu einem blassen Fleck, der vom Sternenlicht stammte, das durch die hohe Glaskuppel direkt überm Zentrum der Bibliothek filterte. (Allerdings soll hier nicht verschwiegen werden, daß die genaue Geographie der großen Kammer umstritten ist. Hohe Konzentrationen an Magie krümmen die Raum-Zeit, und daher wäre es durchaus denkbar, daß die Bibliothek überhaupt keinen Rand hat, von einem Zentrum ganz zu schweigen.)

Benimmdich streckte die Arme aus.

»Na, seht ihr? Es passiert nichts. Absolut nichts. Ihr könnt jetzt hereinkommen.«

Die anderen Zauberer traten widerstrebend über die Schwelle und duckten sich unwillkürlich. Vielleicht rechneten sie damit, daß sich die zerstörte Tür an ihnen rächte.

»In Ordnung«, brummte Benado Benimmdich zufrieden. »Und jetzt ... Habt ihr euch an die Anweisungen gehalten und Streichhölzer mitgebracht? Mit magischem Feuer kann man nichts gegen diese Bücher ausrichten, und deshalb möchte ich, daß ihr ...«

»Dort oben hat sich etwas bewegt«, sagte der kleinste Zauberer.

Benado blinzelte verwirrt.

»Was?«

»Unter der Kuppel«, sagte der Thaumaturge und fügte als Erklärung hinzu: »Ich habe es deutlich gesehen.« Benimmdich starrte zu den finsteren Schatten empor und beschloß, die anderen Magier an seine Autorität zu erinnern.

»Unsinn«, zischte er und holte ein Bündel übelriechender Streichhölzer hervor. »Nun, ich möchte, daß ihr ...«

»Ich habe es wirklich gesehen«, beharrte der kleine Zauberer verdrießlich.

»Na schön. *Was* hast du gesehen?«

»Nun, ich bin nicht ganz ...«

»Du weißt es gar nicht, oder?« schnauzte Benimmdich.

»Ich habe *etwas* ge ...«

»Du weißt es nicht!« wiederholte der Anführer. »Du siehst nur irgendwelche Schatten und versuchst, meine Autorität zu untergraben, stimmt's?« Benimmdich zögerte, und sein Blick trübte sich kurz. »Ich bin ganz ruhig«, intonierte er. »Ich habe mich völlig unter Kontrolle. Ich werde nicht zulassen, daß ...«

»Es *war* ...«

»Jetzt hör mir mal zu, Blödmann: Ich will keinen Ton mehr von dir hören, klar?«

Einer der anderen Zauberer blickte nach oben, um seine Verlegenheit zu verbergen. Plötzlich schnappte er nach Luft.

»Äh, Benado ...«

»Und das gilt auch für dich!« Benimmdich richtete sich zu seiner vollen Größe auf, hob stolz den Kopf und zeigte auf die Streichhölzer.

»Wie *ich* eben sagte ...«, brummte er. »Ich möchte, daß ihr ein Feuer anzündet und ... Damit Blödmann keine Fehler macht, sollte ich euch wohl zeigen, wie man mit Streichhölzern umgeht ...« Jemand flüsterte etwas, und Benimmdich schnitt eine Grimasse. »Nein, ich bin *kein* Angeber, zum Donnerwetter! Ist es denn zu fassen? Na schön. Ihr nehmt ein Streichholz, etwa so ...«

Es machte *Ratsch!* Eine scheflige Flamme züngelte — und der Bibliothekar fiel wie ein gestaltgewordener Fluch auf Benimmdich herab.

Die Zauberer kannten den Bibliothekar, waren ebenso unbewußt mit ihm vertraut wie mit Wänden, Böden und den anderen eher banalen Kulissen auf der Bühne des Lebens. Wenn sie sich überhaupt an ihn erinnerten, so hielten sie ihn für eine Art mobiles Seufzen, das unter seinem Schreibtisch saß, Bücher flickte oder auf der Suche nach heimlichen Rauchern an den Regalen vorbeischwankte. Wer es wagte, sich in der Bibliothek eine Zigarette zu drehen und sogar anzuzünden, ahnte nichts Schlimmes — bis eine ledrige Hand nach dem Glimmstengel griff und ihn zerdrückte. In solchen Fällen erhob der Bibliothekar nie laute Vorwürfe. Er wirkte nur verletzt und zerknirscht — und aß die betreffende Kippe mitsamt der Asche.

Jenes Geschöpf, das nun auf Benimmdichs Schultern hockte und energisch versuchte, ihm den Kopf abzuschrauben, bot sich als ein haariger, kreischender Alptraum dar, unter dessen Lippen lange Reißzähne zum Vorschein kamen.

Die entsetzten Magier wirbelten herum und wollten fliehen, stießen jedoch gegen einige Regale, die sich lautlos herangeschlichen hatten, um ihnen den Weg zu versperren. Der kleinste Zauberer schrie, rollte unter einen mit Atlanten beladenen Tisch und hielt sich die Ohren zu, um nicht mehr das schreckliche Heulen zu hören. Die übrigen Thaumaturgen trachteten unterdessen danach, die Bibliothek zu verlassen.

Nach einer Weile herrschte wieder Stille. Aber es war die Art von massiver Stille, die von etwas hervorgerufen wird, das langsam, lautlos und mit äußerster Wachsamkeit umherkriecht. Der kleinste Zauberer bebte am ganzen Leib und fürchtete sich so sehr, daß er in seinen Hut biß.

Der gespenstische Schleicher ergriff den Mann am Bein und zog ihn erstaunlich sanft unter dem Tisch hervor. Der Magier zitterte nach wie vor, wimmerte leise und hielt die Augen geschlossen. Als er nach einer halben Minuten noch immer keine spitzen Zähne an der Kehle spürte, wagte er es, die Lider zu heben.

Der Bibliothekar packte den Zauberer am Kragen, hielt ihn einen Meter über dem Boden — gerade außerhalb der Reichweite eines kleinen, alten Terriers, der sich daran zu erinnern versuchte, wie man Leuten in die Waden biß — und schüttelte ihn mehrmals.

»Äh...«, begann der Mann. Das Schicksal hinderte ihn an einer vielleicht recht bedeutsamen Bemerkung: Der Magier bekam einen kräftigen Stoß, sauste wie ein lebendes Geschoß durch die aufgebrochene Tür und prallte gegen die Korridorwand.

Er hielt es für besser, mucksmäuschenstill liegenzubleiben. Nach einer Weile sagte ein Schatten neben ihm: »Nun, das wär's dann wohl. Hat irgend jemand den eingebildeten Mistkerl namens Benimmdich gesehen?«

Ein Schemen auf der anderen Seite erwiderte: »Ich glaube, mein Genick ist gebrochen!«

»Wer spricht da?«

»*Der eingebildete Mistkerl*«, zischte eine wütende Stimme.

»Oh! Tut mir leid. Entschuldige bitte, Benado.«

Benimmdich stand auf, und seine Kollegen stellten fest, daß ihn eine magische Aura umhüllte. Er bebte vor Zorn und hob die Hände.

»Ich werde den Primitivling Respekt lehren!« knurrte er. »Immerhin sind wir ihm evolutionär weit überlegen...«

»Auf ihn, Jungs!«

Zwei Sekunden später fand sich Benimmdich unter fünf Zauberern wieder, die ihn zu Boden drückten.
»Nimm uns das bitte nicht übel, aber...«
»... du weißt ja, daß man so nahe der Bibliothek...«
»... keine Magie beschwören darf. Es könnte...«
»... nämlich geschehen, daß sich eine kritische Masse...«
»... bildet, und dann — BUMM! — ist es um die Welt geschehen!«
Benimmdich grollte, und die auf ihm sitzenden Zauberer kamen zu dem Schluß, daß es nicht unbedingt klug war, ausgerechnet jetzt aufzustehen.
»Na schön«, sagte der Anführer schließlich. »Ihr habt recht. Vielen Dank. Ich verlor die Beherrschung, und das bedaure ich nun. Wer die Beherrschung verliert, trifft falsche Entscheidungen. Man muß objektiv bleiben, den Überblick behalten. Ja. Ihr habt völlig recht. Und jetzt runter von mir.«
Die Magier wagten es, der Aufforderung nachzukommen. Benimmdich erhob sich.
»Der Schimpanse hat seine letzte Banane gegessen«, brummte er. »Fangt ihn und...«
»Äh, es ist ein Orang-Utan, Benado«, sagte der kleinste Zauberer. »Kein Schimpanse. Der Unterschied zwischen Schimpansen und Orang-Utans...«
Er brach ab, als ihn ein finsterer Blick durchdrang.
»Was spielt das für eine Rolle?« knurrte Benimmdich. »Schimpanse oder Orang-Utan, ist doch völlig gleich. Wo liegt der Unterschied, Herr Zoologe?«
»Ich weiß nicht genau, Benado«, erwiderte der Magier zerknirscht. »Vielleicht in der Kla... in der Klasch... in der Klaschifi...«
»Sei still.«
»Ja, Benado.«
»Du kannst einem wirklich auf die Nerven gehen, Zwerg«, stellte Benimmdich fest.

Er drehte sich um. »Ich bin völlig ruhig«, sagte er, und seine Stimme war so glatt wie ein Sägeblatt. »Mein Kopf ist so kühl wie ein haarloses Mammut. Alle Gefühle sind unter Kontrolle. Die Herrschaft des Intellekts ist unbestritten. Wer von euch hat auf meinem Gesicht gesessen? Nein, ich darf nicht wütend werden. Ich *bin nicht* zornig. Ich denke positiv. Der Verstand arbeitet wieder einwandfrei — möchte mir irgend jemand widersprechen?«

»Nein, Benado«, antworteten die Zauberer wie aus einem Mund.

»Dann holt ein Dutzend Ölfässer und soviel Anzündholz, wie ihr finden könnt! Der Schimpanse soll *braten*!«

Hoch oben im Gebälk der Bibliothek, Heimat von Eulen, Fledermäusen und anderen Geschöpfen, erklang ein leises Klirren. Möglichst behutsam schufen hornige Hände eine Öffnung in der gläsernen Kuppel.

※

»Sie wirken nicht sehr beeindruckt«, sagte Nijel beleidigt.

»Nun, wie soll ich das erklären?« erwiderte Rincewind. »Auf der Liste Aller Großen Kampfschreie steht ›Äh, entschuldigt bitte‹ nicht gerade an erster Stelle.«

Er trat zur Seite. »Ich gehöre nicht zu ihm«, wandte er sich ernst an einen grinsenden Wächter. »Ich bin ihm nur zufällig begegnet. In einer Schlangengrube.« Er lachte nervös. »So etwas passiert mir dauernd.«

Die Soldaten beachteten ihn überhaupt nicht.

»Ähem«, sagte er.

Und wartete.

»Na schön«, seufzte er und kehrte zu Nijel zurück. »Kannst du gut mit dem Schwert umgehen?«

Der junge Mann behielt weiterhin die Wächter im Auge, als er in die lederne Tasche griff, ein Buch hervorholte und es Rincewind reichte.

»Ich habe mich gründlich mit dem dritten Kapitel beschäftigt«, sagte er. »Es hat viele Illustrationen.«

Rincewind blätterte besonders vorsichtig, weil er fürchtete, der kleine Band könne endgültig aus dem Leim gehen. Er wirkte so abgenutzt, daß er sich fragte, was ihn überhaupt noch zusammenhielt. Vielleicht eine ganz spezielle Magie. Eine Seite — wahrscheinlich gehörte sie ganz nach vorn — zeigte die nicht sehr künstlerische Darstellung eines überaus muskulösen Mannes. Seine Arme ähnelten mit dicken Bällen gefüllten Säkken, und er stand knietief in üppigen Frauen und erschlagenen Feinden. Das Gesicht zeigte ein zufriedenes Lächeln.

Eine Sprechblase verkündete: *In nur sieben Thagen mache ich dich zu ainem barbarischigen Hälden!* Unter dem Bild, in kleineren Lettern, stand der Name des Autors: *Cohen der Barbar.* Rincewind bezweifelte, ob diese Angabe stimmte. Er hatte Cohen kennengelernt und wußte daher, daß er einigermaßen lesen konnte, aber die Schreibkenntnisse des alten Knaben ließen sehr zu wünschen übrig: Für gewöhnlich unterzeichnete er mit einem krakeligen ›X‹, in das sich auch noch Orthographiefehler einschlichen. Andererseits... Wenn es um Geld ging, war Coninas Vater außerordentlich lernfähig.

Rincewind betrachtete die Illustration und richtete seinen Blick dann wieder auf Nijel.

»Sieben Tage?« murmelte er.

»Nun, ich lese nicht besonders schnell.«

»Ah«, sagte Rincewind.

»Das sechste Kapitel habe ich übersprungen, weil ich meiner Mutter versprach, mich mit dem Rauben und Plündern zu begnügen, bis ich das richtige Mädchen finde.«

»Dieses Buch schildert also, wie man zum Helden wird?«

»O ja. Es ist sehr gut.« Nijel musterte den Zauberer

besorgt. »Daran gibt es doch nichts auszusetzen, oder? Es hat viel Geld gekostet.«
»Nun, äh. Ich schlage vor, du setzt deine erworbenen Kenntnisse jetzt in die Tat um.«
Nijel straffte etwas, das hier in Ermangelung eines besseren Ausdrucks ›Schultern‹ genannt werden soll. Er wandte sich den Soldaten zu, schwang sein Schwert und hatte Mühe, es festzuhalten.
»Ich rate euch, auf der Hut zu sein«, sagte er. »Laßt eure Waffen fallen, oder ...« Nijel zögerte. »Einen Augenblick, bitte«, fügte er freundlich hinzu, nahm Rincewind das Buch aus der Hand, blätterte und fand die gesuchte Stelle. »Oder ›der frostige Wind des Schicksals streicht über eure bleichen Gerippe, und die Legionen der Hölle werden eure elenden Seelen in Salzsäure baden‹. Na, wie gefällt euch das, ihr ... ihr ...« — erneut knisterte zerfranstes Papier —, »... ihr Schurken?«
Metall schabte über Metall, als die vier Wächter mit geübtem Geschick ihre Säbel zogen.
Nijels Klinge wurde zu einem umherwirbelnden Schemen. Sie beschrieb mehrere weite Bogen, die eine verdrehte Acht ergaben, tanzte über den Arm des jungen Mannes, sauste hinter ihm von einer Hand zur anderen, drehte sich zweimal um die Brust und sprang wie ein nervöser Lachs.
Einige Haremsdamen ließen sich zu einem spontanen Applaus hinreißen. Selbst die Soldaten wirkten beeindruckt.
»Das ist ein Dreifacher Fatalstoß Mit Zusätzlichem Flickflack«, verkündete Nijel stolz. »Ich habe viele Spiegel zerbrochen, als ich ihn lernte. Sieh nur, die Wächter bleiben stehen.«
»Vermutlich haben sie so etwas noch nie gesehen«, entgegnete Rincewind betroffen und schätzte die Entfernung zur Tür ab.
»Kann ich mir denken.«

»Sicher waren sie besonders überrascht, als sich das Schwert in die Decke bohrte.«
Nijel sah nach oben.
»Komisch«, sagte er. »Auch zu Hause passierte das ständig. Ich frage mich, was ich falsch mache.«
»Ich habe nicht die geringste Ahnung.«
»Ach, es tut mir leid«, stöhnte der junge Mann kummervoll, als die Soldaten zu dem Schluß gelangten, daß die kleine Vorstellung zu Ende ging. Sie kamen entschlossen näher.
»Mach dir keine Vorwürfe ...«, sagte Rincewind und beobachtete, wie Nijel die Hand hob und vergeblich versuchte, sein Schwert aus der Decke zu ziehen.
»Danke.«
»... das erledige ich für dich.«
Rincewind überlegte seinen nächsten Schritt. Um ganz genau zu sein: Er erwog gleich mehrere. Aber die Distanz zur Tür erschien ihm zu groß, und einige bestimmte Geräusche wiesen darauf hin, daß sich die Lage im Korridor ebenfalls zuspitzte — die Betonung lag auf *spitz*.
Damit blieb nur eine Möglichkeit: Er mußte Magie einsetzen.
Er streckte die rechte Hand aus, und zwei Wächter stürzten zu Boden. Er hob die linke Hand, und daraufhin fielen auch die anderen beiden.
Als sich Rincewind darüber zu wundern begann, trat Conina elegant über die vier reglosen Gestalten hinweg und rieb sich geistesabwesend die Handkanten.
»Ich dachte schon, du kämst nicht mehr«, sagte sie. »Wer ist dein Begleiter?«

Es wurde bereits darauf hingewiesen, daß Truhe nur selten Gefühle zeigt (abgesehen vielleicht von blindem Zorn und brodelndem Haß), und deshalb ist es schwer, ihre Empfindungen zu erahnen, als sie einige Meilen außerhalb von Al Khali erwachte. Wie würde es Ihnen gefallen, in einem Trockental zu sich zu kommen und festzustellen, daß Sie auf der Klappe liegen und Ihre Beine nach oben zeigen?

Schon einige Minuten nach dem Sonnenaufgang war die Luft so heiß wie in einem Backofen. Truhe zappelte hingebungsvoll, neigte sich hin und her und schaffte es schließlich, die meisten Füße auf den Boden zurückkehren zu lassen. Anschließend begann sie mit einem zeitlupenartigen Tanz, bei dem es darum ging, den glühenden Sand mit so wenigen Gliedmaßen wie möglich zu berühren.

Truhe hatte sich nicht verirrt. Sie wußte genau, wo sie sich befand. Sie war immer *hier*.

Allerdings schien alles andere den Ort gewechselt zu haben.

Einige Minuten lang dachte sie gründlich nach, drehte sich um und wankte langsam gegen einen Felsen.

Sie wich zurück und nahm verwirrt Platz. Truhe fühlte sich so, als habe sie jemand mit heißen Federn gefüllt, und sie erinnerte sich vage an die Vorzüge von Schatten und kühlen Getränken.

Nach einigen zögernden Versuchen erklomm sie eine nahe Düne, von deren Kuppe aus sie Hunderte von anderen, ähnlich beschaffenen Dünen betrachtete.

Tief in Truhes hölzernem Herzen regte sich Besorgnis. Man hatte sie verschmäht, ihr einen Tritt gegeben und sie aufgefordert, zu *verschwinden*. Außerdem befand sich in ihrem multidimensionalen Magen genug Orakh, um die Bevölkerung eines kleines Königreichs zu vergiften.

Reiseutensilien brauchen vor allen Dingen jemanden, dem sie gehören. Als Truhe zu dieser Erkenntnis gelangte, trippelte sie unsicher über den brennenden Sand und schöpfte neue Hoffnung.

»Ich bezweifle, ob uns genug Zeit für förmliche Vorstellungen bleibt«, sagte Rincewind, als ein abgelegener Teil des Palastes einstürzte. Der Boden erbebte. »Ich halte es für besser, wir machen uns sofort auf und...«
Er begriff plötzlich, daß ihm niemand zuhörte.
Nijel ließ sein Schwert los.
Conina trat einen Schritt vor.
»O nein«, ächzte Rincewind, aber es war bereits zu spät. Die Welt teilte sich: Die eine Hälfte enthielt Nijel und Conina, die andere den Rest. Die Luft zwischen den beiden Segmenten knisterte. Im Abschnitt der beiden jungen Leute spielte vermutlich ein diskretes Orchester; dort zwitscherten Rotkehlchen und Drosseln, rosafarbene Wolken zogen über den Himmel, und es herrschte allgemeine Romantik, und... Nun, selbst in unmittelbarer Nähe einstürzende Paläste konnten Bewohner eines solchen Universums kaum beeindrucken.
»Äh, hört mal, wenn ihr auf einer Vorstellung besteht...«, sagte Rincewind verzweifelt. »Ich schlage vor, wir beeilen uns damit. Nijel...«
»... der Zerstörer...«, murmelte der junge Mann verträumt.
Rincewind seufzte. »Na schön, Nijel der Zerstörer, Sohn des...«
»Mächtigen Hasenfuß«, warf Nijel ein. Rincewind hob die Brauen und zuckte dann mit den Achseln.
»Meinetwegen«, brummte er. »Nun, dies ist Conina. Ein höchst interessanter Zufall. Wahrscheinlich ahnst du nicht, daß ihr Vater mmpf.«
Conina wandte den Blick nicht von Nijel ab, als sie eine Hand ausstreckte und sie um Rincewinds Gesicht schloß. Wenn ihre Finger ein wenig mehr Druck ausgeübt hätten, wäre der Kopf des Zauberers wahrscheinlich zu einer Bowlingkugel geworden.
»Das heißt, wenn ich genauer darüber nachdenke, vielleicht irre ich mich«, fügte Rincewind hinzu, als sich

Coninas Hand aus seiner Mimik löste. »Wen kümmert's? Was spielt es für eine Rolle? Macht es irgendeinen Unterschied?«

Hasenfuß' Sohn und Cohens Tochter schenkten ihm keine Beachtung.

»Ich breche jetzt auf und suche nach dem Hut, einverstanden?« fragte er.

»Gute Idee«, murmelte Conina.

»Bestimmt bringt mich irgend jemand um, aber was soll's«, fuhr Rincewind fort.

»In Ordnung«, sagte Nijel.

»Ich schätze, niemand wird mich vermissen.«

»Schon gut«, meinte Conina.

»Sicher hackt man mich in kleine Stücke«, sagte Rincewind und ging zur Tür. Er bewegte sich mit der enormen Geschwindigkeit einer sterbenden Schlange.

Conina blinzelte.

»Was für ein Hut?« erkundigte sie sich verwirrt. Und dann: »Oh, der Hut!«

»Vermutlich darf ich nicht damit rechnen, daß ihr mir helft, oder?« fragte Rincewind vorsichtig.

In dem privaten Kosmos, den Conina und Nijel teilten, kam es zu einigen subtilen Veränderungen. Die Rotkehlchen und Drosseln kehrten in ihre Vogelhäuschen zurück; die rosafarbenen Wolken zogen fort; die Musikanten packten ihre Sachen zusammen und gingen, um sich in irgendeinem Nachtklub zu vergnügen. Zumindest ein Teil der Realität kehrte zurück.

Conina wandte ihren bewundernden Blick von Nijels entzückten Zügen ab, und als sie Rincewind ansah, wichen die Flammen der Leidenschaft aus ihren Augen.

Nach kurzem Zögern schob sie sich näher an den Zauberer heran und ergriff ihn am Arm.

»Sag ihm bloß nicht, wer ich *wirklich* bin«, hauchte sie in einem beschwörenden Tonfall. »Jungen neigen zu komischen Vorstellungen, wenn Mädchen... Wenn du ihm verrätst, wer mein Vater ist, breche ich dir alle Knochen im...«

»Dazu habe ich gar keine Zeit«, behauptete Rincewind. »Ich bin viel zu sehr damit beschäftigt, eure Hilfe bei der Suche nach dem Hut in Anspruch zu nehmen.« Er holte tief Luft. »Es ist mir ein Rätsel, warum du ihn so eindrucksvoll findest.«

»Ich finde ihn nett. Und ich begegne nur selten netten Leuten.«

»Ja, aber...«

»Er sieht in unsere Richtung!«

»Na und? Du hast doch keine Angst vor ihm, oder?«

»Vielleicht spricht er mich sogar an!«

Rincewind zwinkerte verwirrt. Nicht zum erstenmal in seinem Leben hatte er das Gefühl, daß ganze Bereiche der menschlichen Erfahrung an ihm vorbeimarschiert waren, ohne ihn auch nur eines Blickes zu würdigen. Vorausgesetzt natürlich, menschliche Erfahrungen besaßen Beine und konnten marschieren — solche Vorstellungen verdienten zumindest ein gewisses Maß an Skepsis. Außerdem darf man Erlebnisse nicht mit Inspirationspartikeln vergleichen: Sie müssen *erlebt* werden, was individuelle Aktivität erfordert.

Rincewind stellte überrascht fest, daß ihm einige sehr kluge Gedanken durch den Kopf gingen, und er verdrängte sie rasch.

»Warum hast du dich kampflos in den Harem führen lassen?« fragte er.

»Ich wollte schon immer wissen, was in einem Harem geschieht.«

Kurze Stille folgte. »Und?« erkundigte sich Rincewind zaghaft.

»Nun, wir saßen alle zusammen, und nach einer Weile kam der Serif herein und sagte, als Neuzugang sei ich an der Reihe. Und dann... Du ahnst nicht, worum er

mich bat. Die anderen Frauen meinten, er interessiere sich nur für eine ganz bestimmte Sache.«
»Argh«, machte Rincewind und erstickte fast an seiner Zunge.
»Ist alles in Ordnung mit dir?«
»Oh, es geht mir bestens«, brachte Rincewind hervor. »Glaube ich jedenfalls.«
»Deine Wangen glühen plötzlich.«
»Es sind recht eigenwillige Wangen.«
»Nun, der Serif bat mich darum, ihm eine Geschichte zu erzählen.«
»Worüber?« fragte Rincewind mißtrauisch.
»Die übrigen Haremsdamen teilten mir mit, er möge Märchen über Kaninchen.«
»Oh. Kaninchen.«
»Seine Vorliebe gilt weißen und kuscheligen. Was mir einige Probleme bereitete. Ich kenne nur die Geschichten, die mir mein Vater erzählte, als ich noch klein war, und sie erschienen mir nicht sehr geeignet.«
»Keine Kaninchen?«
»Nein. Dafür aber jede Menge abgehackte Arme und Beine«, sagte Conina und seufzte. »Deshalb darfst du *ihm* nichts von mir verraten, verstehst du? Aus meinen Haremserfahrungen geht eindeutig hervor, daß ich für ein normales Leben völlig ungeeignet bin.«
»Hältst du es vielleicht für normal, in einem Harem Geschichten zu erzählen?« platzte es aus Rincewind heraus. Er schüttelte den Kopf. »Ich fürchte, einige Dinge bleiben mir für immer ein Rätsel.«
»Er sieht uns schon wieder an!« Coninas Hand schloß sich fester um Rincewinds Arm.
Der Zauberer befreite sich behutsam. »Bei allen Göttern!« brachte er fassungslos hervor und trat auf Nijel zu, der nach seinem anderen Arm griff.
»Du hast ihr doch nichts gesagt, oder?« flüsterte er.
»Wenn sie erfährt, daß ich erst lerne, ein barbarischer

Held zu sein ... Mich würde vor Scham der Schlag treffen!«

Einmal mehr regte sich bemerkenswertes Mitgefühl in Rincewind. Er wollte vermeiden, daß jemand namens Scham den Jungen verprügelte.

»Nein, nein. Du kannst ganz beruhigt sein. Sie möchte nur, daß du uns hilfst. Bei der Suche nach dem Hut.« Als er argwöhnte, daß solche Dinge selbst auf angehende Helden nicht sehr reizvoll wirkten, fügte er hinzu: »Bei einem Abenteuer.«

In Nijels Augen funkelte es.

»Es muß ein Hut gerettet werden?«

»In gewisser Weise.«

»Geht es dabei um irgendwelche Bökke?«

»Wie bitte?«

»Es steht im Buch. Cohen schreibt an einer Stelle, man müsse ein Bokk sein, um bei Frauen Erfolg zu haben.«

Rincewind runzelte die Stirn. Er glaubte, diesen Begriff schon einmal gehört zu haben. »Meinst du ein Tier?«

»Es scheint mir eher eine Art Leistungsverpflichtung zu sein«, erwiderte Nijel unsicher.

»Für mich klingt es nach einem Tier«, murmelte Rincewind. »Wenn ich mich recht entsinne, habe ich in einem Bestiarium darüber gelesen. Ein recht störrisches und aggressives Geschöpf. Neigt dazu, mit dem Kopf durch die Wand zu gehen. Oder so.« Seine Ohren hörten voller Erstaunen, was der Mund sagte, während Rincewind die Worte Frauen/Bokk/Leistungsverpflichtung in einen direkten Zusammenhang brachte und sich an Cohens Einstellung dem weiblichen Geschlecht gegenüber erinnerte. Er errötete plötzlich.

Fünf Sekunden später eilten ein inkompetenter Zauberer, ein unerfahrener Barbarenheld und eine verhinderte Friseuse aus dem Zimmer. Zurück blieben vier bewußtlose Wächter und mehrere Haremsdamen, die damit begannen, sich Geschichten zu erzählen.

※

Randwärts von Al Khali erstreckt sich eine weite Wüste, durch die der Tsort strömte. Es handelt sich um einen in vielen Legenden und Lügen gerühmten Fluß, der sich wie eine breite, nasse und von Sandbänken gesäumte Schneise durch die braune Landschaft windet. Am Ufer liegen seltsame Baumstämme, und jeder von ihnen hat lange, spitze Zähne. Als stromaufwärts ein appetitanregendes Plätschern erklingt, öffnen die Stämme neugierige Augen, und plötzlich wachsen ihnen Beine. Mehrere schuppige Körper gleiten ins trübe Wasser und versinken darin. Die lehmfarbene Oberfläche glättet sich wieder, und nur einige kleine, v-förmige Wellen weisen darauf hin, was sich unter ihr verbirgt.

Truhe glitt langsam flußabwärts und genoß relative Kühle. Nach einer Weile drehte sie sich in der schwachen Strömung und richtete ihren Scharnierblick auf mehrere winzige Strudel, die mit determinierter Zielstrebigkeit näher kamen.

Sie trafen sich dicht vor dem hölzernen Schwimmer.

Truhe erbebte, öffnete die Klappe, knarrte grimmig und tauchte.

Über ihr schlossen sich die schokoladenbraunen Fluten und warteten gespannt.

※

Ein Turm kreativer Magie wuchs aus der Stadtmitte von Al Khali, ragte wie ein gewaltiger, prächtiger Pilz auf, der zu jener Gattung gehörte, die man in Fachbüchern mit hübschen Totenkopf- und Knochensymbolen kennzeichnet.

Die Soldaten des Serifs setzten sich tapfer zur Wehr, zumindest eine Zeitlang, aber Frösche und Molche können verständlicherweise nur schlecht mit Schwertern und Säbeln umgehen. Die entsprechend verwandelten Wächter waren noch recht gut dran, denn wenigstens befanden sich ihre wichtigsten Organe im Innern des Körpers.

Kreative Magie regierte die Stadt; es herrschte thaumaturgisches Kriegsrecht.

Bei einigen Gebäuden in unmittelbarer Nähe des Turms glänzte bereits der weiße Marmor, den die Zauberer bevorzugten.

Rincewind, Conina und Nijel sahen durch ein Loch in der Palastmauer.

»Sehr beeindruckend«, kommentierte Cohens Tochter. »Deine Zauberer haben mehr Macht, als ich bisher dachte.«

»Es sind nicht *meine* Zauberer«, erwiderte Rincewind. »Es ist mir ein Rätsel, wer oder *was* sie sind. Die Zauberer, die ich kannte, waren nicht einmal imstande, zwei Steine aufeinanderzusetzen.«

»Die Vorstellung, daß Zauberer über alle anderen Leute herrschen, gefällt mir nicht sonderlich«, sagte Nijel. »Als Held muß ich natürlich ohnehin philosophische Einwände gegen die Zauberei erheben. Eines Tages...« Sein Blick trübte sich ein wenig, so als versuche er, sich an etwas zu erinnern. »Eines Tages wird die Zauberei endgültig aus der Welt verschwinden, und dann können die Söhne der... der...« Er räusperte sich und fügte unsicher hinzu: »Nun, wir sollten alle etwas praktischer sein.«

»Das hast du in einem Buch gelesen, nicht wahr?« fragte Rincewind verdrießlich. »Wurden darin auch Bökke erwähnt?«

»Er hat recht«, warf Conina ein. »Ich habe nichts gegen Zauberer, aber eigentlich nützen sie kaum etwas.

Ich hielt sie immer für einen Teil der allgemeinen, äh, Dekoration. Bis jetzt.«

Rincewind nahm seinen Hut ab. Er war zerbeult, fleckig und verstaubt; hier und dort zeigten sich ausgefranste Stellen, und vom Stern an der krummen Spitze lösten sich weitere kleine Pailletten. Doch unter all dem Schmutz konnte man noch immer das Wort ›Zaubberer‹ lesen.

»Seht ihr das?« fragte Rincewind. Rote Flecken bildeten sich auf seinen Wangen. »Erkennt ihr die Buchstaben? Was teilen sie euch mit?«

»Daß deine Orthographiekenntnisse beschränkt sind?« vermutete Nijel.

»Wie? Nein! Hier steht, daß ich Zauberer bin, jawohl! Seit zwanzig Jahren beschäftige ich mich voller Stolz mit der magischen Kunst und hatte dabei Gelegenheit, viele Erfahrungen zu sammeln! Ich habe Dutzende von Prüfungen best... Ich meine, ich habe an Dutzenden von Prüfungen teilgenommen und viele Zauberformeln gelesen. Wenn man sie aufeinanderstapelte, ergäben sie, äh, viele Zauberformeln!«

»Ja, aber...«, begann Conina.

»Aber *was*?«

»Du kannst nicht sehr gut damit umgehen, oder?«

Rincewind bedachte die junge Frau mit einem finsteren Blick und suchte nach den richtigen Worten für eine angemessene Erwiderung. Er suchte so verzweifelt danach, daß sich ein kleiner Empfangsbereich in seinem Gehirn öffnete — genau zum richtigen Zeitpunkt. Ein bereits erwähntes Inspirationspartikel, das eine viele hundert Lichtjahre weite Reise hinter sich und den aus Myriaden Zufallsereignissen bestehenden kosmischen Filter durchdrungen hatte, raste heran und bewirkte intellektuelle Stimulation.

»Talent und Begabung bestimmen nur die Leistungsfähigkeit, nicht aber die Identität«, behauptete Rincewind kühn. »Ich meine, sie bleiben ohne Einfluß auf das, was man tief in seinem Innern zu sein glaubt. Wenn man fest genug vom eigenen Ich überzeugt ist, gibt es keine Beschränkungen mehr.«

Er dachte kurz nach und fügte hinzu. »Deshalb sind kreative Magier so mächtig. Es kommt darauf an zu wissen, was man ist.«

Bedeutungsvolle philosophische Stille schloß sich an.

»Rincewind?« fragte Conina leise.

»Hmm?« entgegnete Rincewind und überlegte, wie ihm derartige Worte in den Sinn gekommen waren.

»Ist dir eigentlich klar, daß du ein Vollidiot bist?«

»*Keiner rührt sich von der Stelle.*«

Der Großwesir Abrim trat durch einen nahen Torbogen. Er trug den Hut des Erzkanzlers.

※

Die Wüste briet unter der lodernden Sonne. Es bewegte sich nur flimmernde Luft, so heiß wie ein gestohlener Vulkan, so trocken wie ein Totenschädel.

Ein Basilisk hockte im siedenden Schatten eines Felsens und geiferte gelben, ätzenden Schleim. Seit einigen Minuten hörte er ein leises, von mehreren Dutzend Beinen stammendes Pochen. Es schien darauf hinzudeuten, daß sich das Abendessen näherte.

Der Basilisk öffnete seine legendären Augen, entrollte einen sechs Meter langen, hungrigen Leib und glitt wie flüssiger Tod aus dem Sand.

Truhe verharrte und hob drohend die Klappe. Das Ungeheuer — an dieser Stelle ist der Basilisk gemeint — zischte ein wenig unsicher, denn es hatte noch nie eine wandelnde Kiste gesehen, in deren Holz Krokodilzähne steckten. Darüber hinaus bemerkte es einige ledrige Fetzen, die erbitterte Auseinandersetzungen in einer Handtaschenfabrik vermuten ließen. Nun, der Basilisk konnte natürlich nicht sprechen, aber selbst wenn er dazu in der Lage gewesen wäre: Ihm fehlten geeignete Ausdrücke, um den durchdringenden Scharnierblick zu beschreiben.

In Ordnung, dachte er entschlossen. Wenn du mich unbedingt zu einem Wettkampf im Starren herausfordern willst, hast du es nicht besser verdient.

Er drehte sich langsam um und sah Truhe an. Seine Augen wurden zu metaphorischen Diamantbohrern, die für gewöhnlich selbst den härtesten Willen brachen, ins Gehirn vorstießen und die zarten Netzgardinen vor dem Fenster der Seele zerrissen ...

Der Basilisk begriff, daß irgend etwas nicht mit rechten Dingen zuging. Hinter seinen untertassengroßen Pupillen entstand ein ebenso seltsames wie unangenehmes Gefühl. Es begann wie ein Prickeln an jenen wenigen Quadratzentimetern des Rückens, die selbst mit noch so akrobatischen Verrenkungen unerreichbar bleiben. Das Brennen nahm immer mehr zu, bis es so heiß glühte wie eine zweite, innere Sonne.

Der Basilisk spürte die schreckliche, unwiderstehliche Versuchung zu zwinkern.

Er traf eine sehr unkluge Entscheidung

Er zwinkerte.

»Er spricht durch den Hut«, sagte Rincewind.

»Was?« fragte Nijel. Er kam allmählich zu dem Schluß, daß die Welt eines barbarischen Helden nicht so einfach und übersichtlich war, wie er zunächst angenommen hatte. Ein Teil seines Selbst sehnte sich plötzlich danach, im Lebensmittelladen seines Vaters Pastinaken zu sortieren.

»Er meint, der Hut spricht durch ihn«, sagte Conina und folgte dem üblichen Verhaltensmuster von Menschen, die sich mit gestaltgewordenem Entsetzen konfrontiert sehen: Sie wich einen Schritt zurück.

»Wie?«

»*Ich will euch nichts zuleide tun*«, sagte Abrim, streckte die Hände aus und trat vor. »*Immerhin habt ihr mir gewisse Dienste erwiesen. Wie dem auch sei: Eure Vermutungen treffen zu. Der Großwesir glaubte, er könne Macht erringen, indem er mich aufsetzte. Natürlich ist genau das Gegenteil der Fall. Was für ein verschlagenes, heimtückisches und intelligentes Bewußtsein!*«

»Aha«, machte Rincewind. »Deshalb hast du seinen Kopf ausprobiert.« Er schauderte, als er sich daran erinnerte, daß er den Hut ebenfalls getragen hatte. Offenbar fehlte es ihm an Verschlagenheit und Heimtücke, und dafür dankte er dem Schicksal. Abrim zeichnete sich durch genau die richtige Art Verstand aus, und nun waren seine Augen trüb und farblos. Die Haut wirkte blaß, und der Körper bewegte sich so, als hinge er vom Kopf herab.

Nijel holte sein Buch hervor und blätterte nervös.

»Bei allen Göttern, was machst du da?« fragte Conina und wandte den Blick nicht von der gespenstischen Gestalt ab.

»Ich sehe im Verzeichnis Monströser Monster nach«, erklärte Nijel. »Hältst du ihn für einen Untoten? Untote sind nur schwer zu töten. Man braucht Knoblauch und ...«

»Ich bin sicher, dieses Etwas fehlt im Verzeichnis grausiger Grausigkeiten«, sagte Rincewind langsam. »Es ist ein ... ein Vampirhut.«

»Natürlich könnte es auch ein Zombie sein«, murmelte Nijel. Sein Zeigefinger strich über eine zerknitterte Seite. »Hier heißt es, man müsse sich schwarzen Pfeffer und Meeressalz besorgen, aber ...«

»Man soll Ungeheuer nicht verspeisen, sondern gegen sie kämpfen«, zischte Conina.

»*Diesen Verstand kann ich verwenden*«, verkündete der Hut. »*Jetzt bin ich endlich imstande, mich zur Wehr zu setzen. Ich werde die Heere der Zauberei aufs Schlachtfeld führen. In dieser Welt gibt es nur Platz für eine Art von Magie — für meine. Kreativer Magus, jetzt geht es dir an den thaumaturgischen Kragen!*«

»O nein«, hauchte Rincewind.

»*In den vergangenen zwanzig Jahrhunderten hat die Zauberei viel gelernt. Die magischen Emporkömmlinge sind nicht unbesiegbar. Ihr drei... Folgt mir.*«

Es handelte sich nicht um eine Bitte. Es war nicht einmal ein Befehl. Statt dessen kamen die letzten Worte einer Prophezeiung gleich. Sie krochen tief ins Gehirn, ohne einen Umweg über das Bewußtsein zu machen. Rincewinds Beine setzten sich von ganz allein in Bewegung.

Conina und Nijel gingen ebenfalls los, und ihr ruckartiges Wanken und Taumeln gemahnte an Marionetten, die jemand an unsichtbaren Fäden führte.

»Warum ›O nein‹?« fragte die junge Frau. »Ich meine, ein ›O nein‹, das allgemeinen Dingen gilt, verstehe ich durchaus, aber weshalb in diesem besonderen Fall?«

»Wir müssen sofort fliehen, wenn wir eine Chance bekommen«, sagte Rincewind.

»Hast du irgendeine bestimmte Richtung im Sinn?«

»Das spielt sicher keine Rolle. Ich fürchte, uns steht in jedem Fall ein schreckliches Ende bevor.«

»Wieso?«

»Nun...« Rincewind stöhnte leise. »Hast du noch nie von den Magischen Kriegen gehört?«

※

Es gab viele Dinge auf der Scheibenwelt, die ihre Existenz den Magischen Kriegen verdankten. Zum Beispiel intelligentes Birnbaumholz.

Wahrscheinlich unterschied sich der ursprüngliche Baum nicht von seinen Artgenossen. Er trank Grundwasser, aß Sonnenschein und erfreute sich an jenem Mangel von Bewußtsein, der ungetrübten Seelenfrieden gewährleistet. Doch dann brachen die magischen Kriege aus, und dadurch gerieten seine Gene durcheinander. Neurologen hätten die Folgen sicher mit ›akutem Scharfsinn‹ diagnostiziert.

Hinzu kam eine Neigung zu ausgeprägt schlechter Laune. Intelligentes Birnbaumholz hegt einen ständigen Groll gegen den Rest des Universums. Kann man es ihm verdenken?

Als die magische Hintergrundstrahlung der Scheibenwelt noch jung, kraftvoll und ausgesprochen vital war, als sie jede Gelegenheit nutzte, sich in der von Menschen wahrnehmbaren Realität zu manifestieren, verfügten Zauberer über eine Macht, die fast an kreative Magie herankam. Überall reckten sich thaumaturgische Türme dem Himmel entgegen. Nun, es wurde bereits auf die nicht sehr ausgeprägte Kooperationsbereitschaft von Zauberern hingewiesen. Sie können keine Kollegen ausstehen, und unter Diplomatie verstehen sie folgendes: Zeig den verdammten Mistkerlen, daß sie sich nur dazu eignen, mir die Schuhe zu putzen.

Aus einer solchen Einstellung mußten sich drei unausweichliche Konsequenzen ergeben.

Totaler. Magischer. Krieg.

Natürlich gab es weder Bündnisse noch irgendwelche Absprachen. Gnade kam ebensowenig in Frage wie ein Waffenstillstand. Das Firmament brannte, und die Meere kochten. Das Kreischen und Fauchen von Feuerkugeln verwandelte die Nacht in hellen Tag, und das war soweit in Ordnung, denn dichter Rauch machte den Tag zur Nacht. Der Boden erbebte so heftig wie ein Bett während der Hochzeitsnacht; das Gefüge des Raums wurde zu multidimensionalen Knoten zusammengepreßt und am Ufer des Zeitstroms zum Trocknen ausgelegt. Um nur ein Beispiel zu nennen: Pelepels Zeitweiser Kompressor gehörte zu den damals beliebten Zauberformeln, und er hatte die Entstehung von riesigen Reptilien zur Folge. Innerhalb von fünf Minuten entwickelten sie sich, erreichten ihren evolutionären Höhepunkt, starben aus und hinterließen nur ihre Gerippe, die spätere Abstammungsforscher zum Narren hielten. Bäume schwammen. Fische wanderten umher. Berge entschlossen sich zu einem Spaziergang, um irgendwo ein Päckchen Zigaretten zu kaufen. Die Wandlungsfähigkeit der Existenz gewann eine solche Ausprägung, daß vorsichtige Leute am Morgen zunächst einmal ihre Arme und Beine zählten.

Genau darin bestand das Problem. Alle Zauberer benutzten das gleiche magische Reservoir, und in bezug auf individuelle Macht gab es kaum Unterschiede. Außerdem wohnten sie in hohen, von geballter Thaumaturgie geschützten Türmen. Das Ergebnis bestand darin, daß die meisten magischen Waffen einfach abprallten und ihre Wirkung bei den Normalsterblichen entfalten, die ihre Äcker bestellten (solange es Äcker blieben) und ein ebenso gewöhnliches wie kurzes Leben führten.

Der Kampf ging weiter, erschütterte die Struktur des Universums und schuf Risse in den Mauern der Realität. Das ganze wacklige Gebäude der Raum-Zeit lief Gefahr, in die Finsternis der Kerkerdimensionen zu stürzen...

Eine Legende berichtet, die Götter griffen ein, aber normalerweise befassen sich die Götter nur dann mit menschlichen Angelegenheiten, wenn sie sich Spaß erhoffen. Eine zweite Sage — die Zauberer erzählten sie selbst und schrieben sie in vielen Büchern nieder — schildert die damaligen Ereignisse folgendermaßen: Irgendwann setzten sich die überlebenden Magier zusammen und legten ihre Meinungsverschiedenheiten zum Wohl der Menschheit bei. Diese Version gilt als Wahrheit, obgleich sie ebenso viele Tatsachen enthält wie eine Sonntagszeitung während der Urlaubszeit.

Nun, die Wahrheit ist ein eigenartiges und recht seltenes Phänomen. In der Badewanne der Geschichte ähnelt sie einem Stück Seife, daß man nur mit Mühe festhalten kann — vorausgesetzt, man findet es überhaupt.

※

»Und was geschah dann?« fragte Conina.

»Darauf kommt es überhaupt nicht an«, erwiderte Rincewind kummervoll. »Wichtig ist nur eins: Es geht wieder los. Ich spüre es. Ich habe einen Überlebensinstinkt, auf den ich mich verlassen kann. Zuviel Magie strömt in unseren Kosmos. Es dauert bestimmt nicht mehr lange, bis ein schrecklicher Krieg ausbricht, und diesmal ist die Scheibenwelt zu alt, um die Auswirkungen einfach so hinzunehmen. Die Wände der Realität sind nicht dick genug. Unheil, Finsternis und Zerstörung erwarten uns. Die Apokralypse steht unmittelbar bevor.«

»Der Tod schärft seine Sense«, warf Nijel hilfsbereit ein.

»Was?« fragte Rincewind scharf. Es ärgerte ihn, unterbrochen worden zu sein.

»Ich sagte, der Tod schärft seine Sense«, wiederholte Nijel.

»Solange er sie nur schärft, ist alles in Ordnung«, erwiderte Rincewind. »Ich fürchte jedoch, daß er sie schon sehr bald schwingen wird.«

»Es war nur eine Metapher«, meinte Conina.

»Mag sein. Für euch. Aber ich habe ihn kennengelernt.«

»Wen?«

»Tod.«
»Wie sieht er aus?« fragte Conina neugierig.
»Nun, ich möchte es so formulieren...«
»Ja?«
»Er kann auf die Dienste einer Friseuse verzichten.«

※

Die Sonne klebte als Lötlampe am Himmel, und der einzige Unterschied zwischen dem Sand und rotglühender Asche bestand in der Farbe.

Truhe wankte im Zickzack über die heißen Dünen. An der Klappe glänzten gelbe Schleimreste, die rasch trockneten.

Sie blieb nicht unbeobachtet, weckte das Interesse eines Wesens, das auf einem nahen Felsen hockte. Form und Temperatur des granitenen Sockels entsprachen einem Schamottestein, und das Geschöpf darauf kann aus gutem Grund als Chimära bezeichnet werden.* Die Chimären waren eine sehr seltene Spezies, und dieses besondere Exemplar traf eine Entscheidung, die sich nicht unbedingt eignete, um den Fortbestand seiner Art zu sichern.

Sie schätzte die Geschwindigkeit der Kiste ein, stieß sich mit langen Klauen ab, breitete ledrige Schwingen aus und stürzte dem Opfer entgegen.

Die Angriffstechnik der Chimära war ganz einfach: Für gewöhnlich flog sie dicht übers Ziel hinweg und briet es mit ihrem feurigen Odem. Anschließend kehrte

---

* Um einen Eindruck vom Aussehen der Chimära zu gewinnen, schlagen wir in Besenbeils berühmtem Bestiarium *Animalie Unnaturalis* nach: »Sie habet drei Beine einer Nichse, das Haar einer Schildkröte, die Zähne eines Truthahns und die Flügel einer Schlange. Der geneigte Leser mag den Worten meinigen vertrauen, wenn ich hinzufüge, daß sie den Atem eines Schmelzofens und das Temperament eines Gummiballons im Sturm hat.«

sie zurück und begann mit der Mahlzeit. Das mit dem Feuer klappte einwandfrei, aber als die Chimära einen leckeren Braten erwartete, begegnete sie statt dessen einer angesengten und sehr, *sehr* wütenden Kiste.

In Truhe brannte einzig und allein heißer Zorn. Mehrere Stunden lang hatte sie an Kopfschmerzen gelitten und dabei den Eindruck gewonnen, daß sich die ganze Welt gegen sie verschwor. So konnte und durfte es nicht weitergehen.

Die ziemlich überraschte Chimära verwandelte sich unter ihren wütenden Tritten in einen schmierigen Fleck, und anschließend verharrte Truhe einige Sekunden lang. Sie dachte über ihre Zukunft nach und kam zu dem Schluß, daß es sehr schwierig war, jemandem zu gehören. Vage erinnerte sie sich an sommerliche Ausflüge und einen gemütlichen Kleiderschrank im Winter.

Ganz langsam drehte sie sich um, zögerte mehrmals und hob die Klappe. Vielleicht schnüffelte sie. Vielleicht nahm sie Witterung auf.

Schließlich setzte sie sich wieder in Bewegung.

⌘

Der Hut und sein Träger schritten zielstrebig über die geborstenen Reste des einst so prächtigen Palastes und näherten sich dem Turm kreativer Magie. Rincewind, Conina und Nijel folgten gegen ihren Willen.

Das Erdgeschoß des Turms wies einige Türen auf, aber im Gegensatz zu den Toren der Unsichtbaren Universität, die meistens weit offenstanden, waren sie fest verschlossen.

»*Euch steht nun ein einzigartiges Erlebnis bevor*«, sagte der Hut durch Abrims schlaffen Mund. »*Die Zauberei flieht nicht länger...*« — bei diesen Worten richtete sich ein finsterer Blick auf Rincewind —, »*... sondern nimmt* den Kampf auf. Ihr werdet euch bis ans Ende eures Lebens daran erinnern.«

»Was, bis heute mittag?« erwiderte Rincewind gequält.

»*Gebt gut acht*«, sagte Abrim und streckte die Hände aus.

Rincewind schob sich an Nijel heran. »Bei der ersten Gelegenheit laufen wir los, einverstanden?«

»Wohin?«

»Das ›Wohin‹ spielt keine Rolle«, antwortete Rincewind leise. »Das ›Weg von hier‹ ist weitaus wichtiger.«

»Ich vertraue dem Wesir nicht«, sagte Nijel. »Ich bemühe mich ständig, nicht vorschnell zu urteilen, aber ich bezweifle, daß Abrim etwas Gutes im Schilde führt.«

»Er ließ dich in die Schlangengrube werfen!«

»Das hätte mir zu denken geben sollen.«

Abrim begann zu murmeln. Zu Rincewinds wenigen Talenten gehörten gewisse Sprachkenntnisse, aber selbst er verstand die Worte nicht. Aber eins stand fest: Fürs Murmeln eigneten sie sich besonders gut. Die einzelnen Silben sausten wie thaumaturgische Dolche in Brusthöhe durch die Luft, erzitterten kraftvoll und formten einen Keil, der sich auf eine Tür richtete.

Der weiße Marmor platzte auseinander, und schwarzer Ruß blieb an den Rändern zurück.

Ein Zauberer trat durch die dichte Wolke aus Staub und Rauch, richtete einen wütenden Blick auf Abrim.

Rincewind kannte die aufwendige Kleidung von Zauberern, aber jetzt riß auch er beeindruckt die Augen auf. Zwischen dicken Polstern erstreckten sich tiefe Textiltäler, und der Mantel war so sehr kreneliert, daß er aus dem Entwicklungsbüro eines Architekten zu stammen schien. Der Hut erweckte den Eindruck, als sei er eine Kreuzung zwischen Hochzeitskuchen und Weihnachtsbaum.

Das zwischen dem barocken Kragen und der breiten, herabhängenden Hutkrempe sichtbare Gesicht enttäuschte eher. Irgendwann einmal schien es davon überzeugt gewesen zu sein, mit einem langen, struppigen Schnurrbart eine ästhetische Verbesserung herbeizuführen. Es hatte sich geirrt.

»Wie kannst du es wagen, unsere Tür zu zerstören?« fragte das Gesicht. »Das wirst du bereuen!«

Abrim verschränkte die Arme.

Was den Zauberer noch mehr in Rage zu bringen schien. Einige Sekunden lang suchte er in den weiten, spitzenbesetzten Ärmeln nach seinen Händen, fand sie schließlich und beschwor eine magische Flamme.

Die Glut traf den Großwesir an der Brust und prallte funkenstiebend ab. Das grelle Flackern blendete Rincewind, und als er wieder sehen konnte, stellte er verblüfft fest, daß Abrim nicht die geringsten Verletzungen erlitten hatte.

Der Zauberer klopfte hastig das Feuer aus, das sich durch seinen Mantel fraß und große Brandflecken zurückließ. Es gleißte in seinen Augen, als er den Blick wieder auf Abrim richtete.

»Offenbar weißt du nicht, auf was du dich einläßt!« stieß er hervor. »Du hast es mit kreativer Magie zu tun. Es gibt keine größere Macht.«

»*Ich kann kreative Magie* benutzen«, erwiderte der Großwesir.

Der Zauberer schnaufte verärgert und schleuderte eine brennende Lanze, die wenige Zentimeter vor Abrims humorlosem Lächeln verschwand.

Bestürzte Verwirrung zeigte sich in den Zügen des Angreifers. Er unternahm einen dritten Versuch, hielt plötzlich eine magische Klinge in der Hand und machte Anstalten, sie in Abrims Herz zu stoßen. Eine knappe Geste des Wesirs genügte, um den thaumaturgischen Stahl aufzulösen.

»*Ich stelle dich vor eine einfache Wahl*«, sagte er. »*Du kannst dich mir anschließen — oder sterben.*«

Rincewind hörte plötzlich ein seltsam regelmäßiges, metallisches Kratzen.

Er drehte den Kopf, und ein ebenso vertrautes wie unangenehmes Gefühl entstand in ihm, als sich die Zeit um ihn herum verlangsamte.

Tod ließ den Wetzstein sinken, sah von seiner Sense auf und nickte — ein stummer Gruß, wie zwischen zwei Profis.

Dann hob er einen knöchernen Zeigefinger an die Lippen. Beziehungsweise dorthin, wo sich normalerweise die Lippen befanden.

Alle Zauberer können Tod sehen, aber die meisten legen keinen Wert darauf.

In Rincewinds Ohren knackte es, und die gespenstische Gestalt verschwand.

Eine Korona aus purer Magie umgab Abrim und seinen Widersacher, aber ganz offensichtlich hatte sie nicht die geringsten Auswirkungen auf den Wesir. Rincewind kehrte gerade rechtzeitig ins Reich der Lebenden zurück, um zu beobachten, wie Abrim den Zauberer am geschmacklosen Kragen packte.

»*Du kannst mich nicht besiegen*«, erklang die Stimme des Hutes. »*Zweitausend Jahre lang habe ich okkulte Energie gesammelt und in mich aufgenommen. Ich bin imstande, deine Macht gegen dich zu verwenden. Unterwirf dich mir — oder dir bleibt nicht einmal Zeit genug, deine sture Hartnäckigkeit zu bedauern.*«

Der Zauberer wand sich hin und her, gab Stolz den Vorrang.

»Niemals!« keuchte er.

»*Dann stirb*«, sagte Abrim.

Rincewind hatte in seinem Leben viele Dinge gesehen (die meisten empfand er als unangenehm), doch wahrhaft destruktive Magie nahm in der mentalen Schatzkammer seiner Erfahrungen einen kleinen Platz im hintersten Winkel ein.

Normalerweise brachten Zauberer keine gewöhnlichen Menschen um, weil sie ihnen a) kaum Beachtung schenkten und weil sich b) niemand Unsportlichkeit vorwerfen lassen wollte. Hinzu kam c) das Problem, wer die Ernte einholen, in der Küche arbeiten und Mahlzeiten auf den Tisch bringen sollte. Was Mordanschläge auf Kollegen betraf: Nun, mit Magie ließ sich so etwas kaum bewerkstelligen, denn jeder vorsichtige Zauberer achtete darauf, solchen unliebsamen Zwischenfällen mit Schutzformeln vorzubeugen.* An ihrem ersten Tag in der Unsichtbaren Universität weist man die thaumaturgischen Studenten nicht nur darauf hin, wo sich die Toilette befindet; sie erfahren auch, wie wichtig es ist, ständig wachsam zu sein.

Einige Leute halten so etwas für Paranoia, aber das stimmt nicht. Paranoiker glauben nur, daß man ihnen nach dem Leben trachtet. Zauberer *wissen* es.

Der kleine Magier trug eine substanzlose Rüstung, die aus dem psychischen Äquivalent von fünfzig Zentimeter dickem Stahl bestand. Sie nützte ihm nichts. Das mentale Eisen schmolz wie Butter im gebündelten Strahl eines Schweißbrenners.

Wenn es Worte gibt, mit denen man das Schicksal des Zauberers beschreiben kann, so sind sie sicher in einem besonders aggressiven Buch der magischen Universitätsbibliothek gefangen. Vielleicht sollte man diesen Vorgang lieber der individuellen Phantasie überlassen, doch der Leser sei gewarnt: Wer sich das zuckende Etwas ausmalen kann, das Rincewind einige Sekunden lang sah, bevor es sich gnädigerweise auflöste, kommt

---

* Allerdings wurden Zauberer häufig mit ganz gewöhnlichen, nichtmagischen Methoden umgebracht, und dagegen gab es nichts einzuwenden. Ermordung galt bei ihnen als natürliche Todesursache.

als Kandidat für jene weißen, bequemen Jacken in Frage, deren Ärmel auf dem Rücken zugebunden werden.

»*So ergeht es allen Feinden*«, verkündete Abrim.

Er legte den Kopf in den Nacken und sah am Turm hoch.

»*Ich fordere euch heraus*«, sagte er. »*Wer sich mir nicht zum Kampf stellt, muß sich unterwerfen. So verlangen es die magischen Gebote.*«

Eine lange, dichte Stille folgte, hervorgerufen von Zauberern, die angestrengt lauschten. Schließlich erklang eine unsichere Stimme von der Spitze des Turms. »Die magischen Gebote haben keine Gültigkeit mehr. Es gibt nur noch kreative Ma ...«

Der Satz endete in einem Schrei, als Abrim die linke Hand hob. Ein grüner Blitz löste sich von den Fingern und verbrannte die Seele des Mannes, der eine so vorlaute Antwort gegeben hatte.

Im gleichen Augenblick spürte Rincewind, daß er sich wieder aus freiem Willen bewegen konnte — der Hut verlor vorübergehend das Interesse an ihm. Er warf Conina einen kurzen Blick zu, und sie trafen eine stumme Übereinkunft, packten Nijel an den Armen, stürmten los und zerrten den verblüfften jungen Mann mit sich. Sie blieben erst stehen, als sich einige dicke Mauern zwischen ihnen und dem Turm befanden. Rincewind schnaufte und keuchte, rechnete ständig damit, daß ihn irgend etwas am Rücken traf. Vielleicht die ganze Welt.

Einige Minuten später ließen sie sich zu Boden sinken und schnappten nach Luft.

»Das wäre nicht nötig gewesen«, klagte Nijel. »Ich hatte mich gerade dazu durchgerungen, Abrim eine Lektion erteilen. Wie soll ich lernen, ein bar ...«

Hinter ihnen krachte eine Explosion. Buntes Feuer fauchte über sie hinweg, und Regenbogenfunken tanzten über geborstenes Gestein. Kurz darauf erklang ein anderes Geräusch: Es hörte sich an, als ziehe jemand den Korken aus einer riesigen Flasche. Grollendes und keineswegs humorvolles Gelächter ertönte. Der Boden erzitterte.

»Was hat das zu bedeuten?« fragte Conina.

»Es beginnt ein magischer Krieg«, antwortete Rincewind.

»Ist das gut?«

»Nein.«

»Aber du wünschst dir doch bestimmt einen Triumph der Zauberei, nicht wahr?« erkundigte sich Nijel.

Rincewind zuckte mit den Schultern und duckte sich, als etwas Unsichtbares und Großes an ihnen vorbeiraste. Das *Ding* trompetete wie ein Elefant, der gerade einem ganzen Mäuseheer begegnet war.

»Ich habe noch nie Magier gesehen, die sich bekämpfen«, sagte Nijel. Er kletterte über den Schutt und versuchte, über eine Mauer zu spähen. Conina griff nach seinem Bein und zog ihn zurück.

»Du solltest deine Neugier besser bezähmen«, riet die junge Frau. »Rincewind?«

Der Zauberer nickte betrübt, nahm einen kleinen Stein und warf ihn über die Wand. Auf der anderen Seite verwandelte er sich sofort in einen blauen Teekessel, der mit einem blechernen Scheppern zu Boden fiel.

»Die einzelnen Zauberformeln reagieren aufeinander und verändern sich«, erklärte Rincewind. »Ihre Wirkung läßt sich nicht mehr kontrollieren.«

»Aber hinter dieser Mauer sind wir sicher?« sagte Conina.

Rincewinds Miene erhellte sich ein wenig. »Sind wir das?«

»Ich habe dich gefragt.«

»Oh. Nein. Ich glaube nicht. Es ist nur gewöhnlicher Stein. Die richtige Zauberformel und — paff!«

»Paff!«

»Ja.«
»Sollen wir erneut loslaufen?«
»Warum nicht?«
Sie eilten über die Reste des Palastes und duckten sich hinter eine andere Wand, als eine zischende Kugel aus gelbem Feuer genau dort landete, wo sie eben noch gelegen hatten. Der Boden verwandelte sich in etwas Gräßliches.
Überall in der Nähe des Turms flackerten Entladungen von magischer Energie.
»Wir brauchen einen Plan«, sagte Nijel.
»Wir könnten die Flucht fortsetzen«, meinte Rincewind.
»Damit löst man keine Probleme!«
»Ich habe mir auf diese Weise oft das Leben gerettet«, gab Rincewind zu bedenken.
»Welche Strecke müssen wir zurücklegen, um in Sicherheit zu sein?« erkundigte sich Conina.
Rincewind riskierte es, um die Ecke zu spähen.
»Interessante philosophische Frage«, sagte er. »Ich bin ziemlich viel unterwegs gewesen, aber in Sicherheit war ich nie.«
Conina seufzte, richtete den Blick auf einen nahen Schutthaufen und beobachtete ihn verwundert. Irgend etwas daran erschien ihr seltsam.
»Ich könnte die Zauberer angreifen, mich einfach auf sie stürzen«, sagte Nijel gedankenverloren und starrte sehnsüchtig auf Coninas Rücken.
»Das hätte keinen Sinn«, entgegnete Rincewind. »Gegen Magie hilft nur stärkere Magie. Und wer etwas gegen stärkere Magie ausrichten will, muß *noch* stärkere Magie einsetzen. Und dann ...«
»Paff?« vermutete Nijel.
»Ja.« Rincewind nickte. »Es ist schon einmal geschehen. Tausend Jahre lang herrschte völlig chaotisches Chaos, bis ...«

»Was ist so sonderbar an dem Steinhaufen dort?« fragte Conina.

Rincewind drehte den Kopf und kniff die Augen zusammen.

»Abgesehen von den Beinen nicht viel«, sagte er

Es dauerte einige Minuten, den Serif auszugraben. Er umklammerte noch immer eine fast leere Weinflasche, blinzelte und musterte die drei Gesichter benommen.

»Das Zeug hat's«, sagte er und fügte wenig später hinzu: »In sich. Guter Jahrgang.« Er hob die Brauen. »Es fühlte sich an, als sei mir der ganze Palast auf den Schädel gefallen.«

»Das stimmt auch«, bestätigte Rincewind.

»Ach. Daher die Kopfschmerzen.« Krösus sah Conina an und versuchte mühsam, sich zu erinnern. »Was für eine Überraschung«, sagte er zufrieden. »Die junge Dame. Wie nett, dich wiederzusehen.«

Nijel glaubte, zuviel Interesse im Gesicht des Serif zu erkennen. »Wir sollten jetzt besser...«

»Dein Haar«, begann Krösus und hielt den unsteten Blick weiterhin auf Conina gerichtet, »ist wie ... wie ein Ziegenschwarm, der an den Hängen des Gebrabergs grast.«

»He, he...«, warf Nijel ein.

»Deine Brüste sind wie ... wie ...« Krösus neigte sich von rechts nach links und sah verzagt auf die Flasche herab. »Wie die edelsteinbesetzten Melonen in den sagenhaften Gärten der Dämmerung.«

Conina wirkte erstaunt. »Tatsächlich?« erwiderte sie.

»Nein«, brummte der Serif. »Eigentlich nicht. Ich bezweifle es, um ganz ehrlich zu sein. Meistens erkenne ich edelsteinbesetzte Melonen auf den ersten Blick. Wie dem auch sei: Deine Oberschenkel sind wie weiße Hirschkühe auf Uferwiesen, und ...«

»Äh, entschuldigt bitte«, sagte Nijel und räusperte sich demonstrativ.

Krösus wandte sich ihm zu.

»Hmm?« machte er.

»In meiner Heimat begegnet man Frauen mit mehr Takt«, erklärte Nijel kühl.

Vielleicht mit zuviel, dachte Conina, als der junge Mann näher trat, um sie in Schutz nehmen.

Nijel schob das Kinn so weit wie möglich vor, aber es sah dennoch aus wie ein kleines Grübchen. »Ich weiß, was sich gehört, und...«

»Darüber kann man geteilter Ansicht sein«, sagte Rincewind und atmete tief durch. »Äh, werter Herr, wir müssen von hier verschwinden. Kannst du uns vielleicht den Weg zeigen?«

»Hier gibt's — oder gab's — Tausende von Zimmern«, antwortete der Serif. »Bin schon seit Jahren nicht mehr draußen gewesen.« Seine massige Brust hob und senkte sich, als er einen Schluckauf bekam. »Seit Jahrzehnten. Seit Äpocken. Nun, ich bekam nur selten Gelegenheit, mich draußen umzusehen. Eigentlich nie.« Seine Augen trübten sich, als er in Gedanken mit einem neuen poetischen Kunstwerk begann. »Der Vogel der Zeit hat nur noch einen, hm, kurzen Weg zu gehen, und siehe! Er steht schon auf den Beinen...«

»Zeitvögel, Bökke und sprechende Hüte«, ächzte Rincewind leise.

Krösus schwankte vor ihm. »Weißt du, Abrim kümmert sich um die Regierungsgeschäfte. Soll ziemlich anstrengende Arbeit sein.«

»Derzeit vernachlässigt er seine Pflichten«, sagte Rincewind.

»Und wir möchten fort von hier, wenn du nichts dagegen hast«, fügte Conina hinzu. Sie dachte noch immer an den Ziegen-Vergleich.

»Außerdem muß ich lernen, wie ein Bokk zu sein«, murmelte Nijel und warf Rincewind einen finsteren Blick zu.

Krösus klopfte ihm auf die Schulter. »Gut so. Manchmal sind Tiere menschlicher als Menschen. Häufig kann man sich ein Beispiel an ihnen nehmen.«

Rincewind seufzte lautlos. Die letzten Worte des Serifs deuteten darauf hin, daß er den Begriff ›Bökke‹ tatsächlich in einem Bestiarium gelesen hatte, während Nijel ihn nach wie vor für eine Leistungsverpflichtung hielt. Vielleicht schloß das eine das andere nicht aus.

»Wenn du dich zufällig daran erinnerst, ob dir einige Pferdeställe gehören ...«, sagte er.

»Hunderte«, erwiderte Krösus sofort. »Mir gehören einige der besten und schnellsten Rösser auf der ganzen Scheibenwelt.« Er runzelte die Stirn. »So heißt es jedenfalls.«

»Aber weißt du auch, wo sie untergebracht sind?«

»Leider nicht«, sagte der Serif niedergeschlagen. Das thaumaturgische Prickeln von Zufallsmagie verwandelte eine nahe Mauer in Arsenmeringe.

»Ich hätte in der Schlangengrube bleiben sollen«, brummte Rincewind und wandte sich ab.

Einmal mehr starrte Krösus kummervoll auf die leere Weinflasche.

»Ich weiß, wo ein fliegender Teppich liegt«, bot er sich an.

»Nein.« Rincewind gestikulierte fahrig. »Das kommt überhaupt nicht in Frage. Ich ...«

»Er gehörte meinem Großvater.«

»Kann er wirklich fliegen?« fragte Nijel.

»Wer? Mein Großvater?«

»Habt Mitleid mit mir«, wimmerte Rincewind. »Mir wird schon schwindelig, wenn mir jemand eine mehr als zwei Meter hohe Brücke beschreibt.«

»Nein, der Teppich«, sagte Nijel.

»O ja, natürlich.« Der Serif rülpste leise. »Wenn ich mich recht entsinne ... Er hatte ein hübsches Webmuster.« Krösus betrachtete die Flasche und schien mit dem Gedanken zu spielen, sie auszuwringen. »Ein strahlendes Blau, glaube ich.«

»Hast du eine vage Ahnung, wo er liegt?« fragte Conina langsam und vorsichtig. Offenbar wollte sie vermeiden, das Gedächtnis des dicken Mannes zu erschrecken.

»Oh, in der Schatzkammer. Den Weg *dorthin* kenne ich. Ich bin ungeheuer reich, wißt ihr. So heißt es jedenfalls.« Er senkte die Stimme, sah Conina an und versuchte zu zwinkern. Es gelang ihm schließlich mit beiden Augen. »Wir könnten darauf Platz nehmen«, fuhr er fort, und plötzlich perlte Schweiß auf seiner breiten Stirn. »Und vielleicht bist du dann so nett, mir eine Geschichte zu erzählen...«

Rincewind biß die Zähne zusammen, um nicht laut zu schreien. Er spürte schon, wie ihm die Knie weich wurden.

»Ich bin nicht bereit, mich auf einen fliegenden Teppich zu setzen!« brachte er entsetzt hervor. »Ich fürchte mich vor dem Boden!«

»Du meinst, du hast Höhenangst«, verbesserte Conina. »Hör endlich auf, dich wie ein Narr zu benehmen.«

»Ich weiß genau, was ich meine! Wenn man vom Himmel fällt, prallt man nicht etwa an die Höhen, sondern auf den Boden!«

※

Die magische Schlacht von Al Khali fand in einer dichten, hammerförmigen Wolke statt, in der man unheimliche Gestalten hörte und gespenstische Geräusche sah. Gelegentlich verfehlten thaumaturgische Angriffe das Ziel, und wo sich die okkulte Energie entlud, bewirkte sie *Veränderungen*.

Ein großer Teil des *Holterdipolter*-Viertels hatte sich in einen undurchdringlichen Wald aus gewaltigen, gelben

Pilzen verwandelt. Niemand wußte, welche Folgen sich daraus für die Bewohner ergaben; wahrscheinlich merkten sie überhaupt nichts davon.

Der Tempel des Krokodilgottes Offler, der als erste heilige Autorität in Al Khali galt, bot sich als ein häßliches Ding aus Zucker dar, das sich in fünf Dimensionen erstreckte. Allerdings führte das kaum zu Problemen, denn eine Schar Riesenameisen verspeiste die weiße Masse mit sichtlichem Genuß.

Nur wenige Bürger waren in der Lage, diese gegen unkontrollierte urbane Modifikationen gerichtete Bemerkung zu schätzen, denn die meisten von ihnen liefen um ihr Leben. Ein breiter Flüchtlingsstrom zog in die Wüste, die sich hier und dort durch eine sonderbare Laune des Schicksals in fruchtbares Ackerland verwandelt hatte. Manche Leute trachteten danach, mit Booten zu entkommen, mußten jedoch feststellen, daß der Hafenbereich plötzlich zu einem Sumpf wurde, in dem zwei kleine rosarote Elefanten aus irgendeinem seltsamen Grund ein Nest bauten.

Truhe mied die Panik auf den Straßen und marschierte durch einen von hohem Schilf gesäumten Abwasserkanal. Einige Dutzend Meter vor ihr krochen kleine Alligatoren, Ratten und um sich schnappende Schildkröten aus dem Schlamm. Ein unerklärlicher, in diesem besonderen Fall jedoch durchaus angemessener animalischer Instinkt veranlaßte sie dazu, so schnell wie möglich die Uferböschung zu erklimmen.

Truhes Klappe brachte grimmige Entschlossenheit zum Ausdruck. Sie verlangte nicht viel von der Welt (abgesehen vielleicht vom möglichst raschen Aussterben aller anderen Lebensformen), aber derzeit wünschte sie sich nichts sehnlicher als eine Rückkehr zu ihrem Eigentümer.

Die auffallende Leere wies deutlich genug darauf hin, daß es sich um eine Schatzkammer handelte. Türen hingen schief in den Angeln. Verriegelte Zugänge zu kleinen Nebenräumen waren aufgebrochen worden. Dutzende von zerschmetterten Kisten lagen herum. Als Rincewind sie sah, empfand er den Hauch eines Schuldgefühls und fragte sich etwa zwei Sekunden lang, was aus Truhe geworden sein mochte.

Es herrschte respektvolle Stille, wie immer, wenn große Geldmengen den Besitzer gewechselt haben. Nijel wanderte umher, sah sich einige Kisten aus der Nähe an und folgte den Anweisungen in Kapitel Elf, indem er nach verborgenen Schubladen und Geheimfächern suchte.

Conina bückte sich und hob eine kleine Kupfermünze auf.

»Wie schrecklich«, sagte Rincewind schließlich. »Eine Schatzkammer ohne Schatz.«

Der Serif straffte seine Gestalt und strahlte.

»Kein Grund zu Besorgnis«, erwiderte er.

»Aber man hat dich bestohlen!« wandte Conina ein.

»Vermutlich die Bediensteten«, murmelte Krösus. »Wie treulos von ihnen.«

Rincewind musterte ihn überrascht. »Ärgert dich das überhaupt nicht?«

»Nein. Eigentlich konnte ich nie etwas ausgeben. Ich habe mich immer gefragt, wie es ist, arm zu sein.«

»Jetzt hast du eine einzigartige Chance, darüber Aufschluß zu gewinnen.«

»Muß man sich irgendwie auf die Armut vorbereiten?«

»Nun, die meisten Leute brauchen sich in dieser Hinsicht nicht sehr anzustrengen«, antwortete Rincewind. »Früher oder später gewöhnt man sich daran.« Ferner Explosionsdonner grollte, und ein Teil der Decke verwandelte sich in Aspik.

»Äh, entschuldigt bitte«, sagte Nijel. »Der Teppich ...«

»Ja.« Conina nickte. »Der Teppich.«

Krösus bedachte sie mit einem gutmütigen, ein wenig schiefen Lächeln.

»O ja. Der Teppich. Drück auf die Nase der Statue hinter dir, o Pfirsichpo und Juwel der Wüstendämmerung.«

Conina errötete und beging ein kleines, entschuldbares Sakrileg, als sie sich zu einer großen grünen Statue umdrehte und nach der heiligen Schnauze des Krokodilgottes Offler griff.

Nichts geschah. Verborgene Zugänge beharrten entschlossen darauf, auch weiterhin verborgen zu bleiben.

»Hm. Versuch's mit der linken Hand.«

Die junge Frau drehte sie.

Krösus kratzte sich am Kopf.

»Vielleicht war es die rechte ...«

»An deiner Stelle würde ich mir Mühe geben, mich zu erinnern«, sagte Conina scharf, als erneut das erhoffte Resultat ausblieb. »Es gibt nicht mehr viele Stellen, die man bewegen kann.«

»Was ist das dort für ein Ding?« fragte Rincewind.

»Nun, der Schwanz befindet sich auf der anderen Seite«, sagte Conina und trat danach.

Ein leises, metallenes Knirschen ertönte, wie von einem Kochtopf mit Bauchschmerzen. Die Statue erzitterte. Irgendwo in der Wand pochte etwas, und daraufhin glitt Offler mit einem großzügigen Knarren beiseite, gab den Weg in einen dunklen Tunnel frei.

»Mein Großvater hat den Gang angelegt, um seine interessanteren Schätze zu verstecken«, sagte Krösus. »Er war sehr ...« — der Serif suchte nach einem passenden Wort — »... einfallsreich.«

»Wenn ihr glaubt, daß ich mich in den Tunnel wage ...«, begann Rincewind.

»Tritt beiseite«, sagte Nijel stolz. »Ich gehe als erster.«
»Vielleicht gibt es dort irgendwelche Fallen«, vermutete Conina skeptisch und sah den Serif an.
»Das ist nicht auszuschließen, o Gazelle des Himmels«, entgegnete Krösus. »Ich bin zum letztenmal als Sechsjähriger durch die Passage gewandert. Ich glaube, von einigen Bodenplatten sollte man sich besser fernhalten.«
»Macht euch deshalb keine Sorgen«, brummte Nijel und spähte in die Dunkelheit. »Bestimmt gibt es kaum Fallen, die *ich* nicht entdecken kann.«
»In diesem Zusammenhang hast du viel Erfahrung, stimmt's?« bemerkte Rincewind trocken.
»Nun, das vierzehnte Kapitel kenne ich auswendig«, erwiderte Nijel und schob sich durch die Öffnung. »Es hat viele Illustrationen.«
Rincewind, Conina und Krösus warteten einige Minuten lang, aber es schloß sich nicht etwa die Art von angespannter, erwartungsvoller Stille an, die man unter diesen Umständen erwartet. Vielmehr war gedämpftes Schnaufen und ein gelegentliches »Au, verdammt!« zu hören, wenn Nijel irgendwo anstieß. Schließlich klang seine Heldenstimme durch den Korridor.
»Die Passage ist völlig harmlos«, sagte er. »Ich habe keine einzige Bodenplatte ausgelassen, und es passierte nichts. Hier drin ist es völlig ungefährlich.«
Rincewind und Conina wechselten einen bedeutungsvollen Blick. »Eins steht fest«, sagte die junge Frau leise. »Von Fallen hat er nicht die geringste Ahnung. An meinem fünften Geburtstag schickte mich mein Vater durch einen extra vorbereiteten Tunnel. Er nahm seine Erziehungspflichten sehr ernst ...«
»Nijel hat das Ende der Passage mit heiler Haut erreicht, oder?« fragte Rincewind.
Ein neues Geräusch erklang, und der Zauberer stellte sich den feuchten Finger eines Riesen vor, der mit quä-

lender Langsamkeit über Glas strich. Selbst der Boden schauderte.

»Außerdem bleibt uns wohl kaum eine Wahl«, fügte er hinzu und betrat den Tunnel. Die anderen folgten ihm. Wer Rincewind kannte, hielt ihn für eine Art zweibeinigen Kanarienvogel, der in Bergwerken den Sauerstoffgehalt der Luft mißt.* Solche Einschätzungen führten zu der Annahme, daß noch Hoffnung bestand, solange Rincewind nicht tot umfiel.

»Wirklich komisch«, sagte Krösus. »Ich bin unterwegs, um meine eigenen Schatzkammern zu plündern. Wenn ich mich dabei erwische, werfe ich mich vielleicht in die Schlangengrube.«

»Du könntest dich auch um Gnade anflehen«, entgegnete Conina und behielt argwöhnisch das Gestein im Auge.

»O nein. Ich glaube, in einem solchen Fall müßte ich ein Exempel statuieren und mir eine Lektion erteilen.«

Über ihnen klickte etwas. Eine kleine Platte schob sich beiseite, und langsam kam ein Haken herab. Eine mit mehreren Scharnieren ausgerüstete Stange wuchs aus der Wand und klopfte Rincewind auf die Schulter. Als er sich umdrehte, befestigte der Haken einen vergilbten Zettel an seinem Rücken und verschwand wieder in der Decke.

»Was hat das Ding angestellt?« kreischte Rincewind und versuchte, den Kopf so weit zur Seite zu drehen, damit er zwischen seine Schulterblätter sehen konnte.

»Die Aufschrift lautet *Tritt mich*«, sagte Conina.

Neben dem vor Schreck erstarrten Zauberer bildete sich eine Öffnung in der Mauer, und ein mit mehreren rostigen Stahlgelenken verbundener Stiefel kroch daraus hervor, trat zu und verfehlte das Ziel.

---

* Na schön, aber Sie wissen, was gemeint ist, nicht wahr?

Rincewind, Conina und Krösus sahen sich groß an.

»Offenbar wurde diese Anlage von jemandem gebaut, an dessen Zurechnungsfähigkeit zumindest gezweifelt werden muß«, sagte Conina nach einer Weile.

Rincewind nahm behutsam den Zettel ab und ließ ihn fallen. Conina ging an ihm vorbei und schlich mit zorniger Vorsicht durch den Tunnel. Als sich ihr eine metallene Hand entgegenstreckte und freundlich winkte, griff sie nicht etwa danach, um sie zu schütteln, sondern verfolgte mehrere Drähte zu zwei korrodierten Elektroden in einem großen Einmachglas.

»Hatte dein Großvater eigentlich Sinn für Humor? fragte sie.

»Allerdings«, bestätigte Krösus. »Häufig kicherte er fröhlich vor sich hin.«

»Wundert mich nicht«, murmelte Conina. Sie betastete einen Stein, der nach Rincewinds Meinung ebenso aussah wie alle anderen, und plötzlich zuckte in Achselhöhe ein muffiger Staubwedel aus der Wand.

»Ich glaube, ich hätte den alten Serif gern kennengelernt«, preßte Conina zwischen zusammengebissenen Zähnen hervor. »Aber nicht, um ihm die Hand zu schütteln. Hilf mir hoch, Zauberer.«

»Bitte?«

Die junge Frau deutete verärgert auf eine halb geöffnete Steintür vor ihnen.

»Ich möchte mir den oberen Vorsprung ansehen«, sagte sie. »Falte die Hände, und hilf mir hoch. Wie gelingt es dir nur, so unnütz zu sein?«

»Oh, wenn ich mich nützlich mache, gerate ich dauernd in Schwierigkeiten«, erwiderte Rincewind und versuchte, die warme Haut dicht vor seinem Gesicht zu ignorieren.

Er hörte ein leises Schaben oberhalb der Tür.

»Dachte ich's mir doch«, sagte Conina nach einer Weile.

»Was hast du gefunden? Teuflisch zugespitzte Speere, die jeden Augenblick herabfallen können?«
»Nein.«
»Ein mit stählernen Stacheln versehenes Gitter, das Eindringlinge aufspießen soll?«
»Hier steht ein Eimer«, sagte Conina schlicht und klopfte an den Behälter.
»Gefüllt mit siedendem Öl oder brodelnder Säure?«
»Nein, mit getrockneter Tünche.« Conina sprang zu Boden.
»Typisch für meinen Großvater«, brummte Krösus. »Er war ständig zum Scherzen aufgelegt.«
»Nun, mir reicht's jetzt«, sagte Conina fest und deutete zum anderen Ende des Tunnels. »Kommt mit.«
Sie hatten die Passage fast durchquert, als Rincewind eine Bewegung über sich spürte. Conina gab ihm einen Stoß und schob ihn in eine Kammer. Der Zauberer verlor das Gleichgewicht, fiel und rollte sich ab. Irgend etwas streifte seinen Fuß, und gleichzeitig erklang ein schier ohrenbetäubendes Donnern.
Eine anderthalb Meter dicke Steinplatte stürzte aus der Decke und blockierte den Korridor.
Rincewind kroch durch eine wallende Staubwolke und starrte auf die Buchstaben an der einen Seite des granitenen Blocks.
»*Ist euch immer noch zum Lachen zumute?*« las er.
Verwirrt wich er zurück.
»Typisch für meinen Großvater«, sagte Krösus fröhlich. »War immer für eine Überraschung ...«
Er bemerkte Coninas Blick, der ihn mit der Wucht eines schweren Bleirohrs traf, und hielt es daraufhin für besser, den Mund zuzuklappen und zu schweigen.
Nijel wankte heran und hustete.
»Was ist geschehen?« fragte er. »Wurde jemand verletzt? Als ich durch die Tür gegangen bin, passierte überhaupt nichts.«

Rincewind suchte nach einer passenden Antwort, und als er keine fand, entgegnete er nur: »Ach, tatsächlich nicht?«

Trübes Licht filterte durch einige vergitterte Fenster in der hohen Decke des Raums. Um das Gewölbe zu verlassen, mußte man durch die vielen Tonnen Gestein marschieren, die den Tunnel blockierten, woraus Rincewind den klugen Schluß zog, daß sie gefangen waren. Er entspannte sich ein wenig.

Wenigstens hatten sie den fliegenden Teppich gefunden: Er lag auf einem niedrigen Podest in der Mitte des Zimmers. Daneben stand eine kleine, schmale Öllampe, und als Rincewind den Hals reckte, sah er auch einen goldenen Ring. Er stöhnte leise. Ein matter oktariner Glanz ging von den drei Gegenständen aus und wies auf ihre magische Natur hin.

Als Conina den Teppich entrollte, kamen einige Objekte zum Vorschein, unter ihnen ein Messinghaken, ein hölzernes Ohr, mehrere große Pailletten und ein Bleikästchen, das eine konservierte Seifenblase enthielt.

»Was hat es denn damit auf sich?« fragte Nijel erstaunt.

»Nun...«, erwiderte Rincewind. »Wahrscheinlich handelte es sich um Motten, die den fliegenden Teppich mit einem Leckerbissen verwechselten.«

»Donnerwetter!«

»In diesem Zusammenhang macht ihr euch völlig falsche Vorstellungen«, fuhr Rincewind fort. »Ihr glaubt, man brauche einfach nur nach der Magie zu greifen, um sie zu benutzen wie ... wie ...«

»Wie eine Pastinake?« fragte Nijel.

»Wie eine Weinflasche?« vermutete der Serif.

»So ungefähr«, bestätigte Rincewind vorsichtig und faßte sich wieder. »Doch in Wirklichkeit ...«

»Hinkt der Vergleich mit einer Pastinake?«

»Ich weiß nicht genau, ob er *hinkt* ...«

»Vielleicht kommt doch eher eine Weinflasche in Frage?« erkundigte sich Krösus hoffnungsvoll.

»Magie *benutzt* Menschen«, sagte Rincewind hastig. »Es kommt zu beiderseitigen Wechselwirkungen zwischen ihr und demjenigen, der sie einsetzt. Wenn man sich mit magischen Dingen befaßt, muß man damit rechnen, von ihnen beeinflußt zu werden. Nun, ich wollte euch nur warnen.«

»Aha«, murmelte der Serif. »Wie eine Weinflasche...«

»... die *dich* austrinkt«, betonte Rincewind. »Ich rate euch also, sowohl die Lampe als auch den Ring zu ignorieren. »Und kommt bloß nicht auf die Idee, irgend etwas zu *reiben*.«

»Bei meinem Großvater bildeten sie den Grundstein seines Vermögens«, erklärte Krösus nachdenklich. »Sein gemeiner Onkel lockte ihn in eine Höhle, und er mußte sich mit dem begnügen, was er dort fand. Tja, er besaß überhaupt nichts, abgesehen von einem fliegenden Teppich, einer magischen Lampe, einem thaumaturgischen Ring und mehreren mit Edelsteinen und anderen Kostbarkeiten gefüllten Kisten.«

»Aller Anfang ist schwer«, kommentierte Rincewind ironisch.

Conina breitete den Teppich aus. Er zeigte ein komplexes Muster, das aus goldenen Drachen auf blauem Grund bestand. Rincewind beobachtete aufwendig ausgeführte Ungeheuer mit langen Bärten, Ohren und Schwingen, und sie schienen in einem außerordentlich komplizierten Bewegungsablauf erstarrt zu sein. Sie erweckten den Eindruck, als habe gerade ein mysteriöser Veränderungsprozeß begonnen, und der aufmerksame Betrachter ahnte, daß der Teppich in einem multidimensionalen Webstuhl entstanden war. Wenn er länger Ausschau hielt, sah er plötzlich blaue Drachen auf goldenem Grund, und dann entstand ein sehr unangenehmes Gefühl in ihm. Vielleicht fürchtete er sogar um sein geistiges Wohl, und dafür gab es einen guten Grund: Wer beide Drachenarten *zugleich* erkannte, lief Gefahr, von einem Augenblick zum anderen überzuschnappen — vielleicht die Erklärung dafür, daß der Großvater des Serif so häufig gekichert hatte.

Rincewind wandte den Blick mühsam ab, als das Gebäude unter der Druckwelle einer weiteren Explosion erzitterte.

»Wie funktioniert das Ding?« fragte er.

Krösus zuckte mit den Schultern. »Ich bin nie damit geflogen«, antwortete er. »Wahrscheinlich sagt man einfach nur ›nach oben‹ oder ›nach unten‹ und so.«

»Wie wär's mit ›Flieg durch die Wand‹?«, schlug Rincewind vor.

Seine drei Begleiter hoben den Kopf und beobachteten die hohen und massiven Wände.

»Wir könnten darauf Platz nehmen und ihn aufsteigen lassen«, meinte Nijel. »Dicht unter der Decke sagen wir dann ›Halt‹.« Er dachte darüber nach und fügte hinzu: »Vorausgesetzt, das ist das richtige Wort.«

»Ich kenne noch einige andere«, sagte Rincewind. »Sie alle haben etwas mit ›fallen‹ zu tun.«

»›Abstürzen‹«, murmelte Conina unheilvoll.

»Natürlich könntest du es auch mit einer Zauberformel versuchen«, sagte Nijel. »An magischer Energie mangelt es gewiß nicht.«

»Äh...«, machte Rincewind. »Nun...«

»Auf deinem Hut steht ›Zaubberer‹«, erinnerte Krösus.

»Es ist nicht weiter schwer, irgend etwas auf Hüte zu schreiben«, sagte Conina. »Außerdem darf man nicht alles glauben, was geschrieben steht.«

»He, wartet mal...«, begann Rincewind entrüstet.

Sie warteten.

Sie warteten noch etwas länger.

»Es ist nicht annähernd so leicht, wie ihr glaubt.«

»Was habe ich euch gesagt?« Conina seufzte. »Ich schätze, wir müssen uns mit den Fingernägeln durch die Wand kratzen.«

Rincewind brachte sie mit einer fahrigen Geste zum Schweigen, nahm den Hut ab, pustete Staub vom Stern an der Spitze, setzte ihn wieder auf, rückte die Krempe zurecht, rollte die Ärmel hoch, spreizte die Finger — und geriet in Panik.

Da er nicht wußte, wie er sich nun verhalten sollte, lehnte er sich ans Gestein.

Es vibrierte. Es reagierte nicht etwa auf ein Zittern des Bodens. Nein, das Pulsieren entstand im granitenen Herzen der Mauer.

Rincewind hatte solche Vibrationen schon einmal gespürt, in der Universität, kurz vor dem Eintreffen des kreativen Magus'. Die Wand fürchtete sich.

Er schob sich daran entlang und preßte das Ohr an einen kleineren, keilförmigen Stein, der nur den Zweck erfüllte, eine winzige Lücke zu füllen. Er gehörte nicht zu den großen, gesetzten Blöcken, die auf ihre Masse vertrauten, um allen Gefahren zu begegnen. Es handelte sich eher um einen schmächtigen Winzling, der sich nichts weiter wünschte, als zu wachsen und architektonische Erfüllung zu finden. Vermutlich fühlte er nun seine Hoffnung bedroht; kein Wunder, daß er stärker zitterte als seine Kollegen.

»Pscht!« machte Conina.

»Ich kann überhaupt nichts hören«, sagte Nijel laut. Er war einer von den Leuten, die sofort den Kopf drehen und wie eine Eule glotzen, wenn man ihnen sagt: »Sieh nicht hin!« Kennen Sie diese besondere Spezies Mensch? Angehörige von speziellen Untergattungen heben unweigerlich den Fuß und zertreten junge Blüten, wenn man sie bittet, auf einen hübschen Krokus achtzugeben. Wenn man ihnen die wertvollen Kristallgläser der Urgroßmutter zeigt, muß man damit rechnen, den einen oder anderen Kelch einzubüßen. Sie streifen ihre Schuhe an der Fußmatte ab und bringen es dennoch fertig, zwei Kilo Schmutz in die gute Stube zu tragen.

Die Liste ließe sich fortsetzen.

»Darum geht es ja gerade! Was ist mit dem magischen Krieg?«

Mörtelstaub rieselte von der hohen Decke herab und traf Rincewinds Hut.

»Irgend etwas wirkt sich auf die Steine aus«, sagte der Zauberer leise. »Sie versuchen, sich aus den Wänden zu lösen.«

»Hier gibt es jede Menge davon«, bemerkte Krösus. »Und die meisten befinden sich *über* uns.«

Oben knirschte etwas, und helles Tageslicht schimmerte zu ihnen herab. Rincewind hob erstaunt die Brauen, als er nicht sofort unter unbarmherzigem Granit zermalmt wurde. Ein dumpfes Knacken folgte, und das Loch in der Decke vergrößerte sich. Die Steine lösten sich wirklich aus den Mauern, aber sie fielen nach *oben*.

»Vielleicht sollten wir jetzt den Teppich ausprobieren«, schlug Rincewind zaghaft vor.

Die Wand neben ihm schüttelte sich wie ein nasser Hund und glitt auseinander. Einzelne Brocken trafen den Zauberer an Armen und Schultern, als sie emporsausten.

Vier Personen sprangen auf den blau und goldfarben gemusterten Teppich, während das Gestein beschloß, die Flucht zu ergreifen.

»Wir müssen die Kammer so schnell wie möglich verlassen«, sagte Nijel und bewies einmal mehr erstaunlichen Scharfsinn.

»Einen Augenblick«, warf Rincewind ein. »Ich versuche, den Teppich ...«

»Du wirst überhaupt nichts versuchen«, unterbrach

ihn Conina. »Das übernehme *ich*. Was deine Fähigkeiten betrifft, sind zumindest einige Zweifel angebracht.«

»Aber du ...«

»Sei still«, zischte Conina. Behutsam strich sie über den Teppich. »Steig auf.«

»Ich soll aufsteigen?« fragte Rincewind verwundert.

Die junge Frau rollte mit den Augen. »Ich meine den Teppich.«

»Offenbar hat er dich nicht gehört.«

»Hoch mit dir.«

»Äh ...«, begann Rincewind.

Conina bedachte ihn mit einem finsteren Blick.

Eine Zeitlang herrschte Stille.

»Vielleicht versteht er unsere Sprache nicht«, sagte Nijel.

»Schweb empor. Flieg. Zur Decke.«

»Möglicherweise reagiert er nur auf eine besondere Stimme ...«, überlegte Rincewind laut.

»Auf deine bestimmt nicht.«

»Versuch es mit ›schweben‹ oder ›segeln‹«, murmelte Nijel.

»Oder mit ›gleiten‹«, fügte Krösus hinzu. Eine mehrere Tonnen schwere Steinplatte raste zur Decke und verfehlte den Serif nur um Haaresbreite.

»Wenn das die richtigen Befehle sind, hätte sich der Teppich längst bewegt, nicht wahr?« erwiderte Conina. Die Staubwolken wurden immer dichter, als fliehende Steine übereinanderschabten und Mörtel abschüttelten. Conina erhob sich und sprang auf dem Teppich hin und her.

»Flieg endlich, du verdammtes Mistding! Arrgh!«

Ein Karniessplitter traf sie an der Schulter. Zornig rieb sie sich die schmerzende Stelle und sah Rincewind an. Er saß mit bis zum Kinn angezogenen Knien da und trachtete danach, sich unter seinem Hut zu verstecken.

»Warum gehorcht der Teppich nicht?« fragte Conina.

»Weil du die falschen Worte an ihn richtest«, entgegnete er.

»Muß man ihm die Anweisungen in einer anderen Sprache erteilen?«

»Sprachen spielen überhaupt keine Rolle. Du hast einen wichtigen Punkt übersehen.«

»Nun?«

»Nun was?« brummte Rincewind.

»Hör mal, dies ist wohl kaum der geeignete Zeitpunkt, um auf deiner Würde zu bestehen.«

»Wie du meinst. Versuch ruhig, den Teppich zu steuern. Achte überhaupt nicht auf mich.«

»Sorg dafür, daß er fliegt!«

Rincewind zog sich den Hut tiefer in die Stirn.

»Bitte?« fügte Conina hinzu.

Der Hut neigte sich ein wenig zur Seite.

»Wenn du uns nicht hilfst, sitzen wir ganz schön in der Tinte«, sagte Nijel.

»Hört, hört«, bestätigte Krösus.

Der Hut rutschte nach hinten. »Seid ihr sicher?« fragte Rincewind.

»Ja!«

Rincewind räusperte sich.

»Nach unten«, befahl er.

Der Teppich hob ab und wartete einen halben Meter über dem Boden.

»Wie...«, begann Conina, aber Nijel kam ihr zuvor.

»Sicher liegt es daran, daß Zauberer über okkulte Kenntnisse verfügen«, erklärte er. »Wahrscheinlich ist es ein ... ein bokkiger Teppich: Wenn man irgend etwas von ihm verlangt, macht er genau das Gegenteil. Kannst du ihn noch weiter aufsteigen lassen?«

»Ja, aber darauf möchte ich lieber verzichten«, sagte Rincewind. Der Teppich glitt langsam zur Seite, und wie es unter solchen Umständen geschieht, traf ein großer Stein genau die Stelle, wo er eben noch gelegen hatte.

Einige Sekunden später flog er durch die Deckenöffnung und trug seine Passagiere ins Freie.

Die Reste des einst so prächtigen Palastes brachen auseinander, und die einzelnen Fragmente rasten davon und bildeten weite Bögen, die dort endeten, wo zuvor der Turm kreativer Magie gestanden hatte. Es sah aus wie eine umgekehrte vulkanische Eruption.

»Die Zauberer bauen einen neuen Turm!« stieß Nijel hervor.

»Und als Baumaterial verwenden sie meinen Palast«, ächzte Krösus.

»Der Hut des Erzkanzlers hat gewonnen«, sagte Rincewind. »Er errichtet nun seine eigene Festung. Eine typisch magische Reaktion. Zauberer neigen immer dazu, sich mit einem Turm zu schützen. In dieser Hinsicht ähneln sie ... Wie nennt man die Dinge, die man am Grund eines Flusses findet?«

»Frösche.«

»Steine.«

»Die Leichen erfolgloser Verbrecher?«

»Nein, ich meine die Larven von Köcherfliegen«, sagte Rincewind. »Beziehungsweise Muscheln, die gerade umziehen und eine neue Schale suchen. Wenn sich Zauberer auf einen Kampf vorbereiten, bauen sie sich zunächst einen Turm.«

»Er ist ziemlich groß«, stellte Nijel fest.

»Und hoch«, fügte Rincewind düster hinzu.

»Wohin fliegen wir jetzt?« fragte Conina.

Rincewind zuckte mit den Achseln.

»Weg von hier«, antwortete er.

Als sie die äußeren Mauern des Palastes überquerten, erbebten die Wälle unter ihnen und platzten langsam auseinander. Tausende von Steinen segelten empor und gesellten sich den anderen hinzu, die den wachsenden Turm wie mit einem Halo umgaben.

»Na schön«, sagte Conina nach einer Weile. »Wie

hast du den Teppich dazu gebracht, dir zu gehorchen? Macht er tatsächlich immer das Gegenteil dessen, was man von ihm verlangt?«

»Nein. Ich habe nur auf die elementaren Einzelheiten der räumlichen Ausrichtung geachtet.«

»Was meinst du damit?«

»Soll ich es dir in Begriffen erklären, die auch ein Nicht-Zauberer versteht?«

»Ich bitte darum.«

»Der Teppich lag falsch herum«, sagte Rincewind. »Mit der Oberseite nach unten.«

Einige Sekunden lang saß Conina völlig still. »Eigentlich ist diese Art der Fortbewegung sehr angenehm«, verkündete sie schließlich. »Ich bin zum erstenmal auf einem fliegenden Teppich unterwegs.«

»Mir ergeht es nicht anders«, gestand Rincewind ein.

»Du fliegst ihn sehr gut«, sagte die junge Frau.

»Danke.«

»Wenn ich mich recht entsinne, leidest du an Höhenangst.«

»An Höhen*entsetzen*, um ganz genau zu sein.«

»Du wirkst ganz ruhig und gelassen.«

»Ich versuche, keinen Gedanken daran zu verschwenden, was sich *nicht* unter uns befindet.«

Rincewind drehte sich um und beobachtete den Turm. Inzwischen ragte er noch weiter empor, und weit oben keimten Zinnen und Minarette. Ein Ziegelschwarm schwebte darüber, und einzelne Schindeln lösten sich daraus, sausten wie ein keramisches Bombergeschwader herab und fügten sich zu einem Dach zusammen. Das Gebäude war unglaublich hoch. Die Steine tief unten hätten sicher längst unter dem enormen Gewicht nachgegeben, wenn nicht die ausgleichende Kraft der Magie gewesen wäre.

Rincewind stöhnte innerlich, als er sich an seine Zeit in der Unsichtbaren Universität erinnerte. Zweitausend

Jahre sorgfältig organisierter und friedlicher Zauberei fanden nun ein ebenso abruptes wie fatales Ende. Erneut wurden Türme gebaut, und die sich verdichtende pure Magie konnte nicht ohne schlimme Folgen bleiben. Wahrscheinlich betrafen die apokralyptischen Konsequenzen das ganze Universum. Zuviel Magie krümmte Raum und Zeit so sehr, daß in der Realität unentwirrbare Knoten entstanden. Wer daran gewöhnt war, daß auf Ursachen einigermaßen voraussehbare Wirkungen folgten, mußte sich auf einschneidende Veränderungen gefaßt machen.

Natürlich gab es kaum eine Möglichkeit, Nijel, Conina und Krösus solche Dinge zu erklären. Gewisse Phänomene schienen sich ihrem Verständnis zu entziehen. Sie begriffen einfach nicht, was es mit Unheil und Verhängnis auf sich hatte. Nach wie vor hielten sie an der schrecklichen Illusion fest, es gebe noch Hoffnung. Offenbar blieben sie entschlossen, die Welt nach ihrem Willen zu formen oder bei einem entsprechenden Versuch zu sterben. Solche Aussichten bewirkten in Rincewind mehr als nur vages Unbehagen. Wer starb — ganz gleich, aus welchem Grund — erlitt meistens den Tod, und der Tod stand leider in dem Ruf, sehr endgültig zu sein.

Eigentlich diente die thaumaturgische Organisation in der alten Universität nur einem Zweck: Sie sollte einen mehr oder weniger stabilen Frieden zwischen Zauberern gewährleisten, die ebenso gut miteinander zurechtkamen wie Dutzende von Katzen in einem kleinen Sack. Doch wer nun die Hand hineinstreckte, mußte damit rechnen, gekratzt und gebissen zu werden. Wer jetzt okkulte Kraft einsetzte, sah sich nicht mehr mit sanfter, gutmütiger und eher träger Magie konfrontiert. Nein, *diese* Art von Magie war ausgesprochen aggressiv und so sanftmütig wie ein zorniger Stier.

Rincewind besaß keine besonders guten präkognitiven Fähigkeiten — es fiel ihm schwer genug, die Gegenwart im Auge zu behalten. Trotzdem wußte er mit einer Sicherheit, die jeden Zweifel ausschloß, daß innerhalb der nächsten dreißig Sekunden jemand folgende Worte aussprechen würde: »Bestimmt gibt es eine Möglichkeit, das Ende der Welt zu verhindern.«

Sie flogen über eine Wüste, die im blutroten Schein der untergehenden Sonne erglühte.

»Es leuchten nur wenige Sterne am Himmel«, sagte Nijel. »Vielleicht fürchten sich die anderen davor, am Firmament zu erscheinen.«

Rincewind sah nach oben und bemerkte einen silbrigen Dunst.

»Pure Magie, die aus der gesättigten Luft kondensiert«, erwiderte er.

Achtundzwanzig, neunundzwanzig, drei ...

»Bestimmt gibt es eine ...«, begann Conina.

»Nein, es gibt keine«, brummte Rincewind, und in seiner Stimme ließ sich ein Hauch von Genugtuung vernehmen. »Die Zauberer bekämpfen sich so lange, bis einer von ihnen den Sieg erringt. Erst dann endet der magische Krieg.«

»Ich könnte jetzt einen guten Schluck vertragen«, sagte Krösus. »Wie wär's, wenn wir irgendwo landen? Vielleicht finde ich einen Wirt, der bereit ist, mir seine Taverne zu verkaufen.«

»Und womit willst du bezahlen?« fragte Nijel. »Immerhin bist du jetzt arm.«

»Gegen die Armut habe ich nichts einzuwenden«, entgegnete der Serif. »Es ist die Nüchternheit, die mir so sehr zu schaffen macht.«

Conina stieß Rincewind behutsam in die Rippen.

»Steuerst du dieses Ding?« erkundigt sie sich.

»Nein.«

»Wohin fliegt es dann?«

Nijel blickte nach unten.

»Mittwärts, glaube ich«, sagte er. »Zum Runden Meer.«
»*Irgend jemand* sollte den Teppich, äh, lenken.«
Hallo, meldete sich eine freundliche Stimme in Rincewinds Kopf.
Du bist doch nicht etwa mein Gewissen, oder? fragte Rincewind.
Ich fühle mich ziemlich schlecht.
Das tut mir leid, aber mich trifft nicht die geringste Schuld. Ich bin ein ... ein Opfer der Umstände. Ich sehe nicht ein, warum ich zerknirscht sein sollte.
Vielleicht hast du recht. Aber du könntest etwas unternehmen.
Was denn?
Ich schlage vor, du kämpfst gegen den kreativen Magus und brichst seine Macht. Um eine für die ganze Scheibenwelt verheerende Katastrophe zu verhindern.
Er würde mich problemlos besiegen.
Dann hättest du wenigstens die Möglichkeit, einen ehrenhaften Tod zu sterben. Auf diese Weise bliebe dir der magische Krieg erspart.
»Halt endlich die Klappe«, grollte Rincewind.
»Bitte?« fragte Conina.
»Hm?« machte der Zauberer verwirrt. Er starrte auf das blaue und goldfarbene Webmuster und fügte hinzu: »Du fliegst den Teppich, nicht wahr? Durch mich! Wie hinterhältig von dir!«
»Was redest du da?«
»Oh! Entschuldige. Ich habe nur mit mir selbst gesprochen.«
»Ich glaube, wir sollten jetzt besser landen«, sagte Conina.
Sie glitten nach unten, und einige Minuten später erreichten sie einen Strand, der die schmale Grenzlinie zwischen Wüste und Meer markierte. Der Sand bestand aus Myriaden von winzigen Muschelsplittern, und nor-

malerweise glänzte er so hell, daß Beobachter geblendet die Augen zusammenkneifen mußten. Aber um diese späte Tageszeit glühte er in einem primordialen, blutigen Rot. Von den Wellen abgeschmirgeltes und in der Sonne gebleichtes Treibholz säumte das Ufer, wie die Gerippe uralter, teilweise sehr großer Fische. Oder wie die Knüppel von zehntausend Riesen, die hier versucht hatten, sich gegenseitig die Schädel einzuschlagen. Nichts rührte sich, abgesehen von den Wellen. Hier und dort lagen einige Felsen, aber sie waren viel zu heiß, um Mollusken oder Algen ein gemütliches Heim zu bieten.

Selbst der Ozean wirkte trocken. Man stelle sich ein präamphibisches Lebewesen vor, das sich an einem solchen Ufer umsieht. Bestimmt wäre es ins Wasser zurückgeglitten und hätte seinen Artgenossen mitgeteilt: He, Leute, laßt euch bloß keine Beine wachsen; es ist nicht der Mühe wert. Die Luft fühlte sich an, als sei sie in einer alten Socke gekocht worden.

Trotzdem beharrte Nijel darauf, ein Feuer zu entzünden.

»Munter prasselnde Flammen schaffen eine angenehme Atmosphäre«, behauptete er. »Außerdem: Vielleicht gibt es hier Ungeheuer.«

Conina betrachtete die öligen Wellen, die über den Strand rollten und einen halbherzigen Versuch zu unternehmen schienen, aus dem Ozean zu entkommen.

»Dort drin?« fragte sie.

»Man kann nie wissen.«

Rincewind stapfte an der Wasserlinie entlang, griff gedankenverloren nach kleinen Steinen und warf sie ins Meer. Einige von ihnen wurden zurückgeschleudert.

Nach einer Weile gelang es Conina, Nijels Wunsch zu erfüllen. Blaugrüne Flammen leckten über knochentrockenes, salzverkrustetes Holz, und Funken sprühten. Rincewind nahm Platz und lehnte sich an graues Holz. Er wirkte so niedergeschlagen und betrübt, daß selbst

Krösus schwieg und nicht mehr den Mut aufbrachte, über seinen Durst zu jammern.

Conina erwachte nach Mitternacht. Ein sichelförmiger Mond glühte über dem Horizont, und kühler, feuchter Dunst strich über den Sand. Krösus lag auf dem Rücken und schnarchte temperamentvoll. Nijel, der eigentlich Wache halten sollte, schlief tief und fest.

Conina rührte sich nicht von der Stelle, lauschte und fragte sich, was sie geweckt hatte.

Kurz darauf hörte sie es erneut: ein leises, unregelmäßiges Klacken, fast vom unentwegten Rauschen des Meeres übertönt.

Conina stand auf. Besser gesagt: Sie glitt in eine vertikale Position, so geschmeidig und knochenlos wie eine Qualle. Mit einer *fließenden* Bewegung nahm sie das Schwert aus Nijels schlaffer Hand. Dann huschte sie so geschickt durch den Nebel, daß in den dichten Schwaden nicht die geringste Lücke entstand.

Glühendes Holz sank tiefer in sein Bett aus flockiger Asche. Nach einiger Zeit kehrte Conina zurück und weckte ihre beiden Gefährten.

»Wasisn?«

»Ich möchte euch etwas zeigen«, flüsterte die junge Frau. »Vielleicht ist es wichtig.«

»Ich habe nur kurz die Augen geschlossen«, verteidigte sich Nijel.

»Schon gut. Komm jetzt.«

Krösus sah sich um und spähte mißtrauisch in die Dunkelheit.

»Wo ist der Zauberer?«

»Ich führe euch zu ihm. Seid ganz leise. Vielleicht droht Gefahr.«

Nijel und der Serif folgten Conina unsicher, wankten schlaftrunken und benommen durch den Dunst.

Schließlich erlag Nijel einer Mischung aus Besorgnis und Neugier. »Was für eine Gefahr?«

»Pscht! Hörst du das?«
Nijel horchte.
»Meinst du das leise Klacken?«
»Sieh nur, dort ...«

Rincewind stakte marionettenhaft über den Strand und schleppte einen großen Stein. Wortlos stapfte er an Conina, Nijel und Krösus vorbei, hielt den Blick starr geradeaus gerichtet.

Sie folgten ihm über den kühlen Sand. An einer kahlen Stelle zwischen zwei Dünen blieb der Zauberer stehen und bewegte sich mit der Eleganz eines Wäscheständers, als er den Stein fallen ließ. Ein dumpfes Klakken ertönte.

Auf dem Boden zeigte sich ein weiter Kreis aus Steinen. Hier und dort lagen sogar zwei aufeinander.

Conina und ihre beiden Begleiter gingen in die Hocke und beobachteten Rincewind.

»Schläft er noch immer?« fragte Krösus.
Cohens Tochter nickte.
»Was macht er da?«
»Ich glaube, er versucht, einen Turm zu bauen.«

Rincewind wankte in den steinernen Kreis zurück und trachtete danach, einen kleinen Felsbrocken auf leere Luft zu legen. Das Ding fiel in den Sand.

»Er hat keinen großen Erfolg damit«, stellte Nijel fest.
»Wie traurig«, murmelte Krösus.
»Vielleicht sollten wir ihn wecken«, sagte Conina. »Allerdings habe ich gehört, daß der Umgang mit Schlafwandlern besondere Vorsicht erfordert, damit ihnen nicht die Beine abfallen oder so. Was meint ihr?«

»Riskante Sache«, erwiderte Nijel. »Immerhin ist er ein Zauberer.«

Sie machten es sich im kühlen Sand bequem.

»Eigentlich hat er unser Mitleid verdient«, sagte Krösus nachdenklich. »Als Zauberer taugt er nicht viel.«

Nijel mied Coninas Blick und hüstelte leise. »Nun,

um ganz ehrlich zu sein: Eigentlich bin ich gar kein richtiger barbarischer Held. Vielleicht ist euch das schon aufgefallen.«

Eine Zeitlang herrschte Stille, während Rincewind über den Strand wankte und stumm schuftete. Schließlich sagte Conina: »Da gerade die Stunde der Offenheit begonnen hat ... Ich glaube, die Tätigkeit einer Friseuse erfordert gewisse Eigenschaften, die mir fehlen.«

Ihre Blicke galten weiterhin dem Schlafwandler, während sie sehr persönlichen Gedanken nachhingen. Gemeinsame Verlegenheitsröte glühte in ihren Gesichtern.

Krösus räusperte sich.

»Ich möchte ebenfalls ein Geständnis ablegen«, sagte er kleinlaut. »Manchmal gewinne ich den Eindruck, daß es meiner Poesie an Ausdruckskraft mangelt.«

Rincewind versuchte, zwei große Steine auf einem kleinen Kiesel auszubalancieren. Sie rutschten zur Seite, aber das Ergebnis schien ihn trotzdem zufriedenzustellen.

»Wie würde der Poet in dir die gegenwärtige Situation beschreiben?« fragte Conina behutsam.

Krösus rutschte nervös zur Seite. »Das Leben ist schon eine komische Sache«, antwortete er.

»Sehr treffend.«

Nijel streckte sich im Sand aus und sah zu den Sternen hoch. Plötzlich richtete er sich wieder auf.

»Habt ihr das gesehen?«

»Was?«

»Eine Art Blitz, gefolgt von ...«

Am mittwärtigen Horizont strahlte eine Blume aus hellem Licht und blühte durch alle Farben des gewöhnlichen Spektrums, bevor sie in einem oktarinen Glanz erschimmerte. Das Gleißen brannte sich in die Netzhäute der drei Beobachter, bevor es verblaßte.

Eine halbe Minute später vernahmen sie ein fernes Grollen.

»Irgendeine magische Waffe«, sagte Conina und blinzelte. Warmer Wind kam auf und wehte den Dunst fort.

»Zum Teufel auch!« stieß Nijel hervor. »Ich wecke ihn jetzt, selbst wenn es bedeutet, daß wir ihn tragen müssen.«

Er streckte die Hand nach Rincewinds Schulter aus, als etwas über den Himmel raste. Ein seltsames Geräusch erklang, wie von einem Gänseschwarm, der gerade durch eine dichte Lachgaswolke geflogen war. Das Glühen setzte seinen Flug fort und verschwand irgendwo in der nächtlichen Wüste. Grünes Licht blitzte, gefolgt von Donner und einem hochfrequenten Kreischen, das jeden Hund zum Wahnsinn getrieben hätte.

»*Ich* wecke ihn«, sagte Conina. »Du holst den Teppich.«

Sie kletterte über einige kleine Felsen und griff sanft nach Rincewinds Arm. Wahrscheinlich wäre es ihr gelungen, den Schlafwandler ohne irgendwelche Konsequenzen aus seiner Trance zu befreien, aber unglücklicherweise trug er einen Stein, der ihm auf den Fuß fiel.

Der Zauberer hob die Lider.

»Wo bin ich?« fragte er.

»Auf dem Strand. Du hast, äh, geträumt.«

Rincewind zwinkerte, starrte auf die letzten Dunstschwaden, den Steinkreis, blickte zum Himmel hoch, sah Conina an, betrachtete erneut das recht wackelige Turmfundament und spähte noch einmal zum Firmament empor.

»Was ist geschehen?« erkundigte er sich.

»Irgendein magisches Feuerwerk hat gerade begonnen.«

»Oh. Es geht also los.«

Er taumelte aus dem steinernen Ring, und Conina begleitete Rincewind sicherheitshalber, um ihn festzuhalten, falls er das Gleichgewicht verlieren sollte. Zusammen gingen sie in Richtung Lagerfeuer. Der Zauberer hatte einige Meter zurückgelegt, als er sich plötzlich an etwas erinnerte.

Er sah auf seinen Fuß herab und sagte laut und deutlich: »Au.«

Als sie nur noch wenige Schritte vom Feuer trennten, erreichte sie das magische Wirkungsfeld der letzten Zauberformel. Sie galt dem zwanzig Meilen entfernten Turm in Al Khali, und deshalb war die Wellenfront schwach und diffus. Sie übte nur geringen Einfluß auf die gewohnte Realität aus, als sie mit einem brodelnden Zischen über die Dünen glitt. Einige Sekunden lang züngelten rote und grüne Flammen über die letzte Glut. Eine von Nijels Sandalen verwandelte sich in einen zornigen Dachs, und eine Taube flog aus dem Turban des Serif.

Dann jagte die Magie weiter und kochte übers Meer.

»Was *war* das?« platzte es aus Nijel heraus. Er trat nach dem Dachs, der an seinem Fuß schnüffelte.

»Hmm?« entgegnete Rincewind.

»*Das!*«

»Ach, das«, murmelte Rincewind. »Nur die Nachwirkungen einer Zauberformel. Vermutlich hat sie den Turm in Al Khali getroffen.«

»Muß ziemlich starke Magie gewesen sein, wenn wir sie sogar hier zu spüren bekamen.«

»Da hast du sicher recht.«

»Ach, mein hübscher Palast«, seufzte Krösus. »Ich meine, er war ziemlich groß, aber mehr hatte ich eben nicht.«

»Tut mir leid.«

»Es lebten Menschen in der Stadt!«

»Wahrscheinlich ist alles Ordnung mit ihnen«, sagte Rincewind.

»Das freut mich.«

»Ich würde gern wissen, in was sie sich verwandelt haben.«

»Wie bitte?«

Conina griff nach dem Arm des Serif. »Schrei ihn nicht an«, sagte sie. »Er muß erst wieder richtig zu sich finden.«

»Oh.« Krösus nickte langsam. »Hoffentlich läßt er sich Zeit damit.«

»Ich glaube, das ist nicht ganz fair«, wandte Nijel ein. »Ich meine, er hat mich aus der Schlangengrube gerettet, und er, nun, er weiß eine Menge ...«

»Zauberer bemühen sich dauernd, irgendwelche Leute von Problemen zu befreien, die sie selbst verursacht haben«, erwiderte Krösus. »Und dann erwarten sie auch noch, daß man ihnen dankt.«

»Ich glaube ...«

Der Serif winkte verärgert ab. »Das mußte einmal gesagt werden.« Buntes Licht strahlte auf ihn ab, als ein weiterer magischer Blitz über den flackernden Himmel raste.

»Seht euch das an!« fuhr Krösus scharf fort. »Oh, Rincewind *meint* es gut. Das ist bei allen Zauberern der Fall. Sicher glauben sie, wir seien sehr viel besser dran, wenn sie über uns regieren. Seid gewiß: Es gibt nichts Schlimmeres als jemanden, der auszieht, um der Welt einen Gefallen zu erweisen. Zauberer! Was haben sie anzubieten, abgesehen von Angeberei und prahlerischen Worten? Ich meine, könnt ihr mir auch nur einen einzigen Zauberer nennen, der irgend etwas Nennenswertes geleistet hat?«

»Jetzt gehst du zu weit«, sagte Conina. Aber ihr Tonfall machte deutlich, daß sie durchaus bereit war, sich eingehender mit dem Standpunkt des Serif zu befassen.

»Zauberer machen mich ganz krank«, fügte Krösus hinzu und glaubte, bereits die ersten Symptome zu spüren. Er war vollkommen nüchtern, und dieser Zustand gefiel ihm ganz und gar nicht.

Nijel entschied sich zu einer diplomatischen Haltung.

»Ich glaube, wir sollten uns jetzt hinlegen und schlafen. Wie heißt es so schön? Am nächsten Morgen sieht alles besser aus. Nun, *fast* alles.«

»Mein Gaumen ist völlig trocken«, brummte Krösus und versuchte, die Reste seines Zorns zu bewahren.

Conina drehte sich zum Feuer um und bemerkte eine rincewindförmige Lücke in der allgemeinen Szenerie.

»Er ist weg!«

Und tatsächlich: Rincewind flog eine halbe Meile entfernt über dem dunklen Meer. Wie ein wütender Buddha hockte er auf dem Teppich, und hinter seiner Stirn herrschte ein wildes Durcheinander aus Wut, Demütigung und Ärger. Eine dritte, fast ebenso laute emotionale Stimme forderte Rache und Vergeltung.

Er stellte keine hohen Ansprüche ans Leben. Er gab sich mit der Zauberei zufrieden, obwohl er magischen Erfordernissen nur selten gerecht werden konnte. Er hatte sich immer Mühe gegeben, und jetzt verschwor sich die ganze Welt gegen ihn. Nun, er würde es ihnen zeigen. Wer ›sie‹ waren und was sie zu sehen bekommen sollten, spielte eigentlich gar keine Rolle.

Er hob die Hand und berührte seinen Hut, der ihm ein beruhigendes Gefühl vermittelte, obwohl sich die letzten kleinen Pailletten von der Spitze lösten.

Unterdessen hatte auch Truhe einige Probleme.

Der Stadtteil von Al Khali, in dem sich der Turm erhob, sah sich einem gnadenlosen magischen Bombardement ausgesetzt und kippte über einen Realitätshorizont, hinter dem Zeit, Raum und Materie ihre separaten Identitäten verloren und miteinander verschmolzen. Es läßt sich unmöglich beschreiben, wie es dort zuging.

Trotzdem wagt der Autor einen Versuch.

Stellen Sie sich folgendes vor:
Der entsprechende Bereich sah aus wie ein Klavier, das gerade aus dem zwanzigsten Stockwerk gefallen ist. Er schmeckte gelb, fühlte sich an wie buntes Karo und roch wie eine totale Mondfinsternis. In unmittelbarer Nähe des Turms wurde es erst *richtig* gespenstisch.

Wer darauf hofft, in einem solchen Chaos ohne besondere Schutzmaßnahmen zu überleben, kann ebensogut Schnee auf der Oberfläche einer Supernova erwarten. Zum Glück ahnte Truhe nichts davon und marschierte durch den thaumaturgischen Mahlstrom, während pure Magie an den Scharnieren kristallisierte. Einmal mehr hatte sie ziemlich schlechte Laune, was für sich genommen keineswegs außergewöhnlich war. Allerdings manifestierte sich der Groll unter den besonderen Umständen als bunte Korona, und dadurch wirkte Truhe wie ein prähistorisches, zorniges Amphibium, das aus einem brennenden Sumpf kroch.

Heiße, stickige Luft füllte den Turm. Es gab keine einzelnen Etagen, nur lange Treppen, die sich an den Wänden entlangzogen. Dort standen Zauberer und leiteten individuelle okkulte Energie in eine unheilvoll knisternde Säule aus oktarinem Licht. Ganz oben hatte Abrim Aufstellung bezogen. Die oktarinen Kristalle an seinem Hut glänzten so hell, daß sie wie winzige Tore in ein fremdes Universum wirkten. Aber hinter den kleinen Pforten erstreckte sich nicht etwa interstellare Leere, wie es die astronomische Wahrscheinlichkeit verlangte; nein, die von den Edelsteinen geschaffenen Tunnel endeten direkt im Zentrum einer Sonne.

Der Großwesir streckte die Hände aus und spreizte die Finger. Seine Lippen bildeten einen dünnen Stich, und er hielt die Augen geschlossen, um sich besser darauf zu konzentrieren, die gewaltigen magischen Kräfte im Gleichgewicht zu halten. Normalerweise konnten Zauberer nur Energien beherrschen, die dem eigenen körperlich-geistigen Leistungsvermögen entsprachen, aber Abrim lernte schnell.

Er verwandelte sich in ein metaphorisches Nadelöhr, in die enge Stelle zwischen den beiden Hälften einer Sanduhr, in ein Ventil, das sich nach Belieben öffnete und schloß. Er wurde zu einer dünnen Haut, die eine dicke magische Wurst enthielt.

Wenn du es richtig anstellst, *bist* du die Macht, dachte Abrim. Dann gehört sie zu deinem Selbst. Dann kannst du sie frei verwenden.

Der Wesir bereitete sich darauf vor, den Turm in Ankh-Morpork mit einer neuen Zauberformel anzugreifen, die tausend besonders dämonische Dämonen entstehen lassen sollte, doch bevor er Gelegenheit fand, die thaumaturgische Energie freizusetzen, klopfte es plötzlich laut an der Tür.

Seltsamerweise fehlte eine Klingel, und das bewies einmal mehr die eklatante Einfallslosigkeit der Zauberer. Sie kennen das sicher: Ganz gleich, mit welcher Tür man es zu tun hat — es gibt praktisch immer einen Knopf, der nur darauf gewartet, gedrückt zu werden, um den Nichtsahnenden mit irgendeinem mehr oder weniger gräßlichen Glockenspiel zu entsetzen. Selbst fanatische Musiker, die fünf Jahre lang Ohrklappen getragen haben, schrecken davor zurück, sich derartige Melodien anzuhören.

Ein Zauberer wandte sich um und stellte die übliche Frage. »Wer klopft mitten in der Nacht an die Tür?«

Das Pochen wiederholte sich, klang etwas energischer.

»Dort draußen hat bestimmt niemand überlebt«, antwortete ein anderer Magier. Er klang recht nervös. Kein Wunder: Wenn jenseits der Pforte niemand mehr lebte, mußte die Möglichkeit in Betracht gezogen werden, daß ein Untoter Einlaß verlangte.

Der Unbekannte klopfte erneut, so wuchtig, daß die Tür in den Angeln erzitterte.

»Einer von uns sollte besser nachsehen«, sagte der erste Zauberer.
»In Ordnung. Ich warte hier.«
»Ah. Oh. Na schön.«
Der Mann trat zögernd durch den Gang.
»Ich werfe also einen kurzen Blick nach draußen, in Ordnung?« fragte er unsicher.
»Ausgezeichnete Idee.«
Es war eine sonderbare Gestalt, die sich widerstrebend der Tür näherte. Normale Umhänge gewährten keinen ausreichenden Schutz vor den überaus starken magischen Kraftfeldern im Turm. Über erlesenem Samt und gestärkten Spitzen trug der Zauberer einen dicken Coverall, dessen Polster Ebereschenspäne enthielten. Hinzu kamen einige ausreichende feste Platten aus Asbest. Von der Hutkrempe reichte eine getönte Scheibe herab, und die bemerkenswert dicken Handschuhe schienen von jemandem zu stammen, der häufig mit glühenden Eisenkugeln jonglierte. Das aktinische Gleißen und Irrlichtern der oktarinen Säule projizierte scharfkantige Schatten (man konnte sich tatsächlich an ihnen schneiden), als der Zauberer die Riegel beiseite schob.

Vorsichtshalber klappte er das Visier herunter, bevor er die Tür einen Spaltbreit öffnete.

»Wir wollen keine Be...«, begann er. Er hätte bessere Worte wählen sollen, denn sie wurden zu seinem Epitaphium.

Es dauerte eine Weile, bis der zweite Zauberer Verdacht schöpfte und die Treppe verließ, um nach dem Rechten zu sehen. Die Pforte stand weit offen, und draußen brodelte thaumaturgisches Inferno über die Zauberformeln, die den Turm abschirmten. Seltsamerweise war die Tür nicht *ganz* nach innen geschwungen. Der Magier trat langsam näher, um festzustellen, was sie daran hinderte, die Wand zu berühren.

Er sah einen schmierigen Fladen, an dem einige Pailletten und Asbestfasern klebten.
Hinter ihm kratzte etwas.
»Wa...«, stieß er hervor und bekam keine Chance mehr, dieser ziemlich phantasielosen Silbe einen zitatfähigen Ausspruch hinzuzufügen.

※

Hoch über dem Runden Meer kam sich Rincewind allmählich wie ein Narr vor.
Früher oder später macht jeder eine solche Erfahrung.
Sie stehen zum Beispiel irgendwo an der Theke, und jemand stößt Sie an. Daraufhin drehen Sie sich verärgert um, verschlucken jedoch den Fluch auf Ihren Lippen, als Sie in Augenhöhe den Gürtel eines Mannes sehen, der nicht geboren, sondern aus hartem Fels gemeißelt zu sein scheint.
Oder ein Kleinwagen bremst nicht rechzeitig und rammt Ihre Luxuskarosse. Sie steigen wütend aus, aber als Sie dem anderen Fahrer die Faust zeigen wollen, beobachten Sie mit wachsendem Entsetzen, wie sich der Typ langsam entfaltet und auf geradezu magische Weise immer mehr Masse gewinnt, was nur einen Schluß zuläßt: Der Riese hat auf dem Rücksitz gesessen.
Oder Sie führen Ihre meuterischen Kameraden zum Kapitän, treten ihm mit gezogenem Säbel gegenüber und sagen: »Wir übernehmen das Schiff, du Mistkerl; die Jungs sind auf meiner Seite.« Woraufhin der Käpt'n erwidert: »Welche Jungs?« In Ihrer Magengrube breitet sich ein flaues Gefühl aus, als Sie sich umwenden, nur einen leeren Gang sehen und ein leises »Oh...« stöhnen.
Mit anderen Worten: Ein solches Empfinden entsteht

in jedem, der sich von den Wellen seines Zorns an den Strand der Vergeltung spülen läßt und dort feststellen muß, daß er ganz gehörig in der Patsche sitzt.

Rincewind war noch immer verärgert und wütend, und er fühlte sich nach wie vor gedemütigt. Aber inzwischen hatte sich die Glut dieser Emotionen ein wenig abgekühlt, und darunter kam sein übliches, normales Selbst zum Vorschein. Jenes Ich freute sich keineswegs darüber, auf einem dünnen Teppich zu sitzen, der hoch über einem phosphoreszierenden Ozean schwebte.

Er war nach Ankh-Morpork unterwegs und versuchte, sich an das Warum zu erinnern.

Natürlich hatte dort alles begonnen. Vielleicht lag es an der Präsenz der Unsichtbaren Universität: In ihr sammelte sich derart viel Magie, daß sie wie eine Kanonenkugel auf der Inkontinenzdecke des Universums lag und die Realität bis zum Zerreißen spannte. In Ankh-Morpork begann der magische Krieg, und dort mußte er auch enden.

Außerdem erachtete Rincewind die Stadt als seine Heimat und glaubte nun, ihren Ruf zu hören.

Es ist schon mehrfach darauf hingewiesen worden, daß Rincewind häufig den Eindruck erweckt, als gehörten gewisse Nagetiere zu seinem Stammbaum — in Krisenzeiten verspürt er den Drang, sich so rasch wie möglich in seinem Bau zu verkriechen.

Eine Zeitlang ließ er den Teppich im Wind treiben, während das Morgengrauen (der Poet in Krösus hätte in diesem Zusammenhang vermutlich von rosaroten Dämmerungsfingern gesprochen) einen schimmernden Ring am Rande der Scheibenwelt schuf. Träges Licht glitt über eine subtil veränderte Landschaft.

Rincewind zwinkerte und bemerkte ein unheimliches Licht. Nein, verbesserte er sich, als er genauer darüber nachdachte, es war nicht nur unheimlich, sondern grausig, sozusagen das Maximum an Unheimlichkeit. Er beobachtete die Welt wie durch einen Hitzeschleier, aber der flirrende Dunst offenbarte ein merkwürdiges Eigenleben. Er tanzte hin und her, streckte sich, wies deutlich genug darauf hin, daß es sich nicht um eine optische Täuschung handelte. Irgend etwas zerrte an der Realität, und daraufhin verhielt sie sich wie ein Gummiballon, der versuchte, zuviel Gas aufzunehmen.

Im Bereich von Ankh-Morpork war das Flackern und Wallen besonders stark. Rincewind beobachtete bunte Blitze und Strudel aus gleißender Luft, und daraus schloß er, daß die Zauberer ihren magischen Kampf fortsetzten. Ein ähnliches Glühen zeigte sich über Al Khali. Und auch an anderen Stellen.

Erhob sich nicht ein Turm in Quirm, dort, wo das Runde Meer in den Randozean überging? Rincewind drehte den Kopf und bemerkte weitere weiße Säulen.

Die kritische Schwelle war überschritten, und nun gab es kein Zurück mehr. Die Zauberei hatte damit begonnen, sich selbst zu zerstören, und das bedeutete ein Ende der Universität, ihrer Rangordnung und aller magischen Stufen. Tief in seinem Herzen wußte jeder Thaumaturge, daß die elementare Einheit der Zauberei ›ein Zauberer‹ lautete. Es würden immer mehr Türme entstehen, und der Kampf ging weiter, bis nur einer übrigblieb. Dann traten die Überlebenden in den magischen Ring und brachten sich gegenseitig um.

Und selbst für den letzten Zauberer, der als Sieger aus dem Chaos hervorging, gab es keine Ruhe: Er mußte sich selbst fürchten.

Es stürzte nun jenes Gebäude ein, das seit mehr als zweitausend Jahren die Magie ausbalancierte. Niedergeschlagenheit und Kummer regten sich in Rincewind, als er sich dieser Erkenntnis stellte. Er war nie ein guter Zauberer gewesen, aber darauf kam es auch gar nicht an. Wenigstens kannte er seinen Platz: Er gehörte ganz nach unten. Wenn er den Kopf hob, konnte er das verzwickte thaumaturgische Getriebe betrachten, die sorgfältig aufeinander abgestimmten magischen Zahnräder einer überaus komplizierten Maschinerie. Ihre Betriebsenergie bestand aus der natürlichen Magie, die von der sich langsam drehenden Scheibenwelt erzeugt wurde.

Nun, er besaß nichts, aber das war wenigstens etwas. Und nun hatte man es ihm genommen.

Rincewind drehte den Teppich, bis er auf das ferne Schimmern von Ankh-Morpork zeigte. Ein Teil seines Ichs, der bisher auf der mentalen Zuschauerbank gesessen hatte, fragte sich verwundert, warum die Stadt schon so früh am Morgen derart hell *gleißte*. Außerdem klebte ein voller Mond am Himmel, und das erschien selbst Rincewind seltsam, obwohl er nur selten Gedanken an die Philosophie der Natur verschwendete. Er glaubte sich daran zu erinnern, daß seit dem letzten Vollmond erst einige wenige Tage vergangen waren.

Nun, was soll's? dachte er und zuckte mit psychischen Achseln. Es reicht mir. Es liegt mir überhaupt nichts mehr daran, irgend etwas zu verstehen. Ich will nur nach Hause.

Woraus sich ein weiteres Problem ergab: Zauberer hatten kein Zuhause.

Diese Weisheit gehört zu den uralten und zutiefst bedeutsamen Redensarten, die für Zauberer immer rätselhaft blieben. Sie dürfen nicht heiraten, aber man gestattet ihnen durchaus Verwandte. Bei besonderen Gelegenheiten (zum Beispiel am Silvesterabend oder am Seelenkuchendonnerstag) kehren sie an den Ort ihrer Geburt zurück, um ein wenig zu feiern und den Anblick ihrer inzwischen erwachsenen Kindheitsfreunde zu genießen, die ihnen aus dem Weg gehen.

Vielleicht sollte in diesem Zusammenhang noch eine andere, ähnlich geheimnisvolle Redensart erwähnt werden. Wie es so schön heißt, kann man den gleichen Fluß nicht zweimal überqueren. Ein ausgesprochen langbeiniger Zauberer führte entsprechende Experimente mit einem schmalen Bach durch und kam dabei zu dem Schluß, daß man den gleichen Fluß in einer Minute dreißig- bis fünfunddreißigmal überqueren kann.

Nun, Zauberer halten nicht viel von Philosophie. Wenn man sie fragt, welches Geräusch erklingt, wenn eine Hand klatscht, antworten sie meistens: »Kl.«

Aber unter diesen speziellen Umständen lag der Fall ein wenig anders. Rincewind sah sich deshalb außerstande, nach Hause zurückzukehren, weil sein Zuhause überhaupt nicht mehr existierte. Oh, sicher, am Ufer des Ankhstroms erhob sich eine Stadt, doch sie war ihm völlig unbekannt. Sie glänzte weiß und sauber, und was ihm noch viel wichtiger erschien: Sie roch nicht wie ein mit verfaulenden Heringen gefüllter Abort.

Er landete auf dem ehemaligen Platz der Gebrochenen Monde, und dort erwartete ihn ein weiterer Schock. Sein Blick fiel auf *Springbrunnen*. Natürlich sah er nicht zum erstenmal Springbrunnen in Ankh-Morpork, aber bei den früheren Versionen *quoll* das Wasser (beziehungsweise eine breiartige Masse) in kleine Becken. Das fröhliche Gluckern und Plätschern klang wie die spöttische Stimme der Apokralypse. Weißgraue Fliesen bedeckten den Boden, und in ihnen glitzerte etwas. Was die Sonne betraf... Sie hing wie ein angebissener Frühstücksapfel dicht über dem Horizont, und trotzdem herrschte völlige Stille. Normalerweise ging es in der Stadt so hektisch zu wie einem Bienenstock, und kaum jemand achtete auf die Farbe des Himmels.

Rauch löste sich aus dem Brodeln über der Universität und zog in dichten Wolken über die Dächer. Abgesehen vom Qualm und dem Wasser der Springbrunnen bewegte sich nichts.

Rincewind war immer sehr stolz darauf gewesen, daß er sich selbst dann allein fühlte, wenn Hunderte von Menschen in der Nähe weilten, aber es gefiel ihm nicht sonderlich, nur seine eigene Gesellschaft zu genießen.

Er rollte den Teppich zusammen, warf ihn sich über die Schulter und stapfte durch leere Straßen zur Universität.

Die Tore hingen schief in den Angeln, knarrten leise im Wind. Der größte Teil des Gebäudes erweckte den Eindruck, als sei er mehrmals von magischen Querschlägern getroffen worden. Der Turm kreativer Magie (er ragte viel zu weit empor, um real zu sein) machte einen völlig unbeschädigten Eindruck — ganz im Gegensatz zu seinem weltlichen Bruder, dem Kunstturm. Die Hälfte aller Zauberformeln, die eigentlich nebenan einschlagen sollten, schien ihn getroffen zu haben. Einige Teile schmolzen und erstarrten dann wieder, während andere kristallisierten. Die seltsam verdrehten Strukturen mehrere Mauersegmente deuteten darauf hin, daß sie sich nicht länger auf die üblichen drei Dimensionen beschränkten. Als Rincewind die Steine betrachtete, regte sich Mitgefühl in ihm: Seiner Ansicht nach hatten nicht einmal Ziegel eine solche Behandlung verdient. Der Kunstturm war zu einem stummen Opfer des magischen Krieges geworden, und eigentlich überraschte es den Zauberer, daß er noch immer stand. Er wirkte so mitgenommen und zerknirscht, daß selbst die Schwerkraft aufgab.

Rincewind seufzte, setzte den Weg fort und ging zur Bibliothek.

Besser gesagt: Er ging dorthin, wo sich einst die Bibliothek befunden hatte.

Er fand die Tür, und es standen auch die meisten Wände, aber das Dach war eingestürzt, und überall zeigte sich schmieriger Ruß.

Rincewind blieb stehen, und eine Zeitlang sah er sich wortlos um.

Dann ließ er den Teppich fallen und lief los, kletterte

über den geborstenen Granit vor der Tür. Das Gestein fühlte sich noch immer recht warm an, und hier und dort schwelten die kläglichen Reste eines Bücherregals.

Verborgene Beobachter hätten einen Rincewind gesehen, der zwischen den rauchenden Haufen hin und her eilte, mit wachsender Verzweiflung nach etwas suchte, verkohlte Möbel beiseite stieß und mit kaum weniger als übermenschlicher Kraft an Teilen der herabgestürzten Decke zerrte.

Sie erlebten, wie er ab und zu eine Pause einlegte, um Atem zu schöpfen, sich dann wieder ins allgemeine Durcheinander stürzte. Die von der gläsernen Kuppel stammenden Splitter schnitten ihm in die Hände, und nach einer Weile begann er leise zu schluchzen.

Schließlich berührte er etwas Weiches.

Rincewind hebelte einen halb verbrannten Balken zur Seite, schob mehrere Schindeln fort und zwinkerte überrascht.

In der Asche lagen mehrere überreife, halb zerquetschte und vom Feuer gebackene Bananen.

Vorsichtig nahm er eine zur Hand und starrte auf sie hinab, bis das eine Ende abfiel.

Dann verspeiste er den Rest.

»Wir hätten ihn nicht einfach so gehen lassen sollen«, sagte Conina.

»Wir konnten ihn wohl kaum aufhalten, o rehäugige und wieselflinke Gemse«, erwiderte der Serif.

»Vielleicht stellt er irgend etwas Dummes an!«

»Das halte ich für sehr wahrscheinlich«, sagte Krösus zurückhaltend.

»Während wir uns außerordentlich klug verhalten,

auf einem heißen Strand hocken und nichts zu essen oder zu trinken haben, nicht wahr?«

»Du könntest mir eine Geschichte erzählen«, schlug Krösus vor und zitterte erwartungsvoll.

»Sei still.«

Der Serif befeuchtete sich die Lippen.

»Kommt nicht einmal eine kurze Anekdote in Frage?« brachte er heiser hervor.

Conina seufzte. »Weißt du, das Leben besteht nicht nur aus Erzählungen.«

»Entschuldige bitte. Ich glaube, ich habe die Kontrolle über mich verloren.«

Die Sonne kletterte langsam am Himmel empor, und der aus zermalmten Muschelschalen bestehende Sand schimmerte wie ausgestreutes Salz. Bei hellem Tageslicht sah das Meer keineswegs besser aus. Die Wellen rollten wie dünnes Öl.

Zu beiden Seiten wölbte sich der Strand in Form einer langgestreckten Sichel. Hier und dort wuchsen einige spärliche Büschel Dünengras, das sich allein mit dem Morgentau durchschlug. Nirgends zeigte sich auch nur die Spur eines Schattens.

»Ich sehe die Sache folgendermaßen«, sagte Conina. »Dies ist ein Strand, und wenn wir in einer Richtung losgehen, finden wir früher oder später eine Flußmündung.«

»Allerdings stellt sich die Frage, für welche Richtung wir uns entscheiden sollen, o herrlicher Schnee an den Hängen des Berges Eritor.«

Nijel brummte leise und griff in seine Tasche.

»Äh«, machte er. »Entschuldigt bitte. Könnte uns dieses Ding von Nutzen sein? Ich habe es, äh, gestohlen.«

Er hob die Lampe aus der Schatzkammer hoch.

»Sie ist doch magisch, oder?« fügte er hoffnungsvoll hinzu. »Ich habe schon von magischen Lampen gehört. Ein Versuch kann sicher nicht schaden.«

Krösus schüttelte den Kopf.

»Aber du hast doch gesagt, dein Großvater sei damit zu großem Reichtum gelangt!« warf Conina ein.

»*Eine* Lampe«, antwortete der Serif. »Er verwendete *eine* Lampe. Nicht diese. Nein, *seine* Lampe war alt und zerbeult. Eines Tages kam ein schlauer Hausierer und bot neue Lampen gegen alte an, woraufhin meine Urgroßmutter ein gutes Geschäft witterte und sich auf einen Handel einließ. Die Familie bewahrte diese Lampe in der Schatzkammer auf, um an sie zu gedenken. Eine ausgesprochen dumme Frau, wenn ihr mich fragt.«

»Hast du sie einmal ausprobiert?«

»Meine Urgroßmutter?« erkundigte sich Krösus erstaunt.

»Die Lampe!« ächzte Conina.

»Nein. Warum auch? Niemand gibt eine echte Zauberlampe fort, oder?«

»Reib mal dran«, schlug die junge Frau vor. »Mal sehen, was dann passiert.«

»Bestimmt überhaupt nichts«, sagte der Serif.

Nijel drehte den Gegenstand vorsichtig hin und her. Er wirkte seltsam schnittig, so als habe sich jemand bemüht, eine besonders schnelle Lampe herzustellen.

Der angehende Barbarenheld rieb sie behutsam.

Das Resultat war bemerkenswert unbeeindruckend. Ein halbherziges *Plop* erklang, und neben Nijel bildete sich eine faserige Rauchwolke. Anderthalb Meter davor glitt eine dunkle Linie übers Ufer und formte ein Quadrat, in dem sich der Sand auflöste.

Eine Gestalt sauste aus der dunklen Öffnung hervor, blieb ruckartig stehen und stöhnte leise.

Sie trug einen Turban, ein kleines, goldenes Medaillon, glänzende Shorts und Turnschuhe, die in bunten, spitzen Kringeln endeten. Die Haut wies jene Art von Bräune auf, für die man in Solarien eine Menge Geld bezahlen muß.

»Um Mißverständnissen vorzubeugen...«, sagte die Erscheinung. »Wo bin ich?«

Selbst Conina brauchte einige Sekunden, um sich von der Überraschung zu erholen.

»Dies ist ein Strand«, erwiderte sie.

»Ja, das sehe ich«, sagte der Dschinn. »Ich meine, um was für eine Lampe handelt es sich? Um welche Welt?«

»Das weißt du nicht?«

Das Wesen ignorierte Nijels verblüfften Blick und griff nach der Lampe.

»Ach, dieses alte Ding«, brummte es. »Eigentlich habe ich derzeit ganz woanders Dienst und bin erst wieder im August dran. Offenbar trinkt der zuständige Operator gerade einen Kaffee. Wie üblich.«

»Du hast wohl ziemlich viele Lampen«, vermutete Nijel.

»Um ganz ehrlich zu sein: Meine Lampenverpflichtungen sind recht stressig geworden«, erklärte der Dschinn. »Ich spiele mit dem Gedanken, auf Ringe umzusteigen. Derzeit haben Ringe Hochkonjunktur, und die Börsenquotationen sind vielversprechend. Nun, zur Sache: Was kann ich für euch tun?« Die letzten Worte sprach er in einem Tonfall aus, wie ihn gewisse Leute für Selbstparodien benutzen — in der irrigen Hoffnung, dadurch nicht wie Trottel zu wirken.

»Wir...«, begann Conina.

»Ich möchte etwas zu trinken«, warf Krösus hastig ein und zögerte erwartungsvoll. »Eigentlich solltest du jetzt sagen ›Dein Wunsch ist mir Befehl‹.«

»Ach, solche Bemerkungen sind längst überholt«, entgegnete der Dschinn, holte ein Glas aus dem Nichts und bedachte den Serif mit einem strahlenden Lächeln, das ungefähr eine Mikrosekunde dauerte.

»Wir möchten, daß du uns übers Meer nach Ankh-Morpork trägst«, sagte Conina fest.

Der Dschinn runzelte die Stirn, schnippte mit den

Fingern, hielt plötzlich ein dickes Buch* in der Hand und blätterte darin.

»Klingt sehr interessant«, sagte er schließlich. »Ich fürchte allerdings, dafür sind einige Vorbereitungen notwendig. Ich schlage vor, wir treffen uns nächsten Dienstag zum Mittagessen und sprechen darüber, in Ordnung?«

»Wie bitte?«

»Derzeit bin ich ziemlich beschäftigt. Nun, ich spreche mit meiner Sekretärin. Sie soll einen Termin mit euch vereinbaren.«

»Sie soll *was*?«

»Danke für euer Verständnis«, sagte der Dschinn freundlich und warf einen Blick auf seine Armbanduhr. »Meine Güte, es ist schon spät.« Er verschwand.

Conina starrte nachdenklich auf die Lampe hinab, und eine Zeitlang gab niemand einen Ton von sich.

Schließlich räusperte sich Nijel. »Was ist mit den großen, dicken Burschen geschehen, die weite Flatterhosen tragen, sich dauernd verneigen und immerzu ›Ich höre und gehorche, o Herr‹ antworten?«

Krösus trank einen hoffnungsvollen Schluck und keuchte entsetzt. Das Glas enthielt Sprudelwasser, und es schmeckte ebenso köstlich wie aufgewärmter Lebertran.

---

* Es handelte sich um einen Vollermythen, ein Nachschlagewerk für all jene, die sich in der Branche absolut esoterischer Esoterik betätigten. Das Buch enthielt eine Liste der Dinge, die nicht existierten und auf eine sehr bedeutungsvolle Art und Weise bedeutungslos waren. Einige Seiten durfte man nur nach Mitternacht oder im Schein teurer Knochenmarkkerzen lesen. Hier und dort gab es Illustrationen, die unterirdische Sternkonstellationen zeigten, und zu den außerordentlichsten Rezepten gehörten Angaben zur Herstellung von ungegorenem Wein. Für wirklich moderne Okkultisten, die sich eine in Spinnenleder gebundene Ausgabe leisten konnten, wurden Beschreibungen der drei Londoner U-Bahn-Stationen hinzugefügt, die aus gutem Grund auf keiner normalen Karte erscheinen.

»Das nehme ich nicht so einfach hin«, fauchte Conina. Hastig griff sie nach der Lampe, rieb sie energisch und schien zu bedauern, daß ihr kein Schmirgelpapier zur Verfügung stand.

Wieder kam es zu einer eher schwachen Explosion, und der Dschinn schaffte es erneut, einige Meter abseits der diffusen Rauchwolke zu erscheinen.

Er hielt ein gewölbtes, glänzendes Objekt ans Ohr und lauschte konzentriert. Als er den zornigen Gesichtsausdruck der jungen Frau bemerkte, hob er mehrmals die Brauen und winkte mit der freien Hand. Die Gestenbotschaft lautete etwa folgendermaßen: Ich bedaure sehr, aber leider werde ich mit einigen lästigen Angelegenheiten aufgehalten, und deshalb kann ich Ihnen nicht meine volle Aufmerksamkeit schenken; wenn ich diesen aufdringlichen Anrufer abgewimmelt habe, wird es mir eine Freude sein, auf Ihr Anliegen einzugehen, das zweifellos sehr wichtig ist.

»Ich zerschlage die Lampe«, drohte Conina ruhig.

Der Dschinn schenkte ihr ein bezauberndes Lächeln und sprach hastig in das Ding, das er zwischen Schulter und Kinn einklemmte.

»In Ordnung«, sagte er. »Großartig. Wir sind uns also einig, nicht wahr? Dem Geschäftsabschluß steht nichts mehr entgegen, oder? Wunderbar. Ihre Leute setzen sich mit meinen in Verbindung, einverstanden? Ja, halten Sie mich ruhig auf dem laufenden. Bis dann.« Er ließ den krummen Gegenstand sinken. »Blödmann«, brummte er leise.

»Ich meine es ernst«, sagte Conina.

»Welche Lampe ist das?« fragte der Dschinn und hüstelte nervös.

»Wie viele hast du denn?« erkundigte sich Nijel. »Ich dachte immer, Geister wie du hätten nur eine einzige Lampe.«

Woraufhin der Dschinn mit erzwungener Geduld erklärte, daß er tatsächlich mehrere besaß. Von Montag bis Freitag wohnte er in einer kleinen, aber recht häufig benutzten Lampe, und das Wochenende verbrachte er für gewöhnlich in einer hübschen Laterne auf dem Land. Wenn er Urlaub machte oder eine Abwechselung brauchte, zog er sich in eine sorgfältig restaurierte Leuchte zurück, die in einem Weinanbaugebiet unweit von Quirm stand — »um die Natur zu genießen«, erklärte der Geist. Darüber hinaus hatte er einige alte Lampen im Hafen von Ankh-Morpork erworben und betonte, sie zeichneten sich durch ein hohes Entwicklungspotential aus. Wenn die dortigen Geschäfte richtig in Schwung kämen, so fügte er hinzu, könnten sie zum okkulten Äquivalent einer Mischung aus Verwaltungszentrum und Nachtklub werden.

Conina, Nijel und Krösus hörten so verblüfft zu wie Fische, die gerade in eine Vorlesung übers Fliegen geschwommen sind.

»Wer sind die anderen Leute, die sich mit deinen in Verbindung setzen sollen?« fragte Nijel und wußte nicht genau, warum er so beeindruckt war.

»Keine Ahnung«, erwiderte der Dschinn und lächelte ein Lächeln, das in den Mundwinkeln erstaunliche Agilität bewies und aufwärts kroch. »Solche Ausdrücke gehören einfach dazu, wenn man es in meiner Branche zu etwas bringen will.«

»Ruhe!« sagte Conina entschlossen und holte tief Luft. »Bring uns jetzt nach Ankh-Morpork.«

»An deiner Stelle würde ich gehorchen«, meinte Krösus. »Wenn der Mund des Fräuleins wie der Schlitz eines Briefkastens aussieht, sollte man nicht widersprechen.«

Der Dschinn zögerte.

»Nun, ich beschäftige mich nur selten mit Transportproblemen ...«, sagte er.

»Dann hast du jetzt Gelegenheit, Erfahrungen zu

sammeln.« Conina warf die Lampe hoch und fing sie wieder auf.

»Teleportation ist ausgesprochen schwierig«, entgegnete der Dschinn. Verzweiflung schlich sich in seine Züge. »Sie erfordert umfassende Berechnungen. Wenn man zu viele Zahlen zu kontrollieren versucht, bekommt man Kopfschmerzen, und leider habe ich kein Aspirin dabei.« Seine Miene erhellte sich wieder. »Wie wär's, wenn wir uns am nächsten Dienstag beim Mittagessen träfen und ausführlich darüber ...«

»Wie du willst«, grollte Conina. »Jetzt brauche ich nur noch einen großen, festen Stein ...«

»Schon gut, schon gut. Halt die Lampe fest, in Ordnung? Wir wollen doch nicht, daß sie zerbricht, oder? Nun, ich verspreche dir, mir Mühe zu geben, aber vielleicht mache ich einen großen Fehler ...«

Vor vielen Jahren erbrachten die Astrophilosophen von Krull einen schlüssigen Beweis dafür, daß sich alle Orte an einem Ort befinden und die Entfernung zwischen ihnen nur eine Illusion ist. Diese Erkenntnis stieß auf allgemeine Verwirrung, und einige kluge Köpfe fragten sich, wozu Wegweiser dienten. Es folgte eine fruchtlose intellektuelle Auseinandersetzung, und schließlich bat man Ly Schwatzmaul um Rat, von dem es hieß, er sei der größte Philosoph auf der ganzen Scheibenwelt.* Nach gründlichem Nachdenken bestätigte er zwar, alle Orte befänden sich an einem Ort, fügte jedoch hinzu, dieser eine Ort sei *sehr groß*.

Damit war die psychische Ordnung bei den Gelehrten wiederhergestellt, und Wegweiser bekamen ihre alte Bedeutung zurück. Es soll nicht verschwiegen werden, daß Entfernung ein rein subjektives Phänomen ist — magische Geschöpfe können es an ihre individuellen Bedürfnisse anpassen.

---

* Er wurde nicht müde, immer wieder darauf hinzuweisen.

Doch einigen von ihnen gelingt das nicht besonders gut.

※

Rincewind saß niedergeschlagen in den rußgeschwärzten Ruinen der Bibliothek und überlegte, was ihm so seltsam erschien.

Nun, eigentlich alles. Die Vorstellung von einer niedergebrannten Bibliothek blieb für ihn unvorstellbar. Sie stellte die größte Ansammlung von Magie auf der ganzen Scheibenwelt dar. Sie bildete das Fundament der Zauberei. Die Bücher enthielten alle jemals ersonnenen und verwendeten Zauberformeln. Es war einfach unerhört, einen solchen thaumaturgischen Schatz zu vernichten.

Allerdings fehlten entsprechende Reste. Oh, es gab genug Asche, und Rincewind fand auch Ketten, verkohlte Regale und dergleichen. Aber Tausende von Büchern verbrannten nicht so leicht. Es hätten zumindest einige Lederrücken und angesengte Seiten zurückbleiben müssen. Und danach hielt er vergeblich Ausschau.

Rincewind strich mit dem Fuß durch die schwarze Masse.

Nur eine Tür führte in die Bibliothek, und unter ihr erstreckten sich die Kellergewölbe. Eine Zeitlang beobachtete er die vom Feuer verheerte Treppe und schüttelte langsam den Kopf. Nein, unmöglich: Der Keller bot nicht annähernd genug Platz für rund neunzigtausend magische Bücher. Außerdem konnte man sie nicht einfach teleportieren, denn aufgrund ihrer speziellen Natur widersetzten sie sich Magie. Wer versuchte, sie mit Zauberei zu bewegen, machte nach wenigen Sekunden die unerquickliche Erfahrung, daß ihm das Gehirn aus den Ohren floß.

Es donnerte über der Universität. Ein Ring aus orangefarbenem Feuer glänzte in halber Höhe des Turms aus kreativer Magie, raste empor und sauste in Richtung Quirm davon.

Rincewind drehte sich ein wenig zur Seite, sah zum Kunstturm und gewann den sonderbaren Eindruck, daß er seinen Blick erwiderte. In den Mauern gab es keine Fenster, aber zwischen den Zinnen schien sich etwas zu bewegen.

Er fragte sich, wie alt der Kunstturm sein mochte. zweifellos älter als die Universität. Sicher auch älter als die Stadt, die um ihn herum gewachsen war wie eine Geröllhalde am Hang eines Berges. Vielleicht sogar älter als die Geographie. Soweit Rincewind wußte, hatten die Kontinente vor langer Zeit völlig anders ausgesehen, bevor sie umherrutschten und es sich wie Hündchen in einem Korb gemütlich machten. Vielleicht trugen Wellen aus Stein den Turm an diesen Ort. Vielleicht stammte er überhaupt nicht von der Scheibenwelt. Rincewind verdrängte den letzten Gedanken rasch, denn daraus ergaben sich einige beunruhigende Fragen, zum Beispiel: Wer hat ihn gebaut? Und aus welchem Grund?

Er lauschte der Stimme seines Gewissens.

Tut mir leid, ich weiß nicht mehr weiter, flüsterte es in ihm. Jetzt bist du dran.

Rincewind stand auf, klopfte Staub von seinem Umhang und achtete nicht darauf, daß sich ein Teil des Samtbesatzes löste. Er nahm den Hut ab, rückte umständlich die Spitze zurecht und setzte ihn wieder auf.

Dann schritt er zum Kunstturm. Unten befand sich eine sehr alte und kleine Tür. Rincewind war keineswegs überrascht, als sie sich vor ihm öffnete.

»Ein sonderbarer Ort«, sagte Nijel. »Seht euch nur die gewölbten Wände an.«

»Wo sind wir?« fragte Conina.

»Gibt es hier irgendwelche alkoholischen Getränke?«

fragte Krösus. Er schüttelte betrübt den Kopf. »Nein, wahrscheinlich nicht.«

»Warum schwankt hier alles?« Conina blickte sich um. »Ich bin noch nie in einer Kammer gewesen, die ganz aus Metall besteht.« Sie schnupperte. »Riecht ihr Öl?« fügte sie argwöhnisch hinzu.

Der Dschinn erschien, und diesmal verzichtete er auf Spezialeffekte, die in erster Linie aus Rauch und Falltüren im Boden bestanden. Er hielt sich so weit von Conina fern, wie es die Höflichkeit erlaubte.

»Alles in Ordnung mit euch?« erkundigte er sich.

»Ist dies Ankh-Morpork?« gab die junge Frau zurück. »Wir hatten eigentlich gehofft, du setzt uns im Freien ab. Oder in einem Raum, den man durch eine Tür verlassen kann. Selbst ein Fenster wäre mir recht.«

»Ihr seid unterwegs«, erwiderte der Dschinn.

»Und worin?«

Das Zögern des Geistes gab Nijel die Möglichkeit, zu einem sehr erstaunlichen Schluß zu gelangen. Er starrte auf die Lampe in seinen Händen und schüttelte sie versuchsweise. Der Boden bebte.

»O nein!« stieß er hervor. »Das ist physikalisch völlig unmöglich.«

»Wir sind in der *Lampe*?« fragte Conina.

Die Kammer erzitterte erneut, als Nijel durch die Tülle spähte.

»Macht euch deshalb keine Sorgen«, sagte der Dschinn. »Ich gebe euch sogar den Rat, so wenig wie möglich daran zu denken.«

Er begann mit einer Erklärung, obwohl ›Erklärung‹ in diesem Zusammenhang kein geeigneter Ausdruck ist. Tatsächlich ließ der Dschinn nicht nur alle Fragen unbeantwortet, sondern fügte auch noch einige weitere hinzu. Er meinte, es sei durchaus möglich, die Scheibenwelt in einer kleinen Lampe zu durchqueren, die von einer Person *in* der Lampe getragen wird, und als Gründe nannte er a) die geteilte Struktur der Realität, was bedeute, daß man sich alle Dinge innerhalb von anderen Dingen vorstellen kann, und b) kreative Public Relations. Der Trick bestand in erster Linie darin, die Reise zu beenden, bevor die Gesetze der Physik merkten, daß man ihnen ein Schnippchen geschlagen hatte.

»Unter den gegenwärtigen Umständen ist es nicht sehr ratsam, darüber nachzudenken«, fügte der Dschinn hinzu.

»Oh, ich verstehe«, sagte Nijel eifrig. »Es ist wie mit rosaroten Nashörnern, die man aus seinen Vorstellungen verbannen muß.« Er lachte verlegen, als ihn die anderen anstarrten.

»Meine Freunde und ich haben das oft gespielt«, sagte er. »Damals, als wir noch Kinder waren. Vor langer Zeit. Vor vielen Jahren. Man mußte vermeiden, an rosarote Nashörner zu denken.« Er hüstelte. »Ich habe nicht behauptet, es sei ein sehr gutes Spiel.«

Einmal mehr versuchte er, in die Lampe zu sehen.

»In dem Fall hätte ich dir auch widersprochen«, entgegnete Conina dumpf.

»Äh«, sagte der Dschinn. »Möchte jemand Kaffee oder Kekse? Wie wär's mit einer Partie ›Suche nach Bedeutung‹?«[*]

»Ich habe Durst«, sagte Krösus und erwachte aus seiner Apathie.

»Weißwein?«

Der Serif verzog das Gesicht. »Davon bekomme ich immer Ausschlag...«

»Nun, ich könnte dir auch warmes, garantiert alkoholfreies Dunkelbier anbieten.«

---

[*] Dieses Kartenspiel ist bei allen Halbgöttern, Himmelsboten, Dämonen und anderen übernatürlichen Wesen beliebt, die sich häufig Fragen stellen wie »Was soll das alles?« und »Hat es überhaupt einen Sinn?«

»... aber in der Not frißt der Teufel Fliegen«, fügte Krösus eilig hinzu. »Ich würde mich sogar mit einem Aperitif begnügen. Vorausgesetzt, es steckt kein Papierschirm im Glas.« Er erinnerte sich plötzlich daran, wie man für gewöhnlich mit Lampengeistern sprach, holte tief Luft und intonierte: »Ich will nicht einen einzigen Papierschirm sehen, bei den Fünf Monden von Nasreem. Und ich halte auch nichts von Fruchtsalat und Oliven und Strohhalmen mit dekorativen Äffchen. Bei den Siebzehn Gallensteinen Sadurins, ich befehle dir...«

»Ich bin kein Kellner, der seinen Kunden Papierschirme bringt«, stellte der Dschinn verdrießlich fest. »Und Fruchtsalate mit Oliven schmecken gräßlich.«

»Es ist ziemlich leer hier drin«, sagte Conina. »Warum richtest du dich nicht gemütlich ein? Hier und dort einige Möbel, und gleich herrscht eine andere Atmosphäre.«

»Ich verstehe das einfach nicht...«, murmelte Nijel. »Wenn wir alle in der Lampe sitzen, die ich trage, dann hält mein anderes Ich eine kleinere Lampe, und in *der* Lampe...«

Der Dschinn gestikulierte aufgeregt.

»Ich bitte dich, sprich nicht davon!« hauchte er entsetzt.

Nijel runzelte die Stirn. »Na schön, meinetwegen«, erwiderte er. »Aber offenbar existiere ich gleich mehrfach, oder?«

»Es ist alles, äh, zyklisch, eine Art, äh, offener Kreislauf. Aber sei jetzt bitte still, in Ordnung? Wir dürfen keine Aufmerksamkeit erregen... Oh, Mist!«

Ein leises, sehr unangenehmes Grollen erklang, als das Universum Verdacht schöpfte.

Dunkelheit regierte den Turm, ein massiver Kern aus uralter Finsternis, die dort seit dem Anbeginn der Zeit auf die kosmische Abenddämmerung wartete und es ganz und gar nicht mochte, von dem Tageslicht gestört zu werden, das sich verstohlen an Rincewind vorbeischob.

Der Zauberer spürte, wie ihm kühle Luft über die Wangen strich, als sich hinter ihm die Tür schloß. Sofort kroch die Schwärze zurück und füllte die Stellen, wo eben noch Licht geglänzt hatte, so nahtlos aus, das nicht einmal im hellen Schein einer Lampe irgendwelche Übergänge zu erkennen gewesen wären.

Der Duft des Alters erfüllte den Turm, und hier und dort offenbarten sich der aufmerksamen Nase auch die subtilen Aromen von Rabenkot.

Es erforderte eine Menge Mut, in der Dunkelheit zu stehen. Rincewind war nicht gerade sehr tapfer, aber er verharrte trotzdem.

Irgend etwas berührte ihn an der Wade, und er bewegte sich nur deshalb nicht von der Stelle, weil er fürchtete, auf ein gräßliches *Ding* zu treten.

Ledrige, schwielige Finger schlossen sich um seine Hand, und eine Stimme sagte: »Uff.«

Rincewind hob den Kopf.

Für einen Sekundenbruchteil wich die Finsternis fort, als weit oben ein magischer Blitz flackerte. Der Zauberer riß die Augen auf.

Der ganze Turm war mit Büchern gefüllt. Sie lagen auf den steinernen Stufen der verwitterten Wendeltreppe, die bis zu den Zinnen emporreichte. Sie bildeten hohe Stapel auf dem Boden, und als Rincewind genauer hinsah, glaubte er zu erkennen, daß sie sich *zusammendrängten*. Sie ruhten — beziehungsweise *kauerten* — auf allen Vorsprüngen.

Auf irgendeine verstohlene Art und Weise, die nichts mit den üblichen sechs Sinnen zu tun hatte, beobachteten sie den Zauberer. Bücher verstehen es ausgezeichnet, Botschaften zu übermitteln (es müssen nicht unbedingt ihre eigenen sein), und Rincewind ahnte, daß sie ihm etwas mitzuteilen versuchten.

Erneut gleißte es: grelles thaumaturgisches Glühen, das vom Turm kreativer Magie stammte und durch die kleine Öffnung im Dach herabfilterte.

Rincewind nutzte die gute Gelegenheit, sah nach unten und bemerkte Wuffel, der an seinem rechten Fuß schnüffelte. Erleichterung durchströmte ihn. Wenn er jetzt auch noch das leise Knistern dicht neben dem linken Ohr identifizieren konnte ...

Ein dritter hilfsbereiter Blitz zuckte, und Rincewinds Blick fiel auf die kleinen gelben Augen des Patriziers, dessen Eidechsenpfoten geduldig über die Innenseite eines großen Einmachglases strichen. Es war ein sanftes, gedankenverlorenes Schaben. Offenbar hatte es Lord Vetinari nicht sehr eilig, in die Freiheit zurückzukehren; er schien weitaus mehr daran interessiert zu sein, wie lange es dauerte, sich durch das Glas zu kratzen.

Rincewind musterte die birnenförmige Gestalt des Bibliothekars.

»Es sind Tausende«, flüsterte er. Die Masse der Bücher beeindruckte selbst seine Stimmbänder. »Wie hast du es geschafft, sie rechtzeitig hierher zu bringen?«

»Uff, uff.«

»Was?«

»Uff«, wiederholte der Orang-Utan und breitete die haarigen Arme wie Schwingen aus.

»Sie sind geflogen?«

»Uff.«

»Das können sie tatsächlich?«

»Uff.«

»Muß ziemlich eindrucksvoll gewesen sein. So etwas würde ich gern mal sehen.«

»Uff.«

Nicht alle Bücher hatten es geschafft. Die meisten wichtigen Grimoires verließen die Bibliothek rechtzeitig, aber ein großes Werk über die geheimnisvolle Welt der Kräuter verlor ausgerechnet ihr Inhaltsverzeichnis, und so manche Trilogie ließ ihren dritten Band im Feuer zurück. Viele Bücher hatten Brandflecken auf den Titelseiten, und bei einigen fehlten die Umschläge ganz. Hier und dort baumelten traurige Fäden aus pergamentenen Rücken.

Ein Streichholz entflammte, und an den Wänden knisterten besorgte Blätter. Sie beruhigten sich wieder, als sie den Bibliothekar sahen, der eine Kerze anzündete. Sein Schatten war groß genug, um einen Wolkenkratzer zu erklimmen, als er an der Treppe vorbeiwankte und sich einem Tisch näherte, auf dem unheimlich anmutende Werkzeuge lagen. Rincewind bemerkte auch mehrere Töpfe mit Klebmasse und einen Schraubstock, in dem eine schwer verwundete Broschüre steckte.

Der Affe reichte ihm die Kerze, griff nach einem Skalpell, nahm auch eine Pinzette zur Hand und beugte sich über das zitternde Buch. Rincewind erblaßte.

»Ähem«, sagte er. »Hast du was dagegen, wenn ich mich, äh, umdrehe? Ich kann den Anblick von Leim nicht ertragen.«

Der Bibliothekar schüttelte den Kopf, und sein energischer Daumen deutete auf ein Tablett mit Instrumenten.

»Uff!« befahl er. Rincewind schnitt eine Grimasse und reichte ihm eine lange, dünne Schere. Er zuckte mehrmals zusammen, als der Bibliothekar beschädigte Blätter losschnitt. Sie fielen zu Boden.

»Was hast du vor?« fragte der Zauberer.

»Uff.«

»Eine Appendektomie? Oh.«

Erneut zeigte der Affe mit dem Daumen, ohne sich

umzudrehen. Rincewind starrte auf das Tablett hinab, wählte eine Nadel samt Faden und legte beides in die ausgestreckte Hand des Bibliothekars. In der folgenden Stille hörte er nur ein leises Kratzen, als der Faden durch brüchiges Papier gezogen wurde. Schließlich richtete sich der Orang-Utan auf und verkündete:
»Uff.«
Rincewind holte ein Taschentuch hervor und wischte ihm die Stirn ab.
»Uff.«
»Nicht der Rede wert. Ist die ... Operation gelungen?«
Der Bibliothekar nickte, und die vielen tausend Bücher im Kunstturm seufzten kaum hörbar.
Rincewind setzte sich. Die Grimoires fürchteten sich. Sie waren sogar entsetzt. Die Präsenz des kreativen Magus' jagte ihnen kalte Schauer über die ledernen Rücken, und Rincewind spürte deutlich den Druck der vielbändigen, gespannten Aufmerksamkeit. Einige Sekunden lang glaubte er zu fühlen, wie sich auch um ihn ein Schraubstock schloß.
»Na schön«, murmelte er. »Aber was kann ich schon unternehmen?«
»Uff.« Der Bibliothekar bedachte ihn mit jener Art von Blick, die man von einem klugen Professor erwartet, der eine Brille mit halbmondförmigen Gläsern trägt. Wortlos griff er nach einem anderen verletzten Buch.
»Ich meine, du weißt doch, daß meine magischen Fähigkeiten, äh, eher beschränkt sind.«
»Uff.«
»Die kreative Magie, die sich derzeit ausbreitet ... Sie ist schrecklich. Ich meine, es handelt sich um pure okkulte Energie, und sie stammt aus dem Morgengrauen der Zeit. Oder vom Frühstückstisch des Universums.«
»Uff.«
»Letztendlich wird sie alles zerstören, nicht wahr?«

»Uff.«

»Es ist dringend notwendig, daß jemand die Macht der kreativen Magie bricht, stimmt's?«

»Uff.«

»Nun, ich komme dafür nicht in Frage. Auf dem Weg hierher dachte ich zunächst, vielleicht ließe sich irgend etwas ausrichten. Aber der Turm! Er ist so groß! So hoch! Und ganz offensichtlich hat man ihn vor allen thaumaturgischen Angriffen geschützt! Wenn nicht einmal wahrhaft mächtige Zauberer imstande sind, die magischen Schilde zu durchdringen, habe ich sicher nicht die geringste Chance.«

»Uff«, pflichtete ihm der Bibliothekar bei und nähte einen zerrissenen Buchrücken.

»Deshalb schlage ich vor, daß diesmal jemand anders die Welt rettet. Für so etwas eigne ich mich nicht besonders.«

Der Affe nickte, streckte den Arm aus und nahm Rincewind den Hut vom Kopf.

»He!«

Der Bibliothekar schenkte ihm keine Beachtung und griff nach einer Schere.

»Hör mal, das ist mein Hut, und wenn du so freundlich wärst ... *Wag es bloß nicht, meinen Hut zu zerschneiden ...*«

Rincewind sprang vor, und einen Sekundenbruchteil später traf ihn eine ledrige Hand am Kopf. Der Schlag hätte ihn sicher überrascht, wenn er in der Lage gewesen wäre, darüber nachzudenken. Für gewöhnlich bewegte sich der Bibliothekar wie ein gutmütiger, mit Wasser gefüllter Ballon, aber unter dem einige Nummern zu großen Gewand der Haut erstreckte sich ein außerordentlich stabiles Gerüst aus festen Knochen und dicken Muskeln. Anders ausgedrückt: Der Orang-Utan war kräftig genug, um eine schwielige Faust durch massive Eichenplatten zu rammen, und wer sich auf ihn stürzte, gewann den Eindruck, an harten Stahl zu prallen.

Wuffel sprang umher und bellte aufgeregt.

Rincewind schrie einen heiseren, unübersetzbaren Fluch, taumelte an der Wand entlang, schloß die Hände um einen Stein, hob ihn wie eine Keule — und verharrte.

Der Bibliothekar hockte einige Meter vor ihm, und die Schere deutete drohend auf den Hut.

Er sah den Zauberer an und lächelte.

Einige Sekunden lang rührten sich die beiden Kontrahenten nicht von der Stelle. Dann warf der Affe die Schere beiseite, strich imaginären Staub fort, rückte die Spitze zurecht und setzte den Hut auf Rincewinds Kopf.

Es dauerte eine Weile, bis der Zauberer verblüfft feststellte, daß er noch immer einen langen, schweren Stein umklammert hielt. Es gelang ihm, den granitenen Knüppel an die Wand zu legen, bevor sich das Ding an die Gesetze der Schwerkraft erinnern und ihm auf den Fuß fallen konnte.

»Ich verstehe«, sagte Rincewind, sank an die Mauer zurück und rieb sich die Ellenbogen. »Vermutlich soll ich mich jetzt zu irgendeiner Erkenntnis durchringen, nicht wahr? Eine moralische Lektion: Man konfrontiere Rincewind mit seinem wahren Selbst; man zeige ihm, daß er wirklich bereit ist, für etwas zu kämpfen. Habe ich recht? Nun, es war ein verdammt billiger Trick. Vielleicht interessiert es dich zu erfahren, was ich von dieser Sache halte. Wenn du glaubst, daß du damit durchkommst...« Entschlossen zog er an der Hutkrempe. »Wenn du glaubst, daß ich mich von so etwas überzeugen lasse. Dann hast du dich. Wenn du glaubst. Du solltest nicht zuviel glauben. Hör mal. Ich glaube. Und wenn du glaubst.«

Er unterbrach sich, und seine Stimmbänder erröteten verlegen. Rincewind warf ihnen einen finsteren Blick zu und zuckte dann mit den Schultern.

»Na schön. Aber wenn wir Heldentum und ähnlich fatale Dinge beiseite lassen... Was soll ausgerechnet *ich* gegen den kreativen Magus unternehmen?«

Der Bibliothekar ruderte mit den Armen — ein Gestenäquivalent seines üblichen ›Uff‹ — und wies darauf hin, Rincewind sei ein Zauberer, auf dessen Kopf ein angemessener Hut ruhe. Außerdem stehe ihm nun ein Turm mit vielen magischen Büchern zur Verfügung. Mit anderen Worten: Er besaß alle Utensilien, die ein Magier brauchte. Der Affe, der kleine Terrier mit Mundgeruch und die in einem Einmachglas gefangene Eidechse waren optionale Extras.

Rincewind spürte einen leichten Druck an seinem Fuß. Wuffel schätzte die Lage falsch ein, schloß sein zahnloses Maul um den Stiefel des Zauberers und saugte kräftig.

Er hob den Hund am Nacken und jenem haarigen Etwas hoch, das hier in Ermangelung eines geeigneteren Ausdrucks als Schwanz bezeichnet werden soll. Einige Sekunden lang sah er skeptisch auf ihn hinab.

»Na gut«, sagte er schließlich und wandte sich an den Bibliothekar. »Erzähl mir jetzt, was hier geschehen ist.«

※

Die Knarrigknurrberge boten einen weiten Blick über die kalte Sto-Ebene, in deren Mitte Ankh-Morpork wie ein großer Haufen aus teilweise gesplitterten Murmeln wirkte. Noch vor wenigen Tagen hatte die Stadt den Eindruck erweckt, als habe man sie aus Schlamm, Dung und gewissen Müllresten errichtet (der Geruch bestätigte diese Vermutung), aber jetzt glitzerte sie. Die magische Schlacht tobte nach wie vor: Thaumaturgische Blindgänger und Querschläger sausten hin und her, bildeten eine weit gespannte Kuppel, unter der die Luft gerann. Seltsames Licht blitzte und flackerte.

Tausende von Flüchtlingen eilten über die Straßen, die aus der Stadt führten, und in jeder Schenke am Wegesrand herrschte dichtes Gedränge. Na ja, in fast jeder.

Sonderbarerweise schien sich niemand für die hübsche kleine Taverne zu interessieren, die unter einigen Bäumen stand und Reisenden nach Quirm Speis und Trank anbot. Die Flüchtlinge schreckten nicht etwa davor zurück, das Wirtshaus zu betreten. Nein, sie wanderten daran vorbei, weil sie es gar nicht bemerkten. Dafür gab es natürlich einen guten Grund, über den der Leser bald Aufschluß gewinnen wird.

Etwa eine halbe Meile entfernt flirrte die Luft. Drei Gestalten erschienen aus dem Nichts und fielen auf einige Lavendelbüsche herab.

Sie blieben inmitten der duftenden Blätter liegen, und es dauerte eine Weile, bis sie sich von ihrer Überraschung erholten.

»Habt ihr eine Ahnung, wo wir jetzt sind?« fragte Krösus.

»Hier riecht es wie in einem Nachtschränkchen mit Unterwäsche«, stellte Conina fest.

»*Meine* ist es nicht«, erwiderte Nijel bestimmt.

Er richtete sich auf und fügte hinzu: »Hat irgend jemand die Lampe gesehen?«

»Vergiß sie«, sagte Conina. »Wahrscheinlich hat sie der Dschinn gegen einen Nachtklub eingetauscht.«

Nijel kroch zwischen den Blüten umher und entdeckte einen kleinen Gegenstand aus Metall.

»Ich hab sie gefunden!«

»Reib sie bloß nicht!« platzte es gleichzeitig aus Conina und Krösus heraus. Ihre Warnung kam natürlich zu spät, aber das spielte eigentlich gar keine Rolle. Es entstand nicht etwa die erwartete Tür im Boden; statt dessen formten sich einige Meter über dem Gras Buchstaben aus rosarotem Rauch.

»Hallo, Leute«, las Nijel laut vor. »Stellt die Lampe

nicht ab, denn eure Nachricht ist mir sehr wichtig. Bitte hinterlaßt euren Wunsch nach dem Signal; ich werde ihn so rasch wie möglich erfüllen. Bis dahin ... Gesegnete Ewigkeit.« Nijel fügte einen eigenen Kommentar hinzu: »Er hat uns ja darauf hingewiesen, die Lampenbranche sei sehr stressig. Wahrscheinlich ist er gerade irgendwo anders beschäftigt.«

Conina schwieg, starrte über die Ebene und beobachtete den magischen Sturm. Gelegentlich löste sich ein bunter Keil aus dem allgemeinen Wogen, raste davon und zielte vermutlich auf einen fernen Turm. Die junge Frau schauderte im warmen Sonnenschein.

»Wir müssen so schnell wie möglich zur Stadt«, sagte sie. »Es ist sehr wichtig.«

»Warum?« fragte Krösus. Ein Glas Wein hatte sein früheres unbekümmertes Wesen nicht wiederhergestellt.

Conina öffnete den Mund — und klappte ihn zu, ohne einen einzigen Ton hervorgebracht zu haben. Es gab keine Möglichkeit zu erklären, daß sie sich von ihren Genen angetrieben fühlte. Jedes einzelne Chromosom verlangte, sie solle sich in den Kampf stürzen. Die Trokkenhauben in den Frisiersalons ihrer Hoffnungen verwandelten sich in lange Schwerter und stachelbesetzte Kugeln, die an rasselnden Ketten hingen.

In Nijel fand eine völlig andere emotionale Auseinandersetzung statt. Er ließ sich allein von der Flut seiner Phantasie leiten, aber sie genügte, um eine mittelgroße, kriegsmäßig ausgestattete Galeere zu tragen. Der junge Mann sah ebenfalls zur Stadt, und einmal mehr versuchte er, entschlossen das Kinn vorzuschieben. Es gelang ihm erstaunlich gut, trotz der Grübchen.

Krösus begriff plötzlich, daß man ihn überstimmt hatte.

»Gibt es dort drüben irgend etwas zu trinken?« fragte er.

»Jede Menge«, sagte Nijel.
»Das könnte für den Anfang genügen«, überlegte der Serif laut. »Na schön, ich folge dir, o pfirsichbrüstige Tochter...«
»Bitte keine Poesie.«
Sie krochen aus dem Gebüsch, wanderten den Hang hinab, setzten den Weg über die Straße fort und erreichten kurz darauf die bereits erwähnte Taverne. Krösus bestand darauf, sie Karawanserei zu nennen.
Einige Meter vor der Tür zögerten sie. Die Schenke wirkte nicht besonders freundlich, erweckte den Eindruck, als lehne sie Besucher ab. Conina gab dem Ruf ihrer Gene nach, schlich um das Gebäude herum und fand vier Pferde.
Nachdenklich beobachteten sie die Tiere.
»Es wäre Diebstahl«, sagte Nijel langsam.
Conina öffnete den Mund, um ihm zuzustimmen, doch ihre Zunge vertrat eine andere Ansicht. »Was soll's?« erwiderte die junge Frau und zuckte mit den Achseln.
»Vielleicht sollten wir Geld zurücklassen«, schlug Nijel vor.
»Sieh mich nicht so an«, sagte der nüchterne Serif. »Meine Taschen sind leer. Und mein Magen ebenfalls.«
»Wir könnten auch eine kurze Nachricht schreiben und den Zettel an die Tür heften. Oder so. Was meint ihr?«
Conina antwortete, indem sie sich auf den Rücken des größten Rosses schwang. Es schien einem Soldaten zu gehören; überall hingen Waffen.
Krösus kletterte aufs zweite Pferd, einen recht unruhigen Braunen. Er seufzte.
»Sie hat wieder den Briefkastenblick«, sagte er. »Dadurch bleibt uns keine andere Wahl.«
Nijel musterte die beiden anderen Pferde argwöhnisch. Eins war recht groß und extrem weiß. Nun, die

meisten Rösser schaffen es nur bis zu einem gebrochenen Weiß, aber in diesem besonderen Fall handelte es sich um einen fast durchsichtigen, elfenbeinfarbenen Ton, in dem Nijels Unterbewußtsein etwas Leichenhaftes zu erkennen glaubte. Unbehagen regte sich in ihm, als er ahnte, diesem speziellen Pferd intellektuell unterlegen zu sein.

Er entschied sich für das andere. Es wirkte ein wenig mager, erwies sich jedoch als gutmütig und sanft. Schon beim dritten Versuch gelang es Nijel, im Sattel Platz zu nehmen.

Sie ritten los.

Das Pochen der Hufe durchdrang nicht die Mauern der Taverne. Eine eigentümliche Düsternis umhüllte den Schankraum, und der Wirt bewegte sich wie in einem Traum. Er wußte, daß er Gäste bediente; er hatte sogar mit ihnen gesprochen und sah, daß sie am Tisch saßen, dicht neben dem Kamin. Aber er war nicht imstande, die Gestalten zu beschreiben. Nun, das menschliche Bewußtsein versteht es ausgezeichnet, Dinge zu verdrängen, mit denen es sich nicht befassen möchte. Bei solchen Gelegenheiten errichtet es massive mentale Schilde, um sich vor unliebsamen Erkenntnissen zu schützen. Im Falle des Wirts hätten sie ausgereicht, um einen Banktresor abzuschirmen.

Und dann die Getränke! Von den meisten hatte er noch nie etwas gehört. Ständig erschienen seltsame Flaschen im Regal über den Bierfässern, und wenn er versuchte, einen verstohlenen Blick auf die Etiketten zu werfen, weigerten sich die Augen, die verschnörkelten Buchstaben zu lesen.

Die Gestalten am Tisch sahen von ihren Karten auf.

Eine von ihnen hob die Hand. Sie befindet sich am Ende des Arms und endet in fünf Fingern, dachte der Wirt. Also muß es eine Hand sein.

Seine Trommelfelle versuchten vergeblich, sich ir-

gendwo zu verkriechen, um nichts mehr zu hören. Diese besondere Stimme klang so, als schlage jemand mit hohlen Bleirohren auf einen harten Felsen.
MANN HINTER DER THEKE.
Der Wirt stöhnte innerlich. Heiße Lanzen des Entsetzens brannten sich durch die Stahltür seines Geistes.
MAL SEHEN. WIR MÖCHTEN... WIE HEISST DAS ZEUG?
»Eine Bloody Mary«, sagte eine andere Gestalt. Bei *ihr* hörte sich jede einzelne Silbe wie eine Kriegserklärung an.
OH, JA. UND...
»*Ich möchte einen Eiercognac*«, sagte Pestilenz.
EINEN EIERCOGNAC.
»*Mit einem Schuß Kirschsaft.*«
SCHMECKT SICHER SEHR GUT, log die Grabesstimme. FÜR MICH EIN GLAS PORTWEIN. Die dunkle Figur blickte über den Tisch, sah den vierten Angehörigen des Quartetts an und seufzte. AUSSERDEM RATE ICH DIR, NOCH EINE SCHÜSSEL MIT ERDNÜSSEN ZU BRINGEN.

Etwa dreihundert Meter entfernt versuchten die Pferdediebe, sich an eine völlig neue Erfahrung zu gewöhnen.

»Ein sehr angenehmer Ritt«, sagte Nijel nach einer Weile. »Völlig ruckfrei.«

»Und die Aussicht ist wirklich gut«, kommentierte Krösus. Warmer Wind stahl ihm die Worte von den Lippen.

»Trotzdem...«, sagte Nijel unsicher. »Ich frage mich, ob wir keinen Fehler gemacht haben.«

»Wir sind unterwegs«, warf Conina ein. »Das genügt doch, oder?«

»Es ist nur... Nun, wenn man Kumuluswolken von *oben* betrachtet...«

»Sei still!«
»Entschuldige bitte.«
»Wie dem auch sei: Es sind Stratuswolken. Bestenfalls eine Mischung aus beiden.«
»Na schön«, murmelte Nijel kummervoll.
»Macht das irgendeinen Unterschied?« fragte Krösus, der sich verzweifelt am Hals seines Rosses festklammerte und nicht wagte, die Augen zu öffnen.
»Er beträgt ungefähr dreihundert Meter.«
»Oh.«
»Vielleicht auch nur zweihundert«, gestand Conina ein.
»Ah.«

※

Der Turm kreativer Magie erzitterte. Bunter Rauch wallte durch die weiten Kammern und glänzenden Korridore. Im großen Zimmer ganz oben, wo die dichte, schmierige Luft nach verbranntem Blech roch, sanken Dutzende von Zauberern ohnmächtig zu Boden — sie waren den Anstrengungen der magischen Schlacht einfach nicht mehr gewachsen. Aber es blieben genug übrig. Sie saßen in einem weiten Kreis und konzentrierten sich auf den thaumaturgischen Kampf.

Irgend etwas schimmerte matt, als pure kreative Magie aus dem Stab des Knaben ins Zentrum des Oktagramms strömte

Für einen Sekundenbruchteil entstanden sonderbare Formen und verschwanden dann wieder. An diesem Ort wurde das Gefüge der Realität durch die Mangel gedreht.

Krempel schauderte und wandte sich ab. Er wollte es vermeiden, Dinge zu erblicken, die er nicht ignorieren konnte.

Vor den überlebenden Seniorzauberern schwebte eine naturgetreue Darstellung der Scheibenwelt. Krempel sah auf sie hinab und beobachtete, wie der kleine rote Fleck über Quirm flackerte und sich auflöste.

Es knackte und knisterte.

»Damit wäre Quirm ebenfalls erledigt«, murmelte Krempel.

»Jetzt bleibt nur noch Al Khali«, sagte einer seiner Kollegen.

»Dort leistet eine große Macht Widerstand.«

Krempel nickte bedrückt. Er hatte Quirm gemocht und dachte an eine hübsche Stadt am Randmeer, die nun nicht mehr existierte. Zumindest nicht in ihrer ursprünglichen Form.

Vage erinnerte er sich daran, sie einmal als kleiner Junge besucht zu haben. Seine Gedanken glitten in die Vergangenheit, in der er kopfsteingepflasterte Straßen und Geranien sah. Er nahm sogar ihren Duft wahr und atmete tief durch.

»Sie wuchsen aus den Mauern«, sagte er laut. »Rosarot. Sie waren rosarot.«

Die anderen Zauberer musterten ihn mißtrauisch. Einige mit besonders paranoiden Einstellungen drehten sich sogar um und beobachteten argwöhnisch die Wände.

»Ist alles in Ordnung mit dir?« fragte einer von ihnen.

»Hm?« Krempel blinzelte. »Oh. Ja. Entschuldigt bitte. War nur ein wenig abgelenkt.«

Er drehte sich um und richtete seine Aufmerksamkeit auf Münze. Der Junge saß etwas abseits des Kreises, mit dem Stab quer über den Knien, und er schien zu schlafen. Vielleicht täuschte dieser Eindruck nicht. Aber tief in seiner gequälten Seele wußte Krempel, daß der Zauberstab nicht schlief. Das Ding starrte ihn an, blickte tief in ihn hinein.

Es wußte über alles Bescheid. Selbst über die rosaroten Geranien.

»Ich habe es mir völlig anders vorgestellt«, sagte

Krempel leise. »Ich wollte nur ein wenig Respekt, mehr nicht.«

»Ist *wirklich* alles in Ordnung mit dir?«

Krempel nickte andeutungsweise und beobachtete seine Kollegen, während sie sich wieder auf das Oktagramm konzentrierten.

Aus irgendeinem Grund hatte er alle seine Freunde verloren. Nun, eigentlich konnte man nicht von ›Freunden‹ sprechen. Zauberer schlossen keine Freundschaften, zumindest nicht mit anderen Zauberern. Krempel suchte nach einem anderen, geeigneteren Wort. Ach ja: *Feinde.* Doch es handelte sich um besonders anständige und ehrenwerte Gegner, deren Feindschaft man bedingungslos vertrauen durfte. Der metaphorische Rahm unserer Zunft, dachte er. Diese Burschen hier sind Emporkömmlinge, die Magier meines Standes noch vor wenigen Tagen überhaupt nicht beachtet hätten. Sie verdanken ihren Status nur dem Umstand, daß es keine thaumaturgischen Stufen mehr gibt. Der kreative Magus hat sie abgeschafft.

Krempel blieb im Bild und fügte lautlos hinzu: Jetzt schwimmt nicht mehr nur der Rahm oben.

Er sah auf die Darstellung der Scheibenwelt, stellte seinen Blick auf Al Khali scharf und sondierte in Gedanken. Er wußte natürlich, daß sich die dortigen Zauberer ebenso verhielten und nach schwachen Stellen suchten.

Bin ich eine schwache Stelle? überlegte Krempel. Spelzdinkel versuchte, mir irgend etwas mitzuteilen, und dabei ging es um den Stab. Ein Mann sollte sich auf seinen Stab stützen können, nicht umgekehrt ... Das Ding führt den Jungen, gibt ihm Anweisungen ... Hätte ich Spelzdinkel doch nur Gelegenheit gegeben, mir alles zu sagen ... Denk nicht daran, Krempel, alter Knabe. Konzentriere dich. Du willst doch keine schwache Stelle sein, oder?

Er versuchte es erneut, ritt auf den Wogen okkulter Energie, ließ sich von ihnen zum gegnerischen Turm tragen. Selbst Abrim setzte kreative Magie ein, und Krempel paßte sich dem Pulsieren im thaumaturgischen Spektrum an, kroch vorsichtig an den Schutzbarrieren des ehemaligen Großwesirs vorbei.

Plötzlich formten sich andere Konturen und zeigten das Innere des Turms in Al Khali ...

Truhe marschierte durch gleißende Korridore, und ihre Klappe knarrte zornig. Man hatte sie aus dem Winterschlaf geweckt, sie verschmäht, und hinzu kamen Angriffe von mehreren mythischen Wesen und inzwischen ausgestorbenen Lebensformen. Sie litt an Kopfschmerzen, und als sie den Großen Saal betrat, entdeckte sie den Hut. Den verdammten Hut, dem sie ihr Leiden verdankte. Truhe zögerte nicht und näherte sich ihm zielstrebig ...

Krempel spürte den Widerstand eines feindlichen Bewußtseins und merkte, daß dünne Risse in Abrims Wachsamkeit entstanden. Für einige Sekunden blickte er durch seine Augen und beobachtete eine Kiste, die auf Dutzenden von Füßen über marmorne Fliesen trippelte. Der Großwesir reagierte aus einem fatalen Reflex heraus und wandte sich Truhe zu. Krempel handelte ebenso automatisch wie eine Katze, die etwas Kleines und Piepsendes sieht, das dicht vor über den Boden läuft — er schlug zu.

Er brauchte sich nicht einmal besondere Mühe zu geben. Abrim versuchte, gewaltige Kräfte auszubalancieren, und eine kurze magische Berührung genügte, um alles aus dem Gleichgewicht zu bringen.

Der Wesir streckte die Hand aus, um Truhe mit einem thaumaturgischen Blitz zu begrüßen. Aber dazu kam er nicht mehr. Er setzte zu einem Schrei an und implodierte.

Die Zauberer in seiner Nähe rissen entsetzt die Augen auf, als er immer kleiner wurde und schließlich verschwand. Zurück blieb ein winziges schwarzes Loch.

Abrims intelligenteste Verbündete sprangen auf und ergriffen die Flucht ...

Was ihnen nicht viel nützte.

Die bis vor einigen Sekunden kontrollierte Magie entlud sich in einer gewaltigen Explosion. Sie zerfetzte den Hut des Erzkanzlers und zerstörte sowohl die untersten Etagen des Turms als auch alle übriggebliebenen Reste der Stadt.

Die Zauberer in Ankh-Morpork hatten sich so sehr auf Al Khali konzentriert, daß sie von der magischen Druckwelle durchs Zimmer geschleudert wurden. Krempel fand sich auf dem Rücken wieder und geriet in Panik, weil um ihn herum Dunkelheit herrschte. Kurze Zeit später stellte er fest, daß ihm der Hut über die Augen gerutscht war.

Seine Kollegen halfen ihm auf, klopften ihm Staub vom Mantel und trugen ihn jubelnd zu Münze. Einige der älteren Zauberer schlossen sich dem Triumphzug nicht an, doch niemand achtete auf sie.

Krempel starrte verwirrt den Knaben an und hob langsam die Hände zu den Ohren.

»Hörst du sie?« fragte er.

Die Zauberer schwiegen. Krempel hatte noch immer Autorität, und der scharfe Klang seiner Stimme wäre sogar in der Lage gewesen, einen Orkan einzuschüchtern.

Die Augen des Jungen glühten.

»Ich höre nichts«, sagte er.

Krempel drehte sich zu seinen Kollegen um.

»Könnt *ihr* sie hören?«

Eine Zeitlang herrschte Stille, und schließlich erwiderte jemand: »Was meinst du?«

Krempel lächelte ein breites, irres Lächeln. Selbst Münze wich einen Schritt zurück.

»Ihr werdet sie bald genug hören«, brummte er. »Ihr habt ihnen den Weg gewiesen. Ja, es dauert sicher nicht mehr lange, bis ihr sie hört. Und *wenn* ihr sie hört, ist euer Schicksal besiegelt.« Er stieß die beiden jüngeren Zauberer beiseite, die ihn an den Armen festhielten. Mit einigen langsamen Schritten trat er auf Münze zu.

»Du läßt kreative Magie in die Welt strömen, aber gewisse *Dinge* begleiten sie«, sagte Krempel unheilvoll. »Andere haben einen Pfad für sie geschaffen, doch du hast eine breite Straße für sie gepflastert!«

Er sprang vor, riß Münze den Stab aus der Hand und holte damit aus, um ihn an der Wand zu zerschmettern.

Das schwarze Metall setzte sich zur Wehr. Krempel erstarrte. Blasen bildeten sich auf seiner Haut ...

Den meisten Zauberern gelang es, sich rechtzeitig abzuwenden. Einige wenige — manche Leute sind eben unverbesserlich — blieben stehen und sahen voller Grauen zu.

Der Knabe rührte sich nicht von der Stelle, und seine Pupillen weiteten sich. Er hob eine Hand zum Mund und wollte fortlaufen, doch die Beine versagten ihm den Dienst.

※

»Es *sind* Kumuluswolken.«
»Prächtig«, sagte Nijel kläglich.

※

GEWICHT SPIELT KEINE ROLLE. WENN'S DRAUF ANKOMMT, KANN MEIN ROSS EINE GANZE ARMEE TRANSPORTIEREN. SELBST GROSSE STÄDTE WÄREN IHM NICHT ZU SCHWER. JA, ES IST EIN SEHR TÜCHTI-

GER HENGST, ABER ER HAT AUCH SEINEN STOLZ. Tod zögerte. EUCH DREI WIRD ER NICHT TRAGEN.
»Warum nicht?«
WIR MÜSSEN EINE GEWISSE WÜRDE WAHREN.
»Ach, es geht dir also um Würde?« erwiderte Krieg herausfordernd. »Was hielten die Leute wohl vom Einen Reiter Und Den Drei Fußgängern Der Apokralypse?«
»*Vielleicht könntest du uns irgendwo drei gute Pferde besorgen*«, schlug Pestilenz vor. Seine Stimme schien aus einem modrigen Sarg zu erklingen.
DAZU BLEIBT MIR NICHT GENUG ZEIT. ICH MUSS MICH UM EINIGE WICHTIGE DINGE KÜMMERN. Tod klapperte mit den Zähnen. BESTIMMT KOMMT IHR AUCH ALLEIN ZURECHT. DAS WAR BISHER IMMER DER FALL.
Krieg sah dem elfenbeinweißen Pferd nach.
»Manchmal geht er mir wirklich auf die Nerven«, knurrte er. »Warum ist es immer so versessen darauf, das letzte Wort zu behalten?«
»*Vermutlich reine Angewohnheit.*«
Sie wandten sich zur Schenke um, und eine Zeitlang blieben sie still.
»Wo ist Hunger?« fragte Krieg schließlich.
»*In der Küche.*«
»Oh.« Krieg scharrte mit einem eisenbeschlagenen Stiefel im Sand und dachte daran, wie weit Ankh-Morpork entfernt war. Eine heiße Nachmittagssonne brannte vom Himmel. Die Apokralypse konnte bestimmt noch ein wenig warten.
»Einen letzten Schluck, bevor wir uns auf den Weg machen?«
»*Meinst du?*« entgegnete Pestilenz skeptisch. »*Ich fürchte, wir werden erwartet. Weißt du, ich möchte die Leute nicht enttäuschen.*«
»Für ein Gläschen bleibt uns sicher genug Zeit«, be-

harrte Krieg. »Vielleicht auch für zwei. Tavernenuhren gehen immer falsch. Wir haben jede Menge Zeit. Die ganze Zeit der Welt.«

※

Krempel fiel und prallte mit einem dumpfen Pochen auf weißen Marmor. Der Stab rollte ihm aus den Händen und richtete sich auf.
Münze stieß den leblosen Körper an.
»Ich habe ihn gewarnt«, sagte er. »Er wußte, daß ihn eine zweite Berührung meines Stabs umbringen würde. Was meinte er mit *sie*?«
Einige Magier hüstelten, und die übrigen blickten interessiert auf ihre Fingernägel.
»Was meinte er damit?« wiederholte der Knabe.
Ovin Schmollwinkel, Hüter der Gebote, mußte wieder einmal feststellen, daß sich die Menge der Zauberer wie ein Morgennebel vor ihm teilte. Er schien einige Schritte vorgetreten zu sein, obwohl er sich überhaupt nicht bewegt hatte. Seine Augen rollten von links nach rechts und suchten offenbar nach einer Möglichkeit, sich irgendwo zu verbergen.
»Äh«, sagte er bedeutungsvoll und gestikulierte weitschweifig. »Die Welt, weißt du, sie ist, äh, die Realität, in der wir leben, in gewisser Weise und eigentlich kann man sie sich als eine Art, äh, Gummimatte vorstellen.« Er zögerte und begriff, daß sich dieser Satz wohl kaum für eine Zitatensammlung eignete.
»Ich will auf folgendes hinaus«, fügte er hastig hinzu. »Ganz gleich, wieviel Magie präsent ist, sie, äh, verzerrt die Welt, ich meine, die Welt wird dadurch *gedehnt*, und wenn sich ein zu hohes magisches Potential an einer Stelle sammelt, wird die Realität dadurch nach, äh, unten gedrückt, wobei das natürlich nicht wörtlich zu verstehen ist (meine Worte beziehen sich

keineswegs auf eine physikalische Dimension), darüber hinaus wurde postuliert, daß ein genügend umfangreicher Einsatz von thaumaturgischer Energie die, nun, Aktualität an ihrer schwächsten Stelle sozusagen durchstoßen kann, wodurch möglicherweise ein Pfad zu den Geschöpfen oder, wenn du mir diesen Ausdruck gestattest, *Wesenheiten* der unteren Ebene entsteht (im allgemeinen Sprachgebrauch nennt man sie ›Kerkerdimensionen‹), die vielleicht aufgrund von energetischen Niveauunterschieden von dieser, beziehungsweise unserer Welt angelockt werden. Äh.«
Es folgte eine für Schmollwinkels Ansprachen typische Pause, während die Anwesenden versuchten, Kommata und Punkte einzufügen. Mehrere grammatikalisch besonders verwegene Zauberer bemühten sich sogar, die einzelnen Nebensätze in eine einigermaßen verständliche Reihenfolge zu bringen.
Die Lippen des Knaben bewegten sich lautlos, und nach einer Weile fragte er: »Soll das heißen, Magie wirkt auf solche Wesen wie ein Magnet auf Eisen?«
Seine Stimme klang jetzt völlig anders. Es fehlte ihr an Schärfe. Der Stab schwebte über Krempels Leiche und drehte sich langsam um die eigene Achse. Die Blicke aller Zauberer klebten daran fest.
»Von einer solchen Annahme müssen wir ausgehen«, bestätigte Ovin Schmollwinkel. »Angeblich kündigt sich das Erscheinen der *Dinge* durch ein heiseres Murmeln an.«
Münze runzelte die Stirn.
»Sie summen«, warf ein hilfsbereiter Zauberer ein.
Der Junge ging in die Hocke und musterte Krempel.
»Er liegt so seltsam still«, sagte er. »Ist ihm irgend etwas Schlimmes zugestoßen?«
»Wie man's nimmt«, erwiderte Schmollwinkel vorsichtig. »Er ist tot.«
»Ich wünschte, er wäre noch am Leben.«

»Vermutlich ergeht es Krempel nicht anders.«

»Ich hole ihn ins Leben zurück!« entfuhr es dem Knaben. Er streckte die Hände aus, und sofort sauste der Stab heran. Schwarzes Oktiron kann zwar nicht hämisch grinsen, aber in diesem Fall gab es sich alle Mühe.

»Wenn Versagen ohne Strafe bleibt, ist der Erfolg keine Belohnung«, sagte der Junge, und seine Stimme klang nun wieder so kühl und dumpf, als ertönte sie in einer stählernen Kammer. Offenbar hatte er Krempel vergessen.

»Bitte?« erwiderte Schmollwinkel. »Ich verstehe nicht ganz.«

Münze drehte sich ruckartig um und kehrte zu seinem Stuhl zurück.

»Wir fürchten uns vor nichts«, behauptete er, und die Zauberer brachten nicht den Mut auf, ihm zu widersprechen. »Was hat es schon mit den Kerkerdimensionen auf sich? Wenn sie uns Sorgen bereiten — weg damit! Ein wahrer Magier hat vor nichts Angst!«

Er stand wieder auf und trat an die Darstellung der Scheibenwelt heran. Sie war in allen Einzelheiten perfekt, berücksichtigte sogar eine Nachbildung der Himmelsschildkröte Groß-A'Tuin, die einige Zentimeter über dem Boden durch interstellare Weiten wanderte.

Münze zeigte verächtlich darauf.

»Uns gehört eine Welt der Magie. Gibt es darin irgend etwas, das sich unserer Macht zu widersetzen vermag?«

Schmollwinkel glaubte, daß man eine Antwort von ihm erwartete.

»Absolut gar nichts«, entgegnete er. »Abgesehen natürlich von den Göttern.«

Von einem Augenblick zum anderen herrschte Stille.

»Abgesehen von den Göttern?« fragte Münze ruhig.

»Nun, ja. Ich denke schon. Wir fordern sie nicht her-

aus. Ich meine, sie machen ihren Job und wir unseren. Es hat doch keinen Sinn, äh ...«
»Wer regiert die Scheibenwelt? Zauberer oder Götter?«
Schmollwinkel dachte möglichst rasch nach.
»Äh, Zauberer. Glaube ich. Das heißt, ich bin ziemlich sicher. Allerdings, äh, stehen sie *unter* den Göttern.«
Wenn man zufälligerweise mit einem Bein in ein Sumpfloch gerät, so ist das ziemlich unangenehm. Doch wenn man das andere nachzieht und spürt, wie es ebenfalls langsam versinkt, sollte man schleunigst versuchen, festen, sicheren Boden zu erreichen.
Schmollwinkel räusperte sich.
»Weißt du, die Zauberei ist eher ...«
»Sind wir nicht mächtiger als die Götter?« unterbrach ihn der Knabe.
Einige der Magier weiter hinten scharrten mit den Füßen.
»Nun, ja und nein«, ächzte Schmollwinkel. Der Morast reichte ihm bereits bis zu den Knien.
Für gewöhnlich reagierten Zauberer recht nervös, wenn man sie auf die Götter ansprach. Die auf Cori Celesti wohnenden Wesen hatten nie deutlich zu verstehen gegeben, was sie von zeremonieller Magie hielten, die sich zumindest durch einige himmlische Aspekte auszeichnete, und praktisch alle Thaumaturgen vermieden es, solche Dinge zur Sprache zu bringen. Eins der größten Probleme mit Göttern bestand darin, daß die heiligen Entitäten sich nicht mit freundlichen Hinweisen aufhielten, wenn ihnen irgend etwas gegen den Strich ging. Deshalb riet der gesunde Zaubererverstand, die Götter nicht zu zwingen, eine Entscheidung zu treffen.
»Bist du nicht ganz sicher?« fragte Münze.
»Nun, äh, wenn ich dir einen Rat geben darf ...«, begann Ovin Schmollwinkel.

Der Knabe winkte, und daraufhin verschwanden alle Wände. Die Zauberer standen ganz oben auf dem Turm kreativer Magie, drehten sich um und beobachteten den fernen Gipfel von Cori Celesti, Heimat der Götter.

»Wenn man alle Gegner besiegt hat, bleiben nur noch die Götter«, sagte Münze und sah den Hüter der Gebote an. »Wer von deinen Kollegen kann behaupten, schon einmal einem Gott begegnet zu sein?«

»Äh, niemand«, antwortete Schmollwinkel.

»Ich zeige sie euch.«

※

»Ein zusätzliches Gläschen wirft dich bestimmt nicht von den Beinen, alter Knabe«, sagte Krieg.

Pestilenz schwankte. »*Wir sollten uns jetzt wirklich auf den Weg machen*«, murmelte er. Es klang nicht sehr überzeugt.

»Ach, komm schon.«

»*Na gut. Aber nur ein halbes Glas. Oder ein ganz kleines. Und dann brechen wir auf.*«

Krieg klopfte ihm kameradschaftlich auf den Rücken und sah Hunger an.

»Außerdem sollten wir noch fünfzehn Tüten mit Erdnüssen bestellen.«

※

»Uff«, sagte der Bibliothekar und beendete damit seine Schilderungen.

»Oh«, erwiderte Rincewind. »Also ist der Stab für alles verantwortlich?«

»Uff.«

»Hat denn noch niemand versucht, ihn zu zerstören?«

»Uff.«

»Und was ist dann passiert?«
»Iieehk.«
Rincewind stöhnte.
Der Bibliothekar hatte die Kerze ausgepustet, denn das Flackern der Flamme beunruhigte die Bücher. Rincewind bekam also ausreichend Gelegenheit, sich an die Finsternis zu gewöhnen, und schon nach kurzer Zeit stellte er fest, daß sie gar nicht so finster war. Ein schwaches oktarines Glühen ging von den vielen tausend magischen Werken aus und erfüllte den Kunstturm mit... Nun, nicht direkt mit Licht. Es handelte sich eher um eine Dunkelheit, in der man sehen konnte. Ab und zu raschelte furchtsames Pergament.
»Also gibt es im Grunde genommen gar keine Möglichkeit, den kreativen Magus mit unserer Zauberei zu besiegen, oder?«
Der Bibliothekar uffte betroffen eine Bestätigung und drehte sich langsam auf seinem Hinterteil um.
»Aus dieser Perspektive betrachtet erscheint mir die Sache ziemlich hoffnungslos. Vielleicht ist dir schon aufgefallen, daß mir einige wichtige magische Talente fehlen. Ich meine, wenn ich mich auf ein thaumaturgisches Duell einlasse, so beginnt es vermutlich mit den Worten ›Hallo, ich bin Rincewind‹, um eine halbe Sekunde später mit einem lauten ›Paff!‹ zu enden.«
»Uff.«
»Wahrscheinlich versuchst du mir mitzuteilen, daß ich auf mich allein gestellt bin, nicht wahr?«
»Uff.«
»Danke.«
Rincewind sah sich um, betrachtete im matten oktarinen Schimmern die vielen Bücher an den Mauern des uralten Turms.
Er seufzte und marschierte mit langen Schritten zur Tür, wurde jedoch immer langsamer, als er sich ihr näherte. »Ich verlasse dich jetzt.«

»Uff.«

»Um mich irgendwelchen gräßlichen Gefahren auszusetzen«, fuhr Rincewind fort. »Um mein Leben in den Dienst der Menschheit zu stellen...«

»Iieehk.«

»Na schön. Ich opfere mich für alle Zweibeiner...«

»Wuff.«

»... und auch die Vierbeiner.« Er richtete den Blick auf das Einmachglas, in dem der Patrizier hockte, ein gebrochener Mann.

»Die Eidechsen nicht zu vergessen«, fügte er hinzu. »Kann ich jetzt gehen?«

※

Sturmböen heulten von einem klaren Himmel herab, als Rincewind zum Turm kreativer Magie stapfte. Die hohen Türen waren so fest geschlossen, daß sich im weißen Stein kaum ihre Konturen abzeichneten.

Er hämmerte an ein Tor, aber es geschah überhaupt nichts. Die Pforte schien das Pochen einfach zu verschlucken.

»Das fängt ja gut an«, murmelte Rincewind und erinnerte sich an den fliegenden Teppich. Er lag dort, wo er ihn zurückgelassen hatte — ein weiteres Zeichen dafür, daß es in Ankh-Morpork nicht mehr mit rechten Dingen zuging. Bevor der kreative Magus eintraf, wimmelte es überall von Dieben, die einfach alles stahlen, sogar einen unvorsichtig ausgesprochenen Fluch.

Rincewind rollte ihn aus und betrachtete goldene Drachen, die sich auf blauem Grund hin und her wanden. Es hätte natürlich auch sein können, daß es blaue Drachen waren, die an einem goldenen Himmel hin und her flogen.

Er setzte sich.

Er stand wieder auf.

Er nahm erneut Platz, hob den Saum seines Mantels und schaffte es mit einiger Mühe, eine Socke auszuziehen. Anschließend streifte er sich wieder den Stiefel über und wanderte zwischen den Trümmern umher, bis er einen halben Ziegelstein fand. Er schob ihn in die Socke und holte versuchsweise damit aus.

Rincewind war in Morpork aufgewachsen. Wenn Bürger von Morpork in einen Kampf gerieten, wünschten sie sich normalerweise Siegeschancen von mindestens zwanzig zu eins. Wenn es Glück und Schicksal ablehnten, auf solche Weise Partei zu ergreifen, begnügten sich die Betreffenden mit dunklen Gassen und einer Socke, die einen halben Ziegelstein enthielt. Derartige Ausrüstungen zogen sie selbst magischen Schwertern vor.

Der Zauberer setzte sich zum drittenmal.

»Hoch!« befahl er.

Als der Teppich nicht reagierte, betrachtete Rincewind das Webmuster, hob eine Ecke und versuchte festzustellen, ob die andere Seite besser aussah.

»Na schön«, brummte er. »Runter. Aber langsam, ganz langsam.«

※

»Schafe«, lallte Krieg. »Ja, ich bin sicher: Es hieß Schafe.« Sein Helm stieß an die Theke, und einige Sekunden später hob er den Kopf wieder. »Schafe«, betonte er noch einmal.

»Neineinein«, widersprach Hunger und hob unsicher einen dünnen Finger. »Irgendwelche anderen domesch... domeschtiki... zahmen Tiere. Schweine zum Beispiel. Oder Färsen. Oder Rehkitze. Was in der Art. Keine Schafe.«

»*Bienen*«, sagte Pestilenz und rutschte langsam von seinem Hocker.

»Na schön«, grollte Krieg und ignorierte ihn. »In Ord-

nung. Also versuchen wir's noch mal, ganz von vorn.«
Er klopfte an sein Glas, um den Ton anzugeben.

»Wir sind arme kleine ... nicht identifizierte Haustiere ... und haben uns verirrt ...«, sang er.

»*Schuwiduwi*«, brummte Pestilenz und streckte sich auf dem Boden aus.

Krieg schüttelte den Kopf. »Ohne Tod ist es einfach nicht dasselbe«, klagte er. »Es fehlt der Baß.«

»*Schuwiduwi*«, wiederholte Pestilenz und gab sich wirklich Mühe.

»Ach, halt die Klappe«, knurrte Krieg und griff mit einer zitternden Hand nach der Flasche.

※

Die Böen umheulten den Turm kreativer Magie, ein warmer, magischer Wind, in dem geheimnisvolle Stimmen raunten und der wie mit Sandpapier über ungeschützte Haut strich.

Münze stand im Sturm und hob seinen Stab hoch über den Kopf. Staub wogte heran, und die Zauberer sahen thaumaturgische Funken, die zwischen den einzelnen Körnern hin und her sprangen.

Innerhalb kurzer Zeit entstand eine große Kugel und wuchs, bis sie einer ganzen Stadt Platz geboten hätte. In ihr formten sich sonderbare Schemen. Sie waren ständig in Bewegung, zitterten wie die Reflexionen eines Zerrspiegels und hatten ebensoviel Substanz wie Rauchringe oder Wolken. Dennoch wirkten sie schrecklich vertraut.

Für einen Sekundenbruchteil zeigte sich der aufgerissene Rachen Offlers, und kurz darauf sahen die Zauberer den Blinden Io, das Oberhaupt aller Götter. Augen kreisten wie kleine Monde um seinen Kopf.

Münze murmelte etwas, und daraufhin wurde die Kugel kleiner. Sie erbebte, und an einigen Stellen bildeten sich Auswölbungen, als die in ihr gefangenen Wesen zu entkommen versuchten, aber sie konnten nichts gegen das Schrumpfen ausrichten.

Jetzt war die Blase größer als das Universitätsgelände.

Jetzt war sie höher als der Kunstturm.

Jetzt war sie zweimal so groß wie ein Mensch und glänzte in einem matten Grau.

Jetzt war sie eine schimmernde Perle, so groß wie... nun, wie eine große Perle.

Das Fauchen der Böen verklang und wich einer lauten, bedrückenden Stille. Die Luft stöhnte unter der Belastung. Die meisten Zauberer lagen flach auf dem Boden, wurden von den entfesselten magischen Kräften auf den weißen Marmor gepreßt. Irgend jemand schien ein gewaltiges Federbett über sie gestülpt zu haben, das alle Geräusche von ihnen fernhielt, aber in jedem Magier schlug das Herz laut genug, um den Turm zu zerstören.

»Seht mich an!« befahl Münze.

Dutzende von Köpfen hoben sich gehorsam. Ihnen blieb auch gar keine andere Wahl.

In der einen Hand hielt der Knabe die kleine Kugel, in der anderen seinen Stab, aus dessen Enden Rauch quoll.

»Die Götter«, verkündete Münze. »In einem Gedanken gefangen. Geschieht ihnen recht. Vielleicht waren sie nie mehr als ein Traum.«

Seine Stimme klang dunkler und tiefer, als er hinzufügte: »Zauberer der Unsichtbaren Universität, habe ich euch nicht die absolute Herrschaft gegeben?«

Hinter ihm stieg der fliegende Teppich über den Rand der Turmspitze, und Rincewind achtete in erster Linie darauf, das Gleichgewicht zu wahren. In seinen Augen glomm jenes Entsetzen, das man empfindet, wenn man nur auf dünner Wolle und mehreren hundert Metern leerer Luft steht.

Er sprang von dem schwankenden Ding herunter, landete auf angenehm festem Marmor, erinnerte sich an die für ihn völlig neue Rolle als Held und holte mit der ziegelsteinbeschwerten Socke aus.

Münze sah sein Spiegelbild in den verblüfften Augen der versammelten Zauberer. Er drehte sich langsam um und beobachtete, wie Rincewind heranwankte.

»Wer bist du?« fragte er.

»Ich bin gekommen, um den kreativen Magus herauszufordern«, erwiderte Rincewind unsicher. »Wo ist er?«

Er musterte die am Boden liegenden Magier und hob drohend die Socke.

Ovin Schmollwinkel riskierte einen Blick nach oben, hob mehrmals die Brauen und zwinkerte verzweifelt. Leider traf kein Inspirationspartikel ein, das Rincewind in die Lage versetzte, nichtverbale Kommunikation zu verstehen.

»Mit einer Socke?« entgegnete Münze. »Was erhoffst du dir davon?«

Die rechte Hand hob den Zauberstab, und der Knabe starrte ihn verwirrt an.

»Nein, warte«, sagte er. »Ich möchte mit diesem Mann sprechen.« Er sah Rincewind an, der hin und her schwankte und offenbar Mühe hatte, sich auf den Beinen zu halten. Er litt an Schlafmangel, Entsetzen und einer Überdosis Adrenalin.

»Ist es eine magische Socke?« fragte der Junge neugierig. »Die Socke eines Erzkanzlers? Eine Socke der Macht?«

Rincewind betrachtete sie.

»Ich glaube nicht«, antwortete er, »Wenn ich mich recht entsinne, habe ich sie in einem Laden gekauft. Äh. Zusammen mit einer anderen.«

»Aber sie enthält einen schweren Gegenstand?«

»Äh, ja«, bestätigte Rincewind und fügte hinzu: »Einen halben Ziegelstein.«

»Der große Macht verkörpert?«

»Äh, er dient als Baumaterial«, sagte Rincewind langsam. »Meistens. Äh. Manchmal auch nicht. Wenn man noch eine zweite Hälfte hinzufügt, ergibt sich ein ganzer Ziegelstein.« Er nahm die Einzelheiten der Situation durch eine ganz spezielle Art von Osmose in sich auf und beobachtete, wie sich der schwarze Stab in der Hand des Jungen drehte.

»Aha. Es handelt sich also um einen gewöhnlichen Stein. Zusammen mit der Socke wird er zur Waffe.«

»Äh, ja.«

»Wie funktioniert sie?«

»Äh, man holt damit aus, und dann. Trifft man etwas. Gelegentlich sich selbst, wenn. Man nicht aufpaßt.«

»Und anschließend zerstört sie eine ganze Stadt?«

Rincewind starrte in die goldenen Augen des Knaben, sah dann auf die Socke hinab. Jahrelang hatte er sie mehrmals im Jahr an- und ausgezogen. Er kannte die vielen geflickten Stellen und liebte... Nun, er kannte sie. Einige konnten voller Stolz auf umfangreichen Nachwuchs hinweisen. Es gab viele Beschreibungen, die auf eine solche Socke zutrafen, aber ›Städtevernichter‹ stand nicht auf der Liste.

»Das bezweifle ich«, erwiderte Rincewind nach einer Weile. »Sie ist durchaus in der Lage, Menschen zu töten, aber sie läßt Gebäude, äh, stehen.«

Sein Verstand arbeitete mit der rasanten Geschwindigkeit einer Kontinentaldrift. Einige Teile des Bewußtseins wiesen ihn mehrmals darauf hin, daß er dem kreativen Magus gegenüberstand, doch andere innere Stimmen widersprachen energisch. Rincewind hatte viel von der Macht des Magus' gehört, von seiner schlauen Hinterhältigkeit, der Heimtücke des Stabs und so weiter. Doch niemand hielt es für nötig, ihn auf das Alter seines Gegners hinzuweisen.

Er beäugte schwarzes Oktiron.

»Wozu ist *das* imstande?« fragte er.
Und der Stab sagte: *Töte ihn.*
Einige Zauberer hatten sich vorsichtig aufgerichtet. Jetzt warfen sie sich wieder zu Boden.
Die Stimme des Hutes war schlimm genug gewesen, doch in diesem Fall hörte Rincewind stählerne Schärfe. Sie klang nicht etwa so, als biete sie freundlichen Rat an. Nein, sie verkündete schlicht und einfach, wie die Zukunft gestaltet sein sollte. Und irgend etwas in ihr forderte bedingungslosen Gehorsam.
Münze hob den Arm und zögerte.
»Warum?« fragte er.
Du wirst dich an meine Anweisungen halten.
»Dazu bist du nicht verpflichtet«, warf Rincewind rasch ein. »Es ist nur ein Objekt.«
»Ich verstehe nicht, warum ich ihm irgend etwas antun sollte«, sagte Münze. »Er wirkt so harmlos wie ein zorniges Kaninchen.«
Er fordert uns heraus.
»Ich?« erwiderte Rincewind möglichst unschuldig, schüttelte heftig den Kopf, verbarg die Socke hinter seinem Rücken und versuchte, den Kaninchenvergleich zu ignorieren.
»Warum verlangst du immer Gehorsam von mir?« wandte sich Münze an den Stab. »Bisher habe ich alle deine Befehle ausgeführt, aber das hilft den Menschen nicht.«
Sie sollen dich fürchten. Hast du denn überhaupt nichts von mir gelernt?
»Aber er sieht so komisch aus«, sagte der Knabe. »Er hat eine Socke.«
Er schrie, und sein rechter Arm zuckte seltsam. Es lief Rincewind eiskalt über den Rücken.
Du wirst jetzt gehorchen.
»Nein!«
Du weißt doch, was mit ungezogenen Jungen passiert.

Irgend etwas knisterte, und es roch nach versengtem Fleisch. Münze sank auf die Knie.

»He, einen Augenblick...«, begann Rincewind.

Der Knabe schlug die Augen auf. Sie glänzten noch immer in einem goldfarbenen Ton, doch jetzt ließen sich auch braune Flecken in ihnen erkennen.

Rincewind holte mit der Socke aus, schwang sie wuchtig herum und traf den Zauberstab in der Mitte. Eine kleine Explosion krachte; Staub, Steinsplitter und verbrannte Wollfetzen rieselten zu Boden. Und der Stab flog aus der Hand des Jungen, sauste mit einem fauchenden Zischen über den Boden. Die Zauberer rutschten hastig beiseite.

Das schwarze Oktiron erreichte die Brüstung, richtete sich auf und segelte über den Rand hinweg.

Aber der Stab fiel nicht etwa in die Tiefe, sondern hing in leerer Luft, drehte sich langsam um die eigene Achse und versprühte oktarine Funken. Er gab ein Geräusch von sich, das ans Heulen einer Kreissäge erinnerte.

Rincewind trat vor den verwirrten Knaben, warf die verschmorte Socke fort, nahm den Hut ab und winkte damit. Der Stab hielt genau auf ihn zu, traf ihn so hart am Kopf, daß er den unangenehmen Eindruck gewann, seine Zähne verhakten sich ineinander. Irgend etwas packte den Zauberer und schleuderte ihn erbarmungslos beiseite.

Der Stab drehte sich erneut, glühte in einem düsteren Rot und kam wieder heran, um seinem Gegner den Todesstoß zu versetzen.

Rincewind stemmte sich mühsam in die Höhe und beobachtete entsetzt, wie das Ding durch eiskalte Luft schwebte. Sonderbarerweise fielen Schneeflocken.

Purpurne Töne vermischten sich mit dem wirbelnden Weiß, und hier und dort schimmerte es blau. Die Zeit verlangsamte sich und hielt mit einem leisen Knirschen an — der Leser mag diesen Vorgang mit einem Grammophon vergleichen, das wieder aufgezogen werden muß.

Rincewind musterte die dunkle Gestalt, die sich einige Meter neben ihm manifestierte.

Er erkannte Tod.

Der Knochenmann beobachtete ihn aus leeren, glühenden Augenhöhlen, und seine Stimme klang wie ein Erdrutsch am Grunde des Meeres, als er sagte: GUTEN TAG.

Daraufhin drehte er sich um, als habe er seiner Pflicht zunächst einmal Genüge getan. Gelangweilt blickte er zum fernen Horizont und klopfte mit dem Fuß auf den Boden. Es hörte sich an, als rassele jemand mit mehreren Kastagnetten.

»Äh«, sagte Rincewind.

Tod schien sich wieder an ihn zu erinnern. JA? fragte er höflich.

»Ich habe mich immer gefragt, wie sich das Sterben anfühlt«, sagte Rincewind.

TATSÄCHLICH? erwiderte Tod gleichgültig.

»Nun, vermutlich kann ich mich nicht beklagen«, fuhr Rincewind fort. »Ich hatte ein gutes Leben. Ja, es ging so.« Er zögerte. »Nein, eigentlich war es nicht im eigentlichen Sinne gut. Einige Leute fänden es bestimmt nicht besonders reizvoll. Manche könnten sogar die Ansicht vertreten, es sei ziemlich mies gewesen.« Er dachte nach. »Ich schließe mich ihrer Meinung an«, murmelte er.

WAS REDEST DU DA, MANN?

Rincewind blinzelte verwundert. »Du erscheinst doch immer, wenn für einen Zauberer die Zeit abgelaufen ist, nicht wahr?«

SELBSTVERSTÄNDLICH. UND ICH MUSS SAGEN, DASS IHR MICH SEIT EINER WEILE GANZ SCHÖN IN TRAB HALTET.

»Wie gelingt es dir, an so vielen Orten zugleich zu sein?«

GUTE ORGANISATION.

Die Zeit kehrte zurück. Der dicht vor Rincewind schwebende Stab setzte sich wieder in Bewegung und kam entschlossen näher.

Ein metallenes Pochen erklang, als Münze nach dem schwarzen Oktiron griff.

Der Stab kreischte, und es klang so, als kratzten tausend Fingernägel über Glas. Er zuckte wild hin und her, versuchte zornig, sich aus der Hand zu lösen, die ihn festhielt. Wütendes Grün umhüllte ihn.

Wie kannst du es wagen! Du verrätst mich ...

Münze stöhnte, aber er ließ den Stab selbst dann nicht los, als das Metall erst rot und dann weiß zu glühen begann.

Er streckte den Arm aus, und die okkulte Energie des magischen Metalls strömte an ihm vorbei. Funken stoben von seinem Haar, und der Umhang wogte, gewann gespenstische Formen. Der Knabe schrie erneut, wirbelte den Stab herum und schlug ihn auf die Brüstung. Im Stein blieb eine lange, blubbernde Schmelzfurche zurück.

Dann warf er ihn fort. Der Stab klapperte über marmorne Fliesen und blieb einige Meter entfernt liegen. Einige Zauberer wichen furchtsam zurück.

Münze sank auf die Knie und erbebte am ganzen Leib.

»Es gefällt mir nicht, Menschen zu töten«, sagte er. »So etwas kann nicht richtig sein.«

»Eine durchaus lobenswerte Einstellung«, versicherte Rincewind.

»Was passiert mit Leuten, die gestorben sind?« fragte Münze.

Rincewind drehte sich zu Tod um.

»Darauf solltest du antworten«, sagte er.

ER KANN MICH WEDER SEHEN NOCH HÖREN, erwiderte Tod. SOLANGE ER ES NICHT WILL.
Aufmerksame Ohren vernahmen ein leises, schabendes Kratzen. Der Stab rollte zu Münze zurück, und der Knabe beobachtete ihn entsetzt.
Heb mich auf.
»Das brauchst du nicht«, erklärte Rincewind eilig.
Es ist sinnlos, mir Widerstand zu leisten, behauptete der Stab. *Ebensogut könntest du versuchen, dich selbst zu besiegen.*
Münze streckte langsam die Hand aus und griff nach dem schwarzen Metall.
Rincewind hielt nach seiner Socke Ausschau, fand jedoch nur ein verkohltes Etwas. Ihre kurze Karriere als Kriegswaffe war unmittelbar nach dem Beginn zu Ende gegangen, und selbst ein gut ausgestattetes Stopfnadellazarett konnte ihr jetzt nicht mehr helfen.
Töte den Mann!
Rincewind hielt den Atem an, und die übrigen Zauberer folgten seinem Beispiel. Selbst Tod schien eine gewisse Anspannung zu spüren. In Ermangelung von Lungen schloß er seine knöcherne Hand fest um den Griff der Sense.
»Nein«, sagte Münze.
Du weißt doch, was mit ungezogenen Jungen passiert.
Rincewind sah, wie der kreative Magus erbleichte.
Die Stimme des Stabs veränderte sich, schmeichelte nun, klang beschwörend.
Wenn du mich zurückweist ... Wer soll dir dann sagen, was du zu tun hast?
»Das stimmt«, murmelte Münze.
Sieh nur, was du erreicht hast.
Der Knabe musterte die ängstlichen Gesichter.
»Ich sehe es«, sagte er.
Ich habe dich alles gelehrt, was ich weiß.
»Ich fürchte nur, du weißt nicht genug«, erwiderte Münze.

Undankbarer Bengel! Wer gab dir die Möglichkeit, das zu werden, was du nun bist?
»Du«, antwortete der Junge. Er hob den Kopf.
»Und ich begreife nun, daß ich einen Fehler gemacht habe«, fügte er ruhig hinzu.
Recht so. Ich ...
»Ich habe dich nicht weit genug weggeworfen!«
Münze sprang mit einem Satz auf, hob den Stab — und stand so reglos wie eine Statue. Die rechte Hand verlor sich in einer Kugel aus Licht, das in der Farbe von geschmolzenem Kupfer erstrahlte. Das Glühen gewann einen grünlichen Ton und glitt durch das Spektrum, bis es die blauen und violetten Abschnitte erreichte. Schließlich erschimmerte der Ball in blendendem Oktarin.
Rincewind beschattete sich die Augen und sah die Hand des Jungen, die nach wie vor den Stab umfaßte und keineswegs verbrannt zu sein schien. Zwischen den Fingern zeigten sich winzige Tropfen aus geschmolzenem Metall.
Er wankte zur Seite und stieß gegen Ovin Schmollwinkel. Der alte Zauberer rührte sich nicht von der Stelle und starrte mit offenem Mund.
»Was geschieht nun?« fragte Rincewind.
»Münze kann sich unmöglich durchsetzen«, erwiderte Schmollwinkel heiser. »Er kämpft gegen seinen eigenen Stab. Das Ding ist ebenso mächtig wie er selbst. Er hat die Macht, aber *es* weiß, wie man sie einsetzt.«
»Soll das heißen, sie vernichten sich gegenseitig?«
»Hoffentlich.«
Die Schlacht in der gleißenden Kugel ging weiter. Nach einigen Sekunden erzitterte der Boden.
»Sie nehmen die ganze zur Verfügung stehende magische Energie in sich auf«, sagte Schmollwinkel. »Wir sollten den Turm verlassen.«

»Warum?«
»Ich nehme an, er wird bald verschwinden.«
Und tatsächlich: Die weißen Fliesen in unmittelbarer Nähe des irrlichternden Balls schienen sich langsam aufzulösen.
Rincewind zögerte.
»Wäre es nicht angebracht, dem Jungen zu helfen?« fragte er.
Schmollwinkel musterte ihn verblüfft und richtete seine Aufmerksamkeit dann auf das grelle Funkeln. Zweimal öffnete er den Mund und schloß ihn wieder.
»Nein, ich glaube nicht.«
»Du hast doch gesehen, wozu der Stab fähig ist. Wenn wir Münze bei seinem Kampf unterstützen...«
»Tut mir leid.«
»Er hat *dir* geholfen.« Rincewind wandte sich an die anderen Zauberer, die seine Blick mieden. »Euch allen. Der Knabe erfüllte eure Wünsche, nicht wahr?«
»Vielleicht verzeihen wir ihm das nie«, sagte Schmollwinkel.
Rincewind stöhnte.
»Was bleibt übrig, wenn alles vorbei ist?« brachte er hervor. »Was bleibt dann übrig?«
Der alte Zauberer senkte den Kopf.
»Tut mir leid«, wiederholte er.
Das oktarine Licht wurde immer heller, und am Rande der Kugel zeigte sich Schwärze. Es handelte sich nicht um die Art von Schwärze, die das Gegenteil von Licht darstellt. Nein, es war die körnige, maserige und wallende Finsternis, die sich jenseits der Dunkelheit befindet und in einer anständigen Realität nichts zu suchen hat.
Und sie summte.
Rincewind bewegte sich in einem Tanz der Ungewißheit. Füße, Beine, Instinkte und ein außerordentlich gut entwickelter Selbsterhaltungstrieb überlasteten

sein Nervensystem so sehr, daß es schließlich aus dem Ring trat und seinen Platz dem Gewissen überließ.

Das Gewissen zögerte nicht und handelte sofort.

Rincewind sprang in den lodernden Ball und griff nach dem Stab.

Die Zauberer flohen. Einige von ihnen verwendeten Levitationsmagie, sprangen über die Brüstung und schwebten dem Boden entgegen.

Damit trafen sie eine weitaus klügere Entscheidung als ihre Kollegen, die es vorzogen, die Treppe zu benutzen, denn dreißig Sekunden später verschwand der Turm.

Noch immer fielen Schneeflocken und umschmiegten eine schwarze, summende Säule.

Einige der überlebenden Zauberer wagten es, einen zaghaften Blick nach oben zu werfen, und sie sahen ein kleines, flammendes Objekt, das vom Himmel fiel. Es prallte aufs Kopfsteinpflaster und qualmte dort eine Zeitlang, bevor der Schnee die Glut löschte.

Nur ein kleiner Haufen blieb zurück.

Kurze Zeit später wankte eine gedrungene, haarige Gestalt über den Platz, suchte in der weißen Masse und holte einen Gegenstand daraus hervor.

Der Bibliothekar betrachtete die Reste eines Huts. Ganz offensichtlich war das Leben nicht sehr sanft damit umgesprungen. Ein großer Teil der Krempe fehlte, und grauschwarze Asche erinnerte an die Spitze. Das Objekt hatte einige Buchstaben aus stumpfem Silber verloren, und aus den übrigen ergab sich folgendes Wort: ZAUBR.

Der Affe drehte sich langsam um, sah nur tanzende Schneeflocken und wogende Schwärze.

Völlig leer erstreckte sich der verheerte Campus vor ihm. Einige andere Hüte lagen im Schnee, von fliehenden Füßen zertrampelt. Sonst deutete nichts darauf hin, daß sich jemand in der Nähe aufgehalten hatte.

Die Zauberer verkrochen sich irgendwie und hofften, daß der anklagende Zeigefinger des Verhängnisses nicht ausgerechnet auf sie deutete.

※

»*Krieg?*«

»Wasch willscht du?«

Pestilenz griff nach seinem Glas. »*Gab es da nich' eine Aufgabe für uns?*«

»Wasch?«

»Wir sollten eigentlich...«, begann Hunger unsicher. »Ich meine, man erwartet von uns, daß wir...«

»Genau«, bestätigte Krieg.

»Wenn ich mich recht entsinne...«, Hunger überlegte. »Hatten wir nich' einen Termin?«

»*Stimmt*«, bestätigte Pestilenz. »*Dieses Ding... Wie hieß es doch gleich...?*«

Sie starrten benommen auf die Theke. Der Wirt war schon vor einer ganzen Weile geflohen, aber glücklicherweise gab es noch immer einige ungeöffnete Flaschen.

»Okra«, sagte Hunger schließlich. »Ja, das war's.«

»*Nee.*«

»Das Apos... das Apostroph«, warf Krieg ein.

Seine beiden Begleiter schüttelten den Kopf, und es folgte längeres Schweigen.

»*Was bedeutet ›apokryphisch‹?*« fragte Pestilenz und starrte in eine Welt, die aus verwirrenden Worten bestand.

»Wie wär'sch mit Adstringens?« schlug Krieg vor.

»Nein, ich fürchte, so etwas kommt ebenfalls nich' in Frage«, erwiderte Hunger düster.

Verlegenheitsstille schloß sich an.

»Ich schlage vor, wir genehmigen unsch noch'n Schluck«, sagte Krieg und straffte die Schultern.

»*Gute Idee.*«

Fünfzig Meilen entfernt und viele hundert Meter über dem Boden gelang es Conina endlich, ihr gestohlenes Pferd unter Kontrolle zu bringen. In einem leichten Trab lenkte sie es durch leere Luft und offenbarte dabei eine unbekümmerte Entschlossenheit, mit der es niemand aufnehmen konnte.

»Schnee?« fragte sie.

Seltsame Wolken zogen von der Scheibenweltmitte heran. Sie wirkten sehr dicht und schwer und hätten eigentlich nicht annähernd so schnell sein sollen. Unter ihnen flackerten Blitze und strichen über Berge und Täler.

Es schien kein normaler Schnee zu sein. Normaler Schnee rieselt mitten in der Nacht herab, kleidet die Landschaft in ein glitzerndes, ätherisch-schönes Gewand. Dieser Schnee hingegen erweckte den Eindruck, als ginge es ihm darum, alles so kalt wie möglich werden zu lassen.

»Offenbar hat er sich in der Jahreszeit geirrt«, sagte Nijel. Er sah nach unten und schloß sofort die Augen.

Krösus beobachtete die weißen Flocken mit entzücktem Erstaunen. »So geschieht das also?« fragte er. »Ich habe nur in Geschichten davon gehört und dachte immer, das Zeug wüchse irgendwie aus dem Boden. Wie Pilze.«

»Mit den Wolken stimmt etwas nicht«, sagte Conina.

»Hast du was dagegen, wenn wir jetzt landen?« erklang Nijels zittrige Stimme. »Solange wir uns bewegten, empfand ich die Reise als einigermaßen erträglich, aber jetzt ... Stell dir nur mal vor, die Pferde möchten mit den Hufen scharren und merken, daß der Boden unter ihnen fehlt.«

Conina schenkte seinen Worten keine Beachtung. »Reib die Lampe«, entgegnete sie. »Ich möchte wissen, was hier los ist.«

Nijel griff in seinen ledernen Beutel und holte die Lampe hervor.

Die Stimme des Dschinns klang blechern und wie aus weiter Ferne. »Habt bitte einen Augenblick Geduld. Ich versuche, euch zu verbinden.« Eine Zeitlang klimperte jene Art von Musik, die man erwartet, wenn man auf einem schweizerischen Chalet spielt, und schließlich bildete sich eine Tür in der leeren Luft. Der Geist trat daraus hervor und sah sich um.

»Eine tolle Szenerie«, sagte er.

»Irgend etwas ist mit dem Wetter passiert«, stellte Conina fest. »Was?«

»Soll das heißen, ihr wißt nicht Bescheid?« erwiderte der Dschinn.

»Sonst würden wir dich wohl kaum fragen, oder?«

»Nun, in solchen Sachen kenne ich mich nicht sehr gut aus, aber es hat ganz den Anschein, als habe die Apokralypse begonnen.«

»*Wie* bitte?«

Der Dschinn zuckte mit den Schultern. »Die Götter sind verschwunden, stimmt's? Und das bedeutet nach der, nun, Legende...«

»Die Eisriesen«, flüsterte Nijel entsetzt.

»Sprich lauter«, sagte Krösus.

»Die Eisriesen«, wiederholte Nijel ein wenig verärgert. »Die Götter kerkerten sie ein, irgendwo in der Scheibenweltmitte. Aber wenn das Ende der Welt naht, so heißt es, befreien sie sich, reiten auf ihren gräßlichen Gletschern und treten wieder ihre alte Herrschaft an. Dann löschen sie die Flammen der Zivilisation, bis die Welt nackt und eisig im schrecklich kalten Licht der Sterne glänzt, bis selbst die Zeit gefriert. Irgend etwas in der Art.«

»Aber es ist noch zu *früh* für die Apokralypse«, stieß Conina erschrocken hervor. »Ich meine, zuerst muß ein gnadenloser Herrscher die Scheibenwelt unterwerfen, woraufhin ein fürchterlicher Krieg ausbricht. Die vier greulichen Reiter schwingen sich auf ihre Rösser, und es entsteht ein Tunnel zu den Kerkerdimensionen, und ...« Die junge Frau unterbrach sich, und ihr Gesicht war ebenso weiß wie der Schnee.

»Es ist sicher nicht angenehm, unter einer halben Meile Eis begraben zu werden«, sagte der Dschinn. Er beugte sich vor und griff nach der Lampe.

»Tut mir leid, Leute«, fuhr er fort. »Ich schätze, es wird Zeit, daß ich meine Vermögenswerte in bare Münze verwandle und mich an einem sicheren Ort in der Sphäre dienstbarer Geister zur Ruhe setze. Bis später. Oder so.« Er verschwand bis zur Taille, fügte ein »Wirklich schade, daß wir auf das gemeinsame Mittagessen am Dienstag verzichten müssen« hinzu und löste sich ganz auf.

Conina und ihre beiden Begleiter sahen durch das Schneegestöber und blickten mittwärts.

»Vielleicht liegt es nur an meiner ausschweifenden Phantasie«, brummte Krösus. »Oder hört auch ihr ein dumpfes Knacken und Knirschen?«

»Sei still«, erwiderte Conina geistesabwesend.

Der Serif klopfte ihr auf die Hand.

»Kopf hoch«, sagte er. »Schließlich ist es nicht das Ende der Welt.« Er dachte eine Zeitlang über diese Bemerkung nach und fügte hinzu: »Entschuldige. Nur so eine Redensart.«

»Was sollen wir jetzt *machen*?« jammerte Conina.

Nijel holte tief Luft.

»Ich schlage vor, wir brechen auf und erklären alles.«

Krösus und Conina wandten sich zu dem jungen Mann und musterten ihn mit einem Gesichtsausdruck, der normalerweise für einen Messias oder aber vollkommen übergeschnappte Idioten reserviert sein sollte.

»Ja«, sagte Nijel und gab sich etwas selbstsicherer. »Wir sollten alles erklären.«
»Den Eisriesen?« vergewisserte sich Conina.
»Wem sonst?«
Cohens Tochter räusperte sich. »Habe ich das richtig verstanden? Du bist der Ansicht, wir sollten zu den schrecklichen Eisriesen reiten und ihnen sagen: He, Jungs, es gibt einige Leute, die es gern warm haben und denen es gar nicht gefällt, daß ihr die ganze Scheibenwelt mit dickem Eis überziehen wollt; wie wär's, wenn ihr eure Absicht noch einmal überdenkt und ein bißchen Rücksicht nehmt?« Sie sah Nijel an. »Möchtest du eine solche Botschaft an sie richten?«
»Ja«, bestätigte der junge Mann. »Wir könnten uns auf einen solchen Wortlaut einigen.«
Conina und Krösus wechselten einen kurzen Blick. Nijel saß stolz im Sattel, und ein dünnes Lächeln umspielte seine Lippen.
»Warum willst du unbedingt ein Held sein?« fragte der Serif vorsichtig. »Ich meine, es gibt viele andere aussichtsreiche Berufe. Zum Beispiel Schenkeninhaber. Ich wäre dein bester Kunde.«
Nijel schüttelte den Kopf. »Das geht leider nicht. Ich fürchte, mir bleibt keine Zeit mehr für eine Umschulung. Wie dem auch sei: Bevor ich sterbe, möchte ich etwas Tapferes vollbringen.«
»Aha«, sagte Krösus und ächzte leise. »Darum geht es, nicht wahr? Darauf läuft alles hinaus, oder? Du vollbringst etwas Tapferes, und dann stirbst du. Aber was ist mit uns?«
»Seht es einmal so: Bleibt uns irgendeine Wahl?«
Sie dachten darüber nach.
»Ich fürchte, was Erklärungen betrifft, bin ich nicht sehr begabt«, erwiderte Conina kleinlaut.
»Ganz im Gegensatz zu mir«, sagte Nijel. »Ich muß ständig Dinge erklären. In erster Linie mir selbst.«

Die auseinandergewirbelten Fragmente von Rincewinds Selbst fügten sich wieder zusammen und krochen durch die dunklen Schichten des Unterbewußtseins, wie eine drei Tage alte Leiche, die langsam aus ihrem Grab klettert.

Es tastete so behutsam nach den jüngsten Erinnerungen, als fürchte es, gerade verheilte Wunden aufzureißen.

Rincewind entsann sich vage an einen Zauberstab, an so intensiven Schmerz, als hämmere jemand einen Meißel in jede einzelne Zelle seines Körpers.

Das Gedächtnis zeigte ihm einen fliehenden Stab, der ihn mit sich riß. Es folgte eine besonders gräßliche Sequenz. Tod reichte an ihm *vorbei*, und der zuckende Zauberstab wurde plötzlich lebendig, und Tod sagte: JETZT HABE ICH DICH, ALLESWEISS DER ROTE.

Und dann dies.

Rincewind glaubte, auf kaltem Sand zu liegen.

Er öffnete die Augen und ging damit das Risiko ein, irgend etwas Schreckliches zu sehen.

Zunächst fiel sein Blick auf einen Arm, der an seinem Körper befestigt zu sein schien und sogar eine Hand aufwies. Das erstaunte ihn. Er hatte mit einem Stumpf gerechnet.

Er versuchte sich daran zu erinnern, was das Fehlen der Sonne bedeutete, und schließlich fiel es ihm ein: Nacht. Ein Strand (wenn diese Bezeichnung zutraf) reichte bis zu fernen, niedrigen Bergen, und am frostigen, dunklen Himmel glänzten eine Million weiße Sterne.

Nicht allzu weit entfernt bemerkte er einige kleine Objekte im Sand. Rincewind hob den Kopf ein wenig und stellte fest, daß es sich um winzige erstarrte Tropfen handelte. Sie bestanden aus Oktiron, einem derart magischen Metall, daß es sich in einem normalen Schmelzofen nicht einmal erwärmte.

»Oh«, sagte er. »Wir haben also gewonnen.«
Er ließ sich wieder zu Boden sinken.

Nach einer Weile geriet die rechte Hand in Bewegung. Sie konnte der Versuchung nicht widerstehen, ihn zunächst an der Stirn zu berühren und dann über die Schläfen und Ohren zu tasten. Einige Sekunden später kroch sie über den Sand, bohrte sich hinein und schien dem Gehirn eine wichtige Mitteilung machen zu wollen.

Offenbar gelang es ihr, die Aufmerksamkeit des restlichen Körpers zu wecken, denn Rincewind richtete sich auf und sagte: »Oh, Mist.«

Er hielt vergeblich nach seinem Hut Ausschau, sah dafür ein weißes Etwas, das einige Meter vor ihm lag. Etwas weiter entfernt...

... glänzte eine Säule aus Tageslicht.

Über ihr zitterte und summte ein dreidimensionales Loch im Nichts, und gelegentlich wehten Schneeflokken daraus hervor. Rincewind glaubte, auf der anderen Seite die Konturen von Gebäuden und Landschaften zu erkennen, aber die Umrisse erwiesen sich als seltsam verschwommen und verzerrt. Der Grund dafür wurde ihm erst nach einer halben Minute klar: Einige große, unheimliche Schatten schwebten vor der hellen Öffnung.

Das menschliche Gehirn ist ein erstaunliches Organ. Es kann auf mehreren Ebenen zugleich arbeiten. Während Rincewind einen großen Teil seines Intellekts damit verschwendete, sich zu bedauern und nach dem nicht vorhandenen Hut zu suchen, befaßte sich der Rest mit Beobachtungen, Vergleichen und umfassenden Situationsanalysen.

Als das Ergebnis vorlag, machte sich ein mentaler Kurier auf den Weg, klopfte dem Kleinhirn auf die Schulter, drückte ihm einen Zettel in die Hand und hastete davon.

Die Nachricht lautete folgendermaßen: Ich hoffe, es geht mir gut. Die letzte magische Auseinandersetzung stellte für die gequälte Struktur der Realität eine zu große Belastung dar. Ein Loch hat sich darin gebildet. Ich befinde mich in den Kerkerdimensionen. Die Dinge vor mir sind ... *Dinge*. Es war nett, meine Bekanntschaft zu machen.

Eine viel zu geringe Distanz trennte Rincewind von einem der Dinge, und er beobachtete es besorgt. Das Etwas ragte mindestens sechs Meter weit empor und sah aus wie ein totes Pferd, das man nach drei Monaten ausgegraben hatte, um einige Experimente damit durchzuführen. Mehrere geringfügige Einzelheiten deuteten auf Kreuzungsversuche mit Tintenfischen hin.

Das Ungeheuer bemerkte Rincewind nicht. Es war viel zu sehr auf das Licht konzentriert.

Der Zauberer kroch zu dem reglosen Knaben und stieß ihn vorsichtig an.

»Lebst du?« fragte er. »Wenn nicht, verzichte bitte auf eine Antwort.«

Münze rollte sich auf die Seite und sah verwirrt zu ihm auf. Nach einigen langen Sekunden sagte er: »Ich erinnere mich ...«

»Davon rate ich dir ab.«

Die eine Hand des Jungen tastete durch den Sand.

»Der Stab existiert nicht mehr«, sagte Rincewind, woraufhin die schmalen Finger ihre Suche aufgaben.

Rincewind half dem Jungen auf. Münze starrte über den silbrigen Strand, blickte zum Himmel hoch, beobachtete die Dinge und sah dann wieder den Zauberer an.

»Ich weiß nicht, wie ich mich verhalten soll«, murmelte er.

»Mach dir nichts draus. Mein ganzes Leben lang ist es mir ähnlich ergangen.« Rincewind lächelte aufmun-

ternd. »Ich bin fast immer ratlos gewesen.« Er zögerte. »Manche Leute behaupten, das sei menschlich oder so.«
»Aber ich mußte noch nie überlegen, was für Entscheidungen ich treffen soll!«

Rincewind wollte den Knaben darauf hinweisen, daß er ihn durchaus verstehen konnte, überlegte es sich aber anders und antwortete statt dessen: »Kopf hoch! Sieh die Sache einmal von der angenehmen Seite. Immerhin hätte es schlimmer kommen können.«

Münze blickte sich um.

»In welcher Beziehung?« fragte er, und seine Stimme klang dabei ein wenig normaler.

»Nun, äh...«

»Wo sind wir hier?«

»In einer Art anderen Dimension. Die Magie durchbrach die Mauer der Realität und nahm uns mit.«

»Und die Dinge dort?«

Dinge?

»Ich glaube, es handelt sich um Dinge«, sagte Rincewind. »Sie versuchen, durch das Loch zu klettern und unsere Welt zu erreichen. Was natürlich alles andere als leicht ist. Es liegt an den unterschiedlichen Energieniveaus. Ich erinnere mich daran, daß in der Universität einmal eine Vorlesung darüber stattfand. Äh.«

Münze nickte, hob eine blasse Hand und tastete damit nach Rincewinds Stirn.

»Hast du was dagegen...?« begann er.

Rincewind schauderte, als ihn der Junge berührte. »Wogegen?« fragte er.

»... wenn ich in deinem Kopf nachsehe?«

»Argh.«

Hier herrscht ein ziemliches Durcheinander. Kein Wunder, daß du immerzu ratlos bist.

»Ergh.«

Du solltest mal gründlich Ordnung schaffen.

»Orgh.«
»Aha.«
Rincewind spürte, wie die fremde Präsenz aus seinem Bewußtsein wich. Münze runzelte die Stirn.
»Wir können nicht zulassen, daß die Dinge in unsere Welt gelangen«, sagte er. »Sie verfügen über gräßliche Kräfte. Derzeit versuchen sie, das Loch mit ihrem Willen zu erweitern, und dazu wären sie tatsächlich imstande. Sie warten schon lange darauf, die Kerkerdimensionen zu verlassen, seit...« — er suchte nach dem richtigen Wort —, »... seit Äpocken?«
»Epochen«, verbesserte Rincewind.
Der Knabe öffnete die andere Hand, die bisher eine kleine Faust gebildet hatte. Darin schimmerte eine graue Perle.
»Weißt du, was das ist?«
»Nein«, antwortete Rincewind. »Was?«
»Ich... erinnere mich nicht. Aber ich glaube, wir sollten diesen Gegenstand zurückbringen.«
»In Ordnung. Setz einfach deine kreative Magie ein. Verscheuch die Dinge, damit wir nach Hause gehen können.«
»Nein. Dadurch würden sie nur noch mächtiger und grauenhafter. Sie nähren sich von Magie.«
»Bist du ganz sicher?« fragte Rincewind.
»Leider ja. In diesem Punkt gab dein Gedächtnis klar und deutlich Auskunft.«
»Na schön. Was sollen wir jetzt machen?«
»Ich weiß es nicht!«
Rincewind überlegte, seufzte, zog den Stiefel aus und streifte sich energisch die zweite Socke vom Fuß. »Halbe Ziegelsteine gibt's hier nicht«, murmelte er vor sich hin. »Ich muß mich mit Sand begnügen.«
»Willst du die Wesen mit einer sandbeschwerten Socke angreifen?«
»Nein. Ich bin fest entschlossen, vor ihnen wegzulau-

fen. Die mit Sand gefüllte Socke gelangt nur dann zum
Einsatz, wenn mir die Dinge folgen.«

⌘

Die Bürger der Stadt kehrten nach Al Khali zurück und
beobachteten argwöhnisch die rußgeschwärzten Überreste des Turms. Einige besonders beherzte Seelen wagten sich ganz nahe an die Trümmer heran. Sie vermuteten, daß unter ihnen Überlebende lagen, die gerettet oder beraubt werden konnten. Vielleicht auch beides.
Irgendwo im Bereich des Schutthaufens fand folgendes Gespräch statt:
»Dort hat sich etwas bewegt!«
»Was, unter dieser Steinplatte? Sie wiegt mindestens eine Tonne. Bei den beiden Bärten Imtals, du mußt dich geirrt haben.«
»Hierher, Brüder!«
Es folgten anhaltendes Knirschen und Schnaufen, als dicke Steine beiseite geschoben wurden. Schließlich:
»Eine Kiste!«
»Ob sie einen Schatz enthält?«
»Sie hat Beine, bei den Sieben Monden Nasreems!«
»Bei den *fünf* Monden ...«
»Sieh nur, sie marschiert davon.«
»Laß die blöde Kiste, sie ist nicht wichtig. Ich möchte eins klarstellen: Die Legende erwähnt *fünf* Monde ...«
In Klatsch nimmt man die Mythologie sehr ernst. Ganz im Gegensatz zur greifbaren Realität.

⌘

Die drei Reiter spürten eine Veränderung, als sie am mittwärtigen Ende der Sto-Ebene durch dichte Schneewolken sanken.
Der Wind trug einen seltsamen Duft heran.

»Riecht ihr das?« fragte Nijel. »Ich erinnere mich aus meiner Kindheit daran, damals, als ich noch ein kleiner Junge war. Ich erwachte am ersten Morgen des Winters, und wenn ich dann schnupperte ...«

Unter ihnen teilten sich die Wolken und gaben den Blick auf die Herde der Eisriesen frei. Sie reichte von einem Horizont bis zum anderen.

Meilenweit erstreckte sie sich in alle Richtungen, und ein grollendes Donnern ertönte. Ganz vorn galoppierten die Bullengletscher, brüllten mit knackenden, knirschenden Stimmen und schoben einen Wall aus aufgeworfenem Geröll vor sich her. Hinter ihnen folgten Hunderte von Kühen und Kälbern und eilten über ein bereits glattgeschliffenes Land.

Wer diese gewaltige Masse mit normalen, eher gutmütigen Gletschern vergleichen möchte, der stelle sich zunächst einen trägen Löwen vor, der irgendwo mit gut gefülltem Magen im Schatten liegt. Und denke dann an dreihundert Pfund außerordentlich gut koordinierte Muskeln, die mit weit aufgerissenem Rachen heranspringen.

»... und ... und wenn ich dann ans Fenster trat ...«, Nijels Mund klappte zu, als die Steuerungsimpulse vom Hirn ausblieben.

Bebendes Eis drängte mit zermalmendem Eifer über die Ebene, und an einigen Stellen stieg kalter Dampf auf. Der Boden erzitterte, als die Bullen über alle natürlichen Hindernisse hinwegstürmten. Wer sie beobachtete, gelangte unweigerlich zu dem Schluß, daß sie sich kaum mit einigen Tüten Streusalz aufhalten ließen.

»Nur zu«, sagte Conina. »Erklär ihnen alles. Ich rate dir, möglichst laut zu sprechen.«

Nijel sah besorgt auf die Herde hinab.

»Ich glaube, ich kann einige Gestalten erkennen«, warf Krösus hilfsbereit ein. »Ganz oben auf den ... den Dingen an der Spitze.«

Nijel spähte durch den Schnee und nickte langsam. Es hockten tatsächlich irgendwelche Geschöpfe auf den Gletschern. Sie wirkten menschlich. Oder humanoid. Oder wenigstens humanoidisch. Und sie schienen nicht besonders groß zu sein.

Nijel gewann diesen Eindruck nur, weil er die Entfernung unberücksichtigt ließ und die Gestalten mit den natürlich weitaus gewaltigeren Ausmaßen der Gletscher verglich. Als die Pferde dicht über den Anführer der Herde hinwegschwebten — einen von Moränen zernarbten und durchfurchten Bullen —, stellte sich sofort heraus, daß man die Eisriesen deshalb Eisriesen nannte, weil sie riesig waren.

Und aus Eis bestanden.

Auf dem ersten Gletscher hockte ein Wesen, das selbst in einem mehrstöckigen Haus nicht ausreichend Platz gefunden hätte, und es trieb den Bullen mit einer langen, spitzen Stange an. Das Geschöpf erschien zerklüftet und facettiert, und es glitzerte in einem grünblauen Ton. Im schneeweißen Haar funkelte ein schmales, silbriges Band, und die Augen lagen tief in den Höhlen, sahen aus wie zwei dicke Kohlen.[*]

Es krachte ohrenbetäubend laut, als die ersten Gletscher einen Wald erreichten. Baumstämme brachen. Entsetzte Vögel flatterten umher. Schnee und Holzsplitter umwirbelten Nijel, als er durch die Luft ritt und neben dem Riesen verharrte.

Er räusperte sich.

»Äh, entschuldige bitte«, sagte er.

---

[*] Es gab keine weiteren Ähnlichkeiten mit den Götzenbildern, die Kinder aufgrund einer uralten und geheimnisvollen Tradition errichten, wenn ihnen genug Baumaterial zur Verfügung steht. Es war extrem unwahrscheinlich, daß sich dieser Eisriese bis zum nächsten Morgen in einen Haufen aus Schneematsch verwandelte, den irgendwo eine Möhre zierte.

Vor der brodelnden Brandung aus Erde, Schnee und zerschmetterten Bäumen ergriffen einige Karibus in blinder Panik die Flucht. Nur wenige Meter trennten ihre Hinterhufe von der wogenden Masse.

Nijel versuchte es erneut.

»Hallo!« rief er.

Der Eisriese drehte den Kopf.

»Mwas mwillst du?« fragte er. »Verschmwinde, heißer Mensch.«

»Nun, ich möchte dir nicht zu nahe treten, aber ist dies wirklich nötig?«

Der Riese musterte ihn mit frostiger Verwirrung. Langsam wandte er sich um und beobachtete den Rest der Herde, die bis zur Scheibenweltmitte reichte. Schließlich richtete er seinen Blick wieder auf Nijel.

»Ja, ich glaube schon«, erwiderte er. »Mwarum mwären mwir sonst untermwegs?«

»Allerdings gibt es viele Leute, die anderer Meinung sind. Sie äh ... Weißt du, sie frieren nicht gern. Und ich kenne kaum jemanden, der sich mit einigen hunderttausend Tonnen Eis zudecken möchte.« Ein großer Felsen ragte vor dem Gletscher auf und protestierte mit einem dumpfen Knirschen, bevor er verschwand.

Nijel suchte verzweifelt nach den richtigen Worten. »Was ist mit den Kindern und kleinen kuscheligen Tieren?«

»Sie müssen sich dem Fortschritt opfern«, grollte der Riese. »Für uns ist die Zeit gekommen, neuerlichen Anspruch auf die Mwelt zu erheben. Auf eine Mwelt aus Eis. So verlangt es die Geschichte. Und so mwill es auch die Thermodynamik.«

»Trotzdem«, sagte Nijel. »Ihr seid nicht dazu verpflichtet, über die Scheibenwelt zu herrschen.«

»Mwir *möchten* es aber«, sagte der Riese. »Die Götter sind fort, und deshalb streifen wir die Fesseln eines überholten Aberglaubens ab.«

»Es erscheint mir nicht besonders fortschrittlich, die ganze Scheibenwelt im Eis erstarren zu lassen.«

»*Uns* gefällt so etmwas.«

»Ja, ja, mag sein«, erwiderte Nijel. Er sprach in dem erzwungen geduldigen Tonfall eines Mannes, der versucht, alle Aspekte eines Problems zu berücksichtigen. Offenbar glaubte er, mit gutem Willen und einer vernünftigen Diskussion ließen sich Schwierigkeiten schnell aus der Welt schaffen. Er irrte sich.

»Aber habt ihr wirklich den richtigen Zeitpunkt gewählt?« fuhr Nijel fort. »Ich meine, ist die Welt auf den Triumph des Eises vorbereitet?«

»Mwenn nicht, sollte sie sich besser sputen«, antwortete der Riese und schwang die Gletscherstange. Sie verfehlte das Pferd, traf Nijel jedoch an der Brust und schleuderte ihn aus dem Sattel. Der junge Mann prallte auf kaltes Eis, rutschte über eine Kante und versuchte vergeblich, sich irgendwo festzuhalten. Das aufgeschüttete Geröll trug ihn einige Dutzend Meter weit, und schließlich blieb er im Schneematsch zwischen zwei hohen, rasch dahingleitenden Wänden liegen.

Nijel seufzte, stand auf und starrte niedergeschlagen in den frostigen Dunst. Ein Gletscher hielt direkt auf ihn zu.

Conina flog heran. Sie beugte sich vor, als ihr Pferd durch den Nebel glitt, packte Nijel am ledernen Barbarenkragen und riß ihn hoch.

Das Roß flog weiter, ließ die Eismasse hinter und unter sich zurück.

»Was für ein kaltblütiger Mistkerl!« schnaufte der angehende Held. »Ich habe gehofft, ihn zur Vernunft zu bringen. Aber mit einigen Leuten kann man wirklich nicht reden.«

Die Herde erreichte einen weiteren Hügel und ebnete ihn ein. Vor ihr erstreckte sich nun die Sto-Ebene mit vielen schutzlosen Städten.

Rincewind näherte sich vorsichtig dem nächsten Ding, die eine Hand um den Unterarm des Knaben geschlossen, in der anderen eine mit Sand gefüllte Socke.
»Also keine Magie?« fragte er.
»Nein«, bestätigte Münze.
»Ganz gleich, was auch geschieht — du mußt auf den Einsatz von Magie verzichten?«
»Genau. Zumindest hier. An diesem Ort ist die Macht der Dinge beschränkt, solange man darauf verzichtet, okkulte Energie freizusetzen. Aber wenn sie die andere Welt erreichen...«
Er sprach nicht weiter.
Rincewind nickte. »Schrecklich.«
»Entsetzlich«, sagte Münze.
Der Zauberer seufzte und bedauerte zutiefst, daß er seinen Hut verloren hatte. Er mußte irgendwie ohne ihn zurechtkommen.
»Na schön«, brummte er. »Wenn ich dir das Zeichen gebe, läufst du zum Licht. Hast du verstanden? Bleib nicht stehen. Und sieh dich nicht um. Klar? Für dich spielt es keine Rolle, was hier passiert.«
»Überhaupt keine?« fragte der Knabe unsicher.
»Nicht die geringste.« Rincewind rang sich ein Lächeln ab. »Ich rate dir insbesondere ab, auf irgendwelche Geräusche zu achten.«
Es bereitete ihm eine gewisse Genugtuung, als er sah, wie die Lippen des Jungen ein erschrockenes ›O‹ formten.
»Und wenn du die andere Seite erreichst...,« fuhr er fort.
»Was mache ich dann?«
Rincewind zögerte. »Keine Ahnung«, sagte er. »Irgend etwas. Setz soviel Magie ein, wie du möchtest. Verwende die stärksten Zauberformeln, die du kennst. Du kannst ganz nach Belieben handeln. Es kommt nur darauf an, die Wesenheiten aufzuhalten. Und... äh...«

»Ja?«

Rincewind sah zu dem Ding auf, das noch immer ins Licht starrte.

»Wenn alles ... Ich meine, wenn wir, äh, wenn du mit heiler Haut davongekommen bist und sich drüben, äh, die Lage bereinigt hat, ich meine, wenn zumindest keine unmittelbare Gefahr mehr droht, vielleicht könntest du mir dann einen, äh, Gefallen erweisen, nur einen kleinen, ja ... Ich meine, vielleicht wärst du so nett, äh, den anderen Leuten zu sagen, daß ich, äh, hiergeblieben bin. Ich meine, möglicherweise kommt, äh, jemand auf den Gedanken, eine, äh, Geschichte über mich zu schreiben.« Er fügte bescheiden hinzu: »Ich meine, ich möchte natürlich nicht, daß man mir ein Denkmal setzt oder so.«

Rincewind wartete eine Zeitlang, und schließlich sagte er: »Ich glaube, du solltest dir die Nase putzen.«

Münze hob den Saum seines Umhangs und kam der Aufforderung nach. Dann schüttelte er dem Zauberer ernst die Hand.

»Wenn du jemals ...«, begann er. »Du bist der erste ... Es war mir eine große ... weißt du, ich habe nie ...« Der Junge brach ab und atmete tief durch. »Das mußte ich dir einfach sagen.«

»Ich wollte dir noch einen Rat mit auf den Weg geben«, murmelte Rincewind und ließ die Hand des Knaben los. Einige Sekunden lang starrte er ins Leere und versuchte, sich zu erinnern. »Ah, ja. Du darfst nie vergessen, wer du wirklich bist. Das ist sehr wichtig. Verlaß dich nicht auf das, was andere Leute oder Dinge in dir zu erkennen glauben. Meistens liegen sie völlig falsch.«

»Ich werde mich bemühen, daran zu denken«, erwiderte Münze.

»Es ist sehr wichtig«, wiederholte der Zauberer mehr zu sich selbst. »Und nun ... Lauf los.«

Rincewind schlich sich näher an das Ding heran. Dieses besondere Exemplar hatte Hühnerbeine, und der Rest des Körpers verbarg sich gnädigerweise unter Vorrichtungen, die wie gefaltete Flügel aussahen.

Er hielt den Zeitpunkt für gekommen, einige letzte Worte auszusprechen. Was er jetzt sagte, mußte sehr wichtig klingen. Vielleicht erinnerte man sich noch in vielen tausend Jahren daran. Vielleicht meißelte irgendein Steinmetz die Botschaft aus den Kerkerdimensionen in eine granitene Platte, so daß sie der Nachwelt erhalten blieb.

Leider kamen Rincewind keine sehr bedeutungsvollen Silben in den Sinn.

»Ich wünschte, ich wäre nicht hier«, brachte er hervor.

Er hob die Socke, schwang sie versuchsweise, holte weit aus und schmetterte sie auf eine Körperstelle des Dings, von der er hoffte, es sei die Kniescheibe.

Das Ungetüm summte schrill, wirbelte herum und breitete die Schwingen aus. Ein geierartiger Schnabel schnappte nach Rincewind, der die mit Sand gefüllte Socke direkt zwischen zwei große Facettenaugen schmetterte.

Der Zauberer sah sich verzweifelt nach einer Fluchtmöglichkeit um, als das Ding zurücktaumelte — und sein Blick fiel auf den Knaben, der noch immer einige Meter hinter ihm stand. Entsetzt stellte er fest, daß Münze auf ihn zutrat und die Arme hob. Offenbar wollte er Magie einsetzen und dachte nicht daran, daß er damit eine Katastrophe heraufbeschwor.

»Lauf weg, du Idiot!« rief Rincewind, als sich das Ding vor ihm zum Sprung duckte. Plötzlich fielen ihm die richtigen Worte ein: »Du weißt doch, was mit ungezogenen Jungen passiert!«

Münze erblaßte, drehte sich um und rannte zum Licht. Doch er bewegte sich wie durch zähen Sirup, erklomm den steilen Hang der Entropie. Das verzerrte

Abbild einer irgendwie *umgestülpten* Welt schwebte einige Meter vor ihm. Schließlich schrumpfte die Entfernung auf wenige Zentimeter, und die Lochränder vibrierten heftig...

Eine Art Tentakel schlang sich um das Bein des Knaben, und er stolperte dem hellen Schimmern entgegen.

Er streckte die Hände aus, als er fiel, und eine berührte kalten Schnee. Etwas Warmes und Ledriges schloß sich um seinen Unterarm. Erst fühlte sich das Etwas recht weich an, doch es offenbarte eine stählerne Härte, als es den Jungen nach vorn zog und dadurch auch das Andere mitzerrte.

Licht und körnige Finsternis flackerten um ihn herum, und kurze Zeit später glitt Münze über vereistes Kopfsteinpflaster.

Der Bibliothekar ließ den Knaben los und hob eine lange Holzstange. Einige Sekunden lang stemmte sich der Affe dem schwarzen Wallen entgegen, und dann bewies er ausgezeichnete Kenntnisse der Hebelwirkung: Er entfaltete eine Mischung aus Schulter, Ellenbogen und Handgelenk, und die Stange kam herab, so unaufhaltsam wie der Knüppel des Schicksals. Ein dumpfes *Schwack* ertönte, gefolgt von einem schmerzerfüllten Kreischen. Der brennende Druck am Bein des Jungen ließ nach.

Die dunkle Säule zitterte, und irgendwo in ihr erklang heiseres Grollen, wie aus weiter Ferne.

Münze richtete sich auf und machte Anstalten, in die Dunkelheit zurückzukehren, aber der Bibliothekar versperrte ihm den Weg.

»Wir können ihn doch nicht einfach im Stich lassen!«

Der Affe zuckte mit den Achseln.

Erneut knisterte und knarrte es in der Finsternis, und dann herrschte absolute Stille.

Nun, das stimmte nicht ganz. Die Stille war keineswegs *absolut*, eher relativ. Sowohl Münze als auch der

Bibliothekar hörten leise, eilige Schritte. Irgend jemand nahm die Beine in die Hand und floh.

Das rhythmische Pochen entsetzter Füße fand eine Entsprechung in der diesseitigen Welt. Der Orang-Utan drehte sich um und schob Münze zur Seite, als eine zerkratzte und an einigen Stellen angesengte Kiste auf Dutzenden von stummelartigen Beinen über den Platz stürmte. Sie zögerte nicht, als sie den schwarzen Riß erreichte, sprang hinein und bestätigte damit, daß intelligentes Birnbaumholz außerordentlich stur sein kann. Die Finsternis flackerte noch ein letztes Mal und verflüchtigte sich.

Schnee wirbelte dort, wo sich eben noch die Pforte zu den Kerkerdimensionen befunden hatte.

Münze befreite sich aus dem Griff des Bibliothekars und lief in einen kleinen, weißen Kreis. Feiner Sand knirschte unter seinen Schuhen.

»Er ist auf der anderen Seite geblieben!« entfuhr es ihm.

»Uff«, sagte der Affe mit philosophischem Gleichmut.

»Ich dachte, es gelänge ihm doch noch, hierher zurückzukehren. Gewissermaßen im letzten Augenblick.«

»Uff?«

Münze starrte so intensiv aufs Kopfsteinpflaster hinab, als könne er das, was sich seinen Blicken darbot, allein durch Konzentration verändern. »Ist er tot?«

»Uff«, erwiderte der Bibliothekar und gab dadurch zu verstehen, daß sich Rincewind an einem Ort befand, wo sich keine klaren Aussagen über Zeit und Raum treffen ließen. Deshalb erschien es ihm sinnlos, über seinen Zustand zum gegenwärtigen Zeitpunkt zu spekulieren (wenn man in diesem Zusammenhang überhaupt von einem ›Zeitpunkt‹ sprechen konnte, was zumindest bezweifelt werden mußte). Es erschien ihm durchaus möglich, daß der Zauberer am nächsten Tag (oder vielleicht auch in der vergangenen Woche) gesund und munter durch die Stadt spazierte und sich in einem klatschianischen Schnellimbiß eine Pizza bestellte. Und außerdem: Wenn es irgendeine Überlebenschance gab, so würde Rincewind sie bestimmt finden; in dieser Hinsicht hatte er häufig genug erstaunliches Talent unter Beweis gestellt.

»Oh«, sagte Münze, überrascht darüber, wieviel der Affe mit einem einzigen ›Uff‹ zum Ausdruck bringen konnte.

Er beobachtete, wie sich der Bibliothekar umdrehte und zum Kunstturm wankte, und daraufhin fühlte er sich sehr einsam.

»Warte!« rief er.

»Uff?«

»Was soll ich jetzt machen?«

»Uff?«

Münze deutete auf das allgemeine Chaos.

»Ich könnte wieder Ordnung schaffen, was meinst du?« sagte der Knabe, und in seiner Stimme zitterte ein Hauch von Panik. »Hältst du das für eine gute Idee? Vielleicht bin ich in der Lage, den Leuten zu helfen. Was ist mit dir? Bestimmt möchtest du wieder ein Mensch sein, oder?«

Das ewige Lächeln des Bibliothekars wuchs ein wenig in die Breite und zog sich weit genug nach oben, um spitze Zähne zu zeigen.

»Nun, dann eben nicht«, fuhr Münze hastig fort. »Aber bestimmt könnte ich mich auf eine andere Art und Weise nützlich machen.«

Der Orang-Utan musterte ihn eine Zeitlang und richtete seine Aufmerksamkeit schließlich auf die Hand des Knaben. Münze zuckte schuldbewußt zusammen und streckte die Finger.

Der Bibliothekar fing eine kleine silberne Kugel auf, bevor sie zu Boden fiel. Er hob sie neugierig, beschnüffelte den winzigen Ball, schüttelte ihn versuchsweise und horchte.

Dann holte er aus und warf die Kugel so weit wie möglich fort.

»Was...«, begann Münze, bekam jedoch keine Gelegenheit, den Satz zu beenden. Er fiel der Länge nach in den Schnee, als ihm der Affe einen Stoß gab und sich auf ihn rollte.

Die Kugel sauste durch frostige Luft, erreichte den Scheitelpunkt ihrer Flugbahn und setzte den weiten Bogen fort, der ganz plötzlich an festen Kopfsteinen endete. Ein kurzes Sirren ertönte, so als risse eine Harfensaite, und mehrere unverständliche Stimmen brummten und knurrten. Heißer Wind fauchte über den Platz.

Die Götter traten aus einem gedanklichen Kerker.

Und sie waren *sehr* zornig.

※

»Wir können überhaupt nichts dagegen unternehmen, oder?« fragte Krösus.

»Nein«, bestätigte Conina.

»Das Eis wird die ganze Scheibenwelt bedecken?« fügte der Serif hinzu.

»Ja«, sagte die junge Frau.

»Nein«, widersprach Nijel.

Er zitterte vor Wut (vielleicht fror er auch) und war fast ebenso bleich wie die Gletscher, die unter ihnen über die weite Ebene knirschten.

Conina seufzte. »Wie willst du denn...«, begann sie.

»Setz mich irgendwo vor den Eisriesen und ihrer Herde ab«, sagte Nijel.

»Das ist doch sinnlos.«

»Ich habe dich nicht nach deiner Meinung gefragt«, erwiderte Nijel ruhig »Ich möchte schlicht und einfach,

daß du mich einige Meilen vor den Gletschern absetzt, so daß mir Zeit genug bleibt, gewisse Dinge zu klären.«
»Was willst du klären?«
Nijel gab keine Antwort.
Conina holte tief Luft. »Ich habe dich gefragt, was du...«
»Sei still!«
»Ich begreife nicht, warum...«
»Jetzt hör mir mal gut zu«, sagte Nijel und klang so geduldig wie jemand, der mit dem Gedanken spielt, seinem Gesprächspartner den Schädel einzuschlagen. »Das Eis tritt seinen Siegeszug an, nicht wahr? Alle Bewohner der Scheibenwelt werden sterben, oder? Nur uns bleibt noch eine kleine Gnadenfrist, bis diese Pferde ihren... ihren Hafer möchten oder mal aufs Klo müssen oder was weiß ich. Vielleicht nutzt Krösus die Zeit, um noch ein letztes Sonett zu verfassen und darüber zu schreiben, wie kalt es plötzlich geworden ist und daß die ganze menschliche Geschichte über den Haufen geworfen wird, aber selbst das nützt nichts, da es bald niemanden mehr gibt, der sein Werk lesen kann, und unter diesen Umständen möchte ich dich darauf hinweisen, daß ich absolut keinen Widerspruch dulde, hast du verstanden?«
Nijel unterbrach sich, um nach Luft zu schnappen. Er zitterte wie eine Bogensehne, die gerade einen Pfeil davongeschleudert hatte.
Conina zögerte. Mehrmals öffnete sie den Mund und schloß ihn wieder. Sie war so überrascht, daß sie auf eine scharfe Antwort verzichtete.
Sie landeten auf einer kleinen, von hohen Kiefern und Fichten gesäumten Lichtung, etwa drei Meilen vor dem Leitbullen der Gletscherherde. Dumpfes Donnern kündigte die vorrückende Eisfront an. Frostiger Dampf zog über die Baumwipfel hinweg, und der Boden erbebte so heftig wie die Bespannung einer Trommel.

Nijel trat in die Mitte der Lichtung, zog sein Schwert und holte versuchsweise damit aus. Die anderen beobachteten ihn nachdenklich.

Nach einer Weile wandte sich Krösus an Conina. »Ich reite weiter, wenn du nichts dagegen hast«, flüsterte er. »Unter den gegenwärtigen Umständen erscheint mir die Nüchternheit als besonders schwere Bürde. Ich bin sicher, der Weltuntergang wirkt nicht annähernd so schlimm, wenn man ihn durch den Boden eines Glases betrachtet. Glaubst du ans Paradies, o pfirsichwangige Blüte?«

»Nein, eigentlich nicht.«

»Oh«, erwiderte Krösus. »Nun, in dem Fall sehen wir uns vermutlich nicht wieder.« Er seufzte. »Wirklich schade. Wenn ich daran denke, daß alles mit einem Zauberhut begann ... Tja, vielleicht sind auch Nijels Bökke daran schuld. Äh. Wenn es der Zufall will, daß wir uns doch noch einmal begegnen ... Ich meine, möglicherweise könntest du mir dann eine Geschichte ...«

»Leb wohl«, sagte Conina.

Krösus nickte kummervoll, trieb sein Pferd an und verschwand über den Bäumen.

Schnee rieselte von Zweigen und Ästen, und das Donnern der Gletscher wurde lauter.

Nijel zuckte zusammen, als ihm Conina auf die Schulter klopfte. Er erschrak so sehr, daß er sein Schwert fallen ließ.

»Was machst du hier?« brummte er, tastete durchs kalte Weiß und suchte nach der Klinge.

»Nun, ich möchte mich nicht in deine Angelegenheiten mischen«, sagte Conina vorsichtig, »aber ich würde gern wissen, was du vorhast.«

Besorgt beobachtete sie den gewaltigen Wall aus Schnee und Geröll, der durch das Gehölz heranwalzte, und in dem fast ohrenbetäubend lauten Grollen hörte sie nun auch das rhythmische Bersten von Baumstäm-

men. Über den Wipfeln schimmerte unheilvoll die blaugrüne Front der Gletscher.
»Nichts«, antwortete Nijel. »Überhaupt nichts. Wir müssen den Eisriesen nur Widerstand leisten, das ist alles. Aus diesem Grund sind wir hier.«
»Aber es macht doch gar keinen Unterschied.«
»Für mich schon. Wenn das Ende der Welt tatsächlich unabwendbar ist, möchte ich auf diese Weise aus dem Leben scheiden. Als Held.«
»Hältst du einen solchen Tod für heldenhaft?«
»*Ich* schon«, sagte Nijel. »Und wenn's ums Sterben geht, zählt nur eine Meinung.«
»Oh.«
Zwei Hirsche sprangen über die Lichtung. In ihrer Panik ignorierten sie die beiden Menschen und stürmten einfach an ihnen vorbei.
»Du brauchst nicht zu bleiben«, fügte Nijel hinzu. »Diese Sache betrifft nur mich. Wer ein Held sein möchte, muß ... nun, ein Held sein.«
Conina betrachtete ihre Handrücken.
»Ich glaube, ich sollte dir Gesellschaft leisten«, erwiderte sie leise und fuhr fort: »Weißt du, ich dachte mir, wenn wir uns besser kennenlernen, könnten wir vielleicht, ich meine ...«
»Zu Herr und Frau Hasenfuß werden?« entgegnete Nijel offen. »Wolltest du darauf hinaus?«
Conina suchte nach den richtigen Worten. »Nun ...«, begann sie.
»Wer von beiden möchtest du sein?« fragte der junge Mann.
Die aus Schnee und aufgeschütteter Erde bestehende Kielwelle des ersten Gletschers zerschmetterte die Bäume am Rande der Lichtung. Dutzende von Metern weit ragte der riesige Leitbulle empor, und über ihm wallte eine Wolke aus kondensierendem Wasserdampf.
Eine halbe Sekunde später neigten sich die Kiefern

und Fichten auf der anderen Seite in einem warmen Wind, der vom Rand her wehte. Er trug verärgert und zornig klingende Stimmen mit sich. Der Sturm zerriß die dichten, frostigen Wolken, und dabei zischte es so laut, als tauche jemand ein heißes Bügeleisen in kaltes Wasser.

Conina und Nijel warfen sich zu Boden und spürten, wie das Weiß um sie herum taute. Über ihnen krachte es, und sie glaubten, lautes Geschrei zu hören. Als sie später darüber nachdachten, gelangten sie zu dem Schluß, daß es sich um eine leidenschaftlich geführte verbale Auseinandersetzung handelte. Der Streit dauerte eine ganze Weile und verlagerte sich mittwärts.

Warmes Wasser floß über Nijels Weste. Er richtete sich behutsam auf und stieß Conina an.

Seite an Seite krochen sie durch Schneematsch und Schlamm, kletterten über eine glitschige Masse aus zerfetztem Holz und geborstenen Felsen. Einige Minuten später verließen sie die Reste des Waldes und sahen sich um.

Blitze flackerten und trieben die Gletscher zurück. Vor ihnen erstreckte sich eine Landschaft, die zum größten Teil aus Seen und Teichen bestand.

»Haben wir das fertiggebracht?« fragte Conina.

»Eine solche Vorstellung wäre recht angenehm, nicht wahr?« erwiderte Nijel.

»Ja, schon, aber *haben* wir...«

»Wahrscheinlich nicht.« Nijel zuckte mit den Schultern. »Wer weiß? Ich schlage vor, wir besorgen uns jetzt ein Pferd.«

※

»Dasch Apogäum«, sagte Krieg. »Oder wasch in der Art. Ich bin ziemlich sicher.«

Sie waren aus der Schenke getorkelt, saßen auf einer

Bank und genossen den Sonnenschein. Selbst Krieg ließ sich dazu hinreißen, einige Kleidungsstücke aus schwerem Eisen abzulegen.

»Weiß nich' so recht«, erwiderte Hunger. »Klingt irgendwie komisch.«

Pestilenz schloß verkrustete Augen und lehnte sich an einen warmen Stein.

»*Ich glaube, es hatte irgend etwas mit dem Ende der Welt zu tun.*«

Krieg kratzte sich nachdenklich am Kinn und rülpste leise.

»Wasch?« fragte er. »Meinscht du dasch Ende der ganzen Welt?«

»*Ich denke schon*«, bestätigte Pestilenz.

Krieg dachte eine Zeitlang nach. »Ich fürchte, dann müschen wir unsch nach einem anderen Job umsehen«, sagte er.

※

Die geflohenen Bewohner kehrten in eine Stadt zurück, die nicht mehr aus glänzendem Marmor bestand, sondern wieder zu ihrem alten Selbst gefunden hatte. Mit anderen Worten: Ankh-Morpork zeichnete sich durch die gleiche visuell-aromatische Pracht aus wie eine Lache aus Erbrochenem vor der rund um die Uhr geöffneten Imbißstube der Geschichte.

Erneut erhoben sich die Mauern der Unsichtbaren Universität und erweckten den sonderbaren Eindruck, als seien sie nie eingestürzt. Nun, auch Stein hat einen gewissen Stolz. Alle Efeuranken und Fensterflügel nahmen den ihnen gebührenden Platz ein. Der kreative Magus bot an, den ursprünglichen Gebäudekomplex zu renovieren, auf daß er ›so gut wie neu‹ sei; er stellte auf Hochglanz poliertes Holz und makellose Mauern in Aussicht. Aber in diesem Zusammenhang vertrat der

Bibliothekar einen unerschütterlich festen Standpunkt: Er wollte alles so gut wie alt.

Am nächsten Morgen kehrten verlegene Zauberer zurück. Sie kamen allein oder zu zweit, gingen sich gegenseitig aus dem Weg und schlichen in ihre alten Zimmer. Jeder von ihnen versuchte, sich an eine Vergangenheit zu erinnern, die immer irrealer und traumartiger wurde.

Conina und Nijel trafen zur Frühstückszeit ein und brachten Kriegs Pferd freundlicherweise in einem Mietstall unter.* Die junge Frau bestand darauf, in der Universität nach Rincewind zu suchen, und deshalb sah sie die Bücher als erste.

Sie flogen aus dem Kunstturm, umschwirrten die Zinnen und Minarette des magischen Lehrinstituts und segelten durch die Tür der reinkarnierten Bibliothek. Einige besonders dreiste Exemplare jagten Spatzen oder schwebten wie Falken über dem Hof.

Der Bibliothekar lehnte an der Wand und beobachtete seine Mündel wohlwollend. Als er Conina bemerkte, hob er mehrmals die Brauen — seine Möglichkeiten, jemanden zu begrüßen, waren eben recht beschränkt.

»Ist Rincewind hier?« fragte Cohens Tochter.

»Uff.«

»Bitte?«

Der Affe gab keine Antwort, griff nach Coninas und Nijels Hand und wirkte wie ein Sack zwischen zwei Pfählen, als er das Paar über den Hof führte.

Einige Kerzen brannten im Kunstturm, und ihr flakkernder Schein fiel auf Münze, der dicht neben der Treppe saß. Der Bibliothekar verhielt sich wie ein Fakto-

---

* Das Roß traf die kluge Entscheidung, nie wieder zu fliegen, und es verbrachte seinen Lebensabend damit, die Kutsche einer älteren Dame zu ziehen. Niemand weiß, was Krieg in diesem Zusammenhang unternahm. Es ist jedoch wahrscheinlich, daß er sich ein anderes Pferd besorgte.

tum, deutete eine respektvolle Verbeugung an und ließ sie taktvoll allein.

Münze nickte den beiden Besuchern zu. »Er merkt es sofort, wenn man ihn nicht versteht«, sagte er. »Er ist wirklich erstaunlich, nicht wahr?«

»Wer bist du?« fragte Conina.

»Münze«, sagte Münze.

»Studierst du hier?«

»Ich glaube, ich lerne eine ganze Menge.«

Nijel wanderte an den Mauern entlang und klopfte gelegentlich an uraltes Gestein. Vielleicht gab es einen guten Grund dafür, warum die Wände nicht einstürzten, aber wenn das tatsächlich der Fall war, mußte ihn die Architekturwissenschaft erst noch finden.

»Sucht ihr Rincewind?« erkundigte sich Münze.

Conina runzelte die Stirn. »Wie kommst du darauf?«

»Er meinte, einige Leute würden nach ihm fragen.«

Die junge Frau entspannte sich wieder. »Entschuldige bitte«, sagte sie. »In letzter Zeit hatten wir es ziemlich schwer. Ich dachte zunächst, es sei Magie oder etwas in der Art. Es ist doch alles in Ordnung mit Rincewind, oder? Ich meine, was geschah überhaupt? Hat er gegen den kreativen Magus gekämpft?«

»O ja. Und er gewann. Es war sehr... interessant. Ich habe alles beobachtet.« Münze sprach so monoton, als lese er aus einem Buch vor. »Aber dann mußte er gehen.«

»Was, einfach so?« entfuhr es Nijel.

»Ja.«

»Das glaube ich nicht.« Conina duckte sich aus einem Reflex heraus und ballte die Fäuste.

»Es stimmt«, beharrte Münze. »Ich sage nur die Wahrheit. Und Zweifel daran dulde ich nicht.«

»Ich wollte nur...«, begann Conina.

»Das genügt.« Münze stand auf und hob die Hand.

Die junge Frau erstarrte förmlich. Und in Nijels Stirn bildeten sich zögernde Falten.

»Verlaßt nun den Turm«, fuhr der Knabe ruhig und gelassen fort. »Stellt keine weiteren Fragen. Ihr seid völlig zufrieden und habt alle Antworten bekommen. Führt ein glückliches, erfülltes Leben. Vergeßt meine Worte, und macht euch auf den Weg.«

Conina und Nijel bewegten sich so steif wie Marionetten, als sie zur Tür stakten. Der Bibliothekar schwang sie auf, ließ sie nach draußen und schloß die Pforte wieder.

Dann starrte er Münze an, der auf seinen Stuhl zurücksank.

»Schon gut, schon gut«, murmelte der Knabe. »Es war doch nur ein *bißchen* Magie. Es ging nicht anders. Du hast selbst gesagt, daß die Leute vergessen sollten.«

»Uff?«

»Ich kann der Versuchung nicht widerstehen! Es ist so einfach, die Dinge zu verändern!« Münze preßte die Hände an den Kopf. »Ich brauche nur an etwas zu *denken!* Ich werde noch verrückt! Ganz gleich, wie ich mich drehe und wende, irgend etwas geht schief. Ebensogut könnte man versuchen, auf Hunderten von Eiern zu schlafen! Dies Welt ist zu dünn! *Bitte sag mir, was ich tun soll!*«

Der Bibliothekar rutschte eine Zeitlang auf seinem blanken Hinterteil umher, deutlicher Hinweis darauf, daß er konzentriert nachdachte.

Leider ist nicht überliefert, was er dem Jungen antwortete. Aber Münze lächelte, nickte und schüttelte die Hand des Affen. Dann hob er die Arme, vollführte eine kompliziert anmutende Geste und trat in eine andere Welt. Dort glänzte ein See, und in der Ferne zeigten sich Berge. Im Schatten einiger naher Bäume hockten mehrere Fasane und beäugten den Knaben argwöhnisch.

Früher oder später zieht sich jeder kreative Magus in sein eigenes Universum zurück.

Münze sah über die Wiese und winkte dem Bibliothekar zu. Der Affe nickte ermutigend.

Schließlich schrumpfte die magische Blase, und der letzte kreative Magus verschwand, um durch einen ganz persönlichen Kosmos zu wandeln.

※

Zwar hat es eigentlich nichts mit dieser Geschichte zu tun, aber der Leser soll trotzdem erfahren, daß fünfhundert Meilen entfernt ein kleiner Schwarm (obgleich der Ausdruck ›Herde‹ angemessener erscheint) von Vögeln unterwegs war. Ihre Köpfe erinnerten an Flamingos, und darunter erstreckten sich truthahnartige Körper, während die Beine Sumo-Ringern zur Ehre gereicht hätten. Wenn sie nicht gerade still dastanden, wippten die Schädel ständig auf und ab, als bestehe der lange Hals aus Gummibändern. Diese Wesen gehörten zu einer selbst für die Fauna der Scheibenwelt einzigartigen Spezies: Sie verteidigten sich, indem sie hungrige Raubtiere so sehr zum Lachen brachten, daß ihnen genug Zeit für die Flucht blieb.

Rincewind wäre sicher zufrieden gewesen zu hören, daß es sich um Bökke handelte.

※

In der *Geflickten Trommel* herrschte nur wenig Betrieb. Der angekettete Troll saß in einer dunklen Kette und stocherte sich die Reste des letzten unerwünschten Gastes aus den Zähnen.

Krösus sang leise vor sich zu hin. Er hatte Gefallen an Bier gefunden und brauchte nicht einmal dafür bezahlen, denn die aus Komplimenten bestehende Währung (die Freier von Ankh-Morpork benutzten sie nur selten, weil es in bezug auf das Wechselgeld immer wieder zu Schwierigkeiten und vor allen Dingen Mißverständnissen kam) zeigte eine erstaunliche Wirkung auf die Tochter des Wirts. Sie war groß und gutmütig, und es ist sicher nicht übertrieben, ihr Aussehen mit Farbe und Form von ungebackenem Brot zu vergleichen. Krösus faszinierte sie. Noch nie zuvor hatte jemand ihre Brüste als edelsteinbesetzte Melonen bezeichnet.

Sie bat um eine Bestätigung, um ganz sicher zu sein.

»Oh, daran kann überhaupt kein Zweifel bestehen«, sagte der Serif und rutschte in aller Seelenruhe von der Sitzbank. Ich meine sicher die großen gelben, dachte er. Aber vielleicht kommen auch die kleinen grünen mit den dicken Streifen in Frage.

»Und was hältst du von meinem Haar?« fragte die Wirtstochter mit erwartungsvoller Neugier, half Krösus wieder auf die Bank und füllte sein Glas.

»Oh.« Der Serif runzelte die Stirn. »Es ist wie ein Schwarm Ziegen, der am Hang des Berges Soundso grast, ja, und das meine ich ganz im Ernst. Was deine Ohren betrifft...«, fügte er rasch hinzu. »Selbst die größten rosaroten Muscheln, die auf dem vom Ozean geküßten Strand...«

»Könntest du das mit dem Schwarm Ziegen etwas genauer erklären?« fragte die junge Frau.

Krösus zögerte. Er hatte immer geglaubt, diese Metapher gehöre zu seinen besten, aber jetzt begegnete er einem für Ankh-Morpork typischen Phänomen, das schon so manchen Dichter um Kopf und Kragen gebracht hatte: Die Bürger der Stadt neigten dazu, alles wörtlich zu verstehen.

Der Serif stellte überrascht fest, daß er beeindruckt war.

»Eigentlich wollte ich auf folgendes hinaus«, sagte er

langsam. »Dein Haar sieht *nicht* wie ein Haufen ausgemusterter Wolle aus.«

»Aha«, erwiderte die Wirtstochter und griff nach der Flasche.

»Ich glaube, ich möchte jetzt noch etwas zu trinken«, brummte Krösus nachdenklich. »Und dann...« Er schauderte wohlig, musterte die junge Frau und faßte seinen ganzen Mut zusammen. »Bist du eine gute Erzählerin?«

»Wie bitte?«

Der Serif befeuchtete seine trockenen Lippen. »Ich meine, kennst du viele Geschichten?« krächzte er.

»O ja. Eine ganze Menge.«

»Eine ganze Menge?« hauchte Krösus verblüfft. Die meisten seiner Konkubinen kannten nur zwei oder drei, und sie unterschieden sich kaum voneinander.

»Hunderte. Möchtest du eine hören?«

»Was, hier und jetzt?«

»Warum nicht? Heute ist es ziemlich ruhig.«

Vielleicht bin ich gestorben, dachte Krösus. Vielleicht befinde ich mich im Paradies. Vorsichtig berührte er die Hand der jungen Frau. »Weißt du, es ist eine Ewigkeit her, seit ich zum letztenmal eine gute Geschichte hörte. Wenn du wirklich bereit bist... Ich meine, wenn du nicht die geringsten Bedenken hast... Ich möchte nicht, daß du später etwas bereust.«

Die Wirtstochter klopfte ihm auf den Arm. Was für ein netter Herr, dachte sie, als sie Krösus mit der üblichen Kundschaft verglich.

»Ich erinnere mich an eine Geschichte, die mir meine Oma erzählte«, sagte sie. »Ich kenne sie in- und auswendig.«

Der Serif nippte an seinem Bier und starrte in fassungslosem Entzücken an die Wand. Hunderte, fuhr es ihm durch den Sinn. Und einige von ihnen kennt sie in- *und* auswendig.

Die junge Frau räusperte sich und begann in einem melodischen Tonfall, der bei Krösus die Sicherungen durchbrennen ließ: »Es war einmal ein Mann, und er hatte acht Söhne ...«

※

Der Patrizier saß am Fenster und schrieb. Was die vergangenen Tage betraf, herrschte hinter seiner Stirn ein heilloses Durcheinander, und das beunruhigte ihn.

Neben ihm glühte eine Lampe, die das Zwielicht verscheuchte, und einige frühe Abendmotten umkreisten sie voller Enthusiasmus. Der Patrizier beobachtete sie aufmerksam. Aus irgendeinem Grund erfüllte ihn die Präsenz von Glas mit Unbehagen, doch als er auf die Insekten starrte, regte sich eine andere Art von Besorgnis in ihm.

Mit wachsender Nervosität stellte er fest, daß er gegen die Versuchung ankämpfen mußte, die Motten mit der Zunge einzufangen.

Wuffel lag neben seinem Herrchen auf dem Rücken und bellte im Schlaf.

※

Hier und dort glänzten erste Lichter in der Stadt, aber der verblassende Schein des Sonnenuntergangs genügte, um diverse steinerne Figuren zu erkennen, die aufs Dach der Unsichtbaren Universität zurückkletterten.

Der Bibliothekar beobachtete sie durch die offene Tür, während er sich philosophisch kratzte. Nach einer Weile drehte er sich um und sperrte die Nacht aus.

Es war warm in der Bibliothek. Es war *immer* warm in der Bibliothek, denn das oktarine Glühen des magischen Kraftfeldes erhitzte die Luft.

Der Bibliothekar ließ einen anerkennenden Blick über

die vielen Bücher schweifen und ging noch einmal an den schlummernden Regalen entlang. Dann kroch er unter den Schreibtisch, aß eine letzte Banane, zog sich die Decke über den Kopf und schlief ein.

Allmählich breitete sich Stille aus, und sie umhüllte auch die zerrissenen, fransigen und an einigen Stellen angesengten Reste eines Hutes, der in einer Wandnische ruhte. Ganz gleich, wohin sich ein Zauberer wagt — irgendwann kehrt er zurück, um seinen Hut zu holen.

Die Stille erfaßte auch den Rest der Universität und füllte die Kammern auf die gleiche Weise wie Luft ein leeres Loch. Dunkle Nacht kroch wie Pflaumenmarmelade oder Brombeermus über die Scheibenwelt.

Aber irgendwann mußte sie einem neuen Tag weichen. Keine Nacht dauert ewig.

Terry Pratchett – Herr der Scheibenwelt

Terry Pratchett hat sich in seinen Büchern mit großem Erfolg seine eigene fantastische Welt aufgebaut: Die Scheibenwelt, eine Welt, in der neben der Spannung auch der Humor nicht zu kurz kommt.
Der britische Autor Terry Pratchett wurde 1948 geboren. Mit 17 Jahren begann er seine journalistische Karriere in einer Provinzzeitung; Endpunkt wurde die Stelle eines Pressesprechers für vier Atomkraftwerke bei der zentralen britischen Behörde für Stromerzeugung. Neben dieser Tätigkeit begann er zu schreiben, wohl eine Flucht aus der ihn umgebenden Realität. Nach zwei ernsthaften Science-Fiction-Romanen endstand *Die Farben der Phantasie* – die Scheibenwelt war geschaffen. Bis heute folgten eine ganze Reihe von Geschichten aus der Scheibenwelt.
Im Sommer 1987 hatte er die Erkenntnis, daß seine Bücher so erfolgreich waren, daß er »nie wieder einen Tag würde ernsthaft arbeiten müssen«. Er veröffentlicht in der Regel zwei neue Bücher pro Jahr, die ihm dauerhaften weltweiten Erfolg sichern. Terry Pratchett lebt mit seiner Frau und seiner Tochter im Süden Englands, mit sich und seiner Arbeitswelt zufrieden: »Schreiben ist der größte Spaß, den man für sich alleine haben kann«.

Verzeichnis lieferbarer Titel

(Stand August 1995)

Alles Sense!
Als die Bilder laufen lernten
Die dunkle Seite der Sonne (06/4639)
Einfach göttlich
Das Erbe des Zauberers (06/4584)
Eric (06/4953)
Die Farben der Phantasie (06/4912)
Flügel (06/4972)
Gevatter Tod (06/4706 oder 01/9543)
Das Licht der Phantasie (06/4583)
Macbest (06/4863)
Nur Du kannst die Menschheit retten
Pyramiden (06/4764)
Strata (06/4911)

Die Teppichvölker (06/5124)
Total verhext
Trucker (06/4970)
Wachen! Wachen! (06/4805)
Wühler (06/4971)
Der Zauberhut (06/4715)

Zwei Romane in einem Band:
Die Scheibenwelt (06/5123)

Die Bandnummern der Heyne-Taschenbücher sind jeweils in Klammern angegeben.

Douglas Adams

Kultautor & Phantast

Per Anhalter durch die Galaxis
01/10822

Das Restaurant am Ende
des Universums
01/10823

Das Leben, das Universum
und der ganze Rest
01/10824

Mach's gut, und danke
für den Fisch
01/10825

Einmal Rupert und zurück
01/9404

01/10822

HEYNE-TASCHENBÜCHER

Das Rad der Zeit

Robert Jordans großartiger Fantasy-Zyklus!

Die Hexenschlacht
16. Roman
06/5524

Die zerbrochene Krone
17. Roman
06/5525

Wolken über Ebou Dar
18. Roman
06/5526

Der Dolchstoß
19. Roman
06/5527

Die Schale der Winde
20. Roman
06/5528

Der Pfad der Dolche
21. Roman
06/5529

Neue Bündnisse
22. Roman
06/5530

Kriegswirren
23. Roman
06/5531

06/5531

HEYNE-TASCHENBÜCHER

Terry Pratchett

SCHEIBENWELT

»Ein Ende der Erfolgsstory der Scheibenwelt ist nicht in Sicht.«
DER SPIEGEL

»Ein boshafter Spaß und ein Quell bizarren Vergnügens«
THE GUARDIAN

Das Licht der Phantasie
Band 1
06/4583
Im Heyne Hörbuch als
CD oder MC lieferbar.

Das Erbe des Zauberers
Band 2
06/4584

Gevatter Tod
Band 3
06/4706

Der Zauberhut
Band 4
06/4715

Pyramiden
Band 5
06/4764

Wachen! Wachen! (1991)
Band 6
06/4805

MacBest
Band 7
06/4863

Die Farben der Magie (1992)
Band 8
06/4912

Eric
Band 9
06/4953

06/4583

HEYNE-TASCHENBÜCHER